见识城邦

更新知识地图　拓展认知边界

DOCTORS
The Biography of Medicine

蛇杖的传人

医学史上闪耀的群星

[美] 舍温·B. 努兰（Sherwin B. Nuland）——著
许恒敏——译

中信出版集团 | 北京

图书在版编目（CIP）数据

蛇杖的传人：医学史上闪耀的群星 / (美) 舍温·B.努兰著；许恒敏译. -- 北京：中信出版社, 2021.1
书名原文: Doctors: The Biography of Medicine
ISBN 978-7-5217-2364-9

Ⅰ. ①蛇… Ⅱ. ①舍… ②许… Ⅲ. ①医学家—列传—西方国家 Ⅳ. ①K816.2

中国版本图书馆CIP数据核字(2020)第213680号

蛇杖的传人——医学史上闪耀的群星

著　　者：[美] 舍温·B. 努兰
译　　者：许恒敏
出版发行：中信出版集团股份有限公司
（北京市朝阳区惠新东街甲4号富盛大厦2座　邮编　100029）
承 印 者：北京诚信伟业印刷有限公司

开　　本：880mm × 1230mm　1/32　　印　　张：18.75　　字　　数：451千字
版　　次：2021年1月第1版　　印　　次：2021年1月第1次印刷
京权图字：01-2020-4148
书　　号：ISBN 978-7-5217-2364-9
定　　价：78.00元

献给萨拉，献给萨尔

这本书，和我的一生，都是你们给我的礼物。

O.A.G.S.

医学的历史，事实上反映了人类命运体之本身，起伏交错，既有对其真理和终点的勇敢追求，也有令人惋惜的失败之途。所谓终点，可能是一场盛会、一堆书籍、一列人物、一系列理论，抑或是对人类无能的呼喊，是一场文化史的精髓之论。正如马修·阿诺德在谈到《圣殿》（*Acta Sanctorum*）时说的那样，“所有的人类生命都在那里”。

——菲尔丁·加里森（Fielding Garrison），1913 年

目录

推荐序
努兰大夫的思想“经纬”

在我的书架上，并排放着几本努兰的书，《生命的脸》《死亡的脸》《医生曾经“惹”瘟疫》《蛇杖的传人》。努兰的书大多不止一个版本，其中以《死亡的脸》《生命的脸》版本最多。《蛇杖的传人》也不少，最早有上海人民出版社的杨逸鸿等人的译本，后有浙江大学出版社的版本，如今将会有最新的中信出版社的版本，相信它会让经典再度焕发光彩。从内容看，努兰的前两本书是一个路数，即临床叙事（临床大夫讲故事）的路数。大凡在临床上摸爬滚打且有心体验的大夫都有可能留下这样的临床笔记和感悟，但后两本有些出奇，它们超出了一位临床大夫的书写语境，属于医学史家的路数，需要将目光跳脱临床叙事，转轨到历史叙事，这一跨越不是很容易。临床医生书写医学史，近代医学泰斗奥斯勒写过《近代医学的演进》，然后就是努兰的《蛇杖的传人》。对此，奥斯勒曾经私下诉说过其中的难点，长期专注于一个小领域会导致历史洞察力的丧失，而洞察力的“闷熄”不是因为读书太少，而是知人太少。正因为许多临床大夫的历史感被日常繁重的诊疗劳作所“闷熄”，努兰的这部作品才显得格外耀眼。什么是历史洞察力？通俗地讲，就是在历史的长河里始终保持坐标感、方向感，而当下的名医们常常不会“辨方向”“明大势”，只会“知得失”“测行程”罢了。不过，努兰的写作非常有个性，正所谓“致广大而尽精微”，宏观铺陈很舒展，充满了历史的穿透力，譬如他对希波克拉底学派（科斯学派）的定位与分析，盖伦对形态结构发展的两面性（既有推助的一面，又有阻碍的一面），维萨里的年轻作为与老年厄运，很富有张力，充满着历史的辩证法。书中的微观描述也很精细，时不时弄一点儿“蒙太奇”，将自己的临床阅历，甚至案例拿来做历史的见证，仿佛时空跳跃，拼接成一幅十分个性化的“七巧板”，当然也有一些盲区，那就是学科阅历之外的线索容易被遮蔽，譬如，努兰大夫的笔下就在形态结构与外科学方面浓墨重彩，津津乐道，以至恨不得跳进书里与他对话、争论。而作为通史叙事的点线面不一定面面俱到。

作为推荐序，还是应该多说说作者本人。舍温 · 努兰（1930—2014）出生在纽约的布朗克斯。他成长在一个犹太教家庭，中学毕业后就读于纽约大学，在耶鲁大学医学院完成医学教育，获得了医学博士学位。很长一段时间里，他是一名娴熟的外科医生，同时因为他的跨界阅读与写作，成为耶鲁大学的医学人文教授，主讲医学伦理学和医学史。由于喜欢读书，而且擅长用两支笔写作（一支笔写学术论文，另一支笔写大众读物），从而成为《纽约客》《纽约书评》的专栏作家。要讲精神气象，他与威廉 · 奥斯勒心意相通，不仅追求内心的宁静与纯粹，而且还悉心培育学术的穿透力与开阖感，医学史恰恰被他当作学术穿透与开阖的机枢。这也许是一个不曾私授的秘密，与历史对话、与古代医圣对话是与时代对话、与前沿对话的价值映照。

他的写作举重若轻，很擅长叙事，临床叙事与历史叙事相得益彰，因此，大家觉得他的书有亲和力，读起来不枯燥，不同凡响之处是他喜欢在叙事之余叩问“母题”，譬如生命中的“灵性”（人被称为“万物之灵”），一方面，他深信这一人类特质是由生物性决定的，它肇始于一个或一组基因，但是，我们有能力解开DNA之谜，却无法解释人类天性的奇迹之谜，譬如医者的利他之心，患者的自愈之力。在2003年的TED大会上，舍温·努兰说到了医患共同拥抱的“希望”。他说，查阅《牛津英语词典》，发现英文hope一词的印欧语的祖先是KEU，念作koy，意思是（方向上的）改变，与弯曲（curve）一词同源。舍温·努兰说：“这是非常有趣并且发人深省的。”他又列举了英文单词“病人”，其印欧语词根又恰恰是与“同情心”的词根一致的。要治病救人，就应当有同情心；还需要有道德想象（moral imagination），就是说，要具体地去关心与理解每一个独立的个体，不要把他们看作一片树林，而应当视之为一棵棵的树木。舍温·努兰喜欢希波克拉底的名言：“哪里有人性之爱，哪里就有救疗。”或许，不仅仅是医学，在其他学科，人性之爱都是推动其进步的根本动力。

这本《蛇杖的传人》1988年初版，那一年，他58岁。这本书不同于他之前的临床札记（《生命的脸》《死亡的脸》），是他经历了生命中不同境遇（脱掉白大褂，换上病号服）之后的彻悟之作。在2001年的一次演讲中，舍温·努兰面带笑容，用热情而幽默的口吻为我们讲述了他如何通过电休克疗法战胜严重的抑郁症，找回自我，最终成为著名医师和作家的人生历程。听上去很不可思议，但人生哪里不是充满奇迹？20世纪70年代初，或许是因为艰难的童年记忆加上第一次婚姻的失败，舍温·努兰患上了严重的抑郁症，脑海中萦绕着强迫思想。在药物治疗失败之后，精神病医院的医生们准备对他进行前额叶切除术治疗。幸运的是，指派给舍温·努兰的一位住院医生看出这种手术会留下严重的后遗症，他反对进行手术并提出了电休克疗法的方案。进行了两个长疗程之后，舍温·努兰发现自己脑子里那些缠绕不休的想法开始变得清晰。情况变得越来越好，他开始回到医生的圈子中，重新与他人合作；他开始了第二次婚姻，恢复了事业，回到大学并开始写书——一切都变得精彩和美妙起来。

回到推荐序的主题，回答努兰大夫的思想经纬。“经”一定是他的学术历练、生命阅历，这条线索就是一个知识、经验、见识积累的过程，一步一个脚印，大多数学者、临床大夫都有这样的生命镜像。构成他不同凡响的思想性格的“纬”线是什么？是医生与患者之间的体验互换，是临床实务与理论盘桓的交织，是手术室静谧与图书馆宁静的交映，是宏观鸟瞰与微观细察的交叠，德识才学在人生镜头的推拉之中实现一次次升华。最后步入“通家气象”，努兰的书深刻地映照了这一进程，以及这一进程中的格物与审美乐趣。

就说这么多，要真正分享努兰大夫的乐趣，还需要读者潜入书页，细细品读。

王一方

北京大学医学部 教授

引言

优秀的医生会深入了解他的病人，并努力汲取宝贵的医学知识。他们的时间、同情和谅解需要慷慨地分配给病人，却也在医患联结的纽带中获取回报，即在医疗实践中取得最大的满足感。临床医生的基本素养之一便是对人类本身的兴趣，因为照顾病人的秘诀在于关怀病人。

——弗朗西斯·韦尔德·皮博迪（Francis Weld Peabody）博士
1927 年给哈佛医学院学生的演讲

本书是我在图书馆中创作的。在全世界所有教育类机构的图书馆中，没有任何一家可以与之媲美。我喜欢把它当成我的私人领域，尽管有数以百计像我一样的人共享此地。我们都徘徊在各自研究的中间地带瞻前顾后，却没有人因此而退缩。

我那间宽敞舒适、摆满书籍的房间是一个医学“圣所”，里面收藏着有关医学治疗艺术的宝典和回忆启示。它是一座博物馆，一个肖像画廊，一个医学历史文献的宝库，一个远离现代科技喧嚣的避难所。对于我们这些专门照顾病人或从事医疗研究的人来说，耶鲁大学医学史图书馆是一个免受日常喧扰的安全之所及科学创新与发展的滋养之泉。

我所在的医疗中心的所有实验室和患者护理区，离那个高高的、带阳台的阅览室和它那一层医学宝库都只有几分钟的步行路程。而图书馆距离我每天花费大量时间的手术室正好有两个足球场的距离。30 年前，这段距离我可以在 25 秒内跑完全程，而即便是现在，人到中年、步履变慢，算上楼梯，我也能在 3 分钟内到达目的地。

之所以如此便捷，是因为该图书馆的捐赠者的愿景。这三位热心的书商希望能够实现“周游各地与各个时代”。他们在 20 世纪 30 年代联合创建了这个藏书的天堂，将他们的个人收藏合并于此，以便每个希望了解医学历史的人使用。他们分别是约翰 · 富尔顿（John Fulton），美国神经生理学领域产出最高的研究人员之一，也被称作“人类发电机”，他孜孜不倦地工作，成就了许多医学科学和人文主义方面的重大项目；哈维 · 库欣（Harvey Cushing），他曾在哈佛大学彼得 · 本特 · 布里格姆医院（Peter Bent Brigham Hospital）担任外科主任，退休后不久来到耶鲁大学，并在这里建立了神经外科专业；瑞士医生兼目录学家阿诺德 · 克莱布斯（Arnold Klebs），编写了有关航行的话。为了纪念他们的公共项目，他们自称“三位一体”。

自 1941 年开幕以来，这三位朋友建立的图书馆的发展速度甚至超过了他们最乐观的预期。耶鲁大学医学史图书馆已成为世界上为数不多的医学工作者想要每年都去朝拜的地方之一。如果我们接受麦考利勋爵的标准，即“完美的历史学家是他的作品中展示了一个时代的特征和精神的缩影”，那么被我称作我私人领域的这个图书馆就是西方医学文明的完美“历史学家”，不费尽心血根本不可能达到这样的高度。它完全符合麦考利对于历史写作的定义——“诗歌与哲学的融合”。

阅览室尽头的墙壁嵌着一座巨大的壁炉，壁炉上方有一块大牌匾，上面刻着发人深省的题词，写给那些最能充分利用这些馆藏的人。参观者们漫步于馆藏之中，聆听它们的“讲述”，领略题词所传达的智慧：“在这里，保持沉默，聆听其他年代的伟大作品。”

本书基于大量的“聆听”。本书的副书名是“医学史上闪耀的群星”，因为我选择以一些具有里程碑意义的贡献者的传记形式来讲述治愈的历史。但我一直在思考，尤其是在我撰写最后几章的时候，“自传”一词是否能更好地传达我的本意。我在本书中试图做的是描述当今每位医生在形成自己对于医学的基本见解的过程中所经历的发展阶段，以及我们所有人对疾病发生过程的观点。因此，不如说医学故事就是我职业生涯的故事。

当我坐在病人的床边，试图重建导致他生病的一系列病理事件的序列时，我正在运用一种起源于2500年前的希腊的推理方法。同时，当我追溯我所遇到的一种疾病的发展时，我也在追踪现代医学所依托的理论的发展。我会对所有病例追本溯源，去找寻导致疾病的根本原因，并且我坚持这样的原则：只有在我作为医生理解特定患者的病因、疾病的源头，以及它对机体内部所造成的破坏和预后过程（无论是否采取治疗）后，才能有效地治疗该疾病。有了这些理解，我就可以做出诊断，确定治疗方案并预测结果。

希腊医生的每步诊疗过程受“医学之父”希波克拉底的影响巨大。医学的历史，是由世代传承蛇杖的医者们经过努力而不断改进的历程，他们致力于寻找使整个诊疗过程达到完美状态的方法。从16世纪开始，人们对人体内部的解剖结构才有了真正的了解；发展到18世纪，人们开始理解疾病对这些解剖结构所造成的破坏，医者们继而创新身体检查诊断方法，通过它们可以追踪症状和体征到其起源器官；而后，他们可以通过对死者的解剖来评估其诊断的准确性。

随着听诊器等诊断工具的发明，对疾病部位的识别也变得越来越精准。借助于改良的透镜系统，人们认识到器官的疾病状态是由器官内的微小细胞引起的。在确定了疾病起源的微观定位后，医生们接下来将注意力转移到一个新的问题：什么导致了正常生理机能出现异常。这就是 19 世纪中期的情况。

几十年之后，诊疗技术的整个发展过程越来越依赖对于器官、组织和细胞的客观研究，也因此越发依赖科学方法。这造成了一定后果，即医生不得不以历史学家称作还原论者的方式集中精力，有时却忽略了当下需要治疗的病人。尽管最好的医生总是尽力去关注病人的整体健康，但科学的精准要求使医生们无暇顾及“整体”。

当然，并不是说“整体主义”（或整体论）与科学医学不相一致。事实上，在 20 世纪的最后几年，当我们收集了更多关于健康人群患病经过的信息后，我们已经开始更加充分地意识到所涉及因素的复杂性。现在，我们很少去找寻疾病的单一原因，而是搜集每一个导致患者生病的因素。一个人生病一定是由一系列原因导致的，每个人的情况可能都不一样。例如，虽然我们体内可能都藏有链球菌，但你我的喉咙痛感可能是由不同原因导致的，致病菌也在不同阶段以不同的方式“搞破坏”。

W. 杰弗里 · 费塞尔（W. Jeffrey Fessel）清楚地表达了这种看待疾病的新方法，他既是医生，又是医学理论的预言哲学家：

> 在大多数情况下，疾病不是某个时间点上发生单个事件的必然结果，而通常是许多事件的概率结果，每个事件在不同的时间作用于生物体，每个事件都产生一系列独特的生物反应。这些事件的总和足以使患者感到不适，从而被诊断为疾病……
>
> 不同的病人最终的组织反应所引发的临床表现可能是相同的，即他们的症状相同，也就是说他们可能患有同一种疾病。然而，也可以推论每个人的疾病都是独一无二的，基于的假设是疾病的综合征、进展方式和时间顺序很难做

> 到完全一致。从这个意义上讲，每种疾病都由综合征组成；换句话说，没有单一疾病本身，有的只是生病的人。

这是希波克拉底和在他之后每一位负责的医生都赞同的观点。因此，杰弗里·费塞尔和我以及所有曾试图做出诊断，实施治疗计划并试图预测预后的医生，皆为蛇杖的传人，也受益于书中所述著名医者的传承。因此，本书是代表我们所有医者的“自传”。

对于本书，我做出以下几点说明。首先，我先请求读者们的宽容，对于我选入本书的杰出贡献者的名单，请不要质疑（对于使用传记形式书写历史的任何人来说，这一点是必要的）。在象征医疗的星系中，还有其他几颗恒星也像他们一样闪耀着明亮的光芒，也符合我心目中的贡献者称谓，甚至与我书中所收入者相比，他们更值得被称颂。但我的选择并不以此作为依据，我选择感兴趣的人物，以更好地讲述我希望表达的故事。

我也可能会因为加入了叙述性的趣闻和丰富多彩的情节而受到批评，专业的历史学家可能认为它毫无意义，因为他们总是致力于发掘“英雄们”的人生里程碑。在这一点上，我在麦考利那里得到了一些理论支持，他说：“完美的历史学家……认为奇闻趣事、千奇百怪的方法、我们熟知的格言有助于引领人们关注历史的焦点，即法律的运作、宗教、教育、人类精神进步的标志。这些人不仅将被描写，还会成为我们亲密的朋友。”但是，尽管我很感激这些话，并且显然会毫不犹豫地引用它们，但它们并不完全适用于像我这样的不完美（而且非常业余）的历史学家。此外，我的动机不那么纯粹，可能符合一个小众的历史学观点，也与我的一个不为人知的秘密有关：我承认自己是一个“偷窥者”，而且还是一个爱“八卦”的人。我喜欢窥视著名医生的生活，并写下我所看到的。所谓完美的历史学家，这种人还没有诞生。在他或她来嘲笑我们的自命不凡之前，我们所有人都可以假设自己是书中这些讲故事的伟人。

最后强调一点。一位言语犀利令我欣赏的同事指出了书中某些可能的致命缺陷——一种过分“惊叹”的写作方式。我的朋友说：“所有的人物都令我印象深刻，而其中的某些人物让我确实无法像你一样对他们感到惊叹。”好吧，这当然是一种准确的看法，但我却不会因此而感到抱歉。我不仅对他们的才华、勤奋和成就印象深刻，而且坦率地说，我对他们中的大多数感到十分惊叹。毕竟，他们是有史以来最伟大的医学革新者。一位了不起的医学老师威廉·奥斯勒曾经说过（你看，我又在惊叹了），我们研究历史以及事件本身，正是在领略其所谓的“人物之间潜移默化的影响”，我们在学习历史，而书中的人物也在进行历史的传承。在了解了我所选择的这些医者的生平事迹之后，我对我们文明的未来信心倍增。

在这些日子里，当人类的前途看似黯淡而预测似乎不切实际时，我在我的“角色转换”中发现了一些给我希望的东西。您将在这些章节中了解到对生命的崇敬，对大自然奥秘的学习热情，为进步而牺牲的愿景，这些特征是我们人类所固有的，尽管我们的世纪也见证了大量人类自我施加的悲剧。更进一步说：我坚信，人类意志是存在生物学决定因素的——基因，就像有一个或多个基因决定我们眼睛的颜色或手指的长度一样。我不知道它是被称为上帝的力量还是称为机遇的力量所赋予的，但它在我们体内的增殖就像日出日落一样具有可预见性。我们的才智和我们的身体结构均不能作为人性好坏的评价标准。在地球上，人类相比于其他动物更加具有幸福感，因为我们心中蕴藏着人类的精神动力和文明力量。它使我们有勇敢思考的能力，让我们做勇敢的事，给我们的同伴勇敢的支持。我预计有一天它将成为科学研究和证实性实验的主题。尽管此类研究可能从社会学这样的软科学开始，但它们最终会进入量化和分析的领域。我相信，在不久的将来，那些能够解开DNA之谜的人，一定能够解开现在被认为是人类天性中的那些不可思议的奥秘。正如歌德告诉我们的，世上没有奇迹；有的只是大自然的奥秘，等待着我们去解开。

在理解了人类精神的生物学基础之后，我们便能够解释很多人类品质，如利他主义和一个人所谓的“天性”，如照顾他人使之恢复健康。尽管在其他动物物种中也观察到了类似的能力，但是它们却没有像人类一样高度发达。它们构成了我们认为人类所独有的许多关系的基础。其中之一是医患关系的永恒基础。

关于这一点我也深受鼓舞，与我们这个时代那么多悲观的预言家不同，我对医疗护理的未来充满信心，即使这仅仅是因为它表达了我称作人类精神的生物学特质。我使用“永恒”这个词是经过深思熟虑的——我认为它永远不会消失。

半个多世纪以前，弗朗西斯·韦尔德·皮博迪博士给一群哈佛医学院的学生做了一次演讲，他就允许医学研究介入医学技艺所带来的危险说道：“它们不是对立的，而是相辅相成的。”我这篇《引言》题词中的三句话是他的演讲结束语。从那以后，演讲结束语被无数学生反复提起，因为他们确信这既是成为一名好医生的秘诀，也是其最大的恩赐。

舍温·B. 努兰

写于纽黑文市，1988年1月

1 医学的图腾

希波克拉底

有些人认为《新约》中的耶稣从未存在过。他们对归于他的事迹提出异议，并怀疑他的经文的真伪。对世界上许多其他主要宗教和教派的创始人，也有人表达了同样的怀疑。即使有看似可靠的神圣生命证据，一些思想家仍然不予置信。

尽管我们每个人都可能对理性主义或宗教做出个人承诺，但我们对究竟何为现实并无定论。那些有着深厚传统信仰的人有所坚信，且不需要任何文献加以证实。对他们来说，历史是由上帝之光照亮的，它辉煌地照耀着这片区域，这片在怀疑论者看来似乎是一片模糊虚空的土地。因此，只要我们的后继者能够生存在这个地球上，追求真理的人和追求真实的人之间的辩论将永远继续。

在严格的实践层面上，这两种追求并无对错之分。研究现代伦理宗教根源远不如了解不同宗教群体的发展，以及每个群体对世界历史和道德观念的影响重要。其中最为重要的是其对现代人的思想观念的总体影响。

希波克拉底也是如此，一位被称为“医学之父”的希腊医师。除关于他的神话外，我们了解一些他的真实人生，并有充分的理由以非宗教的方式来纪念他、相信他，将其世代传承。但除了他的经典著作之外，其他故事的确定性皆无从证实。传统是有说服力的老师，即使它所教的内容是错误的。它始终告诉我们，希波克拉底的所有著作出自本人。它告诉我们，这些故事与《旧约圣经》的《摩西五经》一样可信，但是有力的文献学证据否认这种主张，认为其不可与后者相提并论。

就像《圣经》一样，希波克拉底的著作似乎由不同的抄写员在不同的时间完成，将传颂的信仰与实践落实笔头，从而建立起永久的记录。虽然希波克拉底汇编（或通常所说的《希波克拉底文集》）在一定程度上比我们用来做类比的《圣经》文风要逊色，但它包含了一些永恒的真理和一些气势恢宏的文学作品。它的整体统一于神学，与其说是希波克拉底本人，不如说是神学造就了这一部文集。《圣经》和《希波克拉底文集》都论述了人与人的关系，以及人与自身之外的另一种力量的关系。然而，在希腊的著作中，所谓力量就是自然，而非上帝和其他超自然力量。

希波克拉底学派的最大贡献在于否认神或神秘力量对疾病的起因和治疗的影响。瑞士医学历史学家埃尔文·阿克奈德（Erwin Ackerknecht）称其为“医学的独立宣言”。

在通篇文集中，没有丝毫迹象表明疾病起因于超出医生理解的范畴，即每一组症状都有一个或多个特定的原因，治疗必须针对疾病所处的整体环境，而不仅仅是其症状本身。因此，疾病发生的外部环境应被视为与疾病自身表现同等重要的因素。希腊人最早相信宇宙是按照理性的、合理的规则运行的，他们传达了因果的概念，从而为科学奠定了基础。甚至可以说在亚里士多德之前，希波克拉底便拥有这种辩证观；这部文集蕴藏着科学的瑰宝，包含了现存的语言中最早的科学论述。

除了“医学之父”之名，以及以希波克拉底命名的哲学与实践成果，我们对于希波克拉底的了解甚少。但已知的是他本人真实存在，而且似乎已是当时的杰出医师。在讲述他的生平之前，有必要描述一下他的出身之谜和他所处时代与之对抗的力量，特别值得一提的是当时的一个信仰体系，该信仰的实践者被统称为“埃斯库拉庇俄斯”（Aesculapius）崇拜。

在后荷马时代，人们相信疾病的治愈依靠神灵，主要是阿波罗、阿耳忒弥斯和雅典娜，而后由仙女科罗妮丝将治愈能力转移到阿波罗的儿子。有关埃斯库拉庇俄斯的神话众说纷纭，就像希腊文化本身一样，起源于许多早期文明和传统的融合。传说将许多奇迹般的治愈归于神，拥有忠实信仰的病人在献祭的神殿中睡眠，在梦境中神灵对他们进行治疗，最终获得痊愈。

在当地文化中，这些神殿被认为是恢复健康的理想场所：它们通常坐落在微风拂过的山丘上，附近有清澈流动的小溪或泉水，那里的水含有丰富的矿物质。有益健康的空气、视觉舒适的森林、耕耘出的美丽花园以及长袍祭司在精神上的滋养，这些共同营造了一种安心的氛围，在这种氛围中，健康有望回归朝圣者的身体。当然，那些饱受疾病折磨的求医者是来请求神的帮助的，所以这些地方也随处可见祷告者、动物祭品和虔诚雕刻的还愿碑文。神圣的蛇在受伤的四肢上涂油膏，舔舐着，滑行着，无声无息地从一个伤口爬到另一个伤口。在进行这种鼓舞人心的治疗时，可以听到祭司们高亢的声音，他们吟诵着庄严的咒语和充满魔力的言语。在虔诚的求医者的簇拥下，他们讲述着埃斯库拉庇俄斯及其子女们所拥有的神奇能力，其中包括他的女儿海格亚和盘尼西亚。神灵带着一根长长的权杖，权杖周围缠绕着那条著名的圣蛇——现代科学医学的标志就是从这个超脱尘俗的神话起源而来的。

治疗的重点在于神赐之梦。在梦中，埃斯库拉庇俄斯直接或以符号的形式将康复的方法传达给沉睡的患者。在神秘的仪式和神殿的神圣气氛中，患者被带入适当的情绪准备状态，在充满敬畏感的神殿里睡了数个晚上，直到神谕的幻象出现。随后，祭司们以与之相吻合的治疗体系来解释这些“神谕”，进而可能遵循“神谕”而采纳饮食、运动等疗法，甚或现代被命名为的“娱乐疗法”和“音乐治疗”。有时治疗过程需要放血或血液净化治疗，甚至偶尔出现的一些异想天开的指令，使人迅速恢复健康，人们便相信这是神的旨意。如果治疗成功了，便会归功于埃斯库拉庇俄斯和传达旨意的祭司，祭司以同样虔诚的态度接纳病人的祈祷和金钱；如果治疗失败，则归咎于求医者本人的诚意。

总而言之，尽管当时的人们发明了“健康胜地”的治疗方法——埃斯库拉庇俄斯体系，但它实则建立在疾病的神学哲学基础之上：疾病是由未知的超自然力量引起的，因此治疗方法也必须借助这一超自然力量。

几个世纪以来，历史学家认为希波克拉底的医学理论源于此，祭司是希波克拉底及其学派的先驱和老师。但事实并非如此——希波克拉底学派的医者遵循的教义是与神学的超自然戒律背道而驰的。新学说是理性的、经验性的，并且建立在这样一个原则之上：每一种疾病都有对应的治疗方法，这种方法符合客观规律，而且很容易发现。这种历史上的混淆可能源于这样一个事实，即希波克拉底学派的一些医生称自己为埃斯库拉庇俄斯，从而给后来的观察者留下了一个错误的印象，即他们是埃斯库拉庇俄斯的追随者。

一幅 18 世纪的法国版画描绘了希波克拉底的形象。尽管基于很少的证据，却是历代流传下来的形象。（耶鲁大学医学史图书馆提供）

大约在公元前 460 年，希波克拉底出生于小亚细亚西部海岸附近的科斯岛。这是根据仅存的古代史料，也就是柏拉图的两篇对话——《普罗塔戈拉篇》和《菲德罗篇》所知道的，后期的历史或多或少渲染了传奇色彩。后来的作家说他是赫拉克利德斯的儿子，是一个世袭的埃斯库拉庇俄斯。然而 20 世纪的考古证据表明，科斯岛上对神埃斯库拉庇俄斯的狂热崇拜止于公元前 350 年。当这位医学之父去世时，人们对文集的其余部分产生了相当大的怀疑。关于希波克拉底是埃斯库拉庇俄斯的第十九世系后裔这一传闻，人们可以轻易否定，但他的其余生平既无法证明，也无法反驳，所以我还是选择以主流的方式来讲述。大部分的细节来自公元 2 世纪以弗所的索拉努斯所写的传记（略带奉承色彩），尽管在当时希波克拉底已经去世500多年了。人们可以信赖他的叙述，如同信任有关现代圣女贞德的传记，因为后者仅是建立在口头叙述的基础上，并且是由一位法国妇女运动的领导人——一位宗教神秘主义者——所写的。无论如何，这似乎是对这位医学之父生平的第一次书面描述，也是我们目前讲述的主要参考资料。

据描述，希波克拉底的医学是由他的父亲赫拉克利德斯教的。与当时的其他医者一样，他花费了大量时间旅行，在周边城市和爱琴群岛练习他的技艺。在旅行期间，他教授医学和外科类课程，得到了学生和病人的报酬，也获得了日益增加的声望和日渐娴熟的行医技巧。坊间流传他能够治百病，也曾获得许多荣誉。没有人确切知道他的长相，但在经权威人士所“认证”的几尊雕像中，他被描绘成一位年长、相貌出众的圣人，秃头，留着胡子，看起来聪明，有灵性。作为科斯岛学院的一名备受尊敬的成员，他是他那个时代最有影响力的医生之一。他似乎经历了漫长的一生，大约百岁时在拉里萨去世。

把希波克拉底的生平代入其所处的时代，我们会发现他漫长的一生跨越了苏格拉底和柏拉图时期，死于亚历山大大帝诞生前10年左右，当时亚里士多德还很年轻，伯里克利、欧里庇得斯、埃斯库罗斯、索福克勒斯和阿里斯托芬是他的同时代人。显然，这是希腊伟大的思想动荡的年代，思想上的无可辩驳的首个“父亲节”——希波克拉底、希罗多德和亚里士多德分别在医学、历史学和文学评论领域，像是父亲般创造了新生。这是一段精神能量爆发的时期，这种精神能量在西方文明文化中时有出现，能够推动新的思维方式、行为方式和表达方式的发生和发展。

希波克拉底医生使我们熟知的医学迈上了发展之路。其摒弃了迷信和巫术，致力于对无序的生命历程进行系统化的描述，并遵循一系列科学准则，即宣称医生的首要职责是对病人负责，并构成了指导医学思想后续发展的框架。

具有讽刺意味的是，科斯岛学院（也就是所谓的科斯学派）的竞争对手是位于另一个半岛的科尼多斯学派，那里的医生在某种程度上更像我们当代的医生而非科斯岛的医生。科尼多斯学派专注于疾病的诊治，而科斯学派关注病人个体。同当代医生一样，科尼多斯学派的医生也是还原论者和微调者，他们致力于疾病过程的分类和准确诊断，试图了解导致这些症状的具体的局部器官功能紊乱。既然如此，有人便产生疑问，为什么反而幸存下来的科斯学派希波克拉底学说成为现代医学的基础？

在古希腊，科尼多斯学派的方法有一个固有的缺陷：要想获得成功，科尼多斯人需要更为精确的解剖学和器官功能知识，而这在当时很难实现。基于时代的宗教习俗，人们主张死后立即埋葬，并且存在人体解剖禁令。另一方面，在当时的文化大环境下，人类对尸体的恐惧是难以克服的，即使是相对冷静的医生。尽管可以从动物研究和一些少有的、慌张操作的人类局部解剖中获得一定的解剖学知识，但它们只能够提供粗略概览，比如有幸探查了受伤士兵暴露在外的体腔。在整个希波克拉底文集中，并无决定性的、无可争辩的证据表明在当时实施过正式的尸体解剖。

即使获取了必要的解剖学知识，也必须对病变器官进行成千上万次细致的研究，以便了解病变过程是如何引起病人所表现出的症状。即使上述研究能够实现，即医生掌握了疾病的病理过程，却无法实现对应治疗，谁又能从中受益呢？特异性的诊断对患者没有帮助，除非针对性的治疗紧随其后，在当时科学仅为发展初期，这种想法难以付诸实践。科尼多斯哲学的实现必须等待现代医学的到来，因为现代医学对于疾病的生理学和生物化学机制理解日益透彻，在治疗手段方面也有了巨大的飞跃。这一系列的成果直到文艺复兴后期才出现，科尼多斯学派过早进入了竞技场。

在希腊科学相对局限的时代，科斯学派的表现要好得多。这些希波克拉底式医生将疾病代入病人的整体生命历程，他们的治疗方向是恢复病人的原始状态和抵抗力，并重建病人与周围环境的适当关系。可以肯定的是，他们在当时承受了学派体系导致的根源错误的后果，他们错误地将不同的临床情况归类为同一个，因此出现混乱。换句话说，他们基于疾病的主要症状，例如发热，而将不同疾病归为同类。然而，凭借其“整体”的诊疗过程，他们仍旧取得了超越对手的成功。具体来说，一是他们的治疗不是集中在实际的诊断上，而是集中在病人和他所处的环境；二是接纳病人成为自身治疗小组的一员。在这一点上，我们可以认识到所谓整体医学孕育的种子，或者至少整体医学的思想在当时是独立于随后发展中那些不切实际的想法。

[注：在上一段中，我使用了“临床”（clinical）一词。尽管在医生看来这个词的使用已成为常规，但“临床”一词常常使其他人感到困惑。根据现代的语境，这个词来源于希腊语 klinē，指的是躺椅或床，而后延伸为躺着的病人。从语言学角度，“斜倚”（recline）这个词也是由同一希腊词汇延伸而来的。所谓“临床”，指的是解决病人及其疾病的问题，区别于讲座、实验室和纯粹科学。换句话说，它是“床边医疗”。治疗疾病的人被称作临床医生，他所学的专业被称为临床医学，他执业的场所被称为临床科室。这种场所可能仅仅是医院走廊尽头的一个小诊室，抑或是一个复杂的公司结构，与梅奥、莱赫医学中心等挂钩。前往这些医疗场所的人被称为患者（patient），来自拉丁语 patior，意为“受苦”。他们也可以被称为客户（client），同样来源于希腊语 klinē。]

因此，希波克拉底的基本整体临床方法提供了清晰的思路，带领希腊医学走出迷信和巫术的泥沼。然而不幸的是，这种清晰性仅维持了500年；罗马帝国衰落后，它逐渐被扭曲和误解，并因这种改变在之后的数千年里难以恢复盛态。尽管希波克拉底主义为医学进步扫清了道路，但最终却注定成为它自身探索道路上的障碍。

甚至在文艺复兴之后，希波克拉底医学的守旧派仍然保持他们的观点，尽管解剖研究的呼声越来越高，他们却仍保持反对与阻碍态度：他们反对药剂师们在器官、组织，以及细胞本身的结构中寻找答案。科斯学派和科尼多斯学派之间的斗争直到两个世纪前才有了转折——在那时科学界已做好准备，采取坚定立场来支持精准器官病理学。同期，显微镜代替了临床医生的肉眼诊断，研究疾病分子机制代替了病人探查。还原论者重登舞台，并自此引出现代医学科学的准则。

尽管希波克拉底文集曾被曲解过（甚至有一段时间被学界遗弃），但在罗马和还原主义存在的数百年里，它为科斯学派的医生提供了思维构建与支撑。大多数权威人士认为，希波克拉底文集是科斯医学研究中心图书馆的遗留品。在当时确实有这样的医学图书馆，但只有这个图书馆在后期被保留下来。可以肯定的是，其包含了许多不同类型的文本，从主要的埃斯库拉庇俄斯的著作到偶然被保存下来的书籍，包括临床记录、演讲集、手册和指南，以及关于医学或相关哲学理论的论文。换句话说，任何医学图书馆的书籍和论文都是有共性的，即它们都包含了有助于疾病研究的资料，再无其他选择标准。这就是希波克拉底文库。它由大约70种不同的文本集合而成，全部用爱奥尼亚方言书写，风格迥异，有时在教义上相互矛盾。极有可能的是，整个文集在随后被收藏到其他的古代图书馆，也许是亚历山大时期某个知名的图书馆，在那之后被视为一部由知名人士所写的杰出之作。

专门研究希波克拉底文集的学者一致发现，文集中的部分章节因其清晰思维、所传递的崇高道德信息和科学客观的方法论脱颖而出。这些高质量的章节在写作风格上具有一定的相似性，因此早年被视为出自同一作者，它们被称为“希波克拉底真正的作品”，即使是那些将文集视为混合的统一整体的学者也没有反驳这种观点。即便依靠这种“真实度”去评价文集内容有些许冒失，这种区分也有其作用，因为它将代表希腊医学思想最伟大贡献的部分从文集中分离出来。我们对于希波克拉底的成就以及“医学之父”的追誉，主要便是因为这一部分章节。

大多数伟大领袖的追随者，无论是出于信仰还是政治，都坚守着他们的先祖最为精辟的宣言，并将其奉为圭臬。对于科斯学派的医生来说，坚守的便是希波克拉底的格言。而这些医学格言的首句，也是所有古代医学乃至整个医学界引用最多的一句话，希腊人喜欢称它为艺术：

> 生命短暂，医术恒久，危机转瞬，经验危险，决策不易。

对于那些想要治愈病人的医者所面临的障碍（即病症），是否存在更好的临床描述呢？凭借记忆、数据，还是其他方式？每一个尝试过的人都知道，一生中，要成长为“大师级别”是漫长而艰巨的。然而，真正认真研究人及其疾病，从而累加人类的知识总和的机会少之又少。每个人，甚至是所有医生，是否意识到这种知识积累所带来的持久重要性？我们经常谈论到经验的价值，但我们都知道，即使以一个成熟的医生所能具备的临床客观性来看待一个人积累的记忆，也会有一定的误导性。值得注意的是，许多临床医生遇到合并疾病时试图对它们进行量化和测量，并以生物统计学和数理统计学这些貌似专业的名称来美化它们，但它们终究也只是虚拟的。如果其具有真实性，那么每个人的数据都应当是一致的，而事实往往并非如此。不管我们是依赖记忆、数据还是解释，经验总容易让我们误入歧途，这便是希波克拉底所说的“经验危险”。

格言的最后一句，便是临床决策。我们试图把它教给学生，但我们不知道自己是否理解它。从医30年后，我甚至不知道如何定义它，有时在临床中也无法意识到它的存在。我试着去做一些正确的决策，但是有时候症状相同的两个病人，昨天和今天相同的诊疗决策却导致了完全相反的医疗结局。如果连看似客观的统计数据都给出了模糊的答案，那么决策势必包含太多不确定因素。如果它真的能做到完全正确，医生便也无可反驳。就像面对同一统计结果，一个医生的决策常常与另一个医生的决策相冲突；若统计结果与实际临床表现相悖，没有人能保证哪一项是真正有助于治疗的最佳决策。因此，这个问题可以归结为希波克拉底的第一句格言：决策是难以习得，进而应用于临床实践之中的，甚至很难识别；医学几乎没有什么确定性——古人明智地称它为艺术。

对于希波克拉底学派的医生来说，医学艺术的基本原则是追求一种自然的稳定状态；通过不断调整身体的常规，保持它们之间的平衡。当稳态存在，我们就处于健康状态。在很多因素作用时，这种平衡可能被打破，导致某一组分出现过剩。当这种情况发生时，便产生了疾病，具体的疾病类型主要取决于占优势的组分。医生的职责可以说是帮助机体的自然环境恢复平衡状态。由于每种疾病都有其独特的自然病程，医生必须熟练掌握其病程，以便预先掌控疾病事件的进展，并由此决策是否需要以及何时进行干预治疗，从而帮助机体发挥其作用。

有关机体自然平衡的概念并不是由希波克拉底主义者最早提出的。早在这一理论出现之前，某些医生群体就认为疾病是由血液、黄胆汁、黑胆汁和黏液这四种“体液”之间的不平衡造成的。他们认为，这四种主要的液体是通过食用和消化的食物来不断更新的，血液来源于心脏，黄胆汁来源于肝脏，黑胆汁来源于脾脏，而黏液来源于大脑。

该理论之所以吸引当时的希腊人，是因为它满足了他们哲学系统中客观性的要求。我们在很多情况下都可以见到体液，因此它们的实际存在毫无疑问，即它们是有形的物质。黑胆汁是这四者中比较难确认的存在，解释其表现——因消化道出血的黑便或各种临床条件下常见的咖啡渣样呕吐物。

体液与火、气、土、水这四种“元素”有直接的关系，因此与热、干、冷、湿这四种“体质”也有直接的关系。血液表现为热湿性，黄胆汁表现为热干性，黑胆汁表现为冷干性，黏液表现为冷湿性。由于体质的作用，身体的平衡受到季节的影响。人们很容易感受到，黏液这种冷湿性的体液在冬季增多；希腊的春天湿而热，人们认为在那时血液会增多；黄胆汁在夏季干热时更为普遍，而寒冷、干燥的秋季则使黑胆汁占了主导地位。在希波克拉底的疾病描述中，胆汁性呕吐、痢疾、流鼻血、卡他、黄疸和发烧都是常见疾病，每一种都可能与一种或多种体液及其主导的季节相关，而这一点尤为适用于季节性高发的传染病。因此，人的健康不仅与其体内的体液有关，也与其所处的浩瀚宇宙内的环境因素息息相关。

这一套体系还有可能受其他因素影响。如果这个季节本身的特征在每一年都有所变动，那么体液的正常季节变化就会被打乱。此外，某些地区的居民易感某种疾病，即疾病的高发地区，这取决于盛行的风向、供水的来源、光照的角度，甚至他们居住的城镇所面朝的方向等因素。可以想象，温度和湿度的急剧波动被认为是高危因素，因为它们造成了体液平衡的急剧变化。显然，摄入不同种类和不同数量的食物也会使特定体液的产生量发生改变。

为了确定某一疾病过程的根源，即体液不平衡的性质，必须越过明显的临床症状，寻找产生疾病的客观证据。为此，人们发展了一套非常复杂的体格检查方法，医生熟练地运用他们的感官来寻找这种潜在疾病的各种表现形式。希波克拉底时代的病例报告读起来很有趣，它们描述了病人的体温、肤色、面部表情、呼吸方式、身体姿势、皮肤、头发、指甲、腹部轮廓，以及许多其他的线索，当今卓越的诊断医师仍会在会诊过程中参考这些体征指标。希波克拉底时代的医生并无实验室测试的条件（这在2500年后才实现），他们亲自去尝尿液、血液的味道是否有异常，并毫不犹豫地对皮肤分泌物、耳垢、鼻涕、眼泪、痰液和脓液进行同样的测试。他们用鼻子去闻凳子，并注意到在其之上的汗水黏稠度，诸如此类检查。他们对病人身体机能的任何分泌物或产物都会进行严密的分析。

诊断过程的经验体系也是该理论的亮点。它以实际观测为依据，如同体液学说。这是医学界的新发现，而在此之前，由于治疗有赖于超自然力量的干预，或疾病在诊断时只考虑最明显的症状，抑或根本没有试图找出主要原因。希波克拉底方法论存在惊人的连贯性，一旦将其基本理论引入学生学习，其余部分将据此，以合理的顺序自然展开。这一理论的建立依托对直观事物的解释，显然存在谬误，但在其自身的一系列连贯假定下，它仍然是一个逻辑思考者所信服的理性体系。不仅如此，它还鼓励人们进行观察性研究，为将科学方法引入医学铺平了道路。希波克拉底的方法是经验性的，是实验性研究的先驱。它的特点是详细记录数据，并从已知的临床表征中做出推论。其教学方式和现代医学科学一样，利用病例记录、临床教学、医学讲座和演讲等方式。

希波克拉底的基本哲学与现代理性哲学相一致，后者就是当今受过科学训练的医生处理病人问题所应用的方法论。该理论认为，疾病应该被看作是一场自然和所谓病因之间的斗争。医生的职责是密切观察病人的病程情况，以便决策实施干预治疗的有利时机，并时刻牢记在多数情况下减少非必要的干预，并最好将必要干预控制在最低限度。要知道，疾病形式多种多样，从轻微感冒到癌症，对应的干预也应当区分限度。

希波克拉底学派的医生明白，所谓自然力量是一种持续作用的、积极的、治愈性的力量；人体往往会因此自行痊愈。只有在机体异常的情况下，病因才会压倒机体的自然趋势，即建立起一套新的身体平衡节律。现代诊疗工作的指导原则仍然依托于希腊医学圣贤们的思维基础。尽管整个希波克拉底文集中存在不同的表达方式，最为直接的表述为《流行病学》(I、II 册）一书中所述："竭尽全力帮助，但最重要的是不能伤害。"在接下来的几章中，我们将会清楚地看到，这个基本的教义已经通过它的拉丁文翻译流传了下来：Primum non nocere（首先，不可造成伤害）。

我们这个时代的一位智者也曾发表了同样的见解。关于机体自然治愈的能力，他的话引起的反响可能没那么大，却也同样意味深长。大约 15 年前，在耶鲁大学会议室庄严肃然的气氛中，生物学领域最伟大的观察家刘易斯 · 托马斯（Lewis Thomas）给我们几个人进行了一番演讲，浓缩了我自己以及其他所有人的临床经验。具体的用词我记不太清，但大致意思很容易被复述和还原。他的演讲内容多取自他的作品，包含那些可爱的抒情诗和犀利的格言，在他的文章《身体十分健康》[1] 中出现多次：

> 多数事情都是自发地走向变好的趋势，健康也是如此。此中的奥秘，内科医生们知道，他们的妻子婚后不久也学到了，但就是对大众秘而不宣，那就是，大多数毛病不用治自己就好了。是啊，大多数毛病到上午就会好一些。

自然机体是如何实现自愈的？医生又在这过程中如何施加帮助？在希波克拉底时代，人们因四种体液中的一种占了主导地位而生病，除非把多余的物质从身体里驱逐出去，否则其是无法恢复的。为了实现这种“驱逐”，当时的医生认为，人体会利用其体内固有的能量来试图将这种原始有害的、多余的体液加工转化成一种可以排出体外的形式。这一过程被称为消化（pepsis），或消解（coction），其结果是产生可识别的流出物，如痰液、脓液、腹泻物、肠出血、鼻分泌物和难闻的黏液塞状的咳出物。如果多余体液得以消化，病症源头也因此消除，病人获得康复；如果无法消化，病人因此而死亡。如果病人处在危重时期，最终产物的排出，即治愈的过程可能是迅速和剧烈的；如果病人的病程延展而缓慢，那治愈的过程是通过所谓的消退（lysis）来实现的。这如同一场战役，疾病对抗病人内在体质的防御能力之战。

在希腊时代，医生并无大量的药物或物质资源来协助机体自然地运作。他们通过检查身体的各种流出物来辨识体内消解的情况，通过仔细观察这些物质以寻找疾病消退、危象或病人濒死的生命迹

① 该文收录于刘易斯·托马斯的作品《细胞生命的礼赞》（中信出版社，2020 年）中。——编者注

象。这种方法是希波克拉底医学最基本的理论之一，也被称为推断预后的“大师”。以当时的工作条件来看，这样的称谓名副其实。在一个没有行医执照，也没有办法证明自己资质的社会里，具有专业素养的医生需要一种使自己区别于其他“相对业余”医生的方法。当时的大多数医生都是流动执业，在不同地区从事诊疗，提供服务的方式与古代流动的工匠大致相同。如果在一个特定的社区里医疗需求大，治疗者可能会待上一段时间，直到医疗需求减少为止。在这种情况下，有必要迅速积累声誉，以便病人可能知道他们是在与一位训练有素的高明医生打交道。除了做出准确的预测外，医生还有什么更好的办法来建立信心、积累声誉呢？

一位希波克拉底式的医生，最初会在学校接受以研究疾病过程为首要考虑因素的培训；在当时科学允许的范围内，他会是临床症状演变方面的专家。他掌握了某些症状会组合形成特定的综合征，以及某些疾病的症状是如何在其他症状出现后以可预见的形式相继出现的。因此，他完全有能力进行预测，而他所在学校的氛围也鼓励他这样做。正如今天人们所公认的那样，一个自信的医生会相信自己的医术，不仅可以自我诊疗，也可以救助他人。病人对医生的信心是诊疗过程中最重要的因素之一，虽不会造成惊天动地的影响，却也不可或缺。用这位古代作家的话来说：

> 一些病人即便意识到自己的处境危险、不容乐观，却也因为医生的善意和信心感到身心的满足，不负期望地好转而恢复健康。

希波克拉底格言的正确性在下面的案例中得到了很好的证明。不必期待它是多么独特的医学故事——任何有经验的临床医生都能讲出几个类似的故事。

25 年前，我与其他几名医生负责看护耶鲁大学威廉 · 斯隆 · 科芬（William Sloane Coffin）——一位极富个人魅力的牧师（在肯尼迪 · 卡梅洛特时代，这个称谓很常见）。在经历了一场特别激烈的民权运动之后，科芬回到了纽黑文市，他发烧、咳嗽，在肮脏的密西西比监狱里待了一段时间，也因此筋疲力尽。尽管牧师以其非凡的体力和精神上的恢复力而闻名，但几天后他的症状开始恶化，甚至连我们十分钦佩的那种天生的韧性也消磨殆尽，他最终勉强同意住进耶鲁纽黑文医院。

他的恶化症状被诊断是由一种严重的肺炎引起的，大量的金黄色葡萄球菌聚集于胸腔。在起初数天一直没有得到确诊，因为他的体温徘徊在 102 华氏度上下（约 38.9 摄氏度），传染病专家的联合会诊、抗生素治疗都无法消除他的“致病因素”，而我的吸脓针和吸脓管对此也无能为力。束手无策的最后，显然只能依靠一场大型的危险系数高的手术才能挽救他的生命。在做出了这个艰难的决定并与病人讨论之后，我将手术安排在了第二天早上，也就是星期三。而在星期二晚上，那令人衰弱的高烧突然消退，开启危险手术之旅的前一分钟发生了奇迹。手术因此取消，牧师在接下来的几天里迅速恢复了健康。我们谁也无法解释在我们这位危重病人的免疫系统中发生了什么转折性改变，至少我们认为，体内一定发生了某种变化。

大约 5 年后，我在参加一位教员的婚礼时看到了担任主持的科芬牧师，他看上去强壮而健康。虽然我们的城市很小，但是在他康复后我没有再跟他产生过交集。在婚礼上，我将他引到一个角落，问他那晚为何如此戏剧性地突然痊愈了，在我看来这种康复简直难以相信。我原以为会听到他详细叙述一些个人的宗教见解，没想到他会这样回答。“是我做到了，”他笃定地说，“为了比佐。”

是我听错了吗？他说的是“撒旦比佐”吗？难道在持续的高热中，这位耶鲁大学的神界领袖真的相信他与魔鬼订立了契约，只是为了避免与我在手术室待上几个小时的危险吗？我和希波克拉底学派一样，并不接纳这种魔幻的说辞，也知道威廉·科芬在健康状态下是极为理性的，所以我排除了这种可能性。我把一只手紧贴在耳后，以便在嘈杂的房间里听得清楚些。我几乎是在喊叫着问他：“为了谁？”这次我听到了一个与刚才不同的名字——比佐泽罗。

这位比佐泽罗究竟是何方神圣，激发了牧师的机体自然之力，使他能够把那致命的体液从饱受发烧折磨的身体里驱逐出去？我突然意识到，古鲁（一位印度宗教领袖）在当时正盛行，我听到的是科芬对于印度教名称不太标准的发音。紧接着，我想起了这位比佐泽罗——他不是古鲁大师，而是那次看护的实习医生，一个有奉献精神、才华横溢、极富同情心的年轻人。他在牧师的床边度过了无数个小时，根据病情需要周而复始、反反复复地调整他的治疗方式；简而言之，就是尽其医生职责把病人从死神中拉出来。在很多个夜晚，当病人的状况稍微稳定时，这位羽毛未丰的实习医生就会与这位病情危重的病人进行长谈。这种长期的交谈以及比佐泽罗医生事无巨细的照顾和关怀成为他胸部最需要的一剂良药。一种极具洞察的看法是：这些看护他的医生面临的真正挑战是使他这个人完全恢复健康，而不只是治愈医生感兴趣的、潜伏在他体内的某种疾病。如果他死了，对于付出如此之多的医务人员来说太不公平。所以乔·比佐泽罗创造了这个奇迹，而我们其他人都失败了。他之所以能够做到这一点，是因为他比他的老师更清楚成为一名医生意味着什么。在那个欢庆的夜晚，这位痊愈的病人对我说：“我是为了比佐泽罗才努力生存了下来，我不能让他失望。”

虽然那晚婚礼的两位主角在之后仅维持了几年的婚姻，但我在婚礼现场与科芬重逢，并因此获得的经验伴随了我一生。我们人类在经历了几千年的发展后，才开始领悟希波克拉底时代的医生们所倡导的理念并进行研究和量化。这一个世纪以来，科学家们一直在寻找单一病因来解释单个疾病，而现在，就连实验室的科学家们也开始寻找非单一的致病因素及其解释机制。我们将会发现肺炎球菌其自身不一定导致肺癌，吸烟也绝对不是引起肺癌的唯一因素。当我们学会对这些根源问题进行框架构建时，其答案会自然呈现在这个疾病模型中，它们需要满足不是一个而是多个条件，才能触发这些问题而产生疾病。本书的大部分章节讲述了医学对精准诊断和治疗的探索，以及对病因的探寻，这是克服医学无知的重要一步，而后续章节也会讲到医疗发展迈出的下一步。这种疾病结构模型的构建被称为科学哲学的新范式。以这种模型思维，疾病是整个机体功能紊乱的集合体，也从中提出了心因性疾病的可能性。

因此，临近 20 世纪末，我们似乎已经准备好迎接科尼多斯学派和科斯学派之间的这场古老斗争的另一个阶段，在这个阶段中，两种制度可能会被证明是可兼容的。这两位古老的对手在健康维持和疾病治疗方面实则是相互支持的，也随着时间的推移争论越来越少。病人的整体状况，甚至他身上的每一个细胞都因此逐渐好转。

现代一些医生总会被指责对病人的情感需求不够重视，而让他们可以找回信心的是：这种质疑的声音从希波克拉底时代起便产生了。也许医疗过程中的冷静与非人性化已成为我们当今技术时代的一种特点，但是走在科斯岛乡间小路上的医生的“不近人情”与当今纽约公寓楼里居住的医生不相上下。对于希腊时期的医生的主要批判声音便是指向其过分强调疾病的预测。即使在今天回想起来，其也被一些现代历史学家（通常是非医学领域的人）认为不过是机体自然的观察者和记录者。这些批评家也声称，与病人的康复相比，希波克拉底更关注疾病的进展。这种说法暗指他面对一个处境艰难的同类的某种麻木不仁。然而，如果你能仔细阅读文集中的主要篇章，哪怕是对希波克拉底的那句格言有最浅显的了解，都能轻易证明这种指控是不合理的。

尽管如此，现实仍旧无能为力——希波克拉底时期的医生无法对许多病人以当时的技术进行医治，只能借助于寻找奇迹或接受现实，让他们尽可能在神明和亲友身上获得宁静和支持的力量。医生力所能及之事在于依托他课程所学的高等医学知识，识别判断预后因素，最终做出合理的准确预测。他观察得越多，记录得越多，他的理解便更为深刻，他在危急时刻便更能发挥作为医者的作用。医生所给予的帮助可以有很多形式，不仅是实际治疗方法的干预，还包括心理支持所带来的安慰剂作用。对于前者，古希腊的医生们有些可以依靠的方法。

希波克拉底时期的一些疗法已成为医学宝库中的常用方法，在之后的2500年里都无可替代。它们包括泻药、催吐剂、热敷、放血疗法、沐浴、葡萄酒、清淡饮食和安静的疗养氛围。显然，这一大堆有效治疗方法的目的是帮助机体自然清除体内多余的体液。除了植物和药物的使用部分，希波克拉底文集本可以成为19世纪早期巴黎或费城医生的“行业准则”，因为它包含了希腊医生伟大而持久的医疗贡献和成就，却因为那些执着于“真正科学进步”的传承者的误解而被搁置，这一情况甚至延续至今。

希波克拉底的客观证据理论在外科领域遇到了最大的考验。只要疾病发生在看不见的内部器官，并通过循环系统悄然发挥其主要影响，理论便不会被质疑。当疾病发生在身体的外部，也就是每个人都能看到，这种情况就需要一种操作可见、效果可见的治疗方法。手术方法必须奏效，否则这种理论及其支持者都会陷入失败的境地。

在古代尤其如此，因为那时所有的手术都是在身体表面进行的。在外科领域，希波克拉底的医生们离开了宁静的理论哲学之地，进入了残酷的直面对抗之地。

而他们经常取胜。取胜的最重要一点在于希腊人是实干家，他们知道从经验中获取知识的价值，也不会自欺欺人地忽略一次失败的诊疗。他们发展了一套有用的专业技术，且相对于他们严苛的治疗方式，这些技术很少被后人曲解。对于现代读者来说，希波克拉底的外科教学浅显易懂，这些技巧娴熟、富有智慧的手术者总是能够写出清晰、有用的指导性文字。

可以想象，希腊人治疗了大量的创伤病例。他们了解固定夹板治疗骨折的原理，也知道当骨折复合时必须锯断突出的骨端。他们排出了胸腔的血液和脓液，也知道如何驱赶腹部的多余液体。肝、肾脓肿得以排出。痔疮、瘘管等直肠性疾病也有很高的治愈率——这些原则至今仍是成功治疗这两种疾病的基础，它们虽然看起来并不危重，而患者却饱受不为人知的折磨，也因此更加感激这些疗法。谁知道是不是因为希波克拉底疗法成功治愈了索拉努斯的肛门疼痛，才让他以无比恭维的语气写出了那部传记呢？

希波克拉底学派在治疗头部创伤方面尤为成功。他们有合理的准则来确定哪种损伤需要钻孔或颅骨穿孔。他们很清楚一些病人如果不实行开颅，他们的大脑将会承受巨大的压力。与先前的埃及人不同，当头部封闭创伤较为严重时，希波克拉底学派更倾向于对颅骨进行早期手术。在这个领域，他们也同样知道如何判断疾病的预后。

文集中有关外科学的篇章总是强调训练手术操作技能的重要性。当代外科医生确信精准的手术室操作技能是20世纪的标杆，他们很好地注意到了希波克拉底派前辈对技艺和操作灵巧性的重视的价值。和每个实习生一样，他们也认识到这些技能并非天赋所赐，只能通过勤奋的实践和不懈的努力才能获得。我们最好的大学附属医院的外科培训主任也很难比 2500 年前希波克拉底的建议更好：

> 勤练所有的技术，一只手和两只手都需熟练操作——因为它们都是相通的——你的目标是获得能力、从容心态、灵敏速度、痛苦最少、优雅动作和就绪准备。

即使在临床著作中，也有一些文字阐明了大量的希波克拉底哲学。希腊医生的伦理学原则零星地散布在一些文章中，更是密集地穿插在其他文章。我们在这里讨论的是真正的西方医学伦理学的起源，它主要是由犹太教和基督教的戒律、道德哲学家的教导和希波克拉底学派的遗作混合而成的。每个学派都彼此影响、融汇，也因此难以辨认其中一些原则的最初来源。

对希腊贡献的根源提出质疑也合乎情理，来源于伦理之泉的其他两个支流——宗教和哲学也发挥了其作用：比如一神论，它的信徒坚信只有一个全德、全爱的上帝；再如，有些哲学家的观点告诉我们，我们作为整体的一部分而存在，我们对每一位成员都负有关爱和慈善的义务。因此，宗教和哲学思维存在于医生脑海中，这样的例子不算少见。但是，恕我冒昧地向那些秉持天性使然观点的人说一句，希腊医学伦理中对于“为什么”的解释仍然晦涩。确切地说，为什么希波克拉底学派的医生们以这样一种方式来实践他们的技艺，这种方式不仅在道德层面上无可厚非，而且还成为万千后代加以效仿的典范？是什么激发了他们的医德，又是什么激发了他们对病人作为个体同胞进行关怀？为什么在那时如此多的非希波克拉底学派的人都是谋求一己之利而从医行骗，科斯学派的医生们却在宣扬对病人的责任超越一切的信条？在没有外部权威来规范业界的情况下，为什么他们在其游历的异教社区中，还会以一种我们现代人所认为的最高层次的宗教和哲学信仰的方式来约束自我呢？以行为现实主义的慧眼来看，回报又是什么？

在此期间，对医生没有任何社会或法律限制，也没有任何资质认证的方法，连希腊人自己也搞不清楚这种情况是如何发生的。医生们似乎超越了社会大环境的奖惩之策，文集在名为《法律》的短论中描述了这种情况。下文摘自琼斯翻译的《洛布古典丛书》：

> 医学在所有艺术中最为杰出，但由于行医者的无知，以及那些对行医者随意评判的人，医学却是所有艺术中最不被尊重的一个。在我看来，造成这一错误的主要原因是：医学是我们国家唯一一个即便受到诋毁也没有律法保护的艺术，这些诋毁者也不会因此受到惩罚。现实里这些医生更像是悲惨的临时雇员，就像他们有演员的外貌、衣着和面具，却不能成为真正的演员；许多医生负有盛名，而在其中极少人的实力能与之相配。

古典主义学者路德维希·埃德尔斯泰因（Ludwig Edelstein）提出了这样一个命题：促进希腊医学伦理学发展的因素出自完全务实的角度：一个伦理学体系把希波克拉底派的医生们与那些江湖郎中区别开来。因此他们的这种道德准则也似乎成为一种招牌。对病人和家属来说，这证明了这位医生和他的学派代表着一种不同于江湖骗子的医术，后者在这片土地上四处游荡，只管觊觎病人的钱财。在埃德尔斯泰因看来，这是“一种外部彰显的道德规范，而不是内在的意图”。

即便我们接受埃德尔斯泰因的理论，即其是为了追求声名和寻找更多的实践机会，但由此产生的副产品也不容小觑：科斯学派者的践行使得他们成为细致的观察者、疾病进程的记录者、敏锐的诊疗师以及精准的预言家。同时，出自务实角度的道德系统的建立也成为康复艺术的标志。德国历史学家马伽特·米切尔（Markwart Michler）很好地阐述了这一点：

> 尽管从严格的哲学意义上讲，这一伦理与医学道德原则的理论体系有很大的距离，但它仍可与亚里士多德后来赋予政治家高尚行为的"德行"（arete）之名相提并论。这种打着特定医疗的幌子提供所谓的帮助，实则是在谋求利益［原文羽衣甘蓝（praxis kale），其花语为利益］，并将其等同于誓言中的话语——医生应该为病人提供对其有利的服务；这使它成为后来帮助建立希腊医生的人道主义的道德哲学的核心。

这些都是有说服力的见解，也无疑是有道理的。但是，希腊医学伦理学是建立在实用主义必要性的基础上的这一事实，丝毫不会损害如下观点：崇高的道德原则同样具有正向推动作用。无论是关注治疗之道的希波克拉底文集，还是那些涉及医生行为准则的著作，人们都能从中感受到一种正义感，一种责任感，一种贯穿始终的个人礼节。这些著作涉及所谓义务论的概念，即出于责任和义务行事，简单来说，就是做正确的事。这是一种普遍适用的道德法则，也正是这种道德法则贯穿于希波克拉底的哲学之中。

希波克拉底因此成为良医，更成为理想化的医生。在任何时代，他的行为准则都被视为道德医疗行为和思想纯粹性的最高表现。在西方社会，他被视为偶像。他让我们知道，治疗的艺术一方面等同于宗教，另一方面等同于人道主义——在他的《戒律》一章中我们读到，“存在人性之爱的地方，便会存在对于艺术的热爱”。

希波克拉底誓言最能彰显其伦理。从未听说过誓词的门外汉和早已忘记誓词的医生一致认为，只要我们能找回他们坚信的道德准则，现代医学的所有疾病都将得到纠正和治疗。尽管一些医学批评家对这份广受赞誉的誓言具体内容并不知晓，但他们仍然相信，这份崇高的誓言定是一份具有道德完备性的完美陈述。他们想要找到遗失的美好，他们渴望从未拥有之物；古代誓言的道德纯粹性，就像亚特兰蒂斯大陆一样，是失落的而不可挽回的。

然而，虽然我们可能在以有意赞美的眼光回顾历史，但并不意味着它毫无用处，我们可以去反省，去重新审视这些单纯年代里更为纯粹的道德。追求一贯的道德风尚并非仅仅是为了超越普通人类行为所能追求的目标。希腊人明白这一点，因此努力去达成他们的预期，正如同现代的我们。我甚至猜测，在他们的日常实践中所取得的成就与我们不相上下。

誓词分为两部分，一部分被称为“承诺”（covenant），另一部分被称为“道德准则”（ethical code）。就像所有的古代著作一样，学者们已经就誓言各部分的起源、解释和意图展开了辩论，这场辩论仍在进行并有可能持续很久，直到人类文明的最后一位古典学者摆脱这个尘世的纠缠。一些人认为它是毕达哥拉斯学派禁欲道德主义的产物，而另一些人则认为毕达哥拉斯学派的影响甚微，甚至无从寻踪。另一种造成人们困惑的是誓言中所描绘的禁忌，例如禁止堕胎、不做结石手术、不行协助自杀之事，然而这些行为不仅常见于当时的医学实践，更是明确发现希波克拉底学派的医生参与过这类事件。此外，在外科手术领域，誓言与文集其他部分出现的某些段落相矛盾。在这类作品中，处理争议的唯一方法就是避免争议，我将试着用简单的策略来做到这一点，即从字面上理解文本。由于当下没有任何一个权威说法具有驳倒性的论据，下面的内容与其说是一个概括，不如说是我想要提出的一种观点。

誓言的第一部分涉及医学领域的基本准则。对于现代初入医学大门的学子们来说，最大的敬畏感莫过于在第一堂医学课上，他们的教授已经把他们当作同人来共享大量的知识，它们是技术性和科学性的，同时也是哲思的和主观的。誓词的开头一段是有关医生义务的陈述，即全体医者都心甘情愿地接受这样一种义务——分享知识，并把它教授给最有资质来传承的后代。从古至今，医学教学都被认为是医生的主要职责。

誓言的第二部分实际上是渗透在整个文集中的伦理准则的一种浓缩形式。虽然希波克拉底的著作中有几篇文章专门论述医生的行为规范（它们是《法律》、《论礼仪》、《医者》和《戒律》），但学生们被要求将希波克拉底誓言奉为全部信条进行宣誓，这些信条也在其他地方的文献资料中随处可见。这种宣誓仪式应当安排在医学教育的开始，还是在完成正式学业之时具有争议，但重要的是，除非医神阿波罗听到对他的宣誓与承诺，医学生是不被允许治疗病人的。

值得注意的是，尽管誓言援引了医神阿波罗和埃斯库拉庇俄斯，但它并不是一种宗教性陈述；它是一份明确的信誉承诺书，而不是主教的案卷。尽管第一句和最后一句包含了希腊宗教或神秘信仰的事物，但无论是誓言还是文集的其他地方，神都不会被援引为疾病病因学或治疗的代理人——科学与宗教的分离是彻底的。

-- 希波克拉底誓言 --

医神阿波罗、埃斯库拉庇俄斯、海格亚、盘尼西亚及天地诸神为证，鄙人敬谨宣誓，愿以自身能力与判断力所及，遵守此约。凡授我艺者敬之如父母，作为终身同世伴侣，彼有急需我接济之。视彼儿女，犹我弟兄，如欲受业，当免费并无条件传授之。凡我所知无论口授书传俱传之吾子、吾师之子及发誓遵守此约之生徒，此外不传他人。

我愿尽余之能力与判断力所及，遵守为病家谋利益之信条，并检束一切堕落及害人行为，我不得将危害药品给予他人，并不做此项之指导，虽然人请求亦必不予之。尤不为妇人施堕胎手术。我愿以此纯洁与神圣之精神终身执行我职务。凡患结石者，我不施手术，此则有待专家为之。

无论身处何处，遇男或女，贵人及奴婢，我之唯一目的，为病家谋幸福，并检点吾身，不做各种害人及恶劣行为，尤不做诱奸之事。凡我所见所闻，无论有无业务关系，我认为应守秘密者，我愿保守秘密。倘使我严守上述誓言，请求神祇让我生命与医术能得无上光荣；我苟违誓，天地鬼神共殛之。

誓言中禁止堕胎的说辞引起了许多学术上的猜测。众所周知，堕胎在希腊人中很普遍，事实上包括柏拉图和亚里士多德在内的一些人认为，在合适状态下堕胎是一种可取的选择。基于这种态度，仍然存在一个问题，即在怀孕多久后，堕胎这个过程能够不损害孕妇的安全，同时还能避免杀死一个已成人形的胎儿。

那些希望通过20世纪后期形成的哲学、科学或品德来解决这种永恒的道德困境的人，最好回顾一下古希腊的社会史，会发现这些争论似曾相识。亚里士多德赞成在动物生命开始之前堕胎，但即使是现代的新生儿学家也无法解决这个棘手的问题，无论是“动物”

这个词还是“生命”这个词。柏拉图学派和斯多葛学派认为生命开始的时刻自分娩而起，而毕达哥拉斯学派则把它放在受孕的时刻。根据毕达哥拉斯的观点，所有的堕胎都应该被禁止，这也是在誓言中表达的教义。这种教义使希波克拉底学派在这些既成论断中成为少数者的声音。如果考虑到医者对于那些来寻求帮助的人的健康的普遍责任感，为什么希波克拉底的医生们会拒绝终止妊娠呢？

我认为原因在于他们对于治疗的指导原则——“首先不可以对病人造成伤害”。他们不是干涉主义者，而是自然意志的促成者。在那些消毒方法还没有被发明的日子里，堕胎肯定不可避免地增加了并发症的发生，导致显著增高的死亡率。这种有可能造成伤害的措施并非希波克拉底的做法。因堕胎而死亡的妇女等同于被杀害，这样的结果不仅会在道德上受到谴责，也会毁掉希波克拉底的名誉，这是他们极为重视的。堕胎是冒险的一种形式，违背了他的道德原则和实用主义原则，这两者都是医学之父最为关心的问题。

很难理解为什么希波克拉底医学不能帮助病人结束自己的生命。再次强调，希腊社会的普遍态度还是宽容的；自杀，通常是服用毒药，是一个公认的解决痛苦的疾病和病痛所带来的绝望的方法。那么，为什么希波克拉底的医生要将自己与之划清界限呢？极有可能的是，答案又会在同样的两个基本原则中找到。从实用主义的观点来看，自杀意味着治疗的失败，而从道德的观点来看，自杀意味着蓄意破坏人类的生命。无论病人忍受了多大的痛苦和绝望，这些都不被认为是恰当的行事依据。

这些论点同样适用于拒绝“结石手术”的禁令。后来的评论家们对于结石手术进行了一些可怕的描述——在遥远的时代，人们需要用残忍的方法，也就是从患者张开的双腿之间切开一个洞来提取膀胱结石，病人们尖叫着承受这一切；随后他们的痛苦减轻了，但仅仅是由于摄入了罂粟和曼德拉草。许多病人因此而死亡，有些死于术后，有些死于那些野蛮的外科手术中最痛苦的时刻，其他患者则留下永久性的引流瘘管，不断地漏出带有感染和恶臭的尿液。这些手术不属于希波克拉底医生的道德范畴。它们最好是经由“从事这项工作的专家”来完成，即那些流动执业的医生，他们是从事这种必要的医疗伤害的专家。

希波克拉底学派的门徒在必要时刻会毫不犹豫地请求援助，不管是能够行结石手术这样的外科手术家，还是他们的医生同人。事实上，誓言所传达的医学专业的合作本质便是鼓励病例的咨询与兄弟般的磋商。引用希波克拉底文集的话来说：“当医生不确定一个病人的情况，同时因为一个从未见过的新型感染而感到困扰时，他完全可以寻求其他医生的帮助性检查，并不因此而感到羞愧。”

这段誓言触及了其个人医疗道德理念的核心，即医生有义务不利用其职业赋予他们的特权地位。性约束和患者保密性的维护与治疗和教育的责任一样，是医生自实习开始便严格遵守的原则。一个关于行为举止的推论可以在《医者》一文中找到：

> 关于他的心理状态，谨记以下几点：需要知道如何在适当的时候保持沉默，需要安排一种井然有序的生活，因为这将大大增加他的良好声誉。这种行为会将他塑造成一个高尚的人，也让他在真正意义上以友好和随和的态度对待所有的正人君子。鲁莽与冲动之举不会招致青睐，即使它们有些许作用。至于他的举止，务必时刻保持同情与怜悯，而不要表露出恼怒，那会显示出傲慢和愤世嫉俗；而相反，如果总是表现出快乐与终日的欣喜，那他就会平添负担，而这种负担是特别要避免的。

精神分析学派的文化理论家告诉我们，宗教信仰的起源与图腾崇拜的实践是交织在一起的。根据这种构想，原始社会的成员会找到一个鼓舞人心的人物来带领他们走出无知、奴役或恐惧的泥沼，部落的人们赋予这个领袖以“神王”之名。一旦他因此而被供奉或即位，一些部落的成员（通常是年轻人）会尽其所能摧毁他，从而接掌他的权力。当他们完成了这场残害，死去的领袖会被敬若神明。他的生活以神话故事的形式流传，部落内的圣典也被冠以他之名，关于他的记忆总是萦绕着不朽的光辉，他被视为部落价值观的象征而受到崇拜。图腾的传统可能会笼罩在传说中，原始族群中的普通人类不可成为其领导者，而是机缘巧合下的某个人物集神话于一身。摩西和耶稣的追随者，和荒野邪教的异教成员一样，弗洛伊德派的理论学者认为他们在宗教发展的早期阶段都经历过这些步骤。

在某种程度上，这让人想起了不同时代的人们对待希波克拉底的方式，唯一缺少的是对领袖的杀害。希波克拉底是我们的医学图腾。而正如人们对其他宗教的创始人的观点那样，从现实角度来看，他是否真正存活于世上并没有什么差异；人们认为他所做之事和所写文集是否真的出自他本人，也无关紧要。我们崇拜的不是个体，而是他的遗产、品质以及其对后世产生的哲学影响。因此，这是一个以“十诫”为道德准则的文化世界，也是一个以医学之父箴言为生活准则的文化世界：

我将怀揣着纯粹与圣洁，度过我这一生，践行我的医术。

2 帕加马的怪圈
盖伦

所有的自然之物，是人类未解的艺术；
所有的偶然，都有看不见的方向；
所有的不和，是和谐未被人领悟；
所有的小恶，是大善的另一种模样；
自傲之气在无理性的恶中彰显，
无论正确的尺度如何，真理是显而易见。

——亚历山大·蒲柏，《人论》

当亚历山大·蒲柏在1734年写下这些对句时，他是在为目的论而发声，这一学说构成了1500年来医学思想的基础。具有怀疑精神的现代科学家认为，所有的一切都注定臣服、遵从权威是一件难以想象的事。而追溯到过去，同样不可理喻的是它竟然能存在这么长时间而没有被理性主义的力量所推翻。然而，就在这位英国诗人创作他的杰作之时，一场非凡的斗争正将医学与既成的哲学构架彻底分隔开来，而这一哲学自罗马帝国时代以来便成为医学的基石。中世纪和文艺复兴时期的医生所接受的教育实际上并不利于科学的进步，而他们所学来源于一个人——公元2世纪帕加马的希腊医生盖伦——的知识遗产。

盖伦的神学-生物学理论是由一系列矛盾构成的，他的人生亦是如此。他的事业是一项长期充满矛盾的实践：他对超自然造物主的信服掩盖了他作为研究者的公正贡献；他日常可憎的个人行事作风似乎在嘲笑他自诩的哲学宁静；他既是医学调查中实验性方法的创始人，却也是在他死后一个半世纪里成为阻碍其进一步发展的主要因素；他在解剖学中的成就引领了现代医学对精准解剖的追求，进而理解疾病的基础，但同时又导致了解剖研究的停滞，直到 16 世纪他的这种影响才逐渐消退。他是古代最支持直接观察和规划性实验的人，然而他允许哲学和神学的猜想介入他对所见事物的解释。他对医学做出了最大的贡献，却也起到了最坏的作用。

学习古代科学和哲学的学生将会在这篇关于盖伦的描述中认识到古典时期思想的一些元素。亚里士多德的调查推理方法曾被拿来与盖伦的相比较，虽然盖伦有时做出了出色的观察，但却从中得出了错误的结论。然而错误是发生在盖伦这种伟人身上，使得形势变得更为严峻。他的前后矛盾如此突出，这导致他不仅因为在 2500 年医学史的演变中影响巨大而出名，同时也因为这一最大的悖论为人所熟知。

因为“上帝”、“造物主”和“自然”在盖伦的著作中频繁出现，所以必须了解他赋予它们的含义。他生活在基督教发展的最早时期，他对这一新宗教非常熟悉，知道它和犹太教赋予他们各自崇拜的上帝的特征；在他的几本书中，他煞费苦心地将自己的信仰与犹太教和基督教的信仰区分开来。他的有神论概念还源于另一种传统信念，在这种传统中，不加批判的信仰被视为发现真理的障碍，这种信念来自苏格拉底、柏拉图和亚里士多德。正是这种传统使希波克拉底学派的医生们摆脱了埃斯库拉庇俄斯崇拜的神秘理论和治疗方法，抛弃了其他众多异教的信仰。这是一个不相信奇迹或神谕的传统。因此从本质上讲，它是反对犹太教和基督教神学的。

这三种传统的共同信条是对神的无上崇敬。但是对神的不同理解最终导致他们分道扬镳。对于公元 2 世纪的犹太教徒和基督徒来说，神从无到有创造了这个世界，创造了动物和植物。在此之后，他继续细化自己的作品，进而创造了不同阶段、不同程度的奇迹。他与生物对话，他分隔了海洋，他治愈了绝症，对拒绝信仰者和伤害他子民之人予以灾祸，他派遣弥赛亚来医治人类的道德弊病，据犹太教徒所说，至少神承诺了终有一天他会如此。只要通过一种纯粹的信仰，这些事件无疑已经发生或即将发生。这种信仰会让人们即便最终发现上述事件并非真实存在，也会将其作为神话或是误解而接纳。因此，信徒也对逝者一定会从坟墓的腐烂和尘土中重生这种事深信不疑。

在所有犹太–基督教徒的信仰中，最后一点是最无法被希腊人和罗马人所接受的。1世纪罗马医学编撰家奥卢斯·科尼利厄斯·塞尔苏斯（Aulus Cornelius Celsus）总结了典型的异教徒对这种观点的看法：

> 什么样的身体在彻底毁灭后还能恢复其先前的自然状态、出生时的形态结构？这个问题没有答案，所以他们只能站在荒谬的立场上，将一切寄托于无所不能的神。但是神不能做卑鄙之事，也无法做违背自然的事。同样，如果一个人因为内心的邪恶滋生了可耻的愿望，神也不会满足他，人类不必对此抱有希望。

希腊人争论的是“神无所不能”这一观念。那时的哲学家们在很多情况下用一个至高无上的神取代了早期的多神理论，但他们的神并不像耶和华那样拥有无限的能力。他不能从虚无中创造万物，也不能行违背自然定律之事。亚里士多德和盖伦所处的世界是一个由自然法则决定的世界，即使是神也不能打破。从这个观点出发，虔诚之人有责任利用自己的批判能力去发现这些法则，而不是遵从盲目的信仰。不加批判的信仰是犹太教和基督教正统思想的基础，却被盖伦认为是真理的敌人；对神圣启示的信仰被视为智力与真理之间的模糊地带。因此，崇拜造物主的正确方式不是祈祷和牺牲，而是通过实验和观察，以便了解他是用何种方式将万物变得如此完美的。盖伦在现存最伟大的解剖学著作《论身体各部分的功能》(*De Usu Partium*)中自述其文字为“我正在谱写的神圣话语，是对造物者最真诚的赞美诗”。他接着写道：

> 我认为崇敬他的最佳方式，不是献祭无数的牛犊，或是焚烧价值连城的香火，而是在我第一次认识到他的智慧、能力和善良后，便将这些美德传颂给其他人……智慧的最高境界是找到一种让一切都井然有序的方式，也是一次神圣旨意的传播，即万物皆掌控于其无可撼动的力量之下。

希波克拉底学派的医生为了学习自然之道而拒绝超自然的力量，而盖伦研究自然是为了见识造物主伟大且完美的方式，玄学和奇迹再无立足之地。这也称得上是现代科学家的信条。

显然，盖伦的观点并非没有受到质疑。犹太派作家对他进行了强烈的反驳，特别是当他以言论攻击《创世记》和《摩西五经》时，因为在这些典籍中，神的力量是无限的。然而直到1000年后，我们才听到对他最有力的反对。当时最伟大的犹太派医师兼哲学家迈蒙尼提斯(Maimonides)在他的《医学格言》(*Aphorisms in Medicine*)中讨论了这个问题：他尊敬盖伦在医学上的贡献，但对他的神学观点不敢苟同。迈蒙尼提斯宣称神是万能的，也就是说，神能够打破自然法则。他对此提出，任何一个心存困惑的人，只要见证过一次奇迹，就应该接受这个观点。用《希伯来圣经》的话来说："只要亲身感受过一次奇迹，对他来说这就是神创造世界的严格证据。"

从迈蒙尼提斯的观点出发，神的唯一局限性在于他无法行恶，这一观点在两方神学之间达成一致。我们可以在早期的英文译文中看到，希腊人使用过柏拉图的"造物主"（Demiurge）或"工匠"（Craftsman）；从这个角度看，希腊人、基督徒和犹太教徒的至高存在都体现了单一的特征，这也是一神论的基石：神是善良的，我们必须学习他的旨意，才能像他一样。正如牛津大学的中世纪学者理查德·瓦尔泽（Richard Walzer）在他的著作《盖伦论犹太教徒及基督徒》中指出，在希腊人中普遍存在的这一观念可以追溯到柏拉图的《蒂迈欧篇》，他在书中写道："造物主是善良的，在善良的世界里不会产生任何嫉妒。正因为没有嫉妒之心，每个人都会更加接近神。"盖伦描述的神确实如此：一方面，神是鼓励人类研究的原动力，进而人类能在研究中找寻神完美杰作的实证；而另一方面，当人类对造物主创造的结构和功能的完美性具有绝对信仰时，一旦确定了基本事实，便无须进一步研究。

在盖伦种种矛盾的贡献中，第一个也是影响最持久、最广泛的是：他用实验和观察的方法来了解自然，留下的知识被他和他的弟子当作一种绝对法令，这种绝对性导致其阻碍了后来1500年的研究。在那个时代，研究医学就等同于研究盖伦。他对希波克拉底冷静的观察方法充满敬意，不仅是因为这一方法论本身，也在于他本人。他力图成为希波克拉底著作的主要阐释者，在这一点上他无疑是成功的。他自豪地吹嘘说，他是希波克拉底传人中第一个阐明医学之父的教义的人，它也将为后人所用。他将自己类比图拉真皇帝——他铺平了罗马帝国曾被损坏的军事道路，而盖伦自称将希波克拉底的著作中的"崎岖"部分变得更容易通行。他之所以被视为科斯学派知识的传承者，不单单是因为他在研究中非常注重客观性，还因为他非常擅长自我推销。他之所以被肯定，不仅仅取决于他的贡献，也由于后代公认他是希波克拉底哲学的代表。

在希腊的黄金时期之后，希波克拉底教义的实质出于各种各样的思辨而分化为不同的方向。其结果是，陆续出现了一批不同的医学–哲学派别团体，这些团体长期彼此争执不休。每个团体仍旧坚持对神秘主义的排斥，而科斯派的理性传统开始走向衰落，即便同一时期希波克拉底学派的医学名誉越发响亮。这些团体创建的体系更多的是基于推测而不是事实。理论总会取代经验，除了这个无人不知的例外，即希波克拉底的精确描述让位给了臆测和毫无根据的推论。随着时间的推移，希波克拉底的众多格言中除了口头的奉劝外，继续发挥作用的就只剩下他反对超自然力量的训诫，但即便如此，这些古老的拐杖在很久之后也重新夺回了旧时的奇异魅力。

随着罗马帝国的兴起，各种流派的理论体系也随之发展。到公元 2 世纪中叶，任何开始接受医学教育的年轻人都面临着一系列令人眼花缭乱的学说。多元化的希腊哲学——斯多葛主义、新柏拉图主义、毕达哥拉斯派、逍遥学派、伊壁鸠鲁派——启迪了多种医学学派的发展，如教条学派、方法论派、经验学派、气体学派和折中学派。这些学派为了巩固各自的地位而制定的愈加错综复杂的论述，加剧了学派之间的内部斗争和公开的争论。一位富有逻辑的思考者此时登场，他在各个流派中取其精华，并引领医学重回直接观察的方法之路。这便是盖伦所扮演的角色。

在本书成形之前，我听到了有关盖伦对医学史贡献的最好概括，来源于一位同事的随口之言。他说：“盖伦真正开启了这一切，不是吗？”盖伦向世界展示了疾病的解剖学概念及相应的知识体系，阐明了对身体结构的精细认知才是了解一切疾病的前提。医学科学上的所有进步都是基于对人体结构日渐清晰的认知，以及健康和疾病状态下身体各部分的功能和运作方式，这一认识也持续到今日。

用“盖伦真正开启了这一切”这句话来概括盖伦的贡献，是因为他开始思考“是什么”这一问题。正如这个原则：只有在医生了解身体的运作方式和疾病是如何干扰身体的前提下，病人才能得到正确的治疗。要想了解这些正常的运作，医生需要掌握翔实的人体结构知识，我们称作解剖学；同时熟练掌握机体各部分的运作与功能，我们称作生理学。

对于现代人而言，这些行事准则是如此显而易见，以至于我们很难想象曾有人无法理解和接受它们。正如血液循环、心脏的泵血运动，以及我们在用大脑思考这些事实，它们看起来是如此一目了然，以至于我们无法想象那种无知的时代，那种即便聪明人身处其中也无能为力的时代。但是，任何社会对疾病的理解，是该社会文化的一种体现，而不能反映其智慧高低。现代西方人更喜欢用科学的方法来解释自然现象，这不仅包括观察，还有实验、数据记录以及对感官实证之外的任何证据的果断否决。科学方法经历了 2500 年的发展历程，医学正式进入科学的领域始于盖伦所写下的这些准则。

对于盖伦的前辈们而言，除了掌握普遍常识，解剖学的知识是多余的。他认识到若一直保持这种错误的无知状态实在荒谬，所以他把毕生精力奉献于解剖和实验，并向世人展示人体的形态和功能，这在他看来是上帝的完美杰作。像亚里士多德一样，他信仰“大自然不会创造无用的东西”，他想要证明每一个结构都有特定的功能，而这种功能正是结构存在的原因。因此，在他的所有著作中，最著名的是《论身体各部分的功能》。用这本书里的话说，“神英明地选择为他所创造的万物带来幸福，彰显其仁慈”。盖伦对解剖学和生理学方面的研究为我们对人体及其致病机制的新认识指明了方向。

或许他比希波克拉底更有资格被称为“医学之父”。

在小亚细亚的最西北角，从爱琴海向内陆延伸15英里[①]，沿着凯库斯河翠绿的山谷，坐落着一座蓬勃发展的城市帕加马，一座由希腊文化和罗马法律组成的熙熙攘攘的小社群。早些时候，帕加马图书馆的藏书甚至可以与亚历山大图书馆相匹敌，以至于托勒密王朝的某位成员曾试图通过禁止莎草纸的出口来阻碍它的发展。由于缺乏莎草纸，帕加马的学者们将目光转向了兽皮，这种兽皮被称为帕加马纸，我们现在所说的羊皮纸就是从这里衍生而来的。尽管羊皮纸不如莎草纸适合用于卷轴，但人们发现它更适合做成抄本或书籍，这最终促进了书籍形式的发展。所以可以说，帕加马诞生了羊皮纸、书籍和公元130年出生的盖伦，而现在它已成为土耳其小镇贝尔加马（Bergama）的一片残骸。

帕加马本身是希腊化社会的一个很好的典型，不过那时整个罗马世界亦是如此——对于学者和有文化的人来说，熟练掌握希腊语言、文学和哲学是必不可少的。出于务实的原因，所有的科学著作都习惯于用希腊语写就，当时所有的科学都建立在希腊思想的基础上，整个罗马都被希腊文化的优势所笼罩，这一点是盖伦一生都在肯定的。随后几年，他以一贯的直率写道：

> 那么，你会忽视希腊语吗？它是如此令人愉悦，如此能表达人类最深沉的情感，它充满着优雅和美丽。你愿意用不恰当的粗鄙丑陋的语言作为表达自我的工具吗？学习一门完美的语言远比学会600种粗俗的语言来得好……先生，如果

① 1英里约合1.6千米。——编者注

你不想学习希腊语，那么，如你所愿去当个野蛮人吧！

根据上述背景，公元130年9月22日，盖伦出生在一个完全希腊化的环境中，他的父亲尼康（Nikon）是一个有教养的、非常成功的建筑师和农场主。这个男孩的名字源于希腊语“galenos”，意思是冷静和安详。根据盖伦本人的说法，他的父亲拥有良好的品质，而母亲则不然：“我很幸运拥有一个非常冷静、公正、勇敢和热忱的父亲。相反，我的母亲暴躁易怒，有时会鞭笞她的女仆；她总是喋喋不休地跟我父亲吵架，就像赞西佩（Xanthippe）对待苏格拉底一样……父亲在大事面前岿然不动，而她会因为微不足道的事就气得说不出话来。”可悲的是，在同代人的眼中，盖伦并没有他父亲的优秀品质，却继承了他母亲那些令人厌恶的特质。

在14岁之前，盖伦在尼康的指导下学习文学、语法、算术、几何和基础的哲学知识，同时还学会了如何经营他家收入颇丰的大型农场。15至18岁，他被父亲送去各大学派学习不同的哲学。尼康的目的并不是让他儿子选择其中一个学派，而是恰恰相反：他试图通过这种方式让这个男孩认识到保持自己独立于所有学派的重要性。他父亲的建议经常被他引用，并且从未被遗忘。盖伦终其一生都努力地与任何哲学或医学流派划清界限，他选择走自己的路，开发个人的发展模式。

另一项终身实践也始于盖伦的青年时期，尽管它与理性毫不沾边。尼康为他的儿子提供了如此优越的教育，本意是让他将来为帝国服务。但在此时他父亲做了一个埃斯库拉庇俄斯式的梦，告诉他要引导这个男孩去修习医学。他和盖伦接受了这个“神谕”，因此这个年轻人很快就开始了他的专业教育，开启了一部记录盖伦生活矛盾的编年史。27岁时，一个梦告诉他要切开手上的一条动脉来治疗他的腹部脓肿；38 岁时，梦告诉他不要和马可 · 奥勒留皇帝共赴沙场；当他 43 岁时，梦告诉他去完成之前没有完成的关于眼睛结构与功能的论文。在他的整个医生生涯中，他会不时使用梦境中透露给他的治疗方法。这个神论的反对者却始终坚信埃斯库拉庇俄斯的力量而抱有孩子般的信仰。

帕加马是坐拥古代众多雄伟的神殿的城市之一。尽管希波克拉底否认了这些神迹，但盖伦和尼康却始终被它们的奥秘所吸引。事实上，盖伦将自己和科斯派的医生都提高到与神相等的地位，并认为有一天他们会在那不朽的永恒家园相遇。他从未察觉到他的这种崇拜与他反对神论的观念有冲突。如果他对这些方面有所思考，就不会把这个问题的两个方面均写得如此坦诚。也许只有后启蒙时代的西方人才会因为这种矛盾而苦恼，他们坚持忠诚的纯粹性——要么成为无神论者，要么饱含信仰，或者忠诚于其他事物。无论以哪种形式，这些标准对我们大多数人而言，都难以望其项背。

盖伦从 17 岁开始接受医学训练。在帕加马学习了 4 年之后，他的父亲离世，不久他也离开了家，这也许是为了远离他的母亲。他随即参加了其他医学中心的讲座和演示，主要在士麦那（现伊兹密尔）和科林斯。公元 152 年，他来到了伟大的亚历山大市，在那里度过了 5 年的宝贵时光。

尽管盖伦在实验性工作的方面有些孤立无援，但他发现和描述未知解剖结构的能力使他能够传承经典，师从自亚历山大黄金时期的希腊研究者们的经典之作。例如，赫罗菲勒斯（Herophilus）和埃拉西斯特拉图斯（Erasistratus），他们实际上在公元前 3 世纪就成功地解剖了人类尸体，甚至可能还对罪犯实行过活体解剖。然而研究者可以自由解剖死者尸体的时光太过仓促，并不能让他们很好地进行研究。最终，罗马法律让这一时期戛然而止，迫使少数认真的解剖学家转而解剖动物，伴随着所有固有的潜在错误。尽管如此，这些早期研究的结果仍可在亚历山大找到，盖伦无疑从他们那里学到了很多关于人类结构的知识。他还拿到了第一套完整的解剖学著作，是罗马人马里努斯（Marinus）在公元1世纪写成的，共20本，目前均已遗失。这套书日后成为盖伦重要的参考资料，并对其致以崇高的敬意。

盖伦在帕加马完成第一阶段修习后，他已等同于我们现在的研究生，他在参加课程的同时已经开始了他的独立研究和写作。他曾与同时代的一些顶尖医生合作，并受益于当时最好的医学教育，不仅学习了当时鲜为人知的解剖学和生理学知识，而且成为希波克拉底医学遗产的理论和实践专家，尽管这些当时便已支离破碎。

在公元2世纪，导致疾病的理论仍然扎根于科斯派所说的气候、饮食、地理位置、职业、气质及其对四种体液平衡的影响，在未来的几个世纪里也是如此。病人身体的各个部位以及各类流出物都得到仔细诊察，正如希波克拉底学派所教导的那样。治疗方法比起五个世纪前显然更加先进，但成效似乎未见明显提高。此外，大量的动植物产品已经被实际应用在医疗领域中，医生们充满热情地将它们应用于处方，却无从证实它们是否真的有效。

从理论上讲，希腊人是生机论者（vitalist），他们认为人和无生命体的区别在于前者被赋予了精神实质，即生命的原则。生机论的概念以各种形式贯穿于整个医学史，甚至现代分子生物学也可见其踪影。在希腊人的信仰中，世界上有一种无可定义、无以描述的精神，它不具备实体，也毫无结构可言，被称为“气”。根据这一体系，我们身处在环绕着“气”的世界之中，它虽然不是真正的空气，但通过呼吸进入肺部，再从肺部进入心脏的左侧，然后流经动脉，动脉的搏动就是由它节奏性地扩张引起的；人们认为动脉中更多的是“气”

而非血液，血肉之躯由此而被赋予了生命。另一方面，血液被认为只存在于静脉中，给身体各部位提供营养。在希腊式的构想中，人体的基本要素为消化过程中产生的四种体液、心脏产生的“内热”，以及由外界传入的“气”。

当盖伦在公元158年回到帕加马时，他不仅是一名已经接受过充分训练的医生，而且凭借他的一系列关于解剖学和生理学的著作而变得赫赫有名。此外，像希波克拉底一样，他也掌握了手术实践的能力。

在他为期12年的学习生涯中，他学会了如何处理骨折和脱臼，并通过颅骨钻孔或排气技术来处理头部损伤。他能够缝合或绑扎裂伤，用结扎丝绑住破裂的血管进行止血；他用刀或热铁去除体表的肿瘤、囊肿和息肉。他帮助胸腔和腹腔排出积液，施行手术切开并缝合了各种类型的疝；甚至他对膀胱结石患者也施行了手术，全然不顾希波克拉底誓言的警示和患者痛苦的尖叫。

在当时，祭司有权选择在竞技场中照顾角斗士的外科医生。盖伦凭借他的技术以及他与当地埃斯库拉庇俄斯教派的良好关系赢得了这个职位。盖伦尽职尽责，这使得他居住在城市期间每年都会受到委任。这个职位给这位年轻的医生提供了一个难得的机会，他可以进行活体解剖的研究，并探寻各种损伤对人体功能的影响。可以想象，一些参赛者身上可怕的开放性伤口提供了一种在其他任何情况下难以观测到的活体实践机会。虽然在动物身上也可以观察到心脏的跳动、体内主要血管的剧烈搏动，以及肠道的蜿蜒起伏，但对于一个试图发掘人类秘密的医生而言，真正的人体是无可替代的。

然而，到了公元162年，盖伦认为他在帕加马已颇有小成；怀揣着雄心壮志并且对自己的能力过分自信，他渴望一个更大的平台来大展身手。当帕加马人和邻近的迦拉太人之间的战役爆发时，他决定冒险迁居罗马。32 岁时，他在这座帝国都城正式开启了他的事业。

当时的罗马是一座拥有 100 万人口的繁华都市，大约有 2000 名医生共同承担起这百万人口的医疗需求，他们来自不同的学派。除了五个主要学派——教条学派、方法论派、经验论学派、气体学派和折中学派外，还有一些附属学派和混合学派，有些名字稍显笨重，如塞萨洛方法论学派、埃拉西斯特拉图斯气体学派和气体折中派。此外，还有大约 150 名助产士，他们不仅接生婴儿，而且要担负起为女性诊疗的责任。城中还居住着约 100 名宗教治疗师。据估计，至少还有 100 名奴隶兼医生，他们为奴隶主家庭治疗一些轻微疾病。有趣的是，其中许多人是在 132 年巴尔 · 克赫巴（Bar Kochba）领导的起义失败后被俘的犹太人。

幸运之神从一开始就眷顾盖伦。凭借他的娴熟技能和良好境遇，他短时间内进行了一些令人印象深刻的诊疗实践，很快得到了罗马社会上层人士的青睐。他出色的文学和哲学造诣得到了许多业界头面人物的赏识，并与他们成为朋友。哲学家们尤其如此，将他视为同道中人。来到此地的最初两年，他当众进行了解剖演示，其受欢迎程度远远超出他的预期。这些新的人际联结使他在患者以及受其研究和教学能力吸引的人群中声名鹊起，但嫉妒也随之而来。

当时的医学界不仅有派别之争，而且各派内还普遍存在着学问和能力的差异。医生们在互相竞争中不乏恶毒的言语攻击，并以极其侮辱的方式公开嘲笑对手。盖伦才华横溢却傲慢自大，这使他受到两面夹击。他的成就越大，受到的批评就越尖锐；他反击对手及其所属派别的言辞也就越发激烈。他大言不惭地夸耀自己的成就，并对那些不如他的人嗤之以鼻（虽然他的批评通常是正确的）。虽然这种争辩乏善可陈，但他全然没有因为对手的低劣而有所收敛。

敌人无处不在。尽管盖伦在罗马文学界颇有名气，有钱人士予以赏识并支付给他高额的费用，但他对各派别及其个别成员的攻击最终还是使他置身于危险之中，留在罗马已不再是安全之举。他仓皇且秘密地逃离了这座城市，回到了帕加马。有人指出盖伦担心的不仅仅是被暗杀，其逃亡的真正原因是在整个帝国东部迅速肆虐的一场瘟疫即将袭来。这项指控很难得到证实，因为在盖伦离开时，这场瘟疫似乎已经蔓延开来。然而有一件事确凿无疑，即作为一名医生，在疾病流行之时仓皇逃离他的岗位是不光彩之举。尽管一年后盖伦重返罗马时还是受到了人们的热烈欢迎，但历史从未原谅他的出逃。

盖伦重返罗马是因为受到了马可 · 奥勒留皇帝的邀请。皇帝邀请这位名医陪同他的军队出征，抵抗来自北方的马可曼尼（Marcomanni）部落的威胁。事实上，盖伦在这件事上并没有选择的余地。他于公元 168 年—169 年的冬季前往阿奎莱亚（Aquileia），而后再次暴发的瘟疫迫使马可 · 奥勒留带着盖伦回到罗马。在重新部署战事时，盖伦又在那神谕之梦中得到指示，认为他应该退居二线。为此，他积极照顾年轻的帝国继承人康茂德。不久，宫廷御医去世，盖伦便顺利地接任这一荣誉职位。

在皇帝的保护下，盖伦不再担心对手的仇杀，从公元 169 年到 180 年马可 · 奥勒留离世，他完成了一些他最重要的研究。他享有科学研究的自由，并在著述方面得到了许多帮助。他与后来继位的皇帝之间保持何种关系，我们不得而知，但显然他仍然备受其信赖。尽管我们已经证实他一直活到公元 201 年，但他究竟在何处度过晚年——罗马或帕加马——我们不得而知。

在他的漫长职业生涯中，盖伦扮演着两种截然不同的公众角色。有时他像苏格拉底圣人般讲述医学的崇高无私和他的理想，即最好的医生也是哲学家，他用这句话作为他的一篇论文的标题。他的著作中经常提到父亲的英明指导，犹如柏拉图《对话录》所言。他的父亲说：“科学虽然令人向往，但我们更加渴望得到的是智慧、正义、坚忍和节制的美德。这些美德被所有人赞颂，即使那些不具备的人也不例外。”

然而，在“不具备这些美德”的人中，盖伦排在第一。他自负、任性、好辩、没耐心，并且极易动怒。他宣扬追随神的步伐，神无嫉妒之心，但盖伦却是人类中嫉妒心最强的。

在对金钱的使用和对名利的追求上，他似乎也采用了两种标准：一种体现在他的著作中，另一种则表现在他的实际行动上。他晚年写道：

> 父亲教导的准则，我至今仍奉行不渝。虽然我热情且勤奋地研究所有学派，但我并不信奉其中任何之一。而且像我父亲一样，我生活得无所畏惧，坦然于每日发生之事。我父亲教导我不必在意他人的眼光和崇拜，专注追求真理……他认为个人财富的首要目的是解决温饱，衣能蔽体，如果还有剩余就应该拿来行善。

他在书中写道：“（我愿）与一人分享衣物，给另一人提供营养和免费医疗，并为第三个人偿还债务。”总而言之，他呈现出一种淡泊名利，更喜爱质朴文雅的学者生活。

毫无疑问，盖伦的大部分收入都花在了作品出版上，他还花了大量的钱购买书籍。人们无法查证他是否真的乐善好施，却也不必因此而质疑这一初心。然而必须指出的是，即使盖伦选择了过一种单纯的学者生活，他一生仍然获得了可观的收入。当一个人从父亲那里继承了一个规模可观、产量丰厚的农场，并获得终生收入时，便有了资本夸夸其谈，宣称金钱毫无意义。盖伦写道："既要在商业上有所成就，又要实践如此伟大的艺术是不可能的。"他批判了两者兼顾之人，却也享用着遗产带来的便利，他的行医对象也基本上为条件优渥的富人。长期以来，不止一个人愤慨地指出，单凭哲学家一职难以果腹。

至于他"不去在意他人的眼光和崇拜"的说辞更是离谱。科学史上几乎没有一个人的著作像盖伦那样充斥着冗长的自我宣传、自以为是、自傲自大、自吹自擂的独白。他在宣称自己比所有竞争对手优越时，毫不谦虚也无所保留，但有时为了获得认同，他会故意表现出对荣耀与称誉的蔑视，或者对这些人性的弱点表现出哲学性的刻意疏离。

尽管这些批评是有道理的，但并不会减损盖伦的伟大成就；毕竟，他可悲的人格并没有阻碍他施展才华。我们应当接纳这一不尽完美的帕加马的盖伦。他争强好胜，傲慢自大，好争辩，有时伪善，却拥有天赐的才智，使他能够直接参透自然现象，在他人还在构筑幻想时就提前发掘了真相。他拒绝了当下各个学派的教条主义观念，所以他的观察从不先入为主。当他的学说成形时，它将迄今为止的疾病哲学方法转化为实验性研究。希波克拉底曾告诉医生，医学是一门艺术；盖伦现在告诉他们，医学可以是一门基于科学真理的艺术。希波克拉底派的医生把冷静的观察确立为临床医学的首要原则，盖伦现在将其应用于研究。在盖伦死后，这便成为他最大的悖论。他生前主张的实验性研究，却因为他死后对医学的持久影响被丢弃，自由思考和实验被抑制了近1500年。实验性研究在16至17世纪才得以复兴，而提出的人早已忘记这一本源来自盖伦。

盖伦的体系建立在尸体解剖、生理学实验和病人临床观察的基础之上。他之所以犯错，是因其所处时代的固化思维——对希腊人而言，哲学的思考和逻辑的运用与不偏不倚的观察拥有同等地位。一个相信一切结构和功能都是由至高无上的神所决定的科学家，不会认为他的结论是一种迎合，即不会因为某个目的论的假设而费力使自己的结论去贴合这一假设，以证实自然的伟大构造。当他用已知事物去填补未知事物的空缺时，他从未察觉自己的前后矛盾，认为一切都出自神的合理旨意。盖伦认为他最大的力量来源于对这一合理旨意的遵从，但其实这是他最大的弱点。

盖伦根本无法意识到，在阐述人体的结构和功能时，理性的推理无法取代感觉器官。在他看来，他的假设等同于事实，猜想就像实验一样令人信服。对于他无法观察到的事物，便围绕着神创造万物这一主题展开想象。神的每一步创造都是完美的，都因进入体内的“气”而富有生命力。

或许我们不应因为盖伦太过依赖猜测而过于苛刻地批判他。猜测是所有科学的一部分，尤其医学这一科学与艺术的结合体，它拥有无限而迷人的未知，我们的治疗需求远高于我们的观察能力。在现代研究中，我们称“推测”为一种“理论”。为了对现代科学同行公平起见，我们应该赶紧补充说，现代理论是建立在有力的证据之上的，但这距离盖伦的时代已有1800年之久，如今有了更多的研究人员和更好的方法来寻找并获取证据；反观盖伦时期，他的理论基于为数不多的已知事实，这种猜测也情有可原。然而，这并不能成为一名极具天赋的实验者损失这么多潜在研究成果的借口。正是在这一点上，盖伦与现代科学分道扬镳。当代研究者整体上必须同时兼备实验与观察的能力，一个具有说服力的理论必须建立在大量数据的基础上。盖伦主要是一位理论学家，他的科学方法有两个方面的错误。其一，他以目的性来对待他的观察，也就是说，他的观察实际是在引证某些宏伟的目标。其二，他擅于观察，但次数不够，导致结论偏移，更多次数的实验可能会引领他得到不同的结果（偏离了更多的实验可能把他引向的方向）。他的研究过程相当于作图，而上面散布的既定点太少，但最重要的阻碍是，他事先已经决定了要描绘什么图案。盖伦的伟大之处在于他的每一个数据点都设计了完美的实验来支撑，他的失败在于这些点的稀缺性、他加入这些点的方式以及他根据这些点进行推测的方式。

换句话说，现代科学家为他日常研究发现的细微之处所着迷，而这些细节点逐渐形成的图案将他引导至某个理论，一个他因这些证明而更加相信的理论。另一方面，盖伦的出发点是确信他已经知道了所谓“终极真理”，所以无论他对每个实验的设计是多么客观，都服务于这一真理，实验的结果也必须根据这一真理进行解读。

盖伦的工作还有一个很大的缺陷，在这一点上他多少有些自知之明——他的解剖学理念是建立在动物解剖的基础上的。盖伦从未进行过人体解剖。有一次，他在路边发现了一具强盗的尸体，尸体上的大部分肉都被鸟儿吃光了。还有一次他发现，洪水过后一具腐烂的尸体漂上了河岸，腐烂的尸体对于学习解剖学来说并不理想，也没有给他提供任何帮助。我们不可否认，他在亚历山大停留的日子里了解了许多关于人体骨骼的知识，但除此之外，他所学到的一切都来自他对各种动物的细致解剖，无论是活的还是死的。他最喜欢解剖猕猴，它的外表非常像人类，体型适中。考虑到南欧持续炎热的气候，这种身体的大小可以让他在尸体腐烂之前完成研究。他通常用溺水的方式杀死猴子，以保证其结构不会受损。他亲自剥皮，不用助手，他发现了皮肤内扁平的膈，这块肌肉曾经让古代仅有的几位解剖者困惑不已。

盖伦在他的第二本书《论身体各部分的功能》中宣扬他的信条，

其中夹杂着他一贯的自夸：

> 现在，我将一劳永逸，以此般陈述应用于我的全文，不会重申：我现在要解释的是我实际解剖时所见的结构，其准确性前所未有。因此，如果有人想观察大自然的杰作，他不应该着眼于解剖学书籍，而应该相信自己的眼睛，要么来找我，要么向我的同事请教，抑或独自一人刻苦地练习解剖；但如果他只看书，他就更有可能相信所有早期解剖学家的言论，因为这些言论无处不在。

具有讽刺意味的是，当盖伦的错误在1543年被安德烈·维萨里和1628年被威廉·哈维揭露时，是因为他们相信的不是盖伦的书，而是自己的眼睛。他们都是“独自一人”，勤奋地进行解剖和实验练习，直到盖伦医学的殿堂开始崩塌。

但无论是在当时还是现在，盖伦的医学从未完全瓦解。当盖伦遵循着自己的信条时，他的研究无与伦比；通过言传身教，他可能成为任何时代的年轻科学家的良师益友。例如，他证明了动脉中含有血液，这被普遍认为是他对医学最重要的贡献。他的前辈们认为，动脉只是“气”的通道，“气”被肺吸入，沿肺静脉这一大血管传送至心脏，而后从左心室运出，流经动脉。而事实上，切开动脉时流出了血液，这一现象在当时被假定的但仅是想象的理由搪塞过去，即动脉和静脉存在一系列连接或吻合，一旦动脉被切断，血液就通过这些接口自静脉涌入动脉，造成了出血。盖伦通过一项实验重演了这种假想，他在活体动物的动脉放置了两个扎带，将血管的一部分隔离得足够短，以至于可以证明它不包含来自静脉的吻合。切断动脉后，处于间隔部位的血液被证明确实存在于动脉之中。

他还使用结扎丝来表明动脉搏动起源于心脏，而不是像他的同时代人所认为的那样，由其内部的“气”节奏性扩张引起。他将一只狗腿部的一条大动脉绑紧，使其停止搏动，而该血管的远端仍然充满了血液。除去结扎丝后，脉搏还原，这使他得出了恰当的结论，即动脉搏动是从上方传递的，特别是心脏。

为了证明像动脉一样，心脏也含有除“气”之外的物质，盖伦在动物跳动的左心室壁上插入了一根小孔径硬管，并将其导入腔室，红色的血液节律性地喷射出来。然而，在这一点上，他内心固有的希腊哲学家思维让他无法否定传统认知，这导致了他的论点，即动脉和心脏左侧看似较稀的鲜红色物质是血液和吸入的供给生命的“气”的混合物质。他指出心脏的左心室壁总是比右心室壁厚，并认为这对于维持器官的中心平衡和垂直位置是必要的，因为左侧充满“气”的肺动脉不具备右侧那些暗红、黏稠的血液的重量。

盖伦对心跳的了解来自他对动物的活体解剖，以及他至少做过一次人体观察，一名儿童胸骨产生疾病，逐渐腐烂，这使他直接观察到了心脏的活动。他关于血液循环的理论过于复杂，在本书中无法展开叙述，但从本质上讲，他将其视为浸透式的往复灌溉系统，而不是一系列循环事件。同批液体经过纯化，充气，强化，再泵入，周而复始。由于他的理论要求“气”以某种方式进入静脉，因此他假定左右心室的间隔中有小孔，这些小孔允许精神实质进入部分血液流动，从而将养分带到身体外周；血液与其流动方向相反，从右心室到左心室。威廉 · 哈维于 1628 年证明这些孔隙并不存在，这成为 17 世纪和 18 世纪研究人员朝着希腊医师的声誉抛出的最具破坏力的砖瓦之一。

盖伦对膈和胸壁在呼吸中的作用的研究同样精彩：他进行了一系列巧妙的实验，涉及切断各种特定的神经和肌肉，以发现气体流动受影响的方式。他第一个提出，是膈和胸部肌肉作用导致胸腔扩张，从而填充肺部，反之亦然。他为论文所做的每一项实验都是其方法复杂精妙的证明，这种方法在当时十分超前，以至于可以与后来的实验室研究者相提并论。他在动物的两根肋骨之间做了一个小切口，让一点儿空气进入胸部腔室后，紧紧地将切口与袋子或动物气囊缝合。然后可以观察到袋子分别在呼气和吸气间充满和排空，这表明了由于扩大胸腔而产生的部分真空。正是这种局部真空使外部空气能够吸入气管和肺部。盖伦的这些实验能够证明自己在当时思维清晰，做出了明智选择，即不因哲学的混淆而使自己的解释模糊不清。

在另一项出色的实验中，盖伦驳斥了一个人们普遍认为的观点——尿液不是在肾脏而是在膀胱中产生的。他再次明智地使用了结扎丝，将这两个器官之间的导管——输尿管进行束缚，并指出，无论他的束缚位点选在导管何处，尿液柱都永远不会到达结扎点。如果他在输尿管的肾脏端进行结扎，每个输尿管和膀胱均无尿液，这完全证实了是肾脏，而非膀胱产生了尿液。有时简单之举，往往最为有效。

在盖伦的著作中，还有更多这样的实验例子，它们均经过精心设计和正确解释。我不再对此赘述，而是用接下来的篇幅去讲述他在神经系统方面典范式的研究。

可以说，盖伦的生理学实验具有极好的准确性和精确性。前面在他对呼吸机制的研究中已经提到，通过切断膈神经（自颈部向下供养膈的神经），他证明了膈在呼吸中的作用。通过破坏胸壁的神经分布，他也能够确定这些结构所起的作用。通过在上背部的不同水平上切断脊髓，他使连续的肌肉节段麻痹，以研究扩张胸腔所需的协调运动。

他指出，沿脊髓中心轴做上下切口时，不会导致另一侧的麻痹，因为每一侧都独立于另一侧而发出神经。另一方面，将脊髓横向切开会导致切口下方神经控制的所有肌肉麻痹。如果仅切开一侧，则麻痹仅限于左侧或右侧肌肉。

盖伦对脊髓的实验研究得到了他临床损伤治疗中的观察性证实。由于手臂的神经供应起自颈部，因此颈椎创伤提供了机会去探查脊髓压迫对手臂功能的影响，以及对创口下方的膈和其他肌肉功能的影响。

在盖伦之前，未曾有人能够解答这些问题，也没有使用任何此类实验方法。通过类似的技巧，他一再邀请别人“眼见为实”，以重复进行他的这一实验：声音并非来自内心，这种说法来自亚里士多德，且为他的同时代人所信服；他指出，声音来自喉部，即气管的最上部。他解释说，由他发现的喉返神经能够激活喉部，改变从肺部排出的急气流，从而引起声带振动。神经起源于大脑，因此控制言语的不是心脏而是大脑，这种说法充满了浪漫的色彩。盖伦对他的读者说：“声音传达了我们的想法。”盖伦在对这一过程的阐述中警告说，使用简单的断言而不是观察到的事实可能导致错误，而自身却没意识到，每当他背离了信条中的原则，沉迷于神学和猜测，他本人也会遭受同样的失败。以下是盖伦的强烈抨击之言，针对那些具有感官却无视其所带来的真理的人：

> 当我告诉他们这一点，并补充说所有自发的运动是由大脑神经控制的肌肉所产生的时，他们称我为“奇妙故事的讲述者”，除了简单地断言气管位于心脏附近之外，别无其他论据。但是我发表的言论可以通过解剖来证明。他们选择了走捷径，而不是漫长而费力的方法，后者最终通往

> 理想的结局，而走捷径最终会与真理背道而驰……当我展示出呼吸和声音的肌肉时，并没有人反驳。肌肉会调动某些器官，但它们本身受大脑中某些神经的支配，如果你用结扎丝拦截其中之一，则受该神经支配的肌肉会立即使对应器官静止不动。真正热爱真理的人啊，请让他来到我的身边，只要他的感官没有损害，他将在动物身上清楚地看到自发或正常的调动是由某些器官、肌肉和神经引起的。我还将向你们展示声音的器官，喉部，连同其运动肌肉以及起自大脑的支配神经。还有舌头，这一语言器官。我将准备几只动物，并证明当我分离其中几条神经时，一种或几种舌部的运动功能将消失。

盖伦这些解剖学的新发现极为重要，但不及他对已知结构之间的关系精确而翔实的描述。他的解剖学描述提供了一个三维图像，揭示了存活病人体内各种器官、组织和血管的确切位置。像今天所有的临床医学优秀老师一样，他强调了局部解剖学的重要性，以便受过适当训练的医生确切知道皮肤每个小区域的底下是什么。若不具备这种知识，体格检查不会有实践价值。

盖伦以其前辈的思想为基础，构建了人体力学的概念体系。按照他的表述，身体的三个基本器官是心脏、大脑和肝脏。依照从前，气、内热和四种体液也是必不可少的要素。“气”随吸气进入左心室，并在此作用下转变为所谓的“活气”（vital pneuma）。心脏是内热的来源，从左心室传递到动脉的血液携带生命本身，因为它与活气混合并被内热加热。上升到大脑的“气”在那里转化为“精气”（psychic pneuma），它的发现是盖伦解剖学信仰中一次飞跃的产物：因为他发现了一个盘曲的血管网，称作“奇网”（rete mirabile）。基于实验动物颅骨的构造，他认为途经这一盘曲的构造将耗费足够长的时间，以使其开始从活气转变为大脑的精气。大脑是思想、感觉和运动的调节者，精气从神经中传送，因此神经必须为空心，才能到达整个身体的神经终点。

根据盖伦的体系，肝脏的作用是将消化后的食物吸收至底部，然后将其转变成血液，通过顶部的大静脉排出。在该器官中，最初吸入的活气也被转化为“动气”（vegetative pneuma），即动物的营养来源。动气与血液混合，进入大静脉（即腔静脉），该静脉立即分支并成为人体其他所有静脉的来源。

该体系因此变得清晰。静脉是富含营养的血液的管道，动脉富含生命之源的活气，而神经运送精气，调动肌肉运动和组织的敏感性，将身体外周与生命中心及内热相结合。在当时的公元 2 世纪，甚至在 17 世纪，这一体系似乎都有一种令人安心的连贯性。

不幸的是，在现代，盖伦的声誉已经不比当年，人体没有所谓气、所谓体液，也没有内热，就像它没有奇网一样。在《论身体各部分的功能》的那一段中，他讲述了即使没有实验证据，他也能够理解奇网的功能，并为此感到自豪，他揭示了神学的目的论对他的解剖的帮助，甚至超越了科学本身：

> 现在，我要再说一遍我在全文开始时所说的话，即一个人不可能找到任何部分的正确功能，除非他完全熟悉整个部分如何运作。

对于盖伦来说，“整个部分如何运作”是为了证明上帝杰作的完美性。

这可能是对一系列思想的过度简化的总结，而这些思想在最初时要复杂得多，而且常常相互矛盾。我在这里摘录这句话只是为了证明盖伦的猜测和神学是多么离谱。在文艺复兴初起时，这种思想让医学学者们感到绝望。他们往往对他的错误感到恼怒，忘记了他的真正贡献，也忘记了他们使用的实验方法其实源自盖伦。

盖伦把疾病分为三类：体液性疾病、组织性疾病和器官性疾病。他的治疗策略无疑与希波克拉底疗法相似。应用正确的方法清除有毒物质，例如多余的体液。要用产生抵消作用的方法来消除症状，比如通过采取保暖措施来治疗感冒，利用放血来减少多余的体液。放血也被认为对发热、急性炎症和严重疼痛的治疗有益。因为治疗疾病不仅需要对症，还需兼顾整体状况，所以，他也经常使用诸如改变饮食、居住环境以及我们现代所谓的生活方式之类的疗法。他为患者提供按摩、康复运动以及多种淋浴方式，日光浴、泥浴等。

盖伦同他的前辈都对药物治疗抱有极大的信心，他所开的处方可能是单一药剂，也可能是复方制剂。他变得越来越热衷于使用药物制剂，尤其是各种植物制剂。使用复合处方与当时的医学思想不谋而合，但盖伦似乎为了取悦病人而超越了复合制剂中药物种类的界限，这种诱惑即使放在今天也会使一些医生无法抗拒。科学史学家乔治·萨顿（George Sarton）指出，盖伦的药物是从罗马帝国各地及其他遥远的国家进口的，来自叙利亚、埃及、小亚细亚、印度、马其顿王国、北非、西班牙和高卢。他的著作包含许多非常复杂的处方，其中一种含有约 100 种成分。草药制剂（galenical，又称盖伦制剂）仍然保留在药学词汇中，意指一类非化学性质的天然药品。

在盖伦的很多理论被推翻许久后，他关于疾病及其治疗的概念和方式仍然对日常的医学实践有着持续且广泛的影响。事实上，这标志了过去 50 年一种医学的进步，他的许多处方直到 20 世纪仍为人们所用。研究盖伦的学者约瑟夫·沃尔什（Joseph Walsh）在 1934 年出版的一本书中列出了现有的盖伦处方：

> 鸦片、东莨菪碱、单宁酸、白垩、生姜、芦荟、司格蒙旋花、药西瓜、决明子、大黄、蓖麻油、橄榄油、大麦水、甘草、松节油、海葱、氯化铵、硫黄、氧化锌、硫酸铜、缬草、龙胆碱、小豆蔻、肉桂以及各种香脂和树胶。他们（古代的医生）曾假定有利尿剂（能够引起水样物质的排除，如尿液或稀便）、司格蒙旋花等利胆剂（增加胆汁流量的药物）、祛痰药等无数类似制剂。与众多现代理发师和脱毛专家相比，他们所建议的处方远多于我们报纸上刊登的广告。此外，我们仍然使用按摩、软膏、沐浴、芥子药膏、拔罐和放血等疗法，尽管与他们的方式略有差异。

对于药剂的过分依赖，奥利弗·温德尔·霍姆斯（Oliver Wendell Holmes）在 1860 年对马萨诸塞州医学会的所言也不足为怪："我坚信，如果现在使用的所有药物都丢入海底，对人类来说会更好，但对鱼类来说可能是场大灾难。"

在盖伦所尊崇的希波克拉底的所有原则中，没有一条比预后更重要。从他的著作中可以体现，他认为预后不仅有助于合理的临床决策，在医疗实践中也有不可估量的价值，这是科斯学派及纽约和波士顿的医生都很重视的一点。盖伦也在诊疗过程中极为重视这一要素，他在公元 176 年判断出马可·奥勒留皇帝的病痛折磨来源于纵欲过度，并成功治愈了他的疾病。他的诊断、预后和治疗过程给皇帝留下了深刻的印象，使他在这位尊贵的病人心中获得了崇高的地位。盖伦生动且毫不谦逊地详细叙述了这一事件，并引述了马可的感激之词：

> 他告诉佩托拉斯，现在他终于有了一名合格且无畏的医生，并反复说我在医生群体中最为杰出，也是唯一的哲学家。他试用过很多医生，而这群人不仅对于声名和荣誉极度贪婪，而且充满着嫉妒和恶意。正如我刚才所说，这是我做出的最杰出的诊断。

盖伦记录了研究的全过程。他雇用了研究助理、抄写员和其他成员，其规模相当于一个现代高级研究员的实验室，还附带了出版社和打印机。他一生出版的著作数量让人瞠目结舌。他十几岁时开始写作，辍笔于70岁离世，留下的作品占据古希腊医学的半壁江山。如果去除《希波克拉底文集》，比例可能增至5/6。1821年至1833年，卡尔·库恩（Karl Kuhn）出版了22种8开本、密集排版的标准本。毫无疑问，古希腊时期的其他医学家也出版了很多作品，但其中重要到值得保留下来的少之又少，这彰显了对盖伦的一种尊重。

在阅读盖伦那极少数被翻译成英文的著作时，读者经常会收获意外的乐趣。除了前文提到的之外，他的自传式论述以及关于伦理、哲学、宗教和当时生活的评论总是意想不到地散布在作品中，以至于读者总会不期而遇，突然发掘一块珍贵而永不过时的宝石，闪耀了这一整页文字。在我最喜欢的书中，有一本更适用于当今世界，而不是其所处时代。它探讨了各个时代的医学作家为了以文学垂名而产出过剩作品的问题。根据当时担任纽约洛克菲勒大学健康科学系主任肯尼斯·沃伦（Kenneth Warren）的说法，在1981年，世界上已有2万种生物医学期刊，而到了现在，我们只能通过耶鲁大学的历史学家德瑞克·德·索拉·普莱斯（Derek de Solla Price）提供的数字去估算："300 多年来，所有学术性作品的数量增长一直保持着复利的态势，每年约 6%~7%，每 10~15 年增长一倍，每 35~50 年增长 10 倍。"此类统计数据也支持了《新英格兰医学杂志》的一位作者在 1985 年发表的观点，他指出："除了所有高质量和重要的论文会被出版，那些平庸和劣质的作品也大量涌现于杂志之上。"任何人读几本自己所在领域的期刊便会知道，当今的医学文献为证实某个结论会做太多重复性的研究，冗长的言辞远远超过了明确陈述的需要，糟糕的写作远远超过了读者应该容忍的程度。尽管这一情况比以往任何时候都糟糕，但这种情况有着古老的根源，至少可以追溯到埃及文明时期。假如盖伦被告知他与那些曾经因为看到自己的名字出现在出版物上而激动不已的人被指控同样的罪名时，他一定会坚决地予以否认，并提出解决这一问题的方案：

> 古埃及有一条律法，所有手写的作品都要由一群有教养人士组成的机构进行审查，并写于圣地的柱子上。同样，我们应该有这样一个机构。它将仔细检查所有成形的作品，只将有价值的作品保存在公共领域，而销毁那些毫无价值的。最好按照古埃及的惯例，不要保留作者的名字，这能够抑制那些追求名誉者的狂热之举。

盖伦深信，他已经为自然界的许多奥秘提供了明确的答案，这些答案将永远被奉为真理。他劝导后辈，在他之后，再多的研究都是多余的："任何想要依靠实际行动而非学术言论出名的人，只需要花点儿时间去熟悉我毕生研究的成果即可。"从整个欧洲黑暗时代到 16 世纪，人们一直信奉他的话：他们无视盖伦的科学研究准则，忽略掉他著作中描述的实验方法，只在意他的最终答案而不去想他遗留的问题；他们没有拒绝他的那些非理性的猜测，而是紧紧抓住这些猜想，仿佛它们是由一个神谕写成的；他们不去自主思考，而是将自己的思想拱手交给了盖伦。

盖伦去世后的一个半世纪，我们并没有太多相关资料。我们只知道，到4世纪中叶，他已被确立为医学界的领军人物。从那时起，每个人都仰仗他；他是一名真正行走于这个地球上的医生，阐释和传播着希波克拉底的教义，又是神话般的人物，因他讲述的神秘之事。随着罗马帝国的光芒褪尽，崛起的盖伦主义的力量开始占领拜占庭帝国和东方世界，闪耀着半科学半奇异的光芒。在一些断章取义和翻译之中，这些后代的“棱镜”把他的作品折射成了怪异的光芒，光明已被一片阴影所覆盖。

4世纪末罗马帝国的势力开始衰退，让位给了来自东方的拜占庭帝国，其权力中心在君士坦丁堡持续了1000年之久。在那1000年里，科学和其他学术活动进展甚微，因为帝国的精力都用在了宗教冲突和那放任的“拜占庭黑暗时代”。幸运的是，8世纪，由穆斯林组成的国家的诞生营造了一个充满学习热忱的文化氛围，因此希腊人的科学著作很快被翻译成阿拉伯文。不仅是盖伦和希波克拉底，还有欧几里得、托勒密和亚里士多德也同样成为阿拉伯学术界的“北斗星”，阿拉伯医学和科学的著作几乎可以说成是希腊学术的变体、诠释和扩展。阿拉伯文献变为了希腊科学的宝库。

但是知识在语言间以及社会间传递，存在着一些无法避免的问题。第一个困难在于翻译本身，在不同文化的思想传递之中，它被极大地歪曲，即使其差异远不如希腊和伊斯兰。更有甚者，许多古籍在传到翻译者面前时，已经经过了好几代的编纂者和摘录者。当一位阿拉伯医生想要对盖伦进行研究时，他研究的很可能不是原著，而是盖伦死后出现在拜占庭的一群自以为是的诠释者所解释的教义。在这些篡改者中，最高产的几位是 4 世纪的奥雷巴西（Oribasius）、6 世纪的埃提乌斯（Aetius）和特拉列斯的亚历山大，还有 7 世纪的厄吉那的保罗。保罗的《论洗礼：驳多纳图派》（简称 *Seven Books*）中大部分以盖伦的著作为依据，成为阿拉伯医学顶峰时期的思想基础。他是希腊医学最伟大的传承者之一，但也是对希腊医学改动最大的人，尽管他的意图值得称赞。在他的著作出版 200 年后，他的作品又被译成阿拉伯文，成为当时穆斯林和说阿拉伯语的犹太医生行医的基础，包括拉齐（Rhazes）、哈里·阿巴斯（Haly Abbas）、扎哈拉维（Albucasis）、尤第乌斯（Isaac Judaeus）、迈蒙尼提斯，其中最伟大的是阿维森纳（Avicenna），他在 11 世纪的著作《医典》（*Canon*），借用菲尔丁·加里森的话，是“中世纪的权威之源”。有些批评家对他的修正主义颇有微词。例如在两个半世纪后，维拉诺瓦的医师兼哲学家阿诺德发表评论，他认为“阿维森纳是个专业的谬论制造者，他对盖伦的误读搞晕了整个欧洲医学界”。

在 11 世纪和 12 世纪中，这些阿拉伯译本才被译为拉丁文版本。这一过程始于 11 世纪卡西诺山的某个修道院。在那里，一位迦太基僧侣被称为“非洲的君士坦丁”。这位精通东西方文化的大师将大量的阿拉伯医学文献翻译成拉丁文。他的成就被德国医学史学家卡尔·萨德霍夫（Karl Sudhoff）称为“一个伟大历史进程的征兆”，阿拉伯和犹太医学思想由此进入了西方，回归到治疗艺术的起源。尽管将希腊科学作品翻译成拉丁文这件事对欧洲思想产生了巨大的推动作用，但欧洲人研读的盖伦都是经过像保罗那样的编纂者，以及希腊文—阿拉伯文—拉丁文的翻译过程。除了多语言翻译的问题外，还有一些没有受过医学教育的抄写员辛辛苦苦地手工抄写每份手稿可能带来的错误，很显然，要防止出现重大的扭曲，需要一系列的奇迹。唉！可惜这些奇迹并没有发生，希腊学术的真正复兴必须等到土耳其人在1453年征服君士坦丁堡之后。被迫移居意大利的希腊学者带着他们正版的书和手稿进入了西欧，于是欧洲人开始学习希腊语，阅读盖伦和希波克拉底的原著，并将其直接翻译成拉丁文。只有这样，真正的医学才能重新开始，始于1300年前盖伦留下的原貌。悲哀且具有讽刺意味的是，遵循盖伦知识准则的后辈会用他的实验方法将他的声誉践踏为尘土，他的错误和他的教义的几个世纪的腐败使他们无法看清，其实盖伦早已建立起他们今日所构筑的架构。1896年，在向皇家医师学院的医生所发表的哈维演讲中，圣托马斯医院的医生约瑟夫·培恩（Joseph Payne）博士对盖伦的悲惨命运表示惋惜：

> 哈维在1628年对血液循环的发现标志着这场运动的顶峰，它始于一个半世纪前希腊医学经典的复兴（尤其是盖伦医学）。如果没有盖伦在医学和外科的每个分支中对解剖学重要性的坚持，解剖学的复兴可能永远不会发生。但是盖伦因此得到过任何的荣耀和人们的感激吗？在当代，这种称赞甚至消失不见……在某些当代作品中，不，不只是这些，甚至在哈维的纪念演讲中，我们听到的只是盖伦所犯下的令人震惊的错误。像盖伦这种具有极高知识水平的人受到如此持续的误解，甚至被歪曲，世上也许再无第二人。毫无疑问，这是盖伦生前获得过度赞誉的一种副作用。

最后，我们必须引用马可·奥勒留的话，相信盖伦本人也愿意用这些文字来描述自己。十几代欧洲学生通过阅读这位哲学家皇帝的《沉思录》（被古典学家称为古代思想的最高道德产物）来提高他

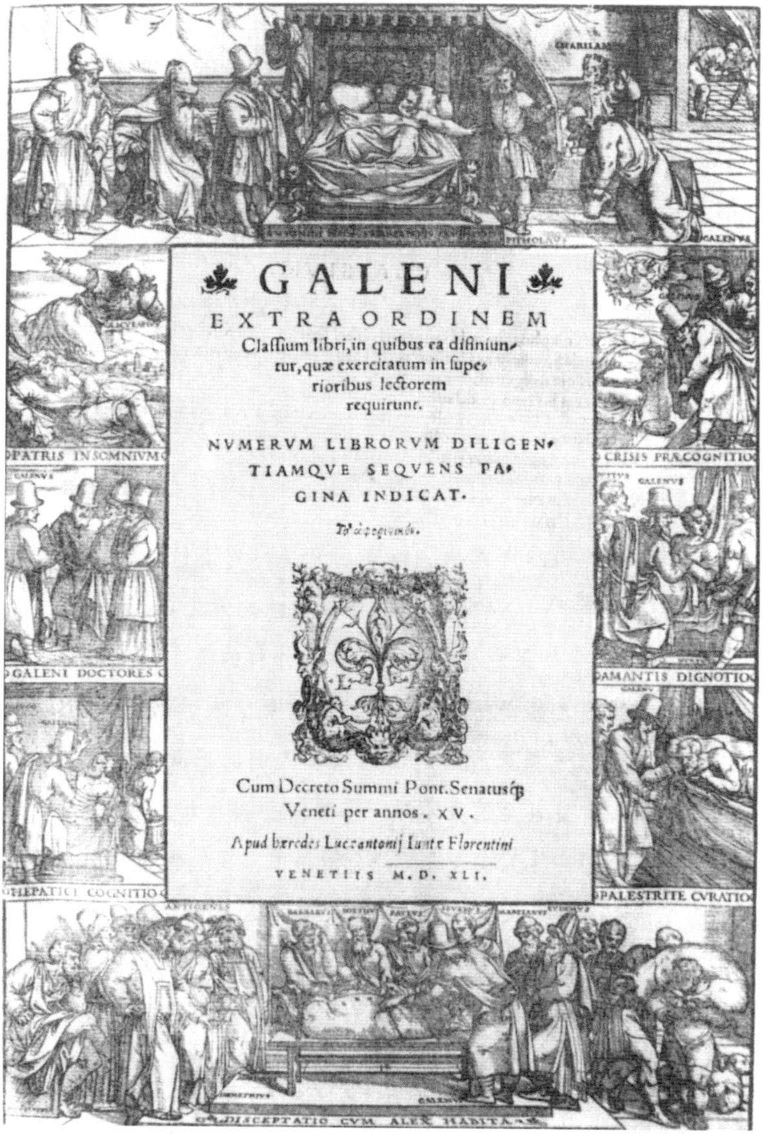

1541 年由威尼斯吉安达印刷厂出版的盖伦拉丁文译本第一卷卷首图。摄影：威廉 · B. 卡特（耶鲁大学医学史图书馆提供）

们的希腊语水平。在这位文雅的作者生命的每一个瞬间，以及盖伦的顶峰时期，这两位 2 世纪的伟大思想家共同体现了那崇高的遗作中最常被引用的雄伟宣言：

> 我追求真理，人们决不会因此受伤。

3　风云再起

安德烈·维萨里和医界的振兴

在科学发展的进程中，有几部著作标志着一些重要转折点，它们是如此深刻以至于能够振兴其学科，或者至少使其作者闻名于世，即使是对该领域知之甚少的人也不例外。也许最好的例子是查尔斯·达尔文的《物种起源》。这样的作品并没有很多，只有少数作品被认为是真正不朽的，像伽利略、牛顿、弗洛伊德和爱因斯坦这样天才人物的作品才可奉为经典。然而，这种认为经典著作极端罕见的论断颇有些目光短浅。它不考虑也不承认一个事实：其他分支的科学学科本身就鲜有人知。例如，物理学和心理学一样均以令人惊异的速度在发展，但其出版物较为小众，知名度远不如那些著名人物所做出的贡献。

这一论断还有另一种缺点，与其说是目光短浅，不如说是由于对科学进步的实际情况认识模糊。这种知识领域的特殊“散光”形式源于这样一种信念，即任何重大的进展都源于闪电般的灵感迸发。

但事实上，没有任何伟大的科学发现是在瞬间产生的；有价值的概念只来自先人的价值积累。本章第一句的动词是“标志”,而不是“创造”。事实上，伟大的科学家们总是把他们的天赋贡献给一个已经做好准备接受他们的世界（尽管有时存在生拉硬扯之嫌），文明世界通过其文化的变革使人类走到了这个节点，社会环境也进步到允许拥有卓越洞察力的人才崭露头角。科学界的前辈们在工作中若能证实一种寻找和解释事物的新方法正在出现，那么每一位科学巨人的到来都似乎是一种可以预知的必然。因此，这些著名的论著标志了而不是创造了这样一个时刻：一个人会大胆地宣布，是时候公开承认其他人已经开始产生怀疑的事物了，于是一种新的真理观出现了。它之所以形成，是因为一位特别的研究者有勇气站出来，代表他的同事们迈出了这关键的一步。

那些少有人知的科学转折点，虽然不像人们通常认为的那样极端罕见，但也不常发生，且两次转折点总会间隔很久。然而令人惊奇的是，其中两个转折点是发生于同一年：一个是天文学的，另一个是医学的。使这一巧合更加引人注目的是两个细节：其一，在天文学领域的贡献是由曾经推动科学发展的一位最年长的工作者所做出的，而在医学上的贡献是由一位最年轻的工作者所做出的；其二，两人都曾在同一所学校——帕多瓦大学接受过医师培训。这位年迈的专家是 70 岁的尼古拉 · 哥白尼，他在 1543 年，可能是弥留之际，收到了他的《天体运行论》的第一本印刷本，这本书向我们阐述了太阳是宇宙的中心，而非地球。而这个年轻人就是 28 岁的安德烈 · 维萨里，他的《人体的构造》(*De Humani Corporis Fabrica*)为现代医学科学铺平了道路，第一次向世界展示了对于人类解剖学的精确认知，以及研究人体解剖学的方法。

维萨里的这本书被奉为典范之作。它集科学、技术和文化于一身，这种方式在其他书籍中未曾体现。它是文艺复兴伟大精神的产物，在某种程度上是文艺复兴思维形式的最高体现：它在庆祝回归到希腊时代逻辑思维和观察法的同时，也避免了希腊人的猜测和哲学思辨的倾向。最好的历史产物得以复兴，它的错误之处也被摒弃。这一点在文本的语言中尤为明显，这是一种拉丁式的修辞，也让人回想起罗马的古典修辞法。随着《人体的构造》的出版，医学终于摆脱了中世纪的黑暗。在中世纪，由于编纂者、诠释者及误译者对盖伦学说的错误描述，医学进入了一段黑暗时期。多亏了一位受过古典文学教育、精通两种古代文化的语言和文学的作家，他的发言充满理性与科学的客观性，包含再现的宝贵历史思维，正是这些思想让欧洲进入了文艺复兴时期。

《人体的构造》一书代表着希腊对自然直接性研究的回归，也在历史上首次提供了一种工具——准确的技术、精彩的配图——去揭秘自然。尽管《人体的构造》的文字为人称赞，但并不是文本本身使其获得了盛名；事实上，在众多伟大的医学著作中，《人体的构造》的文本仍然是最为晦涩的，直到今天也只有其中的一些片段被翻译成英语。真正留名青史的是维萨里在这部著作中所做的图例诠释。在提香（西方油画之父）最有能力的门徒的帮助下，他们将解剖学带入了书中。

文艺复兴时期的艺术家们不仅对透视法感兴趣，而且对运动感兴趣——动作和移动的产生方式和原因。只要看一眼列奥纳多·达·芬奇的画作，你就会明白，他对人类形态的研究是他毕生对运动追求的结果，无论这种运动是关于人体还是机械。现代医学在很大程度上要归功于安德烈·维萨里的解剖学发展，但更要归功于达·芬奇、米开朗琪罗、提香、拉斐尔，以及其他所有在艺术人文主义中认识到人体功能描绘重要性的人，他们也深知这需要付出毕生的努力。因为维萨里著作的书名本身就说明了其所描述的解剖结构是非静态的。作家和艺术家超越了其形式——他们在传授功能之用。就像在他之前的盖伦一样，维萨里的书也涉及零部件的功能。英国医学历史学家查尔斯·辛格（Charles Singer）在为《泰晤士报文学增刊》撰写的一篇文章中讨论了单词“构造”（fabrica）的含义。这篇文章发表于维萨里的这本书出版 400 周年之际。

> 它不应该被翻译成“构造”，也不应被翻译成“机制”。在传统用法中它代表着“一个工匠的作坊”，经过一系列的事件，它被引入了艺术与贸易领域。这一点在现代德语 fabrik（工厂）中得到了体现，在法语 fabrique 中则被描述得更为准确，它的意思是制造的过程和生产工厂。在文艺复兴时期的拉丁语中，这个词似乎被赋予了动态的特性。若将其用非文字的方式呈现，人工作业（works）或系统运作（workings）可以是很好的诠释。在《人体的构造》中《论人的身体行为》的篇章中，维萨里试图描述的总是一种动态的“作业”，即活体解剖学。他把身体假定为一个整体的活体，并试图将其描述下来。

因此，我们必须认识到《人体的构造》的篇章在许多方面都是艺术家作品的巅峰之作。如果当时的艺术家不是解剖学的观察者和实干家，不可能创作出这些作品；正如如果没有解剖学家的存在，意大利学派的艺术成就无法因此而诞生。

其他几个不同艺术形式的艺术家也陈列于《人体的构造》之中。包括利用新兴印刷技术的印刷工匠，以及将画作著于精美木块上的木艺雕刻家，这一技术也是在近半个世纪里发展起来的。许多评论家对于科学领域的历史并不十分感兴趣，对他们来说《人体的构造》

的意义在于它代表了艺术在书目编著中的胜利。印刷术、插图、文字与图像材料的关系——所有这些因素使它的出版不仅在医学领域成为一个转折点，也成为教育史和书籍印刷史上的新拐点。一些当代出版物已经能够接近它的标准，但始终未能与它完全一致；它成为科学教学类书籍的雏形。它成为现代教科书发展之路的重要拐点。

因此，《人体的构造》的出版是建立在书籍生产技术的发展、伴随文艺复兴的人文主义哲学的完备基础之上。另一个重要因素是大学的振兴，尤其是在意大利。

大学一词很难去定义。它主要指的是一个具有一定组织性的、由学者和教师组成的团体。这一定义的起源可追溯到柏拉图学院，该学院以哲学家授课的橄榄园命名。建于公元前3世纪的亚历山大图书馆也是一个相似的用于学习和教学的智力组织，但其范围更加宽泛。与之密切相关的还有在公元最初几个世纪拉比学院（犹太教学院）的发展，在其中诞生了塔木德犹太教的准则，促进了宗教学校和神学院的发展。事实上，相比于欧洲早期机构的建立，它们对大学的影响更为直接，因为不同于希腊组织，拉比学院在整个中世纪继续蓬勃发展。

无论如何，9世纪在萨莱诺建立的一所学校通常被认为是史上第一所大学，它最初是为了进行医学研究。尽管当时的宗教迫害颇为猖獗，萨莱诺仍旧为犹太教师和学生提供了一个安全的知识保护区，这也是旧时犹太学校对其影响的间接证据。事实上，大多数掌权者是旧盖伦派医学里讲阿拉伯语的犹太人，当局在事务决策中几乎没有话语权，但他们也希望如此。

在11世纪和12世纪，当阿拉伯手稿开始被翻译成拉丁文，欧洲再现希腊文化时，学者们聚集于各个城市，文艺复兴时期的大学也因此陆续出现。虽然组织方式与成立目的均不同，但其基本功能是由教师和学生进行研究、调查和讨论。学者们从不同地区会聚而来，甚至在一些值得注意的例子中，他们来自整个欧洲大陆。

上述情况意味着某种思想自由和公民普遍性的存在，但一般情况并非如此。一方面，大学教学通常受控于教会当局；它还受到当时各种宗教战争、宗教不宽容以及领土争端的阻碍。而在意大利，情况截然不同。在那里，威尼斯共和国认识到它的经济实力建立在自由贸易和交通便利的基础之上，它认为对领土内外国人的保护以及对其企业的鼓励能获取最大利益。这种开明的态度所带来的知识自由使西方文明从此受益，其中尤为明显的是帕多瓦大学令人兴奋的学术氛围。在威尼斯的英明决策下，这种氛围吸引了来自欧洲各地的学生，文艺复兴时期科学的滋养和繁荣也起源于此处。医学历史学家阿尔图罗·卡斯蒂廖尼（Arturo Castiglioni）曾描述它的作用：

> 当时，来自欧洲各地的意大利艺术家、学者、学生和教师，怀着对研究的热情、对美的热爱和对荣誉的无限追求，来到了科学研究中心帕多瓦。在这里，天文学家寻找恒星的秘密，医生学者探寻生命的奥秘，数学家寻求几何和代数中最困难问题的答案。波兰人哥白尼为伽利略铺平了道路；维萨里和弗莱明成为哈维和马尔比基的先驱者；意大利人弗拉卡斯托罗开辟了通往现代病理学的道路。

在文艺复兴时期人文主义的所有表现形式中，最直接的必然是对人体研究的新兴趣。基督教对这种研究起到了阻碍作用。它的教义贬低了人类肉身存在的重要性而强调灵魂，它的权威也对盖伦的目的论戒律十分满意。虽然其上帝与犹太–基督教的上帝有很大的不同，但其教会和教派所持观点一致，即确信盖伦式的构想符合其教义，远胜于任何侵入性的客观研究。

然而，这一切都不应被理解为教会明令禁止解剖，因为它确实没有如此。当博洛尼亚的医学院在1405年将人体解剖学的演示纳入其课程时，帕多瓦大学在1429年也予以跟进，主教们对此并未发声抗议。事实上，早在1345年，一位名叫圭多·德·维格瓦诺（Guido de Vigevano）的医生便在法国发表了一篇阐述解剖过程的文章。1482年，曾在两所意大利大学就读的西克斯图斯四世教皇颁布了允许人体解剖的教皇诏书，并对蒂宾根进行援助，基于的前提也正是当地神职人员对解剖的许可。

神职人员如此配合不是出于对医学的欣赏，而更多的是因为艺术家们在对教堂、对神职人员名誉的美化中所起的作用。在文艺复兴时期，礼拜堂的建立不仅仅是为了向上帝致敬，也是为了那些领导人们颂扬上帝的官员；在西克斯图斯诏令颁布后不到10年，佛罗伦萨圣斯皮里托教堂的执事允许了一位名叫米开朗琪罗·博纳罗蒂的年轻画家进行解剖。

于是，艺术家们聚集在解剖学家的桌旁，有时他们自己也拿起解剖工具。被解剖的尸体通常是被处决的罪犯，教授们用他们来演示最常见文本中所描述的解剖学事实。这种方法在1491年威尼斯出版的约翰内斯·德·凯瑟姆的《医学汇编》中有描述：一位教授高高地坐在他的椅子上，念叨着拉丁文版本的盖伦文本；在其下方，一名学识粗浅的流动外科工匠正在解剖尸体，一名算是受过良好教育的演示者正在向仅有的几名感兴趣的学生示意身体的部位。为了证明盖伦观点的正确性，每年都要进行一两次解剖术。由于教授从来不从他的“权威宝座”下来去看这些被展示的解剖结构，外科工匠和演示者也并不真正知道自己在做什么，因此这几日的年度见习似乎

摘自约翰内斯·德·凯瑟姆（威尼斯，1491 年）的《医学汇编》，展示了在安德烈·维萨里之前解剖学是如何被教授的。演示者指示身体部位，外科工匠正在解剖，而学生们面露乏味之情；这位教授用拉丁文吟诵盖伦文本，从不走下他的“权威宝座”。（复本，托马斯·福布斯教授提供）

更像是为了满足课程要求而在“走过场”，它的理论比实践更具优势。只有艺术家才真正需要了解解剖学，而在大多数情况下，它对医生来说毫无用处——他们所需要的一切都可以在盖伦的著作中找到。

然而，也有一些与众不同者，好奇心让他们不满足于对古代著述的死记硬背。少数解剖学家开始分解人体，以便直接了解其结构。尽管他们一直在扭转自己的观点，试图将解剖中的发现转变成符合盖伦学说的形式，但这种变形愈加难以自圆其说。那么，那些艺术家呢？他们一点儿也不关心盖伦——他们只想探寻人类同胞神圣的身体结构。安德烈·维洛及欧（死于 1448 年）可能是其中的第一人，其次是安德烈·曼泰尼亚（Andrea Mantegna）和卢卡·西诺雷利（Luca Signorelli），还有巨匠：列奥纳多·达·芬奇、阿尔布雷希特·丢勒、米开朗琪罗和拉斐尔。

据西格蒙德·弗洛伊德描述，达·芬奇很早就在黑暗中清醒过来，而当时其他人还在沉睡。他们仍然保持沉睡，这错在他们，也错在达·芬奇，因为他未能传授他的学识，分享他的视野。尽管在当代，他的笔记中诸多材料已经被破译，但在过去，除了在他的艺术本身和他的一份出版作品《论绘画》（*Treatise on Painting*）中，同时代人基本上无法接触到这些材料。甚至《论绘画》的手稿在他去世很久后才得以问世，在这之前只在他的几个同代人之间传阅。此外，他会从右向左倒着写笔记，难上加难的是他很可能把单词拼在一起，就像他随意地将单词拆分开来一样，每次都不一致。他不用标点符号，有些字母是他自己设计的，而且有一种独特的个人速记法。除了这些问题之外，他还有一个习惯，那就是把一个想法写在某页的角落之后，会在另一个角落继续他的思路，甚至有时会选择全然不同的一页。这时我们像是在面对罗塞达碑上的象形文字。他以图画而不是文字的形式来形象化思维——他非凡头脑中的这一特点又使这个问题变得复杂了起来。有些人认为这是他天才的一面，而另一些人则认为这是他的缺陷。图像以从右到左的顺序包含在他的一些最重要的论著之中。

达·芬奇式的神秘性写作和他本人的沉默寡言，很难让同人们感受到他对解剖学研究的驱动作用。他在《论绘画》一书中明确表示，他打算出版一本解剖学方面的巨著，但始终未能实现。1510 年冬天，他与年轻的解剖学家马尔坎托尼奥·德拉·托雷（Marcantonio della Torre）共事，但这个项目在第二年托雷去世后终止。乔尔乔·瓦萨里（Giorgio Vasari）在他的《艺苑名人传》一书中告诉我们，德拉·托雷为解剖学带来了光明，而在此之前，解剖学一直处于一种近乎黑暗的状态……在这方面，他得到了达·芬奇的才能与工作上的极大帮助。达·芬奇用红粉笔在一本书上涂画，用钢笔做了注解，他自己亲手解剖，并尽最大的努力画出了书中的主题。“在其他地方，”瓦萨里写道，“任何人如果能有幸阅读达·芬奇的这些笔记，都会惊讶地发现这种神赐般的对艺术、肌肉、神经和静脉的推理是多么的完美，也会发现达·芬奇在一切事情上都如此勤勉。”

当时似乎只有一位医生对达·芬奇的解剖学著作有过叙述，那就是保罗·乔维奥（Paolo Giovio），他是德拉·托雷的学生。他在 1527 年写道：

> 为了能画出自然法则下各种关节和肌肉的弯曲和伸展，他（达·芬奇）在医学院里解剖罪犯的尸体，并不在意这种工作不人道和令人作呕。然后，他极其精确地把所有不同的部分都列成表，甚至包含了最细小的静脉和骨头的组分。他花了多年的时间去做这件事，是为了追求在铜雕上所能体现的艺术效益。

很难去说达·芬奇的作品对医生究竟产生了多大的影响，因为尽管他们可能在睡梦中有所动作，但他们肯定不会群体性觉醒，直到1543年安德烈·维萨里把他们从床上拖了起来。我备受尊敬的朋友、已故的肯尼斯·基尔（Kenneth Keele）无疑是研究达·芬奇解剖学最伟大的学者，他比大多数人都更信任他，称他是“创造性解剖学的先锋”，并写道：

> 德拉·托雷的离世阻碍了他与达·芬奇的成功实践。但是这场运动还在继续，尤其是在佛罗伦萨。安德烈·德尔·萨尔托将达·芬奇的解剖学知识传授给了他的学生罗索·菲奥伦蒂诺，他正在准备一篇解剖学的论文。另一次融合出现于解剖学的投影作业，米开朗琪罗考虑与科伦波合作。这些例子揭示达·芬奇是如何打破几个世纪以来埋藏了解剖学的顽固偏见；他如何在解剖表现中促进艺术和科学的融合；以及他如何成为维萨里和卡尔卡巨著的奠基者。1543年，当这本书出版时，它既没有被忽视，也没有遭到谴责。

无论这一殊荣应当归功于谁，在1450年左右活字印刷术发明的催化下，教授和艺术家开始合作进行解剖学文本的创作。第一个例子是我之前提到过的凯瑟姆所著的《医学汇编》，它包含一些精妙的木刻。类似的几本书也在数十年间问世，这也促使一个年轻的比利时人出版了两部作品，尽管内容仍然是盖伦式的解剖学，但其插图明显比前辈的作品要精美。这个人便是比利时的安德烈·维萨里，我们故事中的英雄。

如果说有一个人能同时代表文艺复兴前期和后期的倾向，那这个人非安德烈·维萨里莫属。通过早期教育，他成为一名古典主义者；经过知识的熏陶，他成为一位热心于科学探索的活跃分子。那场清新的变革之风，曾把伟大的欧洲航海家们带到地球上的新大陆，也开始吹拂少数科学家高举的横幅。达·伽马和麦哲伦各奔东西行进，眺望大海；科学家们自外而内探索，观察天空与人体结构。

维萨里出生于1514年12月31日，他是家族中第五位杰出的医生，其他四位都曾是皇室的学者或医生。“安德烈”是以他父亲的名字命名的，他父亲是哈布斯堡家族的药剂师，先后服务于奥地利的玛格丽特以及她的侄子神圣罗马帝国皇帝查理五世。虽然他们家住在布鲁塞尔，但祖籍位于克利夫斯的韦塞尔（Wesel）镇，这也是他“维萨里”名字的由来。

这个男孩从出生的那一刻起，便受到一些潜移默化的影响。从他家的房子后面望去，是一片无人居住、树木稀少的延展地带，名叫“绞架山”，在其最远端的一处角落是罪犯执行死刑的地方。这些被处决的罪犯尸体留在那里，被觅食的鸟类和自然元素的力量所分解。尽管可能有些恐怖，安德烈显然有很多机会去熟悉那些被丢弃的人体器官和骨骼。我们无法知道他对这些自然界的解剖演示究竟做何反应，但在后来的几年里，他写道，当他还很年轻的时候，就开始解剖老鼠、鼹鼠和睡鼠这样的小型野外动物，偶尔也会解剖那些不幸来到他身边的流浪猫或狗。

可怜一下这些倒霉的动物吧，但也可怜一下安德烈·维萨里，凭这段相当特别的经历存在于回忆之中。早期心理学家格雷戈里·齐尔博格（Gregory Zilboorg）在1943年写道：“他早期对肢解和切割动物的兴趣代表了一种相当复杂的原始破坏性驱动力，如果这些驱动力足够强，即便有时可被利用于更高追求，最终也会产生抑郁状态，这种状态可能会变得足够严重以至于被认为是病态的。”齐尔博格在讲述安德烈·维萨里的其余生平部分仍旧以这种腔调来进行，甚至最终超越了理性讨论的范畴，上升到了无依据嘲笑他的愚蠢境地。更多类似的事情在发生，直到维萨里能够用一个精辟的总结来为自己正名。

在接受完常规的基础教育后，15 岁的安德烈离开布鲁塞尔到鲁汶大学学习。虽然 15 岁对我们来说可能有点儿早，但在相对匮乏的年代，这是大学学习通常开始的年龄。鲁汶大学的课程相当于学士阶段，被称为文学学士，这是进入研究生院的先决条件。课程的大部分内容是拉丁文和希腊文，以及哲学和修辞学。维萨里一生对古典文化的痴迷可以追溯到这个时期，也许是在他母亲教导下的更早时期。（他大概也是在鲁汶大学时期学会了一点儿希伯来语。）大学毕业时，这位 18 岁的学者决定追随他的家族，从事医学事业。由于鲁汶大学并没有杰出的医学院，他于 1533 年 8 月前往巴黎求学。

巴黎的大学是医学理论和教学的大本营。作为医学本科的在校生，安德烈在第一年学习了希波克拉底、盖伦、厄吉那的保罗和一些阿拉伯作家的作品。第二年，他全身心地投入盖伦的解剖学，由一位“坐在高椅上”的教授用传统的方式授课，吟诵着让人昏昏欲睡的拉丁文本；在雅克·杜布瓦（又名雅克·西尔维乌斯）的课程中，这位教授用狗的解剖来阐述盖伦的著作，这使得他与真理的距离更加遥远。

后来维萨里写道，在巴黎的那些年里，他几乎没有学过涉及人体的解剖学。用他自己的话来说：“除了腹部的八块肌肉，其他部分都支离破碎、一片混乱，从来没有人……向我展示过任何一块肌肉，或任何一块骨头，更不用说神经、静脉和动脉网络了。”

但这位年轻的奋斗者不甘心在此处浪费时间与才华。他急切、冲动地想要向别人证明他有过解剖的经验。在同学们的激励下，他在第三次解剖时便拿起了外科工匠的手术刀，解剖技艺的熟练程度远远超过了他年轻的同学们，甚至他们的教授，这前所未见。他自学而来的精湛技艺并没有被埋没。当他的一位老师，来自安德纳赫的古恩特（Guinter）准备编纂盖伦的一本没有插图的解剖学书籍时，他向这位显然很有天赋的学生寻求帮助。在随后发表的文章中，古恩特准确地将他的助手描述为“一位前途无量的青年，具有非凡的医学知识，熟悉希腊语和拉丁语知识，以及拥有高超的解剖技术”。维萨里从不赞扬他认为不够格的人，从不低估自己的贡献，也很少对自己的导师表示尊重，几年后他写道：

> 我在许多事情上都很尊敬他，在我发表的作品中尊称他为我的老师；但我想在我的身上像是拥有许多伤口，一对一地，来自他试图在人或动物的身体上所做的一切，除了用餐时的刀切。如果我谈及他的事情，就像我评论其他人那样，他也不会感到被冒犯，因为他对解剖学的了解很大程度上归功于我，此外便来源于盖伦的书，这一可及的公共财产。

维萨里不满足于他偶尔有机会解剖尸体而得到的零零散散的材料。他从巴黎无辜者公墓坍塌的古老坟墓中收集尸骨，并和一些同学一起进行了一系列“寻宝”之旅，寻找位于蒙弗西翁的那个丑陋的土堆。这座阴森的墓地矗立于城北墙外的一座小山，作家称它为“王国里最精美的绞架”。在那里有一个大型的停尸房，上面有一个由16根30英尺[①]高的石柱组成的柱廊，用木梁连接而成。巴黎各处被

① 1英尺约合0.3米。——编者注

执行死刑的罪犯尸体被带到这里，悬吊在横梁上，直到他们被分解到可以放进地窖的程度为止。这不是个美好的去处。与在这种闹鬼地区游荡的恶毒的掠夺犬相比，现代垃圾场中的流浪狗仿佛只会傻笑，维萨里和他的同学们像是参与了一场危险的竞赛，凶残的参赛者除了恶犬，还有无时无刻不在盘旋的乌鸦，它们争夺着腐烂的脾脏或一小块肾脏的残骸。

再一次，齐尔博格对他加以抨击。谈及维萨里在这些惊悚的冒险活动中的参与和领导角色，这位传记作家从中发现，他像是“恋尸癖”，“对污秽之物向往而被冲动所奴役”，以及“沉默、忧郁、捉摸不定、精神病态和阴郁”。

可以想象，所有这些可能都是真的，但是，对维萨里的一生所做出的正统研究中，并无任何可靠的文献来作为这种判断的基础。用几块碎片重建一扇彩色玻璃窗，相比于单凭一个人找寻研究材料的方法来评价他的整体人格，前者似乎容易得多，尤其是考虑到几个世纪过去后我们可获得的信息中存在大量空白。

尽管齐尔博格在历史心理学的角度上有些胡言乱语，但当他依托于可验证的事实时，提供了一些非常有说服力的见解和安德烈·维萨里的正面形象，他用几句话概括出了这个人在新兴的医学世界中所代表的一切：

> 他对[解剖学]的痴迷超过了他的老师西尔维乌斯和古恩特。在他 14 岁的时候，这些驱动力让他分解了老鼠和猫；而在 17 岁和 18 岁时，这样的驱动力让他不甘于固守学生的条条框框，摒弃了那些需要背诵的枯燥的盖伦文本，先于他的教授和数百名学生站了起来，从外科工匠的手中抢过手术刀，遵从内心的胆量去进行解剖，遵从自我的方式去

> 探索构造的奥秘。在之后的十一二年时光中，维萨里在这种强烈而持久的驱动下工作，他找到了这样一个快乐的出口，以至于几乎完全把原始的、幼稚的、虐待狂般的冲动转变成最高的努力；无论是朋友们的怀疑，还是同事和老师们公开的敌意，似乎都没有阻止他实现自己的目标。他站在生命面前，仿佛成为死亡的征服者，因为他在死人和腐烂的尸体中读到人类生命机能之谜。在那一时期，他似乎受到了真正的鼓舞，仿佛被一种单一的冲动所支配，一心要实现一种单一的抱负。

这便是历史记载的维萨里。在这篇文章中，这位心理学家成功抓住了他的本质，尽管在其他大多数方面都超越了现有的证据界限。维萨里是一个引人注目的人物，甚至他的一生都贯穿着传奇般的故事，他的每一份现存的传记资料都被仔细揣摩。他的贡献被许多人称赞为无与伦比的成就，却也被一些人贬低为剽窃。他的独断专行和他的优柔寡断都得到了学者们的关注，书中描写他像盖伦一样争辩不休的篇幅与描写他对同时代人的恭敬态度的篇幅几乎相当，而后者常被抨击为无能，这也是无可非议的。但总的来说，我们所知道的足以描绘出一幅安德烈·维萨里的人生画像，除了他所做的牺牲和做出的巨大贡献我们无从评估，其他的一切都已了然。这就是医学史上备受尊崇的形象。

维萨里注定无法在巴黎停留足够长的时间来获得他的医学学位。在他进修了三年后，法国和神圣罗马帝国的皇帝查理五世之间爆发了战争，他被迫返回祖国；1536 年，他进入鲁汶大学医学院学习，等同于现代的高等学府，1537 年春天，他获得了医学学士学位。他对解剖学的兴趣丝毫不减，对获取标本进行研究也始终保持着一贯的热情。他的热情和为之承担的风险在后来都被他生动地记录下来，他讲述了如何拥有第一副属于自己的铰接式骨架，他狡猾地告诉当地政府这是他从巴黎带回来的宝藏。下面的故事中所提及的杰玛，是后来成为著名数学家和天文学家的杰玛·弗里西乌斯（Gemma Frisius）：

> 我步行在外，打算在乡间公路上寻找尸骨。为了方便学生研究，所有被处死的人通常都被放置在那里。我碰巧遇到了一具干尸……这些骨头完全裸露，靠韧带连接在一起，仅保留了骨端和插入肌肉的部分……在杰玛的帮助下，我爬上了木桩，把股骨从髋骨上拔了下来。在用力拉标本的时候，肩胛骨连同手臂和手也一并拽下，尽管一只手的手指、两侧的膝盖骨和一只脚都没有了。之后我把腿和手臂偷偷藏好，带着它们回了家，以及接下来的旅程（留下了头部与整个身体躯干）；傍晚，为了取下被铁链牢牢锁住的胸腔，我任由自己被关在城外。我燃烧着如此强烈的渴望……在子夜拿着它们我也不害怕，这是我渴望已久的……第二天，我从城市的另一扇门把骨头一块块地运回了家，并建造了这具骨架，保存在我亲爱的老朋友吉塞尔图斯·卡博（Gisbertus Carbo）位于鲁汶的家中。

过了一段时间，维萨里发现他把自己置于不必要的危险之中。事实上，当他想找一具尸体来解剖时，镇上的镇长就能够帮他的忙，这在鲁汶已有 18 年未曾发生。

我们可以假设，到目前为止维萨里的解剖是基于那个时期最常见的目的——在他的脑海中证实盖伦的学说。他的学士学位论文是对于阿拉伯医生拉齐的一本书的诠释，这件事便可能支撑了上述观点。

对于维萨里完成学位要求后的经历，记载有些模糊。我们知道他去了巴塞尔，在那里他的第二版《拉齐释义》由鲁普雷希特 · 温特公司出版。巴塞尔在当时是欧洲领先的出版中心，他在这座瑞士城市的停留必定对他产生了很大的影响。因此，我们有充分的理由相信，他可能已经开始在他的脑海中构造出伟大事业的轮廓，为他 1543 年的杰作做了铺垫。

在他的第二版《拉齐释义》问世后，这位初出茅庐的医学学士前往威尼斯，在那里他开始寻求艺术家的帮助，根据他的计划帮他画出一系列有关解剖的木版画。他很快就联系上了他的比利时同人扬 · 斯蒂芬 · 范 · 卡尔卡（Jan Stephan van Calcar），也许是通过提香引荐。同时，他还在帕多瓦攻读临床医学博士学位。大学离威尼斯只有 20 英里，维萨里在威尼斯进行临床训练，并于 1537 年 12 月参加了考试。帕多瓦大学不仅授予他最高荣誉的医学博士学位，而且在第二天任命他为外科和解剖学教授，年薪为 40 弗罗林。尽管这位新任教授的职责包含了解剖学的授课，但与其他医学院教员相比，这一职位被认为无关紧要。其他教员的工资也是这位 23 岁新人的好几倍。

帕多瓦大学开明的教育政策之一是允许教员对学校的教学方法进行合理的革新，维萨里立即行使了这一特权。12 月 6 日，就在他被任命的当天，便开始了一系列的尸体解剖，并当场同时扮演了外科医生、演示者和讲师三个角色。从这一刻开始，他很快就确立了自己的教学风格，并很快在学生中流行起来——由教授亲自直接进行人体解剖，在尸体旁边的桌子上挂着一具骷髅以便进行注释。作为一种定位的方法，他会在切割尸体之前在皮肤表面画出骨头的轮廓。他准备了大幅的解剖图来讲解结构和已知的功能。解剖过程加深了教学的理解。有时会对小动物进行活体解剖，以展示活体器官或进行解剖结构的比较。因此，教学是多维的，它与生理学的解释相结合，并与骨骼的框架相联系，整个机体以图像的方式固定在记忆中。

凭借解剖学的基础以及与卡尔卡的合作，维萨里在最初的几个月里制作了六个解剖板。每个板面中心为构图，页边为正文，配图上以参考字母作为注释。这六张木版图于 1538 年 4 月以《六页解剖集》（*Tabulae Anatomicae Sex*）为名首次出版，这预示着《人体的构造》一书的出现。

图谱是用 13.5 英寸[①] 的木刻板所铸。其中三幅是卡尔卡绘制的骨架图，其他三幅是维萨里自己绘制的关于动脉、静脉和门静脉三种主要循环的图例。尽管他仍试图将他的实际观察迎合成完全盖伦式的文本，但一些迹象表明，维萨里已经开始意识到这位前辈的一些错误，例如，他指出了盖伦对某些骨骼的描述和他自己的发现之间的差异。但他对盖伦学说抱有持续的信心，其信心程度可以由此判断：他的图谱中包含了一个名为奇网而实际不存在的结构，而正是盖伦声称在大脑底部发现了这些盘状的血管。

该图谱是一项过渡性工作。尽管它在本质上是对盖伦的解剖学和生理学的阐述，但这是医学教师第一次尝试编写如此详细和高质量的学习指南。更重要的是，我们在《六页解剖集》中第一次瞥见了维萨里对医学所做出的最重要的贡献——将解剖学从权威的枷锁中解放出来。一个月后，维萨里发表了一份修订本，包含了他两年前

---

① 1 英寸合 2.54 厘米。——编者注

帮助安德纳赫的古恩特准备的文本。在这本新书中，一些相对次要的盖伦派观念被修正了。

维萨里的这两部出版物受到热烈欢迎，但比起他的著作更受欢迎的是这位年轻教授的授课方式。学生们涌向圆形剧场，见证学习解剖学的新方法，并把他的教学技术传播到意大利的其他城市。1540 年 1 月，应博洛尼亚学生团体的邀请，他访问了这座城市并进行了一系列的解剖学演示。在那里逗留的短短几个星期里，他充满激情的教学展示让当地学生兴奋不已，也正是这种热忱让他声名鹊起。

变革者的人生中都有一个共性的时刻，那就是在必要时发表大胆的公开声明。无论是通过语言还是行动，无论是通过预先设计还是顺水推舟，这时一种先前未见雏形的新原则突然出现了。从那一刻起，这种事物所聚集的力量推着其缔造者前进，有时速度之快超出了其控制。如果之后的发展连贯、正性事件不断涌现，并最终产生了好的结局，新阐明的原则便会引发一场运动且成为一种教义，它会以充沛的活力自由生长。在政治中，这样的事物往往是短暂的，最后无疾而终；在科学领域，它们通常预示着思想史上崭新的视野。

安德烈 · 维萨里在博洛尼亚短暂逗留期间，承担了诸多职责。当地安排他在马特奥 · 科尔蒂（Matteo Corti）的讲座上进行一系列的解剖学演示，马特奥是一名虔诚的盖伦论学家。他们各自对解剖的态度充分体现了这两个人的哲学观的差异，甚至对中世纪世界和文艺复兴观点的差异。这位博洛尼亚的教授认为对尸体的研究毫无价值，这种令人反感的调查的唯一目的就是证实盖伦书中已有的内容。而与之不同的是，维萨里已经在《人体的构造》和他的教学中清楚表明，唯一真实的内容便是他所谓的“不会说谎的人体之书”。他在最近的帕多瓦的演讲中，提及了在解剖学学习中的独立思考能

尽管有些比例失调，但这幅出自《人体的构造》的肖像画，被认为出自扬 · 斯蒂芬 · 范 · 卡尔卡之手，也是维萨里最喜欢的一幅。他正在对一只手进行解剖。摄影：威廉 · B. 卡特，取自哈维 · 库欣《构造》副本。（耶鲁大学医学史图书馆提供）

力，当时他随性指出了几个在课程中可能会出现的盖伦式错误。他委婉地透露出他对盖伦教义逐渐产生的怀疑，正如他后来在《人体的构造》中所说的那样，他希望今后其门徒思想能够更为开放："因对真理的热爱而前进，（会）逐渐放弃那种（落后的）态度，保持理性，相信自身非凡的视野和思考的力量，而不是照本宣科于盖伦之辞。这些真理的悖论及取胜之道，既不是通过盲目依赖他人的成果，也不是仅仅得到广大权威人士的支持，他们（会）热切地传授给……那些志同道合的友人。"在他的质疑和怀疑中，他重申了盖伦本人和希波克拉底学派给予科学的最高原则：一个人自身感知能力的证据是通往真理最可靠的道路。当希腊人被逐渐奉为教育之神时，他们的精髓——智慧的自由，却早已被人们抛诸脑后。维萨里希望能够再度宣扬它，就像哥白尼当年所做的那样。真正的人文主义者定是无比崇敬希腊文化，但并非以思想全然被奴役的方式，而是真正理解了他们所传达的文化遗产。

在博洛尼亚举行的演说得到了神职人员的批准，在圣弗朗西斯科教堂举行。解剖台四周有四层座位，以便 200 名观众都能一览无余。在科尔蒂讲完五堂课之后，1 月 15 日上午，维萨里进行了首次解剖演示。在这五堂课中，科尔蒂引用了中世纪的文献，必要时参考了盖伦的著作，并对解剖过程进行了修正。很多人都和科尔蒂一样，认为维萨里会利用他的解剖来支持科尔蒂的讲课内容，未曾预料接下来会发生什么。学生们深知他们会听到一些与众不同的声音，这是他们所期望的，也是他们邀请客座解剖学家的原因。这种声音确实响亮，尽管坐在他们身旁的教授们对此充耳不闻。

他们没有失望。在接下来的几个星期里，维萨里发现了人体和古代观念之间的新差异，并首次开始怀疑，这些矛盾之处并非仅仅是由于解剖中的失误或对于古代文本的错误解读造成的。正是在比较人类和猿的骨架时，他注意到类人猿的脊柱中有一种骨性结构，在人类的脊柱中却找不到；而这种结构是盖伦解剖学中极为重要的组分。他第一次意识到，希腊人可能从来没有解剖过人体。他接着解剖了提供给他的六只狗和其他小动物，进一步识别出某些只存在于动物体内的其他部分。真相因此浮出水面。他以前对盖伦非常尊敬，有时会向学生隐瞒他不一致的发现，而他决定必须停止所有类似的欺骗行为。一天早上，维萨里向他的博洛尼亚听众展示了正确的腹部肌肉附着，科尔蒂被这个年轻人的假设激怒了，盛怒之下站起来引用盖伦的权威理论反驳他。维萨里没有犹豫。他大胆而毫不含糊地指出，他——安德烈·维萨里——在与盖伦的意见不一致时，都可以证明他是对的，而盖伦是错的。学生们很喜欢他这番演说，然而一些年长的教师像一群抗议的联合国代表一样走出了大厅。他们背弃了未来。

但事实已经汇聚于关注真理的人的眼前。在见证了几次巧妙的刀法操作所触及的真理后，对之感到钦佩的学生不再背弃它；甚至这些有所怀疑的学生，再也不能对它置之不理。

盖伦的解剖知识源自动物，这一消息的披露导致了其他事实陆续浮出水面：除了博洛尼亚大学的解剖学教授贾科莫·贝伦加里奥·达·卡皮（Giacomo Berengario da Carpi）声称解剖了数百具尸体，但他在1521年出版的书目中多为图例，少有细节的阐释，甚至没有人写过基于人体解剖的论文；除了来自对狗、猿和其他未知动物的研究之外，人体解剖学是一个未知的领域，等待着人们用刀锋和慧眼来揭秘。此外，在人类结构之谜被解开之前，希腊人所谓的艺术不会有进一步的发展。维萨里的医界前辈们还在对他们的信仰沾沾自喜，他们认为一切所需的知识都可以从盖伦的诠释者那里获得；他们本身就不相信维萨里的说辞，现在他们更加肯定那是一种谎言。

一回到帕多瓦，维萨里就开始了这项伟大的工作。由维萨里进行解剖，卡尔卡在一旁画图。盖伦的错误接连被两个年轻人揭露、讨论、绘制和记录，总共发现了超过200个不准确之处。在真正的人体结构中，他们并未发现有关盖伦学说里一些精髓性的重要结构，其中包括中世纪医学理论冠冕上的一颗明珠——奇网。

这些研究是在帕多瓦大学授权合作下进行的，他们已经习惯于向这位孜孜不倦的比利时教授提供罪犯尸体，甚至等待他下一个课题准备好后才执行处决。当卡尔卡绘制完成图例的最终版本时，维萨里正忙于筹备他的文章。他的文章向潜在观众强调了亲自动手解剖以证实其观点的必要性，并提供了如何解剖身体各个部位的说明。他说，必须在一具又一具尸体上反反复复地解剖，以排除个体之间解剖结构的差异并最终确认证据。百密一疏，权威也并非绝对神圣，当然包括维萨里本人。他现在向全世界宣布，盖伦“被他的猴子（身体结构）欺骗了”。无论是猴子，还是一代又一代的编译家和翻译家，甚至是古希腊人自己，也不会再被允许这样欺骗了。

在此之前，维萨里一直展现出对盖伦所做贡献的极大尊敬。他对希腊原文孜孜不倦地钻研，使他对这位杰出前辈的研究方法产生了敬畏感，无疑也为他自己的研究热情注入了相当大的动力。但是，当他完成了《人体的构造》的著述后，他开始公开对古希腊科学的萧条景象、对同时代自诩盖伦门徒之人的所作所为表达了蔑视：

> 在哥特人将毁灭蔓延之后，当所有先前蓬勃发展且实践适当的科学都走向衰败时，出现了一些更时髦的医生……开始以手工作业为耻，把他们认为对病人必要的体力劳动交给了苦工们……他们把一切准备工作都交给了护士；要求药剂师为他们配药；手术操作交给了工匠……

> 这种对治疗艺术的可悲的肢解，在大学内引起了一股可恶的流行风潮，那就是一个人负责解剖人体，另一个人去描述身体的各个部位。讲师们像寒鸦一样高高站在讲坛上，对着现成的书本或文本傲慢地高谈阔论，尽管他们从未亲自尝试过……因此，一切都是错误的教导，把时间浪费在荒谬的问题上，在这种混乱中，学生所学到的比观看一个屠夫在他的摊位上肢解动物的还少。

《人体的构造》的卷首即表明作者宣扬了一种新的教学方法。相比于这幅被认为是卡尔卡的绘画杰作，在这本书的任意一处都找不到对这场“战役”更为有力的陈述了。每个看到它的学生都会震撼于它与凯瑟姆 1491 年的作品中描绘相背离的场景。1943 年，芝加哥大学的哲学家马克思 · 菲什（Max Fisch）在一篇庆祝《人体的构造》出版 400 周年的文章中称，这幅卷首图是“教育改革的宣言”。从图中可以看到教授本人，在一群旁观者面前解剖被打开的尸体（实际上这是他能找到的为数不多的女性尸体）——我们所看到的是解剖学的公开演示。一具骨架被悬挂在附近以方便理解对结构的定位，现场还准备了一些小动物以供研究。各个年龄层的人都在旁听，其中的几个神职人员引起了我们的注意。维萨里上方几层的地方站着一位年轻的艺术家，他正在把这个解剖过程画在一本笔记本上——他就是扬 · 斯蒂芬 · 范 · 卡尔卡。

那幅封面的复制品如今挂在我的外科诊室里。旁边的墙上还挂有卡尔卡的另外两幅技艺精湛的作品，就是他所谓的“肌肉男”。这些是身体肌肉外层的图画，其处在运动状态；每块肌肉的轮廓就像它在运作一样。这便是《人体的构造》的内容，似乎是为了强调解剖的“活体”属性，肌肉男身后的背景是真实的。当它们以适当的顺序

《人体的构造》卷首图：解剖学研究变革的标志。（托马斯 · 福布斯教授提供）

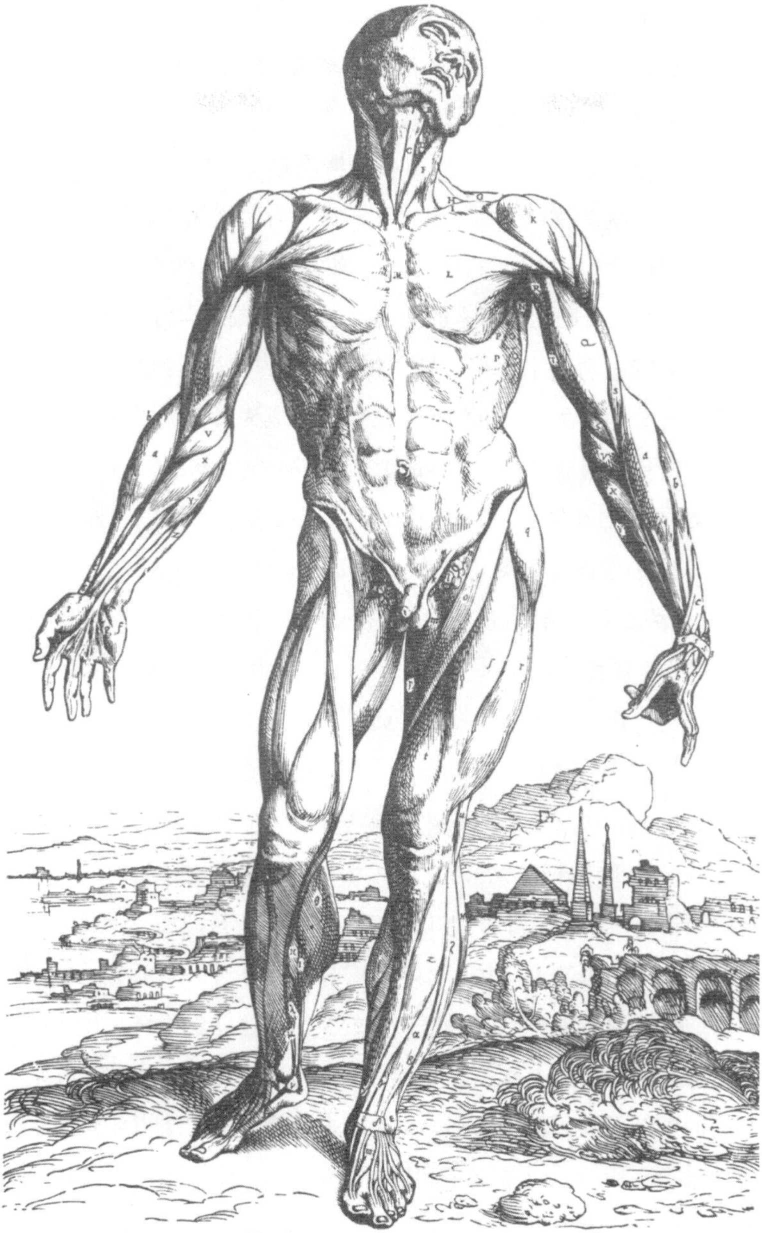

维萨里描绘的“肌肉男”之一。图例上的字母标注为对应页的索引，以此解释后文。（托马斯·福布斯教授提供）

并排放置时，可以显示出帕多瓦西南的尤加尼亚山脉的连续景象。我们在此仿佛看到了人体活动的真实场景。解剖学始于这本书，现代科学医学也是从这本书开启的。

如果说《人体的构造》的印版是精确和工艺的杰作，那么在当时，这本书就是教育学的胜利之作。尽管有时文风生硬，但维萨里通常以对话的方式直接与读者交流，而且他对材料的组织非常出色，有助于克服语言晦涩所带来的问题，这也表明他对学生需求的了解。尽管与现代教科书上通俗的散文相比，其阅读过程显得枯燥乏味，但作者优美的修辞和正确的拉丁语语法已成为历史上医学书籍的一个巨大进步。翻译维萨里文本的著名翻译家 T.R. 林德（T. R. Lind）写道：“他的文笔在文艺复兴时期拉丁风格的思想家之中，称得上是最好的。”书中没有早期作家为了掩盖无知的圆滑声明和含糊其词。（有时维萨里允许自己讲一些配图中的逸事，比如：一个“狡猾的西班牙人”趁着妓女昏睡时一点点地吞下了她的项链，只是为了证明他的胃出口比盖伦描述的要大：“她把项链挂在她的脖子上，甚至放在床上，以免它被偷走。西班牙人贪婪地盯着那条项链，其价值足够抵得上他付给妓女的服务费。他费尽心思使她安然入睡，然后解开了项链，把珍珠逐一吞下，然后吞下纽结和扣钩，免得留下他偷窃的痕迹。很明显，胃的出口即使比入口更狭窄，但仍然足够宽敞，有时甚至可以通过非常大的物体。”）

《人体的构造》的特点是对详细的文字描述一丝不苟，并在每一幅精准的插图中加上有关重要结构特征的页边注释。从未有过如此精确的解剖图画，也从未有一本医学书籍将所有的结构部分如此完美地结合在一起。这是文字和图片的完美结合。维萨里告诉读者，他们必须亲自解剖，并提供了相应的指导说明。自相矛盾的一点的是，他的书如此博大精深而图像也如立体般清晰，似乎单凭这本书就能掌握解剖学这门学科，因此读者无须遵照他的建议（亲自解剖）。

安德烈·维萨里知道，他的《人体的构造》是思想史上的伟大转折点之一。为出版做准备的热切步伐，对生产的每一个细节的强迫式关注，与艺术家和印刷者合作的挑剔选择，以及他对最终结果各个方面的一丝不苟的审查，都充分证明了他即将向医学界赠送一份极具价值的礼物。他也意识到，他向读者展示的身体内脏并不是他书目中唯一呈现的身体结构——还有他的内心——他正在向每一个愿意翻阅这本书的评论家和诋毁者展示自己的本心；在他 28 岁的时候，他对自己的未来进行了一次非常冒险的赌注。

在这成败关键之时，维萨里自然寻找了最娴熟的工匠来协助他的生产工作。由于最出色的木版画师多来自威尼斯，因此他把他珍贵的插图托付给了其中的一位。虽然我们不知道那个人的名字，但其作品的质量和它们在 20 世纪仍然相对完好的事实，肯定了他的能力。最后，人类抹去了大自然无法消除的印记——在 1944 年 7 月 16 日的一次盟军空袭中，那片曾幸存的街区，以及存放木版画的慕尼黑大学图书馆同时被摧毁。

1542 年 8 月，所有要出版的作品至此都已经完成。从维萨里在巴塞尔高级印刷厂的经历中，他知道他必须前往那座城市拜访乔安妮·奥波里纳斯（Joannes Oporinus）的出版社。这些木版画被仔细地包装并贴上标签，附以详细的说明书，被捆在骡子的后背上，之后开启了漫长而危险的旅程，一路越过了阿尔卑斯山。不久维萨里紧随其后抵达，一直留在巴塞尔，直到他对工作的准确性和进度感到满意。当他在那里的时候，他和他的后辈碰巧成为当地一场婚姻不和事件的幸运“受益者”。一名重婚者为了“简化”他的家庭生活而谋杀了他的第一任妻子，从而被当局处决。刽子手刚从恶人肿胀的脖子上取下绳索，尸体就被送到这位到访的解剖学者面前进行公开解剖，然后进行骨架重建。今天，在巴塞尔大学的解剖研究所仍然可以看到这名不和谐婚姻者的一部分骨架。

《人体的构造》的印刷工作于1543年6月完成。这本书有663页，包括11张大幅木版图和近300幅其他插图。当它在8月上市时，立即被认定为书籍制造艺术中的划时代事件。即使是最严格的评论家也在翻阅之时不禁钦佩其精湛做工。

正如标题《人体构造七书》(*De Humani Corporis Fabrica Libri Septem*)所示，正文分为七部分，顺序如下：骨骼，肌肉，血管，神经，腹部和生殖器官，胸部器官，大脑。翻开第一页，出现了一张作者正在解剖作业的图片，他正专注于自然界最复杂的机械作品——人的手部。尽管在图片中他有某种无法解释的比例失调，但众所周知，维萨里非常喜欢这幅肖像，这也是他唯一获得权威认证的肖像。《导言》将这本书献给神圣罗马皇帝查理五世，作者也将书籍赠送给他。

维萨里希望有一本可以在课堂上使用的“小册子”，便为自己的书准备了一份纲要，即《缩影》(*Epitome*)。它与《人体的构造》同时出版，被其作者称为通向主要作品的通路(semita)或“捷径”。虽然是用拉丁文写的，在两周后这个缩影被翻译成了德文，这使得这个价格低廉却短小精悍的浓缩版本变得更加容易理解，特别是对外科工匠医生来说。它被献给了西班牙皇室继承人腓力二世，正是他导致了无敌舰队的不幸覆没。

人们听到了《人体的构造》所传达的信息，且大多数人表示信服；不久，维萨里的预言开始成为现实，医生们将“热切地与友人交流”，一座新的医学大厦正在建造中。然而，保守派拒绝撤退。他们中的一些人抨击维萨里，另一些人试图为死气沉沉的盖伦错误的陈旧解释注入新生——自盖伦时代以来，由于古典时期之后人类物种的普遍退化，解剖学已经发生了变化。他们的炮轰并没有明显阻止当时思想的无情推进，但他们伤害了其中一位受人尊敬的长者。最让维萨里痛苦的是他的巴黎老师雅克·西尔维乌斯对他的攻击。西尔维乌斯在对他的声遣中变得歇斯底里，也许是因为他看到他以前的学生在发展新思想的过程中，拒绝接受他在巴黎所教授的东西，甚至达到了蔑视的地步。在经历了8年的疯狂呐喊之后，这位73岁的教授将所有的愤怒集中在一本书中，书名很直接——《驳斥一个疯子对希波克拉底和盖伦著作的诽谤》，出版于1551年。这部作品的目的是揭露“那个傲慢无知的造谣者，用残暴的谎言背叛他的老师”，并称其作品为“满是谬误的污秽”。维萨里固然在抨击别人方面表现不凡，却也被西尔维乌斯的狂暴言辞所惊呆，即使在那个以口头抨击而闻名的时代，这种言辞也超出了得体的界限。以下是该书结束语中的几个节选：

> 比起从这个充斥着盗窃和诽谤的大杂烩中清除最糟糕的谎言，清洗奥吉亚斯的牛圈要容易得多。
>
> 我恳请国王陛下严惩这个在自己家里出生和长大的怪物，这个无知、忘恩负义、傲慢和不虔诚的最坏典型，严惩他，这样他就不会用他的瘟疫般的气息毒害欧洲其他国家。他的致命毒气已经感染了某些法国人、德国人和意大利人，但只是那些根本不懂解剖学和其他医学的人……
>
> 埃斯库拉庇俄斯及法国人、德国人、意大利人的忠诚的子嗣们，我恳求你们作为应召的士兵来到我这里，并帮助我尽可能保护你们的老师，因为我已经厌倦了我的岁月和我的劳动。如果这条九头蛇长出了新脑袋，就立即毁了它；撕裂和践踏这个妖怪般的喀迈拉，这个肮脏而混乱的大杂烩，这件作品完全不值得你细读，快把它托付给火神。

面对这种言语攻击，读者做出了不同的反应。虽然一些人被赶出了维萨里的教义，但另一些人则更加坚定地皈依，并认识到西尔维乌斯和他的反动派同伙的绝望。一直被批评激怒的维萨里，现在似乎开始看到分歧正在转变为阴谋的证据。他没有弄错。回到帕多瓦，他的前助手雷亚尔多·科伦波（Realdo Colombo）在他不在的时候教授那些被维萨里吸引而来的医学生，在授课时贬低《人体的构造》的内容，并嘲笑了它的作者。“同伙”，自古至今都是一个现实意义与字面含义截然矛盾的词。

越来越多的反对声像是一场风暴，更像是一场咆哮，维萨里对此耐心渐失。1543 年 12 月，他在帕多瓦进行了最后一次公开解剖，向世人展示了他光辉的真理。他把尸体描述为“一个漂亮的妓女，由学生从圣安东尼奥教堂的坟墓里带来”。此后不久，他做了一个戏剧性的动作，象征着他对自己卷入的这场令人烦扰的争吵的厌恶。他把所有的笔记和手稿都收集起来，堆成一大堆，一把火点着。他对盖伦文本精彩绝伦的注释，为医学和外科杂志计划出版所做的笔记，以及他对拉齐的释义，都在大火中付之一炬。

但是，表面上看来是这位先知的鲁莽之举，实则经过了一定的深思熟虑；似乎他以此在摧毁能让自己留在帕多瓦的念想——他正在烧毁每一座可能让他从一个伟大决定中折返的桥梁，而他决意做一个不可撼动的决定：成为一名照顾病人的临床医生。他已经接受了查理五世对其在朝廷担任内科医生的邀请，他计划不再回归研究领域。

有关维萨里的文献充斥着这样一个主题，即他为什么要离开帕多瓦而成为一名职业医生。一些人将他描绘成愤怒、冲动、怀恨在心的逃跑者，并且以一种自暴自弃的心态：“我会让那些浑蛋看看，我要生气地走开。”齐尔博格对这一经历进行了热烈的讨论，强调了其“突然性”和“激烈程度”。他忽略了维萨里的许多熟知的朋友，他工作的公共性质，他游说自己教义的意愿，以及他在学生中的受欢迎程度，他写道：“这种与世隔绝的人很少转变他们的生活模式，但如果他们这样做了，他们就以一种冲动的、咄咄逼人的、破坏性的方式。”

齐尔博格只是众多作家中的一个，他们以敌意、恼怒的眼光，或以精神病理学的角度去诠释维萨里的决定，似乎他犯下了最常被谴责的罪行，而在我看来，这同时也是最常见的历史学家的罪过——他们用自己时代的价值观和自己的思想去衡量久远年代的特征，而这些实则相差甚远。不管历史学家采取什么方法来躲避这个明显的陷阱，在某种程度上极少有人能免受其诱惑。

幸运的是，有几位维萨里研究者保持了足够的历史客观性，他们认识到维萨里看似突然爆发的鲁莽冲动，实际上是长期人生规划中理性的一步。维萨里一直认为他对解剖学的研究是为了成为更好的医生。当他 23 岁，还是一名医学在校生时，便已经在有关拉齐释义的论文中提及这一想法。这篇论文是献给尼古拉斯·弗洛莱纳斯（Nicolaus Florenas）的，他是这位年轻学生的朋友和资助者，同时也是皇帝的医生，这可能是维萨里做出效忠皇室决定的极大影响因素。他将《六页解剖集》献给皇帝的首席医生喀索斯·帕特农厄佩斯（Narcissus Parthenopens），将《人体的构造》献给查理五世本人，将《缩影》献给他的儿子腓力二世——人们开始怀疑在这一冲动之举之前，早在 1543 年—1544 年的冬天，他就已经为皇宫内的最终任职做好了铺垫。维萨里雄心勃勃，必定经过了一番深思熟虑，考虑到作为皇室医生所能获得的尊重和保障，特别是考虑到他的家族在宫廷中长期服务的背景。现代社会对顶尖科学家的尊重远远超过对临床医生的尊重，但在文艺复兴科学刚刚起步的几年里，教授的任期不稳定，薪水也不够高，他更多的是成为同事们敌意和嫉妒的对象，而不是受到尊敬。至于绝大多数没有受过教育的民众，他们对科学、大学或教授又了解多少呢？相反，社会各阶层中，人人都知道皇帝私人医生的荣誉。很显然，离开学术界成为皇室医生，维萨里寻到了一份更好的工作。

这些肯定是重要的考虑因素，但维萨里的历史形象不应只被实用主义动机所笼罩、拖累。对他来说，行医是最神圣的艺术，这是他谨记于心的——《人体的构造》的每一章都包含了他对疾病引起的解剖学变化所做的注解。他认为解剖学研究是一条正确而直接的预备之路，通向致力于照顾病人的职业生涯。这是后来许多医学专家的必经之路，特别是在 19 世纪。例如，《格氏解剖学》是有史以来出版的最为经久不衰的医学教科书，编写于 1858 年，作者借此书希望能够进入伦敦著名教学医院，开始开放而有意义的外科医生生涯。正如另一位著名的研究员兼外科医生哈维 · 库欣所写的那样：

> 从《人体的构造》出版至今，对解剖学的构造和描述的密切关注已成为通往外科实践的关键之路，有意愿从事外科的毕业生通常会申请解剖室中解剖员的职位，不仅如此，许多学校里的教授同时身兼解剖员和外科学家，这一做法也延续至今。在皇室的包容下，维萨里引领了这种趋势，他应该是在年满 30 岁后不久被任命为皇帝的医生的。

因此，他的时代乃至任一时代最伟大的解剖学家都放弃了研究生涯，转而为皇帝服务。事实证明，这并不是他预想的美好经历。拥有一个满满的钱包和昂贵的衣服，少了弥漫着恶臭的腐烂器官，这些都无法补偿他丢弃在帕多瓦的那种研究的兴奋感。此外，查理五世暴饮暴食，从来不听从医生的劝导；他患有哮喘、痛风，以及一系列由贪食和放纵而引起的胃肠道疾病。他对医生的建议无动于衷，也因此从不留意穿梭于他宫廷的调药者。所有的医生都遇到过几个这样的病人；对于维萨里来说，情况尤为困难，不仅是因为他的病人的崇高地位，而且因为他现在的主要工作就是让这个难搞的家伙维持某种表面上的健康。尽管他的临床技能高超，但这一目标却始终未能达成。他为数百名皇室病患进行了更好的诊治，但这位不守规矩的皇帝病人让他越发头痛。

他的工作处境也不甚理想。皇室的医疗人员多为盖伦主义者，他们强烈反对《人体的构造》的准则，并公开敌视维萨里本人。虽然他的职位仅次于年长的主任医师，但他每天的巡诊都是在抱怨和不满的气氛中进行的。查理五世身居高位却对年轻医生们报以友好和善意，但皇室中的整体基调却是一种不信任的关系。总而言之，这份看似更好的工作实则是一种错误，维萨里对此感到痛苦且后悔不已。即使他参与了皇室多次战役中的军事医疗手术，也没有满足他对知识的渴望，他在日常生活中越发感到，学者的生活虽然更加清贫和不确定，但却带来了医治那些娇贵富人所不能获得的回报。他望着那隐约可见的、那座他亲自烧毁的折返桥梁所留下的断层，望着那远方看起来更加光芒四射的帕多瓦。再也不会有像以前那样的黄金时光了，他回忆道，那是“在神圣意大利的天才学者中无忧无虑的光荣劳动时期”。

维萨里利用一切机会去做一些学术工作。他经常跟随皇室游历各处，如果附近有医学院他便匆忙前往，进行解剖和演示。1550 年 8 月至 1551 年 10 月，皇帝在奥格斯堡逗留了长达 14 个月的时间，在此期间，维萨里这位昔日的教授修改了《人体的构造》前五部分的内容，为它的第二版做准备。皇室频繁的战役与游历使维萨里几乎没有其他时间进行如此集中的研究，所以直到 1555 年夏天这本书才得以完成。

维萨里于 1544 年结婚，当时他的解剖学工作已基本完成，于是他应征入伍，以确保有能力养家糊口。第二年，这对夫妇生下了一个女儿。无论他多么想离开皇室，这种愿望也不再可能实现了。不仅是因为他应允了查理在位期间的任职要求，还因为微薄的学术工资不足以支撑他的家庭开支。出于后者的考虑，即使在 1556 年查理退位后，他仍然寻求进一步的皇室庇护。他签约成为时任西班牙国王腓力二世的宫廷中的荷兰人的医生。不久，他在马德里的外国大使馆官员的家庭中获得了繁忙的业务。

然而事实上，西班牙的氛围比查理皇室的更令人窒息，当帕多瓦前任解剖学教授加布里埃尔 · 法洛皮奥（Gabriele Fallopio）于 1562 年去世时，维萨里请求腓力二世让他离开西班牙回到意大利。腓力二世拒绝了。接下来的细节有些模糊不清，但可以肯定的是，不久之后维萨里出发前往耶路撒冷朝圣。不止一位当时的观察家写道，这次朝圣旅行是为了感谢他在一场重病中的康复；其他几个传闻讲述了一个似乎更不真实的故事。根据这些说法，维萨里无意中对一名被宣布死亡的妇女的身体进行了尸检，但当打开她的胸膛时，发现她的心脏在微弱地跳动。这位惊恐的解剖者不得不出城躲避一段时间。

无论真正的突如其来的事件是什么，维萨里出发朝圣的真正原因很可能是为了逃离西班牙，这样他就可以回到帕多瓦。众所周知，他于 1564 年 4 月从威尼斯乘船，并在初秋的某个时候返航。1568 年，一位名叫皮埃特罗 · 比扎里（Pietro Bizzari）的人写道，在朝圣者踏上圣地后不久，“名声显赫的元老院希望把维萨里请到著名的帕多瓦大学，他将享有丰厚的津贴，代替不久前去世的博学者法洛皮奥”。

我们似乎可以肯定，这位新晋教授在返航之前一定知道他的任命，因此他并不打算回到西班牙宫廷。历史学家认为这种说法是较为准确的。

如果光辉的传奇故事由此而展开，这位浪子科学家回来后将会获得一系列无与伦比的成功。而事实却相反，这个故事以悲剧而告终。维萨里乘坐的朝圣船在返程路上遭遇了一场猛烈的暴风雨，偏离了航线，在海上颠簸了几天。食物和水日渐供应不足，即将耗尽，乘客们一个接一个地被扔出船外，都是濒死或极度虚弱者，日益减少的补给不足以支撑他们存活。最后，就在一切似乎都要消亡的时候，暴风雨减弱了，这艘船终于可以在伯罗奔尼撒群岛西海岸外的小岛赞特岛靠岸了。维萨里独自离开船，罹患重病，具体情况不清楚。根据比扎里的描述，几天后，“在一个偏僻地方的肮脏而简陋的客栈里，他悲惨地结束了自己这一生，没有得到任何人的帮助”。一名威尼斯金匠的船停靠在岛上，他碰巧得知这位著名的解剖学家生病去世的消息。比扎里接着说：“他费了很大劲才得到岛上居民的许可来安葬他，他亲手挖了坟墓并填埋他的尸体，避免它成为野生动物的食物和养料。”没有人知道金匠是谁——他在那个10月的清晨挖的坟墓也一直没有找到。

安德烈·维萨里荣耀的一生就此终结。在5年狂热而振奋的研究中，他为医学进入现代科学世界指明了道路，其后在沮丧和悔恨中度过了他的余生。这位少年得志者没能成长为成熟的研究者，否则他将缩短那曲折的道路，让医学艺术进入下一个阶段——意识到每种疾病的症状都是由身体某些结构或组织的特定（通常是解剖学）变化引起的。在《人体的构造》的文本中有证据表明，如果他能够从皇室之任中解脱出来，可能会冒险朝这个方向前进。对于安德烈·维萨里，值得报以最悲伤的语言和文字。

无论如何，《人体的构造》都是文艺复兴精神的化身，这一成就如此宏伟，以至于它的创造力似乎只能来自对科学未来的乌托邦愿景。在那个未来，研究人员将只使用他们感官的证据，就像希波克拉底学派所做的那样；他们的决策唯一的参照，是从既定的有形事实中进行逻辑推论。然后，他们会寻找当时最精密的技术和文化的果实，把他们的观察记录下来，教给世界他们所学到的东西，其他人便可进一步充实人类的知识宝库。这便是维萨里在医学史上的作用——想到他，人们定会联想到他的书，因为两者具有相同的知识本质。沃尔特·惠特曼（Walt Whitman）可能从未看过《人体的构造》，但他知道这些事情：

> 这不是一本书，而是一部照相机/摄影机，
> 谁触及了它，便是接触到它背后之人。

4　细心的外科医生

安布列斯·帕雷

外科手术是一种运用智力的脑力活动。在那些刨根问底、一丝不苟的内科医生的眼里，外科专家仅仅是灵巧的工匠，执行着由他们的医学监督员分配给他们的日常任务。我将这种戏谑的嘲弄归因于一种友善的兄弟般的嫉妒。不是因为外科界名人般的地位，而是我们外科医生所取得的治疗成果的可见性和我们在做手术时所获得的特殊的个人满足感。把外科医生的日常工作描述成一种乐趣似乎有些奇怪，但很少有非医学领域的人能理解我们几近终日愉快的时光。乐趣来源于挑战，而主要的挑战不在于用手指创造奇迹，而在于运用我们的大脑。

即使是外科学中最激动人心的部分——手术，也不能说它是一场纯手工技艺的壮举，或是一幅优美流畅的作品。手术过程中，医生需要动用机敏的智慧去感知机体运作的方式，以及机体失能的方式，并调动他们的双手执行某项指令。他们熟悉疾病的演变，清楚从疾病的发生到适当治疗干预的时间，因而能够理解其所见，并据此选择能够纠正患者机体障碍的正确路径。

一旦隐匿的疾病得以暴露，外科医生几乎瞬间便开始了诊断和决定过程，在其中制订了计划，然后有序进行接下来的步骤。就其对人类生命的直接影响而言，手术可能是男人或女人所能做的最明智而务实的工作；另一方面，其微小细节的技术奥秘无疑是最抽象的工作之一。看似不假思索地精准切割、缝合和打结，实际上是智力整合和逻辑过程的成果，这是大脑和精神的最高成就之一。虽然不至于有人会责备外科医生的过分谦虚，但他们确实有种倾向，低估了他们的能力范围。当 19 世纪初的英国外科医生阿斯特利 · 库珀（Astley Cooper）将他同事们的必要特征描述为“鹰一般的眼睛、狮子般的心、女人般的巧手”，却忽略了自己最重要的品质——学者般的头脑，从而巧妙地避免了医学界同人的愤恨。

然而，如果没有技术，单有学者的头脑是徒劳的。如果他的双手不能胜任他的大脑要求的任务，外科医生便不能被称为手术家；如果他不能温和地做这项工作，他就不是治疗师。那双会损害人体组织的手并不能够治好病人；任由自己粗暴行事的外科医生不必期望患者的术后恢复是顺利的。

这一基本事实并不总是得到认可。这一观点在希波克拉底、盖伦以及他们的弟子的著作中均有提及，但直到 16 世纪安布列斯 · 帕雷的教义成为外科治疗的标准时，它才站稳脚跟。帕雷带领他的追随者沿着不寻常的道路走向现代外科，他所秉持的温和护理的理念至今仍是他最重要的遗产。

矛盾的是，对机体组织的温和治疗这一概念，诞生于一场动荡的战争破坏之中。战争总是让外科医生的技艺受益良多，军事创伤的即时性和复杂性要求同等程度的治愈即时性。在 20 世纪美国的每一次重大冲突中，外科治疗的某些特定领域都会取得重大进展。例如第一次世界大战中的肠道手术，第二次世界大战中的胸部手术，朝鲜战争中的血管手术，以及在越南对于创伤性伤员的快速运送。在每一场冲突中，医院管理方法、复苏技术和手术技能总体上都向前迈进了极大的一步，内科诊疗的方方面面也在每一次事件中随之提升。银色的天空排列着沉重的战争灰色云层，有这样一道闪光，它将长期照亮很多人的生命，那些可能被灾难摧毁的生命。

每一场新的战争都要求医疗保健的进一步提升，其中一个原因是战争对人类的破坏也越发严重。损伤更为复杂，需要更加精细的身体知识才能实施治疗。无论我们的康复技术多么发达，似乎总是落后于那些伤害我们的军事技术。在被核裂变和世界核爆威胁的那些日子，很难想象中世纪的欧洲会发生什么恐怖事件，包括接下来引入的毁灭性工具火药。这种致命的物品可能是在公元 1000 年左右出现在中国，是阿拉伯人带到西方的，其似乎也制造了第一批枪支。小型枪支在 14 世纪早期的战斗中出现，例如 1346 年的克勒西会战，但直到 16 世纪的意大利战争，火炮才第一次被持续重用，这也是它第一次与医学的治愈力量进行重大对抗。在这场比赛中，身着长袍、沉思默想的医学教授最终败下阵来。相反，是谦逊、没有受过教育的外科手术工匠安布列斯 · 帕雷参悟了这场战役的真正需求，并提供了一个解决方案。

在讲述这一解决方案是如何被提出的之前，我们最好首先介绍一下这位发明者，通过引用他著作中的一段话来说明他所面临的问题的严重性，以及这个人的伟大之处：

> 在残暴的军火供应处，能看到各种各样的地雷、反地雷、火罐、火车、烈箭、长矛、弩、枪管、火球、燃烧的

柴火，以及所有这类爆破引擎和发明。它们被紧紧地塞满了燃料和可燃物，被防御者扔在进攻者的身体和帐篷上，这种激烈的投掷会引燃它们。这必然是一种最为痛苦和致命的发明，数千人毫无防备地踩到地雷，引爆后被火药力炸毁。在其他情况中，当冲突达到激烈之时，你可能会看到坚毅的士兵们手抓这些燃烧着的地雷，烧毁他们的马具。水无法有效抑制和扑灭这种盛怒和肆虐般的烈火，它残酷地蔓延到人的身体和肠道。好像仅有武器、钢铁和火焰来毁灭人类是不够的。为了使打击更为迅速，我们可以说是为它提供了一双翅膀，更快地飞向我们自己的灭亡，就像是拿着镰刀的死神被赋予了翅膀，以便更快速地瓦解人类，以保护上帝所创造的一切。事实上，当我考虑到古人使用的“武器”时，与我上述描述的这些相比，它们似乎只是一种孩子般的竞技游戏。因为这些现代发明在其操作的形式、残忍度和外观上，都轻易超过了上述所有最精准和残暴的引擎。

世界上还有什么比雷电更可怕更骇人的呢？然而，雷声的伤害性远不及这些恐怖器械的残暴，我们由其产生的效果可以看出。雷鸣和闪电通常只会造成一击，而且通常只会击中众多人中的一个，而大炮的一发炮弹就可以毁灭100人。自然界发生的雷鸣，偶然落于一棵高高的橡树上，或落于山顶，有时落在高耸的塔楼上，却很少击中人类。但是这些来自地狱的引擎，被人类的恶意和诱导所激怒，只攻击人类，用子弹瞄准，把他们当作唯一的目标。雷鸣之音如同信使，预示着即将来临的暴风雨，但是，这个地狱般的引擎，这场恶行的主宰者，咆哮着，轰鸣着，同时

> 把致命的子弹射进人的胸膛，把可怕的声音传进耳朵里。因此，我们所有人都理应咒骂“这种致命引擎”的发明者；相反，我们要毫无保留地赞扬那些努力用文字和虔诚的劝告阻止国王使用引擎者，或者通过写作和实践对这些引擎所造成的伤口进行恰当的医疗救治者。

有关“恰当的医疗”，16世纪的医生对这一认知有失偏颇，在伤口处理方面犯下了最大的错误。他们错误地认为枪伤是由于火药接触而引起的中毒，因此必须用沸油冲洗。不仅这一根源的理论是错的，而且治疗过程也带来了更可怕的创伤，患者难以忍受这一过程所产生的疼痛和它对组织的破坏。然而受错误教义所迫，即“中毒”的伤口必须解毒，这种不正当诊疗仍在继续。

安布列斯·帕雷在巴黎任工匠学徒期间学习了这一治疗原则，并予以认可，他没有理由怀疑它。他精通于制备“热油、滚烫的开水，里面掺少许糖浆”，并知道如何将绷带浸泡其中，随即将其贴在由子弹引起的创面上，或者贴在挣扎着尖叫着的士兵大面积烧伤的皮肤表面。26岁时，他在著名的巴黎迪欧医院当了4年的住院医师。因生活窘迫，他无法负担外科工匠的资格认证考试。不知何故，他设法获得了德·蒙特让元帅私人外科医生的任命，这位法国国王弗朗索瓦一世的将军。

1537年，当时军队成功地抵御了神圣罗马皇帝查理五世对普罗旺斯的入侵，乘胜追赶撤退的军队进入意大利，因而年轻的帕雷被围困在都灵。这是他参与的第一场战役，也是他第一次接触到新鲜的创口。受伤士兵的医疗需求远高于他的物资储备，不久，他就用完了所有的沸油来烧灼他们的烧伤和枪伤。绝境之下的胆量和上帝赐予的聪明才智，使他有了设计战时实验的灵感：这位新手外科医生没有把“那所说的油尽可能热地涂在伤口上”，而是突然想到配制一种温和、舒缓的油膏。他知道自己是在冒险——如果他的非正统治疗失败，肯定会失去职位，甚至更糟。他描述了事情的经过：

> 最后的时间里，我用于治疗的沸油实在有限，只好用蛋黄、玫瑰油和松节油来代替它。夜里，我辗转反侧，怕这种不烧灼的方法会有差池，怕我一觉醒来发现这些未经灼烧治疗的病人因中毒而死，这使我很早就起来去探望他们，在那里，我出乎意料地发现那些使用我混合材料制成的药剂的人疼痛减轻了，伤口没有发炎，也没有肿，晚上休息得还不错。其他用过那种沸油的人，发着烧，伤口处疼痛不已。然后我下定决心，永远不对那些受枪伤的可怜之人施以残忍的烧灼术……看看我是如何学会用实战经验来包扎伤口的，而不是照本宣科。

这位新手外科医生震惊于这两组士兵之间的鲜明对比。那些接受热油治疗的人，我们可以将其视为实验对照组，度过了一贯的疼痛难忍的不眠之夜，而那些接受温和润膏治疗的人感觉很舒服，没有组织损伤恶化的征兆。当帕雷看到这一结果时，他的情绪从担忧变为莫大的兴奋。他瞬间完成了从原始到现代医生的转变。

有了这次至关重要的经历，帕雷在职业生涯的早期便开始主张温和治疗伤口的原则。这位年轻人注定要成为那个时代最伟大的外科医生，尽管他对书中所言向来嗤之以鼻，但他仍旧执笔写下了一系列著作，它们将在后来的几个世纪里成为外科的经典之作。他的论文被广泛地翻译和阅读，大多数欧洲外科医生以此了解这门技艺的细节。在当时，它们被用作标准参考书、手册、指南和外科理论教科书。与同时代的安德烈·维萨里一样，帕雷在自己职业发展的萌芽阶段认识到，前辈们的教诲并非一成不变的真理，真正的准则存在于他的技艺之中，等待被发现、演示和记录。由于没有受过正规教育，帕雷没有掌握拉丁语，只能用法语进行记录。当巴黎大学的教授傲慢地批判他不进行语言学习时，他以希波克拉底用母语写作进行反驳。

随着安布列斯·帕雷故事的展开，我们将会发现他对外科艺术的影响是如此巨大，以至于不能仅用具体的创新技艺来衡量，而应该被认为是一种哲学层面的胜利。他毕生的工作改变了人们对外科医生和手术的定义——他创造了一个新的形象，即外科医生应该是什么，他应如何思考，以及他应该给后人留下什么。在帕雷之前，只有希波克拉底造就了外科的分水岭；在他之后，约翰·亨特引领了又一场变革。历史上还有其他外科学派，也有很多手术创新者，但在西方医学漫长的历史中，只有这三次外科哲学与实践经历了实质性的转变，其高度与本人形象更是他人难以企及。因此，希波克拉底、帕雷和亨特的名气理应比其他人更响亮。

安布列斯·帕雷的工作和他的著作提升了工匠在医生等级中的地位，他们对疾病的知识或治疗能力的水平变得不容小觑。他们的社会地位提高，权利与特权也随之增加，吸引了更多优秀的人才。外科医生因其地位受益而为医学知识储备的快速发展贡献了力量，这为道德层面和实际训练的提升奠定了基础，进而在随后的几个世纪中取得了巨大的临床的进步。

帕雷撰写了大量的著作，而且其中不乏斐然的佳作。由于他是用外科医生通俗易懂的法语写作的，他的作品很快就被译成了英语、德语、荷兰语和其他语种，方便欧洲各国的同人阅读。这一举措不仅传播了外科学知识，也让帕雷的道德哲学以及评估证据的方法更加广为人知。

帕雷的伟大之处最为明显而持久地体现于对医学证据的评估。起初，他对前辈们的工作进行了广泛的学习，并以此为背景来考量他自己的观察，这些观察系他在大量外科实践中所发现的问题。他以客观的眼光对待这些观察，以便有足够的距离来看到自己和同事的错误。最终，他运用了丰富的知识和累积的经验，以及自身同样强大的分析和推理能力。结果对任何读过他著作的现代外科医生来说都是显而易见的：他关于诊断、手术技术、伤口治疗、愈合、修复和预后的想法令人震惊地准确。在过去的一个世纪里，在数百个实验室中遵循的数千项实验方案证实了安布列斯 · 帕雷 400 年前教授的外科护理知识。在他的一本书的引言中，他发誓要“通过权威、理性和经验来证明”一系列准则。他之所以成功，是因为他信守了这一诺言。

帕雷的权威性源于他对希波克拉底、盖伦以及后来的外科作家的著作的广泛涉猎；他的理性源于他的聪明才智；他的经验则来自战争。在他的一生中，两场长期的历史性的冲突接连而至，可以说他的职业生涯实际上就是一连串的战场历险。这两场战争分别是 1495—1559 年的意大利战争和 1562—1598 年的所谓宗教战争。

为了刻画安布列斯 · 帕雷在 1510—1590 年的人生画像，我们最好先对他的时代背景有所了解。具体来说，最重要的是要认识到当时法国的政治背景以及外科的处境。前者提供了一个拥有大量研究机会的实验室（即战场），而后者仿佛一个几近干净的笔记本，用来记录经验、实验和推断。帕雷的一生跨越了 16 世纪，同 20 世纪一样，充满了伟大的成就，但其贯穿始终的残忍也将被后世铭记。这些暴行在很大程度上源自接踵而至的两场惨烈的战争，首先是神圣罗马帝国为了与法国争夺意大利的控制权而发动的意大利战争，这场战争持续了数十年。接下来便是天主教国家针对法国境内新兴的宗教改革运动而发动的宗教战争。

意大利战争充斥着一系列惨烈的杀戮，最终以当时罗马帝国的皇帝——西班牙腓力二世的胜利而告终。然而，《卡托-堪布累齐和约》的签订虽然在表面上结束了敌对状态，但并没有结束冲突和屠杀。迫使法国的亨利二世与腓力二世和平共处的一个因素是，亨利希望将自己的精力投入对抗国内不断增长的新教徒势力上。事实上，他非常希望西班牙的这位天主教国王支持他的事业，于是把自己的女儿伊丽莎白嫁给了腓力二世。这显然是一场政治联姻，但它导致了个人的不幸，法国国王在婚礼庆典的比武中受伤身亡。继位的弗朗索瓦二世也在一年后去世。权力落入亨利的遗孀、意大利出生的太后凯瑟琳·德·美第奇手中。她是个精明、政治敏锐的掌权者，她的主要精力都放在了巩固她其他两个儿子的权力上，首先是弗朗索瓦三世，然后是他的继任者亨利三世。天主教和新教的冲突日渐加剧。1562 年 3 月 1 日，瓦西镇发生了一起事件，导致法国军队进行了大规模的屠杀，宗教内战由此拉开序幕。

这场冲突中最著名的事件始于 1572 年 8 月 24 日，在一场为期 4 天的名为圣巴托洛缪惨案（St. Bartholomew's Day Massacre）的杀戮狂欢中，数百名胡格诺教徒被屠杀。这一流血事件非但没有摧毁新教徒的意志，反而坚定了他们的决心。谋杀、战斗、瘟疫、背叛和政治权宜构成了整个时期的特征，直到新教徒亨利四世的登基，这场以上帝的名义发动，却对上帝少有尊敬的冲突才宣告结束。“巴黎值得做弥撒”，这句话据说为亨利四世所言，在 1593 年，他作为法国第一位波旁国王怀着炽热之心皈依了天主教。

回到先前的一个比喻：如果西欧的战场是帕雷的实验室，那么法国尚未成熟的外科学和外科医生的低下地位提供了大量的空白页，留予帕雷进行填补。在14世纪和15世纪的巴黎，病人的护理被委托给三级阶层的医疗团体。在知识和社会经济层面上隶属第一层级的便是医生，他们是巴黎大学医学部的成员。像大多数欧洲医生一样，他们接受过拉丁语和希腊语的培训，被认为受过高等教育，并能够使用药物和提供建议进行诊疗。他们的精英的地位和高贵身份使他们不仅对其他两个阶级予以轻视，而且对内外科实践和教学的各个方面拥有强大的控制权。他们毫不掩饰自己的蔑视，特别是针对三级阶层中最低层的理发师；他们被认为近乎那些在欧洲游走的仅受过最低培训的江湖医生，他们是巡游的接骨师、疝气手术者、拔牙师，以及所谓的"切割石头下的病人"的结石手术师。

在医生和理发师两个阶层之间，存在着一个巴黎独有的群体，在其他地方并不存在。这是一个由外科医生们组成的团体，被称为圣科姆兄弟会。16世纪早期，他们的地位逐渐提升，于是被称为圣科姆学院。这个组织的特点是妄自尊大，妄图把大学教授得到的尊崇据为己有。虽然他们身着长袍（他们通常被称为穿着长袍的外科医生）进行准学术性仪式，授予学位，但这些并不是学术人员的所作所为。他们不断地与以医学部为代表的主流学术圈和真正实战的理发师之间产生争执。

圣科姆兄弟会成员并不是真正的外科医生，他们自诩为巴黎大学的科研型医生，在几十年的时间里，他们逐渐远离了动手操作的实践护理。他们很少做手术，更喜欢用药物、高高在上的建议，或者在发炎、流血的伤口上应用热灼烧铁来治疗外科问题。这个兄弟会的存在主要是为了维护自己的权利，模仿着医生的样子，为保护其"地盘"不受理发师的持续侵犯而战斗。用帕雷19世纪的传记作家约瑟夫·马尔盖涅（Joseph Malgaigne）的话说，圣科姆学院"对科学的贡献远不如它与理发师和巴黎医生之间的世俗斗争那么有名"。

再说一件理发师的事。几个世纪以来，在整个欧洲，轻微的伤口和疼痛的治疗一直由他们负责。当外科医生遇到流血或有擦伤的病人时，实际的手术是由理发师完成的。渐渐地，医生越发轻视手术的实践过程，更多的手术落入理发师之手，这一情况在巴黎例外，圣科姆的成员为了自己的利益试图压制理发师的一切活动。所有这一切的结果由蒙田描述得最为贴切："理发师步步追赶圣科姆学院的外科医生，想要侵占他们的领地；而圣科姆的医生想要摧毁或压制这一群理发师，并紧追医生其后；最后，最高阶层的医生起初只忙于排斥和压抑圣科姆的医生，后来受形势所趋，使用理发师作为助手。"

这场斗争持续了 200 年，伴随着请愿、诉讼、法令和持续的竞争，不仅是为了争夺地盘，还为了谁应该做老师、教授哪些内容、教给谁、使用何种语言任教进行争论。最后，在 16 世纪的第一个十年里，医学部做出了几个最终决定。其一，它正式使理发师的地位合法化，从此以后，理发师被称为理发师外科医生群体，理发师外科医生要参加学院举办的解剖学和外科讲座，不仅要通过理发师的资质考试，还要通过由大学赞助的另一场考试。自此，他们即被圣科姆学院录取，学院的成员被认可为医学部的会员医生。尽管竞争仍在继续，但长期的敌意态度似乎有所缓和。当安布列斯 · 帕雷在 1536 年开始他的外科生涯时，情况便是如此。

1510 年，这位木匠的儿子出生在当时缅因省的拉瓦尔市，北面与诺曼底接壤，西面与布列塔尼相邻。有很多理由让我们相信这个家庭是胡格诺派，这可能使帕雷在宗教战争期间的处境变得困难，将在下文进行讨论。他的第一位老师是一位牧师，与他一同膳宿。后来他当了一名理发师外科医生的学徒，不久，他就在迪欧医院当了一名外科医生助理。四年后，他从那里跟随德 · 蒙特让元帅参战来到都灵城内，在那里便发生了我们先前讲过的那件至关重要的事，即有关沸油。

当德 · 蒙特让元帅于1539年去世时（显然是死于肝脏疾病，这是法国通常笼统描述的病症），他的继任者敦促帕雷留在军队，因为他良好的治疗结果和越来越高的声誉。然而，这位年轻的外科医生更愿意回到巴黎，在那里他在战争中赚到的钱使他能够参加1541年的资格考试。同年，他结婚了，并在塞纳河左岸的圣米歇尔桥的尽头定居下来，在那里他买下一家商店，并开始作为具有资质的理发师外科医生执业。后来，随着财富的积累，他在这个地区（可以说是当今的圣米歇尔广场）和巴黎西南几英里处的默东拥有了许多楼房。有趣的是，当时在默东，医学界以高超的弗朗索瓦 · 拉伯雷最为闻名。虽然很难相信帕雷和这位才华横溢的牧师医生彼此不认识，但并无书面记录他们之间的关系。

1542年，帕雷重返军队，这一次是作为布列塔尼大领主德 · 罗翰先生（de Rohan）的外科医生。正是在佩皮尼昂的战役中，帕雷经常讲述的另一次冒险经历发生了。德 · 布里萨克元帅的右肩胛骨附近被步枪击中，三四个“军队最厉害的外科专家”都没能定位到子弹的位置。帕雷要求元帅将身体摆放成他在被击中时的样子，最终找到了子弹并将其取出。尽管这一手法既简单又合理，但据我们所知，在之前的任何医学论文中都未曾提及，这可能是一个全新的想法。

经过这一次，帕雷的名声得以提高。当一系列战役结束时，他回到巴黎受到医学部的杰出医生雅克 · 杜布瓦的邀请会面，他经常被叫作西尔维乌斯（他最初是安德烈 · 维萨里的老师，后来成为其朋友，最终对其充满敌意的批评家）。西尔维乌斯敦促帕雷写下他的伤口治疗经验，这一建议促成了这位35岁的外科医生在1545年出版了他的第一本书《枪和其他火器、飞镖等造成的伤口的治疗方法以及由加农炮粉末引起的灼烧的治疗》(后文简称《铳创疗法》)。

作家的动机，有些很容易被他的读者察觉到，有些更难辨认，有些则完全隐匿，甚至对作者来说也是如此。在安布列斯 · 帕雷的这些观点中，动机之一是他希望在年轻外科医生积累经验的过程中对他们的实践予以指导。以下是华莱士 · B. 汉比（Wallace B.Hamby）对帕雷第一本书前言的翻译：

献给善意的年轻外科医生

我在外科行业的朋友们和兄弟们，应你们的要求，我只得在这篇小论文中写下我所遵循并正确使用的良好外科实践方法，无论是在(频繁的)战争中还是在其他地方，在治疗火器和箭、飞镖等武器所造成的伤口，以及烧伤，特别是由炮弹所造成的烧伤时，我的方法都是正确的。不是以我目前的能力去教育你们(这需要更多的指导)，而是满足你们的部分愿望，并用这种方式来激发一些更崇高的精神，这样我们都可以给予更多的关注。现在我谦卑地请求你善待这本小书，如果我知道你认可它，我会因此而做得更多，尽我绵薄之力。为此，我祈祷造物主，兄弟们和朋友们，以其恩典快乐地支持我们的工作，不断增加我们的美好感情，使我们能够从中产生一些富有成效和有用的东西，支持人类生命的虚弱，并致敬那隐藏了所有科学宝藏的永恒的上帝。

帕雷在教育他人方面所付出的努力获得了莫大的成功。第一，他的第一本书及后来的著作享有广泛的发行量，它们被翻译成其他语言，以满足整个欧洲外科医生的需求；第二，在当时的困难处境下，这样的书弥足珍贵，而在现代，它们仅偶尔出现在爱书者的藏品中——这是历史发展的自然结果，正如一位知识渊博的古物学家向我解释的那样，这些卷册在出版后被广泛使用了近两个世纪，直到约翰·亨特（1728—1793）的著作问世，才有了更为详细实用的外科教材，特别是关于枪伤的治疗。医学历史学家菲尔丁·H.加里森写道："在约翰·亨特出现之前，外科手术完全掌握在法国人手中，巴黎是唯一可以正确研究这一课题的地方。"这在很大程度上要归功于安布列斯·帕雷弥久而广泛的影响。

我们已经写了很多关于帕雷对基督教的虔诚信仰。当然，他的书《铳创疗法》前言中的最后一句话似乎证实了这一点，此外他的临床病例报告中经常穿插着"我给他清创，而上帝治愈了他"这样谦卑的话语。与这样一个虔诚的形象争吵可能看起来有点儿令人不齿，但应该记住的是，在帕雷生活的那个时代，学术著作中经常穿插着这种赞歌，对上帝，也对世界上为上帝而工作的尊贵守护者。宗教弥漫在日常生活的方方面面，神灵之手随处可见。

此外，在16世纪不可知论者寥寥无几，承认无神论不啻承认疯狂。那些与教会发生冲突的少数杰出科学家从未有过丝毫的宗教虔诚的动摇——他们只是试图说服主教们，新知识并不与教义相悖。伽利略（1564—1642）就是最明显、最杰出的例子。

祷告一事构成了一种微妙的暗示，即像他这种高尚的守护者，也一定是一个善良和虔诚的人。因此，这样的恭维也常献给拥有领主地位之人。《铳创疗法》中献词是这样的："献给非常显赫和非常强大的勋爵，勒内主教、德·罗翰子爵、德莱昂王子、波胡埃伯爵、拉加纳什伯爵、劳埃斯苏尔梅尔伯爵和卡兰丹伯爵。"我们对安布列斯·帕雷信仰的庄重性秉持怀疑态度，却也不会因此对他深厚的道德善良的构想和他极富同情心的证据予以否认。

当我们考虑到他的宗教身份时，这种怀疑就显得尤为恰当。几乎可以肯定的是，他生来就是胡格诺派教徒，这一点在他的著作中偶尔提及，他在某种程度上经历了天主教对胡格诺教徒的迫害，尽管没有失去性命或地位。许多高级胡格诺派教徒在圣巴托洛缪大屠杀中被谋杀，但他幸免于难，可能拜查理九世所赐。1573 年，他的第二次婚姻在一个天主教堂内举行。此外，在宗教战争期间，他曾是天主教军队的外科医生，却也似乎心甘情愿。从他的开放和诚实，我们很难想象帕雷向他的天主教主教们隐瞒了他的胡格诺信仰，或者为了职业生涯而牺牲了他的忠诚。也没有任何证据表明他在圣巴托洛缪之后皈依了天主教。人们更容易相信，他对自己的官方宗教信仰是不以为然的。我的意思是，宗教仪式在他的生活中没有重大意义。他当然相信上帝，而且很明显，他应用自己的方法治疗病人，并把这些方法尽可能地传播扩散，并将其最终归因于神的医治。他的思想主要出于人道主义，献身于这个世界的痛苦和荣耀。

帕雷博大的同情心体现在他的每一部作品中。他毫不犹豫地描述了那些他为自己的生命或名誉感到恐惧的时刻，这对年轻的外科医生也具有教学价值。在现代，漫长的外科培训项目所带来的最有价值的潜在的好处是，我们能见证自己的资深教授感到不确定、害怕或错误的时刻。当我们最尊敬的人犯下技术失误、思考错误甚至道德错误时，我们都会在场。当我们偶遇失败，感到自尊受到严重打击的时候，那些时刻让我们有可能继续前进。

因此，安布列斯·帕雷最重要的遗产便是他的个人哲学：富有同情心和好奇心、诚实、温柔、忠诚，以及坚信人的生命是值得拯救的。所有这一切，他都试图教给他的同龄人和后辈的外科医生，并以实现自我满足感和获得他尊敬的同人的尊重作为回报。他不仅在物质上取得了成功，而且在很大程度上拥有这些：他是四位法国国王的外科医生，一位富有的人，甚至基本统领了整个法国外科领域。

但是在讲述接下来的故事之前，我已经透露了当中最经典的一句话。在他的作品中，安布列斯 · 帕雷一次又一次地重申他作为外科医生的简单信条："我给他清创，而上帝治愈了他。"今天的情况也没什么不同，无论是由上帝还是由自然决定的，在治疗的过程中都有一个任何医生都无法接近的未知界。虽然现代科学在不断缩小与它的距离，但最终的治疗方法在很大程度上仍然受控于我们只能猜测的未知因素。医生的职责是凭借当代治疗手段，最大限度地将病人带到这一未知界的近邻处。一旦到了那里，剩下的旅程必须交给不确定的力量，精神或生理上的，或者两者兼而有之。任何医生都不应当自负到对此有异议。

《铳创疗法》出版时，法国人民经历了一段相对平静的时期。弗朗索瓦一世于 1547 年去世，他的儿子亨利二世登上了王位。与此同时，安布列斯 · 帕雷一直待在家里，从事解剖学研究，可能还在练习外科手术实践。1550 年，他出版了他的第二本书《解剖学行为简集》(*Brief Collection of the Conduct of Anatomy*)。这本书的《前言》中有一段话，隐含在每一篇发表的科学投稿中，但作者们很少公开断言这一点。下面是安布列斯 · 帕雷为我们所有人说的话：

> 如果比我们更有建树的人看了这本书而感到扫兴，说我没有达到他所期望的完美程度，或者说我犯了一些错误，我恳请他记住，我不是神，而是人，并且为了共同的利益，他能够更好地澄清这本书的错误，以满足于我们这一职业的有志之士。我向他保证，这样做不会冒犯我，我会第一个感谢他，甚至赞扬这一有价值的举动。

这本书出版后，帕雷进行了《铳创疗法》的第二版编辑。他完成这本书之时，响应了军队的号召，重新加入德 · 罗翰子爵的部队，于 1552 年入侵洛林，在那次战役中，他们轻松地将梅斯、图勒和凡尔登从查理五世手中夺走。正是在这一系列的战斗中，他拯救了一名普通士兵的生命，这名士兵遭遇了很多严重的创伤，以至于他的同伴已经为他挖好了一个坟墓——自此，普通的士兵们开始意识到这位子爵的外科医生一视同仁，对他们和对待高贵的上尉一样富有同情心。

在洛林战役中，丹维利亚被围困时，帕雷的方法论因一次重大的事件而发生了变革。在他《铳创疗法》的第二版中，他仍然建议使用烙铁来止住截肢时的出血。尽管如此，他已经开始考虑使用结扎来捆绑主要血管，就像一些外科医生在治疗普通伤口时所做的那样；丹维利亚战役给他提供了进行试验的机会。当子爵的一名军官腿部中弹时，帕雷把被截肢后的残肢上的血管进行结扎，并没有使用烙铁。这便是帕雷迈出的第二大步，这将通过帕雷的著作、他的学生和他日益增长的名声传遍整个欧洲。

洛林之战不仅提供了在外科手术方面取得重大进步的机会，也带来了这位创新者医学生涯的重要进步：他的能力为亨利二世所知，尽管他还是一名理发师外科医生，但亨利二世将他任命为他的“普通外科医生”之一。

由于失去了图勒、凡尔登和梅斯三个主教区，皇帝查理五世怒不可遏，于是亲自掌管他的军队，并围攻了梅斯。这一战伤亡惨重，伤员的死亡率极高，急需帕雷的医疗服务。他也确实秘密潜入被包围的城市，着实让法国军官松了一口气。

不知如何，在亨利 · 介斯天才般的军事领导下，法国军队抵挡住了皇帝的进攻，在 1552 年圣诞节的次日解除了这场围困。在他的著作中，帕雷记录了随后帝国在撤退的途中，遇到了深雪所遭遇的痛苦，他的同情和嘲笑交织在一起，后者是因为他对西班牙士兵在围困他们期间表现出的野蛮行为感到愤怒。具有讽刺意味的是，仿佛是某种恢宏的历史性轮回，250年后的一位法兰西皇帝也在被围困的敌城中遭受了灾难性的失败，耻辱地从白雪覆盖的敌对领土撤退，眼睁睁地看着自己的胜利梦想破灭。正如拿破仑从莫斯科的撤军标志着长期衰落的开始，并最终导致帝国的灭亡，查理在那个寒冷的冬日站在梅斯面前，便踏上了一条沉重的道路，最终以他的退位和腓力二世的登基而告终。

但是皇帝还有几场仗要打，尽管不是在洛林。1553年，返乡的帕雷再次被国王召见，这一次是在皮卡第的赫定。“我在那里有很多工作要做，我夜以继日地为伤员包扎伤口。”战争是极为惨烈的，在之前关于战争的记载中，很少有像帕雷对过去战事描写的那样生动和可怕。战争最后以法国守军的投降而告终，但法军却成为敌军背叛的牺牲品，西班牙的士兵违背了双方约定的投降条件，大肆屠杀法国俘虏。

名声总是伴随着危险。帕雷担心如果交不出赎金会被杀死，于是他与某个普通士兵交换了服装，但仍继续照看受伤的法国军官。敌军通过他渊博的学识认出他是位外科医生，但并不知道他就是那位知名的国王外科医生。他为敌军的一位上校治疗了慢性腿部溃疡，从而获得了释放。安全离开后，他向亨利国王报告了情况，然后又回到了巴黎。

当时，这位44岁的理发师外科大师备受患者和同事的追捧。过去常常打压理发师群体的圣科姆兄弟会也认为，安布列斯·帕雷若加入将会给其学院增添光彩。他不仅是公认的欧洲外科的领导者，而且是国王的朋友，得到了许多贵族的信任。他们放弃了对拉丁语考试的要求，于 1554 年 12 月 18 日接纳他为外科硕士。1557 年，亨利再次让他加入圣坎坦战役，在这场战役中法国人惨败。在接下来的一年里，随着意大利战争的结束，他再次启程前往杜兰。

在这段时间里，新教徒一直在蓄积力量。他们在法国拥有 2000 多座教堂，胡格诺派贵族开始从神职人员手中接管实质的领导权，甚至与德国王公和英国女王结盟。在亨利看来，粉碎异端和维护他的政治控制是必要的。正如前面提到的，腓力与法国国王的女儿伊丽莎白公主的婚姻巩固了与神圣罗马帝国新皇帝腓力二世的和平。亨利在结婚庆典上意外死亡后，弗朗索瓦二世开始为期一年的统治，他 11 岁的弟弟在 1560 年加冕为查理九世，以及已经提到的凯瑟琳·德·美第奇的统治，帕雷曾是弗朗索瓦的外科医生，现在被任命为查理的外科医生。

随着以天主教徒为主的法院理事会开始镇压胡格诺派，内战不可避免。对瓦西新教会众的屠杀成为点燃一系列混战的导火索。帕雷剩下的所有军事经历都发生在随之而来的近 40 年的小规模冲突、抢劫和大屠杀中，在历史书中被称为宗教战争。鲁昂被围困后，他被提拔为国王的首席外科医生。

事实上，这样的职位现在由一个理发师外科医生担任，对于未来法国医学的发展有着重大的影响。它意味着人们已经认识到，治疗创伤和某些疾病最大的知识来源不再局限于外科医生或圣科姆学院的医生。相反，在他们的权威领导下，曾经卑微的理发师外科医生，被公认为是训练有素、技艺高超的从业者。

1564 年，帕雷出版了一本有趣的书——《外科十书与相关手术器械》(又称《外科教程》, *Ten Books of Surgery with the Magazine of the Instruments Necessary for It*)，对他所使用的外科器械做了详细清晰的图文说明，章节标题从外科的标题“关于拔箭”到内科领域有关治疗泌尿系感染的，英文直译的标题是“热尿的一般治疗”（General Treatment of Hot-Piss），等等。

虽然帕雷间或会被叫去参加各种战役，但在1564年出版这本书后，他的大部分时间都是在巴黎度过的，从事解剖学研究和写作。1574年查理九世去世后，他的兄弟亨利三世不仅让帕雷留任首席外科医生，而且还任命他为贴身侍从。

安布列斯·帕雷的长寿让他见证了1589年宗教战争的高潮，当时巴黎被围困，亨利三世被暗杀，这一切为新教徒亨利四世的登基奠定了基础。然后，就在和平似乎近在咫尺的时候，这位无数次在战场上死里逃生的杰出外科医生于1590年12月20日在病床上去世，享年80岁。

安布列斯·帕雷给后世外科医生留下了如此具有权威性的遗产，主要因其内容的可靠性；因为他在临床描述中穿插了他一生中许多最重要事件的叙述，我们也幸运地获得大量的传记信息。尤其是1575年的《帕雷全集》（*Complete Works*）和10年后的《辩护与论述》（*Apologie and Treatise*）这两部重要著作，包含了丰富的医学知识和个人心得。

当帕雷的巨著《帕雷全集》第一版问世时，他的权力和影响正处于顶峰。人们对这本书的反应，直接证明了他在欧洲外科医生中的地位，以及他对后来的医学教学的持久影响。到帕雷去世的15年后，这本书还印行了四版，而且之后的很长一段时间里，还有很多版本，直到1685年的第十三版才结束。

《帕雷全集》于1634年由伦敦药剂师托马斯·约翰逊（Thomas Johnson）翻译成英语。约翰逊写给读者的《前言》中的片段摘录进一步揭示了帕雷的作品对他同时代人的意义：

> 我在德国各地旅行，然后在四年的时间里一直跟随西班牙军队居住于低地国家；而我不仅仔细地治疗了受伤的士兵，并且好奇而留心观察著名的意大利、德国和西班牙外科医生正在学习的治疗方法，他们和我一起受雇前往医院治疗受伤和生病的人。我注意到他们都不选别的课程，只选了帕雷在这里讲授的课程。例如，他们不懂法语，便支付高额奖励让人将这些篇章译为拉丁语，或者其他能看懂的语言，他们对其小心翼翼地保存，他们尊重、钦佩、热爱这部作品的程度远胜过其他外科作品，等等。

帕雷最著名的作品是《辩护与论述》，它最初作为《帕雷全集》第四版的一部分出版，尽管它通常是单独印刷的。正如英国医学历史学家杰弗里·凯恩斯爵士（Sir Geoffrey Keynes，经济学家约翰·梅纳德·凯恩斯的兄弟）所指出的那样，“《辩护与论述》像是一本自传，涵盖了帕雷从25岁到75岁的50年生活”。正如我们看到的，这本书讲述了这个纷争不断的时期。

现代科学家可能对发表的论文持有不同意见，但不会直接予以斥责，这是极不礼貌的。编辑会在评论落实纸面之前对其基调标准进行审查，如今，即使是学术会议上的口头讨论也往往是礼节性的。当然，这并不意味着我们真的对我们的职业竞争对手毫无敌意，只是不予以公开表达。但在不久的从前，有一段时间口头交锋被认为是一种艺术形式，或者至少是一种合法的对话方式。它由最初的生硬和笨拙，演变成一种贯穿19世纪大部分时间的唇枪舌剑，逐渐变为更精细和微妙的形式，最后变得不可见也不可闻其声。

但在400年前，这种激烈的争吵有时是世界级的——西尔维乌斯对维萨里的攻击就是例证，安布列斯·帕雷和医学院院长艾蒂

中年安布列斯·帕雷；这幅版画复刻自巴黎医学院的肖像。（耶鲁大学医学史图书馆提供）

安·古尔梅伦（Étienne Gourmelen）一事便是又一佐证。这场争执的可能根源在于古尔梅伦的《外科学概要》（*Surgical Synopsis*）一书。当它在1571年由圣科姆的一位外科医生从拉丁语翻译成法文时，作者和翻译家都希望这个译本能够在同人间获得巨大的成功。然而，当帕雷第二年推出他自己的下一本出版物《外科五书》时，《外科学概要》瞬间暗淡无光。唉，可怜的古尔梅伦；他的拉丁文和法文译本都不需要出第二版了。他和他的支持者想要报复他，在那段时间里相互指责声讨。这件事在1581年达到顶峰，当时古尔梅伦出版了三本关于外科的新书，并用它们作为攻击帕雷的工具。不幸的是，他犯了一个错误，把进攻的主要火力集中在反对帕雷最容易捍卫的学说上，那就是他在截肢时使用绷带。在任何战争中，试图通过正面攻击敌方最强大的阵地以击败对方，向来不是推荐战术，这只会导致古尔梅伦被他的对手歼灭。帕雷的回应是写了《辩护与论述》，在其中，他不仅进行了反击，而且以他一贯的准则——“权威、理性和经验”进行了压倒性的回击，他嘲讽般地罗列出他在外科手术生涯中的贡献。古尔梅伦唯一的回应是一页文书，用蒙田的话可以做最好的描述：“缺乏理性，充满侮辱。”他甚至不敢在这张诽谤性的攻击文书上留名，只留下了他一位学生的名字。

尽管如此，后人还是应该感谢古尔梅伦。此外，他的著作确实有一个实用的意义：刺激了这位前现代时期最伟大的外科医生写了一篇简短而高度凝练的个人经历，并诠释了他的学说和他所处的时代。这本书是安布列斯 · 帕雷出版的最后一部作品，我们这一代所认为的外科文献瑰宝之一。

《辩护与论述》开门见山。正如帕雷的承诺，首先援引了权威之言。人们可能会问，一个只会说法语的理发师外科医生是如何熟悉

一幅摘自 16 世纪帕雷作品集的插图；图中他使用自己发明的一些仪器进行手术。（耶鲁大学医学史图书馆提供）

这么多的从古到今的作家的，而这些作家基本都使用拉丁语或希腊语。虽然历史学家指出，帕雷能够接触到很多作品的译本资源，但这不是唯一的答案。我们知道他变得富有，并拥有了一个很大的图书馆。很可能是他付钱给学者帮他翻译医学书籍的章节，有时他甚至进行了文艺复兴时期的当代参考资料搜集，否则很难想象他怎么会熟悉如此之多的资料。事实上，《帕雷全集》中有 200 名作者被列入参考文献。

在引用了权威的声音后，他转向理性来支持他的论点，并提供了一系列的历史案例。到目前为止，帕雷凭借其成就已经拥有了更高的地位，在外科艺术领域也拥有一席之地，以至于他觉得可以自由地贬损这位傲慢的内科教授。他不仅称他为“我的小老师”，还在自己的外科课本中嘲笑古尔梅伦推荐的一组手术。他把他的对手比作一个放肆的自称会弹风琴的“布列塔尼的丰臀年轻姑娘”，而实际上只能吹风箱。若不亲身实践，书本毫无价值，他责备道：“没有实践，书本知识没有任何价值……劳动者只谈论季节、讨论耕作方式、展示适合每一块土壤的种子，而不把手放在犁上，把牛连在一起，这些都是没有意义的。”他引用了公元 1 世纪的医学百科全书学家科尼利厄斯 · 塞尔苏斯（Cornelius Celsus）的话：“疾病不是靠口才就能治愈的，而是靠恰当而有效的治疗方法来治愈。”这本书的其余部分描述了他实践的那些“效果良好和恰当应用的解决方法”，从 1537 年帕雷的第一次战役开始，到 1569 年前往佛兰德斯的航行结束。在那次航行时，安布列斯 · 帕雷正处于成名的顶峰，他被认为是欧洲最顶尖的外科医生。除了维萨里的巨大贡献外，没有任何一本书能与他落笔之作的影响力相比。他戏剧性的叙述方法，结构虽简单，但处理得如此巧妙，以至于找不到任何方法来改进它。人们可以去看看《圣经》，会发现这样跌宕起伏的事件以平淡叙述的语气娓娓道来，如此深刻的教训以相当精简的语言而传授。

安布列斯·帕雷传达信息的方式和内容本身一样深刻地影响了外科手术的未来——这种情况不仅在医学史上反复出现，而且在所有的知识史上也是如此。对帕雷来说，他的传达方法是通俗语言。在他那个时代之前，理发师外科医生不会诉说自己的经历，更难以接触到用拉丁文写就的权威之作。他们的教学由高级理发师负责，以实用的、口头的和视觉的方式进行。傲慢的圣科姆学院的老师使用拉丁语教学，因为他们发现有必要以此而模仿受过更好教育的医学教员。偶尔会有书册被翻译成当代语言，但所选的作品有时并不突出，翻译语言往往生硬难懂。安布列斯·帕雷用一种大家都能理解的简单的法语会话写了一篇文章。他对经典作家的熟知、在迪欧医院的出色训练、在战场上的丰富经验以及他解决问题的逻辑方法，赋予了他学习、发明和指导的典范资格。除此之外，他还添加了一种直白却清晰的表达方式，使其成为医学教学叙事方法中的最高标准。在他生活的时代，相互竞争的名家对于出版作品的攻击已是司空见惯，对此他的另一项优势就是能够预见或回答那些稍有逊色的思考者的反对意见。总而言之，用我们时代的话来说，这是本好书。

在安布列斯的书中，可以找到许多我们现代读者感兴趣的段落。这样的段落不仅阐明了帕雷的思想，有时还展示了手术的复杂程度，而这种复杂性在400年前就已出现，令人惊讶。例如，1553年，法国人在赫定被击败时，帕雷受命治疗一位军官，这名军官的伤势包括一个裂开的伤口，空气通过伤口吸入胸部。他用一块浸油的海绵包裹伤口，“以阻止血液流动，并阻止外部的空气进入胸部”。他把海绵以一种方式放置，“这样就可以给胸腔内淤积的血留一个出口”。从他的描述来看，他似乎制作了一块包装松散的垫子，起到了单向阀门的作用，直到他准备好了石膏和绷带，它们用来固定病人抽动的胸部。很明显，对许多这样的伤口的观察使他确信了胸科医生350年后才开始认识到的某些治疗要点：停止不受控制的进出气流，通过排空血液来缓解压力，稳定胸壁。

帕雷在这场战斗中被俘，但如前所述，由于成功治疗了皇帝一名上校腿部的慢性溃疡，他最终获释。他对这一事件的描述让人想起当今的查房场景，主治外科医生在病患床边为初级医师讲解演示，他向上校的医疗人员展示的不仅是病人腿部的生理发现，而且还有一个事实，即溃疡与“一条滋养它的巨大的静脉曲张”有关。他的治疗就像20世纪的血管外科医生一样，包括切除溃疡，并在膝盖上贴上膏药等。他为上校安排了卧床休息，他的腿也逐渐痊愈。相比于现代临床报告，他唯一遗漏的一点便是皮肤移植。人们或许认为前后对比图像的应用始于现代整形外科医生讲究的相机，但值得注意的是，帕雷应用了同样有效的方法来展示——他“拿出一张纸，让我剪下和溃疡大小一样的页面，然后让我自己留着”，以便如果他的病人有疑问，可以使他相信治疗的进展。

帕雷仅在关于佛兰德斯战役的章节中提到过各种形式的麻醉。在此，他建议使用鸦片和鸡尾草来帮助受伤的患者睡眠。尽管书中很少提及，但他肯定经常使用这些药物，当时几乎所有的外科医生都是如此。即使是最铁石心肠的外科技师也试图用这些药物或曼德拉草，或强大的精神来减轻手术的痛苦。它们也通常被用来安抚正在康复的人，或者缓解那些将死之人的痛苦。

在电子化的20世纪80年代，与睡眠相关的医疗设备极为丰富，其中包括一家富有进取心的制造商所制造的录音带，它录下了轻轻落下的雨声，让即使是最辗转反侧的人也能沉浸在睡眠的温柔怀抱中。如果美国专利局的“圣雄甘地”们被告知是安布列斯·帕雷最先想到了这一点，他们会做何反应？他把水从高处倾泻到水壶里，像是人为地下起了雨，发出的声响能够使听到它的病人安然入睡。文艺复兴也好，现代也好，好主意永不过时。

在《辩护与论述》中，还有其他奖励。从作者反对使用火药和火器的演说中引用的一些措辞使人想起《圣经》的先知们愤怒地反对人类的罪恶的劝诫。比如："雷声，它的声音就像先前派来的使者，预示着即将来临的暴风雨，但是，最要命的是，这可怕的发动机在轰鸣，同时把致命的子弹射进胸部，把可怕的声音射进耳朵。"

重复的共鸣似乎是一种刻意的文学手段，作者试图重复使这一章成为"整篇论文的点睛之笔"。同样，下述的连续两段如同《旧约》的《诗篇》可以体现这种思想的一致性，它们在文章中多次出现，附在此处是为了在两节截然不同的诗句中证明这种观点：

雷鸣和闪电通常只会造成一击，
而且通常
只会击中众多人中的一个；
而大炮的一发炮弹就可以毁灭
并杀死一百个人。

以及：

因此，我们所有人都理应咒骂
"这种致命引擎"的发明者；
相反，我们要毫无保留地赞扬那些
努力用文字和虔诚的劝告阻止
国王使用引擎者。

这是一首“圣经性”的说明性诗歌，由一位文艺复兴时期的先知创作，他的第一位老师是一位牧师，他的第一本教科书译自以色列古代卷轴。

在这一章中有很多跳跃性的叙述，因为我试图把安布列斯 · 帕雷的生平和贡献放在它们产生的背景下。我试图描述他在残酷时代的人性、在傲慢时代的单纯、在迷信时代的客观性、在保守主义时代的独创性、在权威时代的独立性、在无逻辑和非理性理论时代的逻辑理性，以及他在实用虚伪主义当行、以宗教宗派的名义进行屠杀的时代的深刻道德感。

凭借他非凡的观察力和从他的经历中得出普遍结论的能力，安布列斯 · 帕雷开始趋近于后来时代的伟大临床科学家。但还是有所差异，这种差异让他更为相似于古人，而非现代之人。安布列斯 · 帕雷相比于病人，很少在意疾病的过程，因为病人是他的志向所在，病人是一个处于困境中的人类同胞。这是古老的希波克拉底观念，大部分希腊疗法都是以恢复人整体的内在平衡为目标。由于这种方法导致了对疾病细节的理解出现了严重的错误，伴随 18 世纪末病理解剖学的研究意义逐渐增强，它也随之衰弱。医学研究者们首先关注器官，然后是细胞，接下来是分子，越来越少地着眼于前来寻求帮助的惊恐的病人本身。这种对于细节的着迷，应当归功于现代医学取得的巨大进步。但是，正是由于同样的驱动力，我们对于病人的疾病负担的理解能力有所减弱，尽管我们不希望如此。

因此，帕雷的动机与其说是为了了解病理过程，不如说是为了减轻伤病患者的痛苦。这一点从他所写的每一个描述中都看得颇为清楚。他寻找行之有效的方法，并将其传授给每一位愿意学习的人。在这一点上，与其说他像他的后辈，不如说他更像他的前辈。他摒弃了他的医学前辈的那些似乎无效的治疗方法，并拥护了那些他加以证实的想法。他是一个站在巨人肩膀上的巨人——希波克拉底、盖伦和他的近代前辈安德烈·维萨里。他坚定地站在以他的经历负重、前人的经验能够支撑的地方，他避开了那些无法支撑他经验的地方。他做足了安全的准备，他比任何外科医生都走得更远，看得更清楚。

5 “自然是我们最好的导师”

威廉·哈维的血液循环发现之旅

威廉·哈维博士是古典文学的学生。他精通希腊语和拉丁语，在校时致力于研究古代最伟大作家的作品，他认为在他们之后仅有几名学者能进入他个人的文学不朽神殿。一些当代作家的作品在17世纪的英国备受欢迎，他却对它们嗤之以鼻。他这样形容自己生活的那个时代：“在这个时代，一群没有品位的作家就像大热天的苍蝇一样多，我们快要被他们浅薄而琐碎的作品的恶臭所窒息。”他不假思索地表达了对“那群作家”的看法，在那些直率的日子总会脱口而出一些直接和粗俗的话语——他称他们为一堆狗屎。

这份流传甚广却被他嗤之以鼻的作家名单中包含了一些耳熟能详的名字，其中包括本·琼森、克里斯托弗·马洛、埃德蒙·斯宾塞、弗朗西斯·培根和三个约翰（约翰·堂恩、约翰·德莱登和约翰·弥尔顿），其中最为不堪的肯定是高产的作家威廉·莎士比亚。即使哈维的这份名单没有给他带来什么正面名誉，却也没有人对此耿耿于怀。首先，从来没有人要求科学家具备极高的文学品位。更重要的是，威廉·哈维的一切似乎都可以被谅解；对他古怪行为的批评声早已被淹没在人们对他的一片感激之声中。因为正是他向科学和医学技艺赠送了人类有史以来最伟大的礼物——血液循环的发现。

通过这一发现，哈维解决了延缓医学进步的最难以捉摸的难题，同时向医生介绍，或者更确切地说，向他们再次引入了实验的理念，并将其作为生物研究的主要方法。除了路易·巴斯德（Louis Pasteur）之外，他在所有医学知识的伟大贡献者中最受人尊敬。有哈维协会、哈维奖和定期的哈维纪念活动。他被授予英国医学领袖的最高荣誉之一，即被选为皇家医师学院年度哈维演讲的演讲人；哈维演讲人这一荣誉，意味着终身的非凡成就。以市场的客观指标来衡量，哈维在 1628 年提出其学说的那卷书册已经成为有史以来最有价值的医学书籍，仅存的少数首版印制本都达到了 30 万美元以上的售价，而且价格还在迅速上升。甚至在你读到这本书时，它的价格又将翻番。

要想理解哈维的伟大成就，有必要阐明其发生的背景。1543 年，安德烈·维萨里在解剖学领域掀起了一场革命。盖伦所描绘的身体图像已经被推翻，人类结构的现实不再受推理和猜测所主导。但这位年轻的比利时人所做的不仅仅是用事实取代古老的错误，当他与这位备受尊敬的权威者不一致时，他展示了怀疑主义的重要性，即相信任何人只要通过不懈努力获得可信的证据，便没有什么不可推翻。最重要的是他创造了一种风气，让任何关注并勇于独立观察的人不再受困于传统的错误推测，即便这些推测在当时被奉为公认的智慧。正是这种知识导向的氛围培养了伽利略、牛顿、玻意耳以及一小群天资并不过人却意志坚定的人才的求知欲。正是由于这种求知欲，我们认为现代科学诞生于 17 世纪，威廉·哈维便是它最早的开创者之一。

尽管盖伦已经无法阻拦这涌现的解剖结构真相，但他那只冰冷之手仍然沉重地压在对于身体结构的理解之上。对于17世纪初的医生来说，肝脏仍然是所有血液的来源，人们认为肠道将消化的食物运送到肝脏，由肝脏深部充足的柔软组织将其制造为血液。一旦食物转化为血液，它就会通过静脉被送到身体的各个部位，用暗红色的液体浸透组织，这些液体在被组织消耗的同时不断被食物补充，如同某个永不停歇的灌溉系统。心脏的右侧仅仅被视为静脉系统的一个特殊部分，具有输送血液滋养肺部的作用。盖伦进一步指出，一些到达心脏右侧的血液经室间隔的小孔，一部分会流向心脏左侧。尽管维萨里没能找到那些孔，但受到前人深奥理论影响的盖伦解剖学说仍旧强大，以至于他假设血液会通过某种类似于出汗的过程到达心脏左侧。在左心室中，它可能与“气”相结合，这种“气”是一种通过肺部吸入的精神实质。血液和这种重要物质的混合物通过机体的内热加热，然后由心室排出，进入动脉。因此，有两种不同的血液，一种是深色的静脉血，它提供营养；另一种是鲜红色的动脉血，它自身依赖所补充的气和内热。盖伦对进出肺部的循环一无所知，他认为血液流入这些结构只是为了滋养它们。他假想肺的功能是吸入“气”，并将其输送到左心室。没有丝毫证据支持这一理论构想，却也几乎没有人对此感到困扰。名垂千古的盖伦说这是真的，它便是真理。将近1500年来，人们深信不疑地接受了这个构想。

[有几位作家实际上已经了解了血液在心肺之间流通的真正本质，即所谓的肺循环（lesser circulation）。然而，他们的解释从来没有得到普遍认知。其中之一，西班牙医生迈克尔·塞维图斯（Michael Servetus）提出了大致正确的描述，并将其写进了一本被教会视为异端的《基督教复兴》中，他的其他出版物也是如此。在加尔文教的大本营日内瓦，在加尔文本人的纵容下，塞维图斯于1553年被执以火

刑，他关于肺循环的书籍连同他这一生都付诸一炬。]

1578年4月1日，哈维这位注定要将医学知识发展到足以使其摆脱盖伦权威和宗教限制的人，在英格兰肯特郡海岸的福克斯通出生。琼·哈维和托马斯·哈维有两个女儿，威廉·哈维是首个出生的儿子（之后接连生了五个儿子）。年轻的威廉长大后，他父亲的企业兴旺发达，所以这个男孩从不需要花钱去换取舒适或其他功用。他是托马斯的儿子中唯一一个对商业世界不感兴趣的人。其中五人成为伦敦城所谓的对外贸易的土耳其商人，这种称谓是因为他们与东方世界有商贸往来。他们能够保证那最有才华的哥哥有足够的钱追求他的医学兴趣。埃利亚布·哈维最终成为家族中最富有的人，他甚至为威廉管理财务事务。威廉这一生因此不受世俗事务缠身，像其他人那样分心。

少年时代的威廉从10岁开始接受正规教育，被送到坎特伯雷国王学校就读。国王学校的章程要求学生“无论他们在做什么，无论是认真学习还是在玩耍，除了拉丁语或希腊语他们永远不能使用其他任何语言”。因此，就像“盖伦粉碎机”安德烈·维萨里一样，威廉·哈维很早就能够自如运用古代语言的韵律，了解其细微差别。16岁时，他就读于剑桥大学的冈维尔与凯斯学院，后面的名字来源于约翰·凯斯博士，他曾一度与维萨里合住在帕多瓦。正如我们所料，凯斯学院吸引了对医学研究感兴趣的学生，至今也是如此。哈维在校时，每年都会解剖两名被处决罪犯的尸体，以供解剖学教学之用，因此，当他在1597年获得学士学位时，他已经了解到，基于观察到的解剖结构进行解释是很困难的。

这位处在萌芽期的医生自然在接下来去了帕多瓦大学。由于第3章所述的原因，这所大学提供了欧洲最开放的氛围，可以学习法律、神学、医学和哲学这四个经典学科中的任意一门。对于新教徒和犹太人来说，它是一个如此安全的学术避风港，以至于当1559—1565年教皇庇护四世试图阻止非天主教徒获得学位时，威尼斯的回应是将学位授予的权力移交给帕拉廷伯爵，从而将其从教皇手中夺走。帕多瓦还有一个额外的优势，那就是它是一所以学生为中心的大学；事实上，青年人掌控着大部分的学校治理工作，其中包括教师的聘用。来自各国的学生被组织成命名为“民族”（Nation）的小组，每个小组选出一名代表理事，理事和校长共同组成大学的执行机构。

然而帕多瓦的主要吸引力在于它的教师明星云集，无论是过去还是现在。在威廉·哈维眼中，最伟大的莫过于吉拉洛莫·法布里齐奥（Giralomo Fabrizio），也被称为阿卡彭登的法布里修斯（Fabricius），是同样才华横溢的加布里埃勒·法洛皮奥的继任者。有人将他们比喻为精妙的输卵管，每一代卵子都要通过其才能进行生殖分配。伽利略·伽利莱是这所大学的数学教授，这一事实似乎与哈维并无关联。而法布里修斯是哈维最崇拜的老师，他对胚胎和胎儿形成的研究在很大程度上决定了这位英国医生的一些研究的方向。也许对哈维最终发现循环最具体的影响是法布里修斯对静脉中瓣膜的描述。晚年的哈维告诉罗伯特·玻意耳，正是法布里修斯意识到了将血液引导回心脏的瓣膜的单向功能，才让他做出了巨大贡献，这一洞察力来自他的导师兼朋友法布里修斯的解剖学发现。

哈维在帕多瓦的学术和社会自由中茁壮成长。他被选为英国小组理事，这一荣誉使他获得一枚袖章，或有权在大学大会堂的显眼位置画上他的纹章。至今，人们从下方的走廊走出这间古老的解剖演示厅，仍然可以在弧形的天花板上看到哈维自己设计的纹章。凯斯学院的教授和成员们在1893年重新发现纹章后很快便加以修复，其与1602年4月25日威廉·哈维在帕多瓦大学的博士毕业证书上的纹章完全相同。

文凭本身就是一件奢侈品，它列举了其所有者的资格和特权，以一种在那时十分流行的夸张措辞。下面提供的是毕业典礼上的生动描述：

> 约翰内斯·托马斯·米纳多斯把当时医生惯用的纹章和装饰品庄严献给了同样尊贵的哈维（他在一次显赫的演讲中请求并接受了这些勋章和饰品）；他给了哈维某些哲学和医学书籍，先合上，一会再打开；他把一枚金戒指戴在他的手指上，将一顶医师帽戴在他的头上，以作为美德的象征，并以最隆重的祝福向他献上和平之吻。

他的文凭是由西吉斯蒙德·德·卡皮里斯蒂颁发的。他是一位帕拉廷伯爵，是威尼斯参议院的一位非教会受任者。颁发仪式于伯爵的宫殿内举行。

哈维戴着他的戒指、医师帽，以及米纳多斯对他学术祝福之吻的长久印记，回到了英格兰的家中。他申请并获得了医师协会的会员资格，不久他就积极投身于该协会的事务之中。在同一年，也就是1604年，他与兰斯洛特·布朗医生的女儿伊丽莎白结婚，兰斯洛特·布朗医生曾是伊丽莎白一世的医生，现在以同样的职务服务于国王詹姆士一世。具有讽刺意味的是，伊丽莎白·布朗有一位名为盖伦的兄长。

人们对这场婚姻知之甚少，只知道他们并无子嗣，哈维太太养了一只宠物鹦鹉，且先于丈夫十多年离世。事实上，如果我们想要从哈维的私生活和性格来了解其人，这样的资料也并无太多。我们必须依靠同时代作品中的一些痕迹，而它们充其量只是粗略的。最详细的资料来源是约翰·奥布里（John Aubrey）写的一篇相对简短的传记散文，他在1651年成为哈维的朋友，当时他25岁，这位著名的医生73岁。这篇文章被收录在后来出版的《奥布里的名人小传》一书中，这本书还收录了有关莎士比亚、弥尔顿和霍布斯的材料。奥布里所写的哈维传记是一篇基于观察、判断和道听途说的大杂烩，足以让人怀疑其中一些细节的历史价值。因为他只是在这位著名医生的晚年才认识他，所以他依赖很多二手信息来讲述这位主人公的性格，以及他在职业生涯中作为医生所享有的名誉。此外，这位老人在晚年的性格似乎变得有些扭曲，他对文学的评论就是明证。威廉·哈维作品的权威研究者杰弗里·凯恩斯爵士在谈到奥布里时说：“他好奇、轻信、没有条理。人们承认他经常不准确，但他从来没有不诚实，这一区别对于评估他所提供的报告文学的价值非常重要。”在给17世纪牛津历史学家安东尼·伍德（Anthony Wood）的一封信中，奥布里评论了自己对传记写作的态度：

> 我把真实摆在这里，并且尽我所能，像牧师一样对他的忏悔者说，这里只有真实。真实如同光秃秃的平原，它如此一览无余，连阴部也没有遮盖，它提供了许多通道，足以使一个少女的双颊泛起红晕。所以，在你细读之后，我必须要求你自我阉割，然后播撒一些无花果般的树叶——比如，作为我的修订。

无论是好是坏，奥布里几乎是我们所能依靠的全部，所以我们必须依赖他的描述。谈及哈维的外貌，他告诉我们，“他个子不高，身材矮小，圆脸，皮肤像温斯科特的橄榄色，小脑袋非常黑，精神饱满；他的头发黑得像乌鸦，但在他最后的20年里已全白”。这些细节的可靠性至少得到了哈维中年时的肖像的支持。

与盖伦、帕雷和维萨里不同，威廉·哈维在他的作品中没有写自传内容。因此，我们无法分析他本人的叙述，也无法用他的自我描述来填补这片空白，只留给了我们他人格的模糊图像。奥布里告诉我们，他身上有一种很容易激起的暴躁脾气："他和其他几个弟弟一样，非常暴躁；在他年轻的时候，常带着一把匕首……但这位医生会因任何小事轻易拔出匕首。"这意味着他是如此容易因为小事生气，不过还有比这更令人满意的解释——他只是坐立不安，精力过剩。哈维的朋友阿伦德尔勋爵的一封信中的一段简短文字支持了这一论点，在信中，这位贵族将他称为"一个叫作哈维医生的小型永动机"。如果他经常拔出匕首意味着挑衅而非神经过敏，我们可以肯定他不会活到 80 岁。奥布里进一步告诉我们，"他头脑发热，他的想法太多使得他无法入睡；他告诉我，他的方法是从床上站起来，穿着衬衫在房间里走来走去，直到他变得凉快下来，也就是说，直到他开始感到发冷（打寒战），然后回到床上，睡得非常舒服"。

于是，出现了这样一个形象：一个有着橄榄样深色皮肤的、身材相当矮小的人，充满了那种持续不断的紧张能量。尽管他的身体活动可能是间歇的，但他的大脑满是目标，极具天赋的大脑官能从不会漫无目的或焦躁不安。

日复一日，年复一年，几个世纪过去了，哈维演讲者发现自己陷入了困境，无法用独创的方式来描述他们必须谈及的伟人。他们中的许多人都讨论过这个问题的严重性，但威尔莫特·赫林厄姆爵士（Sir Wilmot Herringham）在 1929 年将其描述得最为贴切。他对此事的评论没有做出单独强调，而是在准备工作的几个月期间给他的美国朋友哈维·库欣写的一系列信中有所提及。耶鲁大学医学史图书馆收藏了一批 1661—1975 年的演讲稿，其中大部分最初为库欣所有。当我通读它们时，发现威尔莫特爵士那本薄薄的演讲稿里塞着几张手写的便条，下面是其中的一张，它以咬牙切齿的悲哀语调开始：

> 亲爱的库欣： 1929年1月13日
>
> 你说得很对。这个讨厌的小个子男人害得我夜以继日地工作。这个小畜生几乎没有写过任何东西，或者说基本没有保存下来的资料——在其他文件中除了一些随意的评论外，没有什么可写的。即使是这些也实在很少……

到了10月，当赫林厄姆进行他在这封信中所说的这场“该死的演讲”时，他已经足够冷静地去陈述他在开场白中那些在调查时遇到的挫折，他用平静的语气为我们陈述了哈维的低调品格，正如他的国家一直受世人赞誉的含蓄气质：“哈维似乎有一种不同寻常的能力，可以不留痕迹地过完一生。”

现在，所有上述内容应该都清楚地解释了为什么这篇文章的其余部分几乎完全不涉及从事科学工作的哈维本人，而是涉及其科学工作本身，以及它对医学进步的意义。

哈维在1607年成为医师协会的正式会员后不久，就被任命为圣巴托洛缪医院的助理医师，这一殊荣大大促进了他个人医疗事业的发展。在他的一生中，他始终担任我们20世纪所谓的临床研究员一职，一位治疗病人且从事医学研究工作的医生。事实上，如果从对高阶层的病人的吸引力这一标准衡量，他的行医从一开始就很成功；不久，他成为詹姆士一世和后来的查理一世，以及许多贵族的医生，其中包括大法官弗朗西斯·培根爵士。

这里有一丝讽刺意味。历史学家认为培根是演绎推理法的首位阐释者，我们欣然称其为“科学方法”(稍后会对此进行详述)，哈维在这里也有功劳，他是将培根的方法应用于临床实践的第一人。培根自己从来没有使用过他自己的方法，也没有证据表明哈维是受到培根的影响才使用了这一方法。事实上，作为科学思想家，这两个人似乎对彼此并无太多尊重。哈维在谈到他这位杰出的病人时说，他“像大法官一样将他的哲学落到纸面（‘哲学’这个词经常被用作‘科学’的同义词)，我却用这一方法治好了他的病”。

在早年的实践中，哈维抽出时间进行解剖学和生理学的研究，研究身体不同部位的功能，他迅速成长为一名非常有能力的医生，而且已经迈上了成为卓有成效的研究者之路，那些年代虽然产出的都是相对原始的研究，却仍然可以把这些高产的医学家称为“卓有成效的研究者”。1615 年，尽管他仍然被视为一名非常初级的医生，但已被任命为医师协会鲁姆利讲师的重要职位。这个系列讲座是由约翰·鲁姆利勋爵于 1582 年创立的，目的是教授解剖学和手术学。根据其条款，协会将任命一名代表，在六年的周期中每周做两次公开讲座，这一任命是终身的。哈维任职至 1656 年，在 70 岁时自愿卸任。

1616 年 4 月 16 日星期二上午，威廉·哈维进行了他的第一次鲁姆利演讲，恰好是威廉·莎士比亚在埃文河畔斯特拉特福逝世的前一周。他的这些讲稿在之后的两个世纪被认为已经遗失，直到 1876 年在大英博物馆被重新发现。从那时起，这些手稿受到了细致而彻底的审查，我们可以肯定地说，早在 1628 年最终出版之前，哈维就开始考虑他以循环系统为主题的著作了。以下是他论文的大纲和他的发现之旅，资料来源于讲稿和他的一本书《论动物的心脏与血液运动的解剖学研究》(原为法文，英文为 *Anatomical Studies on the Motion of the Heart and Blood in Animals*)，或历史学家将其缩写为《心血运动论》(*De Motu Cordis*)。

近几十年来，几位学者的出色研究指出，哈维发现血液循环的过程很可能有两个完全不同的阶段，这两个阶段之间的时间间隔明显有 10 年之久。这种观点由约翰斯 · 霍普金斯大学医学史研究所的杰罗姆 · 拜尔（Jerome Bylebyl）以其最清晰的方式提出，即哈维最初的研究目的是揭开心跳和脉搏以及二者之间关系的古老谜团。他写了一篇相应主题的论文，人们认为当他在 1616 年第一次进行鲁姆利演讲时便已完成。由于《心血运动论》的前半部分是一个连贯的整体，对心脏和动脉的生理学进行了分析和解释（不涉及循环），因此有人认为这本书的这一部分是他最初的这篇论文。在另一阶段，即后面的章节引入了血液在体内无休止循环流动的概念。由此看来，在《心血运动论》中的研究分为两个独立的部分，分别在作者一生的不同时期完成，后来将二者相结合，形成了一个完整的描述，关于心脏是如何驱动血液经动脉运送到机体的各个组织，然后再通过静脉返回的。用拜尔的话说：

> 这样看来，《心血运动论》所阐明的内容经历了两个截然不同的阶段。最初，哈维似乎写了一篇单独的有关心跳与脉搏的论文。他随后改变了计划，决定将循环也包括在内。他将第 8 章至第 16 章添加到原本的论文中，并在前面加上了有关新增篇幅的介绍，从而将一项重要工作转变为有史以来最伟大的科学杰作之一。

自亚里士多德时代起，心跳及其与脉搏的关系就一直困扰着学者们。时而挤压，时而蠕动，每一次心脏搏动都以眨眼般的速度进行，这使医生们感到绝望，似乎永远无法找到它的机理，以及每一次心跳运动时它所包含的阶段和次序。威廉 · 哈维在《心血运动论》的第

1章开篇写道："当我第一次不依靠他人的书籍，独自进行以发现心脏运动和功能为目的的观测性动物实验时，我发现它是如此困难，我差点儿就相信弗拉卡斯托罗［吉罗拉莫·弗拉卡斯托罗（Girolamo Fracastoro），一位16世纪的威尼斯博学家］所说的——心脏的运动之谜只有上帝知道。"

但哈维并没有放弃。他决心破译这些起初在他看来像是一系列不协调的痉挛的搏动，"来来去去如同一道闪电"，他对大批活体动物进行了一次又一次的观察，最后选择了冷血动物作为研究对象，特别是蛇，因为它们心脏跳动得很慢。他还抓住了一个机会，"如果人们仔细观察濒死的（狗和猪）心脏，因为它在即将死亡时移动得更加缓慢。运动将会变得更加缓慢、羸弱，停顿的时间更长，这样就很容易看出这个动作到底是什么，是如何运作的"。我本人曾在外科和生理学实验室里花了数百个小时监测濒临死亡的狗的心脏，可以证明哈维所说的真实性，即哺乳动物的心脏在震颤或停止之前进行最后几次心脏跳动和极其缓慢的运动时，它们之间存在着间歇期。

通过反复的实验，哈维得出了满意的答案。心脏在其称为收缩期的动作阶段会强制收缩，从而将其包含的血液输送到大动脉。当心脏收缩时，它会自我向前推进，这样心尖处就会撞击胸壁，同时动脉也会扩张。因此，脉搏与心脏的收缩是同步的，并且是由心脏收缩引起的。这一具有可重复性的发现驳斥了旧的理论，即动脉通过动脉壁的主动膨胀而自主进行搏动性扩张。追溯到从前，希腊人曾认为脉搏是由于动脉内含有的"气"有节奏地扩张所致。而哈维证明了它是由心脏跳动产生的。

进一步的实验观察表明，心房（心脏上端的腔室）恰好在心室（两个强大的泵室）之前收缩。哈维证实了几位早期作家的一种猜测：

这幅版画是威廉·哈维在向查理一世展示鹿的心脏。原作品在伦敦皇家医师学院展出。(耶鲁大学医学史图书馆提供)

一旦血液离开心室，巨大的心脏瓣膜就会阻止其返回心脏，因此动脉中的血液总是向外流动。

到1616年，哈维得出了其原著《心血运动论》的前半部分的主要论点：当心脏在跳动之间放松时，它被从身体外周流入的血液所充盈，分别通过连接心脏右侧的大静脉（腔静脉）和连接心脏左侧的大静脉（肺静脉）流入，其后血液通过肺静脉流出至肺部。当血液在心房充盈并溢出进入心室时，它们开始收缩，正如哈维所说，它们因此而“唤醒了昏昏欲睡的心脏”。心房收缩之后，紧随其后的是类似的心室收缩，迫使血液离开右心室，进入通往肺的大动脉（肺动脉），同时从左心室进入通往外周的大动脉（主动脉）。这意味着心房扩散至心室的收缩是心脏唯一有效的协调运动，它使血液离开心脏而排出到主要血管中，从而产生脉搏波，其效果如同“当我向手套内吹口气时，身体的所有动脉都会做出反应”。

胸腔内的循环已经建立——血液从腔静脉流入心脏，由右心室驱动至肺部，由肺静脉返回心脏左侧，然后由左心室泵出，进入主动脉，然后再从那里进入身体的其他部分。这便是《心血运动论》的前几章中所描述的实验发展而来的论文主旨：完全掌握了心脏和主要血管的运动，以及血液流经肺部的动态过程。到目前为止，所有结论的得出都是基于实验观察，哈维对暴露的心脏和血管的结构进行了仔细检查。需要注意一点，所有的观察结果都是非定量的——没有使用任何测量方法。此外，哈维并未提及机体的外周循环究竟如何运作。

在《心血运动论》的后半部分，哈维努力解决了一个他的前辈们从未关注过的问题，因为人们觉得它的答案理所当然——血液在到达组织的途中所遵循的实际路径。在绘制正确的路径时，除了传统的方法他还借助了一些新的方法。他把测量的用法引入医学研究。所有历史学家都认同昌西 · 利克（Chauncey Leake）在其 1913 年翻译的《心血运动论》的脚注中的说法：“将定量证据引入生理学问题是哈维的伟大科学贡献，他显然意识到了这一重要性，因为他反复利用它，并取得了显著的成效。”

按照现代的严苛标准，哈维的“定量证据”是粗略的。但在漫长的科学史中，从来没有一套测量方法比它效果更好。他估计人体心室的重量大约为 2~3 盎司。假设正常心率为每分钟 72 次，在一个小时的过程中，心脏必须排出 2 × 72 × 60 即 8640 盎司的血液进入主动脉。（不管这一方法是否粗略，哈维的估计值与现代研究里心输出量的结果非常吻合，现代研究中前沿的心脏学家采用的是最为精密的医学技术。）但这是普通人体重的3倍多，这一发现直接否认了盖伦学说，即血液在肝脏中经由摄入的食物而持续地产生，并被输送至肝脏外渗透于组织中。既然如此大量的血液被排入主动脉，而且这些血液来源于腔静脉（在第一篇论文中已经证实），那么显而易见的问题是：腔静脉血从何而来？唯一可能的答案是静脉。依照逻辑，下一步便是证明静脉中的血液只沿着向心的方向流向腔静脉和心脏。

这里便是传统方法的用武之地。哈维的导师法布里修斯描述了静脉中的瓣膜，但他并不清楚它的用途。根据盖伦学说，血液自离心方向从肝脏流出以滋养组织，他推测瓣膜起到减缓流动的作用，以避免身体外周的超负荷。通过一个简单的实验，将一根手指沿着充盈的浅表静脉自离心方向向外移动，你可以在你的手臂上看到血

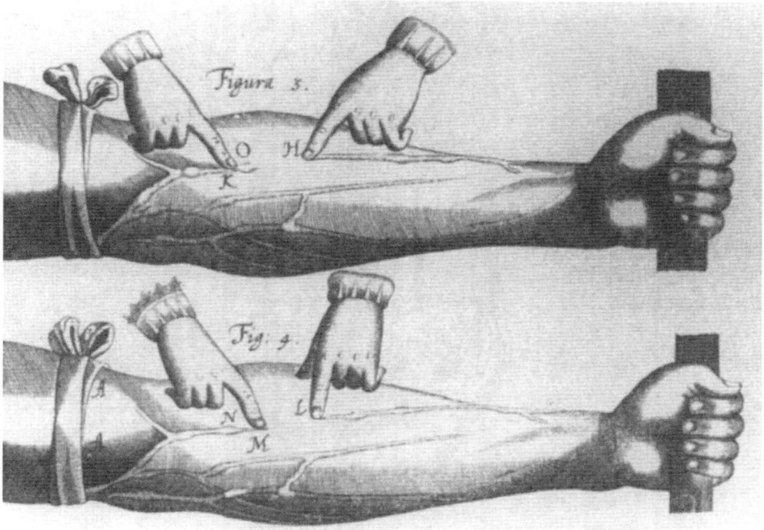

图片出自《心血运动论》，展示了瓣膜阻止静脉血反向流动的方式。摄影：威廉 · B. 卡特。（耶鲁大学医学史图书馆提供）

管从远心端至近心端的充盈。这一现象也可以通过瓣膜来解释，因为它们向外凸起，能够防止血液倒流。《心血运动论》的几幅插图展示了这个小小的自主实验是如何完成的，就连纸上谈兵的生理学家们也能胜任。

哈维在第 8 章中写道：

> 对这种问题和其他类似的问题，我经常深入地思考。长久以来，我一直在思考它们，比如血液的输送量究竟是多少，它的通过需要多长时间，那些被消化的食物团有可能可以提供如此丰富的血液……除非它以某种方式从动脉回到静脉并最终回到心脏的右心室，否则我将质疑是否存在一种类似圆周的运动。

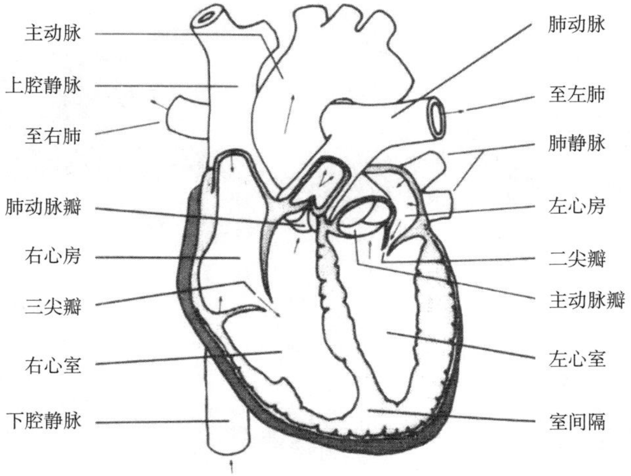

流经心脏的血流示意图：腔静脉→右心房→右心室→肺动脉→肺→肺静脉→左心房→左心室→主动脉。[图由耶鲁－纽黑文医院外科学家克莱尔·奈伦（Claire Naylon）和莎伦·卡伦（Sharon Cullen）相继完成]

一旦考虑这一假设，就无可否认它的真实性。哈维在第 14 章总结了他的血液循环理论。整章只有一段，却是振聋发聩的段落：

> 理性和实验证明，心室搏动的血液流经肺和心脏，并被泵送到全身。血液通过肉中的孔隙进入静脉，通过静脉从外周返回到中心，从较小的静脉进入较大的静脉，最后到达下腔静脉和右心房。这一循环的血液量如此之大，经由动脉的流出量如此之多，通过静脉的回流亦是丰盈，以至于它不可能由所消费的食物来供应。它所需的营养也要更多。因而得出结论，动物体内的血液连续地以圆圈的形式运动，心脏的运动或功能是通过泵送实现这一点。这也是心脏运动和跳动的唯一原因。

最后一句话值得我们特别注意。不再有气和内热之说，不再有盖伦式的骗局。正如哈维在其他地方写道的那样，“气”或精神实质的概念是“逃避无知的常见伎俩”。一旦心脏的功能被揭开了神秘面纱，人们就会发现它是一个简单的机械装置，唯一的目的在于通过循环将血液泵到心脏周围。哈维的理论会让最严格的希波克拉底派医生感到高兴：它可以通过简单的观察和简单的实验来验证。同时在医学研究中，测量方法第一次发挥了作用。

在哈维的新生理学这一味良药中多了一只苍蝇——他无法解释血液从外围最小的动脉进入最小的静脉的确切路径，从而进一步返回心脏。因此，他假设了他所说的“孔隙”的存在（并由此预测了他的发现），无疑是希望未来的科学家能真正发现这一结构。他的期望实现了。这位科学家出生于《心血运动论》出版的那一年，在 1660 年，他用显微镜证明了毛细血管的存在。血液循环至这一丝状的管道，从它的动脉侧流向静脉侧。五年后，技术娴熟的调查员博洛尼亚的马塞洛·马尔比基（Marcello Malpighi）证明了红细胞（red corpuscles）的存在，氧气经由小圆盘状的红细胞转运，如乘坐高铁一般为组织细胞输送了呼吸之源。

哈维在他的论文中提到了另一种孔隙，根据盖伦的说法，这种孔隙允许血液从右心室流向左心室，以便与重要的精神实质相混合。维萨里曾寻找它无果，他汗流浃背，最终在一份无力的免责声明中放弃了他一贯的原则。哈维更直言不讳："该死的，这种孔隙根本不存在，也无法证明！"他在书的《前言》中这样宣称。

所有关于心脏和血液运动的"逃避无知的常见伎俩"都已烟消云散。前有安德烈·维萨里，如今便是威廉·哈维，医学界开始从盖伦主义的鸦片引起的长时间睡眠中苏醒过来。与科学和文化中的其他领域一样，医学在那个辉煌的17世纪期间振奋起来，摆脱了无知、权威和古人的枷锁。1664年，最早的科学家兼哲学家亨利·鲍尔（Henry Power）在描述这个时代时抓住了其精髓：

> 在这个时代，所有人的灵魂都处于一种升华状态，智慧和学识之精髓开始飞跃，并从那些长期束缚他们的琐碎与粗俗之困扰中解脱出来，从那略有乏味的体液说以及无用的旧观念中解脱出来，它们曾长期霸道而固执地困扰着人们。这是一个（我认为）哲学浪潮涌入的时代，亚里士多德的门徒竭力想要阻止这一浪潮，或者（用薛西斯）来束缚海洋，以阻止自由哲学的泛滥：我认为，我看到所有旧垃圾予以丢弃的必要性，腐烂的建筑当被洪流冲垮，而所有的旧垃圾都必须被扔掉，腐烂的建筑也要被如此强大的洪水冲走。我们这一时代，必定将为一种更宏伟的哲学奠定

新的基础，这种哲学永远不会被推翻，它将凭经验和理智探讨自然现象，借由可观测的艺术产出和无误的机制实证，从而推断出自然原始之物的本源。当然，这便是建立真理和永恒哲学的唯一方法。

17世纪，万物兴起。西方文明史上天才涌现，其数量之多，在西方文明史上史无前例，让科学和人文都走出了漫漫长夜。哈维几乎埋没在众多名字之中，仅仅列出这些名字就足以展示这一百年来所完成的大事。请原谅我匮乏的联想，这里只枚举了最著名的人物，遗漏任何一位人都会使我感到惶恐：培根、贝尔尼尼、伯努利、玻意耳、布拉赫、卡拉瓦乔、塞万提斯、高乃依、德克、笛卡尔、多恩、德莱登、艾格列科、伽利略、哈雷、哈尔斯、霍布斯、胡克、伊尼戈·琼斯、琼森、开普勒、拉封丹、莱布尼茨、洛克、马尔比基、弥尔顿、莫里哀、蒙特威尔第、牛顿、帕斯卡、皮普斯、拉辛、伦勃朗、鲁本斯、斯卡拉蒂、莎士比亚、斯宾诺莎、列文虎克、委拉斯开兹、维米尔、雷恩。

这些人出生在一个黑暗的世界，却将它照亮。他们的前辈认为所有必要的问题都已解决，对他们来说，古人的智慧无懈可击，他们的书和《圣经》一样神圣。但17世纪的缔造者属于新时代。其中有哲学家、科学家、作家、音乐家和艺术家，他们的“灵魂正在升华”。其中的科学思想家通过他们感官的证据，寻求只有经验和实验才能告知的真理。对这一真理的最终考验是，它可以被任何求知者加以证实——它必须使最持怀疑态度的人对其信服。“必定将为一种更宏伟的哲学奠定新的基础”，持有这一信念的每一位奠基者都深知其基本准则。威廉·哈维在致医师协会主席及会员的一封信中表达了这一基本准则，并将这封信作为他巨著的前言。以下摘自他所说之言：

> 若将我的作品公布于众，不论是在我国，抑或传播至远洋，我非常担心我可能会被指控定罪，除非我首先向您阐明它的主题，并让您亲眼见证结论已被证实，答复您的质疑和反对，并最终获得了尊敬的主席您的同意和支持。因为真正的哲学家，他们只渴望真理和知识，从不以洞悉一切而自诩，欢迎来自任何人和任何地方的更多信息；他们也不会如此狭隘，认为古人传递给我们的任何艺术或科学是完整而前瞻的，以至于后人无须利用他们的勤勉与才智；相反，许多人坚持认为，我们已知的远远少于未知的事物；哲学家也不会把他们的信仰寄托在别人的戒律上，以至于他们失去了自由，不再相信他们感官的正确结论。他们也不会发誓效忠他们旧情人一般的古代理论，公开地在众人面前否认和抛弃挚友般的真理……我妄称自己学习和教授解剖学，并非来源于书本，而是解剖本身；不是从哲学家的立场，而是信任自然的构造……我只承认自己是真理的拥护者，而且我可以笃定，我已用尽全力，承受苦难，将自身全然奉献给这份创造，善良之人为之欣然，学者取之所用，文学受益于此。
>
> 再见了，最值得尊敬的医生们，
>
> 记得想念你们的解剖学家
>
> 威廉·哈维

《心血运动论》是一本 72 页的小书，4 开本大小（尺寸为 5.5 英寸 × 7.5 英寸）。它被视为印刷术的典范，是个不起眼的小物件。当拿在手里时，它是如此不显眼，似乎没人会注意到它。几年前，当我参观美国一所著名大学的医学图书馆时，听到一个简短悲伤的故事，它充分说明了这本书外表的简陋。20世纪40年代末，该校医学史馆长在一位伦敦经销商的货架上发现了这本不起眼的小专著，它是55个珍贵的复制本之一。他支付了那位毫无戒心的商人索要的50多美分，然后得意扬扬地把他的宝藏带回了家，在那里它成了他的大学收藏品中的一颗明珠。30年后，当它的市值飙升到12.5万美元时，在众多藏品从图书馆搬运至新大楼的途中消失了。原来是在搬运的过程中，它被放在一个普通的牛皮纸袋里以掩盖它的真实价值。各个群体都没有收到它被找到的消息，因为如果这样的宝藏被盗，很可能会将它带到这些群体，所以据推测实际情况是这样的：一个搬运工快速地瞥了一眼袋子里显然一文不值的东西，然后粗心大意地把它扔进了垃圾堆。

正如《人体的构造》和其他具有革命性的科学意义书籍一样，《心血运动论》的出版赢得了一些人的赞同，也有一些人愤怒地持不同意见。威廉·哈维不是一个尖酸刻薄或喜欢争论不休的人。他确实设计了一些新的实验来加强他的其中几个论点，他甚至对一些批评之声做了答复，但除此之外，他把充沛的精力留给了其他事情。在1662年的“哈维演讲”中，哈维忠实的朋友兼私人医生查尔斯·斯卡伯格爵士（Sir Charles Scarburgh）引用了他的话：

> 如果为了我的个人满足而去再次骚扰文学界，实在没必要。我不会成为任何有争议的新学说的作者或赞助者。如果我的思想毫无价值，如果我的实验是错误的，或者如果我没有正确理解它们，那就让它们灭亡吧。我满足于自己的产业，也无意扰乱既定秩序。如果我错了（因为毕竟

我只是一个凡人)，就让我的作品毁灭，让它被世人遗忘，但如果我是对的，至少在某个时候人类不会蔑视真相。

相比于哈维这本书所引发的争议，更值得注意的是，即便人们是如此信服这一理论，这一新理论对当时的医疗实践几乎没有影响，包括作者本人的实践。这是因为长期接受的血液往复运动的概念已经被用来解释日常临床工作中出现的绝大多数症状，而且似乎相当令人满意。人们认为，血液能够对各种刺激做出迅速的浓度和定位改变。催吐剂、毒物、食物、温度变化和局部损伤可能会导致血液涌入或流出身体的某个特定部位。血液的增加可能致使机体表现为发红、肿胀、发烧、脉搏加速、静脉扩张或类似的可识别体征；它的相对缺乏可能导致面色苍白、麻木、昏厥、寒冷或脉搏微弱。血液被认为能够快速流动，或向内集中于身体中心，或向外到达四肢。由于血液这种在任何区域扩张、收缩或集中的能力，有专门的医疗机构已经成长，可以通过局部或一般治疗来刺激适当的血液输送，从而克服产生症状的刺激。这是通过放血、拔火罐、按摩和止血带的应用来完成的，所有这些似乎都改变了既定位置的血液量。那个时代的医生认可了这种治疗的有效性。就连哈维自己也不愿意放弃这些有效的治疗方法，尽管他驳斥了其所基于的理论，但他的经验告诉他这些方法确实有效。哈维的理论需更多研究加以证实，并对疾病有更好的实际理解，才能拥有实际的临床价值。一个多世纪过去了，这些后续研究才得以进行。

虽然《心血运动论》的出版对哈维治疗病人并无太大影响，但它确实影响了他的职业路径。奥布里曾写道：

我曾听他说过，在他的“血液循环”一书出版后，他在

> 医疗实践中一落千丈，粗鄙之人认为他不可理喻……最后，在大约二三十年的时间里，这本书最终被各所大学接受。正如霍布斯先生在他的著作《论物体》(*de Corpore*)中所说的那样，他也许是唯一一个有生之年看到他的“自己的学说”得以确立的人。

在哈维的书出版后，尽管工作为之减少，他似乎继而把越来越多的时间花在了维系他与查理国王的关系上，而非其他普通病人。此外，在《心血运动论》出版前后，他始终进行着胚胎发育的研究，这是他在帕多瓦的学生时代第一次涉足的领域。因为在《心血运动论》中提到过“发生”(generation)的概念，哈维很可能在1628年之前已经在这个问题上做了大量的工作，甚至可能为此而著书。多年来，他积累了丰富的观察性资料，基于肉眼和简单的镜下观测。由于复式显微镜当时正处于边缘时期，全世界可视化的生物研究飞跃发展，他的结论因而被证明没有持久的价值，尽管它们基本准确。然而，他在1651年出版的《论动物的生殖》(*De Generatione Animalium*)一书仍然引起人们的兴趣，因为它阐明了有关如何发现循环的方法论。特别是在这篇论文的引言中，作者讲述了他寻找真理的方式。从本书和其他著作中，可以明显地看到一种思维模式的重建，这种思维模式在所有知识分支中都体现了17世纪思想家与(几乎)所有前辈思想家之间的不同之处。我们此处讨论的是科学方法的起源。

如果单凭一个细节来区分这一时期正在发展的科学与它先前的模式，那么便是以下这点：17世纪的哲学家更感兴趣的是回答以“How”(如何发生、发展)开头的问题，而不是试图询问“Why”(找出原因)。哈维写道：“我承认，我认为我们的首要职责是在询问事物的本源之前，先去查证这一事物是否真的存在。”换句话说，科学家的目标不应该是盲目寻找事物的原因，而只是查明可观察到的事实。目的论是一种思想体系，而非一门科学。当一个人断言主体结局及其归因时，客观性因此而丧失，每一次观察都将为了更加贴合他提出的体系，似乎一切都已命中注定。希波克拉底的医生们不至于蠢到如此行事——该体系的力量正是在于它的箴言，即凭借他们的感官获得的证据寻找可预测的未知。当盖伦忽视了他们最基本的教义时，便是将自己置于危险之中。他用内心的知觉去解释感官观察到的事物，他会推测，如果作为一个无限智慧的造物主会如何构建事物体系，并利用这种推测出的结论填补他现有知识体系中的空白，尽管这一体系早已踏上歧路。因此，用亚历山大·蒲柏的话来说，他误解了“存在”，因为预先断言了“合理”。

威廉·哈维以不同于先前的规则行事。他明白，科学家的职责并非去找寻发生的原因，而在于弄清这些事物是如何发生、发展的。可观察和可测量的实证才属于科学；通过神秘与猜测得来的事物终将被驱逐。在探寻事物如何发生发展的过程中，他成为第一位使用科学方法的医生，英国生理学家乔治·皮克林爵士（Sir George Pickering）在1964年的哈维演讲中将这种方法既诗意又非常准确地描述为“训练有方的好奇心”。

哈维与前人的分道扬镳实为突然，像是猛地转身，从此一去不复返。尽管由于盖伦主义弥漫的阴霾，其到来已经推迟了一个半世纪，但最终实现了飞跃。威廉·奥斯勒爵士，最伟大的医学教师和医学人文主义者，于1906年在医师协会告诉他的听众：

> 这是首次一个具有现代科学思维的人从实验的角度来探讨一个重大的生理学问题，他能权衡各种证据而不越界，

> 他能够通过观察自然而坚定地得出结论。在耳听为证的时代，人们只满足于他们所听闻的事物；继而到了眼见为实的时代，人们懂得了观察，却仅局限于相信其所见；但利用双手的时代最终到来——这双思考、设计和规划的手、作为思维工具的手，现在凭借这本72页简陋的小专著重新引入了这个世界，人们将其追溯为实验医学的开端。

“重新引入”一词具有特殊的历史意义。通过使用这个词，奥斯勒想要提醒他的听众，盖伦已经教会了医生如何做实验，但他们却将其抛诸脑后。因为盖伦已经通过他的推测体系构建了一套无可撼动的真理，希望以此解释一切，没有人认为有必要进一步探索。从这个意义上说，盖伦主义者本身就是公然违反他们先辈的一条主要准则的人，这条准则体现于他的指令中，即一个人“不应该相信解剖学的书，而应该相信自己的眼睛”，并且“亲身勤奋地进行解剖练习”。被称为盖伦终结者的安德烈·维萨里和威廉·哈维实际上是这位实验大师的第一批真正的弟子，他的教义因几个世纪的曲解而失去其原有的价值。在众多先驱者中，盖伦并不是唯一一个遭受过像这样的不公正命运的人。

哈维重新引入了实验生理学的实践，但这一次，没有了推测和目的论的束缚，这一束缚固化了思维，致使科学家可能会“考量证据，却不会超越它”，毕竟这是科学方法的全部意义所在。通常情况下，研究人员看到证据，分析并建立模型，然后提出一个假设对此进行解释。然后，使用精心设计的可重复实验来检验这一假设。那么什么是实验？无非是有计划地使事件发生，即研究者在给定条件下进行观察。它可以被简单地看作他经验的增强，实验能避免外部影响的阻碍和混淆，因为这种影响会干扰人们对被观察事物的客观评估能力。

若实验结果满足先前假设，研究人员将以“理论”的形式把它公布于世。所谓真正的科学家，那些在当今务实的学术竞争中罕有的理想化学者，总是会明白一件事，即没有人知道什么是真理，也没有人知道什么是无可辩驳的证据。因此，他永远不会用高于“理论”的词汇称呼他的结论——那种词在词源上意味着它是唯一可信的看待事物的方式。正如同威廉 · S. 吉尔伯特（William S.Gilbert）的台词所说，“尽管存在各种诱惑让他归属其他国家，但他仍旧是个英国人”。在这里，即使得到现代研究技术所能提供的每一个“证据”的支持，它仍然只是一种“理论”，而且作为冷门的科学，更不曾享有特例。无论有多确信，不管以何种信念宣告，没有一个研究人员敢说他的结论具有绝对性，但这是一种看待事物，并解释其如何发生发展的有效方式，一种经实验结果获得可信度的方式。只有思想家知道真理，科学家只关注理论。

《论动物的生殖》出版时哈维已是 73 岁高龄。从现有的出版细节来看，它包含了许多早年间完成的研究和写作。很可能在哈维生命的最后 20 年里，他几乎没有做过什么原创性的工作。他于 1648 年离开了伦敦的住所，和他的两位弟弟罗汉普顿大学的埃利亚布和来自兰贝斯的丹尼尔，一起生活，可能在同一时期，他也从繁忙的医疗实践生涯中退休。1651 年 7 月，他向医师协会捐赠资金，以建造一座大楼作为图书馆、博物馆和会议室。作为回报，协会成员为这位杰出的赞助人雕刻了一尊雕像。在此之后的一段时间，哈维被邀请担任医师协会的主席，但他因身体状况不佳而婉拒。除了因上了年纪而变得越发虚弱，他还患上了痛风，当疼痛变得难以忍受时，他便会把脚浸入冷水中进行治疗。这位精力充沛、些许易怒的年轻研究者已经变成了一位身体虚弱的老人，弓着腰坐在漏水的木盆上，在冰冷的水中摆动着痛苦的脚趾以保持循环的流动，这一 40 年前他本人提出的循环的流动。

时不时有些同事写信给他，试图唤起他“训练有方的好奇心”去研究一些生理学的新问题，但他总是谢绝。1655 年，他曾在一封信中这样写道：“我这故事丰富的漫长一生，使我完全厌倦了追求精妙新事物的愿望，长时间的劳作让我的头脑青睐于平和与宁静，以至于我不能让自己太深入地参与对最近发现的艰巨讨论。”

哈维最后几年过得很平静。哈维喜欢与朋友们共度时光，他也不曾摆架子，表现出那种年长的伟人有时的自吹自擂和自命不凡。奥布里写道：“啊！我的好朋友哈维医生——我对他非常了解——他让我坐在他身边，有时会一下子讨论两三个小时。为什么！要是他像其他正规医生一样僵硬、傲慢、刻板、老态，我将不会如此了解他。”奥布里似乎并不是唯一一个与这位老鳏夫关系密切的年轻人，他说：“我记得他将一位漂亮的年轻女仆留在身边，我猜他像大卫王一样，仅仅想要取暖。”年龄是有特权的，但他们对哈维的帮助可能丝毫比不上这位以色列甜美的歌唱家：这童女极其美貌，她奉养王，伺候王，王却没有与她亲近（引自《圣经》）。

这个在位的医学研究领域的领主只想和平地结束他的一生。1657 年 4 月 24 日，他在给一位同事的信中写道：“我不仅年事已高，而且——我承认——也有点儿累。在我看来，我确实有权要求光荣退休。”他的愿望很快就实现了。两个月后，也就是 6 月 30 日，他中风了，几小时后去世。他的年轻朋友约翰 · 奥布里是他的护棺人之一。

威廉 · 哈维在《论动物的生殖》的前言中详细阐述了 17 世纪新科学家研究自然现象所依据的准则。尽管受惠于希腊思想，但他们也认识到其留给后辈的知识是不完整的。同样重要的是，他们承认即使是最受人尊敬的古代权威和他们的著作也会犯错误。他们坚信自然是他们最好的导师。他们不仅摆脱旧时束缚，还创造了一种对待科学的新态度，这一点在哈维的前言中得到了最好的表达：科学充满了偶然；科学在正确的情况下是一项艰苦的工作，但在艰苦的工作中有快乐，在发现之旅中有丰厚的回报；科学通过归纳推理发挥作用——从众多单个事实的证据中发现一般原理。哈维在描述这一过程时以一种几近英雄般的腔调说："我们用自己的眼睛丈量世界，并将这个世界变得更好。"

正如奥布里所指出的，威廉·哈维确实在他的有生之年看到了他的学说的确立，至少在血液循环这方面。虽然循环原理在医学上的应用还有很长的路要走，但他的发现对许多受过教育的人来说意义并非微不足道。在他的晚年，他得到了掌声和赞扬，并被称为"不朽"，这是对他的终极致敬。但他的更具价值的那部分教义，也就是他对科学的描述的经典篇幅，必须至少再等 100 年才能被所有人理解和接受，除了 17 世纪那些思维清晰的精英先驱者——他们中的每一个人似乎都独立地提出了这一观点，并经常站在真理的一边。他们中的任意一位都可能写出摘自《论动物的生殖》前言中的这段话：

> 自然是我们最好的导师，她所铺下的路我们定会踏足。我们用自己的眼睛丈量世界，并将这个世界变得更好，最终我们会被邀请进入她的秘密衣橱。

6 病理解剖学之父

乔瓦尼·莫尔加尼

这是一份18世纪早期的临床病历：

患者为74岁老人，身材消瘦，爱好喝酒，自过去一月开始走路用左腿负重。虽然他的仆人们已经注意到了这一点，但他自己并没有说过这件事，也没有抱怨过任何不适。在22天的跛行后，他的整个腹部出现疼痛。自行服用底野伽（theriaca）粉末—这种粉末自古以来就是治疗这种症状的一种流行备用药物—疼痛解除。大约12天后的中午，他的右下腹开始出现剧烈的压迫性疼痛，他形容为“像狗撕咬般疼痛”。疼痛区域发生肿胀，问诊医生用手深压患侧，触及坚硬肿块。医生注意到病人脉搏跳动很快，眼窝出现奇怪的深陷，舌头干燥。病人度过了一个难受的夜晚。

第二天早上，脉搏跳动有力。疼痛和肿块已经蔓延至下腹部中部，并很快到达左侧。医生下处方给老人放血7盎司。放血期间，观察到所产生的凝块表面有一层厚厚的类病理性黄色外壳。病人感到恶心，无呕吐症状。第二个晚上情况极其严重。

接下来的一天，脉搏微弱，老人从胃里吐出一种苦涩的酸性液体。他言语含糊不清，间断性谵妄。次日早上，他开始频繁抽搐，每次抽搐的时间长达一刻钟。他的脉搏非常微弱，医生用指尖轻微触碰脉搏，跳动便会消失。他呕吐出粪便气味的恶臭液体，呼吸极度困难。当日晚上，老人无故突发谵妄，一次喘息后抽搐而亡。

在第二天上午进行的尸检中，果不其然，腹腔右下部引起了众人的注意。大肠的起始处，即盲肠底部，有一块坏疽，位于连接腿部的肌肉上。臭气逼人的脓肿深入肌肉之中，其深度需切开才能从肌肉中分离出来，使大量脓液和浆液涌出。

由此确定了症状的发生部位，但没有办法发现这一进展过程的最初原因。用尸检医生的话说，“然而炎症是以什么方式进入毗连的肠道，以及我所描述的其他情况，无法进行解释”。在接下来的一个半世纪里也无从解释，因为在 1705 年博洛尼亚市尸体解剖的那一日发生之前，人们无法认识到这种疾病及其症状。你可能已经猜到，这位老人死于阑尾破裂。

这种疾病与体液、体温、病人所处的环境或季节无关。这是一个涉及身体特定区域的特定病理过程。病人表现出的症状：不是全身失衡的结果，而是位于盲肠的高度局部不适。上述案例是在接下来的半个世纪里，其剖析者收集的 700 个案例中的第一个。这些病例，以 70 封信的形式组织起来，肯定了古代科尼多斯的观点——每一种疾病的起源的关键，都可以在个别器官的局部紊乱中找到。找出这种局部的骚动，是这种新医学的第一戒律。

1705 年的那个清晨，这位年轻的解剖者刚刚开始他的朝圣之旅，稳步攀登着医学之山，终有一天他将下山，为医学界带来人们期待已久的通往科学临床思维王国的钥匙。此后，会诞生一本新的治疗

“圣经”，它的经典永远不会被观察和实验的发现所取代。1761年，这位年迈的解剖学家终于发表了他的论作，他的书继《人体的构造》和《心血运动论》之后加入了医学金字塔的队列，成为金字塔的第三块基石，这座金字塔将古代医学防腐搁置，并永久埋葬。

在他进行尸检的时候，解剖者是博洛尼亚大学解剖学教授安东尼奥·瓦尔萨尔瓦（Antonio Valsalva）的一名23岁的助理。他的名字是乔瓦尼·巴蒂斯塔·莫尔加尼（Giovanni Battista Morgagni），这位年轻人注定要改变医生看待疾病本质的方式。用于评价威廉·哈维和安德烈·维萨里的话同样适用于评价莫尔加尼：他似乎生来便被赋予了使命，医学世界长期为之蓄力，只等一位智力超群的人出现并完成这一使命。这项任务就是传递一个信息。这个信息本身很简单：当人们被四种体液的学说和其他相关理论的迷雾环绕，试图寻找疾病的原因是徒劳的。疾病不是因患者整体的失衡所致，而是身体内特定结构的确切异常。换一种说法，每种疾病的发生都因某个器官的紊乱所导致，辨别具体是哪个器官便是医生的职责所在。

后来，作家们给乔瓦尼·莫尔加尼的信息起了个名字。他们称作疾病的解剖学概念，它成为后来所有医学思想的基石。用作者的话说，症状是“患病器官的哭声”。我们现在知道，不仅器官，而且组织、细胞，甚至亚细胞结构和分子都可能是疾病的所在地。但是，无论我们对疾病过程的认知有多细节化和微观化，莫尔加尼200年前阐明的原理仍将是我们追求的核心。疾病发生于何处，这是每个医生对每个病人都必须回答的问题。直到那时，治疗才能真正开始。

在20世纪，即便是那些拥有最疯狂念头的职业医生，也不会质疑这样一个显而易见的说法，即器官、组织和细胞中独特的解剖学或生化变化是一切疾病过程的基础。现代医学研究的重任便是找出导致这一系列变化发生的主要病因。因此，微生物学、遗传学、免疫学、心理学、公共卫生学、细胞生物学和其他一系列分支学科的研究人员致力于阐明对病理发生的最基本影响。

我们大多数人都难以想象会有这样一个时期：绝大多数医生认为病人的症状与伴随的病理紊乱之间几乎没有关系——他们不会通过“器官的哭声”来判断患病部位。对于现代临床医生来说，询问病史和体格检查的首要功能是试图重建导致疾病结局的一系列解剖和生理学事件，从而做出准确的诊断，然后通过体液和组织的研究及各种成像技术来证实这一点。

当然，这样的时期并不会一直延续下去。而事实上，我们不安地发现，这种情况直到不久前才有所转变。1776 年是容易被铭记的一年，这一年美国作为一个主权国家独立，而同年许多医生的思想开始受到这样一种看法的影响，即疾病的症状是由于某个器官发生的某种病态事件造成的。而在此之前，占据主导地位的仍是体液和精神实质的理论，或者那些更神秘的病因理论。这些准科学术语背后隐藏着模糊性和不确定性。希波克拉底和盖伦的教义仍弥留于世间，与那些错误的、有害的和道德败坏的核心生命准则概念混合在一起。在当时，大多数医生受训于这些不恰当的准则，并以它们来解释临床上的疾病。即便安德烈·维萨里和威廉·哈维具备良好的科学研究方法，但还是以传统的旧方法诊断和治疗他们的病人。他们在解剖室里看到的器官病理的直接证据，从根本上改变了他们对解剖学和生理学的认识；然而，在实际的日常临床实践中，他们始终没有从盖伦那令人窒息的束缚中解脱出来。

但在以帕多瓦大学为代表的一些欧洲大学里，数百年的传统为一系列的科学贡献者提供了灵感，其中包括维萨里和哈维，他们的医学思想建立在仔细观察和精心记录的个人实验的基础上。在乔瓦尼·莫尔加尼的信条中，我们可以看到他对两位杰出先辈的呼应："我们所崇拜和追随的不是古代，不是未来，不是经典，而仅仅是真理，无论它在哪里。"

乔瓦尼·莫尔加尼在追求真理的过程中完成了文学里程碑式的又一佳作，这也标志着医学发展的最重要的转折点。像大多数代表关键性转变的著作的标题一样，他的书名是对其传达信息的总结：《解剖学中疾病的位置和病因》（简称《病因》，*The Seats and Causes of Disease Investigated by Anatomy*，或拉丁文 *De Sedibus et Causis Morborum per Anatomen Indagatis*）。他告诉他的医生同行，要理解疾病不是通过意识流的猜测，而是通过解剖身体本身——解剖学正是诊断的关键，正如希波克拉底学派最初教导的那样，医生的五种感官是通往真理的钥匙。显然，这一信息早已存在，但在莫尔加尼之后，它变得不可忽视。当这位博洛尼亚的年轻解剖者准备向世界展示他的论文时，他已经是帕多瓦大学睿智而极富资质的教授。他备受人们尊敬，不仅因为他的科学成就，而且因其高尚的品格。在接下来的 60 年里，他从来没有被维萨里那种狂热而野心勃勃的势头所折磨，也没有哈维那样躁动不安的内心能量。相反，他是一个平静的直布罗陀人，感情丰富，举止温和，行为可靠。他的低调为人并没有掩盖他作为当代最受尊敬的解剖学家的声望。

1901 年，威廉·奥斯勒在波士顿医学图书馆发表的精彩演说《书与人》中的话可以很好地描述莫尔加尼的人格品质。奥斯勒是美国最杰出的医学教授，也是 19、20 世纪之交最杰出的科学史学家之一。在那次经常被引用的波士顿演讲中，当他提及那些我们必须珍惜其作品并效仿他们的人生的古人时，他说："他们会不断地提醒我们，在任何其他职业的历史上都不曾出现如此之多的人才，他们既有卓越的智力，又有高尚的品格。”尽管这些夸张的言论只能证明，即使是伟大的奥斯勒也会不时有这种夸张的措辞，但在医学史上，确有几个人拥有这种品质。其中最突出的便是乔瓦尼 · 莫尔加尼。唱反调者从不浪费时间试图玷污他的形象，因为实在无懈可击，历史学家却也未曾找到过他的生平资料，不能为人们纪念他的金色光芒中再增添几盏烛光。

莫尔加尼的美德之一便是耐心。他延迟了出版，直到他证明自己的论证是无懈可击的。当他的书终于在 1761 年出版时，他已是 79 岁高龄。这似乎是医学研究的一项世界纪录，这一领域的许多贡献者往往未到古稀便已成名，一种业内的不良风气。顺便说一句，前面提到的奥斯勒在另一次著名的演讲中谈到了 40 岁以上的人相对无用，60 岁以上的人绝对无用。他甚至会考虑让这些年迈的圣人“服用氯仿安详地离去”，认为这对世界有好处。与其选择把这致命的瓶子放到像莫尔加尼这样的人的鼻下却延缓了临床科学的进步，我宁愿让奥斯勒本人，甚至是干瘦的哥白尼用氯仿麻醉自己。

所幸 18 世纪没有奥斯勒和氯仿麻醉剂，乔瓦尼 · 巴蒂斯塔 · 莫尔加尼度过了他长寿、学术高产和安全的一生，世界也得到了他所做出的巨大贡献。他这些年生活习惯规律，始终如一地献身于他的科学工作，献身于医学大家庭，献身于指导他追求真理和稳定精神的宗教原则。当我们读到对他个性的描述时，映入眼帘的是一位平静的学者形象，在当时他深受许多国际上的学生和朋友的钦佩，其中包括几位当时最有权势的人物，如教皇本笃十四世（Pope Benedict XIV）和神圣罗马帝国皇帝约瑟夫二世（Joseph II）。他与当代的一些伟大的医学思想家有着融洽的职业关系，包括莱顿的赫尔曼 · 布尔哈夫（Hermann Boerhaave）、伯尔尼的阿尔布雷希特 · 冯 · 哈勒

(Albrecht von Haller)、哥廷根的约翰·默克尔(Johann Meckel)、伦敦的理查德·米德(Richard Mead)。他们这个小团体的兴趣范围也彰显着莫尔加尼自己的志趣所在——从教育到研究，再到对病人的诊疗。

莫尔加尼于1682年2月25日出生在意大利北部小镇弗利，位于博洛尼亚东南约35英里。16岁时，他前往博洛尼亚学习医学和哲学，不久就得到了伟大的解剖学家安东尼奥·玛丽亚·瓦尔萨尔瓦的资助，后者是马尔比基的学生。1701年，在以优异成绩获得学位后，19岁的莫尔加尼成为瓦尔萨尔瓦的助理，这一职位担任了6年之久。在1707—1709年进行了研究生学习后，他回到家乡弗利，成为一名执业医生。在这里，他高大健壮的英俊外表、迷人的个性和高超的能力，很快使他成为一名成功的临床实践者和广受欢迎的医学顾问，尽管他还很年轻。他迎娶了宝拉·弗泽里(Paola Verzeri)，她是镇上一个贵族家庭的女儿。他们一起抚养了十二个女儿和三个儿子，其中八个女儿当了修女，一个儿子成为牧师。

1711年，莫尔加尼应邀来到帕多瓦大学担任理论医学初级教授。他在这个职位上是如此行事有效，以至于仅仅四年后便以解剖学教授的身份被人们视为维萨里、法洛皮奥、法布里修斯和斯皮格耳的继任者，这是大学里最资深和最受尊敬的教授，这一年他33岁。在短短几年内，他就确立了欧洲杰出解剖学家的地位，此后，来自世界各地的学者纷纷前来观摩和学习。他被纳入许多外国科学组织，其中最著名的是伦敦皇家学会、巴黎皇家科学院、柏林皇家科学院和圣彼得堡帝国科学院。

虽然莫尔加尼最初是一名解剖学家，但他的最终成就源于他自己的感觉，即他首先是一名医生，他的责任是照顾病人。解剖学是他致力于理解疾病的最好工具，因而也是他成为一名更好医生的手段。在他漫长的职业生涯中，他的确一直从事医疗实践工作，欧洲大多数国家的同事都会请他做顾问。他的许多会诊，或者说咨询，都是以信件的形式进行的，因为这些病人距离他太过遥远。他在1771年去世前不久给了他的学生米歇尔·吉拉尔迪（Michele Girardi）100份报告，经过编辑，并由索尔·贾乔（Saul Jarcho）翻译成英语。用贾乔的话说，“虽然我们有理由相信他把解剖学研究视为一种手段，而不是目的，但事实证明，这是他临床力量的最重要来源之一”。在莫尔加尼的会诊中，我们可以看到他治疗患者的方式，贾乔评价道：“在少数情况下，咨询师能够使读信的人感受到一位伟大的医生正在床边问诊。而在所有情况下，咨询师都应受到重视，因为他们在有限的条件下，执笔写下了18世纪最好的学术医学。”

因此，我们对历史上的莫尔加尼的印象，与其说他是一位科学家，不如说是一位临床医生。在他的自我认知，以及他对病人的研究动机中，认为治愈是一切的最终目标。他对临床医学的浓厚兴趣和正在进行的生理学实验，让他能够寻找到疾病现象的合理且可观察的解释，并达到最终目的，即将疾病过程分类，并单独对每一类疾病进行阐释。

莫尔加尼的继任者利用他们从《病因》一书学到的方法，制定了所有现代临床医学的核心基本原则。1894年，鲁道夫·菲尔绍（Rudolf Virchow）在病理解剖学领域取得了辉煌的成就，他指出，直到《病因》出现，医学才具备了真正的重要性。在谈到莫尔加尼对19世纪领先的医学教学和研究核心的影响时，他说：“他的全部研究成果在伦敦、巴黎、维也纳和柏林都得到了应用。因此我们可以说，莫尔加尼所做的工作完全打破了旧学派的教条主义，而新的医学就是自他开始的。”这位解剖学教授用他的细致观察和研究方法在帕多瓦大学建立了医学之路的路标，引导着19世纪的医学研究人员的方向。

莫尔加尼的成就怎么高估都不为过。1874年，《病因》出版一个世纪后，格拉斯哥病理与临床学会主席W.T.盖尔德纳（W.T.Gairdner）对观众席的苏格兰医学领军人物们说：

> 所有更为杰出的现代人，包括我们这一时代的人，使用着新的手段和设备，在生理学和（微观）组织解剖学的新光芒中工作，或投身于有机化学科学之中……他们都是莫尔加尼工作和方法的合格继任者……因为正是这种方法和他的精神使拥有现代思想的内科或外科医生与过去那些……莫里哀用夸张的戏剧为我们描绘的那些人……有了本质的区别。我所说的不仅仅是那些自诩和独断的疾病解剖学家，而且更重要的是，还有我们自己和18世纪几乎所有最伟大的内科和外科医生，都是莫尔加尼的合格继任者，是他工作方法的继承人。我们现如今的准确诊断，看似可行的统计结论，其根源很大程度上都来自莫尔加尼的工作，基于他的准则，各种多样化的想法应用到实践中才产出了我们当今的诊断和统计结果。

盖尔德纳谈到了莫尔加尼的方法，从长远来看，这种方法甚至比由此产生的观察结果更有意义。他的科学方法是：观察、假设、实验、记录数据，以及基于重复证实的研究进行谨慎的推论。在他的工作中，支持它的具体支柱有四个方面——临床、病理、实验和文字。在他的700份病例报告中，每一份都细节性地描述了临床病历和基于解剖的病理报告，进行了相关的实验，并对这一疾病进行现存文献的搜集。这成为后来的医生们称为临床病理讨论会（clinicopathological conference，CPC）的一种教学练习的模式。每周，在世界各地的教学医院和《新英格兰医学杂志》的页面上，都会出现一份 CPC，在这份报告中，一名医生力图从临床病历中做出诊断，然后他的结论被病理学家的尸检、手术或活检报告所证实。两个半世纪过去了，CPC 仍然是最有用的医学教学方法之一。这是乔瓦尼 · 莫尔加尼赠予各个时代的礼物之一。

当然，莫尔加尼并不是第一个将疾病表征与特定结构紊乱建立联系的人。盖伦也提出过这种关联，即便他的作品是医学科学进步中最为持久的阻碍因素。这位希腊医生在他《论各部位的疾病》（*On the Affected Parts*）一书中写道："疾病的基本症状很少不指向患病的部位。实际上，功能的改变会直接指向患病的部位。"人们遗忘了盖伦这样的陈述，只记住并传授他的体液学说，这也是盖伦的伟大悖论之一。

即使人们记得盖伦关于疾病的解剖学概念的陈述，前有希腊人后有穆斯林，他们禁止解剖人体的强行禁令也会阻止对盖伦这条被遗忘的戒律的解释。直到他的著作发表 1000 年以后，我们才开始偶尔发现对尸检的描述，甚至有一些尸检开始以确定死因为目的而进行。天主教会在 13 世纪开始允许解剖，这不仅直接影响了通常的解剖学研究，也为疾病的研究带来了积极作用。例如，教皇克莱门特六世允许了解剖且实际下达指令，对 1348 年锡耶纳发生的一场瘟疫的受害者进行尸检。

虽然越来越多的医生开始学习解剖学，对病理结果的描述也逐渐增多，但医生们还是在四大体液的理论框架中对此进行解释。安德烈 · 维萨里深信研究器官病理的重要性，并提及打算出版一本关于这个主题的书。虽然他积累了大量这样的调查，但书面记录显然已经丢失，出版物也从未面世。

威廉 · 哈维的著作中也散布着他研究中的病理解剖参考，他认为这是对他一生中诊疗过的病人进行后续检查的必要步骤。这代表了一种非常现代化的态度，它逐渐开始在那个非凡的17世纪的杰出医生的心中扎根。在给法国医生让·里奥兰（Jean Riolan）的一封信中，哈维写道：

> 我打算出版《医学解剖学》或《解剖学在医学上的应用》……我可以从我对患者的身体所做的许多解剖中，了解到内脏是如何、以何种形式从自然形态和外观（解剖学家通常描述的那样）改变而来的，如观察内脏的位置、大小、结构、形状、质地和其他特殊性质的改变。我敢说，对一个死于消耗性疾病或患有其他长期疾病的人所进行的身体检查，比解剖十个被绞死的人对医学更有帮助。

哈维所承诺的出版物与维萨里的那部作品遭遇了同样的命运——未曾问世。

甚至在哈维之前，17世纪最伟大的科学哲学家弗朗西斯·培根在其1605年出版的《学术的进展》（*Advancement Of Learning*）一书中就敦促在病人死亡后进行尸检，因为“在内部器官的差异中，往往能找到许多疾病的直接原因”。（这一评述与培根清楚阐述的核心原则是一致的，即想要了解一件事，我们必须了解它的前因后果。）同样，尼古拉斯·塔尔普博士（Dr. Nicholas Tulp）也有此见解，他的解剖学课程是伦勃朗最受尊敬的一幅画的主题，在他1641年的《医药观察》（*Observationes Medicae*）一书中，包含了尸检报告以及病理标本的图画。

然而，尽管临床症状与病理的联系逐渐引起重视，疾病的原因仍然被认为是基于体液失衡，即使是更有远见的医生也是如此。

1661 年，医生对一名被发现死于小肠下部穿孔溃疡的患者进行了尸检，尸检报告将这一发现归因于“腐败的胆汁体液急剧溢出”。这位解剖者不是一名小镇乡村医生——他是著名的丹麦解剖学家托马斯·巴托兰（Thomas Bartholin），17 世纪的杰出研究者之一。

终于，哈维对血液循环的发现开始影响对尸检结果的解释。他的书通过展示心脏和血管的实际运作方式，至少引发了一些医生寻找解剖学证据，这些证据可以解释为什么器官功能会严重恶化到导致死亡的程度。瑞士医生约翰·雅各布·韦普费尔（Johann Jakob Wepfer）的案例具有里程碑的意义，他确信尸检在研究他一生中治疗过的患者中具有重要意义。韦普费尔在晚年脉搏缓慢不规则，胸痛，腿部肿胀和寒冷，平躺时呼吸急促加剧，所有这些在现在看来都是慢性充血性心力衰竭的症状。1695 年，在他去世前不久，75 岁的他要求女婿约翰·康拉德·布伦纳（Johann Conrad Brunner）在他死后对他的身体进行尸检。布伦纳发表了一份详细的病历和尸检报告，其发现包括胸腔和腹部积液，心脏增大，主动脉和其他主要动脉硬化。病例报告中包含的血管图是世界上第一个动脉硬化的图示。基于临床与病理结果显著的相关性，布伦纳将岳父的死亡归因于循环衰竭和血液流动减慢或停滞。布伦纳的这一成果的出版无疑使他跻身现代人之列，他宣称：“那些坚持古代专家信仰的人会将死亡归因于内热的丧失。但就我们而言，这种概念的错误之处显而易见；确实，是血液负责身体的内热。如果被剥夺了血液循环，外部部分就会变冷，这就是韦普费尔经常抱怨的症状。”

体液理论的大厦开始暴露出它的根基，但它还远没有准备好崩溃。到目前为止，对尸检中的症状与其器官之间的相关性研究一直只是少数几个研究人员的工作。然而，包括英国著名医生托马斯·西德纳姆（Thomas Sydenham）在内的其他几位地位相当的人却以无用为由拒绝了他们。西德纳姆的朋友、著名的约翰·洛克也是一名医生，他概述了与解剖者存在分歧的理由："虽然我们切开了尸体内部，但我们只看到了事物本质的外部，我们所凝视的又是一个新的表面……自然在人体内施加的所有操作都是如此微小和不可察觉，我认为即便戴上眼镜，或借助于其他发明，也没有人会自诩或奢求能够看到它们。"洛克说出这样的话并无损他作为哲学家的地位，这仅仅意味着他是一个糟糕的预言者。

在此之前，医生在尸检前不会进行特别完备的规划，临床病理的相关性也没有经过深思熟虑和系统化。大多数证据都是偶然获得的，并有逸事般的描述。到目前为止，还没有充足的理由能让嘲笑者不再讽刺那些对传统的、久负盛名的理论的起初拥戴而逐渐疏离之人。1679年，日内瓦的西奥菲勒斯·博尼图斯（Theophilus Bonetus）发表了第一次有组织的论证，支持了死前症状与尸检结果的一致性，书名为《尸体解剖学实践》(*Sepulchretum Sive Anatomica Practica*)。这本书英译的全名表明了它的主题——《对患者尸体进行解剖学实践的宝典，报告了人体所有变化的历程和观察，并揭示了隐藏的原因》。的确，它（解剖学）值得被称为真正的病理学和疾病的适当治疗的基础，甚至是古代和现代医学的灵感。不幸的是，博尼图斯不能胜任他为自己设定的艰巨任务。这需要乔瓦尼·莫尔加尼完备的学术精确度，才能使它取得无愧于其雄伟头衔的成果。

博尼图斯从现有的文献中收集了近3000个病例，在这些病例中，临床病史与尸检报告和评注相关联。如此多的例子证明了人们越来越多地关注尸检研究，尽管有些许杂乱。能够证明这一点的是，在他1700页的正文中，有470位作者的著作被博尼图斯引用。但《尸体解剖学实践》存在着严重的问题，1700年，由曼格图斯汇编的第二版增补版中出现了更多的问题。这些缺陷使得这部作品对学者来说几乎毫无用处，包括错误引用、曲解和不准确的观察。此外，这本书缺乏适当的索引，使人们在必要时检索信息变得很费力。在之后的一个世纪，何内·雷奈克（René Laennec）把整本书斥为“未经消化、语无伦次的汇编”。

尽管如此，年轻的莫尔加尼还是对《尸体解剖学实践》加以钻研。他清楚地意识到，因为它所基于的概念集中体现了一个基本的真理，医学界需要对这项工作进行准确而有效的修订。重写这部巨著对任何人来说似乎都是不可能的，除非是还未曾感受学术医疗生涯的重负的心气颇高的年轻人。莫尔加尼后来写道，他决定开始这份工作：

> 同样地，正如年轻人通常都有足够的胆量去考虑最困难和最艰苦的事业，我记得当时自己也没有丧失信心，但是如果我将来有足够的空闲时间，我不仅能够弥补我在《尸体解剖学实践》和其他地方指出的不足之处，而且能够修订其索引，我甚至为此构思了一份可行的计划，并把我的计划传达给那个受人尊敬的协会，现如今它被称为科学院。

最后一句话为有关莫尔加尼第一次开始工作的时间提供了线索。1701年，19岁的他从医学院毕业后，应邀前往帕尔马代替他的老师瓦尔萨尔瓦。他备受欢迎，也因此成为一个学生协会的主席，其中包含有科学头脑的学生和应届毕业生，他们自称为学术研训中心——永不休止地研学。正如他们组织的名字所暗示的那样，这些年轻人对他们的前辈的理论感到厌烦，他们不再执着于古代的药物，转而挖掘大自然的隐藏真相。1714年，这一协会更名为博洛尼亚科学院；因此，大约20或21岁的时候，莫尔加尼便开始收集资料，最终集合而成《病因》。

虽然莫尔加尼声称《病因》只是对《尸体解剖学实践》的修订，但他最初的计划是开展一项基于细致临床描述的全新工作，这些临床资料大部分来源于他本人或瓦尔萨尔瓦解剖的病人。他的观察透彻，能够辨认出疾病发展过程中关键点中的细枝末节，实力偏弱的医生对此无能为力。他的解释颇具理性，偶尔使用生理学实验来支持他的某些结论，所有的写作都基于充分调查的历史背景。在这一伟大事业中，他发挥了作为一名执业医生的巨大才能，作为一名解剖学家的卓越能力，作为一名实验生理学家所掌握的丰富资源，以及对细节的无限耐心。莫尔加尼整合和综合信息的学术能力以及他的决心，让他成功完成了这项当时医学发展所期待的使命。无论当代医生对他们的处境是否有所知觉，事实上如果没有实现这一跨越，诊断和治疗方法的发展将停滞不前。

《病因》以写给一个年轻人的70封信而展开行文，他在工作的中期阶段遇到了这位年轻人。他被作者描述为"非常热衷于科学研究，特别是医学"，他要求莫尔加尼效仿《尸体解剖学实践》的方式给他写信，描述后者在工作中长期以来收集的病例和观察结果。显然，这位当时59岁的教授从1741年开始陆续向他的这位匿名（或虚构的）朋友发送他的详细分析报告，直到完成了五本书，按类别分类：(1)头部疾病，(2)胸部疾病，(3)腹部疾病，(4)外科和常见疾病，(5)附录，后面附有一系列索引，以便参考。

这五本书中的每一本都是献给某位著名的外国医生，其中两位是德国人，法国、英国和俄罗斯各一人。这70封信提供了与尸检结果相关的病历材料，适当引用了其他作者和历史背景，有时会扩展性地描述作者为阐明疾病过程而进行的实验。《病因》的一个目标是提供指南，根据这些指南，执业医生可以在患者的病体中追踪每一

《乔瓦尼 · 巴蒂斯塔 · 莫尔加尼》，法国雕刻家让 · 雷纳德的当代肖像画。（耶鲁大学医学史图书馆提供）

种症状的根源。

这本书风格温和，娓娓道来。读者就像是在听一位大师向他揭示一生的经历和见解，因为每个病例分析都会以这样的方式逐渐展开——先给出历史背景，回顾当代思想的演变，引用权威人士的观点并加以讨论，以逻辑化的讲述逐渐阐明他的结论。若评论员阅读他的拉丁文原文，将会被病历的文字功底所震撼，书写得如此细致，以至于重现了病人所感受到的所有症状，并将其呈现给参诊的医疗人员。

莫尔加尼让他的读者观察到尸检的每一个步骤，并仿佛在书中参观了他的参考文献图书馆。所有这一切都是以第一人称的口吻写给每一位读者的，他不把读者当作见习生，而将他们视为受人尊敬的同人，正如对待那匿名的年轻人和他所致敬的外国教授。因此，年轻人可以说是每位读者接受私人指导的媒介。

因此，《病因》确实远远超出了其作者的初衷。一本起初是《尸体解剖学实践》的修订本，已经发展成为一个巨大的临床医学领域的文学博物馆，它被安排得井然有序，每个陈列和每个病例都可以毫不费力地找到；他为其编制索引，以便参考。其中一个索引使读者能够通过参考临床症状和疾病来查找病理数据，而另一个索引则相反——根据尸检结果的标识，找到引起患者死亡的相应临床症状的资料。第三个索引是在目录表中列出了每封信的主题。最后一个索引的标题是“最值得注意的姓名和段落”。因此，这些索引可以作为莫尔加尼医学博物馆的目录，在这里，任何主题都可以即刻找到。笔者对各索引的功能进行了描述：

> 因此，如果任何医生观察到患者的单个或其他任何症状，并希望知道该症状通常对应了哪些内部损伤，或者如

> 果解剖学家在解剖尸体时发现任何特定的病态外观，并且希望知道在其他尸体中在这种损伤之前出现了何种症状；医生通过第一类索引，解剖学家通过第二类索引，可以立即找到同时包含这两类索引的观察结果（如果这两类都已在书中涉及）。

随着《病因》的出版，人们第一次听到了体液理论的丧钟，一个全新的理解疾病本质的理论根基由此建立。从此，人体将被视为由一组协调的、机械般运作的结构组成，它们以完美的和谐方式工作。这些器官和器官群，我们称作系统。因此，疾病的原因可能是人体“机器”的某些部分出了故障。尸检的目的是确定故障的位置，并研究患病器官是如何导致病人生前所抱怨的症状的。

值得称赞的是，莫尔加尼没有盲目猜测引发疾病过程的因素。直到 19 世纪细菌学和生物化学等学科得到发展，这一猜测环节才能够发挥其本质作用。他的目的是发现疾病的部位，并至少部分解释那些我们称作症状和征兆的内部器官的外在表现。基于他的工作成果，后辈能够清楚地意识到，他的“第二类索引”不仅仅是按字母顺序排列的症状与病理的匹配清单——它是将疾病归因到对应紊乱器官的诊断典范。正如人们可以在该索引中查找症状并找到其在身体内的隐藏根源一样，医生有责任通过询问和检查患者来尽可能找寻线索，从而发现诊断评估过程中所探索的内部病理。

希波克拉底派医生开发了一种复杂的体格检查，帮助他们确定患者体液失衡的本质，并做出疾病预测。而在 2200 年后的这一时期，被遗忘许久的体格评估艺术即将得以复兴和改良，因为新一代医学研究人员遵循了莫尔加尼的教导并确立疾病诊断的关键所在。就是在这个时期，我们今天所熟知的体格检查得以完善，它有四个基本原则，即视诊、叩诊、触诊和听诊——眼看、敲击、手触，以及用听诊器听。关于当今诊断评估技术的发展，在后面的章节中会有更多的论述，但在此我们只需指出莫尔加尼的论点：要识别患病的器官，必须学会解读它的“哭声”。每一次 X 射线和扫描，每一份血液、尿液或组织样本，每一次微生物或化学分析，都具有追踪疾病过程至其起源部位的功能，并确定病理过程是如何演变成患者呈现于医生面前的疾病状态。

因此，莫尔加尼不仅仅是历史学家所称的病理解剖学之父——他是现代医学诊断的奠基人。有了他，科学医学的兴起又迈出了一步；有了他，解剖学的概念就如此牢固地扎根，即使在他去世一个世纪后，用 1894 年鲁道夫 · 菲尔绍的话说，它仍然是“来自未来的概念”。正如菲尔绍所说：“这种未来标志着自莫尔加尼时代起，一部编年史的开始。他值得这样的荣耀！”

虽然这一荣誉是莫尔加尼的，但他的作品所传达的精神应归功于他所处的时代，那个时代已经被赋予了一个名副其实的称谓，值得大写、加粗、下划线、斜体，或者以其他任何足够响亮的方式强调其与其他任何时代的差别，这是现代世界孕育和产生的时期——启蒙时代。

无知、传统、教条和缺乏好奇心是 17 世纪之前和 18 世纪启蒙运动之后的特征。这个新生的婴儿，即现代世界，会对传承下来的所有公认的智慧持怀疑态度。在医学界，大多数公认的智慧都是错误的。它之所以能持续这么多个世纪，要归功于人类总是倾向于对自然现象有所解释。千百年来，人类一直为脑海中产生的理论所着迷。不幸的是，即便是今日我们也倾向如此，无论我们是否有足够的信息来证明得出的结论。用今天的流行语言来说，我们数据不充足，却总是想着出成果。我们选择一些容易获得的观察结果，摆出一种我们主观上称作客观的姿态，然后不久提出一个安全的概括性结论，来解释我们如何从所谓的“起点”，到达了某个结论终点。这种哲学化的规则之一是，由此产生的理论通常是不具威胁性的，它不会挑战我们受文化、经验和基因所影响的世界观。这是理解抽象事物的一种劣质方法，如爱情，如政治，更不可能以此而理解自然。

然而，在每一代人中，总是有少数人从现实角度出发，理性地进行推理，而不受自身基本假设的影响。不知何故，这类人不会受到知识陷阱和自欺欺人这些普遍倾向的干扰。随着我们人类更长久地存活于日益浓厚的学习氛围之中，更多的人类成员已经意识到某种智力上的懒惰，意识到人类具有解释先于探索的强烈倾向，也就是在没有真正对事物进行观察的情况下对事物做出判断。我们中的许多人如今认识到，在寻找可能解释宇宙和我们人类同胞的思想体系的过程中，我们的历史始终屈从于猜测。

只要用凭借想象的、包罗万象的思想体系来遮盖那无从解释的事物，扼杀那些令人不快的东西，事物就会有所疏漏。但自启蒙运动以来，受过教育的男性和女性已经见证了用来编织教条遮蔽物的纤维有多脆弱，带来了多少危险。如果我们否认这一现实，即只有借助真理的力量才能领会最高利益和我们身体的需求，那就是在自担风险。

那些在医学史上让我们失望的思辨思想体系，要么是极度超自然的、准理性主义的，要么是一些机械化的准则，刻意模仿其他更为严苛的学科，比如数学或物理学。当医生们开始意识到目标需落地于实处，科学才由此而诞生。当人们肯定了简单且可重复的数据、无偏见的观察、证明和归纳推理的力量，疾病哲学家就越发像真正的科学家。在那时，医学的现代时代便做好准备启航。

因为我们每个人都背负着沉重的传承而来的旧包袱，所以我们可以理解为什么科学，特别是医学，花了如此长的时间才步入正轨。它最终能到达这一阶段，用伊曼纽尔·康德的话说，是因为世界已经为“长大成人”做好了准备。当我们开始以新的方式思考和推理时，德国人给这场哲学运动起了个名字——启蒙（Aufklärung）。英国人似乎从一开始就是这一切的发起者，他们把这个完美的词翻译成了“Enlightenment”，这就是我们今天所用的名称。

在18世纪的大部分时间里，欧美哲学家们在弥漫着启蒙时代精神的氛围中工作。在那个知识时代，思想家的特点是愿意质疑每一个遗留的历史产物，怀着如同十字军出征的热情。随着这种新怀疑论的诞生，在政治、宗教、文学和艺术方面的新形式不断涌现。在这样一个时代，自然科学（当时被称为自然哲学）走到人们思想的前列，这实在不足为奇。即使是像乔瓦尼·巴蒂斯塔·莫尔加尼这样虔诚的意大利天主教徒，也难免呼吸到这场清新微风所带来的振奋人心的空气。启蒙运动中虽包含不可知论和自然神论的思想，但并不会影响到莫尔加尼的宗教信仰，他和任何思想开明者一样陶醉于这种新的精神。他明确了医学科学家不断进步的客观性，并形成了一套逻辑体系，这一体系将在他之后的一代人中引起一场真正的爆发式进步。

我们可以在莫尔加尼的谈话式专著中发现敏锐而准确的观察（因为这就是他书信的目的所在），放到当今和两个世纪前，这种观察都使人着迷。与现如今病历中的“57岁白人女性，孕期内，右利手，电脑程序员”这样的描述不同，《病因》中对病人的描述是这样的：“一个肉贩，因为所谓的春药，经历了14个月的感官紊乱，他最终在1719年年初因极度严寒的威力而死亡，他没有采取任何措施抵御这一严寒。”尸检时，在这位肉贩的大脑中发现了一处硬化的部位，这与今天公认的一种大脑退化形式一致。

我们在《病因》中会读到一类病人，从病史的第一段话便可辨认出这类患者："N. 费拉里尼，维罗纳的一位神父，在威尼斯的时候曾患有结核病，十年前在帕多瓦因单侧头痛接受过治疗，已经年满 43 岁，他的头发花白，有时面色过于绯红，他的身材苗条，但并不消瘦，虽然他看起来快乐且活泼，但也为疾病护理感到焦虑，易怒。"费拉里尼神父在某天因脑出血突然离世，这一点在尸检中得以证实，毫无疑问，这是由于高血压造成了一条脑血管的破裂，这并不奇怪。

莫尔加尼生动地描绘了疾病发生时的情景，仿佛将原景重现，以至于每一个现代实习生都能在睡梦中重述这一场景，或自己经历了这种超越时代界限的常见案例："一个热那亚人，一只眼睛失明，以乞讨为生，酗酒，并经常与其他醉酒的乞丐争吵，他被人用棍子打了两下，第一下轻微地打在手部，另一下重击在了左侧的太阳穴，血液从左耳流出。然而不久之后，争吵平息了，他们一同坐在火炉旁，又喝了一大杯酒，以示友谊的延续；就在同一天晚上，他去世了。"我们的现代实习生在听到这一病史后，会正确地做出预测——尸检报告应该会显示酗酒的乞丐死于我们今天所说的硬膜外血肿，即大脑皮层被位于头骨和包绕大脑的膜性包膜之间的血块压迫。在第二天早上讨论完这一案例接着进行查房时，实习生们在提到这一病例常会使用一个术语——"典型病例"，年轻医生们喜欢这么讲，意思是，即使是像最资深的主治医生一样年长的人，在很久以前的医学先驱时代所经历的实习期中，也可能见过几个与之一模一样的病例。为了确诊这种疾病，实习生需要一种最新的医疗设备，而要治愈这种疾病，会使用最古老的一种设备——CT 扫描仪和钻头。

莫尔加尼无法做出我们今天所知的诊断，因为他如此准确地描述的情况中，在当今很少有被分类或命名的。他对疾病过程的探索仅能依靠对尸体的描述，并基于这些发现试图重述死前的症状。他的分析方法如此清晰，以至于实习生，还有他们的年长同事都可以从他的伟大作品中获取许多诊断信息。《病因》伴我度过了很多个新英格兰寒冷的夜晚，温暖了我的灵魂。

促使人们学习历史的主要动机之一，肯定是一种正当的安全感，这种安全感来自对过去岁月的记忆和技艺的沉思。这位历史学家的职业是安全的——他如同每一个文明时代的事后评论员。相比于身处严酷现实之中的人，他拥有更为先进的知识，并有闲暇时间进行思考。他舒适地藏在档案和书架里，跻身于当代事件的旋涡之外，他告诉我们其他人，对昨日进行研究是为了点亮今日。事实证明，这样的"昨日"颇为舒适和安逸。

当我追赶着当今在肿瘤免疫学和外科技术等高科技领域快速突破（它们总是突破性的，正如外科医生总是才华横溢）的"咚——咚——咚"的步伐时，感到一种喘不过气的压力，我会把最新的医学杂志丢到一摞天花板高的成堆医学杂志的顶部，然后转而翻开几百年前的东西。安全、动人、睿智、舒适，我瞬间了进入一个医学世界，它安静地在那里等待着我的审阅。我窃喜于一两个世纪的科学优势，能够让我发现一些医生前辈未曾留意并予以诊断的事情，尽管它们可能就在他们眼皮底下。这种自我满足的愉悦使我感到温暖，让我至少暂时忘记了浏览本月《美国生理学杂志》（*American journal of Physiology*）的文章，甚至有时让我忘记了《外科学年鉴》（*Annals of Surgery*）（愿上帝原谅我承认这一点）。

在这些"解药"中我最青睐的便是莫尔加尼。当我转向过去逃避现在时，他总是在那里，奉上一篇精美而详细的病历，对这种诊断的挑战让我像个趾高气扬的白日梦想家。在他 2400 页的书中，我发现了一些病例，其中包括有史以来第一次描述的病例，这些病例可以辨认为以下疾病：大叶性肺炎，动脉瘤，缩窄，梅毒，瓣膜关闭不全和狭窄，阿-斯综合征及心传导阻滞，肺动脉狭窄，法洛四联症，二尖瓣狭窄和返流，心内膜炎，肺结核，股动脉栓塞，肾炎，神经梅毒，胃癌和肠癌，肠息肉，溃疡性结肠炎，克罗恩病，直肠膀胱瘘，肠管壁疝，肝硬化，胰腺炎，前列腺增生。在未来的冬夜，《病因》中还有大量未被发现的宝藏等待着我去挖掘。

莫尔加尼对冠状动脉硬化阻塞伴心绞痛进行了描述，他也首次证明了中风不是由大脑实质的损伤引起，而是由其供血血管的病理改变引起的。每一个描述都带来了对疾病认知的重大飞跃。病人有时以姓名，而大多数以职业的称谓跃然纸上，仿佛从文本中走了出来，让人想起刻在许多现代医院尸检室墙上令人敬畏的声明——生命之源——在这里，面对死亡，解析死亡，才能更好地理解生命。

在《病因》中还有其他闪闪发光的金子，其中一些我犹豫着（但只是一瞬间）讲述给你们，因为它们有时接近下流，有时颇有些耸人听闻。以淫秽之言来吸引读者的兴趣，这种指责不应施加给我们所尊敬的莫尔加尼，但无论如何，他还是这样做了。他讲述了一个水性杨花的年轻女子的故事，她在一次强烈的性快感中终结了自己的生命，她的动脉从中部断裂而导致了死亡，想必是经历了一次强烈而扭曲的性高潮。尸检显示致死的原因是我们今天所说的夹层主动脉瘤合并心包积血。以下是莫尔加尼对临床病史的一段不加感情色彩的描述，这可能是对这种罕见的遗传性疾病的第一份报告，即马方综合征（Marfan's syndrome），1896 年一位法国人对其进行了一份案例综述：

> 一名妓女，28 岁，身形消瘦，几个月来，特别是在过去的十五天里，她一直苦恼于某种倦怠感，厌恶食物，甚至厌

恶一切事物；她很少进食，过量饮用混合酒精，甚至达到了酗酒的程度。有个想要寻欢的人来到屋子里找她，过了一会儿出来，满脸困惑和不安，在这之后的两三个小时里她始终没有露面。目睹了这一切的邻居们破门而入，发现她已经死亡，全身冰冷，躺在床上的姿势直接暴露了她生前正在做什么，特别当人们看到精液从她的生殖器中流出。

而另一些时候，莫尔加尼所展示的案例是如此可怕，以至于延伸了读者的想象。1704 年，一名男子因动脉瘤住进了博洛尼亚医院。他因患梅毒，引起了主动脉中一部分的膨出、变弱，几乎要撑破他的胸部皮肤：

当他开始解开绷带，想要展示自己的患病部位时，他几乎亲手将这层皮肤撕破（这一部分已经是极限的薄度，他完全没有察觉手边的危险）。但是在观察到这种情况后，医生阻止了他接下来的动作，命令他保持不动，并让他认真而虔诚地做好告别人世的准备，这是不可避免的，也是近在咫尺的。第二天这场不幸果然发生了，死因是已经预见到的大出血，尽管患者并没有预料到会这么快。然而，当他感觉到鲜血涌出时，他立即镇定下来，一边向上帝祷告，一边亲手拿起盆放到床边接自己的血，仿佛他正在接别人的血，他把盆放在裂开口的肿瘤下面，看护人员以最快的速度跑到他身边，不久他就在医生的怀抱中死去了。

这个不幸的家伙在临终前献祭于医学。就像患有阑尾炎的老人，患有马方综合征的妓女，以及莫尔加尼描述的其他 700 个人的案例，欧美医生将他的病史作为其中一个研究对象，以效仿帕多瓦的方法。莫尔加尼给那五位教授寄去了《病因》，他们立即认识到它的价值，就像这本书的作者所属的许多学术团体的成员一样。这本书出版不到三年，便印行了第二版和第三版。1764年，当费城的形而上学专家约翰·摩根（John Morgan）拜访莫尔加尼时，这位美国人在他的日记中写道，《病因》在“整个欧洲的估价都是最高的，最终（第三）版的所有副本都已经被抢购一空”。同年，哥伦比亚大学内科和外科医学院的创始人之一塞缪尔·巴德（Samuel Bard），在爱丁堡给父亲写了一封信，信中说《病因》是一本“这里的学者似乎对它寄予厚望”的书。

这一伟大愿景终于得以实现。在《病因》中，医生们认识到病人的症状指明了身体内部患病的确切部位。在莫尔加尼之后，仅仅依靠病人陈述病史，做身体检查，脉搏触诊及观察尿液已经不再足够。自此医生将基于那些新发现的“器官的哭声”，来判断患病的部位；这些“哭声”更加微弱，需要医生们更加大量的聆听才能发现。医生们从《病因》中吸取了经验教训，进行了更加仔细的病史问询，越来越多的人提出了探索性的问题，试图找到隐匿的信息。体格检查，是医生最能发挥其敏锐感官的艺术，其真正的起源并非希波克拉底学派已不可挽回的失落的技艺；实际上，在莫尔加尼之后的一个世纪，这门技艺才得以发展。触诊变得更为彻底，解剖学也依靠3D技术更为深入；至于叩诊，即利用组织密度的差异，根据奥地利医生利奥波德·奥恩布鲁格（Leopold Auenbrugger）在1761年的描述来看，在当时没有得到充分的认识，在很久之后，莫尔加尼的法国门徒让-尼古拉斯·科维萨特（Jean-Nicolas Corvisart）才重新发掘它的价值。在体格检查的发展过程中，最具价值的时刻发生于1816年，当时何内·雷奈克发明了听诊器，促使医生们在检查方法上有了更大的发现。

正如莫尔加尼在此之前享有的盛名，在1761年之后他被视为医学界圣贤般的人物。詹姆斯·博斯韦尔（James Boswell）在他的《游赫布里底诸岛日记》中讲述了一个有趣的故事，塞缪尔·约翰逊建议他写信给帕多瓦大学，要求那里的教授对蝎子进行解剖，以解决他们两人正在进行的一场有关生物的辩论。博斯韦尔在欧洲大陆做大旅行时，曾去拜访莫尔加尼。他在1765年6月27日的备忘录中称莫尔加尼为一位“善良正派的老人”，他觉得自己83年的生命中在学习上投入了太多时间：“我的一生都是在书籍和尸体研究中度过的。”博斯韦尔的传记作家弗雷德里克·波特尔告诉我们，这位年轻的苏格兰人此行的目的——“一部分是为了会见一位非常有名的人，一部分是为了获得专业建议”，咨询他在性放纵后不断复发的淋病。莫尔加尼告诉他要清醒地生活，少做运动，不要再滥用药物，这些建议博斯韦尔似乎都没有采纳。这位教授对待医学和生活的态度可以从他对这位英国访客的话中看出：“医生从自然中得到启示，他做事是循序渐进的，而非突飞猛进。”这种飞跃式的前进是博斯韦尔的惯常风格，而他却注定要与那延绵的痛苦病痛长期而密切地交织在一起。

在博斯韦尔就诊的前一年，莫尔加尼曾接待之前提到的约翰·摩根博士，他是费城学院的创始教员之一，该学院即将成为美国的第一所医学院。在1764年7月24日的日记中，摩根记录了他对这位老解剖学家的印象：“我收到了博洛尼亚的塞拉蒂医生的来信后，前去向这位大名鼎鼎的莫尔加尼致敬。他以你能所想到的最高礼节接待我，非常优雅地向我展示了丰富的文明。他现在82岁了，阅读时不戴眼镜，像50岁的人一样机警。”摩根向我们讲述了一个为之动容的时刻，当时莫尔加尼作为主人正在向他展示帕多瓦解剖博物馆展出的前辈们的画作。其中挂着两幅年轻漂亮女子的蜡笔画。当被问到她们是谁时，莫尔加尼回答说，这是他最小的女儿。他的八个女儿结对去了四个不同的修道院，最后两个人选择了方济各会，它的严苛礼仪要求她们保持赤足、戴面纱。“在她们戴着面纱过完一生之前，作为莫尔加尼的朋友，知名女画家罗莎尔巴（Rosalba）在他毫不知情的情况下为她们画了这些肖像画，并将其作为礼物送给了他。由于他的其他女儿所接受的礼仪并不十分严苛，无须经常戴面纱，所以她们的肖像画并不多。”因此，在这处陈列着莫尔加尼“在书籍和尸体研究中”的一生拥有的负重和收获的展馆中，他将喜爱的两个小女儿玛格丽塔和路易吉亚 · 多梅尼卡 · 罗莎的肖像挂在了这里，当父亲最后一次凝视着她们的面庞时，她们也在望着敬爱的父亲。

1770 年 9 月 2 日，乔瓦尼 · 莫尔加尼挚爱的妻子宝拉去世，他们忠贞而温情的联结也随之消散。这位年迈的鳏夫在他的爱人离开后没有在这个世界上逗留很长时间。他在工作中阐明了中风的病理基础，而晚年他也死于这一疾病，就像他的老师瓦尔萨尔瓦和师祖马尔比基一样。他在自己位于马西莫大街 3003 号的家中安然离世，在那里仍然可以看到一块牌匾，上面写着简单的一句话：“乔瓦尼 · 莫尔加尼，创建了病理解剖学，于 1771 年 12 月 6 日在这里去世。”

在莫尔加尼离世前八年，故乡弗利的政府官员在市政大厅里安置了一块大理石牌匾，上面刻着他们最著名的居民的肖像。按照典型的小镇风格，牌匾的题字超越了其主人公在人类历史上的应有地位：“乔瓦尼 · 巴蒂斯塔 · 莫尔加尼——弗利的贵族。1763 年，弗利的镇民竖起了一座大理石雕像，因为他的发现和巨著使他的国家和全世界人民都感受得到他的杰出。有学识之人会真诚地相信，莫尔加尼是人类历史上最重要的人物。”

谦逊的莫尔加尼第一次读到题词时会做何反应，我们无从知晓。最有可能的是，他宽容地笑了笑，善意地承认了这个小镇需要通过他的名誉而增加声望。他考虑得十分周到，不会对奖章的夸大其词加以否认而冒犯市长。他很可能在当时对委员会表示了感谢，与周围的人一一握手，然后回到马车里，前往帕多瓦继续从事他的解剖研究。

7 “为什么秋天树叶会变色”

外科学、科学与约翰·亨特

任何自然现象都不能孤立地得到充分研究，若想真正理解，必须将其放于自然整体之中，与万物相连。

——弗朗西斯·培根爵士

弗朗西斯·培根阐发了这项科学信仰的基本宗旨。正是这种自然现象的必要统一性，注定将历史上所有时期的、各学科的每位科学家所做的工作相结合。无论他们的视线着眼于一颗星星，抑或探寻着某个分子，都能感受到窥探自然界难以捉摸的隐秘所带来的兴奋感，这种兴奋感仿佛在他们之间建立了一种家族般的纽带。如果人类个体未曾从大自然的宝库中感受到这种奇妙的诱惑，便无法欣赏培根同一时期的学者威廉·哈维所描绘的生动形象：“潜入自然界的秘密衣橱。”它传达了探索自然奥秘的愉悦，拥有着与亚里士多德时代以来所有的科学家前辈共同求知的感觉，以及与自然共存之感。

多年来，乔瓦尼·莫尔加尼刻意将目光聚焦于一个领域，以便窥探大自然的奥秘，而另一位科学家却以截然不同的方式来揭秘自然：约翰·亨特，他将全部的生物体与生命历程作为他正当的研究领域。他认为，从受孕的那一刻起，止于生命之火熄灭之时，所有与动物机体结构和功能相关的事情都是他的职责所在。他渴望知道一切——当动物机体运转良好时，它是如何工作的，而又是什么导致了机体的故障；若这种破坏力量持续存在，机体是如何击退它的。

亨特始终进行着无休止的探寻，其广度和深度是普通人难以企及的。只有天才这个词才能形容他的生活和成就，否则我们不得不相信譬如超自然、运气、神灵启示之类的含糊其词的概念。我们其他人往往因智力和社会约束等因素受限，而这些因素并没有在他们这类人四周竖起围栏。在人类能力的钟形曲线上，他们似乎成为离群点，甚至不属于于钟形曲线上的任意一点。对约翰·亨特这类人来说，正规的学校教育没有意义，而我们获取知识的常规方法对他们而言也是一种阻碍。我们不应强行以同辈之人的标准对他们，也不应试图找出他们创造力的源泉——我们能享受他们在世时所做出的贡献便已足够。

约翰·亨特是一位在医学科学领域极具创造性的艺术家，是一位特立独行的学者。他创造了自己的标准，开辟了属于他自己的道路，并为一群才华横溢的门徒指明了新的道路，他们因此而革新了外科医生的技艺，更是改变了整个医学界的形象。他对一切有生命的事物都感到好奇，这种好奇使他对自然的观察变得十分敏锐，以至于他能留意到别人意想不到的事物。

亨特的强大意志力可与维萨里、哈维和莫尔加尼的坚守相媲美。他们都不依托前人的理论，完全依靠自身的能力去辨别什么才是有意义的，对它们加以描述，并整合大量真正准确的研究。这些人都具有与生俱来的非凡能力去区分事物的重要与否。然而，尽管亨特提笔写成了成千页的著作，但他从未提出过解剖、心血运动论和人体结构论等诸如此类的概念（均为上述三人所提出）。没有什么单一亨特式的代表性论断，而他终其一生在健康和疾病的基本机制领域里迈着坚实的步伐。他的脚步时而小，时而大，有时大到像穿着二十里长的靴子，他职业生涯时期涉猎的科学知识广度是巨大的。他的杰作并非某一本书，而是他本人——一个坚信通过好奇心和勤奋可以解答一切的人。

亨特的远见卓识极大地影响了他的同人们。在他之后，医生们领悟了一种在阐明疾病过程中所担任的新角色。更重要的是，他向他的外科同事们介绍了这样一个概念：手术操作不应再被认为仅仅是一种经验性的技艺，此后应当以科学的方法为依据。尽管这位最伟大的医学博物学家没有留下其他著作，但仅凭这一点，他应该得到每一位蛇杖传人的高度赞扬。正如菲尔丁·加里森所写的那样：“亨特将手术从一项机械的技艺，归类为实验性的科学。”

亨特这一典范不仅拓宽了医者的科学视野，也使他们享有了更高的社会地位，而在此之前很少有医生能达到这种高度。他的一位同事说：“他凭一己之力提升了我们的地位，让我们变成了上流绅士。”如果说自安布列斯·帕雷起，医者的职业地位开始缓慢螺旋上升，那么在亨特时代开始高速飞跃，这种威望的提高吸引了受过良好教育和更为积极的人才，而他们的成就进一步提高了该职业的地位，周而复始，以此类推。在亨特去世后一个世纪内，我们可以自信地说医学科学上许多最伟大的进步都是由外科医生取得的，当时他们是最负盛名的医者。

亨特证明了外科医生是一种最优秀的人才能从事的职业。毫无疑问，他的所作所为影响了许多人选择外科医生这一职业，否则他们可能会转向内科医学或完全进入其他领域。在研究任何行业的发展历程时，有两种低调的背后驱动力，始终如一发挥着其强大的推动作用：其一，进入该群体的成员智力水平的提高；其二，业界整体的进步。事实上，约翰·亨特这样的人就像一块磁铁，把更聪明、更有进取心的人吸引到外科手术和医学领域，使他们的群体获得更大的认可。

亨特的学生们（从某种意义上说，在19世纪初每位接受过培训的外科医生都是他的学生）引发了人们对亨特更多的追忆。亨特无疑是许多发现的发起者，这些发现为他的名字增光添彩，并为他的方法提供了坚实的基础。而事实上，他最喜欢的门徒——爱德华·詹纳（Edward Jenner）却成为比他更著名的医师，亨特曾经写信给他说："我认为您的解决方案是恰当的，但是为什么会这样想呢？为什么不尝试实验性研究呢？"他对这位年轻外科医生的谆谆教诲使他始终秉承着研究的态度，在多年后，詹纳发明了天花疫苗。

就像皇家医师学院为纪念自己的第一位科学家威廉·哈维所做的那样，皇家外科协会也为亨特做了同样的事：每年2月14日他生日那天，都会选出一位杰出的演说家来发表赞美亨特的演说。在1963年宴会致辞上，演讲者斯坦福·凯德爵士（Sir Stanford Cade）发现自己身旁的两名国外的外交官想了解这位伟大外科医生的情况。他对意大利大使说："亨特就是我们的列奥纳多·达·芬奇。"他对法国大使解释说："他对我们来说就像安布列斯·帕雷对法国一样。"这些是有趣的比较，因为它们不仅类比了那些超越了时代的人，而且还指那些自学成才的人，以至于他们经常被当代传统权威误解为"非正统"。同样恰当的评价来自19世纪爱丁堡解剖学家罗伯特·诺克斯，他谈及亨特时说："他不是被那个时代所塑造出来的，他甚至可以与时代抗衡……他克服了一切困难，在他的博物馆里留下了一座纪念碑，正如芬奇镇的达·芬奇，用这样的方式来告知后人：不是他们生活的时代造就了他们，而是他们造就了这个时代。"

亨特与时代抗衡的最早表现是他对学校的态度——他从不会让学校影响他的自身培养。当其他的孩子们还沉浸在拉丁语、希腊语和数学的迷宫中时，年轻的约翰却在他1728年出生的苏格兰拉纳克郡的乡村里，每天在那些生态奇迹中解放他的天性。没有人强迫智商过人的他去接受教师的严格培养模式，因此他童年时代的好奇心丝毫没有被抑制。从少年时代到晚年，他一直为生物形态的奇妙之处所着迷，对大自然成功地创造并孕育它们的各种方式着迷。他似乎一开始就认识到，书里没有他需要的答案。

他总是被误解。亨特被大多数作家描述为20岁以前都在虚度青春。他的演说和传记总是伴随着这样的论断：他的第一个也是最崇拜他的门生——他的妹夫埃弗拉尔爵士（Sir Everard）——写过这样一段话：“他被送往文法学校，却没有因此转向语言学，也没有被严格管教，因此他没有重视学业，将大部分时间都花在乡间的娱乐消遣中。”

诸如霍姆之类的评论家为青年亨特的绝大多数评价定下了基调。19世纪末最著名的传记作家斯蒂芬·佩吉特（Stephen Paget）在1897年写道：

> 在亨特的青年时代，不存在年少有为的故事，没有孩子般对自然的热爱，没有未来精神力量的迹象……奇怪的是，他如此杰出、坚强和固执的思想，直到偶然将其带入科学工作才发挥了强大的力量，我们都没有意识到他所蕴藏的能量。他没有生活在黑暗中，也没有生活在平庸的人群中——他的父亲是一位精明而富有智慧的人，他的母亲受过良好的教育，他的两个兄弟也是智力超群。有他们的陪伴，他本可以接受良好的训练与培养，而他熟视无睹，认为它们对他毫无用处。生物世界的种种奇观、大自然的真理和功用永恒存在，这些真理和功用在他晚年时曾使他

> 孜孜不倦地进行研究；而他一开始并没有注意到这些，直到受到科学思想的影响，才激发了他对知识的渴望……在他心里，只有处于正确的工作中才能找到动力和快乐。

霍姆、佩吉特和其他人确实是误解了他。约翰·亨特一生都沉迷于上帝赋予他的那种对自然的迷恋。他是如此着迷，以至于在其他人看来，他把他的大好时光虚度在了月光、彩虹的美景之中。这位外科手术的首席专家在大自然这所没有围墙的“学校”中自主学习，陪伴他的是这些无声的、没有书本和教学大纲的自然界“老师”。他的青年时代是一次漫长甚至永久的实地考察。

或许是由于他们自己的学校教育过于死板，使得许多研究过约翰·亨特一生的人无法理解，为什么他表面上看起来对一切毫无兴趣。如果他们能真正理解他一生与自然的“罗曼蒂克式”关系的重要性，他们便不会忽视他多年后写下的这段话：“当我还是个孩子时，我想知道关于云和草的一切，以及为什么秋天树叶会变色；我观察着蚂蚁、蜜蜂、小鸟、蝌蚪和蚯蚓；我总是缠着大人们问那些没人知道答案或根本不关心的事情。”他的侄女阿格尼丝·贝利（Agnes Baillie）谈到他的童年时说：“他只做自己喜欢的事，既不喜欢别人教他读书、写字，也不喜欢学习任何的知识，只喜欢在树林里漫步，观察鸟窝，比较里面鸟蛋的数量、大小、标志和其他特征。”

他的这些表现不同于乡间的凡夫俗子。这是一个像科学家一样充满好奇心和智慧的年轻人，他知道只有通过观察和分析才能了解大自然的秘密。通过不断的实践可以提高一个人的观察力，这种实践教会了人们应该寻找什么，并对所见事物的理解指明道路。学会对观察进行分类是分析它们的关键。这是约翰·亨特的自我教育：用敏锐的观察力去欣赏所看到的事物，把观察的结果分类，分析它们，然后寻求一些普适的原则。他在自学归纳推理的方法，但最终目的是利用这些普遍原理为个体的生物观察提供线索。归根结底，他使用的即为演绎推理法，是通过一个主要原理来解释具体的现象。虽没有计划，也没有明确的目的性，约翰·亨特的青年时期就已经在训练自己像科学家一样思考。他一直都以为自己只是为了满足好奇心。

苏格兰的斯图亚特国王罗伯特二世，即罗伯特·布鲁斯之子，在14世纪把拉纳克郡的地产给了亨特一家。即使在最好的时代，格拉斯哥周围小农场主的生活也很艰难，在约翰·亨特出生之前的20年尤为惨淡。连年的恶劣天气使农民的收成和情绪都受到了影响，因此，即使是一个“苏格兰小领主”也可能难以养活家人，尤其是像约翰的父亲这样有10个孩子的情况下。当他最后一个孩子出生的时候，老亨特看到了世间一些繁荣复苏的迹象，但他的身体却每况愈下。他于1741年去世，享年78岁，家庭的责任落在了他23岁的儿子威廉身上。威廉已经完成了医生的学业，当时正在伦敦行医。小约翰20岁的时候，也就是7年后，威廉已经在伦敦站稳脚跟了，他很快就成为英国最著名的解剖学老师和产科医生。他书生气十足，做事一丝不苟，在演讲厅里的精彩表现和在解剖室娴熟的技艺，使他无愧于他的名望。他的病人中有一些社会上最时髦、最有影响力的人物，他在他们之间游刃有余。

与优雅、绅士的内科医生威廉·亨特形成鲜明对比的是他那矮壮、傲慢、衣着随意的像“消防栓”一样的弟弟。威廉向来彬彬有礼，但约翰却很粗鲁。上流人士在起居生活中那些彬彬有礼的举止，在畜棚和牧场里毫无用处——威廉的那些上流社会的朋友认为他弟弟过于直率的行为态度更应该回归乡野，而不是勉强待在会客厅，事实上也确实如此。由于没有职业，他于1748年被迫来到哥哥家中。

他刚到伦敦时，是一个直言不讳、意气风发的年轻人，却也总是因迟钝于周围普通人的情感、无法传递善意而感到沮丧。有些人欣赏他的顽固性格，甚至喜欢他的尖刻，而其他人则认为他可悲。要想从这个苏格兰“刺头”中挖掘出他潜在的温暖和善良本性，需要持久的耐心。

像约翰·亨特那样性格的人，拥有着绝对诚实感和对卑鄙之人直言不讳的轻蔑时，会很容易产生冲突和争吵，耗费了自己的大多数精力。脾气暴躁、爱争论、好斗、争强好胜都是亨特兄弟的天性，但务实的威廉至少训练了自己的自控能力；约翰却毫不在意。他性格中那些直言不讳、锋芒毕露的部分直到他去世的那一天都没有改变。

当约翰刚到伦敦谋生时，威廉不知道该如何对待这个桀骜不驯的孩子，就让他名义上去他所在的解剖学校的解剖室任职。在这之后不久，在他哥哥的标本库中，约翰发现自己对自然的好奇心会使他在这方面更有造诣。但是在他静下心来埋头苦干之前，他必须摆脱他的身体里的一些乡村男孩的野性。比如他刚一来到伦敦，就徘徊于酒池肉林之中。德鲁里·奥特里（Drewry Ottley）在1835年出版的亨特传记中描述了他最初是如何“与自己身份相仿的年轻人混在一起，开始了放荡不羁的生活。他这个年龄段的人在摆脱了束缚后，极易深陷其中产生叛逆性。他很擅于选择结交益友，但有时也会在社会底层的人身上找到粗俗、幽默的消遣”。

起初威廉懊恼于弟弟放纵的生活，而后却很快转为了钦佩，因为这个年轻人迅速地展现了自己在解剖上的才华。对亨特来说，他高超的操作技能并不令人惊讶，但他对于新事物的理解和驾驭能力却让他无比自豪。放纵的日子持续的时间比预期要短。在不到一年的时间里，这位有抱负的医生就开始在切尔西医院著名的医生威

廉 · 切塞尔登（William Cheselden）的指导下学习外科手术。不久之后，他的哥哥就让他在学校里做示范者。1751 年切塞尔登去世后，约翰成了圣巴托洛缪医院的一名实习生，这所医院也培育了珀西瓦尔 · 波特（Percival Pott）这位英国外科医生领军人物。

当他完成医院的临床工作后，亨特就会在他哥哥的学校里从事解剖和教学的工作。最后他做出了一项决定，做五年学徒并以此成为圣巴托洛缪医院合格的外科医生，这也意味着他必须放弃他心爱的解剖工作。圣乔治医院没有太多过分严苛的培训，所以 1754 年，他选择在那里当学徒。第二年，他决定尝试一下正规的学校教育，因此 1755 年 7 月，在威廉的鼓励下，他就读了牛津大学。毫不奇怪，这所古老的大学不能够像基尔布赖德拉丁语学校（他以前就读的语言学校）一样试图将他培养成传统学者。用他的话来说：“他们想把我变成一个管家婆，或者让我的脑袋塞满拉丁语和希腊语；不过当这些阴谋诡计在我面前出现的时候，我就像消灭害虫一样把它们消灭了。”他在年底前离开了牛津。

尽管威廉没能改造弟弟的自由散漫，但他对弟弟的表现越发感到自豪，他竭尽所能提升约翰的职业生涯。然而，他仍旧对他弟弟作为解剖学讲师的表现感到失望。约翰 · 亨特没有受过语法和演讲的训练，也不理解口头交流的重要性，因此不能自如地走上讲台。这种口才上的缺陷一直困扰着他和他的学生。后来霍姆告诉我们，他“每次上第一节课的时候都会服用 30 滴鸦片酊来缓解他的不安”，并在讲课时很少抬起头。他最大的问题可能就是，学生们认为他讲课的内容前后不一致，因为他有时会反驳他在前一节课上所做的陈述，这并不是因为他没集中精神，而是因为更多的研究让他改变了观点。他提出的新理论概念需要一种他也无法提供的解释；那些希望被填鸭式教育的学生发现他的课很难消化。他的课从来没有吸引过超过 30 名学生，后来，他的学生约翰 · 阿伯内西（John Abernethy）和阿斯特利 · 库珀凭借他们出色的讲课能力，教授那些他们从亨特那里学到的知识，却一次性吸引了数百名学生。

然而约翰 · 亨特却成为一位伟大的外科手术老师之一，尽管不是因为他的教学方法。是他的榜样力量和博学多识，引领了那些后来在欧洲和美国医学届的佼佼者。使他们着迷的是亨特式的兴奋，而使他们成为崇拜者的是亨特式的普遍性哲学。他们成为信使，把看似晦涩难懂的术语翻译成了通俗易懂的语言，从而使许多外科医生转而接受了一种科学的、实验性的治疗方法。

1756 年，亨特被任命为圣乔治医院的外科住院医生，这个类似于实习医生的工作他做了 5 个月。他主要负责包括对各种高级外科医师的患者进行日常护理，治疗大多数骨折病例以及操作一些小手术。除了这段短暂的时间外，他在 1756—1759 年把所有的非教学时间都花在解剖学研究上，包括人体解剖学和比较解剖学。这是亨特人生中逐渐形成调查模式的时期，在接下来的 40 年里，这种模式一直伴随着他。由于人体的许多部位过于复杂，其结构和功能难以理解，亨特决定从简单的动物开始，并开始为他收集的低等动物奠定基础。为了得到稀有动物他想尽一切办法，甚至还和伦敦塔的野兽看守人达成了协议，以便在野兽死后得到它们的尸体。他也曾和马戏团老板以及任何能接触到稀有动物的人达成了类似的协议。

解剖室里持续的瘴气损害了他的健康，出于健康原因（或是想摆脱他哥哥对他的监管），在 1760 年的秋天他应征入伍，成为一名军队的外科医生。英格兰当时卷入了“七年战争”，用历史学家塞缪尔 · 埃利奥特 · 莫里森（Samuel Eliot Morison）的话来说，这场战争“本应被称为第一次世界大战；就像 1914—1918 年一样，全球大部分地区都上演了这场战争”。在英国参与的这场战争中，他们一开始都接连失利，但又以某种方式设法扭转了局面，最终取得胜利，取得了对北美和印度的统治地位，并再次宣示了自己在海上的霸权。

约翰·亨特于1760年10月30日受命执行任务，即法国在北美的法印战争投降的两个月前。从那时开始一直到1763年2月标志战争结束的《巴黎条约》的签订，他的大部分时间都用来照顾发烧、瘟疫和感染了痢疾的士兵，这些疾病自这一系列战争开始以来就一直困扰着军队。但他确实从他的军旅生涯中得到了意外的惊喜——他第一次接触到海洋生物学。他以前从未研究过海鸟，也没有接触过岸边的动物（例如海胆、海葵、鱿鱼、螃蟹和鳗鱼），他思考着这些动物的各种形态，开始考虑以系统进化的次序将它们分类的可能性。对于亨特来说，即使说他预见了达尔文的研究可能也毫不为过。如果他能够活得更久，可能会留给我们一种分类系统，也势必能够得出进化论的结论。

尽管亨特对他的军队医院同事颇有指责，他的观点也许最好地表达了这一点，“他们是该死的难相处”，但他确实与罗伯特·霍姆结成了牢固的友谊，后者为约翰·布尔戈因将军麾下轻骑兵团的外科医生。霍姆的女儿安妮于1771年成为约翰·亨特的太太，而她的兄弟正是埃弗拉尔，我们将在后面介绍到他。

无论亨特在军队里接受的那些零散训练的质量如何，当他从军队归来时，他已经是一名真正的外科医生——是时候去展开实践了。在这段时间里，外科手术并没有给从业者们带来物质上的富足。用当代人的话说，“等他们老掉牙了才吃得上面包”。但是，尽管亨特新的外科实践还没有蓬勃发展，但他还是凭借着军队下发的半薪以及他教授解剖学获得的微薄收入，度过了艰难的早期时光。1765年，他在当时位于乡下两英里之外的伯爵府买了一块地，用来建造一座房子和一个小型动物园。他准备全身心地投入解剖学事业，对人类真正有价值的研究。

在约翰·亨特开始他的实践的时期，所有的外科治疗都是基于个人从业者的本人的经验。无论是在外科手术还是医学上，人们对疾病的一般原理，甚至身体健康时的运作方式都没有任何了解。尽管外科手术是一门实用技术，而医学是一门理论，但它们都充斥着错误之源。前者采用由其业界领军者引入的实用主义方法，而后者的哲学仍然依赖于盖伦传统的残余。除了莫尔加尼的新作《病因》展示了那些解剖可见的疾病表现形式外，没有人知道疾病的紊乱过程究竟如何与机体的健康状态相联系，也没有人知道体内产生了怎样的故障而导致了特定的症状。最重要的是，人们对自然的治愈能力毫无欣赏之意。

约翰·亨特清楚地意识到了这些不足。他给自己设定了一项任务，即为理解人类健康或紊乱的生理状态提供坚实的基础。他认为，为了"了解"人类，必须了解整个动物体系，在这一点上他无疑是正确的。现在，他全身心投入这项事业中。德鲁里·奥特里总结了 1765 年的那一日，当他决议开始这项主题工作时的总体规划："这不仅是一项任务，而且是像亨特倡导的那样，对所有机体组织进行生命现象的研究，不论健康或疾病；这项事业需要像他这样的天才来规划，如果没有亨特那般精力充沛、勤奋和对科学的高投入，他们只会占用这项事业的科学资源，亨特还需要克服他们所造成的困难。"

像以前一样，亨特让人知道他在寻找动物，并且因此而得到了它们。约翰·布兰德-萨顿爵士（Sir John Bland-Sutton）在其 1923 年关于亨特的演说中，描述了伯爵宫廷兼动物园的环境：

> 豹子和豺狼住在洞穴里，公牛、种马、绵羊、山羊和

公羊住在马厩里。桑树为蚕提供叶子，圣约翰草为蜜蜂提供花粉。鸭子和鹅在一个池塘里下蛋，供食用或进行胚胎学研究。他观察了蜜蜂的蜂巢，发现蜂蜡是一种分泌物，并做了一些关于蔬菜与动物脂肪之间关系的出色记录。

实际上，野生动物生活在谷仓和库房，而豹子通常用某种方式捆绑着，但是对这个调研农场总体情况的描述是完全准确的。很多伟大的实验研究都是在这里进行的。1771 年，作为新娘，可爱的安妮随他来到了这里。很难想象是什么吸引了罗伯特 · 霍姆的这位敏感、端庄、漂亮的女儿来到这位讲话率直、矮小（所有人都说他身高 1.55 米）、圆脸的动物解剖者面前。在伯爵宫的家里，她与这群有翼、有鳞、毛茸茸动物的监护人度过了蜜月。但是在这场婚姻中，双方都感受到了幸福，他们似乎非常钦佩对方的才华和能力。安妮 · 亨特使性格急躁的约翰身上表现出一种少有人能引起的温柔和体贴。她在文学和音乐方面受过良好的教育，并且有许多志趣相投的朋友。她的写作天赋如此之高，以至于她的一些诗被约瑟夫 · 海顿谱成了乐曲。在那个年代，受过教育的妇女开始讨论文学，不再像她们所在阶级的大多数那样沉迷于纸牌游戏，那个时代的人用“女学者”这个词称呼这类人，她便是其中之一。

在举办婚礼的三年前，约翰 · 亨特租下了他哥哥在杰明街的房子。在伯爵宫的家中度完乡村蜜月后，这对夫妇住进了联排别墅，那里也是亨特私人诊所的所在地。后来，在 1783 年，他们离开杰明街，搬到莱斯特广场，继续把伯爵宫的主屋用作乡村住宅。

亨特夫妇有四个孩子，都是在他们婚后四年内出生的，他们最终建立了一个无论以任何标准来衡量都会被认为是庞大的家庭，即使是当时的标准也是如此。威廉 · 克利夫特（William Clift）在生命接近尾声时成为约翰的抄写员，他列出了将近50个成员的名字，包括那些从事家务工作的人，以及那些参与动物和实验工作的人。家庭的开支，以及伯爵宫实验室和与研究有关的开支，再加上约翰·亨特那种把所有可用的资金都花在科学研究上的倾向，使他一生都受限于对现款的需求，永远都不够。

他的大部分钱都用来为他在莱斯特广场的房子里建立的博物馆购买标本。到1793年他去世时，已经成为世界解剖学界的权威，博物学家们把任何稀有的标本都送到他那里。他解剖了所有样本，并将其保留。他的收藏包括近1.4万件标本，在他的10卷手稿和笔记中都有描述。总的来说，他在他的博物馆里花费大约7万英镑——这在当时是一笔巨大的数目，以今天的标准来看几乎是不可估量的。尽管他职业生涯的鼎盛时期能够获取6000英镑的年收入，但其中的每一分钱都投入了他的研究和博物馆。他死后留下的其他财产勉强能够偿还他的债务。

但是，这些事情在1765年才刚刚开始。伟大的实验开始之初，其中之一就是探究者对他本人的实验。1766年2月，亨特摔断了他的左侧阿喀琉斯腱。据推测，这发生在这位外科医生兴高采烈地跳舞之时，但根据他自己的说法，这一事件发生在凌晨4点，“当我跳跃时重心落在了脚趾上，而脚后跟没能着地”，他可能一直在进行18世纪流行的一种跳跃运动，以减轻实验的乏味。不管怎样，接下来的时间亨特以他的方式抓住了每一个机会进行观察。除了记录他断裂的肌腱自我愈合的方式外，他还把注意力转向了对断裂的阿喀琉斯肌腱的整体研究，他用一个小小的针管切开了很多狗的皮肤，通过洞口观察它的结构。亨特在不同的时间段对狗进行处死，因此首次阐明了肌腱是如何在骨上愈合，即通过机体产生的强疤痕状物质，使两端牢固地结合在一起。

1767 年，亨特当选为英国皇家学会会员；他获得这一荣誉似乎主要是基于未来的承诺，而不是任何现有的成就，因为又过了五年时间他才在协会《学报》上发表了一篇的完整论文。他的哥哥威廉直到几个月后才当选，尽管比他年长 10 岁，在伦敦的居住时间也比他久了 10 年。

随着约翰·亨特的知名度迅速提升，对他的外科能力和问诊能力的要求也迅速增加，他需要更多的时间来工作。他在早上 6 点之前就开始进行解剖工作，一直到 9 点吃早餐。然后，他会在家中给病人问诊，一直到中午为止，然后他开始在家中和医院巡视，其中包括准备任何可能需要的手术。他在下午 4 点开始吃正餐，然后小憩一小时。他整个晚上都在做报告或准备讲座，或者向抄写员口述他的研究结果。午夜时分，当全家人上床睡觉时，管家带来一盏新点上的灯，以便他的主人可以继续工作几个小时。这个画面让我想到了英国散文家威廉·黑兹里特（William Hazlitt）的话：“把天才随便放在某个领域不一定就出类拔萃；实际上，他们应该在使其出类拔萃的领域工作。”

就在亨特被选入皇家学会的同一年，他进行了一项实验，它在后来成为整个科学史上最著名的自体实验之一：他给自己接种了性病疫苗，试图表明梅毒和淋病是同一种“病毒毒素”的两种不同表现形式（尽管一些学者质疑亨特真的是他在著作中提到的匿名实验对象，但人们仍普遍认为这是一项自体实验）。这是一个被多次讲述和误解的故事，次数多到人们只记得他是一个无私的人，而对亨特的其他方面知之甚少，他以科学的名义给自己注射了淋病和梅毒的疫苗，并在接下来的三年里分析了精液和溃疡。

在 1786 年出版的一本名为《性病论》（*A Treatise on Venereal Disease*）的书中，亨特描述了这一系列事件。1767 年 5 月，他将柳叶刀浸在淋病脓液中，然后通过刺穿包皮和阴茎头部来接种疫苗。淋病症状发展迅速，梅毒症状紧随其后。对病程早期涉及的区域进行烙术——一种局部的化学灼烧。后来的症状按照当时的习惯，用汞来治疗。这些通常是有效的治疗方法。事实上，汞的治疗效果非常好，甚至在1910年保罗·埃尔利希（Paul Ehrlich）发明了“灵丹妙药”砷凡纳明之后，汞在各种形式的梅毒治疗中仍是主流。直到20世纪中叶青霉素的大规模使用之前，每一个想要感受靡乱的医科学生都不得不考虑一个众所周知的格言，即与维纳斯共度一宵，就得与汞厮守一世。

由于亨特因自体实验而感染了淋病和梅毒，他更加坚信这两种疾病实际上是在身体的不同组织中以不同的方式呈现的同一种疾病。他的错误的根源在于他脓液的源头——他在无意中注射了感染两种疾病的脓液。尽管亨特的主要结论是错误的，但事实证明，他的实验在科学上是成功的。在他反复出现症状的三年里，他做了一系列非常准确的观察，随即首次对性病的临床病程进行了详尽的描述。在之后的几十年里，他的著作经常被效仿，成为研究人类受试者病理过程演变的适当方式的典范。诚然，没有人知道亨特本人就是实验者，但他的大批读者（这本书在作者在世时出版了第二版，且已有无数译本）很清楚，研究慢性病的正确方法是对同一患者从感染的瞬间到过程的解决进行重复观察。

在许多方面，梅毒都是一种值得研究的典型疾病。因为它有可能涉及身体的每一个组织，所以它提供了一个观察单个器官对疾病反应的机会。最特别的是，它提供了一个范例，说明炎症是如何既伤害了患者，又使他自愈的机制。

炎症是身体对伤害做出反应的过程。当活体组织受到损害时，无论是由于化学物质的伤害，还是受到微生物的影响，它都会通过在损伤部位发生的一系列局部反应来保护自己。一般来说，这一系列过程是由损伤本身启动的，该区域的显微血管发生变化，导致血浆蛋白、血细胞和其他血液成分大量涌出，这可能是因为它们通过血管壁渗出，抑或由于受伤而实际上使毛细血管、动脉或静脉裂开，在这些血液成分中，可以找到治愈过程所需的所有要素，这些成分统称为炎症渗出液。

炎症渗出液的任务是消灭有害物质，限制其扩散并中和其作用。如果这种反击成功，则入侵者的破坏力将迅速终结，炎症过程将进入下一阶段，即修复受伤的组织。另一方面，如果身体在初次相遇时不能与敌人充分战斗，受影响的区域会扩大，炎症会加剧，从而产生明显的疾病。例如在溃疡或烧伤的情况下，该疾病可以保持相对局部化，或者许多感染性综合症，它可以通过邻近的组织或血流扩散。

很清楚的一点，对于那些经历过最低程度伤害或疾病的人来说，炎症本身便会引起自身的症状，这些症状也属于症状学的范畴。希波克拉底以来公认的作为炎症典型症状的“四重奏”：泛红、发热、疼痛和肿胀，即红、热、痛、肿。因此，当我们生病时感受到非常痛苦的症状可能是我们的身体抵抗有害力量的证据。另一方面，它们可能完全表明了其他事情：有时整个系统出现问题；在这种情况下，发炎势不可当，本身就作为一部分的敌人进行进攻。不可抗的炎症加上严重的损伤是致死性疾病的常见死亡原因。人体内许多最危险的疾病往往是其宿主产生的炎症反应导致的，并造成了死亡。其中有两个对人体最为纠缠——结核病和梅毒。

在约翰 · 亨特工作之前，还没有人对炎症进行过认真的研究。亨特一生的不朽成就，不仅包括他阐明其最基本原则的作品，而且是他的榜样力量激发了后来者，使后来者认识到理解疾病的根本重要性。整个职业生涯的研究都收录在他的《论血液、炎症和枪伤》(*A Treatise on the Blood, Inflammation, and Gunshot Wounds*)中，这本书在他去世前完成，死后才出版。在这本书中，我们可以看到他对细节的极度关注，这也是他曾经做过的每一项研究的特点。他对梅毒演变的观察可能被视为他对炎症在所有疾病中的作用进行观察的序幕。

尽管《论血液、炎症和枪伤》写的是关于损伤和修复，但作者所使用的“炎症”一词，主要是指炎症对患病部位进行治愈的过程——他从跟腱的案例推广至普遍性。由于外科手术本质上是一种计划性的、控制性的伤害，而前提是其可预见的治愈模式的成功，因此这种研究的本质是显而易见的。正如亨特对梅毒的研究一样，他的《论血液、炎症和枪伤》成为整个19世纪所进行的研究的基础。直到今天，全世界使用着最先进的现代技术方法，仍继续进行由约翰·亨特于200年前开始的炎症研究。

这两篇关于性病和炎症的论文分别成为临床病理描述和生理学研究的原型。正是通过这样的文章，约翰·亨特将以前机械化的外科艺术带入了科学医学领域。从今以后，外科医生会像内科医生一样关心人体功能方面的问题。手术技艺不再是外科专家唯一感兴趣的东西，他们第一次将注意力转向身体对各种形式疾病的反应方式。他们成了生理学家和病理学家，因此真正配得上成为治疗师中的一员。

亨特作为描述性科学家的能力远超出了他晦涩而难懂的散文。和在讲台上一样，他在纸面上也从来没有学会如何更清楚地表达自己。他创新的标点符号并没有起到什么作用——这被19世纪费城外科医生塞缪尔·格罗斯(Samuel Gross)称为糟糕透顶。以下是未接受过正统教育的约翰·亨特对炎症的解释，即炎症对身体有益，但有时也会成为问题的一部分：

> 炎症仅被认为是机体某部分的紊乱状态，它需要一种新而有效的作用方式才能将其恢复到仅需自然作用便可稳定的状态：因此，从受试者的角度来看，炎症本身不被认为是疾病，而是由于某种威胁或疾病而导致的强制性行为。但是，这种相同的行为可能而且确实会有所不同，它经常蔓延至更远而非在原处完成结合，甚至可以在完好的部位发生，从而产生了非常不同的效果并形成与先前有所差异的释放方式；它并不是统一和约束在某处，而是将该部位暴露和分离，该过程称为化脓（suppuration），且随情况而变化。但是，即使是在完好的部位，也可以通过其他或辅助的方法来治愈；而在疾病部位，它可以改变疾病的作用方式，同样可以治愈；但是在癌症、瘰疬、性病等疾病中它无法达成那可敬的目标，它确实是场恶作剧。

正是《论血液，炎症和枪伤》中描述的实验研究（并不是指描述的文字）印证了菲尔丁·加里森对他表达的敬意。一旦沉浸其中便会发现，该书是作者归纳和演绎推理的典范之作：他进行的实验和他的观察使他能够得出炎症的一般性生理原理，然后他从中推论性地归结以阐释特定的疾病，例如骨髓炎、腹膜炎、静脉炎和外伤。

亨特从未读过弗朗西斯·培根的著作，似乎也不了解他的工作——他显然是自己发现了归纳推理的原理——如此他把培根的逻辑引入了外科领域，并通过这种方式，把外科也领进了科学逻辑的大门。在他的一篇随笔《对消化的观察》中，隐藏着这样一段话，它展示了将伟大的真理和其探索者联系在一起的纽带，它坚固而世代传承。可以将以下亨特的话与本章开头引用的培根的话进行比较，尽管前者的标点符号不同且有些冗长，我们会发现他说的话与他的前辈一模一样，即使不如他一般文字优雅：

> 应该记住，自然界中没有什么是孤立的，每一门艺术和科学都彼此联系，要使这种联系发生，就需要对其他艺术或科学有所了解，这样才能使我们在那些需要特别关注的事情上尽善尽美。

约翰·亨特的几个实验已经成为医学神话传说中的一部分。其中包括他对组织移植的研究，他说："在所有关于结合的情况中，最不寻常的是把一个身体的一部分切除，然后再把它与另一个身体的另一部分结合起来……这种结合的可能性表明了这般力量有多么强大。通过它，可以让小公鸡的爪生长在它的鸡冠上，或另一只公鸡的鸡冠上；它的睾丸被切除后，可以与动物的任何腔体结合在一起。牙齿在被拔出并植入另一个人的牙槽后，与新的牙槽连接起来，这就是所谓的移植。"如今，在伦敦林肯菲尔德皇家外科学院的亨特博物馆中展出了亨特的一项实验的结果，他将人的牙齿移植到了公鸡鸡冠的中心。

另一个经典实验是证明侧支循环原理的实验。当一条大动脉阻塞时，小血管将从阻塞上方的一点扩张而出，血液汇入其中，这样，动脉所供应的组织将继续得到某种营养，尽管吸收量少于阻塞的大动脉先前所供应的量。这些较小的通道称为侧支血管，当大动脉硬化堵塞时，它们会使许多器官或肢体免于坏疽。约翰·亨特是第一个通过以下方式，即实验证明其存在的人。

他要求人们在伦敦的里士满公园为他抓一只小雄鹿。当几个饲养员按住它使它无法动弹的时候，他用一根紧的线缠绕住它，阻塞了它脖子一侧的主要血管，即颈动脉。不出所料，鹿茸上的脉搏立刻消失了，鹿角变冷了。几天后，这边的鹿角就停止了正常的生长，而另一边的鹿角却保持温暖和健康。但是不到两周的时间，受影响的鹿角又回到了温暖的状态，又开始生长了。在牺牲掉这只动物并将有色液体注入它的颈动脉后，亨特发现循环已经通过侧支血管得以恢复；然后，他利用这一发现设计出一种手术，通过这种手术，他能够挽救几个患有动脉瘤的病人的腿，甚至可能他们的生命，或者是动脉壁的一个微弱隆起。

有趣的是，在如今各大实验室中都取得了关于孕育方面的进展，但人类第一次成功的人工授精是由约翰·亨特完成的。1776年，一名患有先天性尿道下裂的男子前来向他咨询，尿道下裂是一种先天性的阴茎畸形，这让他无法使妻子怀孕。亨特用加热的注射器把丈夫手淫的精液注射到妻子的子宫颈内。如果这一情景适用于这一词汇，其结果就是一次成功的人工授精。因此，世界上第一个现代民主国家和第一个人工受孕的婴儿是在同一年诞生的。

如同外科手术领域一样，约翰·亨特似乎在牙科方面也取得了进展，他写了两本牙齿方面的书，并多次被再版和翻译。在这两本书出版的时候，牙医的声望与巡游的接骨师一样低，他们通常是一群懂得些许技巧的工匠。拔牙的方法很笨拙，剩下的牙科工作包括用骨头、象牙或木头做假牙，以及用原始的方法来填补蛀牙。大多数行医者都不过是江湖郎中，即使曾受训于其他江湖郎中，本领也不过如此。像约翰·亨特这样有声望的外科医生会把注意力转向口腔问题，这一事实本身就产生了影响，像是选择了为牙科学正名。他的书中特别详细地描述了颌骨的结构和发育、它们的肌肉和运动，并描述了恒牙和它们的钙化情况。今天所使用的解剖学分类便源自他的工作。当你的牙医提到尖牙、前磨牙、磨牙或切牙时，他使用的就是亨特介绍的术语。他治疗牙龈和牙骨的发炎、流脓、抽搐、唾液管结石等疾病，并第一个指出在牙菌斑引起刺激、牙龈萎缩和牙槽疾病之前清除菌斑的必要性。

有时，亨特对大自然的调查使他陷入了一次高度冒险或一场滑稽戏的境地。有一个例子可以说明这两点，那就是发生在他的伯爵宫动物园里的一段插曲。一天晚上，他听到失控的惊恐的吠叫声，立即冲出院子，看到他最好的几条狗处在极度恐惧的状态下。两只圈养的豹子已经打断了链条，将它们逼到角落，并发出致命一跃前的低声咆哮。亨特奋不顾身地冲到豹子和它的猎物之间，两只手抓住豹子的颈后，将咆哮的野兽拖回笼子里。他刚一锁上门，猛然意识到自己做了什么，立刻昏倒在地。

必须承认，在其他情况下，这位科学家对研究材料的不懈追求使他陷入了施加诡计或轻率欺骗他人的境地。爱尔兰巨人查尔斯·伯恩（Charles Byrne）（又名奥布莱恩）的故事甚至被故事家讲述了两次，即便他们忘记了主角的名字或他们扮演阴谋角色的背景。伯恩的传奇讲述了抢夺身体的故事。不仅如此，它概括了迄今为止，一些最优秀的医学科学家还在以一种粗心大意的方式研究人体的机制。

这个传奇故事有两个版本。首先是更广为人知的一个版本，最初是在德鲁里·奥特里 1835 年的《约翰·亨特的一生》（*Life of John Hunter*）中讲述的。第二个版本人们可能没有那么熟悉，但可能更真实，因为它是来自约翰·克利夫特的叙述，他是亨特生命最后几年的抄写员。以下内容是基于克利夫特的描述。

查尔斯·伯恩于 1761 年出生在爱尔兰北部蒂龙郡和德里郡交界的一个小村庄，名为“小桥村“，他的父母很普通。在他十八九岁的时候，他已经达到了 8 英尺 2 英寸（约 2.49 米）的高度。这些天，他和一群像他一样高瘦而笨拙的年轻人买了运动护具和运动鞋，前往麦迪逊广场花园。当时篮球运动还没有发明出来，这个长腿小伙子开始在集市、剧院和其他任何地方展示他自己，好奇的乡下人可能会打赏他们几枚硬币。有个叫乔·万斯（Joe Vance）的人，住在邻近的科赫，他意识到更多富裕的观众可能会带来金钱上的收益，就决定做伯恩的经纪人。要想为他的客户找到一家有明星品质的剧院，这可难不倒这位有创意的皮条客——爱尔兰巨人的绰号是显而易见的选择，而伦敦显然是两个乡村男孩踏上娱乐行业这条致富之路的目的地。这个经理和他的准明星于 1782 年 4 月 11 日抵达这座大城市，两周后，他们在伦敦的一家报纸上登了这样一则广告：

> 爱尔兰巨人。本周的每天都可以前来参观，地点在藤店内雅致的大房间里，位于古老的考克斯博物馆的春日花园旁。伯恩先生，这位令人惊讶的爱尔兰巨人，被认为是世界上最高的人；他只有 21 岁。他在伦敦停留的时间不会太长，因为他打算不久之后访问欧洲大陆。除了星期日以外，每天都有几小时的开放时间，从上午 11 点到下午 3 点，从下午 5 点到晚上 8 点，每人收费半克朗。

起初，一切进展顺利。但是这个金钱圣地很快就显露出它的另一面——这对乡下来的无知者来说，钱挣来得太多，他们被毁灭得也太快。随着伯恩的身形渐渐失去了对观众的吸引力，他开始酗酒。随着观众人数越来越少，他的经理人万斯离开了他，去寻找下一个明日之星，他成了暴徒们的牺牲品，在他频繁醉酒昏迷期间经常遭到抢劫。他在乡村孕育而生的肺习惯了爱尔兰清新的空气，无法忍受伦敦那潮湿肮脏又缺乏氧气的烟雾。一天早上，他在泥泞的排水沟里醒来，咳出了血，他知道自己成了城市肺结核的牺牲品。

到了1783年6月，伯恩已是奄奄一息。约翰·亨特一直远远看着他的衰弱，他渴望得到他的骨骼，于是派他的助手豪森密切监视着这个爱尔兰巨人的一举一动，希望他死后能立即得到他的尸体。豪森就像他的师父一样——他追逐猎物从不狡猾行事或遮遮掩掩。伯恩很快得知他的尸体将由这位伟大的外科医生解剖，一想到这一点，他就一直处于恐惧状态。他积攒了一点点积蓄，于是把这些钱付给几个爱尔兰朋友，让他们把他的遗体运到北海去，装进一个超大号的铅棺材里，沉入海底。

亨特打听到了伯恩选定的那位准备把尸体海葬的殡仪员的名字，他打算贿赂他，等尸体一出现在屋里，就交由他解剖。从来没有一个科学家的姓比他的姓氏（Hunter，本义为猎人）更合适形容这种行为。亨特约那位殡仪员在一家啤酒馆见面，他们开始讨价还价。当一个狂热收藏家的钱包实在是不幸，众所周知他愿意出高价购买一件珍贵的生物纪念品，不管它来自人类还是野兽。他第一次提出的50英镑的报价被拒绝了。每次他提高报价，殡仪员就急忙跑出去和他那些聚集在小巷里的死党“智囊团”讨论新的价格。他们感觉到亨特心中无法掩饰的渴望，便把价格抬得越来越高。最后，双方就500英镑的数目达成了协议，这让这位总是缺钱的外科医生不得不去借钱。

几天后，伯恩去世，他确信自己的遗体很快就会被安全地托付给海神尼普顿，因为这位收受贿赂的殡仪员自愿陪同遗体去海边的陵墓。6月初的那一天，当送葬的车队从伦敦向北前往死者即将离开的小码头时，克利夫特对当时的气氛进行了翔实的描述：“这条路很长，天气炎热，棺材沉重，路上走着殉葬者和护送遗体的爱尔兰人。

他们一边走，一边守夜，当看到旅馆，他们就在适当的距离停下来喝上几杯。”

最后，他们来到一家旅店，这家旅店的门太窄，棺材无法通过，殡仪员建议把这个笨重的箱子锁在隔壁的谷仓里。为了安全起见，他们把钥匙交给了保镖队长，整个队伍都从笼罩的悲伤中离开，回到了舒适的旅店。伯恩雇来的保护人不可能知道整个场景都是那个殡仪员事先策划好的，他的同伙携带着工具，藏在谷仓里的一堆稻草后面。他们花费的时间比纽约一群年轻的小流氓把路边停放的汽车完全拆解的时间要短，棺材盖被掀开，尸体被移走并藏在稻草下面，用铺路石代替了它的重量。吃过适当的茶点之后，送葬的人回来了，打开谷仓的门,又开始了他们蹒跚的出海之旅。他们一离开视线,查尔斯 · 伯恩的尸体就被妥善地安置好，装上跳板马车，准备返回伦敦。

那天深夜，爱尔兰巨人的灵车停在了一辆时髦的私人马车旁边。整个行动的策划者正在从半拉下的窗帘里不耐烦地窥视着。片刻之后，伯恩被转移到马车上，亨特带着他那高大的、现在已经僵硬的“乘客”站在他旁边的座位上，嘎吱作响地往伯爵宫的家走去。由于害怕被发现，他立即把尸体切开，把肉放在专门为此而建的大桶里煮开，然后把骨架准备好。在后来的几年里，许多参观的游客会注意到骨头上不寻常的褐色，但他们没有意识到这种变色是由于锅里的快速煮沸造成的。

爱尔兰巨人的故事通常被说成（我也是这样讲述的）医学史上有趣的逸事之一，虽然有些令人毛骨悚然。事实上，大部分的乐趣都来自那些可怕的细节，来自受害者的恐惧，以及与英雄般的医生冷静的调查工作形成的鲜明对比。现代医生和外行人都认为这是一个由悬念、棺材和骷髅组成的万圣节恶作剧，与他们的日常经历相去甚远，不会威胁到医生理想的人道主义形象，也不会威胁到普通人的安全感。但以其他任何方式看待它，都会迫使医生和人们记住一个令人不快的事实：直到最近，许多研究人员还在利用自己作为科学家的角色，不仅将自己凌驾于国家法律的高度之上，而且超越了支配人类之间关系的基本的道德法则。一个医学研究者越是一心一意地探求大自然的秘密，他就越有可能有意或无意地侵犯大自然造物主的权利。

对于本章的主人公——这位热忱的研究者来说，这位爱尔兰巨人并不是一个人类同胞，而是他将所有能量倾注于的“实验材料”的又一员。他的下一代弟子将叙述和记录伯恩的故事，对他们来说，亨特的追求与手段功过相抵。如果这些手段应该受到谴责，那就随它去吧。毕竟，他是伟大的约翰·亨特，他的方法与其说是受到批评，不如说是受到嫉妒。在许多人眼中，他摆脱了自我怀疑和社会规则的束缚，成为一名理想的医学科学家。

在亨特死后的一个世纪里，查尔斯·伯恩的故事所反映出的态度惹恼了那时的医生和普通人。普通人的态度是恐惧和愤慨，医学界的态度则是矛盾的。一方面，除了社会允许的普通途径外，似乎没有其他方法可以收集某些科学信息。另一方面，要把毫无戒心的病人当作实验动物，或者把他们的尸体当作解剖用的标本来对待，这需要一定程度的铁石心肠的自大，或者至少是道德情感的迟钝。

然而，随着 19 世纪的发展，人们的愧疚感变得越来越普遍，抗议的声音也越来越响亮，人们开始找寻解决这一两难境地的办法。1828 年，亨特最重要的门徒之一阿斯特利·库珀爵士出现在英国议会的一个调查委员面前，并告诉议员们，去世不足一天的尸体都可以从尸体强盗那里得到，显然是时候采取行动了。在英国和其他地方，与解剖学相关的法律被起草，并提供了一种方法，即尸体可以由幸存者或民政机构捐赠而来。随着每个团体更加在意与关切彼此，以及存在共同的目标，也就是改善子孙后代的健康问题，专业人士和民众之间的合作氛围逐渐改善。尽管医学研究人员的虐待行为（特别是针对少数族裔和穷人的）一直持续到20世纪末，但那些肆意妄为的例子却越来越少。解剖学相关行为最终被编入道德规范，反映了科学家对其研究对象的福利和权利的关注。现如今，人类调查委员会（Human Investigation Committees）的医生成员是病人权利和尊严的最坚定保护者，这是医学界莫大的骄傲。而在一个世纪以前，他们的前辈曾以科学的名义肆意地侵犯病人的权利和尊严。

经过长时间的卓有成效的研究，约翰·亨特的个人执业不断发展。从1775年开始，也就是他收入超过1000英镑的第一年，他的收入达到了一个可以自由地购买任何他需要的标本和技术帮助的水平。1776年被国王任命为杰出外科医生后，他的实践范围变得更大了。1788年珀西瓦尔·波特去世后，亨特被公认为大不列颠的首席外科医师。他同时被任命为陆军卫生部长和团级医院的监察长，这两项工作都增加了他的收入，但也耗费了更多的时间和精力。

尽管亨特在执业中取得了成功，但他从不喜欢那些在看护患者中所需的常规步骤。他会毫不犹豫地去任何地方看一个有趣的病例，或帮助解决临床管理中的难题，但他恼火于处理日常但必要的问题。他经常向那些为了一些头疼脑热的小病就来找他就诊的富有伦敦人表露出恼怒之意，也不顾念自己的赢利。他认为自己每天的大量临床实践是他进行研究工作的有力保障，但他没有试图采取其他行动。有一次，他要出门问诊时，对他的学生威廉·林恩说：“好吧，林恩，我必须去挣这个该死的钱，不然明天我就会缺钱用。”然而，有时当他觉得病人太穷或者认为他没有得到应有的治疗帮助时，他会拒绝收费。

就像所有优秀的外科医师一样，亨特认为，医生最伟大的技能是他的判断力，尤其是当一切保守措施都无济于事的时候，才去考虑手术事宜。在那个既没有消毒剂也没有麻醉剂的时代，这样的理念不仅是谨慎的，而且是强制性的，尽管很多人并不认同。他曾经把那些进行非必要手术的医生比作“一个武装的野蛮人，他试图通过武力达到一个文明人可以通过计策达到的目的”。

1783年，当亨特举家搬到莱斯特广场28号时，他的执业收入已经达到每年5000英镑，而且还在不断上涨。他有足够的钱来装修他的房子，使其提供他所需要的所有生活和工作空间。在足足两年时间里，他花费了6000英镑才把它完成，但他认为这笔钱花得值，尽管这意味着他今后将入不敷出。这座豪华的主楼毗邻博物馆，是一间长52英尺、宽28英尺的房间，四周有一条画廊，屋顶是天窗。在博物馆的另一边有一扇12英尺高的玻璃门，通往一间很大的客厅，或者称作会客室，那是一间150英尺宽、装饰精美的房间，挂着许多名贵的油画。另一扇门将这个房间与一个半圆形的演讲厅隔开，演讲厅的墙壁周围整齐地排列着架子，架子上摆放着亨特讲座时用来演示的标本。演讲厅旁边是一间可以用来开会的客厅。在这些建筑后面是一个庭院，庭院的一部分由玻璃覆盖。一个人可以穿过院子，到达隔壁城堡街上另一所房子的后面，那座房子也属于亨特，是他的学生住宿和办公的地方，也包括他进行写作和收藏书籍的地方。总而言之，这些领地构成了一片相当于三个建筑用地的大庄园。

亨特虽然是个糟糕的讲师，但他对所有的学生都一视同仁。他的学生们每天和他在一起，看他解决临床问题，帮助他做实验，观察他崇高的工作——没有比这更好的学习医学艺术和科学的方法了。每个学生交纳500几尼的费用，在老师门下进行为期五年的学习。这批学生中最幸运的莫过于享有特权住在他家的“入室弟子”。他们是最了解他的人，他们知道他是未来科学的先知。他们学着解读他智慧的话语和韵律，也知道他的话中传达着真理的声音。

威廉·夏普说服约翰·亨特为约书亚·雷诺兹爵士静坐，根据完成的肖像画做了雕像。这位伟大的自然主义者被他职业生涯的纪念品所包围。（托马斯·福布斯教授提供）

莱斯特广场名人辈出。艾萨克·牛顿曾住在圣马丁大街临街的一所房子里，威廉·贺加斯带着他的新婚新娘于1733年在这里组建了家庭。当约翰和安妮·亨特购买他们的房产时，他们很清楚约书亚·雷诺兹将是他们47号的邻居，他从1760年起就安家在那里。住在广场对面的亨特一家一定会和约书亚爵士以及他的妹妹成为朋友，尤其是考虑到安妮对艺术的兴趣。

同事们，当然也包括雷诺兹本人，经常劝说亨特为他静坐，但总是遭到拒绝。最后，在另一个朋友，雕刻师威廉·夏普的坚持下，他同意接受这个令人不快的邀请。他不耐烦、焦躁不安，对失去的每一分钟都后悔不已，可想而知，在这一方面他注定是可怜的。这幅画花费了大量的精力，也忍受了不断的怨气，但最后似乎已经接近令人满意且即将完成的状态。后来有一天下午，正当雷诺兹要放弃创作一幅真正精美的肖像画的可能性时，奇迹发生了。有几分钟，亨特似乎忘记了自己在哪里，陷入了一种遐想状态，仿佛在与自己天才的源泉交谈，听着“来自虚空的耳语”。雷诺兹没有扰乱那令人着迷的宁静瞬间，而是将他即将完成的肖像画颠倒过来，在两腿之间画了一张新的素描，画出了他的主人公神情恍惚的面孔。他重新开始了他的画作。次年他在皇家艺术学院展出时，他在前一幅画上所作之画被认为是一幅杰作。

在这幅画像中，亨特被他职业生涯的纪念品包围着。其中包括进行肺部血管注射前的准备工作，一本打开的书——他所谓的比较解剖学“分级系列”手稿对开本，以及查尔斯·伯恩变色骨骼的下肢。在每年的亨特演说时，这幅肖像都挂在演说家上方，面对着聚集的观众。陷入沉思的约翰·亨特坐在他众多珍贵的纪念品中，在这些集会上，他的肖像仿佛传达了想要对同行的外科医生说的话，这比任何受邀的教授都更有说服力。

1785年，当亨特57岁时，他开始经历胸痛发作。起初只在剧烈运动时发生，过了一段时间不太剧烈的刺激也会使他感到疼痛。像往常一样，他充分利用了自己的疾病状态，不止一次地在疾病发作时冲到镜子前，以便在自己的脸上看到伴随心绞痛发作的痛苦和恐惧的表情。渐渐地，他学会了避免引起发作的剧烈活动和攀登楼梯，但他无法控制自己纷乱的思绪，也无法在人生的这个阶段获得一种性情上的平静。每有一个他的学生和密友都因他本质上的善良而崇拜他时，就有五个人鄙视他好斗身体里的每一个细胞。在他的一生中，他每真心实意地帮助一个人，都会有十几个人遭受过他的侮辱。他一生都鄙视平庸的人，当那些平庸的人采取与他对立的立场时，他就会爆发出激烈斗争的怒火。这根本不是耐着性子与傻瓜相处的问题——他全然无法忍受他们。

不幸的是，现如今亨特的心脏因冠状动脉硬化而营养不良，却时常迸发凯尔特式的情感。在紧张的时刻，缺血的心肌会发出警告，而这些警告在他下一次被愤怒压倒时总会被遗忘。他意识到自己生活在危险之中，但他拒绝认识到避免冲突的预防价值。在他 65 岁生日的时候，心绞痛已经成为他的老对手，约翰·亨特知道他一定会输掉最后一场战斗。他说:“我的生活掌握在任何一个骚扰和戏弄我的无赖组织的手中。”

最后一次冲突发生在 1793 年 10 月 16 日圣乔治医院的会议室里。亨特卷入了一场激烈的辩论，辩论的起因是他支持两名申请成为外科学生的年轻苏格兰人。当他在辩论中发表的辩词被他的一个对手反驳时，他怒不可遏地冲出房间，他那受了致命伤的心脏发出最后的痛苦警告。他奄奄一息地倒在一个碰巧站在门边的医生怀中。约翰·亨特的状况已是无药可医。

最杰出的外科医生就这样死去了。66 年后，他心怀感激的同胞们将他的遗体从第一个快被遗忘的安息之地——特拉法加附近圣马丁田野教堂的地窖中——转移到威斯敏斯特大教堂的一个充满荣光之处,这是情理之中的。达尔文进化论最早的倡导者之一查尔斯·莱伊尔躺在他的头上，“另一种诗人”本·琼森躺在他的脚下，这也是合适的。在修道院的北面正厅，可以看到一块黄铜牌匾，它提醒整个世界所欠约翰·亨特之处：

> 英格兰皇家外科学院将这块牌匾放在亨特的坟墓上，以表达对他天才的钦佩、他对有机体生命法则中神圣力量和智慧的天才诠释，以及对他作为科学外科创始人为人类所做的服务的感激和敬意。

约翰·亨特的历史遗产是由大量的信息、奇闻逸事、数据和暗示组成的，而任何传记或亨特式的演讲都不能恰当处理这一切。甚至已经出版的书籍也倾向于强调能够反映其精神的方面，而忽略了其他方面。也许在未来的某个时候，直觉敏锐、思维敏捷的读者和思考者会出现，能够聚焦于亨特工作中真正的才能。他或她必须有一种叙事风格的天赋，这种风格等同于编织一幅五颜六色、纤维致密的文学挂毯，足以展示一个人的全貌。他或她必须是一名外科医生、博物学家、心理学家、历史学家、哲学家、生理学家、胚胎学家、牙医、社会评论家，并且具有非常敏感的灵魂。

没有一个外科医生像约翰·亨特那样，对他的艺术、科学和追随他的人造成了如此大的影响，追随者们也因此做出了更多高质量的贡献。然而，事实上，与其说他是一名外科医生，不如说他是一名博物学家。他的一位传记作者威廉·奎斯特（William Qvist）曾这样评价他："约翰·亨特以极其谦卑的态度崇拜自然。他不仅仅是自然历史的信徒，还是自然历史的高级牧师。"更重要的是，他还是心中的那个小男孩，从来没有失去过他从童年时代就以好奇的眼光看待生活的天赋，他想"知道所有关于云和草的事情，以及为什么秋天树叶会变色"。

8 “没有正确的诊断，便没有合理的治疗”

何内·雷奈克，听诊器的发明人

治愈的果实长在疾病理解之树上。没有诊断，就没有合理的治疗。先检验，再判断，然后才能给予帮助。

——卡尔·格哈特（Carl Gerhardt），维尔茨堡，1873年

明天是我所在的医学院的校友日。我的同班同学们分散在美国其他各个地方实习，而我仍然留在了纽黑文，因为我愿将大学视为往日时光的稳定承载——每个人的美好青年时代。其实，并不是我没有改变，而是我作为老毕业生每年回校的形象没有改变。伴着美好回忆涌现出的激情，每一位校友都保持着年轻的心态，仿佛某种温柔的固定剂将他们停驻于在四年专业时光的最后那美好的瞬间。当我向一位老同学打招呼时，感觉回到了1955年毕业日，我们头几分钟的交谈也一如往昔。每次重聚时的初遇永远闪着金光。它重塑了青春，再现了我们的初心，毫不夸张地说，我们想要征服人类的疾病。

在我们这些老同学把话题转到当前的事情之前，总会在这热情迸发的时刻，谈到往昔一些有趣的事“你还记得……的时候吗？”即使我们没有说出来，即使我们没有在如今工作闲暇的周末叙叙旧，

每一张新到的面孔都会勾起无数特别的回忆。我们的班级人少，只有76名男同学和4名女同学，一起度过了那不平凡的四年——我们分享了很多。在最初的两年里,我们经常结伴而行,而在最后两年里,我们彼此之间的距离也只隔着几条走廊。我们当时在同一天下午买了自己的第一个听诊器。

回想起来，那是光荣的一天。虽然一位来自俄克拉何马州的同学戏称它为一块“听响的铁”，购买听诊器的仪式标志着我们进入了第二阶段，循序渐进地完成希波克拉底全部遗产学习的四个阶段。第一阶段是我们胆怯地站在尸体旁进行学习，这一瞬间我们迈入了医学神职人员的行列。大二快结束时，我们被授权使用官方标识的神圣的听诊器，我们会花七八美元在当地一家名为“白色商店”的医学书店购买它，这场购买仪式由一位名叫梅耶罗维茨的管家商人主持。六个月后，伴着颤抖和犹豫，伴着我们第一次接触尸体解剖时那记忆犹新的焦虑感，我们获准检查一名活着的病人。最后，到了第四阶段：当课程完成，考试通过，财务缴清了所有的余额，我们就成了真正的医生，或者至少我们得到了这所拥有150年医学教育经验的学校的认证，也因此被州执照当局首肯。

在我们学医之路的四个阶段中，没有一个标志着比购买听诊器更重要的转变。戴上这个标识，我们立即被认可了医生的身份。在当时，护士可能会被允许暂时使用它来测量血压，但其他人都不敢冒昧地触摸这台古老的仪器，或者把它挂在脖子上。它既是一枚成就勋章，一个学医阶段的标识，又是一种权力的象征；我们所有人，包括足不出户的妇女，都知道它是医生的象征。作为三年级的医学生，我们很快就学会了通过听诊器看似随意的声音去辨识它所传达的杂音和信息。据我所知，对当今所有医疗行业（委婉地称作卫生保健行业）的现状，没有比以下事实更能说明问题的了：听诊器和白大褂都不再是医生的专属财产。早已去世的梅耶罗维茨的接班人从未像现在这样忙碌。

无论它是否象征了学医阶段的等级，当我第一次学会使用它时，我便知道它是一种令人惊叹的有效工具，直到今天，尽管有了 MRI（磁共振成像）、CT（计算机层析成像）和其他按字母排序或缩写形式的现代技术，听诊器仍然是一种非常有效的工具。尽管它看似不过是一种将声音传导到耳朵的装置，但在 1816 年它的发明为医生开辟了全新的诊断可能性，并且在随后的一个世纪中，许多医学思想都致力于描述使用它的各种不同的方式，以用于检测疾病的细微线索。它可以轻便地被放在医师的白大衣口袋中，是诊断中触手可及的伴侣，也是教学中了解病理要素的无价帮手。本章便讲述它的发明及其发明者。

希波克拉底文集中首先提到，聆听从身体深处发出的声音是有用的。他在《论疾病》中写道：“如果你侧耳听到一段杂音，像是沸腾的醋一样，凭借它你就会知道胸腔里包含了水而不是脓液。”胸腔内空气和液体晃动的声音被称为“振水音”。接下来是希波克拉底派的一位作者记录的另一种声音，当受伤的肺部摩擦胸壁内侧时，也会听到“像新皮革一样吱吱作响”的声音。在 17 世纪，罗伯特 · 胡克和威廉 · 哈维都曾描述心脏跳动的声音。事实上，正是胡克预言了在后来的几个世纪里，研究人体内部构件产生的杂音具有丰富的诊断价值。基于他卓越的预见性，他甚至提出，今后有可能通过增强耳部识别声音的能力去感知个别声音和它们之间的差异：

> 谁知道呢，我说，也许可以通过身体内部的运动，无论是动物、植物还是矿物，通过它们发出的声音，来发现一个人身体的几个办公室和商店里正在从事的工作，从而

> 发现什么构件或发动机出了故障……在某种程度上，我也在经验中备受鼓舞，因为我能够非常清楚地听到一个人的心跳声，也经常能听到在肠子和其他小血管里风声的往复，肺部的阻塞很容易通过喘息声来分辨，头部的阻塞通过嗡嗡声和哨声来分辨，还有很多次听到关节掰动时的噼啪声，诸如此类……对我而言，这些运动和声音只是程度上的不同，因此，要想让它们更加细微，要么需要运动的增强，要么需要一个更好更有力的器官来感知和区分它们（尝试使用人造鼓膜的装置），我认为要做到这两点并非不可能，但在许多情况下这需要一定的协助。

自乔瓦尼·莫尔加尼起，检查病人的流程才逐渐与今日相仿。他的工作顺理成章地开启了体格检查艺术发展的时代。莫尔加尼在他的《病因》中描述了大约700个病例，这些疾病的症状可以在死后经尸检追溯到它们的起源器官。200年后的我们可能无法理解，尽管他的发现如此出乎意料，让现代的很多医生都为之惊叹，但那时他们仍习惯于将疾病归咎于灾祸、放纵行为、瘴气和备受非议的神明，诸如此类含糊不清的原因。这一场惊喜转瞬即逝，随之而来的又是一个漫长的时代，在此期间，医学研究人员的主要兴趣是在病人还活着的情况下寻找识别器官异常的方法。当然，这就是现代体格检查的目的——视诊、叩诊、听诊和触诊，这些都能探出疾病的证据，并将其定位到起源器官。在这门艺术的发展过程中，最伟大的贡献莫过于医生发明的第一个诊断仪器，也是最有用的一个——听诊器。这是基于莫尔加尼的独特的法式方法。

但是，在讲述听诊器的故事之前，还有一个同样有趣且简短得多的故事，关于另一种物理诊断方法的起源。这种方法比听诊器早了近半个世纪，那就是叩诊。大多数曾被家庭医生捶打过胸部的患者可能都想知道，究竟从这神秘的过程中可以获得什么样的信息。医生把手掌平放在一个人的躯干上，用另一只手在他伸出的中指上巧妙地轻敲几下。如果仔细听，所产生的声音要么是沉闷的，要么是共振的，这取决于胸部或腹部的潜在区域是实体结构还是空心结构。声音可以响亮如鼓，也可能像是敲击在木头上。比如说，如果一个人想要确定一个未满的酒桶里还剩下多少啤酒，他可以先敲打底部，然后逐渐向上敲打。一旦到达桶充满空气的上部，扁平的声音就会转化为深沉的空心音。叩诊是由一位旅馆老板的儿子，即奥地利医生利奥波德·奥恩布鲁格发明的，这也不足为奇。

虽然这个故事很可能是杜撰的，但据说这位年轻的奥恩布鲁格是在敲击他父亲的啤酒桶时发现的。可以肯定的是，他在成为维也纳圣三一医院的首席医生之后才开始研究这项技术。在认识到叩诊的可能性后，他花了七年时间在患者身上研究这种方法，并在尸检中确认他的结果。此外，他还在尸体上进行实验，以验证他的假设。

奥恩布鲁格是一位技艺高超的音乐家。他懂得诸如共鸣、音高和音色之类的知识。在学习叩诊的过程中，他很好地利用了自己的学识，但作为一个谦虚、和善的人，他不会自欺欺人地认为别人一定会重视甚至理解他的贡献。他在一本书中描述了自己的发现，下面是该书《前言》中的几句话：

> 我并非没有意识到我必须面对的危险，因为那些通过自己的发现来阐述或改进艺术和科学的人，他们的命运总是被嫉妒、恶意、仇恨、诋毁和诽谤所包围……在自己感官的见证下，在艰苦乏味的努力中，我已经一次又一次地证实了我所写的东西；——在任何情况下，需警惕自负的诱导影响。

前言的最后一句话应该作为所有科学著作中不可侵犯的原则："我没有以自己的写作方式或写作风格来展现自己的野心，如果这一点能够被理解，那我就满足了。"

奥恩布鲁格可能会欢迎一些嫉妒、恶意、仇恨、诋毁或诽谤的声音，因为这样的回应反而意味着有人在关注他的工作。实际上，欧洲的科学界对此反应是忽视或冷漠。奥恩布鲁格并不是一个想要把自己推到公众视野中的人，他并没有做更多的事情来宣传他的思想，只是在两年后出版了其著作的第二版。实际上，在第二次出版时，他已经辞去了医院的职务，在他 40 岁的时候，他开始享受作为成功的维也纳医生的惬意生活，他得到王后的赏识，是歌剧爱好者，也是一位美丽妻子爱慕的丈夫。

叩诊无疑是一项有用的技术，但它此时出现在医学领域还为时过早。莫尔加尼的工作还没有广为人知，所以寻找体格检查方法的工作还没有开始。奥恩布鲁格宣布自己的发现时，对脉搏和呼吸的观察是当时评估胸部状况的唯一已知方法。他写这本书的时候，正是莫尔加尼将寻找身体症状作为诊断的重要部分之时。它自此销声匿迹，而在半个世纪后，即 1808 年，也就是奥恩布鲁格去世的前一年，一位法国医生重拾这一技术。这位名叫让-尼古拉斯·科维萨特的医生将德文译本翻译成法语，并推广了其中的信息，展示了叩诊的多种使用方式。奥恩布鲁格的伟大贡献消失得太快，以至于科维萨特本可以轻易声称这是他自己的研究成果，但他拒绝如此行事，他后来在谈到他的前辈时说："我希望把他和理应属于他的美丽发明带给这个世界。"

科维萨特是法国医学黄金时代的早期人物之一。在巴黎医生的领导下，大约从 1800 年开始，出现了一个闪耀的过渡时期，这是自希波克拉底学派出现以来第一次将诊断的准确性建立在对病人进行直接、详细的观察上。这是我们今日所熟知的临床医学的雏形，它始于意大利的莫尔加尼从北方吹来的一阵新鲜的风，迅速驱散了早期关于疾病起因和诊断的空想理论。法国人继承了莫尔加尼，将注意力集中在个体的病理过程上，并竭尽全力地落实伟大的帕多瓦格言，即体征和症状是“患病器官的哭声”。

在所有的欧洲国家中，法国做了最充足的准备，享受医学新发现带来的新鲜气息。毕竟，这里是革命之地。在 1789 年，旧医学院被关闭，新的探究精神开启，后者以严密观察和公正的解释为标准。在这种氛围下，19 世纪早期的法国医生，特别是受到科维萨特和其他几位医生的启发后，将注意力转向寻找病人症状与其尸检结果之间的相关性上。科维萨特不仅是一位天才医生，而且还是他自己的病理学家。他是法国学派的真正创始人，在这个学派中，每个患者都参与了一项由三部分组成的广泛研究：确定某些特定的症状组是如何同时出现的，从而产生某些特定的疾病，这些疾病可以被归为同一大类的疾病；然后找到导致这些症状的解剖学变化；最后，在对每种疾病的描述中加上一份清单，即医生通过仔细的身体检查总结出的可识别的症状。由此开始，科维萨特成为现代临床医学诞生的助产士。

当时来法国医院的外国访客写信给他们的同事，说整个巴黎学校都是“感觉论者”，这并不奇怪。在医学术语中，这个词意味着一种高度赞扬。它暗示着巴黎的医生们已经放弃了猜想，取而代之的是他们五种感官所能感知到的看得见、摸得着、听得见，甚至可以品尝和闻到的事实。假设和猜测在诊断中已不再占主导地位，因此，诊断设备变成了一套有用的工具，而不再是一套骗人的把戏。科维萨特是新客观方法的典型，他在自己的著作《论心脏和大血管的疾病和器质性病变》(*Essay on the Diseases and Organic Lesions of the Heart and Great Vessels*）中称其为“建立在观察和经验基础上的纯实践作品”。在他的演讲教室的墙上印着这样的告诫：“永远不要根据纯粹的假设或简单的意见去做任何重要的事情。”

科维萨特和其他几位著名的医学人士（其中包括维萨里）一样，屈服于宫廷的奉承和荣耀。1804 年，他成为拿破仑的御医，在 1815 年拿破仑最终战败后，他彻底退出了医学界。在他被宫廷的大家风范和第一执政官（拿破仑）的阿谀奉承淹没之前，他对法国医学的深远影响已经吸引了一群杰出的学生，而在这其中没有人能比这位体弱多病的、来自布列塔尼的年轻人给他的医生同行和法国带来更大的荣誉，他注定要因听诊器的发明而被人们铭记，他就是何内 · 雷奈克。

何内 · 雷奈克（1781—1826）的人生首先跨越了狄更斯所说的“这是最好的时代，也是最坏的时代”，然后是拿破仑时期和后拿破仑时期。对法国来说，这是动荡不安的年代。这是一片充满诅咒和祝福的土地，它的子民雷奈克的一生也是如此，他是一位身患结核病的天才，后来成为 19 世纪初最伟大的医生。

在布列塔尼半岛的最西边，位于英国普利茅斯正南方的是坎佩尔，这是一个坐落在石南花和森林覆盖的小山中的迷人的乡村小镇。它是雷恩主教的所在地，有一座美丽的大教堂，离它不远的地方可以看到一座由法国医生为纪念雷奈克而竖立的雕像。他于 1781 年 2 月 17 日出生在那里，母亲米歇尔 · 雷奈克在他 6 岁时去世，死因很可能是结核病。他的父亲泰奥菲尔（Théophile），一生都是一个虚荣并且有点儿古怪的人，他自认为是一个诗人，但挣扎于朝不保夕的生活，这源于他卑微的政治职位。他成为鳏夫，带着何内、弟弟米绍和 1 岁的玛丽 · 安妮，而他开始卸下繁重的父亲责任。他先将安妮送去由她的姑姑抚养，再将两个男孩送到一个当教区牧师的叔叔那里去住，一年以后，又把他们送到附近的南特市，交给他们的另一个叔叔纪尧姆·雷奈克（Guillaume Laennec）医生看管。

纪尧姆不是一个平庸的当地医生。他在巴黎开始了他的医学研究，后来转到德国求学，在蒙彼利埃的一所古老的大学里获得了学位。在约翰·亨特教义的吸引下，他随后搬到了伦敦，并试图申请在圣乔治医院成为一名外科学生。当他的申请被拒绝后，他于1775年回到坎佩尔，最终在南特定居，在那里他的才华受到高度评价，不到两年，他就被任命为学院的院长。

因此，在1788年，这两个失去母亲的男孩在南特最杰出的公民的家中生活，并与他们三岁的堂弟克里斯托弗一起长大。克里斯托弗最终成为一位著名的律师，而米绍27岁过世，当时他在该行业也取得了巨大的成功。这三个孩子在他们各自的领域中取得了如此优异的成绩，这在很大程度上要归功于纪尧姆的榜样力量。他是一个高智商、学术造诣颇高的人，他为这三个富有才华的男孩设定了适当的学业标准，并十分热心地陪伴着他们成长。

在1789年开始的革命和反革命运动中，雷奈克家族的人并没有受到太大影响，直到1793年2月，包括布列塔尼在内的西部地区爆发了所谓的旺代叛乱。他们一开始发起了农民起义，其目的是抗议征兵和征税，但这股势力的蔓延导致了共和政府的严厉报复行动。这场旺代叛乱仅仅是在全国范围内掀起的更大运动的前兆。对国民公会法令的不满，对1793年1月路易十六被处决的愤怒，以及不断恶化的军事形势，导致了法国各地的反革命运动，其中还包括一些地方主义分子。结果，国民公会任命了臭名昭著的公共安全委员，恐怖统治由此开始。从1793年夏天到1794年夏天，超过4万名“革命敌人”被处死。最终在1794年7月，温和派推翻了激进的罗伯斯比尔派的领导。1795年10月，新政府成立了，制定了一部保守的宪法和一个由五人组成的执行委员会。

恐怖主义在巴黎已到达极为严重的程度，但南特也同样受到了特别严重的打击，有3000名公民被处决。布菲广场上立起了一座断头台，从雷奈克家的窗户就能看到它。但是断头台建立的速度还不足以满足南特的狂热爱国者，他们发现可以通过在河中大规模溺水来更有效地杀人，这是准司法的处决形式，被称为卢瓦尔河溺水事件；还有一个退化的变体，即艾因共和国婚礼（Le mariage Républicain），在这种形式下，男子和女子被裸体绑在一起，成对扔进水里。另一种相对仁慈的大规模处决是将人们聚集在一起，用链球弹进行集体处决。

尽管孩子们被要求尽可能地远离处决之地，但何内还是看到大约50个人头滚进了断头台的篮子里。他很可能听说了枪击和溺水事件，并且很可能已经偷偷地目睹了其中一些事件。在六周的时间里，他一直在担心他的叔叔，他叔叔因被怀疑是当地"政府"的反对者而被关进监狱。

然而，即使在杀戮最严重的时候，某些常规的活动仍在以些许正常的方式进行，其中就包括教育。雷奈克家的三名男孩不间断地继续他们的学业，在恐怖主义的约束下尽其所能地吸收知识，并通过自身的努力赢得了学术奖项。

尽管他曾短暂地考虑过从事工程工作，但受到他博学的叔叔的影响，以及他自身对自然的迷恋，何内决定选择不那么有威望的医学专业。在革命第三年（1795年）的葡月（即九月），14岁的他进入南特大学，开始了他的专业学习。

何内的那位感情疏远的父亲娶了一位衣食无忧的寡妇，成为一名交易仲裁者，因此有一点儿钱来支持他的教育事业，尽管并不是很多。在接下来的几年里，他在与泰奥菲尔的来往信件中多次问这位父亲要钱。他继续依靠他的叔叔纪尧姆充当他精神上的父亲，并维持他的日常开支。

何内在南特大学附属医院学习期间，第一次出现了身体虚弱的迹象。他比同龄的大多数男孩都要矮小，并且被认为有结核病的遗传倾向，因此他尽责的叔叔细心地照看着他（有过分小心之嫌）。当纪尧姆自己 20 个月大的孩子去世后，他在给泰奥菲尔的信中写道，其是“革命环境下的一个无辜受害者”，他比以前更加警惕自己消瘦的侄子的健康。在 1796 年 5 月的那封信中，泰奥菲尔表示希望何内的人生成就可以安慰他那颗失去自己孩子的心。

显然，纪尧姆怀着强烈的希望，希望他的侄子有一天能继承他的事业。但是，仅仅让这个男孩成为他的职业继承人是不够的，他必须像校长本人一样精通他的工作。何内经常被告诫要勤奋学习，这样他才有可能承担起那份最终属于他的责任。纪尧姆告诉这位男孩：“我们的使命就像一串锁链，必须日日夜夜每时每分携带。”

而另一方面，泰奥菲尔强烈希望何内选择成为一名商人或律师，这两种职业的社会地位都比医生更高。然而，这个男孩决定继续他的医学学习——这一决定可能更多的是因为他的叔叔，而不是他确信自己在做正确的事情，他开始以一种热忱的态度投入工作，这份热忱将伴随于他余生从事的专业工作。他不满足于把自己的学习局限于当前临床训练所需要的简单知识，他学习了化学和物理，他认为这是了解人体机能所必需的。这还不够，他从吝啬的父亲那里榨取了足够的钱，让自己学习拉丁语、希腊语以及艺术和舞蹈。他还学会了演奏长笛，在未来几年的困境中，这种乐器为他提供了许多娱乐和灵感。

不久，他已是“一根蜡烛两头烧”——过分消耗精力。中间的蜡开始显示出容易熔化的迹象。1798 年春，他长期发烧，筋疲力尽，有些许呼吸困难。那一时代的医学准则要求他接受泻药治疗，认为机体应当排除一些多余的流体。几个星期后他康复了，可能尽管接受了治疗，但也不是因此而痊愈。

疾病使年轻的雷奈克身体逐渐虚弱，但他依然决心追求自己的职业生涯。在接下来的两年里，即内战的小规模爆发期间，他和纪尧姆叔叔与泰奥菲尔进行了谈判，希望获得他的承诺，支持何内在巴黎的医学研究。与此同时，这个年轻人通过一遍又一遍重复他在医院的工作来消磨时间，同时担任一些次要的职务，使他获得了治疗伤员的经验。最终，在 1799 年 11 月 10 日，法国和雷奈克的命运发生了戏剧性的转折，逐渐走向稳定。在那一天，南特城敲响了钟声，鸣起了礼炮，市民们欢呼雀跃——拿破仑 · 波拿巴被任命为共和国的第一执政官。

此刻的乐观情绪似乎减轻了泰奥菲尔 · 雷奈克的吝啬。在把米绍送到巴黎接受律师培训后，他再也无法拒绝这位有抱负的年轻医生和他叔叔的恳求了。1801 年 4 月，何内 · 雷奈克口袋里揣着父亲给的 600 法郎，徒步前往巴黎。他在 10 天内走了 200 英里的路程，月底到达时已经疲惫不堪，但他依旧兴高采烈。他和弟弟米绍在拉丁区的一个房间安顿下来后，就在巴黎最大的医院之一慈善医院申请成为医科学生。做出这样的选择并不难——慈善医院拥有一位法国最重要的老师，让-尼古拉斯 · 科维萨特。

如果按照当初的计划执行，年轻的雷奈克不可能在一个更幸运的时间开始他的专业培训。由于革命的哲学思想，整个法国的教育体系正在经历一场彻底的改革，科学和医学是改革的主要受益者。新医学教育学的基础是医院本身，其教学方法基于临床，因为它使用住院病人（不论是活着的还是死亡的）作为它的主要教学实例。巴黎为这种教学提供了理想的环境。在 18 世纪的最后几十年和 19 世纪初，这座城市成为大批年轻人的避风港，成为他们背井离乡或者寻求财富的天堂。革命的浪潮促使他们来到了国家首都——首先是法国大革命，然后是工业革命。人口的不断增加，众多移民的艰苦生活环境，再加上难以养活家庭，造成了长期的危机状态，使该市 48 家医院的病房人满为患（据报道，1788 年市内住院人口统计为 20 341 例），并使尸检室的容量不堪重负。巴黎街头上演了无休止的人间悲剧，这是滋养法国医学迅速发展的残酷养料。

在这段时间里，整顿一直在进行。1790 年以后，所有的医院都归国家所有。它们在 1801 年以后由总理事会集中领导。自中世纪以来一直掌管教学的巴黎医学会于 1790 年解散，按照新共和国的哲学要求，医生培训由私人企业场所负责。无论这样的制度在其他领域有什么好处，但对医学来说，它除了制造混乱之外，从来没有为医学教育做过任何贡献。不久之后，这个国家陷入战争状态，对医生的需求变得比以往更加迫切，必须采取一些措施。这些措施包括在巴黎、蒙彼利埃和斯特拉斯堡建立三所新的医学院，或用法语称 ecoles de sante。

医学院的教师薪酬是通过立法规定的，这使它成为我们今天所说的地区全日制的先驱。因此，教授们并不受惠于他们所教之人直接支付的费用，他们得到了合理的工资，尽管不足以负担太多奢侈品；因此，他们也被允许进行不受限制的私人执业，这种特权似乎并没有被滥用。

可以想象，在一所新学校担任教授，其声望、收入和纯粹的兴奋感，使得该行业的领军者都对这些职位感到向往。国民公会再次忠于其革命性原则，建立了一个名为“竞赛”（concours）的公开竞争制度，当选者以填补教授职位及其所设立的同等数量的副教授职位。此外，每个机构都有一名院长、一名图书管理员和一名解剖学藏品馆长。伟大的医学院诞生时经常会如此，即相当一部分的杰出教师年龄在 40 岁以下，这次也不例外。何内 · 雷奈克入学时，科维萨特 46 岁，是慈善医院的智者。

由于住院患者及其尸体解剖是教学的重点，从培训的第一天开始，入学的学生就被安排在病房和解剖室里。他被教授了“适当阅读，多看，多做”这条训诫。在 19 世纪早期，这是一种恰当的方法；当时临床书籍中的大部分内容都是理论上的空话，甚至不值得人们点燃蜡烛去阅读它。

慈善医院位于圣佩雷斯街，由圣 · 让 · 德 · 迪欧（St. Jean de Dieu）宗教性慈善兄弟会在玛丽 · 德 · 美第奇的鼓动下于 1607 年建立，这个女士在其他方面颇有些臭名昭著。200 年后，世界上再没有一家医院可以为学生提供有关心脏和肺部疾病更好的培训，可能所有的一切都不能望其项背。在一本名为《巴黎的医院和外科医生》（*The Hospitals and Surgeons of Paris*）的书中，美国访问医生坎贝尔 · 斯图尔特（F. Campbell Stewart）列出了 19 世纪初在法国医院中最常见的诊断：肺结核、肺炎、伤寒、癌症、斑疹伤寒（尤其是天花）、产褥热、心脏病和尿路疾病。

进展性的，甚至说近乎未来主义的医学研究掩盖了医院陈旧建筑的破败。自从兄弟俩第一次从意大利来到这里以来，医院在照顾病人方面几乎没有取得任何进展，因此没有必要，并且此时也没有钱对医院进行现代化改造。它由一些大小不一、风格杂乱无章的建筑物组成，中间隔着几个庭院和花园，允许康复期的病人在那里锻炼。由于建在一座小山上，所以排水系统良好，甚至还有一个隐蔽的排水沟，这在当时的医院是十分罕见的。同样不寻常的是，病房空间宽敞，通风良好，男性病房的床位之间有 3 英尺的距离，女性病房的床位之间有整整 6 英尺的距离。在进入慈善医院的患者中，六名患者中有五名预计会活着离开病房。这一统计数据在19世纪初期是非常出色的，当时的一位英国医生访问者认为这是由于“病房宽敞且通风良好，以及单人单床的传统”。

单人单床是一项新政策。在共和国成立之前，四五个，甚至六个男女重病患者挤在同一张床上的情况并不少见。当然，这就意味着在瘟疫肆虐的时候，一个新到的病人很有可能在黎明前的某个阴冷的时刻，挤在僵直的尸体中间醒来。这一系列的恐怖事件可能对古怪的恋尸癖来说是幻想中的天堂，但对其他人来说，却是地狱的一场预演。

当年轻的雷奈克来到慈善医院时，一种谨慎乐观的气氛取代了仅仅20年前弥漫在医院里的恐惧。尽管医生使用的仍然是往常依托猜测的治疗方法，但那可怕的、满是患者的围栏已经变成了喘息和关怀的绿洲。慈善医院将近300张床位上躺满了男男女女，他们希望圣文森特·德·保罗协会的修女们温柔的关怀能使他们恢复健康。每年有8000名被病痛折磨的患者前来寻求修女的体贴照顾。

现在，医生甚至有一些机会提供帮助。本着莫尔加尼和科维萨特的精神，每个患者都接受了全新的检查，教授和学生们都时刻警惕着那些可能做出诊断的原始发现。资深的教授每天至少巡视一次，后面跟随的是一批学生和医生，越来越多来自美国和许多欧洲国家的医生也跻身其中。病房已成为新兴诊断医学发展的实验室，差不多一个世纪后，它开始引领成功的治疗方法的出现。

何内·雷奈克狂热地投身于医学研究，仿佛他预感到自己很快就要和自己的早逝赛跑一样。他不会缺席任何一场讲座或尸检，他会出现在科维萨特的每一次病房巡视中，所有的专业选修课程他都会到场。凡是可以汲取知识的地方，他必然会现身。他选修了解剖学、生理学、化学、制药学、药物学（现在称为药理学）、植物学、法律医学和医学史等课程。与此同时，他还努力提高自己的希腊语水平，利用从常规课程中节省出来的时间去中央理工学院（École Centrale）学习——他希望能够阅读希波克拉底文集的原文。同时，他重新开始学习长笛，尽管有人会好奇体弱的他是如何呼吸顺畅地吹奏长笛的。

从身材上讲，雷奈克可以被形容为“小个子”——5英尺3英寸高，骨骼上的肉刚刚够防止其刺穿他苍白的皮肤。他看上去像一缕轻烟，行动起来像一阵旋风。用一位传记作家的话来说，“他不过是一股微风，却认为自己是赫拉克勒斯”。就像他的许多布列塔尼同胞一样，他以遥远的凯尔特祖先的蓝色眼睛和栗色的头发而自豪。如果说他的发色、眼睛的颜色再加上瘦小的体格还不足以使他看起来与众不同，那么脸部突出的额头和高高的颧骨让人过目难忘。正如看起来的那样，他如此不同寻常。

在巴黎，医科专业的学生可以凭借两项重大荣誉脱颖而出。其中一项是应他导师的邀请，成为医学院社会工作指导部（Société d'Instruction Médicale）的成员，这是一个学生聚集在一起相互评判彼此的临床和尸检工作的组织；另一项是通过竞争性考试，进入普拉蒂克学院（École Pratique），这是为一群接受过三年化学、解剖和外科手术的特殊学生而设立的学院。雷奈克同时取得了这两项成就。

1802年初，他发表了他的第一篇科学论文，该论文研究了可能由风湿热引起的某个心脏瓣膜变窄，即二尖瓣狭窄（mitral stenosis）。几个月后，他发表了有关性病的文章，同年晚些时候发表了有关腹膜炎的文章。后一部的作品是在其21岁的学生时期完成的，具有划时代的意义。直到最近，人们才意识到身体的衬膜组织在疾病中发挥着重要作用。这一发现是由雷奈克的一位深受尊敬的年轻老师兼朋友玛丽·弗朗索瓦·泽维尔·比沙（Marie-Francois-Xavier Bichat）在慈善医院发现的。比沙于1802年7月死于结核性脑膜炎，年仅30岁，但他的工作激发了雷奈克对腹腔衬里［称为腹膜（peritoneum）］、胸部衬里（称为胸膜［pleura］）以及关节衬里和内脏覆盖物的重要性的认识。他首先发表了一篇关于腹膜炎的论文，最早论述了通过描述覆盖腹部器官的组织和腔内衬里组织，来识别腹部器官疾病的重要区别。雷奈克在撰写各种形式的腹膜炎时，作为研究者首次描述了由炎症引起的粘连、假膜和腹腔积液。

比沙和雷奈克做的虽然只是初步工作，但意义远远超出其直接的用途。从某种意义上讲，它标志着对疾病过程的理解进入了一个新阶段——也可以说，一个新的层面。莫尔加尼已将疾病的部位定位在器官上。比沙从解剖学层面介绍了器官和器官系统是由名为组织的片状原生质组成的。现在比沙和雷奈克一起表明，疾病的概念不仅包括器官，还包括构成它们的组织。19世纪后期，医学显微镜的发展照亮和拓展了人们的视野（不论从字面或比喻意来说都是如此），从而使柏林病理学家鲁道夫·菲尔绍能够证明必须在构成组织和器官的单个细胞本身中寻找疾病的基础。（这种转移不仅是关注点的转移，也是地理的转移，因为医学的主导地位依次从意大利转移到法国，再到德语国家，最后转移到美国。）

除了对腹膜炎的有关研究外，作为医学生的雷奈克还进行了一系列重要的正常和病理的解剖学研究。正是在这段时间里，他描述了一种纤维包膜，它包含了很多腹部器官。在对酒瘾患者的受损肝脏进行研究时，他注意到了他们的肝脏呈独特的暗褐色，他用希腊语kirrhos或tawny来描述这种颜色，并由此产生了我们以他的名字命名的疾病——雷奈克氏肝硬化症。向任何一位现代医生提及雷奈克之名时，他一定会提到肝硬化，而不是听诊器，所以如今人们很少记得这一更伟大的发现也是出自他手。

何内本来打算完成足够多的医学研究，从而回到布列塔尼和他的叔叔纪尧姆一起工作。但他开始越发感到对于科学研究的渴望。他不仅对自己的病理学研究产生了浓厚的兴趣，而且还获得了一个让来自各省的年轻人都难以抗拒的荣誉。首先是比沙，然后是纪尧姆，他意识到将侄子领入医学研究领域后，他为事业打下的那份坚实基础太过重要，以至于不应当屈才回到南特，于是便敦促他留在巴黎。泰奥菲尔在给何内的信中提到了他的叔叔："他像是在手工作品前狂喜的皮格马利翁。"

年轻的雷奈克不仅是一位成功的研究者，而且还履行了成为一名好学生的主要义务。1803 年，当政府向巴黎所有特殊学校的学生捐赠奖项时，他也参与了这次竞争，获得了医学一等奖和外科单项奖。这两笔奖金一共有 600 法郎，这在一定程度上减轻了他的经济困难。尽管如此，他还是不得不向父亲多借了些钱，好让自己衣着体面地出现在卢浮宫举行的颁奖典礼上。

不管是因为艰苦的工作、贫困还是身体整体的羸弱，雷奈克在那时开始偶尔出现呼吸短促的症状，他称作哮喘，但实际上，这可能是一种处在潜伏期的肺结核病。然而，他对自己的肺部不管不顾，并且比以往任何时候都更加专注于研究他人的肺部。他承担了新的职责。1803 年 11 月，他开始教授病理解剖学的私人课程，其中大部分课程资料来源于他和他的同事加斯帕德–劳伦特 · 贝勒（Gaspard-Laurent Bayle）从事的研究中获取的信息。在他的课堂报告中，他定义了结核病的核心病理发现，即结节。

"结节"（tubercle）一词起源于拉丁语 tuberculum，是一个小的隆起或肿块。这种疾病之所以得名，是因为这种小小的种子状肿块是人体试图通过炎症过程保护自己免受结核分枝杆菌的入侵而产生的，结核分枝杆菌是一种引起疾病的有机体。白细胞汇入微生物入侵的区域，致力于破坏细菌，后者随即被更大的细胞吞噬。这些较大的细胞会接着改变形状和质量，成簇形成一个团块，即结节。结节最初是显微镜下可见，逐渐长到肉眼可见的大小。由于雷奈克鄙弃当时原始的显微镜，他所有的观察都是用肉眼或小小的放大镜进行的。因此，他所看到的一切，对于任何愿意不厌其烦地去寻找它的医生来说都是可见的。当增大的结节趋于合并成一个相当大的尺寸时，它便更加容易被看到，此后结节中部会经常发生干酪样坏死，因此产生了我们所熟知的空洞，常在疾病的晚期阶段见到。

虽然可见结节的存在早在一百多年前就已为人所知，但人们一直认为它们只累及肺部。雷奈克表明，这些病变可以在身体的任何器官甚至骨骼上发现。由于他的工作，旧有的希波克拉底学派对痨病的诊断逐渐被抛弃，取而代之的是解剖学层面更为准确的结核病。这种改变本身就彰显了一种医学进步。从科维萨特、贝勒和雷奈克的工作中产生的术语反映了这样一个事实，即疾病从此被视为解剖-病理原因的结果。随着“痨病”(phthisis)(希腊语中意为浪费或腐烂)一词被抛弃，医学界也开始抛弃了希腊式方法，即根据活着的病人叙述和表现的主要症状，按照他们所知道的唯一方法对疾病进行分类。术语“结核病”的使用是对疾病的命名必须基于组织和器官的病理变化并加以体现，如同诊断一般。

作为一名医学生，即便是最伟大的研究者，也必须通过最后的严格测试才有资格获得博士学位。雷奈克在 1804 年冬末和春季参加资格考试的课程名称表明了当时最好的医学院的课程设置：解剖学、生理学、内科病理学和疾病分类学(将器官紊乱的分类正规化)、药物学和药剂学、卫生学和法医学，最后是内科医学。

在他顺利完成考试后，雷奈克搬到了现如今的圣日耳曼大道上的一套新公寓里。也许他的私人病理学课程给他提供了足够的收入，使他能够租得起这里更体面的住所，但更有可能的是，他指望很快就能从执业中赚取可观的收入。米绍离开了巴黎，去当瓦兹省省长的专员，由纪尧姆叔叔的长子克里斯托弗代替他成为新的室友。

雷奈克在此时开始写他的博士论文，该论文涉及与实用医学有关的希波克拉底主义。1804年6月2日，这篇论文在由三位教授组成的评议组面前成功通过了评审，其中一位是科维萨特。泰奥菲尔一直在寻找机会，他鼓励儿子把他的论文献给某个有影响力的政府部长。何内从来没有考虑过这个建议——他献给了他心爱的皮格马利翁，即纪尧姆叔叔。

这位年轻的毕业生取得了法国医科学生所能取得的最高成就。他被选为法国医学学院学会的成员，该组织在革命前曾是皇家医学学会。他不仅支付了参加协会会议的费用，而且他的会员资格使他成为享有声望的《医学、外科和药学杂志》(*Journal of Medicine, Surgery, and Pharmacy*)的官方撰稿人。尽管他在最近的学生时代曾在杂志上发表过许多文章，但现在他的文章会定期发表在这一杂志上，这使他获得了更大的认可。

不知何故，雷奈克在他参加其他活动之余，还找到了时间来培养他对他的布列塔尼祖先文化的浓厚兴趣。巴黎正在进行一场布列塔尼式的复兴，何内走在了最前列。他从父亲那里得到了一本布列塔尼语法（书）、一本字典和几本书，并怀着一种虔诚的心态开始学习这种语言，就好像要献身于这场布列塔尼的复兴一样。在不到一年的时间里，他就得以在写给家人的信件中展示他的新技能，并且在巴黎的医院和许多受伤的布列塔尼男孩寻找机会交谈和写作，他们非常感激能用凯尔特方言与这位年轻的医生交谈，而医生的关心似乎由于母语表达的原因而显得更加强烈。

也就是在这个时期，雷奈克开始信奉天主教。他的童年并不信奉任何宗教，他父亲与教会的联系也很薄弱。何内改变了这一切，他在与宗教和布列塔尼文化的牢固纽带中发现了一种团体感，这种团体感支撑着他在巴黎毫无归属感的生活。他明显的保皇派政治倾向可能是他需要权威和认可的一个不太明显的表现。

最后，这位新取得资格的医生是时候开始他真正的实践了。他已经成为一名出色的内科医生、技术娴熟的外科医生和一名教师，他的病房巡视和讲座吸引了越来越多的学生。他是一家重要医学杂志的定期撰稿人，现在成为该杂志的编辑。他写了近1000页关于病理解剖学的拟议工作，尽管他从未出版。他不仅描述了腹膜炎，而且准确地说是他发现了它。他是第一个指出腹部器官被纤维包膜覆盖的人，第一个证明了色素瘤（即黑色素瘤）的存在。他用200多例尸检的证据证明了结节是结核病的基础病变，也就是所谓的病原学发现。通过他的工作，这种古老的结节性疾病最终被理解为简单的肺部的结核，它是一个器官对一种疾病所做出的反应，这种疾病有能力攻击身体的任何部位。

当这位年轻人完成所有这些工作时，同龄的现代医学生才刚刚开始接触第一位存活的患者。他的前途似乎很有保障，但没有医院向他提供邀约。他将所有燃烧的精力投入他迅速扩大的私人执业，然后等待着时机。当一个又一个资深医生离开行业时，各种教学职位出现了空缺，但雷奈克从未成功地被任命或被邀请参与这些竞争比赛，也许是因为在现实中，制度的平等主义基础有时只有在被违背之时才能彰显其价值，受到尊重；雷奈克没有强大的庇护人。他继续写作，记录他对疾病的观察，但几乎所有的时间都花在照顾病人上。1810年，他的弟弟米绍和他的母亲一样死于结核病，但当胸痛发作开始加重他的呼吸问题时，他就称其为心绞痛，并坚持把他频繁的气短诊断为哮喘。

1814年的头几个月，拿破仑军队的命运每况愈下，巴黎的医院里挤满了伤员。他们带来了长久以来困扰军队的瘟疫——斑疹伤寒。当时，雷奈克已是一名杰出的执业医生，尽管他没有教学职位，但他请求当局允许他在一家医院治疗来自布列塔尼的士兵。在硝石厂房搭建的特殊病房里，他招募了三名年轻的布列塔尼医生来帮助他，并着手提供他认为同胞们需要的东西，不仅仅是药物和药剂。在给他堂弟克里斯托弗的一封信中，他描述了最有效的治疗方法："我必须回到病房，与那些最需要安慰的病人交谈。因为这是我照顾布列塔尼人所能提供的最好药物。"

在上半年的大部分时间里，雷奈克每天都要花几个小时，有时甚至花上一整天的时间，在硝石厂房的病房里巡视，给由他医治的士兵带来一种家的感觉和一种基督教的恩典。雷恩主教派来的执事给了那些不会说法语的人最后的圣礼，当地的一位自告奋勇前来帮忙的牧师进行了布道，由雷奈克将其翻译成布列塔尼语，他想以此来安慰那些被他断断续续地送进永恒的人。

1814年6月，当最后一名士兵终于离开硝石厂病房时，雷奈克又开始了他的全职工作。他的劳累和呼吸问题使他身体虚弱，但在接下来的两年里，他仍稳步推进他的临床工作，仿佛他的身体十分健康一样。似乎可以肯定他的学术生涯现在已经超出了他的掌握范围。1816年，他35岁，大学毕业已经10年，开始计划回到布列塔尼的家。随后他得到了一次颇具讽刺意味的好运，他的生命历程以及医学史的进程都因此被改变。他被任命为内克尔医院的内科医生。

这一任命的讽刺之处在于，这位欧洲最杰出的医学研究人员之所以能够获得这份梦寐以求的工作，并不是因为他卓越的能力或对未来的承诺，而是完全建立在人脉的基础上。碰巧雷奈克的一位朋友贝奎伊（Becquey）成为内政大臣的副国务卿，他有权决定20名候选人中的哪一位将接替内克尔医院新空缺的职位。他鼓励他的朋友雷奈克去申请。

起初，雷奈克拒绝了。内克尔医院坐落在远离大学区的巴黎边缘，只有 100 张床位，没有传统的教化，不被认为是一家重要的医院，甚至不是一家好的医院。但无论是出于绝望，还是出于不愿冒犯贝奎伊，或者像一位历史学家所说的那样，因为医院有一个漂亮的花园可以让他锻炼身体，雷奈克最终决定利用这个机会。他于 1816 年 9 月 4 日被正式任命。

历史并没有等待太久。在很短的时间内，19 世纪初最重要的医疗事件发生在他每天例行的查房期间。在场的英国学生之一 H.B. 格兰维尔（H.B.Granville）给出的日期是 9 月 13 日。他在三年后写的一本书将这一幕描述得最为贴切，用他的话来说：

> 1816 年，一位年轻的妇女向我求诊，她的一般症状都来源于患病的心脏，但她十分肥胖，无论用叩诊还是用手都无法进行检查。刚才提到的另一种方法（将耳朵贴在胸前）出于对患者的年龄和性别的考虑而不能被接受，我碰巧想起了一个简单并且众所周知的声学事实，同时，我想到它可能在现在的情况下会有一些用武之地。我所指的事实是：当声音通过某些实体传递时，声音的效果会增强，就像当我们在一块木头的一端用别针滑动，将耳朵贴近它的另一端可以听到声音一样。根据这一想法，我立即把一沓纸卷成一个圆筒，把它的一端贴在心脏部位，另一端贴在耳朵上，我发现这样可以比直接用耳朵来感知心脏的活动更加清晰和明显，这让我感到十分惊讶和高兴。从这一刻起，我就在想，这种情况不仅可以使我们了解心脏活动的

> 特征，而且可以使我们了解所有胸腔脏器活动所发出的各种声音的特征。怀着这个信念，我立即在内克尔医院开始了一系列的观察，并一直持续到现在。结果是，我得以发现一系列新的胸部疾病的迹象，其中大部分是明确的、简单的、显著的和可计量的，可能以此做出肺、心脏和胸膜疾病的诊断，就像手术中通过伸入手指或病人抱怨的声音来获得一些标识。

似乎在一眨眼之间，临床医学界经历了一次伟大的变革——通过卷起的纸卷。雷奈克发明的不仅仅是一种可以将身体的声音传递到听者耳朵的仪器——医生还可以通过它区分客观证据，相对于可能受到患者或检查员偏见影响的证据。在听诊器问世之前，诊断几乎完全依赖患者对其症状的叙述性描述，尽管它可能并不可靠。尽管新的病理解剖学原理开始使医生意识到他们必须寻找更多可靠的关于器官紊乱的线索，但在这方面还没有取得什么进展。诚然，人们更仔细地用手去摸索深层的结构，当然也更仔细地寻找明显的发现，但在最初的体格检查和后来的尸检结果之间仍然存在着巨大的差别。人们仍然主要相信病人对他病史的叙述，然后是他的外在表征。

这段历史只是流于表象，因为当时的大多数诊断专家都没有理由否认这一事实，举个例子来说，即疼痛就是单纯的疼痛，或者虚弱仅仅是身体的虚弱。如果病人认为是这样，那就是这样。他们还没有认识到，一个人对自己病情的描述受到一系列因素的影响，其中一些因素超出了他的意识控制范围，有些则没有。众所周知，叙述的细节可能会因叙述对象的不同而有所差异，但这一现象的重要性被最小化了——患病的人告诉最资深的检查者的话总会被当成真实的故事。只有在最明显的情况下，或者怀疑存在故意欺骗的情况下，医生才会考虑记忆不清或没有被准确告知的可能性。包括雷奈克在内的一些明智的医生仍然坚持认为，必须寻求一种更精确的方法，摆脱不准确信息的影响。

然后，听诊器得以发明。这是一种提供声音线索的工具，几乎和尸检时看到的一样可靠。这一工具向医生展示了，无论是谁做检查，都有可能了解到关于身体工作方式的完全相同的东西；因此，这种工具能够告知医生自己五种感官的客观证据与病人的主观反应的差异，而且它可以在病人还活着的时候做到这一点。这无疑是希波克拉底式的观察方法在现代的展现。

从雷奈克发明之日起，客观诊断结果的标准就成为临床检查的标志。在19世纪的大部分时间里，对检查技术和特定的可视、可听或可触摸的物理证据的追求是临床医学研究的主要刺激因素之一。叩诊现如今引起了人们极大的兴趣，而在过去，即便在科维萨特发掘出奥恩布鲁格的贡献之后，它在很大程度上仍然被忽视；因为当时医生试图确定在气体、液体和固体填充时叩诊所能感知到的不同，以便更好地评估他们看不见的内部病变器官。触诊变得更大胆、更深入，同时也变得更温和、更趋向表面。这种看似自相矛盾的现象是因为人们对疾病引起的病理变化越来越熟悉，因此检查人员一方面需要努力深刻地感受器官的形状和形式，另一方面通常是字面意义上的理解——感受器官的振动、内部的碰撞和摩擦，以及质地的细微变化。

这一切的范例是通过听诊器得到的听觉证据。仪器的长度使医生与病人保持一定的客观距离。如果他愿意的话，他甚至可以闭上眼睛，这样他就可以把更多的精力集中在从胸腔深处传到耳朵里的声音上。任何一个曾经把随身听的耳机贴在耳朵上，靠在柔软的扶

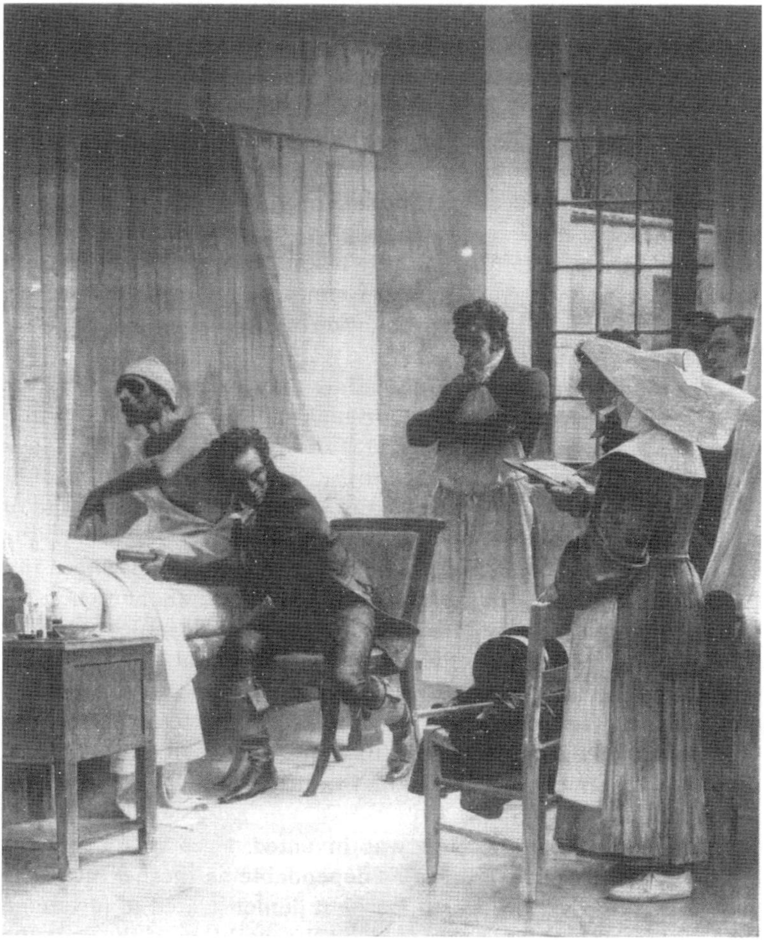

内克尔医院的何内·雷奈克，查特兰绘。雷奈克正准备使用他的左手握住听诊器。（贝特曼档案馆）

手椅上的人，一定能体会到迷失在一个充满声音的世界里是什么感觉，在这个世界里，每个音符都带着自己独特的信息。

这种新仪器成了一场新游戏的必要设备。这个游戏在它的发明者手中是极其严肃的，因为他不知疲倦地跟随一个又一个病人从病房到尸检台，将他听到的与后来看到的联系起来。他了解到，当空气通过时，收缩的支气管会发出一种声音，而扩张的支气管则会发出另一种声音。人们发现，因肺结核的破坏而产生的肺部大空洞会发出一种独特的声音，还有一些空洞是由肺炎导致的实质性区域产生的。当患者复述他们临床病史的症状时，雷奈克并不表示在意——他只遵循从听诊器中传达出的信息，没有半点儿怀疑，也很少被误导。

雷奈克给肺部传递给他的不同类型的信息起了名字。他称它们为啰音、杂音、震颤、支气管羊音、胸语音、支气管语音等。每个人都各不相同，发出的声音都警示着产生这种声音的疾病过程。理解他得到的信息并不困难。在许多情况下，他只需等待几个星期，就可以在尸检室亲眼看到产生声音的异常情况。下一次，当他听到病人胸腔里有这种声音时，他就能预测听诊器另一端究竟有什么病症了。通过这种方式，他不仅识别了听诊的心脏和肺部正在发生的物理变化，而且还确定了引起这些变化的疾病。因此，他是第一个能够区分支气管扩张、气胸、出血性胸膜炎、肺气肿、肺脓肿和肺梗死的内科医生。

这些都是巨大的进步。通过使用一种简单的新仪器，一大群无定性的胸部疾病被分离出来，进行定义、描述，并给出诊断标准。当病人咳出血时，熟练使用听诊器的医生可以立即判断他最有可能出现的症状，比如肺炎、结核性空洞或肺部血栓。诊断和分类都被影响，预后的能力得到了极大的改善，此能力得到了希波克拉底派和此后每一位医生的高度评价。雷奈克开创了现代科学诊断的时代。

听诊器的发明似乎发生在一瞬间，尽管雷奈克自己也这样描述，但这一发现过程并不是瞬间完成的。作为一名学者，雷奈克当然非常熟悉希波克拉底的那句声音像是“沸腾的醋”的论断，尽管他后来写道，他并不认为这是一种有效的观察，而且完全忘记了这一点。

他可能也忘了自己的同胞安布列斯·帕雷曾指出："如果胸腔里有物质或其他体液，我们就能听到像是半满的酒瓶发出的潺潺的声音。"但是，即使他有意识地忘记这些话，他也不得不从他自己的临床经验和别人的著作中意识到，一些胸腔的声音，特别是某些心脏疾病的声音，是可以轻松听到的，并不需要特别努力去倾听。他的老师科维萨特在一本关于心脏病的书中发表了一段简短的评论，否定了这些发现的有用性，但是雷奈克的同事贝勒却十分认真地对待这些发现，经常把自己的耳朵贴在病人的胸部，并声称从实践中学到了很多东西。贝勒于1816年死于结核病，他曾与雷奈克在结核病研究方面进行过密切合作。我们知道雷奈克曾偶尔尝试过他的聆听方法，但他不愿更广泛地使用这种方法，不仅因为这很尴尬和难堪，而且因为慈善医院和内克尔医院的病人的皮肤不太可能像他自己的耳朵洗得那么干净。然而，考虑到雷奈克对贝勒的能力极为尊重，他很可能已经考虑了一段时间，发明一种相对得体的、减少接触的聆听方法。可以想象，1816年8月里无数个潮湿的清晨，他站在一面剃须镜前，把苍白、憔悴的脸上的几缕胡子刮掉，反复思考着这个问题。

我们经常向医学生们讲述下面这个关于听诊器发明的小小逸事，它也有可能是真的。这个故事是这样的：有一天，雷奈克一个人边散步边思考着这个问题，猛然发现自己身处卢浮宫的院子里，有几个男孩正在玩一种他在布列塔尼的童年时代就很熟悉的游戏。一个小伙子会把他的耳朵放在一根长木头的一端，这样他就能听到另一个伙伴用另一端的一根细针刮擦发出的类似编码声音。医生看到这一点，马上就意识到他的问题已经解决了。他招呼一辆过路的马车，冲回内克尔旅馆，把一个笔记本紧紧地卷起来，贴在一个身材极度丰满的姑娘的左乳房下面，对那个姑娘的诊断结果曾长久以来困扰着他。诊断结果立即得到澄清，听诊器也随之发明。这个故事有纯粹戏剧性的吸引力，除此之外，它确实符合雷奈克自己描述的一些细节，虽然可能有所删减。我倾向于认为事情就是这样发生的。

听诊器的发明在一定程度上也可能是雷奈克的另一项技能的产物。千万不要忘记他是个音乐家。他习惯于借助声音来思考，并且是极为有资格感知听觉刺激中最细微差别的人，他如同埃斯库拉庇俄斯亲自安置在人间的使者，肩负着发展听诊艺术的特殊使命。即使是他选择的乐器——长笛，也一定发挥了它的作用——他创造的是一种管乐器，吹奏着从他的病人的胸膛中发出的悲伤曲调。他曾教他的同行们如何聆听疾病和死亡的悲歌，如何听到患病器官的哭声。从那时起，研究工作就开始了：医学研究人员利用一切可能的手段，开始寻找独立于病人或医生主观或客观影响下的疾病线索。

最初的成果是体格检查原理的发展。在19世纪末，研究疾病对体液和组织造成的化学变化成为可能。最终在1895年出现了一种方法，能够增强视诊的无偏倚性和确定性，即威廉·康拉德·伦琴（Wilhelm Konrad Roentgen）发现的X射线。雷奈克发明的听诊器不仅向医生证明了诊断的科学性，还证明了必须寻求一种技术来使这种预测成为一种可能。

在发明后，这种新仪器需要一个名字。纪尧姆叔叔建议使用“胸腔仪”（thoraciscope），但这似乎听上去有些不便携，而且适用范围受限。在考虑了其他几种可能性之后，雷奈克最终选定了“听诊器”（stethoscope），这个词来自希腊语stethos（胸）和skopos（观察者）。他本人通常将其简称为圆柱体，而其他人则称为指挥棒、独奏表、胸语音器或医学圆锥。不管它被如何称呼，带着这个东西到处走都是件尴尬的事。雷奈克自己制作了这一器械，并把它制成可以拆解的两部分，这样方便塞进外套口袋里，或者放在大的高顶礼帽里，并能够夹在适当的位置以防其掉出来。

在19世纪的大部分时间里，法国人仍然热衷于圆柱形的听诊器，但英国和其他欧洲国家的医生设计的听诊器比短而直的管子灵活一些，使用起来不那么别扭。1829年，伦敦的尼古拉斯·科明斯（Nicholas Comins）提出，两只耳朵都可以用于听诊。最终，在1855年，纽约的乔治·菲利普·卡曼（George Philip Camman）医生设计了这样一种双耳听诊器，它有一个乌木护胸板和两个单独的象牙尖端的听力部件，可以将其塞进医生的耳朵里。管子由螺旋钢丝、橡皮筋和布料组成。今天的听诊器就是由此演变而来的。

1819年8月15日，法国的医学书商将一本两卷的著作挂牌出售，在这本书中，雷奈克向世界展示了他用新仪器所做的研究结果。书名为《关于通过媒介听诊，或主要基于新的调查方法对肺部和心脏疾病诊断的论断》，简称《论媒介听诊》（*De l'Auscultation Médiate*）。他在出版此书之前，进行了一系列演讲，描述了听诊器及其用途。第一次是在1818年2月，于法国科学院举行，其后同一年春季在医学院又进行了四次演讲。

“听诊”（auscultation）是雷奈克自己创造的一个词，源自拉丁语auscultare，意思是不仅要听，而且要仔细听。这是个完美的词。“Mediate”暗示听诊不是直接的——如果是直接性的便会使用“immediate”一词——它是由管道介导的。于是，一本新书、一种新仪器、一个新术语、一种新的病因学和一种新的诊断哲学被写进这两卷印刷品中，售价13法郎。再花3法郎，出版商就会赠送一个听诊器，很可能是作者自己在家里的车床上制作的。

不出所料，这本书和听诊器受到的评价褒贬不一。对某些人来说，这个工具太短了，而对另一些人来说则太长了，而第三方批评家直接认为这是一种愚蠢的装腔作势。有些人认为它的唯一作用是给病人留下深刻印象，而另一些人则担心病人会对它敬而远之。一些医生声称只能听到雷奈克所描述的几种声音，而另一些医生表示听到的声音太多，以至于他们无法区分不同的声音。

抱怨者说的话不无道理。随着时间的推移，雷奈克和他的追随者们开始描述各种奇怪的声音和根据听诊所做的诊断。音高和音调的变化如此细微，以至于只有拥有最敏锐音乐头脑的人才能感知，或者说想象得出来，这些变化很快就被称为这种或那种疾病的典型表现。人们根据某位教授听到的一声独特的叹息音就做出了重大的诊断决定，并创建了病因学类别。值得称赞的是，雷奈克不会直接利用声学来炒作，但这确实减慢了他的著作被接受的速度。实际上，还需要 20 多年的时间才能对各种听诊信号做出完全符合实际的评估，这项工作将由维也纳医生约瑟夫 · 斯科达（Josef Skoda）完成。

然而，大多数受过良好教育的医生都很明智，他们不会因为一些夸大其词的说法而忽视听诊的价值。对于那些并没有听到预想的一切声音而感到失望的人，P.A. 皮奥里（P.A. Piorry）在 1820 年的《药物科学词典》（*Dictionnaire des Sciences Medicales*）中回应说：“如果这种方法的实用性只有其发明者所认为的四分之一，它仍将是医学上最宝贵的发现之一。”在这一句话中，他阐明了当时和现在有关听诊器的基本真理。

1820 年 6 月，勒朱莫 · 德 · 克加拉德克（Lejumeau de Kergaradec）着手撰写一系列评论雷奈克著作的文章。虽然他原本打算在该系列的最后一篇文章中专门回应听诊器的批评者，但人们对听诊器的接受程度升温如此之快，所以他发现没有必要这样做。在他 1821 年 8 月写的第五篇也是最后一篇文章中，他指出，当时在使用听诊器方面取得的巨大进展使他无须为它辩护。

雷奈克的书于 1821 年被翻译成英语，并于 1822 年被翻译成德语。通过在美国、荷兰、意大利、俄国、西班牙、波兰和斯堪的纳维亚医学期刊上发表的评论以及雷奈克的学生们的劝服，他的教义得以传播，并最终被整个西方世界所接受。这种情况也许可以用《格拉斯哥医学杂志》的一位评论家的话最好地概括。他在1828年的时候写道："在1821年，这种新的检查方式开始在这个城市引起关注。尽管起初人们怀疑它，嘲笑它，有时还将它谴责为一种华而不实的骗术，但它在医学界的声望却逐渐上升。那些以前对其嗤之以鼻的人，现在加以赞美，却羞于承认他们曾经的无知。"对于雷奈克在历史上的地位，这位评论家不假思索地说："没有人敢否认，他写了一本关于胸部疾病的最完整的著作，它以任何一种语言形式存在。"

《论媒介听诊》的写作对于这位体弱多病的作者来说是一项精疲力竭的工作。除了实践的沉重负担，完成手稿的紧迫任务压在他狭窄的肩膀上，他不堪重负，踉跄前行。在最后三周的写作中，他拒绝了所有的新病人，把日常工作交给了一位同事。在写作最后白热化的七天里，他甚至没有现身内克尔医院。1818年8月6日，在写完书的最后一行后，他晕倒了。

尽管雷奈克可能希望是神经衰弱使他疲惫不堪，但他无法忽视越来越多的证据表明，在最后几个月里，他经受的是长久以来"哮喘"的折磨。他第一次开始承认，他可能是这种痛苦（肺结核）的受害者，这种痛苦夺走了他的许多同事以及他的母亲和兄弟的生命。然而，他比其他任何在世的人都更了解肺结核的症状和病理，他继续否认他可能患有肺结核，至少是对外宣称如此。他更愿意把自己诊断为一种厌世症（taedium vitae），类似于我们如今所说的神经衰弱。

雷奈克既无法回到临床实践，也无法恢复医院的工作，因此在他心爱的布列塔尼度过了一个漫长的假期。他从父亲家里继承了一座古老的乡村别墅，叫作克卢阿内克（Kerlouarnec），在当地的布列塔尼方言中，意思是“狐狸之地”。他正在修葺这座小庄园，以便从劳累和呼吸困难中恢复过来。几个月后，他的胸部好多了，精神也不那么低落，他觉得自己已经准备好重返工作岗位了。他先去拜访了他的父亲，然后又去拜访了纪尧姆叔叔，于11月回到了巴黎。

在他的同事看来，他的情况并不比他离开那天好多少。他几乎骨瘦如柴，似乎经常处于晕倒的边缘。而且，他返回后所做的工作一点儿也不比三个月前少。医疗活动和以往一样繁忙，并且教学负担越来越重。尽管他不再需要面对疯狂的写作困境，但他现在被要求担任手稿的编辑和审校。以某种方式，他设法从媒体上看到了这件事，但他的呼吸问题又一次出现，他的整体状态也时常低迷。

最后，再也不能拖延了——他必须在事业和生命之间做出选择。在他的书出版前大约一个月，他写信给纪尧姆：

> 我预计最迟在8月底告别巴黎。医院中的很多人都会对此感到绝望……但是我再也没有能力在不危及生命的情况下，达到备课所需的精神高度集中状态，我的神经会迫使我叫停它，否则，在四十次课中，有二十次课会做得很糟……如果我不能体面地做这件事，我就绝不可能承担这样的任务。我更倾向于离开这里，返乡耕地，在克卢阿内克尽我所能做些好事。毕竟，只要我能量入为出，我在那里就会很开心。

他辞去了医院的职务，把他的病理标本和一些书捐给了图书馆。卖完剩下的东西后，他处理了他的家居用品，并于1819年10月8日乘坐他那辆经常去看望病人的黑色马车离开了巴黎。

在两年的时间里，雷奈克一直过着乡绅的生活，同时他试图恢复健康。在他无须处理克卢阿内克中一些琐事的时间里，他会和他的狗在树林里安静地散步，或者悠闲地骑马长途跋涉。他为佃农和任何需要他服务的人扮演医生的角色，这给了他向当地医生演示他在车床上制作听诊器的机会，此时他已是更加熟练。他花了无数的时间来完善他的布列塔尼演讲。每个星期天，他都会手拿念珠，加入由光头渔民和农民组成的庄严队伍，前往当地的乡村教堂。在各方面，他都称得上是布列塔尼的乡绅。

尽管生活节奏放慢让他感到很轻松，但雷奈克的体力依然恢复得很慢。1821 年 1 月，他的堂弟克里斯托弗写信给他，说医学院可以给他一个教员的职位，但他没有接受。纪尧姆叔叔没有意识到他侄子的病情已经发展到了如此严重的程度，他写信告诉他，他的行为就像一个精神病患者，因为他没有抓住这个机会。这位年轻人的回复中有一句话描述了他一天的工作有多么疲惫："我就像大埃阿斯（Ajax）一样，我只能在白天英勇战斗。"

但是，他逐渐开始计划自己的回归，并于 1821 年夏末做出了最后的决定。10 月初，他开始了短暂的旅行，在他当医生的侄子梅里亚德克 · 雷奈克（Meriadec Laennec）的陪同下前往巴黎。到达后不久，也就是 11 月 15 日，他恢复了工作，并再次开始了他的临床知识讲座。虽然他不再到病人家里看病，但他有足够的咨询工作和富有的病人，因此他的收入很快又变得可观了。

再一次，影响力和人脉这种不相称的方式让这位法国最有价值的医生被任命为重要职位。根据路易十八的一项法令，求职竞赛于 1816 年 2 月被废止，因此教授们从此由政府领导。1822 年 7 月 31 日，雷奈克的同人布雷顿（Breton），即科尔比埃大臣任命他为法兰西学院的教授和皇家讲师。在下一学年即将开始之际，一些学生举行了小规模的抗议活动，抗议国王派自己的医务员来领导这所大学。政府抓住这个机会把骚乱归咎于教授们，政府一直希望压制后者的自由主义倾向。1822年11月21日颁布的一项皇家法令废除了教师制度，其目的很明显，就是要把那些大臣讨厌的人赶出去，用那些政治和宗教观点更令人满意的人取而代之。雷奈克确实有正统的宗教观念，并以保皇派著称，他是为数不多的从动乱中获益的人之一。他被任命为一个小委员会的成员，该委员会的任务是重新组织教师队伍，结果他成了法兰西学院唯一的医学教授。不久之后，其他荣誉也接踵而至。1823年1月，他被选为医学科学院正式会员；1824年8月，他被授予荣誉军团骑士称号。

对于这位法兰西学院的医学教授来说，慈善医院是最合适不过的了。雷奈克现在把他的临床工作搬回他学生时代住过的圣佩雷斯街的老房子里。然后，他开始了那些真正伟大的桃李满天下的时光。他像教导自己一样教导别人，把他的病人的症状和体检与尸检结果联系起来。病理学在我们这个时代是一个独立的专业，而在当时是临床医学的延伸。对于教学和研究来说，这是它最有用的部分。比起阅读他的书籍译本，雷奈克的临床技能更能吸引外国学生，成百上千的外国学生涌向在他指导下的医院的五个病房。巴黎比以往更称得上是世界医学的主舞台，而何内·雷奈克就站在这个舞台的中心。

除了他不在常规的早上6点开始工作之外，雷奈克和巴黎其他顶尖的外科医生一样，在自己的教学诊所里工作。他在10点巡视病房，后面跟着一群初级医师、学生和外国访客。除了问诊以外，整个过程都是用拉丁语进行的，目的是方便那些可能不会说法语的外国人。雷奈克会在每个新病人的床边停下来，记录他的病史，然后演示如何进行适当的体格检查。随后，几名法国学生和外国学生被允许对病人进行检查，并与教授讨论他们的发现。巡视结束后，整个团队都回到一个圆形剧场，在那里雷奈克就刚刚看到的案例进行一个讲座。

讲座结束后，接下来是临床中最重要的部分，即对那些在学生巡视后不久就死亡的病人进行尸检。正是由于这种“案例总结”的方法赋予了巴黎式教学方法独特的品质。留学生对此印象深刻，并受到其激励，回国后在自己的国家建立了类似的体系。特别是在伦敦、都柏林和维也纳，医院及其尸检室成为传播医学知识的舞台，这是一种科学维度上的交叉授粉。历史学家将这种教学方法称为“医院医学”，这一过程导致了教学地点从大学演讲厅转移到住院病人的床边。

这也是医学研究的重心从患者本身转移到他的疾病的历史时期。过去的医生们不明白，一个生物体的整体疾病状态，与其说是因为一般的失衡，不如说是因为非常具体的器官紊乱。首先是莫尔加尼，现在是巴黎学校的医生们发出了明确的信号，他们都阐释了除非特异性取代一般性，除非能找到每种症状的特定来源，除非医生的诊断视野被允许缩小到一个更小的、更明亮的焦点，否则治疗永远不会取得任何进展。必须允许使用科尼多斯学派的哲学来克服科斯学派。

这里隐含的意思并不是说科尼多斯学派对特殊性的强调最终将被证明是正确的。当我们将来某一天对这类事情的了解比现在多得多时，我们对疾病因果关系的看法很可能最终会转向更接近希波克拉底的观点，或者完全是另一种模式。已经有大量的医学证据表明，任何疾病的形成都有多种原因；遗传、免疫、环境、心理、激素等，可能共同作用产生一个特定的结果，其结果因人而异，取决于他潜在的体质因素，而这些因素反过来又是遗传的、免疫学的，以及其他所有因素。换句话说，在21世纪，我们可能会临近一个以科学为基础的希波克拉底主义的新时代。然而，考虑到 19 世纪初的情况，所有这些都不应削弱雷奈克和其他人的重要性，他们力图找出症状与可辨认的器官生理变化之间直接一一对应的关系。只有当这一观点占据主导地位时，疾病机制才能开始得到研究，从而使得知识大量扩充，使得医学科学迈出下一步。而如今，医学科学可能已经为下一步做好了准备。

器官病理学是所有疾病的基础，这种哲学并不是立即被人们所接受的，主要是出于人道主义的考虑。在现存的外国访客的信件中，有许多负面评论，他们觉得法国人倾向于把病人当作学习和教课的材料。到目前为止，巴黎临床医生有时对他们所治疗的病人太过理论化，以至于他们似乎经常在解决病理学问题，而与人文背景脱了节。自那以后，医学界已经习惯了这一指责。这一指责并不像许多人认为的那样是 20 世纪末科学技术的产物，而是观察疾病的解剖学理念的副产品。没有它，科学医学几乎肯定不会获得除体液理论和希望以外的任何东西——它甚至不能被称为科学性的医学。但是，人性和善良付出的代价一直很高，远高于该行业直到最近才意识到的代价。

皮埃尔 · 路易（Pierre Louis）是继雷奈克之后的下一代巴黎的伟大的临床医生，他在一本书的开头引用了让-雅克 · 卢梭的一句话，这句话可能至少在一定程度上解释了科学的方法，并解释了为什么有必要让医生和病人之间存在情感距离：“我知道真相存在于事实中，而不是在我主观判断的脑海中。我对这些判断投入得越少，我就越有把握接近真相。”这是一个客观性的声明——在诊断中，除了依靠他的五种感官产生可重复的证据，临床医生必须对其他任何事物视而不见。按照这种观点，任何妨碍科学的超自然的事情都会阻碍对真理的探索。由情绪和个人情感所引起的偏倚，虽然可能在护理病人的整体过程中具有一定作用，但却常常妨碍对病理的准确诊断和治疗。这是 19 世纪初法国临床医生和研究人员的信条，至今仍是其专业科学方面的信条。当然，治疗不仅仅意味着纯科学，每个医生都深知这一点。但是，恰恰是在科尼多斯学派把疾病简化成对组织和器官的影响时，才能看到希波克拉底所期待的最大成就——治疗那些碰巧生病的人类同胞，而不是治疗那些碰巧发生在人类身上的疾病。

在所有不情愿地接受巴黎教授看似冷漠态度的学生群体中，美国人是最直言不讳的，他们对平等，甚至对穷人的人格尊严有着更强烈的情感。然而即便是他们，也认识到将病人集中在医院的价值，这样不仅可以充分利用他们的数量之多（进行研究），而且可以有条不紊地对疾病进行仔细检查。在雷奈克发明听诊器后的 20 年里，许多有条件的美国人一拿到医学文凭就立刻前往巴黎。（1817 年，从纽约开始的定期跨大西洋包船航行使这变得更加容易，这意味着到欧洲旅行的人不必再等上几个星期或几个月，只要船长认为他有足够的客源或风力适合航行便可以出发。）奥利弗 · 温德尔 · 霍姆斯是慈善医院的医学访学者之一，他在 1835 年 6 月写给家里的一封信中描述了法国制度的优势：

> 如果有人问我："你为什么喜欢那个在巴黎忠实学习的聪明的年轻人，而不喜欢那个德高望重的比他年纪大两倍的医生呢？"我应该说，因为那位年轻人有阅历。他看过更多病例，不论何种特定疾病——他已将它们分组以相互区分——他被教导对它们进行更多困难的研究。他每天都被毫无学识或谨遵自然及其教义的人呼来喝去，他会在病床边当着病人的面指出问题所在，也面对着最尖锐的学生产

生的质疑。他会更经常、更彻底地检查尸体，在一年里对尸体的检查比我们绝大多数医生一生中的任何10年都要频繁和彻底。真正的经验是基于多年积累的产物。

当他们回到美国时，霍姆斯和他的同船航行者们找不到任何可以与法国教育系统的优势相比较的东西，而且他们还意识到，美国人的性情不会允许这样一种超然的科学氛围发展起来。首先，美国社会更加强调无阶级性（尽管法国业内也有平等的概念），这就要求对住院病人有更高的敏感性，而不仅仅是教授手中的“教材”。另一方面，霍姆斯和其他人认识到，在这个民粹主义的年轻国家里，存在着强大的反知识分子势力，当时杰克逊主义民主制在这个国家处于优势地位。在整个19世纪和20世纪的头几十年里，美国医学院在教学领域取得的成果远远落后于科研领域。1893年，约翰斯·霍普金斯大学医学院成立，几年后，约翰斯·霍普金斯大学附属医院也随之成立，直到此时“医院系统”才在这个国家出现。即使在那之后，这种准则在整个美国扎根也花费了30多年的时间。直到第一次世界大战时，才有一些卓越的美国学校的学生刚刚有机会接触到住院的病人。医学院校与大医院建立联盟的体系的发展历程，是美国医学教育转变为当今世界最佳医疗教育的历程。

雷奈克作为一名教师和诊断医师确实十分卓越，但这并不意味着他可以为他的病人提供比2300年前他的英雄希波克拉底更多的东西。诚然，他的外科同事们在处理大量明显的外在疾病方面取得了一些进展，甚至改进了仪器和手术。但与此同时，医生们仍在试图改变患者紊乱的体液平衡。尽管他们已经创建了一些更为复杂的合理方法，他们继续像往常一样进行清创、催吐和挑水疱。这种治疗被称为经验性治疗，因为医生是根据自己的个人经验来确定其有效性的。这种治疗有时会被证实具有完备的生理学效应，尽管这是偶然的；心力衰竭导致的肺部血性积液就是这样一个例子。由于某种治疗方法在很多情况下被认为是有效的，所以它可能会被推荐用于与成功治愈案例的类似疾病，但这些疾病实际上是截然不同的。将这种思维扩展到各个方面，结果却产生了许多没有科学意义的治疗方法，尤其是当它们基于希波克拉底的疾病因果理论时。例如，作为雷奈克在慈善医院的继任者之一，傅里叶（Fouquier）通过在肛门上涂抹水蛭来治疗发烧伴严重腹泻。

作为法兰西学院的医学教授，雷奈克会进行一系列的课程讲座，并在慈善医院进行教学查房，同时，他的私人诊所也随着他的知名度不断提高而规模越来越大。除此之外，很快就该出版第二版《论媒介听诊》了。在他 1822 年被任命为教授后，同时仍继续在医学杂志上发表论文，因此我们可以认为他比以往任何时候都更加努力地工作——在他长期恶化的健康状况必然限制其精力的情况下，他还能继续工作简直是一个奇迹。

1822 年 10 月，雷奈克邀请寡居的杰奎琳·阿古（Jacqueline Argou）搬到他与侄子梅里亚德克同住的公寓，让她管理家务，减轻他的日常负担。她是一位远房表亲，也是一位虔诚的天主教徒，正如他在给克里斯托弗的信中所写的那样，“考虑到她的 42 或 43 岁的年龄，没有人可能提出任何反对意见”。此外，谁会如此无礼地提出，这个干瘦、患有结核病的中年教授的脑子里可能藏着对更健康的肉体产生的诱惑呢？

很显然，很多人都是那么无礼，甚至更恶劣。不到两年，雷奈克的家庭安排就成了巴黎医学界和社交圈里许多狭隘之人闲言碎语的话题。阿古太太被认为是美德和虔诚的化身，而且朴实顾家，但这些都看似无关紧要。重要的是有机会对这位伟大的教授和他虔诚的家属进行恶意的嘲弄。最后，在 1824 年 12 月 16 日，阿古太太从寡妇成为妻子，也许更多的是为了让那些散布流言蜚语的人噤声，而不是出于幸福和浪漫的动机。但她和她的爱人做得比这更好——1825 年春天，刚刚成为新娘的杰奎琳·雷奈克怀孕了。她的丈夫一想到自己终于要当父亲这件事就充满了热情，他开始制订计划，希望可以陪伴孩子长大。不幸的是，几个月后，由于母亲感染了一种性质不明的严重疾病，终止了妊娠。

到 1826 年 4 月，也就是第二版伟大的著作出版之时，妻子的怀孕流产以及随之而来的乐观情绪的丧失、孜孜不倦的劳作以及他呼吸问题的无情进展，最终耗竭了雷奈克的生命。他再也不能否认他患有结核病的事实。胸痛和发烧开始迅速加重。他从肺部腐烂的组织中咳出黏稠的腐烂物质。梅里亚德克拿着听诊器，第一次听到了可怕的声音，表明他叔叔的左胸腔上部有一个结核性空洞。4 月 20 日，雷奈克起草了遗嘱。

是时候回到他心爱的布列塔尼了。也许在那里可以恢复一些体力，但不管结果如何，雷奈克已经决定不再返回巴黎了。5 月 30 日，他面色苍白，憔悴不堪，最后一次从巴黎家中的楼梯上走下来。他穿着他那套习惯穿的黑衣服，把瘦小而颤抖的身体靠在他妻子的臂膀上，带着将死之人的神态，仿佛一步一步走向他自己的坟墓。

回家的旅途是一种折磨。终于，在经历了 10 天痛苦的、大雨滂沱的日子后，克卢阿内克周围的小山映入眼帘。幸运的是，雨已经停了，6 月初的清晨，阳光普照，雷奈克从马车上走下来，迎接他的是一群当地农民和自己庄园里雇用的农民。他终于回到了家，但为时已晚。

这个垂死之人只剩下短短六个星期用来告别。有时，他会被邻居推着一辆小车带着去乡下转一转。他多次造访圣克罗伊当地的小教堂，他的祈祷得到了回应，他的身体得到了短暂的改善，在此期间，他可以与前来道别的朋友和表亲们在他的庄园里四处走走，他们知道这将是他们最后的告别。8月的第二个星期，他又发烧了，而且还伴有精神错乱。

8月13日下午3点左右，雷奈克醒了过来，这是他最后的清醒的时刻。他望着坐在他身旁的妻子，努力坐直了身子，慢慢地从手指上摘下戒指，放在床头柜上。“我这样做，”他几乎说不出话来，“因为别人很快就要上门为我效劳了，我不想让他们承担这个痛苦的任务。”那是他的遗言。两个小时后，世界上最重要的内科医生、医学上第一个诊断仪器的发明者何内·雷奈克，成为结核病的又一个受害者，他终其一生揭示了这一祸患的本质。

雷奈克的葬礼在当地公墓举行，结束后，全家人聚集在一起聆听他的遗嘱。在克卢阿内克的最后几天里，他给梅里亚德克留下了一份遗嘱，把他所有的医学书籍和论文都留给了梅里亚德克。他还写道：“我给他我的手表、我的戒指，最重要的是我的听诊器，这是我最好的遗产。”

9　细菌发现前的“细菌学说”
伊格纳兹·塞麦尔维斯之谜

天才是无价的、仁慈的、神圣的，但有时也是反复无常的、险恶的、冷酷的，因此，被他驾驭的本性时而令人歆羡，时而又非常无助。

——亨利·詹姆斯，《罗德里克·哈德森》

伊格纳兹·塞麦尔维斯（Ignac Semmelweis）的许多传记作者编织了一个神话，将他的一生描绘成了一场希腊式的悲剧。然而，传记作者是想让我们相信这是一场埃斯库罗斯式的悲剧，在这场悲剧中，主人公被邪恶的神摧毁——被他无法控制的力量摧毁。虽然毫无疑问，这位发现了预防产褥热这种致命疾病的方法的天才确实经历了一场悲剧，但在他的现实生活中，这是一场更让人想起索福克勒斯而不是埃斯库罗斯的悲剧。索福克勒斯式戏剧的基本元素是：英雄、真相、使命，最后是导致其毁灭的狂热傲慢。这不是埃斯库罗斯式的悲剧；索福克勒斯英雄的命运并不掌握在众神之手，而是由他自己本性中的一个根本错误决定的。伊格纳兹·塞麦尔维斯的戏剧源于一个经典的悲剧套路——在发现了真相和自我使命后，他自我创造了一场悲剧命运并深陷其中。正如亨利·詹姆斯告诉我们的那样，天才可能是冷酷的，而这些掌控无限天资，或受其天赋奴役的人可能也是完全无助的。

伊格纳兹·塞麦尔维斯的无助是由于他被自我毁灭的心态紧紧地扼住了喉咙。他的悲惨命运是由他个人的缺陷造成的，而不是像世世代代著名的历史学家告诉我们的那样，是由落后的医疗机构所信奉的无可撼动的神灵所造成的。

然而，在某种意义上，塞麦尔维斯因他的天赋被当时的人误解——他的天资带来了一些发现，而世间还没有做好准备去接纳它们。他违背了那些追寻自然奥秘者的狩猎规则中最基本的原则：一个想法永远不能在它的时代之前提出。事实几乎总是证明，当科学领域出现看似革命性的飞跃时，这只是某位特别大胆的研究人员所迈出的一大步，而在这一过程中，早已有无数前人的工作为其打下了前进的基石。当文化环境恰到好处，当技术工具出现了新的发明，当足够多的焦躁不安的心开始对现状感到恼火时，就会有人挺身而出，传达一些启发性的事物。虽然最初只会有一小部分思想活跃的人意识到这一想法所能产出的重要性并公布于世，但事实上，所有人终究会接纳它，因为这些新概念的发现过程如此合乎逻辑。即使科学家们还不知道如何应对某些大胆的突破，但至少总会有一些人意识到这是一个有效的想法，因此必须加以珍惜，直到它的用处变得明显的那一天。这一种情况适用于威廉·哈维发现的循环，较小程度地适用于维萨里的解剖学和约翰·亨特的外科研究。像莫尔加尼和雷奈克这样的研究人员就比较幸运，人们对这些新概念的反应迅速而热烈。他们的工作受到很多明智之人的重视，而且它也立即得到了实际应用。

伊格纳兹·塞麦尔维斯就没那么幸运了。他提出了一个基于细菌污染传播的疾病概念，先于路易·巴斯德证明细菌导致腐烂之前九年就提出了这一概念。这种概念的提出源自他发现了一种致命的传染病——产褥热（childbed fever），这种疾病可以通过试图治愈它的医生从一个病人传播到另一个病人。但在他之前 20 年，约瑟夫 · 李斯特（Joseph Lister）曾实现了一次更大的飞跃，他在 1867 年证明了伤口的感染是由细菌引起的，且通过医生的手传播。

然而，不能说塞麦尔维斯因为生不逢时而遭受了不幸的命运。他的发现很快就表明了它确实来自前人之作，当时的环境也可能允许这脆弱的种子萌发，尽管它播种得太早。而实际未曾萌芽，与其说是因为塞麦尔维斯像达 · 芬奇一样，“在一片黑暗中觉醒得太早”，不如说是因为他自己固执地拒绝看到医学科学已经处于准备就绪的边缘（尽管尚不充分），这本能够给他带来所寻求的认可，本可以拯救许多因为他的顽固而不幸丧失的性命。

伊格纳兹 · 塞麦尔维斯失败了，归根结底，不仅是因为他为时过早，也因为他太过固执。他的执拗使他从未尝试进行任何有助于事业的实验，而在当时熟练掌握实验室技能的人员也越来越多，他因此无法说服任何人相信他的想法值得研究。他的头脑本可以先于巴斯德想到这一发现，并使其成为医学的基石。相反，正是这位耐心、无私的李斯特迈出了巨大的一步，而发现了疾病的细菌理论。

伊格纳兹 · 塞麦尔维斯的生平故事因此成为医学界的警示故事之一。在本书所呈现的众多成功故事之中，我们需要停下来看一看失败的例子。医学研究的死胡同很多，想成为英雄的人往往半途而废，而非坚持到了最后。在菲尔丁 · 加里森写的“关于人类无能的论述”中，塞麦尔维斯的故事尤其令人心酸，因为它的主人公并非存在天赋上的无能，而是由于性格的缺陷。他曾短暂地做对了一切事情，尽管有些超前，然后在他职业生涯的剩余时间里，他把一切都搞砸了。他的书并没有成为标志着医学史上那些伟大的转折点之一，而只是刚画出了那不圆满的切线的起点，在 19 世纪剩下的时间里被遗忘。

在维也纳医学院，1847 年是极端保守的，无论是在国家政治层面还是在医学发展层面。匈牙利和奥地利都是伟大的哈布斯堡王朝的一部分，但维也纳是其耀眼的首都，而匈牙利则是日耳曼人文化统治下的一个从属省。帝国的首相梅特涅奉行镇压和残酷的政策，帝国的不同民族群体之间相互较量。这是 1848 年革命失败的前夕，这场革命并没有给政治领域带来真正的进步，但却为学术上的自由开辟了道路。

维也纳大学，尤其是它的医学院，成为革命活动的温床。1848 年的起义得到了年轻教师的大力支持，这主要是因为当时的大学处于政府部门令人窒息的控制之下。这所学校的一些主要职位由年事已高的教授担任，他们与这些官僚密切联系以谋其权。他们开始反对年轻教师，因为后者的自由主义政策和新思想，无论是在研究还是在疾病的概念上。在这种背景下——新与旧，智识上的自由与保守，对疾病的真正科学理解与旧医学的模糊理论——塞麦尔维斯的理论在这其中如同导火索，一触即发。因为这一理论萌芽于这位年轻的土耳其人所主张的观察和分析方法，而且是三位伟大青年领袖的教导的自然产物，所以它成为一个可以明确划分界线的战场。

18 世纪和 19 世纪的主要战役经常在日出时开始。伊格纳兹·塞麦尔维斯在数年后所称的“维也纳如同升起的太阳”，是向维也纳医学院历史上的这一重大战役发出的战斗的号令，这一说法颇有几分诗意。

由于奇妙的缘分，三位才华横溢、富有远见的年轻人走到了一起，这所学校也因此进入了其历史上最辉煌的时期。第一位，也是最伟大的，是病理解剖学教授卡尔·冯·罗基坦斯基（Karl von

Rokitansky），他认为临床症状是器官和组织病变的外在表现。这一概念由莫尔加尼赋予了生命，紧接着巴黎的学校将它培育至幼年期，当 1844 年罗基坦斯基被任命为主席时，这个尚在发展的概念还没有被普遍接受。在他看来，解剖者的角色不仅是识别器官的紊乱，而且应该将其视为疾病持续动态过程中的一个进化阶段、一个瞬间。受到法国人和约翰 · 亨特生理学研究的启发，他试图描述疾病是经历了何种演变过程，导致其最终呈现为临床就诊或尸检台上的状态。仅仅依靠“哭声”追溯到它的受损器官已经不够了；必须直接追溯到它最初的无序状态，这样才能重建和理解疾病的过程。

罗基坦斯基不仅想知道解剖学层面的疾病进展方式，还想知道伴随而来的功能变化，即病理生理学。要想对疾病持续发展进行这种近距离观察，研究人员需要成为这方面的专家。罗基坦斯基使病理学研究成为一个完全独立的医学领域。在维也纳，临床医生并不从事尸检工作——他来到尸检室是为了看看病理学家能给他看什么，就像今天的临床医生一样。维也纳大学的病理研究所就像一个医学音乐厅，医学某个分支的艺术家在这里为另一分支的艺术家表演了一场可以被称为器官独奏会的表演。罗基坦斯基每年大约进行 1800 场这样的演出，在他有生之年累计大约 3 万场。在拥有 2000 张床位的维也纳总医院里，每一位去世的病人尸体都被送往他的科室。在他的职业生涯结束之前，他很大程度地发展了疾病分类的秩序和系统性；鲁道夫 · 菲尔绍称罗基坦斯基为“病理解剖学中的林奈”。他还站在了一个历史性进程的前列，即西方医学的领导地位正在转移到欧洲中部那些讲德语的学校和医院，在那里这种主导权将一直持续到下个世纪。

病理学家埃德温 · 克莱布斯（Edwin Klebs）是细菌致病理论的主要贡献者之一（顺便说一句，他也是我的图书馆一位创始人的父亲），他在谈到罗基坦斯基时写道，他“教会了我们在临床进行解剖学思考，并在尸检台上将疾病过程的各个阶段编织成临床进展的模式”。正是从这位大师那里，伊格纳兹·塞麦尔维斯学会了近距离观察的智慧，学会了辨识琐碎与重要的部分，并学会了如何将他的观察进行整合，并形成一个临床发现与病理结果相结合的统一诊断。

三人组成员中的第二位是约瑟夫·斯科达，他是维也纳医学院的首席临床医生。他以对叩诊和听诊的研究而闻名，在这些研究中，他像罗基坦斯基一样，将临床发现与导致这些结果的病理变化准确地联系起来。他的方法与林奈一派有些不同，更多集中在听诊结构的物理属性上，而不是它们的生物学特征上。他发明了一种相较于法国人的夸张方法来说更为务实的手法，因此更容易被新手学习。罗基坦斯基善良大方，但斯科达却往往冷漠刻板，根本不关心温情的私人友谊。他真正关心的是临床科学，在约瑟夫·斯科达看来，临床科学意味着诊断，而不是治疗。他不会采用当时普遍无效的治疗方法，并以直接事实加以驳斥，即“一切都是如此（das ist ja alles eins）”——它们实际上千篇一律。然而，他是预防医学的倡导者；他相信疾病的适当方法应该是预防性的，即在它开始肆虐之前阻止它。为此，他致力于伤寒、霍乱等流行病的研究。他对临床的兴趣使他对塞麦尔维斯的理论充满热情。

虽然他是卫生领域和公共健康措施的倡导者，但使斯科达获得持久声誉的实际上是一对一诊断领域。他与罗基坦斯基在尸检室共事，并将他的发现应用于病房的病人，他开发了一种临床推理的方法，激发了青年塞麦尔维斯的想象力。斯科达和罗基坦斯基都认识到，产褥热的发现是他们新的科学逻辑方法教学的合理产物。埃尔娜·莱斯基（Erna Lesky）在她对维也纳医学院的博学研究中指出，这两位冉冉升起的巨匠不仅是塞麦尔维斯的支持者，也是“塞麦尔维斯发现的知识先驱”。

三位医学界领袖中最年轻的是费迪南德·冯·希布拉（Ferdinand von Hebra）。希布拉只比伊格纳兹·塞麦尔维斯大两岁，同时也是罗基坦斯基和斯科达的学生。他将他们的原理应用于皮肤病的诊断和分类，他受斯科达委托研究某些类型的皮炎，创立了一个以病理解剖学为基础的皮肤病新学派。希布拉和塞麦尔维斯成了亲密的朋友。因为他们的亲近，也因为他相信这一理论的正确性，敏锐而善良的希布拉首次在出版物上描述了他这位沉默寡言的朋友的产褥热理论。在希布拉的心目中，这一发现值得与爱德华·詹纳提出天花疫苗相提并论。

英雄们似乎往往来自社会或知识贵族阶层，或者来自贫穷的农民或工人阶级。我们的悲剧英雄似乎有些不同寻常：他的父亲是一名杂货商，是传统上非英雄的资产阶级的一员。

事实上，伊格纳兹·塞麦尔维斯在一些方面确实是不同寻常的。首先，这位匈牙利民族英雄有一个非常不“匈牙利”的名字。在1968年的一本翔实的传记中，乔尔吉·戈特维（Gyorgy Gortvay）和伊姆雷·佐尔坦（Imre Zoltan）通过研究教区登记簿，将塞麦尔维斯家族追溯到1570年的小村庄马尔茨法尔瓦。这个家族很可能是法兰克部落的后裔，就像佩斯–布达的大多数贸易人口一样，讲的是一种名为布达–施瓦本的日耳曼方言。伊格纳兹·菲利普（即塞麦尔维斯本人），亲戚们也管他叫纳西（Naci），直到中学才真正学会了匈牙利语。因此，当他在1837年进入维也纳大学时，讲德语笨拙且有口音，匈牙利语又在中学刚刚掌握。无论是用匈牙利语，还是同事们流利的维也纳德语，他都感到很不自在。在维也纳大学，他一开始就读于法学院，一年后转到医科；这是他一生中第一次转向，今后还会经历无数次转变。有些改变是强加给他的，但其他的是自己选择的。在 1844 年毕业前夕，塞麦尔维斯在维也纳医学院的教职员工登记簿上表示自己打算回到祖国。其中的原因我们并不清楚，可能是他母亲在他获得学位前一周去世，他当即便决定留在维也纳。

如果说罗基坦斯基的研究俘获了这位刚毕业的医生的想象力，那么罗基坦斯基的一位弟子雅各布 · 科莱施卡（Jacob Kolletschka）在法医病理学上所做的工作则点燃了他的热情，塞麦尔维斯对他怀有崇拜之情。然而，当他申请科莱施卡的助理一职时，并没有被接受，原因尚不清楚。那时的失望一定是巨大的，但塞麦尔维斯也有其他兴趣。不久之后，他申请成为斯科达的助理，但再次遭到拒绝；斯科达曾承诺将这份工作交给其他人。

1844 年 7 月，他决定学习产科，同时，卡尔 · 冯 · 罗基坦斯基允许他解剖女性尸体。此后不久，他成为产科教授约翰 · 克莱恩（Johann Klein）的助理，他的任期延长到 1847 年。克莱恩是老保守派中最坚定的人之一，也与政府部门官僚们交好，这一事实似乎并没有减弱塞麦尔维斯对他的事业所拥有的热情。

随着这位年轻的产科医生对死于产褥热的女性尸体进行越来越多的检查，他开始发展出一种关于其病理生理学的理论——也就是这一疾病进展的方式。当时，很多权威人士提出了许多不同的解释，试图了解为什么有这么多妇女在分娩后的第一天死于这一可怕的过程。据报道，在一年中的某些时候，某些医院中这一数字在所有产妇中可高达 25%。大多数医生认为它是一种特定的疾病，比如天花。关于它的传播，最广为接受的理论是，它也像天花一样四处蔓延。有些人认为它是由瘴气引起的，这是自希腊时期起用来解释疾病原因的有害气体之一。伊格纳兹 · 塞麦尔维斯的理论改变了这一切。在他发展这一理论的一系列过程中，依托敏锐的临床观察、精确的阐释以及逻辑推理，这些在他的第一本出版物中予以展示，这本书直到 11 年后才问世：

观察一：在维也纳总医院，即维也纳大学的综合医院，并行设立了两个产科部门，在各个方面都完全相同，每个部门每年大约接生 3500 名婴儿。它们之间只有一个不同之处：在第一分区，所有的分娩都是由产科医生和学生进行，而在第二分区，所有的接生都是由助产士完成。在第一分区，平均每年有 600~800 名母亲死于产褥热；而在第二分区，这一数字是 60 例——是一区的 1/10。

这些数字并不容易确定。通常来说，他们将感染产褥热的妇女转移到普通医院病房，并在那里去世，因此她们并不包含在产科的死亡率之中。这导致了两个部门之间差异的真实性遭到歪曲，塞麦尔维斯只有通过仔细的调查才能澄清这一点。

观察二：医院内产褥热肆虐，维也纳城外则无此流行。在家分娩的母亲死亡率非常低，而独自分娩的母亲，即使在小巷和街道上进行这一过程，基本上也少有死亡。

观察三：年度统计数据显示，死亡率与天气或季节变化没有任何可预测的关系。

观察四：分娩过程中宫颈和子宫损伤越严重，母亲患产褥热的可能性就越大。

观察五：封闭病房总能在这段时间内使死亡降低至无，直到它再次开放。

从这些观察中，塞麦尔维斯清楚地认识到，传染和瘴气都不可能是其起因。要想找到某个尚无解释的因素，可以着眼于第一分区的某种存在，而不是第二分区。

就在塞麦尔维斯思考这些数字，寻找这一因素时，维也纳医学院发生了一场巨大的不幸。科莱施卡，这位备受尊敬的法医病理学老师，在一次尸检中意外发生了撕裂伤，很快死于不可逆的伤口感染。塞麦尔维斯在9个月前刚刚失去了亲人，此时更是心烦意乱。接下来的事情用他14年后写的话来描述是最好的：

> 我完全崩溃了，怀着强烈的情绪沉思着这件事，直到我突然有了一个想法；我立刻明白，产褥病和科莱施卡教授的死是同一件事，因为它们在病理上都是由相同的解剖变化组成的。因此，如果在科莱施卡教授的案例中……腐败性的变化……是由于尸体上某种颗粒的作用，产褥热也是由同一来源引起的。事实是，这种颗粒的传播源是学生和主治医生的手部。

在维也纳综合医院，每位学生和教师每天都要解剖几具尸体，这是受罗基坦斯基启发而颁布的硬性课程规则。换洗衣服只是例行公事。塞麦尔维斯找到了他的解释——一种所谓“靠气味才能辨识的无形的尸体颗粒”的传播是产褥期发烧的原因。

因此，对塞麦尔维斯来说，产褥热不像天花那样是一种特殊的疾病；它是由医务人员手上携带的脓性物质传播的一组器官和组织的病变。这与天花不同，天花只能由另一例天花引起，产褥热的病理变化可能是由于接触任何脓液来源引起的，可以是生病的母亲、腐烂的尸体、煮沸的柳叶刀或被感染物质浸透的床单；而且，只有腐烂的动物体的物质（充满细菌的脓液）才能产生这种病理。

当时，美国的奥利弗·温德尔·霍姆斯和几位英国医生一直将这个问题描述为一种特定的传染性疾病，可能会通过空气传播或以其他方式传播，即便没有塞麦尔维斯所称的“腐烂有机物”的情况下。事实上，1843年，霍姆斯（塞麦尔维斯并不知道他的作品）已经相当接近病因的确定，甚至推测了他所谓“病毒”(virus)的存在。但只有塞麦尔维斯真正明白这种疾病需要三个因素：腐烂物质的来源、机体传播的方式(从该来源实际将腐烂物质通过密切接触传播到受害者身上)，以及受伤的表面(如产后子宫裸露的内部或被柳叶刀划伤的手指)。用塞麦尔维斯自己的话说，“产褥病是可传播的，但不是传统意义上的传染病”。继续类比天花(这很有用)，只有天花病人才能引发另一个天花病例，这就是所谓的传染。脓肿的牙齿或感染性的子宫癌不会导致天花，但是它们排出的脓液会引起产褥热。

塞麦尔维斯利用他作为克莱恩助手的职务之便，制定了一项简单的措施，即在氯溶液中洗手，直到皮肤光滑，身体气味消失。在1848年，也就是这项预防措施落实的第一年，第一分区的产褥期死亡率为1.2%，第二分区的产褥期死亡率为1.3%，双方不相上下，这也是史无前例的。1847年4月，也就是没有洗手措施的最后一个月，产妇因医生不洁之手而死亡的比例(确切地说)是18.3%。就此而确定了产褥期发热的原因和预防措施。这一学说简单、合乎逻辑，与塞麦尔维斯的每一次观察都是一致的，这是他从罗基坦斯基那里学到的调查技术和斯科达教给他的推理方法的完美结果。而由希波克拉底学派引入并由法国人赋予新生命的临床医学的实验方法，则是整篇论文背后的制胜之道。

视若无睹的综合医院产科医生再也不能忽视这两个部门之间的死亡率差异，也不能再通过将患者转移到普通病房来掩盖占比很大的死亡情况。一个解释诞生了，但随之而来的是一种令人痛苦的指控，一种旧方法让位于新方法的需求。对于许多饱受良知折磨的产科医生来说，他们已经见证了许多的产后死亡，背负着多年的痛苦和无助，这将是一种自我谴责的申诉，这种自我谴责太过令人心碎而无法承受。

然而，这位年轻的教授已是维也纳医学院哲学的典型，而在推翻年长的教师和支持他们的政府官僚的斗争中，塞麦尔维斯理论是他们团结一致的标准。杰出的维也纳外科医生西奥多·比罗斯（Theodor Billroth）在这些事件发生30年后撰文指出，我们今天经常使用的“学术自由”一词于1848年首次流行起来。比罗斯对年长的保守派奥地利教员如此描述：

> 这一代人是穿着知识分子的紧身衣长大的，戴着黑色墨镜，耳朵里塞着棉花。年轻人在草地上翻筋斗，而被国家监管的终身束缚限制了身体自然发展的老人们，感觉到世界在他们耳边翻滚，相信世界末日就在眼前。

当然，比罗斯描述的是这种基于病理解剖学的新医学正在进入主导地位的过渡期。年长者抵制变革，而在这其中没有人比塞麦尔维斯的产科教授约翰·克莱恩更加抵制这一场变革。

年迈的克莱恩一定很难思考自己在这场残杀中所扮演的角色。若是接受塞麦尔维斯学说，将迫使他不仅承认他的对手客观推理的逻辑方法的有效性，而且还要承认他作为一名产科教师，在数千名年轻女性的死亡中成为不知情的共谋。洗手的提议应该出自一系列敏锐的临床观察，出自他那位爱争辩的门徒，他试图压制的正是这一运动——这肯定是一个痛苦的打击，太过痛苦以至于绝对不能屈服。他更愿意顽固地坚持自己的信念，认为产褥热是一个无法解决的问题，永远坚持这是许多住院母亲的必然命运。

是时候出版一本书了。然而，塞麦尔维斯并没有执笔。在1847年12月，反而希布拉在维也纳当地的一本医学杂志上告诉了全世界他朋友的发现，罗基坦斯基对此发表了强有力的支持声明。1848年

4月，希布拉再次在同一本杂志上发表文章，虽然与第一篇文章雷同，这篇文章实际上是一篇社论，包含的细节很少。

斯科达也在几个场合公开表示支持塞麦尔维斯理论，其中一次是向奥地利科学院发表演说，这是当地最重要的科学组织。他不仅对此进行讲述，还加上了自己的评论。

伊格纳兹·塞麦尔维斯的神话学家写道，他是一个孤独而被误解的人物，他始终在与广泛的反对声做斗争，而后因对方的人多势众和影响力被压倒，最终被摧毁。事实并非如此。在几年后，在维也纳获胜的新兴领导人都与塞麦尔维站在一边。在1853年为医学院教员绘制的一幅肖像画中，画中的15位教授中有9位是那些通过言论、写作或实践积极支持塞麦尔维斯学说的人。罗基坦斯基的权力和影响力如此之大，以至于他在前一年当选为维也纳大学校长。在这些人中，只有约翰·克莱恩的密友安东·冯·罗萨斯（Anton Von Rosas）仍然是反对派的代表。（其他五个人保持中立。）

基于这三次分开的文字性陈述，来自其他欧洲大学的一些杰出的产科医生开始阅读这一理论，其中一些人并不同意。然而，伊格纳兹·塞麦尔维斯本人并没有在公共论坛上支持他本人的理论，尽管他有权势的朋友们敦促他这样做。历史学家认为，他在德语方面的水平不足阻碍了他的发展，这一假设无疑是正确的。但另一个因素，也是第一个因素的推论，可能更重要。塞麦尔维斯很可能认为自己是一个局外人，一个地位尴尬的杂货商之子，他在大学的社群里说着一口笨拙的德语方言，尽管这个社群总体上是国际化的，但根本上还是对某些外国人抱有敌意。例如，外科医生西奥多·比罗斯在其他方面表现得如此人性化，以至于掩盖了他对某些少数群体根深蒂固的不容忍；在我们谈论的上述事件发生30年后，他写了一篇无味的谩骂，称他只接纳那些匈牙利人里他所谓的“纯粹的马扎尔人”。非马扎尔人的匈牙利人显然仅比匈牙利犹太人地位高了一点儿，用带有偏见的比罗斯专断性的言论来说，后者“在维也纳学生中的声誉最差”。可怜的塞麦尔维斯是个有日耳曼名字的匈牙利人，很有可能他觉得自己在某些方面被怀疑是犹太人。他的朋友希布拉是犹太人（而且是摩拉维亚人），但在维也纳成为受人尊敬的同事，这显然没有给塞麦尔维斯留下任何印象，他所经历的几乎都是种种拒绝。

塞麦尔维斯低自尊的另一个因素可能是产科在19世纪中期欧洲学术体系中的地位。虽然所有的主要大学都有产科教授，但对大多数学生来说，这门课仍然是一门选修课。绝大多数医院外的分娩都是由助产士进行的。还需要记住一点，塞麦尔维斯本人是在其喜欢的其他领域被拒绝后才成为一名产科医生的，首先是病理学，然后是内科学。

在对伊格纳兹·塞麦尔维斯发现产褥热后几年的行为细节进行研究时，很难逃脱这样的结论：他活在一个自我实现的预言中。他似乎认为自己是一个笨手笨脚、没有风度的外来者，来自错误的地方、错误的社会阶层，讲着错误的方言，被正确的大学工作拒绝；简而言之，他始终是一个局外人，敲打着学术万神殿的大门，他觉得自己不配居住在那里。他天才的本质，他的伟大发现，他有权势的朋友，受维也纳知识阶层熏陶的真实品性，都未能使他克服心中的那种无价值感。拥有这种自我认知的同时，他也有截然相反的一面——自负、愤怒，在经历一场巅峰的辉煌飓风后，被扫地出门。

正当他的理论在公众中开始传播之时，塞麦尔维斯作为产科助理的任期于1849年3月20日告一段落。克莱恩在官僚朋友的支持下，不顾罗基坦斯基、斯科达和希布拉的强烈要求，拒绝续签。塞麦尔维斯不仅在宣扬他的信仰时变得令人生厌，而且他并不反对让那些质疑他的人知道，如果他们在检查临产病人之前不用含氯的溶液洗手，他们一定会自视为杀人犯。他既是一个喷出地狱之火的布道者，又是一个良知使者，那种没有人愿意接近的正义激励者。不止一个产科医生表示，他们本来可能倾向于给他的发明技术以公正的审判，却止步于他粗暴的态度，他仿佛在逼他们浸在他的消毒槽里，喝下那真理之水。

克莱恩拒绝了他所有的续签请求，时光随之飞逝。在发现产褥热病因整整三年后，在才华横溢的三巨头的持续劝说下，已失业的塞麦尔维斯终于采取了一些行动。1850 年 5 月 15 日，塞麦尔维斯终于同意在维也纳医学会的一个论坛上向他的同人们谈论这一发现。在他的三位朋友的支持下，他于 1849 年 7 月，也就是他被克莱恩解雇四个月后当选为该学会的成员。也许他此时感到安全，因为罗基坦斯基现在是该组织的主席；但不管出于什么原因，据报道他在之后发展得很好，以至于在随后的辩论（一直持续到 6 月和 7 月的会议）结束时，校长说塞麦尔维斯医生的论文赢得了压倒性的胜利。

此时，塞麦尔维斯的产褥热理论站在了被接受的边缘，尽管它的作者有时会适得其反地推广它。它得到了维也纳医学界新兴领导人的支持，唯有公开辩论和由此产生的临床和实验室验证能够确保它的成功。但就在这一刻，塞麦尔维斯犯了两个严重的自我毁灭的错误。首先，在维也纳医学会之前他并没有公开发表过演讲和辩论；因为他没有以书面形式提交，他的演讲和评述只作为记录在会议纪要中的摘要发表，而他的对手爱德华 · 朗普（Eduard Lumpe）出版了全文印刷，二者在辩论中的评述形成了鲜明的对比。（朗普的论点由传统观念组成，即产褥热发病率的巨大季节性变化证明，所谓的“尸体感染”不可能是病因。由于塞麦尔维斯尚无出版作品，而他的朋友们对此论述得又过于简略，朗普不认为这种疾病的季节性只是表面现象，而非内部原理。）其次，当塞麦尔维斯得到一个小小的临床任命，而在某种程度上感受到其教学特权的受限时，他受伤的自尊心认为这是对他的终极侮辱。五天后，他甚至没有向他的朋友和他的支持者们告别，也没有告诉他们他对未来的计划，就逃离了维也纳。

罗基坦斯基、斯科达、希布拉和其他人对此感到震惊。他们给了他鼓励、支持和友谊，一直盼望着他在医学院获得权威职位。几年后，罗基坦斯基原谅了他，但斯科达再也没有在书面提到过塞麦尔维斯，据说再也没有跟他讲过话。这就像是一位被信赖的战士在一场决定性的战役中临阵脱逃。

人们很容易将伊格纳兹·塞麦尔维斯的逃亡称为一个巨大的讽刺；正如许多传记作家所说，就像胜利在望时，他失去了信心。也有一种可能，即这根本不是一种讽刺，而是塞麦尔维斯在走向自我毁灭的不可阻挡的旅程上，仿佛刻意迈出的一步；此外，他已经在神圣的维也纳医学院取得了胜利并获得教授职位，这与他对自己的无意识预言不相符；他作为一个可怜的、笨手笨脚的局外人的自我形象，似乎无以应对即将到来的持续公开辩论的光芒，而这种光芒在与一些非维也纳的杰出产科医生的斗争中是必要的。他跑回匈牙利是因为那里很安全，如同一个人投入母亲的怀抱；他自行赋予了被否定的想象，因为这给了他冲回母亲保护的怀抱所需的理由。

佩斯不似维也纳。1850 年，它还是一片知识的死水。1848 年的革命虽给维也纳带来了一定的学术自由，但只能加剧当局对佩斯大学的镇压。塞麦尔维斯争取到了罗彻斯医院产科主任的任命，尽管并无薪酬，在那里他实现了 0.85% 的孕产妇死亡率，这一数字实在令人印象深刻。1855 年，他被选拔为该大学的产科教授，这是一所由政治家主导的学校，其学术水平充其量也只能说是平庸。

一些人可能会认为伊格纳兹·塞麦尔维斯是个孤立无援的人，他的伟大发现被嫉妒的同事打压和雪藏。而他们最好读一读他当选那天面向投票教师对他进行的描述，会感受到新的启发：“伊格纳兹·塞麦尔维斯，36岁……他的著名发现得到了维也纳医学院的认可，他被认为有能力进行进一步的研究。”

作为一名教授，塞麦尔维斯瞬间成为众矢之的。他把自己卷入了旋风式的活动中——多个教师委员会、多个项目、多个与同事的冲突。他浮躁，缺乏机智，而且习惯于疏远重要人物。尽管他的理论在匈牙利从未受到强烈反对，但在其他地方开始淡出人们的视野，部分原因是人们并不了解他所做工作的真正根基，还有一部分原因是维也纳以外的反对派的水平确实了得。

伊格纳兹·塞麦尔维斯的传说和神话的一部分是，他的诋毁者都是落后的愚昧之人。这一点则不然，虽然可能确实有几个愚昧者，但反对塞麦尔维斯学说的人包括一些欧洲最受尊敬的临床医生。即使那些在欧洲医学界占据主导地位且通常是发展的势力，像柏林病理学家鲁道夫·菲尔绍那样，多年来也始终是其反对者。这就好比如今一项新的、描述不充分的心脏病预防理论被提出，由一所小型州立大学的教师发表，但尚未进行出版。它遭到了迈克尔·德·贝基、卫生局局长埃弗雷特·库普和国家心脏研究所所长的反对。

有充分的理由说明为什么这一理论没有得到广泛和热烈的接受。维也纳进行统计分析和临床病理研究的条件在19世纪50年代是独一无二的。因为塞麦尔维斯没有发表他的观察和结论的细节，只有那些亲眼看过它们如何发展的人才有充分的理由接受它们。他在兔子身上做了几个实验来支持他的论点，但很少有医生知道这些实验。此外，他善意的朋友们基于他的基本理论将“尸体感染”单独进行描述，在这其中产生了一些混淆；他们的陈述只是流于其论点的表面。即便没有塞麦尔维斯本人的著作，他的朋友们本可以澄清这些混淆问题，但他维也纳的科学家朋友们因为他的背弃而疏远了他，他们同样也抛弃了他。总而言之，塞麦尔维斯的反对者无法接触到所有的事实，因此不能完全理解这一理论，也不能接受它所依托的基础。

反对派对塞麦尔维斯学说提出了两个主要论点。首先，许多尝试过的人无法复制他的结果。原因是，大多数进行含氯的溶液洗手试验的医院都是以标准不一致且欠缺监管的方式进行的，结果是可以预见的糟糕。一代人之后，这种敷衍了事的清洁步骤会困扰约瑟夫·李斯特将杀菌剂引入英国医院的尝试，也导致许多潜在皈依者的不满。

反对塞麦尔维斯的第二个论点，就像朗普的论点一样，是基于这种疾病明显的季节性性质。塞麦尔维斯能够用一种简单的观察方法来解释这种“巧合”，即所谓季节的起伏，以及“流行病”的往复，恰好与解剖尸体的学生数量因各种原因而增加或减少的时间相对应。每个热情的新生群体的到来都提高了死亡率，后来随着他们对尸检职责的懈怠，死亡率有所下降。然而，由于他在 1860 年之前从未发表过任何这方面的文章，他的批评者对此一无所知。

然而，即使塞麦尔维斯对季节变化的解释是普适的，它是否会被接受却也另当别论。无论当时在病理解剖和体格检查方面取得了什么进展，西方医学仍然生活在古代病因学理论的各种发育不良的残骸之中，如瘴气和模糊的体液失衡理论。单一致病因子的概念在不到 20 年后随着细菌理论的出现而进入竞技场，即使有的话，也只是勉强被解释。引用无形的腐烂有机颗粒物，并阐明其直接作用的学说，这几乎没有先例。对于许多批评家来说，这将是他们无法或不愿做出的飞跃。

因此，除了塞麦尔维斯失败的所有这些原因之外，还必须加上不幸的时机因素。在当时，还没有人知道细菌在感染中的作用。这意味着，为了接受塞麦尔维斯的论点，医生们被要求相信他们既看不见也感觉不到的颗粒物的毒性，而只能通过嗅觉辨认。不过，这不一定是不可逾越的障碍。在临床医学史上，医生们多次表明，他们并不反对采用一种科学基础尚未确立，但在病房里可以预见良好效果的治疗方法。只要不违反希波克拉底“不进行伤害”的禁令，在一种新疗法的引入和科学验证之间的这段时间里，就可以取得很多好的结果。要不是塞麦尔维斯在他的演讲中如此低效，许多原本不情愿的医生肯定会自愿加入他的战队。其中一些人可能发现塞麦尔维斯更有见地，他们可能会去实验室尝试产褥热在动物之间的传播。如果真的进行了这一实验，即使当时的人们不了解细菌，也会有证据证明这样的事情是可能发生的。但是，塞麦尔维斯本人在这一方向上，只尝试了为数不多的几次半途而废的实验。

维也纳逐渐遗忘了伊格纳兹 · 塞麦尔维斯，在那里他只是个被贬低的对象。罗基坦斯基、斯科达和希布拉没有继续跟进这位与他们争吵不休的前同事向他们展示的真相，这也许会被认为是一个巨大的失败。然而，他们怎么可能做到呢？他们中的每一个人都全身心地投入自己的独立研究，这无疑比追求塞麦尔维斯学说更为重要，尤其因为他们都还没有意识到它将适用于产科以外的任何领域。维也纳综合医院产科的有力掌权者卡尔 · 布劳恩（Karl Braun）接替塞麦尔维斯成为克莱恩的助手，然后在 1856 年前任去世后接替他成为主任。布劳恩在 1855 年写了一本书，列出了 30 种可能的产褥热原因，其中第 28 种是“尸体感染”，这表明他和其他许多人一样，也误解了他的对手。

布劳恩不仅对塞麦尔维斯有所误解，而且非常讨厌他，一有机会就攻击他。1856年，塞麦尔维斯在布达佩斯的一名助手在《维也纳医学周刊》上发表了一篇关于产褥热的论文，很可能是布劳恩提供了这篇编辑评论：

> 我们原以为这个氯消毒理论早就消亡了；大多数产妇医院的经验和统计证据与本文所表达的观点不符：我们的读者如今不应该让自己被这一理论所误导。

塞麦尔维斯离开后，第一分区又恢复了先前的高死亡率。布劳恩可能倔强如牛，但他不是杀人犯。当他成为首领时，他遵循了书中阐述的一项原则：尽管尸体颗粒不是产褥热的原因，但任何手部带有尸体气味的学生都不允许检查分娩中的妇女。这样，他就绕过了塞麦尔维斯学说所传达的现实，否认了他结局得以改善真正依靠的基础。

我们无从得知是什么让伊格纳兹·塞麦尔维斯最终开始公开发言并执笔写下他的工作。也许他终于意识到，除非他自己把自己的观察和结论说清楚，否则永远无法获得广泛的理解。无论如何，在他回到匈牙利近八年后，他向佩斯-布达医学会发表了题为“产褥期发热的病因学”的演讲，并在匈牙利医学杂志《医学周刊》(*Orvosi Hetilap*)上发表了他的演讲。这是他关于这一发现的第一部书面作品。

在接下来的两年里，塞麦尔维斯写信给全欧洲的知名产科医生，询问他们对这一理论的看法。他得到的回应很少能够让他满意，这更加伤害了他在维也纳严重受创的自尊心。他人对这一理论接受与否，在他看来总是与他本人是否被认可息息相关；到1860年，他的整个自我意识显然已经与他的理论变得难以区分。同年8月，他在出版的《产褥热的病因、概念和预防》(简称《产褥热病因》, *The Etiology, the Concept, and the Prevention of Puerperal Fever*)一书中讲述了所有的挫败感，这是他的代表作，他打算用这本书来歼灭他的对手。下文选自这本书的简介，其特点是表面谦逊却伴着自视甚高的意念，这也暗示了他后来的精神失常。

> 命运赋予我责任，要揭示这本书所包含的真相……我势必不能再在和平中苟活，而要铭记那些应该被拯救的生命，这取决于我与我的对手谁最终赢得了胜利……我已在漫长岁月里经受了痛苦，这对我来说并不是一种警示；我战胜了它们；我的良知将帮助我遭受任何可能等待我的痛苦。

他在这本书的第一部分阐明了这一理论，尽管以一种杂乱无章、经常重复的方式。在第二部分，尽管塞麦尔维斯声称向往平和，但他展开了一场猛烈而持久的争论，他不仅对主要的批判者做出了回应，而且对他们其中的大多数进行蓄意攻击。他的讨论经常夹带着突兀而简短的辱骂之言。弗兰克 · P. 墨菲(Frank P.Murphy)向我们传达了一些塞麦尔维斯作品的特色，他在1941年致力于完成这部冗长而晦涩文本的第一个英译本：

> 从翻译中我们可以看出为什么这部作品以前从未用英文发表过。风格冗长而重复；论据毫无逻辑地被反复讲述；作者自私自利，好斗。我们能够感受到塞麦尔维斯精神失常的迹象和受到迫害的感觉。许多人认为，迫害情结是由于作者感受到人们对他此书的敌对反响，但书本身揭示了

> 其潜在的偏执。如果塞麦尔维斯花更多的时间来清楚地阐述他的观点，少些争论，他的书就会是加倍的优质而减半的篇幅了！但真正的塞麦尔维斯不会这样做的。

医学界对《产褥热病因》的反响无非是无视，或加以攻击。之所以无视，是因为它篇幅冗长而杂乱无章，人们几乎无法通读；而之所以攻击，是被作者的侮辱激怒了。但最为盛怒的要数伊格纳兹·塞麦尔维斯。愤怒和绝望交织在一起，促使他发表了一系列写给他的反对派领导者的公开信。他强烈的情感如同旋风般无法控制。

几年前，费伦茨·乔尔盖（Ferenc Gyorgyey）和我翻译了这些公开信，由医学经典图书馆出版。我们陷入了弗兰克·墨菲可能曾面临的两难境地。我们是应该将塞麦尔维斯令人困惑的迂回言论转换成美国读者可以理解的清晰陈述，还是应该让它们保持原样，以其冗词赘语和费解修辞的形式，将其作为作者精神错乱的凭证？某一天晚上，我们在博蒙特医疗俱乐部（Beaumont Medical Club）的一次同行会议上提出了这个问题。博蒙特医疗俱乐部由业余爱好者和几位专业的医学史学家组成，他们探讨问题的友好态度让人想起了旧时半职业棒球队在球场上的友谊赛。在讨论结束时，结论是明确的：只有绝对准确地再现表述中的每一个细微差别、每一次重复、每一次冗长、每一次令人费解的偏离逻辑的论证，我们的工作才会对那些可能想要将其用于学术研究的大家有真正的价值。在这部作品的引言中，我们用都柏林大教堂剧院的约翰·米灵顿·辛格（John Millington Synge）的话作为主题进行了解释："若在翻译过程中无法伴随其内容实现诗一般的韵律，那便不能称作翻译。"

基于上述的介绍，下面呈现的是一些塞麦尔维斯对他人展开激烈侮辱的例子。几位最受尊敬的日耳曼产科医生反对他的言论，因此在1861年的公开信中，他对维也纳大学约瑟夫–阿卡德米分校的产科教授约瑟夫·斯佩思（Josef Spaeth）这样写道：

> 教授先生，您使我相信，即便产褥热理论在1847年的维也纳如同升起的太阳，即便它离您很近，却没有照亮您的心灵……您这般傲慢地忽略我的学说，这般傲慢地鼓吹着错误，迫使我做出以下声明：对我来说，我知道如果我不再保持沉默，自1847年以来成千上万的死亡的产后妇女和婴儿就不会牺牲，我要对每一个传播的产褥热错误提供必要的纠正……而您，教授先生，是这场屠杀的同谋者。这种谋杀必须停止，为了使这种谋杀停止，我将保持警惕，任何胆敢传播有关产褥热的危险错误的人将会发现我这个如此热切的对手。为了结束这些谋杀，我别无选择，只能毫不留情地揭露我的对手。

同样，维尔茨堡产科教授弗里德里希·斯坎佐尼（Friedrich Scanzoni）也是他那个时代最有影响力的医生之一，塞麦尔维斯也向他发出了一封措辞强硬的信件。塞麦尔维斯的一些传记作者认为斯坎佐尼是他们主人公生平故事中的恶棍，因为他特别直言不讳地反对这一理论。但他既不邪恶也不愚蠢，只是犯了错误。尽管他在专业领域做出了许多重大贡献，但历史记住了他的一个严重错误，那就是他早期对洗手学说的抵制。有趣的是，在他编写的第四版教科书中，他会勉强赞扬塞麦尔维斯，甚至承认他的理论根基是正确的，尽管那时他的这位对手早已离开人世。塞麦尔维斯在写给斯坎佐尼的信中写道：

为了杜绝这些谋杀，我下定决心，坚决反对任何散布产褥热错误的人……你的学说将医生打上了残暴者的烙印，一个宿命论者，被动地听天由命，任由这场悲剧吞没了他的产褥期妇女……我已经用103页的篇幅来讲述产褥热，仅仅是为了驳斥所有将您固着产褥热的错误和欺骗……我将公开向您传授必要的指导……教授先生，如果您在没有反驳我的学说的情况下，继续教导您的学生产褥热的流行病学说，我会在上帝和全世界面前宣布，您是一个杀人犯，您将在产褥热的历史上被公正地记载为医学上的尼禄，因为您是第一个坚决反对我救人性命教义的人。

在写给斯坎佐尼的第二封信中，塞麦尔维斯补充道：

教授先生，您在十三年来都是对的，因为我沉默了十三年；现在我已经发誓不再沉默，而且毫无疑问，只要女性要生孩子，我就是对的。对您来说，教授先生，如果您还想挽回您的名誉（如果还能挽回的话），除了采纳我的理论之外，别无他法。如果你继续坚持产褥热的流行病学说，我所推进的启示将会让虚假的产褥热流行病学说，连同你的名誉消失在地球表面……教授先生已经证明，尽管有新的医院，配备了最好的设备，但只要一个人拥有必要的天赋，就可以进行大量的谋杀。

紧接着，塞麦尔维斯在1862年发表了最后一份公开信，信中的陈述大致相同，而这一次他写给了所有的产科教授，对每一个人发表了他的声明。

随着这一系列的文字狂飙运动，塞麦尔维斯周围的人越来越明显地意识到，他的健康状况，至少是身体状况，正在每况愈下。下面的插图将他在 1857 年 39 岁时的相貌与他出版《产褥热病因》后不久，即四年后的相貌进行了比较。到了 1862 年，当他写下最后一封公开信时，他被描述为时而情绪低落，时而兴高采烈。虽然他仍然可以履行他的专业职责，但已出现记忆力方面的问题，行为举止表现出了怪异。最后，在 1865 年 7 月中旬，事实已是显而易见，无可否认——这位佩斯大学的产科教授患有无法控制的精神疾病。

伊格纳兹 · 塞麦尔维斯的陨落。左边的照片拍摄于 1857 年，右边的照片拍摄于 1861 年，也就是他的《产褥热病因》出版后不久，此时他已经 42 或 43 岁了。（布达佩斯塞麦尔维斯医学历史博物馆洛兹塞夫 · 安托尔博士提供）

玛丽亚 · 塞麦尔维斯花了两周时间在家里照顾她的丈夫，但最终还是放弃了。7 月 31 日，她和其他几个人带着他搭乘漫长的火车返回维也纳，好心的希布拉在车站等待着这位出走的老朋友。抵达后，塞麦尔维斯立即被送往一家私立的精神病院。第二天，当塞麦尔维斯夫人前来探望，她未被允许进入，并被遣送返回。两周后，他死在那里。在四十八小时内经过尸检和快速埋葬，尸体从精神病院被带到维也纳总医院的停尸房，然后直接送到当地的施梅尔茨公墓。在接下来的 25 年里，伊格纳兹 · 塞麦尔维斯在维也纳的这片外国的土地腐烂，至死也是一个局外人。

根据传统的说法（所有主要传记也都无一例外地这样讲到），在他的尸检中，塞麦尔维斯被发现实际上死于和那些产妇患有的同一种疾病，也是他职业生涯中一直为之所抗争的。据说，当检查他最后一个病人时，身体留下了巨大的撕裂伤，导致了大规模感染，尸检结果与无数死去的母亲完全一致，也与殉职的科莱施卡的尸检结果相似。这一结果为这位产褥热天才一生的整个悲剧故事赋予了一种讽刺的、诗意的对称性。不幸的是，与神话中的许多其他重要部分一样，这个伤口似乎没有确凿的事实依据。我们能看到的是最初由奥地利人公布的尸检结果，以及一个世纪后挖掘遗体时的检查、照片和 X 射线，这些资料最近才披露出来。我仔细检查了病理数据，并把它们展示给几位病理学家。这些研究提供了强有力的证据，证明伊格纳兹 · 塞麦尔维斯和当时的许多其他有暴力倾向的精神病患者一样，在入院后不久就受到试图约束他的精神病院看护的殴打，正是由于遭受了这样的伤害，他在两周后死亡。

显然，在他生命的最后几年，塞麦尔维斯患上了进行性器质性脑综合征（organic brain syndrome）。基于现有的出版材料，耶鲁大学医学院的神经病理学主任埃利亚斯 · E. 马努埃利迪斯（Elias E. Manuelidis）医生确信，没有足够的证据表明他患有梅毒，而他的传记作者始终将其诊断为由梅毒引起的脑部疾病。他提出，这可能是一种在 1865 年尚无描述的器质性疾病：阿尔茨海默病的早老性痴呆，其临床病理图像在许多方面与塞麦尔维斯公开的症状和尸检结果的描述和照片更一致，而不是梅毒。

自 1978 年马努埃利迪斯医生做出诊断以来，人们发现阿尔茨海默病在老年人群中也相当频繁地发生。事实上，现如今这种疾病高发于老年人群。然而，爱罗斯 · 阿尔茨海默（Alois Alzheimer）在 1907 年对这一综合征首次进行描述时，却发现于一位中年患者，因此被称为“老年前期”。这种疾病的临床特征是智力下降，记忆力减退，中年患者出现明显的快速衰老，症状在几年内逐渐加重，最终死亡。这一综合征中最明显的特征是躁动、多动和无法正确判断事物。上述症状都出现在了塞麦尔维斯的病情恶化观察期间。虽然其中一些也会发生在某些神经梅毒病例中，但塞麦尔维斯的病例中突出的记忆力丧失、多动和身体外观的显著变化是阿尔茨海默病的特征，这一诊断因此令人信服。上述的插图提供了确凿的证据，证明了 1857—1861 年间他的衰老速度。

塞麦尔维斯大脑的病理变化也支持他患有早老性痴呆的论点，因为从肉眼看，这些病变最突出的是大脑萎缩和代偿性脑积水。尽管在许多梅毒病例中都会出现类似的变化，但它们不太可能像阿尔茨海默病表现得那样显著。

我不是精神分析学家。在塞麦尔维斯的个人和家庭生活的关键时期，发生了许多重大的心理动力事件，这些事件无疑塑造了他。在本章中，有些内容被刻意省略，这些因素有待其他作者的调查。我的论点可以概括为：伊格纳兹 · 塞麦尔维斯一生都自认为是一个粗鲁的局外人，渴望融入其中；这位杂货商的儿子来自一个落后的省份，讲着一口笨拙的德语方言，来到伟大的奥地利帝国的黄金首都，这使他感到以他这样背景的人在职业和社会领域都会被看不起。凭借辛勤的工作和些许的天才，他做出了一项不朽的发现，并受到了奥地利医学界正在兴起的新秩序中一些最耀眼明星的青睐。但他们能文善辞，他不敢妄想成为其中的一员，他觉得自己没有资格在公共论坛上写作或发言。虽然更自信的人可能会容忍批评，但塞麦尔维斯认为每一次批评都是对他本人的否定，不久他的理论和他的自我意识混为一体。即便胜利摆在眼前，他也认为自己是一个失败的、笨拙的局外人，这种自我概念太过强烈。他抓住一次小小的挫折逃离了向阳的竞技场，在那里，只要再多一点儿辩论和多一点儿时间，他就会被公认为欧洲杰出的临床研究人员之一。他的朋友和支持者都为之震惊。但在他们看来，似乎对他们不忠的只是未成熟的小纳西·塞麦尔维斯，他只能把自己视为一个自尊心受到伤害、争论不休的局外人，而不是维也纳的一名成功的教授。

但逃到佩斯也没有解决他的问题。在马扎尔化的浪潮中，他穿着匈牙利民族服装，用匈牙利语讲课，但他仍然是一个局外人，也许是因为他告诉自己，马扎尔人把他视为日耳曼人，日耳曼人把他视为二等匈牙利人。尽管他的理论在佩斯的实践取得了巨大的成功，但他难以忍受任何批评，因为在他看来，这进一步证实了他不可能被接受，以及失败的一种必然性。最后，一部分是出于身体因素，一部分是出于他有意识的自我预言，他最终精神失常，他变成了斗士参孙，盲目而愤怒，试图推倒抵抗他理论的神庙之柱，希望摧毁那些他假想中的敌人，即使这意味着他以自焚为代价。当一切结束时，只有塞麦尔维斯死去了。他所抵抗的神庙依然屹立不倒。

因此，索福克勒斯可能如此进行了希腊式的唱诵，以垂死的母亲们为主题——一位伟大的英雄，一个伟大的真理，一场伟大的使命，最后是一场导致毁灭的狂热傲慢的疯狂之旅。这并非拜产科之神所赐，也不是19世纪中期科学处境的产物，而是这位英雄独自的创举。

10 无痛手术

全身麻醉的起源

虽然在我们看来，手术麻醉的发现，或者像一些人喜欢说的“发明”，并不需要任何非凡的智力天赋或高深的科学训练，也不能说朗格、韦尔斯或莫顿具备上述要素，但它需要探索的精神、敏锐观察、胆量、毅力、足智多谋、寻求改进有用艺术的方法，对实践而非理论产生志趣的结果，所有这些或多或少都是美国人思维的特征。我在以下事实中找到了这种观点的证据：不是一个而是几个美国人在独立地解决同一个问题，这个问题的解决是美国人的独一无二的成就。

——威廉·亨利·韦尔奇（William Henry Welch）
约翰斯·霍普金斯医学院

手术麻醉的发明是美国医学对世界做出的第一个重大贡献。直到今天，它仍然是我们对治疗艺术最好的礼物。与150年前美国人组成的小团队所取得的成就相比，在20世纪取得的辉煌进步，以及众多的诺贝尔奖获得者都不能让其黯然失色。“团队”这个词并不准确，因为它意味着某种努力的凝聚力，某种伙伴关系，某种志同道合之士的团结。团队成员之间不仅没有这种联结，而且事实恰恰相反。在麻醉诞生的戏剧性事件中，各式各样的美国演员都承担着同一使命——一场旷日持久的激烈的荣誉和钱币之争，经过一个半世纪的辩论，这场斗争的余音仍然回荡在时光的长廊里。

要想解释究竟是谁发现了吸入式麻醉，这种功劳问题可能会让人头脑混乱，抓耳挠腮；结果很可能是一长串混乱的名字、日期、主张和声明——它可能成为人类争执和敌意倾向的又一次文字纪念。为了避免这种情况，我选择了其中一位来陈述：几乎没有人会否认麻醉史上的巅峰时刻发生在1846年10月16日，当时威廉·托马斯·格林·莫顿（William Thomas Green Morton）证明了乙醚的有效性。自那时起，手术中出现了麻醉；它只是一首序曲，是不经意间拉开的序幕，紧随其后的一切都是放大。这一章的目的是围绕那一天讲述所发生的一切事件——序幕、情节、最终的戏剧性时刻和参与者的直接后果。从那时起，随着生理观察和药理学发现的诞生，伴着技术和仪器逐渐衍生出更为精密的新专业，这项工艺开始了它真正的婴儿期。

事实上，“专业”这一概念有助于我们构建19世纪下半叶医学进展的结构框架。随着麻醉的发展、细菌理论的出现、组织由细胞构成这一认知，以及现代药理学的引入，给古老的治疗艺术注入了新活力。这些领域中的每一门都要求甚高，以至于研究人员只能将精力专注于单一领域。随着时间的推移，下个世纪的伟大医者要么专门从事实验室工作，要么在临床实践方面有所专长，而且越发地高度关注彼此的领域。最伟大的临床医生将是那些最熟悉实验室的人，因而能够借助他人在实验室发明的技艺应用于临床病患的诊疗，而对纯医学研究最大的贡献者也将是那些了解临床的人，他们知道是哪些可怕的疾病正困扰着病房的同事们。

手术麻醉的发现，或者更确切地说是发明，位列这场医学变革中四个伟大创举的之首。与其他三个不同的是，不必需要新的视野才能理解它，也不需要抛弃旧时的假设才能接纳它。人类对它已是期待已久，因此它被接受时，人们怀有可预见的欢欣雀跃。它的出现是早该迈出的一步，基石早在数十年前便以奠定；如果说最后的事件让我们惊叹，那一定是因为手术麻醉的发明并不是出自医学科学家的精心努力，而是源自一系列的意外发现、推销和密谋。

麻醉的发现过程在治愈史上实属反常。当19世纪初的医生们竭尽全力想要减少病人在术中产生的痛苦时，他们不知何故没有看到，或是说嗅到如此靠近他们的催眠剂，即便它已近在他们的鼻尖。一直到 19 世纪的第五个十年，没有任何一位训练有素的医生向无痛手术迈出过关键的一步。他们本最有资格发现这一切，却盲目无措。最后，需要智谋而非研究，需要直觉而不是假设，才能发现这长久以来放在医学科学脚下的金砖。人们通常使用的发明进化机器损坏了，需要少数机敏的工匠去修理它，他们基本都是有进取心的技工，但肯定不是科学研究者。

在过去的某一天，全身麻醉还未曾出现，而第二天早上，它伴着拯救世人的承诺被传播到了整个文明世界。它的出现如同上帝的旨意，但这一位救世主莫顿并非圣人。当无痛手术的消息迅速渗透到虔诚信徒的脑海中时，他开始努力巩固他作为创新天使主神的首要地位，而与此同时很快就出现了至少四个邀功者，想要宣示主权，或起码共享这一荣誉。

每个历史学家对这一传奇故事中不同参与者所做贡献的重要性的评估各不相同。但是，凡是熟悉医学进展之旅的人，尤其是这场戏剧性的跃进，都能理解一个不容置疑的事实：一切都聚焦于 1846 年 10 月的那个早晨。从那一时刻、那个地点所散播出的进步，其速度之快，任何单一的科学事件都未曾企及。维萨里、哈维和雷奈克的工作没有因此被质疑，只能说我们松了一口气，过去遭受的痛苦已是一去不复返。

但在很久以前，早于莫顿，也早于最终麻醉诞生时那场悲剧事件的发生，就有了神话和浪漫，有了文学作品的奇妙装点。当人类意识开始缓慢觉醒，认知之光开始闪耀时，人们却总是在寻求它的对立面，要么创造一种原始的无痛无知觉状态，要么寻求一个比日常严峻现实更为温柔的幻想世界。无论是自我诱导还是劝解他人保持这种无知觉，人类都痴迷于长眠的可能性，或与沉睡相伴。

我将摘录一些段落，来描述已知的最早为诱导睡眠所做的一些尝试，在这些段落中，幻想似乎与现实混合在一起，虚构与纪实结合。但故事的基本脉络和大部分细节在现实中确实有坚实的基础——这些药剂确实存在，就像我下文罗列的那些。即便它们不能像声称的那样实现其功能，记录者及笔下的它们也为我们提供了一组宝贵的图像，展示了对于无知觉状态的尝试，以及历史学家和诗人随着对方最迷人的音乐起舞的梦幻世界。

我们以这位诗人作为开始，即以这首诗作为开篇：

> 罂粟、曼陀罗，
> 或是世上一切使人昏迷的药草，
> 都不能使你得到
> 昨天晚上你还安然享受的酣眠
>
> ——《奥赛罗》第三幕，场景三

对所有社会来说都是现实需要的普遍迟钝状态，直到最近才通过草药、心理学或两者兼而有之的方法得以实现。医生-植物学家是古老的继承人，可以追溯到人类起源之时，而在 17 世纪和 18 世纪，可以说，这项传统达到了它的鼎盛时期，致力于找寻那些能够影响人类意识状态的植物。尽管产生预期结果的药物的性质必须等到实验室科学的发展才能得到阐明，但希腊和古罗马的治疗师已经十分熟知现代医学中一些最常用的麻醉剂。古代的主要止痛药来自罂粟、天仙花、曼陀罗，当然还有酿酒的发酵菌群。[“麻醉剂”（narcotic）这个词来源于 narke，希腊语中即为“昏迷”（stupor），正如“止痛”（anodyne）这个词来自 a（n）和 odyne 的连词，前者的意思是“没有”，后者的意思是“痛苦”。]

鸦片，被称为罂粟的眼泪，来自切割植物未成熟的种子荚果而获得的汁液（眼泪或泪液）。奶状的液滴被收集在贝壳或盘子里，放在阳光下晒干；这种物质在古代广为人知，在我们之前的几个世纪里，许多著名的医生都使用过这种物质。古代作家通常使用维吉尔推广的一个词来指代罂粟诱导的睡眠：忘川水（Letheon）。2000年后，这个词再次浮出水面，威廉·莫顿为了保密他的配方的真正化学本质，给乙醚起了这个名字。

奥卢斯·哥尼利厄斯·塞尔苏斯（Aulus Cornelius Celsus）为我们清楚地描述了罂粟之泪的用途和它的制备方法。追溯到公元1世纪，塞尔苏斯的作品代表了继希波克拉底文集之后现存的最古老的医学文献；它们是关于医学和其他主题的论文汇编，写给他那个时代的贵族。由于塞尔苏斯的拉丁文学风格的卓越，他的八卷本《医术》成为文艺复兴时期的学术复兴中最广为人知的科学著作之一，而且它仍然是研究希腊医学知识的优质资源，就像它在很大程度上依托希波克拉底和后希波克拉底的资源一样。塞尔苏斯写道：

> 那些通过催眠来减轻疼痛的药片在希腊语中被称为止痛药。除非在紧急情况下使用，否则使用它们是下策，因为它们是强力药物的混合物，对胃有不良作用。不过，其中之一可以使用，处方包含罂粟之泪和银杏各一分钱，没药、海狸香和胡椒各两分钱。只需吞下一颗豆子大小的该药，便足以起效。

塞尔苏斯同样描述了药物的准备方式以及一些使用场景：

> 当罂粟成熟到可以撕裂的时候，拿一把，把它放进一个容器里，加足够的水至淹没它，然后熬煮。当它煮熟后，将罂粟花挤入容器中，丢掉其余部分，并与液体混合等量的干葡萄酒。将其煮至变稠，然后冷却，制成常见的豆子大小的药丸。
>
> 它们有很多用途。它们诱导睡眠，无论是单独服用还是溶解在水中。少量添加到芸香汁或葡萄干酒中，可以止住耳部疼痛。溶于酒中，它们会止住绞痛。它们与蜂蜡和蜂蜜霜混合，再加上一点儿藏红花，可以治愈外阴的炎症；溶解在水中，然后涂在额头上，它们就会止住眼皮的跳动。
>
> 以同样的方式，如果外阴疼痛会影响睡眠，可以拿两分钱的藏红花，茴香和没药各一分钱，罂粟之泪四分钱，铁杉种子八分钱，然后通过加入陈酒将它们混合成糊状。剂量是一块羽扇豆片的大小，溶于三杯水中。但是在发烧的时候给药是危险的。

有人推测，在《奥德赛》中，宙斯的女儿海伦准备的“止痛、止争、忘记一切病痛的药”就是鸦片。无论是鸦片还是其他止痛药，很可能荷马提到的“这种精巧的药物……治疗的药物”并不是只存在于幻想，因为即使在早期，罂粟也很有可能被用来缓解身体和精神痛苦。

早于荷马之前，就已经出现关于使用曼德拉草（曼陀罗）的记载。《圣经》中牧首雅各的妻子利亚，似乎给了她的妹妹拉结一些曼德拉草，这些曼德拉草是利亚的儿子鲁本收获的，作为回报，她被允许将她们共同的丈夫带回到那个极乐之夜，正是那一晚孕育了以萨迦。因为这种植物被许多原始社会认为是既能催情又能生育的，所以《旧约》的学者们认为利亚就是为了这些目的而使用它，并且成功了。真相可能存在于另一种完全不同的解释中，它基于药物真实的药理作用，而不是它对男性生殖能力似是而非的影响。雅各那一晚的青睐是由麻醉药带来的，这也不无可能，这种情况在现代生活中每天都在发生。在《创世记》30:16，我们听见利亚对她丈夫说："你要与我同寝，因为我是在用我儿子的风茄把你雇下了。"

曼德拉草（曼陀罗）与马铃薯共属不起眼的茄科。这种植物有一个短茎，根通常是叉状的，还有一个浆果状的橙色果实，有时被称为苹果。这种麻醉作用来自一类名为颠茄生物碱（belladona alkaloid）的化合物，它可以从根中提取，其次是从苹果和叶子中提取。正是因为这种叉根带给了人们的遐想，可以被认为像具有优美曲线和丰满身材的人体下半身，这种植物被认为是一种爱情药水和生育强化剂。约翰·多恩（John Donne）在他痛苦的情绪爆发中暗示了这种药物的力量及其被假定的类人特征，他认为寻求一份坚定的爱情是徒劳的，他列举了几项同样不可能完成的任务来说明这一点：

去抓一颗流星，
给孩子一根曼陀罗根，
告诉我，过去的岁月都去了哪儿，
又是谁拖长了魔鬼的脚印。

菲利蒙·霍兰德（Philemon Holland）对普林尼的《博物志》（*Historia Naturalis*，公元77年）的翻译中包含这样一句话："在切割、灼烧、刺痛或处置任何成员之前，让他们喝它（曼陀罗汁）是一件很平常的事情，它能剥夺这种极端治疗的感觉和知觉。有些人甚至单凭曼陀罗的气味就能够让他们入睡，以此抗衡外科手术的时光。"

在佩达丘斯·迪奥斯科里德斯（Pedacius Dioscorides）公元1世纪

的著作中，可以找到关于曼德拉用法的以下描述：

> 但你们的雄（曼陀罗）和白色物质，有人称作诺里翁，你们的叶子更大，更白，更宽，更光滑，你们的苹果两倍大，呈藏红花的颜色，香味甜美，药效强劲，牧羊人吃了它就会睡着……那些无法入睡、极度痛苦，或身上被割伤或灼伤的人会喝上一杯，他们希望制造一种无感的疼痛……至于他们为何不会感到痛苦，因为他们在沉睡中忍受了一切，但他们闻到或吃到苹果或汁液时觉得它们是发臭的。

迪奥斯科里德斯是尼禄军队中的一名希腊外科医生，他的医用植物学著作是公元1世纪的权威来源。事实上，在16世纪和17世纪的巨大医学进步之前，迪奥斯科里德斯的作品始终是西方国家医学药物学的基础。他的《药物学》（*De Materia Medica*）是1500年来几乎所有植物学知识的来源，是医学文学的经典之一；因为它被翻译成的手稿具有审美性，也是艺术史上的经典。虽然传统上把“麻醉”这个词归功于奥利弗·温德尔·霍姆斯，但实际上最先使用这个词的是迪奥斯科里德斯。“麻醉”一词在1719年被奎斯托普（Quistorp）恢复使用，并在19世纪被几个催眠术的实践者使用，最后霍姆斯向威廉·莫顿建议将其作为他新发明的确切术语，从此这一词被通用。

天仙子（Hyoscyamus niger）是另一种具有镇静或麻醉作用的植物，其镇静或麻醉作用来源于其包含的颠茄生物碱。它被认为是一种非常危险的药物，经常被用来杀死狗和老鼠。迪奥斯科里德斯描述了一种在树下焚烧它的方法，这种方法导致被麻醉的鸟类坠落在地上，虽然还活着，但很容易被人抓住，并通过将醋蒸馏到它们的鼻中而苏醒。

迪奥斯科里德斯还写到了使用各种酒精药水来引起麻醉。例如，他建议给即将进行结石或烧灼手术的患者服用 2 盎司的烈性酒。当截肢和其他外科手术在 16 世纪和 17 世纪变得更加普遍时，人们经常依赖醉酒状态来降低感官和意识。其他具有较少普遍适用性的催眠药是从桑葚、野莴苣和树脂中获取的汁液，以及从啤酒花植物中提取的芳香成分，即使在未发酵的状态下也是如此。啤酒花在民间传说中与昏昏欲睡密切相关，有时它会被塞进枕头里，焦虑的失眠症患者被要求通过躺在这种枕头上睡觉来治疗疾病。

中世纪最流行的麻醉方法是所谓的睡眠海绵。历史学家可以将其追溯到 9 世纪，在那时的手稿中可以找到对它的描述。在 12 世纪，萨莱诺的尼古拉斯把它的成分描述为鸦片、天仙子、桑葚汁、莴苣籽、铁杉、曼陀罗和常春藤。一块新鲜的海绵被浸泡在上述混合物中，让它在大热天的阳光下晾干，直到所有的液体都被吸收。当需要使用时，将海绵浸泡在水中，随即重新配制混合液。因为中世纪的手稿建议在受试者的鼻孔处使用海绵，所以人们一直认为这是一种吸入麻醉的形式，但有很好的证据表明，这种药水通常是口服饮用的。茴香根汁或食醋可使麻醉效果逆转。

那一时期的文学作品中经常提及助眠类药物。如此，在薄伽丘的《十日谈》中讲述的一个故事中，对一条坏疽的腿进行手术时便使用了这种药物。阿瑟·布鲁克写于 1562 年的《罗密欧与朱丽叶的悲剧历史》中，劳伦斯修士对朱丽叶描述了一种烈性液体：

> 很久以前，我确实找到了 / 以我所知的方式，
> 某些根和可口的草本植物 / 用来做一种朵唯，
> 它被烤得很硬，打碎 / 成粉末状，
> 和纯净水一同服用，或者 / 和任何一种酒，

它半小时内生效 / 足以让服用者震惊
所有的感官失灵 / 他既不感到疲倦，也不感到痛苦：
所以它埋葬了 / 精神和流动的呼吸，
即便技艺娴熟的人也会说，/ 他睡得如同死亡一样。

当然，这首诗来源于莎士比亚的《罗密欧与朱丽叶》。在该剧的第四幕第一场中，这位诗人用准确的语言描述了喝了“这种蒸馏酒”的结果，很可能他亲眼看见了这种酒的效果，或者至少听到了第一手的描述。在其他英国作家马洛、米德尔顿和多恩的作品中可以找到对当时鸦片类药物的引用。

就像在其他所有科学思想领域一样，中世纪确实是阻碍麻醉药理学进步的黑暗时代。除了众所周知的原因，即在那一时期的知识萧条，还有两个具体的因素阻碍了麻醉方法的提升。第一个是“痛苦出于上帝的旨意”的神学教义，不能减轻；在几个世纪后詹姆斯·辛普森发动的产科麻醉运动中证实了这一因素的重要作用。第二个因素是对植物药中剂量、强度的无知，甚至其活性成分的性质，不可能对结果进行标准化。因此，这些药物被认为是高度危险的，这也合乎情理。文艺复兴后，睡眠海绵和类似的危险药剂开始不再使用；到 17 世纪，它们基本上已经成为过去时，尽管酒精仍然很受欢迎。在托马斯·米德尔顿的英文悲剧《女人提防女人》(1657 年)的第四幕，最后提到了一种麻醉剂混合物：

我要效仿古老的外科医生的怜悯
对这条断肢，它们在展示自己的技艺之前，
先让它进入梦乡，然后切除患病的部分。

在全身麻醉的发展历程中，最后一步需要引进基于真正科学的方法。然而，就在采取上述步骤前不久，一些虚假的科学被一个妄称是救世主的人带到了这一舞台，他提出了动物磁性说，即一种宇宙能量，能够治愈疾病并平息盛怒之心。

这个江湖骗子似的先知名为安东·梅斯默（Anton Mesmer）。他的诡计，也就是众所周知的催眠术，代表了在医学领域在理性思维的遥远边界的一次浅尝辄止。他的方法往好了说是超科学的，往坏了说是荒唐的，似乎不仅吸引了一大批轻信的患者，还包含了伦敦大学附属医院的一些颇为理智的研究人员。在实用医学学院教授约翰·埃利奥特森（John Elliotson）的领导下，他们试图进行催眠诱导的无痛手术实验，为其奠定坚实的根基。这项技术被从业者使用并取得了不同程度的成功，但当威廉·莫顿提出了乙醚的方法后，该技术最终因效率低下而被放弃。有趣的是，几位研究医学催眠的作家用“麻醉”一词来指代催眠的影响。

（我上述所说并不代表我对医学催眠的不屑。尽管催眠的起源有很多可笑之处，但它的遗产值得被认真对待——这一虚假的概念可能会产生有用的理论和实用的工具。因此，睡眠状态确实有其价值。）

导致麻醉诞生的真正科学涉及两个研究领域，它们并行发展而又时常交织，即气体的物理和化学性质，以及呼吸过程的生理学。在这两种必要的领域中包含了一些主要贡献者，他们虽然以其他科学领域的研究而闻名，但通常不被认为对临床医学有所涉猎；他们是约翰·道尔顿（John Dalton）、约瑟夫·普里斯特利（Joseph Priestley）、安托万·拉瓦锡（Antoine Lavoisier）、詹姆斯·瓦特（James Watt）、汉弗莱·戴维（Humphry Davy）和迈克尔·法拉第（Michael Faraday）。

约瑟夫·普里斯特利（1733—1804）是第一位致力于气体物理和化学性质新型研究的人，他是一位不墨守成规的牧师，在政治上颇具争议。在他的贡献中，尤为瞩目的是他从未接受过18世纪英国科学教育的基本知识。虽然他的闭门读书让他在应对理论概念时有些许头疼，但这并没有阻碍他在1772年对一氧化二氮进行了描述，在1774年分离氧气，并向世界呈上了人造苏打水，这一无与伦比的礼物。

随着普里斯特利对气体的研究广为人知，拉瓦锡在阐明氧气的性质及其在呼吸中的作用方面做出了标志性的贡献，有远见的医生们开始寻找将新知识用于疾病治疗的方法，尤其是肺结核病；但他们并不知道，以当时的科学水平无法将他们的想法落于实处。这项运动的主创人是托马斯·贝多，他对治疗性吸入很有兴趣，因而1798年在英国布里斯托尔建立了气体医疗研究所。伟大的詹姆斯·瓦特为研究所准备了大量仪器，毫无疑问，这在很大程度上是因为他自己的儿子即将死于结核病；20岁的汉弗莱·戴维被任命为研究所的第一任实验主管。据说，戴维的新雇主为他从彭赞斯的外科药剂师那里赎回了契约，这被称为贝多最伟大的发现。在担任研究所职务的一年内，他描述了吸入一氧化二氮后醉酒式的效应，这项研究开始于他17岁时（1795年）的自我实验。

戴维不满足于研究一氧化二氮对自己或对动物的影响，开始将他的研究应用于一组卓越的实验对象，包含了布里斯托尔知识界的领袖，即塞缪尔·泰勒·柯勒律治、罗伯特·骚塞和彼得·罗杰。凭借这些受访的伶牙俐齿的实验对象，以及他自己相当强的观察力，戴维写了一本书，成为科学史上的经典——《化学和哲学研究：有关一氧化二氮、脱燃素硝气与呼吸》（简称《研究》，*Researches, Chemical and Philosophical; Chiefly Concerning Nitrous Oxide, or*

Dephlogisticated Nitrous Air, and Its Respiration）。这本书于1800年出版，作者时年22岁，这标志着他在后来辉煌高产的职业生涯中做出的第一项重大贡献。戴维拥有清晰而生动描述的写作天赋，是一位受欢迎的演讲家和才华横溢的业余诗人；柯勒律治在谈到他时说，“如果他没有成为化学界的第一人，他就会成为那个时代的首位诗人”。虽然这可能是出自好友的慷慨称赞，但下面的《研究》节选不仅揭示了他的观察力，也彰显了他的文学天赋。这几句话描述了戴维因吸入一氧化二氮而经历的镇痛：

> 有一次，我因为消化不良而头痛，但由于大量的气体作用疼痛立刻消失了；随后又复发了，但不再那么剧烈。而另一次，轻微的头疼被两剂气体完全消除。
>
> 我看到气体在消除剧烈的肉体疼痛时具有的快速效力，因此而有机会确信。
>
> 在切除一颗被称为智齿的不幸牙齿时，我的牙龈产生了广泛的炎症，伴随着剧烈的疼痛，我因此无法休息，也无法持续行动。
>
> 在炎症最严重的那一天，我吸入了三个剂量的一氧化二氮。最初吸入了四五口之后，疼痛总是会减轻；欣快感照常出现，而不安会持续几分钟，最终被愉悦感吞噬。然而，当回到先前的精神状态，器官的状态也随之恢复了；我曾经想象过，实验后的疼痛比实验前更剧烈。

这位前外科医生的学徒并没有放弃一种可能性，即在手术中应用这种止痛效果。在这本书的“结论”部分，戴维允许自己做出以下猜测：

> 由于一氧化二氮在广泛的实践中似乎能够消除身体上的疼痛，它可能被有效使用于不发生大量出血的外科手术。

在陈述的最后部分表达的警告出于戴维的一种看法，他认为一氧化二氮能够增强循环，这一点没有得到他自己的观察证实。而在这一点上他确实有先见之明，在麻醉投入普遍使用后的短时间内，他明显出自本能的预测得到了外科医生的经验证实，他们至今仍在抱怨，使用一氧化二氮的情况下，血液渗出的增加有时会润湿手术部位，尽管不常发生。这种气体似乎是通过增加外周静脉的压力来达到这种效果的，只要一点儿压力便已足够。我经常看到一位经验丰富的麻醉师让手臂上的静脉细小病人嗅入少量气体做准备，使他的血管鼓起，以便插入静脉针头。

虽然戴维一定是首位提出使用一氧化二氮作为吸入麻醉剂这一可能性的人，但他和当时科学界都没有意识到他这一猜想的作用，他自己很快就把注意力从气体研究上移开，于 1801 年辞去了他在气体医疗研究所的职位，成为当时刚在伦敦成立的皇家学会化学实验室的主任。从那时起，他的全部贡献集中于非医学的化学和物理领域。如果他没有把精力转移到其他地方，他可能已经迈出了最为关键的下一步，成为吸入麻醉的发现者。若真是如此，将会保持医学一贯的进程，这一章将会短得多，但也会少了更多的趣味性。

至于贝多对他的治疗方法革命所做的诚挚努力，唉，没有什么结果。尽管瓦特和戴维才华横溢，但布里斯托尔的实验室没有发布任何一种治疗方法。1952 年，詹姆斯 · B. 科南特（James B.Conant）在哥伦比亚大学的班普顿讲座（Bampton Lectures）中，讲述了气体医疗研究所短暂的生涯，他想要阐明，如果他们的模糊概念还不能转化为当时科学可以处理的术语，那些个人经验和看似良好的常识思维可能会将那些善意的无辜者引入死胡同。用科南特的话说:“幸运的是没有人因此而死，但也肯定无人因此而被治愈。贝多医生不是江湖骗子。以慈悲的心情，人们甚至可以说他是一名超前150年的化疗师，虽然使用了错误的化学物质！”

然而，戴维的一氧化二氮实验的结果确实对麻醉史产生了深远的影响，即便是间接的。用20世纪80年代的俚语来说，正是从气体医疗研究所开始传出，这种气体确实是“一种麻醉气”。骚塞称这种气体对他的效应是“一种全新的、令人愉悦的感觉”。富有想象力的柯勒律治在当时还没有被鸦片蹂躏，他发现吸入这种药剂给他提供了一种“在我整个身体上都有一种高度愉悦的温暖的感觉”，并有“对那些看向我的人想要哈哈大笑”的倾向。贝多和戴维鼓励研究所的其他参观者尝试这种气体，这样他们就可以记录其经历。不久，一氧化二氮，或即将被称为笑气，作为一种表面上无害、往往很欢快的娱乐形式而广为人知，笑气聚会在大学生和“自由社会”的一些阶层中变得十分普遍。

与此同时，关于乙醚，同样的事情也开始为人所知。通常认为实验室化学在过去两个世纪才得以发展，而乙醚首次合成是在1540年，这一事实可能会让人大吃一惊。这归功于一位25岁的普鲁士植物学家瓦勒里乌斯·科达斯(Valerius Cordus，1515—1544)，他注定在29岁英年早逝。科达斯将所谓的“硫酸酸油”(硫酸)与“浓烈的酒”(酒精)一起蒸馏，产生了“甜味硫酸”，并以硫酸醚(实际上是乙醚)的名字改变了医学史的进程。

在接下来的三个世纪里，其他一些工作者合成了甜硫酸，包括1680年的罗伯特·博伊莱恩(Robert Boylein)，甚至1717年的艾萨克·牛顿。德国化学家约翰·奥古斯都·西格姆达斯·弗洛贝纽斯(Johannes Augustus Siegmundus Frobenius)似乎曾在玻意耳的实验室工作过，他给这种液体取了个名字叫“硫酸醚”，可能是因为这种液体的极端挥发性，它在与空气接触的瞬间就蒸发了。最后，在1819年，约翰·道尔顿发表了一篇关于该化合物的物理和化学性质的权威论文《硫酸醚回忆录》（“Memoir on Sulfuric Ether”）。

显然，直到19世纪初，观察者才开始注意到乙醚能够产生的昏睡和沉睡状态。早在1818年，《科学与艺术》季刊上就出现了一篇文章，描述了吸入其蒸气可能产生的结果，指出“它产生的效果与一氧化二氮产生的效果非常相似”。这篇文章虽然匿名发表，但一般认为作者是当时26岁的迈克尔·法拉第。托马斯·贝多和汉弗莱·戴维也很清楚吸入乙醚的效应，他们自己也有过亲身经历。

就像一氧化二氮一样，并非只有严肃的研究者注意到了乙醚蒸气的效应，人们借助乙醚的欣快作用开展了像笑气派对这样的活动，它成为一种流行的逃避社会的方式。坐在马车里的巡回“教授”们以巡回演示的形式把气体醉意的魅力带到了欧洲和美国的小镇上，热切的当地人支付了不同数额的费用，以吸入一点儿笑气或闻一闻乙醚，旁观他们的朋友都对这一景象感到好笑。四处游荡的“化学家”们为热情的观众演示了蒸气科学，也凭借几瓶一氧化二氮所挣得的美元、英镑或法郎，收获了丰厚的利润。

最终，一定有几个医生发现了其价值。但凡他们在这样的表演中看到了明显的感官状态减弱，就起码会有一些乡村医生对手术麻醉的可能性感到兴奋。然而，似乎没有确凿的证据表明，人们曾对这两种气体中的任何一种进行过实验，除了其中一个人。这个人的思维经过了十分严格的医学训练，这使他与美国最合格的从业者处于同一类别，尽管不能与有机会在欧洲进修的人相比。他认识到一个尝试新事物的机会，并抓住了它。

恰当地说，克劳福德·威廉姆森·朗格（Crawford Williamson

Long，1815—1878）的专业培训是19世纪中叶美国南部和西部各州整个医学教育范围的一个缩影。尽管任何医生都需要在他执业的州获得执照认证，但没有要求执照申请者必须拥有医学博士学位。事实上，他们中的大多数都没有。参加县医学会口腔资格考试的考生大多接受过所谓的导师制培训，基本上相当于在社区当了四年的主任医师学徒。如果这名学生参加了任一国家医学院的讲座，他可以从师徒契约中扣除一年；只有那些拥有美国或欧洲正规医学院学位的少数人才有特权直接执业。

导师制度沿袭自悠久的历史准则，西方所有国家的工匠都是根据这一准则习得他们的技艺。每年交大约100美元的费用，这名学生通常就成了他的导师家庭的一员，他们不仅要履行医疗助理的日常专业职责，有时还要做家务。在培训期间，他能够汲取老师的一切所知，但通常并没有很多，因为考虑到这一类年长者本身没受过太多的教育，以及当时美国这一职业相对原始的状态。事实上，将其称为“职业”，就已经是把这一庄严之词的概念范围扩展到了极限。相比于农民的儿子找到的一些使其获得社会流动的工作，这个职业会好一些，但肯定不会让他的经济前景有什么大的改善。美国医学会（AMA）历史学家莱斯特·金（Lester King）曾将当时的医学实践称为“一门高级技艺”。AMA成立于1846年，旨在通过提高教育和道德标准，将这一行业提升到专业的地位。

1835年，克劳福德·朗格毕业于50年前在阿森斯特设的富兰克林学院，即现在的佐治亚大学。他在家乡丹尼尔斯维尔教书一年，随后几个月在杰斐逊镇任职乔治·R.格兰特医生的学徒。尽管朗格作为受训者的短暂时期可能确实有所收获，但更有可能的是，正如密西西比河谷地区伟大的医生和教育家丹尼尔·德雷克（Daniel Drake）在1832年写到学徒制时所描述的那样：“美国的医生，对学生的学习实为疏忽……这是阻碍个人进步和阻碍专业发展的原因之一，但经常会有例外……特别是在大城市；但他们也仅仅是例外。”

不管他与格兰特医生短暂的经历如何，朗格很快意识到他需要更正规的医学教育，因此骑马开启了他的求学之旅。他的旅程穿越了北卡罗来纳州西部和田纳西州东部的山区，穿过了林地，那里不仅有偏远地区定居者与世隔绝的社区，还有仍然生活在这些地区的时而怀有敌意的印第安人部落。最后，在几周后他到达肯塔基州列克星敦，并在此地进入特兰西瓦尼亚大学医学系学习，当时是特兰西瓦尼亚大学成立的第 36 年，正值蓬勃发展之际，拥有 262 名学生。但即使是这所南方最顶尖的医学院，也没有达到朗格对更高科学培训的要求，因此在 1838 年，他前往北部进入宾夕法尼亚大学，这是美国最古老的医学院，会集了全国最优秀的教师。

根据朗格的女儿弗朗西斯 · 朗格 · 泰勒（Frances Long Taylor）1928 年写的一本传记，她的父亲是在费城的学生时代第一次熟悉了乙醚的欣快作用和笑气派对，他们并不是在教室里习得，而是在巡回表演者那里见证了这些，他们豪言这是一场化学讲座，来介绍这两种气体产生的醉意效果。然而，在写这篇文章时，她低估了她父亲对当代科学正统知识的掌握程度。在著名医生和政治家本杰明 · 拉什（Benjamin Rush）的影响下，医学院的几名教员从事气体医学的工作，讲授和撰写了一氧化二氮和乙醚的性质。事实上，在朗格的物理学理论与实践教授纳撒尼尔 · 查普曼（Nathaniel Chapman）1831 年出版的《治疗学和药物要素》（*Elements of Therapeutics and Materia Medica*）一书中，对乙醚在被用作麻醉剂前的临床用途进行了阐述，这被认为是现存的最佳描述。

在 1839 年获得医学学位后，这位年轻的医生在纽约开始了为期 18 个月的实习，他的许多北方同事也在法国和英国的大型教学医院进行实习，而几乎没有一位南方医生能够像克劳福德·朗格那样为最高质量的临床工作做好充分的准备。回到费城行医的诱惑是巨大的，但出于对父亲的忠诚，他回到了佐治亚州的杰斐逊镇，1841 年，他在那里买下了前任导师乔治·格兰特的诊所。那一年他 25 岁。

我们之所以要回顾克劳福德·朗格的医学培训历程，不仅是因为它代表了其所处时代的美国医生能够接受教育的途径，而且还指出，在医学教育沿途的这几个步骤中，绝大多数从业者都在任何其一阶段选择了放弃，而最为常见的阶段是在接受指导之后。我们在朗格的经历中看到了年轻的美国力所能及提供的教育。尽管他经常被描述为一个在某日偶然使用了乙醚的乡巴佬医生，而实际上并非如此。他是一名训练有素的医生，在临床医学和科学实验方法方面有很强的背景知识，充分地进行了知识储备，也筹谋了自己的科学倾向，并通过临床试验来检验他的预感。从本章开头引用的证据来看，即使是智力高超的威廉·亨利·韦尔奇似乎也没有意识到朗格对当代科学涉猎颇深。

这位才华横溢、风度翩翩的年轻医生很快在杰斐逊镇周围的社区中成为一个受欢迎的人物，拥有了自己的交际圈。他们对世间一切的新奇事物和智性猎奇都抱有浓厚的兴趣，为这一地区注入了活力。毫不意外的是，他们开始对笑气感兴趣，随之便是乙醚。当朗格和他的朋友们在某些情况下使用乙醚时，他都能够做出与法拉第和戴维相同的观察结果，即那些吸入了足够多蒸气的人，在被击打或摔倒时“没有感觉到一丝疼痛”。巴斯德的格言便是最好的例证，“就观察而言，机会只偏爱有准备的头脑”，这也是这位训练有素的医生应用于实践中的准则。

1842 年初春，朗格找到他的一位病人，提出了一个瞩目的想法。这位名叫詹姆斯·维纳布尔的年轻人，一段时间以来一直在试图鼓足勇气切除他脖子后面的两个囊肿，但由于害怕疼痛，一直在拖延。得知维纳布尔在日常使用乙醚进行社交方面经验丰富，他的医生建议他将挥发性液体倒在毛巾上，透过毛巾呼吸。这位胆小的病人对这项工作持怀疑态度，但他同意了手术，前提是只切除其中一个囊肿。为了不让他反悔，朗格在 1842 年 3 月 30 日的那个晚上做了手术。维纳布尔对这场手术如此简单感到印象深刻，两个月后他切除了第二个囊肿。

在取得这些成功之后，7 月，朗格在乙醚的作用下切除了一名奴隶男孩患病的脚趾。七年后，他写道，在第一次手术后，他每年都会给一到两名患者用乙醚进行手术。针对麻醉发明的时间和对象所引发的一场激烈争论，他在当时报道了这些案例作为回应。不幸的是，他足足等了三年，听到的却是威廉 · 莫顿在波士顿获胜的消息。即使在那时，他的表达也有些许沉默寡言，这篇文章也只是在朋友们的持续敦促下才写就，朋友们不忍看到他作为外科麻醉的真正发现者，却要忍受这一切的不公正。直到他第一次来到奥古斯塔的佐治亚医学院，在教员面前描述他七年前使用乙醚的经历，他才最终被说服进行出版。竞争并非克劳福德 · 朗格的行事风格。在随后几年的抨击和谩骂中，他的模范行为彰显了这一肮脏战场上的唯一贵族风范。

后面的部分，将会更为详细地描述朗格在麻醉争议中扮演的角色。目前我们只需要了解，他固然重要，但并不意味着他应当被视为向世界引入了无痛手术之人。他的故事仍然与我们叙述的主线擦肩而过。因为他没能拥有与莫顿同等的影响力，没有人因为朗格而大胆地在外科手术中使用麻醉；人们未曾在那里看到医学科学的这一奇迹。所有这一切都要等待威廉 · 托马斯 · 格林 · 莫顿和波士顿那个不祥的秋日清晨。

基于他的训练和他的医疗高水平，朗格是点醒他的同行们并开启无痛手术新时代的理想人选，尽管他没有处在最佳境遇。不幸的是，他在关键时刻掉了链子。如果他坚持他的乙醚临床工作，如果他早些发表，麻醉诞生的故事可能在此时就已达到高潮。他没有坚持下去的原因尚不清楚，但无论出自何故，这些都为另一个错失的机会提供了新时机，就像戴维叛逃到其他项目一样。

当然，在众多认识到这两种气体麻醉效果的医生中，朗格只是其中之一，也只是提供有趣蒸气的娱乐产业的众多客户之一。加德纳·昆西·科尔顿（Gardner Quincy Colton）是有进取心的推销员中最成功的一个，他曾接受过一些医疗培训，是一位热情洋溢的讲师，在朗格使用乙醚的那段时间里，他在新英格兰各地旅行，演示奇妙的电力和一氧化二氮气体的效应。他于1844年12月10日抵达康涅狄格州的哈特福德，并立即在当地报纸《新闻》上刊登了一则广告。

同一天晚上，该市一位成功的年轻牙医霍勒斯·韦尔斯（Horace Wells）带着他的妻子伊丽莎白观看了这场笑气表演。傍晚时分，其中一名志愿者把牙医的腿撞在了一张木沙发上，当时牙医已吸了笑气。尽管他的伤势严重到流血，但在一氧化二氮的效应消失之前，他并没有感觉到疼痛。霍勒斯自然注意到了这一切，他在表演结束后立即走向科尔顿，邀请他参加一个实验，看看是否可以无痛地拔掉一颗牙齿，同时让受试者保持镇静状态。他们回到牙医办公室，在那里，韦尔斯在吸入几口气体后进入了睡眠，里格斯帮他拔掉了一颗磨牙。韦尔斯从毫无痛感的瞌睡中醒来，一心只想到它给牙龈痛的病人带来的好处，他们兴高采烈地叫道："啊，拔牙的新纪元！"不论他是因为笑气而高兴得晕头转向，还是根本看不到自己牙科领域之外的未来，他似乎都没有领会到当晚事件的意义。

但他在这里并没有局限很久。他从科尔顿那里学会了如何制备一氧化二氮，然后他和里格斯对它开始了研究。一个月内，他成功进行了 15 次无痛拔牙，他觉得已经准备好将他的方法介绍给“合适的人”，这些人知道如何做适当的实验，并最大限度地利用这一新发现。

1845 年 2 月，韦尔斯前往波士顿，在当时波士顿是美国最重要的医学思想中心之一，至今也是如此。为了引荐该市顶尖的外科医生，他求助于他以前的学生威廉·托马斯·格林·莫顿，两人曾有过短暂的专业合作关系。莫顿把韦尔斯介绍给乔治·海沃德（George Hayward）博士和约翰·柯林斯·沃伦（John Collins Warren）博士。马萨诸塞州总医院的资深外科医生沃伦邀请韦尔斯向哈佛医学院的学生讲授将一氧化二氮用于手术的可能性，然后演示了它在患者腿部截肢手术中的实际应用。这位病人也许宁愿忍受几分钟的痛苦，也不愿把自己的生命交付到一位带着一袋神秘蒸气的无名牙医手中，他提出了异议。经过几日的等待，他们决定重新召集医学班，让其中一名学生自愿拔牙。1846 年 12 月 9 日，韦尔斯在写给《哈特福德新闻报》编辑的一封信中描述了接下来发生的事情，他在优先权之争中因此而旗开得胜：

> 一群学生和几名医生聚集在一起观看手术——其中一人是患者。不幸的是，在实验中气体袋失误性地被太快取出，在患者拔牙时仅产生了部分效应。患者证实他经历了一些疼痛，但没有通常参加手术时那么剧烈。由于没有其他病人在场，无法重复进行实验，而且有几个人表示这是骗人的把戏（事实上，这便是我在这一次无偿服务获得的全部报酬），于是第二天早上我就动身回家了。

“有些人表达了他们的观点，认为这是骗人的把戏”已经算是非常保守的说法。实际上这仅仅是一系列灾难的开端，这些灾难最终导致了霍勒斯·韦尔斯的毁灭。就在他拔掉志愿者的牙齿的那一刻，年轻人猛地仰起头，痛得大叫起来。很可能，这位过于急迫的牙医没有给他注入足够的气体，他紧张不安地站在一个陌生的圆形剧场的深凹里，观看演示的旁观者眼中带着一丝怀疑，其中包括波士顿一些最杰出的医生。但是，尽管受试者还完全清醒，但只记得极少的疼痛，然而这对韦尔斯已经造成了伤害。可怜的韦尔斯在围观者的嘲弄和“嘶嘶”声中从房间里退了出来。在他听到的辱骂性的称谓中，“骗子”是最不粗俗的。他带着失败，蒙着羞辱，伴着自己心中的羞耻感离开了波士顿。上面引用的这封信不是由一个精神健全的人写的。马萨诸塞州总医院的失败对霍勒斯·韦尔斯的精神造成了毁灭性的影响。从波士顿回来后，他立即把房子挂牌出售，几个月后，他把自己的诊所卖给了里格斯医生。

韦尔斯太过沮丧和焦虑，已经无法从事牙科这项精巧的工作，他伴着偶尔发作的神经症开始从事几个项目来赚钱，都未曾获得成功。几个月过去了，这场希望破灭所带来的痛苦仍然没有消退。然而在所有痛苦的日子里，他仍然怀有一丝乐观，认为他的一氧化二氮实验可能会有一些结果；如果再给他一次机会，也许别处的其他外科医生会认识到霍勒斯·韦尔斯可能会对医学艺术做出的贡献。1846年10月下旬的一个早晨，他收到了一个毁灭性的消息，他的梦想永远不会实现。这条信息是以威廉·莫顿的一封信的形式发出的：

韦尔斯先生，我亲爱的朋友：我写这封信是要通知您，我发现了一种制剂，吸入这种制剂可以使人进入熟睡状态。产生睡眠所需的时间只有几分钟，人们保持睡眠的时间可

> 以随意调节。在这种状态下，最严重的外科或牙科手术都将可能进行，而患者不会感受到丝毫疼痛。我已经把它完善了，现在正准备派人去处置它的使用权。我将妥善处理好个人仅在自己的执业中使用它的权利，或者为镇、县或州使用它的权利。我写信给你的目的是想知道你是否愿意访问纽约和其他城市处理股份事宜。我已经在160多个病例中使用过这种化合物拔牙；我还受邀给麻省总医院的病人用药，每一个病例都取得了成功。

这封信的日期是1846年10月19日——三天前，莫顿成功地在约翰·柯林斯·沃伦的手术中为一位病人进行了麻醉，从而开启了外科麻醉时代。突然间，韦尔斯的奖金被偷走了，韦尔斯曾向他介绍了无痛手术的概念，而正是因为这个忘恩负义的门徒，他沦为了无名之辈。莫顿不仅夺走了荣誉，还抢走了奖金，这使他的痛苦更甚，因为从信中可以明显看出，他已经开始了一场积极的营销活动，以宣告他的发明主权。

他已无法理性地回复莫顿那封毁灭性的信件。11月18日，沃伦的一位同事很快在《波士顿医学和外科杂志》(*Boston Medical and Surgical Journal*)上发表了一篇文章，宣布了他的胜利。最后，在12月7日，《哈特福德新闻报》对莫顿的赞誉戳到了韦尔斯的痛处。韦尔斯被他前助手获得的公众认可伤害得体无完肤，他在12月9日写给编辑的那封信中开启了他争取认可的激烈斗争，结尾以哀伤的呼吁结束了他的陈述："我让公众来决定这一发现的荣誉属于谁。"

开场白现在已经结束了。到目前为止所描述的一切都是麻醉故事中终极戏剧性表演的背景和色调，1846年10月16日，在威廉·莫顿乙醚麻醉的协助下，约翰·柯林斯·沃伦成功地为一名患者进行了手术。

如果不了解主要参与者的性格，很难理解那次事件之后出现的情感上的不和谐音。认识威廉 · 莫顿的人给我们留下了各种各样的描述，也许其中最好的缩影是 20 世纪的一句话：他是一个急于求成的年轻人。他雄心勃勃，褒义或贬义皆有；他很勤奋，能够迅速抓住机会，并且能够非常清楚地发现可能带来的经济回报。无论他希望为人类带来什么好处，他似乎是被金钱利益所驱使，而不是对科学的热爱。事实上，他在任何意义上都不是科学家——他纯粹是一个寻找财富的发明家。

虽然莫顿在波士顿从事牙科执业，但他从未完成 1840 年在巴尔的摩牙科外科学院进行的研究。然而，他确实非常想提高自己的技术知识，因此在麻省医学院参加了两个课程的讲座，在此期间，他结识了麻省总医院的几名工作人员。他私下跟随查尔斯 · T. 杰克逊（Charles T. Jackson）学习化学，并在他的住处短期寄宿。杰克逊是一位备受尊敬的地质学家，领导了一个实验室进行分析化学的研究。

我们继续讲述莫顿的人生，他于 1842—1843 年与哈特福德的霍勒斯 · 韦尔斯合作失败后，在波士顿的牙科诊所建立根基。正是莫顿安排了韦尔斯与约翰 · 柯林斯 · 沃伦的会面，才有了那场灾难性的一氧化二氮演示，他不仅见证了演示的失败，还目睹了他这位前任同事的一些实验。至于韦尔斯后来声称的那场乙醚实验中莫顿是否也在场，目前还不确定。

到了 1844 年，莫顿开始积极寻找减轻拔牙痛苦的方法。他开发了一种新的板子来固定假牙，这个板子紧紧地贴合在牙龈上。从长远来看，它提供了一些好处，即能够很大程度上减少“义齿随呼吸的活动”，但为了实现紧密贴合，必须将患者天然牙的旧牙根和残根从颌骨上移除。这个过程是如此痛苦，以至于莫顿的病人都转而去别的医生那里就诊。因此，作为一名参与其中的代理人，直率而知名的小理查德·亨利·达纳在几年后表示："莫顿医生几乎每天为了直接的金钱动机而寻找方法，来减轻或消除手术中的疼痛。"整个项目似乎都有一定的紧迫性，不仅要迅速完成，而且要成为任何可能出现的经济回报的唯一受益者。

化学家杰克逊告诉了莫顿两件关于乙醚的重要事情：他曾描述乙醚对学生群体娱乐方面的影响，同时，他建议把这种液体直接涂在病人的牙龈上，从而使他想拔掉的牙齿周围的区域麻木。基于这一建议，这位年轻的牙医在1844年7月首次使用了这种方法，并开始考虑使用这种化合物或其蒸气来诱导更普遍的感觉下降的可能性。他从阅读乔纳森·佩雷拉（Jonathan Pereira）在1839年《药物要素》（*Elements Of Materia Medica*）一书中了解到，吸入硫酸醚的蒸气会导致反应迟钝，就像他看到韦尔斯用一氧化二氮产生的效应一样，于是他在没有告诉杰克逊的情况下，开始寻找一种安全的使用方法。

在1846年夏天，莫顿大部分的时间都花在了对金鱼、毛虫、昆虫、蠕虫，甚至对一只西班牙小狗的实验上。莫顿最终在他的两名牙科学徒身上尝试了这种蒸气，但无法使自己信服这一结果是可预测的或令人满意的。他的所有工作都极度保密，以免他的想法落入他人手中。但保密本身阻碍了他的进步，因为他无法从其他来源寻求建议。尽管他很有胆识（或者像一些人认为的那样鲁莽），但他对自己的科学知识并不抱有多大的信心，所以他最终咨询了他以前的化学导师杰克逊。这位年长者建议莫顿放弃使用商用产品，只使用纯硫酸醚，这样他的结果可能会有些许一致性。杰克逊可能还曾鼓励他对一位名叫埃本·弗罗斯特的病人尝试使用吸入技术，这名病人于1846年9月30日晚上前往莫顿的办公室就诊。弗罗斯特在熟睡和无痛的状态下完成了拔牙，莫顿立即制订了继续进行公开演示的计划。但是，尽管他迫切地想要向世界展示这一切，即他已经发现了一种无痛手术的方法，但务实的莫顿首先咨询了专利专员以做足预防措施。

他还采取了另一项预防措施，甚至在寻求专利建议之前联系了一家报社。尽管莫顿声称他不是消息来源，但很难相信会有其他人对《波士顿日报》上刊登的那一条通知负责。它发表于1846年10月1日，也就是他给弗罗斯特做手术后的第二天：

> 昨晚，一位目睹手术的先生告诉我们，医生从一个人的嘴里拔出了一颗溃烂的牙齿，而没有带来一丝疼痛。通过吸入一种制剂，他进入了一种睡眠状态，这种制剂的作用持续了大约45秒，刚好够拔牙的时间。

准备就绪后，莫顿的下一步行动是去拜访约翰·柯林斯·沃伦。鉴于沃伦在一氧化二氮事故中的不幸经历，这位大胆的牙医此次行动要么出于相当的自信，要么彰显出极大的鲁莽——可能两者兼而有之。这位27岁的拔牙工就乙醚对人体效应的经验微乎其微，对乙醚的危害一无所知，他甚至还没有费心去设计一种可以将气体输送给真正的病人的器械（对弗罗斯特的45秒手术是用一块乙醚浸泡的手帕完成的），悍然不顾科学约束的准则。出于这些考虑，沃伦完全有理由拒绝莫顿提出的用乙醚进行外科手术的建议。

但在这里，约翰·柯林斯·沃伦登场了。作为一位有着相当抱负的、严酷的、技艺高超的物理学家，沃伦师从当时最伟大的欧洲外科医生阿斯特利·库珀爵士和纪尧姆·迪皮特朗男爵，自他们那里习得了手术技巧。虽然他以谨慎和良好的判断力而闻名，但他也因愿意尝试新方法而知名，他是某些整形外科手术的先驱，也是美国第一位为绞窄性疝手术的外科医生。他是哈佛大学的第二位外科教授，在1815年接替自己的父亲担任这一职位。当莫顿找到他时，他已是麻省总医院和美国医学会的创始人之一，也是这个年轻的国家最受尊敬的高级医生之一。

在1846年，沃伦68岁，距他辞去教授职务不到一年。他面容坚毅、双鬓斑白，这一外表掩盖了一个事实，即在他一生的外科手术中，从未能够让自己习惯于手术室的恐怖景象——他看到他试图治疗的患者在他面前表露出的极度痛苦，即使他拥有虔诚的基督教信仰，良心也未能被抚平。也许这是他不可避免的命运，用他的朋友奥利弗·温德尔·霍姆斯的话说，“痛苦的剧痛已被浸在遗忘的水中，痛苦的皱纹已永远抚平”。他接受了莫顿的提议。牙医收到一封简短的信，邀请他两天后到医院来，“给当时要做手术的病人使用你发明的降低疼痛敏感度的制剂”。莫顿如此神秘，连外科医生都不知道这一制剂究竟是什么。

在通知两天后会面的情况下，莫顿狂热地与一家仪器制造商合作，制作了一种功能性吸入器；它几乎接近最后一刻才完成，导致他在约定的清晨晚了15分到达手术室，当时沃伦已经不指望他的出席，准备在没有他的情况下开始手术。圆形剧场的座位上坐满了工作人员和学生，他们中的许多人已经做好准备羞辱另一个骗人的牙医，另一场号称治疗手术疼痛的骗人把戏。病人名为吉尔伯特·阿伯特，是一个瘦削的、患有结核病的青年，在他的左下颌有一个血管瘤。莫顿对这位即将接受手术的受试者说了几句鼓励性的话后，把仪器的吸嘴摆放好供阿伯特吸入。

几分钟后，吉尔伯特·阿伯特就睡着了。莫顿看了看沃伦，平静地说：“先生，您的病人准备好了。”手术便开始了。两个月后，沃伦在为《波士顿医学和外科杂志》撰写的一篇文章中描述了接下来的

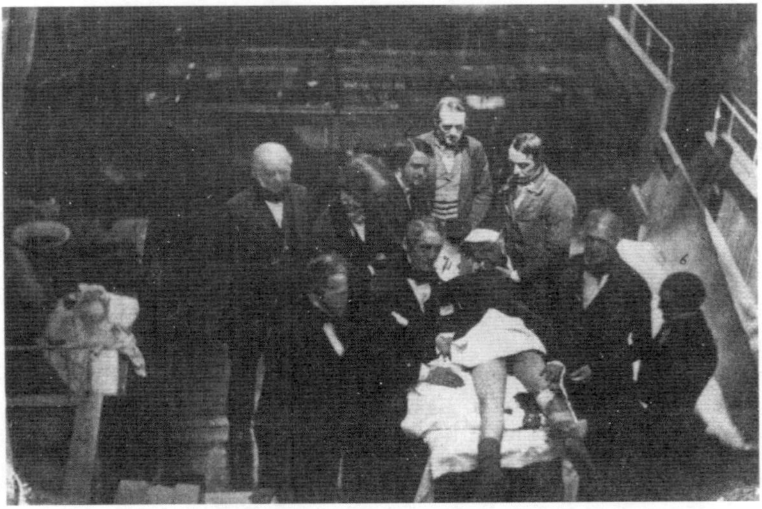

在威廉·莫顿演示麻醉的几个月里，麻省总医院的外科医生们几次聚集在一起，在对麻醉病人进行外科手术中摆姿势拍照。这是一张 1846 年 12 月的达盖尔银版照片，显示约翰·柯林斯·沃伦（手放在病人腿上）在准备截肢手术。（哈佛医学院和波士顿康威图书馆提供）

事，用他自己的话说：

> 我立即在颈部皮肤上切了一个大约三英寸长的口子，开始解剖重要的神经和血管，病人没有任何疼痛的表现。不久之后，他开始说话不连贯，在剩下的手术过程中，他似乎处于一种焦躁不安的状态。术后，当被问到他是否感到很强烈的疼痛时，他说他感觉自己的脖子好像被抓伤了。

这场接近无痛的手术持续了 25 分钟。当手术结束时，约翰·柯林斯·沃伦抬头看着刚才还持怀疑态度，甚至愤慨的观众，现在他们陷入了一片敬畏的沉默，一定是因为他们知道，自己刚才见证了医学界的一个历史性时刻。他们中的一些人一直在等待着，用嘲弄的字眼对那个傲慢的牙医进行猛烈抨击，而他现在如同英雄般站在他们面前。沃伦凝视着他的会众，仍然对刚刚取得的成就感到震惊，平静地用简短却雄辩的一句话宣布了麻醉的诞生："先生们，这不是骗人的。"

几年后，更多的手术在麻醉下进行，这位现已退休的老外科医生整理了一下思绪，思考着如何实现他毕生的无痛手术梦想。他在那个后来被称为"乙醚大厅"的神圣圆形剧场对新的观众说：

> 外科医生的新纪元已经开启。他们在对最细微的部位进行探访时，不仅不再有他已经习惯听到的痛苦的尖叫声，有时病人还处于一种完全无感官知觉的状态，有时甚至带着高兴的神情。
>
> 谁能想到，在脸上娇嫩的皮肤上划一刀，可能会产生一种纯粹的愉悦之感？是不是在最敏感的膀胱里进行仪器的转动和扭动时，可能伴随着一个愉快的梦？在扭转僵直的关节时，会伴随着天象之梦吗？
>
> 如果安布列斯·帕雷、路易、德索特、切塞尔登、亨特和库珀都能看到我们如今每日的亲眼所见，他们会多么渴望来到我们中间，再一次完成他们的壮举。
>
> 已经准备放下他的手术刀当代外科医生有了新的活力，抓住这个机会，想要重新开启他的职业生涯。
>
> 作为乐善好施之人，我们很高兴能有这样一种能力，无论它多么微不足道，向可怜的受苦之人提供如此珍贵的礼物。
>
> 它是如此自由而无所拘束，如同上帝普照的阳光，它的现身让大地充满欢愉；它将唤醒现在和所有子孙后代的

> 感激之情。学生们可能会参观这个地方，远道而来，抑或是来自距今遥远的未来，他会对它产生越来越大的兴趣，因为他认识到，正是在这里首次展示了最光荣的科学真理之一。

在他取得戏剧性成功之后的几周里，莫顿坚持拒绝透露他发明的本质。面对医院权威的无数赞誉，他看到了乐观的未来，他继续将注意力集中在专利、利润和夺取世界市场上。他的传记作者内森·P. 赖斯（Nathan P. Rice）后来在他的《对一位公共施恩者的审判》（*Trials of a Public Benefactor*）中估计，14 年中，莫顿凭这一项专利仅在美国出售气体专用权的份额就获利超过 35 万美元。10 月 19 日写给韦尔斯的信描述了他计划采取的方法（并充分证实了这位年轻企业家倾向于捏造事实和歪曲事件）。

但也出现了两个问题。首先是查尔斯·T. 杰克逊此时的干预，他于 10 月 23 日对莫顿的访问标志着一场冲突的开始。这场冲突来势汹汹，最终充满了仇恨，即便双方被持续的盛怒摧毁，仍旧持续了一段时间才结束。用最简单的话说，杰克逊想要属于他的那份功劳。莫顿在给吉尔伯特·阿伯特做手术前咨询过专利专员 R.H. 埃迪（R.H.Eddy），事实证明，他是德高望重的杰克逊的众多崇拜者之一。在断定莫顿有可能获得乙醚专利的情况下，埃迪开始敦促莫顿，如果产生了利润应当分一些给化学家杰克逊。两人达成了协议。11 月 12 日，莫顿和杰克逊都被授予了第 4848 号专利，后者同意转让自己的权利，以换取在美国获取的利润中的 10%；后来又拿到了一项类似的专利，以覆盖海外销售市场。

到目前为止，尽管查尔斯·托马斯·杰克逊一直被描绘成一位颇有成就、备受尊敬的科学家，但有必要描述他性格的另一个方面，如果不知道这一点，就很难理解前述和随后发生的事件。杰克逊是一个才华横溢的怪人，疯狂的种子在他心中牢牢地扎下了根，而在此时它开始茁壮成长。他于 1829 年从哈佛大学医学专业毕业，然后在巴黎的医院学习了两年，同时对地质学和分析化学产生了浓厚的兴趣。在从法国返回的航程中，他结识了塞缪尔 · F.B. 莫尔斯（Samuel F. B. Morse），并向莫尔斯展示了他要带回波士顿的一块电磁铁。当莫尔斯细看这个仪器时产生了一个设想，即电可能作为一种信息远距离传输的手段。莫尔斯一回到家，就开始了一系列的实验，最终发明了电报。查尔斯 · 杰克逊毫不犹豫地将其归功于自己。

这并不是唯一的例子，他总是有一种奇怪的倾向，想要把一项建议或偶然的贡献宣称为他是某种科学进步的创始人。当陆军外科医生威廉 · 博蒙特（William Beaumont）上尉在一名法裔加拿大捕兽者身上进行实验时，他的腹部已经以一种开放性的伤口愈合，即胃部暴露在外，博蒙特要求杰克逊对渗出的消化液进行化学分析。当时，博蒙特和他的实验伙伴亚历克西斯 · 圣马丁（Alexis St. Martin）在波士顿，当这位才华横溢的上尉被军队命令向西时，杰克逊试图阻止他那个顽抗受试者的离去，这样他就可以独自进行一些研究。为了掩盖他的欺骗，他声称了一种科学的必要性，别有心计地在一份请愿书上获得了 200 名国会议员的签名，在其中描述了他的分析对美国和人类的重要性。如果不是战争部长拒绝了这份请愿书，杰克逊可能会把威廉 · 博蒙特的荣誉归功于他，成为美国第一位生理学家。

甚至就在 1846 年的那一年，查尔斯 · 杰克逊还卷入了另一场他注定要输的冲突，与德国化学家克里斯蒂安 · 舍恩拜因（Christian Schoenbein）争夺火棉的发明权。因此，杰克逊在进入麻醉争议的竞技场时，骑着经验颇为丰富的战马，带着一把历尽磨砺的长矛。事实上，他在之前的每一场比赛中都被从马背上击倒，这只会让他赢得这场比赛的决心更加高涨，他痴迷于此。

莫顿的第二个问题是他难以（事实上是不可能）将他的气体的性质保密。他在混合物中加入芳香族化合物并不能向医生掩盖其特有的气味，即使他否认乙醚是活性成分，也只会短暂地推迟被发现的时间。此外，在获得专利时，莫顿没有考虑到麻省总医院的医生和牙科专业的反对意见。沃伦曾说，“在对独家专利提供的信息进行核查之前，未经所有者的许可，不得提出任何申请”，即在专利制约放宽之前，他不会被允许进一步使用该代理。经过三周的中止，莫顿勉强同意与医院分享他的秘密，前提是所有信息予以保密。11 月 7 日，乙醚继续应用，完成了第一次无痛截肢手术。两周后，这位发明家会见了医院的两位代表亨利 · 雅各布 · 毕格罗和奥利弗 · 温德尔 · 霍姆斯，并将硫酸醚命名为“忘川水”，他试图保持某种表面上的隐蔽性。在霍姆斯的建议下，这个词是从维吉尔的著作中借用过来的，正如前面提到的，维吉尔用这个词来形容罂粟之泪引起的宁静睡眠。

因此，正是霍姆斯本人，也就是这位 37 岁、即将被任命为哈佛医学院解剖学和生理学教授的人，把对波士顿文化的认可运用到了这项新技术上。这个发现需要一个名字，即使它的主要成分仍然是保密的。霍姆斯建议将其命名为“麻醉”（anesthesia），形容词属性是“麻醉的”（anesthetic）。他在给莫顿的一封信中指出，无论他选择什么名字，“都会被所有人类文明种族所传诵”——这正是霍姆斯所强调的。

[如前所述，“麻醉”这个词最初是由狄奥斯科里迪斯在公元 1 世纪使用的，后来又被一些催眠术的倡导者使用。虽然没有在塞缪尔 · 约翰逊的词典中找到，但它确实出现在 1721 年编写的词典

中，并在 1819 年的潘氏医学词典中做出了定义。这一词汇可能出自《早餐桌上的独裁者》（霍姆斯著，*Autocrat of the Breakfast Table*）的几处文本；也可能他在 1823 年出版的约翰 · 梅森 · 古德（John Mason Good）的《病理学生理系统》（*Physiological System of Nosology*）一书中找到了这个词。因此，尽管霍姆斯博士经常被认为是这个词的创造者，但他可能仅仅是认证了这一古老词汇的第一人。]

正当有关权利和保密的谈判正在进行的时候，哈佛大学的医生们已经准备好将这一消息向美国科学界公布。11 月 3 日，美国艺术与科学学会宣读了事件的简要摘要；11 月 9 日，亨利 · 雅各布 · 毕格罗在波士顿医学改善协会的一次会议上投稿了一篇完整的论文。这篇论文最终发表在 11 月 18 日的《波士顿医学和外科杂志》上——现在这是一件昂贵的收藏品，因为它刊登了第一份正式出版的发现手术麻醉的公告。在那时，毕格罗已经进行了一些实验，还完成了几项临床案例，他即将取代约翰 · 柯林斯 · 沃伦成为新英格兰首屈一指的外科医生。

这一伟大发现的消息很快就传到了欧洲，其传播方式在今日也很常见。亨利 · 毕格罗自豪的父亲雅各布给他在伦敦的朋友弗朗西斯 · 布特（Francis Boott）寄去了一封信，附上了他儿子论文的一份剪报。收到这封邮件后，布特当即安排了一位名叫鲁滨逊（Robinson）的牙医，在他家里的书房里为朗斯代尔小姐拔牙。在这位女士从睡梦中醒来几分钟后，布特通过信使把消息传给了他的同事罗伯特 · 利斯顿（Robert Liston），利斯顿是伦敦大学学院一位机智而果敢的外科教授。那天是星期六，利斯顿只等了一个周末就在下周一（12 月 19 日）进行了欧洲首例乙醚手术。据报道，在进行截肢手术之前，他曾对在场的学生和助手们说："先生们，我们今天要试试洋基佬的鬼把戏，它能使人失去知觉。"当最后几块绷带包扎完毕时，这位伟大的英国外科医生——八年前嘲笑过约翰·埃利奥特森和梅里埃夫妇的这位医生——向所有能听到他那浑厚嗓音的人大声宣布："先生们，这个洋基佬的鬼把戏打败了催眠术。"19 岁的本科生约瑟夫·李斯特此时正安静地坐在旁观者的席位上，他正在攻读学士学位，稍后我们会详细讲到他。

为了进行乙醚的最终测试，利斯顿接下来在使用它后拔出了病人大脚趾上的指甲，用他的话说，这是“外科界最痛苦的手术之一”。然后他写信给布特，感谢他的建议，并描述了他在这两个案例中取得的“最完美、最令人满意的结果”。布特将这封信和毕格罗的论文副本转发给了《柳叶刀》，并于 1847 年 1 月 2 日发表，当时《柳叶刀》已经是世界上最权威的医学期刊之一。在三周内，维也纳总医院和德国埃朗根大学外科医院都使用了乙醚进行手术。2 月 1 日，著名的巴黎慈善医院的外科医生阿尔弗雷德·维尔波（Alfred Velpeau）向法国科学院报告说，他对这种气体的实验工作已经证明了它的有效性，这一点毋庸置疑。1847 年夏天，彼得·帕克（Peter Parker），一位耶鲁大学毕业的医生兼传教士，开始在地球另一端的中国使用乙醚进行一系列手术，在他称作广州医院的小楼里进行了一系列手术。

正当莫顿及其发明在全世界都备受称赞时，诡计多端的杰克逊并没有袖手旁观，他不会只满足于即将到手的 10% 利润，却失了荣光。就像 13 年前他在向国会的请愿书中淡化了威廉·博蒙特的作用一样，他现在也打算把莫顿描述成他的代理人而已，负责完成这项伟大发明的技术方面的工作。1846 年 11 月 13 日和 12 月 1 日，他分别写信给巴黎一位有地位的朋友，声称自己是麻醉的发现者，且麻省总医院已经充分证明了麻醉的有效性，因为正是应他杰克逊的要求，“这座城市的一位牙医”执行了他的指示从而完成了这一实验。这些信件于 1847 年 1 月 18 日在法国科学院宣读，此事很快为莫顿所知。

一位漫画家提出了乙醚麻醉的一些创新用途。选自巴黎杂志《讽刺日报》（*Le Charivari*），1846 年。（耶鲁大学医学史图书馆提供）

这位忧心忡忡的牙医意识到对手的狡猾，迅速着手收集在场见证者的证词。

随着韦尔斯的巴黎之旅，以及杰克逊显然成功地被科学院接待，莫顿感到他表面上的优势已岌岌可危。他未能预料到，杰克逊显而易见的精明世故并没有用在提升自己的职业素养上，而使用小聪明将其用在觊觎竞争对手的地位上。

事情是这样发生的。哈佛大学校长爱德华·埃弗雷特（Edward Everett）以及约翰·柯林斯·沃伦都希望将这一新发现及其历史演变建立在坚实的科学基础上，他们向这位化学领域的学术同人建议，他应该在美国科学院做一次陈述，当时埃弗雷特就担任科学院副院长一职。杰克逊认为这是一个让他的主张在当时杰出的美国科学机构合法化的机会，在他所写的陈述中不仅宣称他是麻醉的发明者，还暗示他是在埃弗雷特和沃伦的支持下，在学院的正式批准下做出这一声明的。他把稿件寄到大洋彼岸的巴黎，也寄给了名副其实的《波士顿每日广告报》。《波士顿每日广告报》在3月1日刊登了这篇文章。美国科学院因他的借名感到被冒犯，因而否认了这份陈述。它从未在任何一场会议上被宣读，它的发表也被《学报》拒之门外。杰克逊突然发现自己在他最希望说服的群体——美国科学界中遭到了怀疑。而埃弗雷特的不信任更甚，因为他13年前曾是国会议员，曾被说服将杰克逊有关圣马丁的请愿书交给了陆军部部长。

现在，这场敌对行动正式开始了。莫顿的后半生，以及杰克逊的大部分余生，都被一连串疯狂的索赔、向国会请愿、个人苦难的折磨所占据，最后，他们每个人都在悲惨的境遇中死去。就此事而言，本是一片理智的绿洲却不知何故短暂地闯入了这场争议的智力贫瘠的荒原。也许是由于他对手的错误判断所引起的影响，莫顿的地位反而更加巩固，他在1847年9月出版了一本内容温和、条理清楚的小册子，努力阐释了关于乙醚实践的完整说明。除此之外，他还准备了一本回忆录，于11月2日在法国科学院会议上发表，当时美国国内形势对他非常有利。

在这同一股浪潮中，威廉·莫顿的命运得以提升，却淹没了霍勒斯·韦尔斯的一生。离开法国仅仅一周后，韦尔斯就发表了他关于麻醉的唯一独立著作——《一氧化二氮气体、乙醚和其他蒸气的应用历史》(*History of the Application of Nitrous Oxide Gas, Ether and Other Vapors*)，其中包含了他收集的证明信。他将这些支持论断的信件原件寄往巴黎，供各学院审阅。但是，无论是信件、去巴黎的旅程，还是历史本身，都无法逆转他命运中无以阻挡的衰退。1848年1月，韦尔斯把妻子和孩子留在了哈特福德，不再维持这个家庭的开支，此时他已因命运的不公而疯狂，搬到了纽约，决心继续进行有关一氧化二氮、乙醚和氯仿的实验，后者在1847年11月被詹姆斯·杨·辛普森(James Young Simpson)应用为麻醉剂。在1848年1月17日版的《纽约晚报》上刊登了一则广告，广告中写道："'忘川水'的发现者、外科牙医H.韦尔斯已经来到了纽约，将从上午10点到下午3点在百老汇以西120号房间就使用氯仿、一氧化二氮和'忘川水'拔牙的问题提供无偿建议。"

仅仅四天后，在他33岁生日那天，这个发明了一氧化二氮麻醉的人被关进了"坟墓"监狱。对他的指控是，他向在百老汇大街上散步的一些风流女子泼硫酸。他似乎已是堕落至了谷底。

但是，在这出戏里还有最后一幕悲剧，结尾的讽刺意味更加突出了它的恐怖。1848年1月22日，霍勒斯·韦尔斯的实验让他成为氯仿瘾君子，他吸入了一瓶走私来的氯仿，使自己陷入了局部无知觉状态，然后用剃刀在左腹股沟的大动脉上划了一下，结束了自己的生命。这封信是在他的牢房里发现的：

> 星期日，晚上7点
>
> 我再次拿起笔把我要说的话说完。伟大的上帝！事情真的已经至此？这不都是一场梦吗？今晚12点之前，我要

付清这笔自然之债。是的，即使我明天自由了，我也不能背负恶棍之名苟活。上帝知道我不是这样的人……噢！我亲爱的妻子和孩子，我背弃了养活他们的责任让他们陷入困窘——我本可以继续为你们生活和工作，但我不能——因为如果我要活下去，我会发疯。我感到我已经快要发疯了。

现在是结尾的时候了。在韦尔斯令人沮丧的巴黎之行中，他结交了一位美国牙医 C. 斯塔尔 · 布鲁斯特（C.Starr Brewster），这位牙医帮助他向两个学院以及巴黎医学会陈述了他的情况。在他自杀 12 天后，下列信件由布鲁斯特寄给韦尔斯，由他悲伤的遗孀拆开：

亲爱的韦尔斯：

我刚刚从巴黎医学会的一次会议上回来，他们在会上投票决定，美利坚合众国康涅狄格州哈特福德的霍勒斯 · 韦尔斯，应被授予成功发现并首次成功应用蒸气或气体无痛进行外科手术的荣誉。

因此，霍勒斯 · 韦尔斯是麻醉技术的殉道者，他得到的认可来得太晚了，晚到无法挽救他的生命，也无法安慰他错乱的思绪。

也许是因为韦尔斯的死亡，麻省总医院的有关部门感到有必要准备一份有关这场争论的官方历史，以便对所有参与者的诉求进行审查和评估，从而驱散一些惨淡的混乱阴云。这份报告是小理查德 · 亨利 · 达纳写的，结论很明确：医院的董事会认为威廉 · 莫顿是真正的麻醉剂发现者。这篇报告附有莫顿给法国科学院的回忆录，并于 1848 年 3 月 18 日发表在《利特的生活时代》（*Littel's Living Age*）的期刊上。

董事会接下来做了更多事。它的成员们捐赠了 1000 美元作为酬金送给这位年轻人，他们现在已经认定他是人类最大的恩人之一。随附的证明信以下述文字结束：

> 我们还将捐赠证明随附这张便条放在匣子里。在它的签名中，您会发现许多人的名字，其中不乏我们当中最有价值、最有才智的人；人们可能会记得，它是由董事会的每一位成员签名的。我们相信，您会高度珍视这第一封证明信，尽管它如此薄，却证明了您的同胞们对您的感激之情。希望您今后能得到足够的国家奖励，这是您的忠实仆人的真诚愿望。

当然，威廉·莫顿也表达了同样的真诚愿望。虽然医院当局相信他的说法，但其他利益相关的派别仍对此有所保留。一段时间以来，这不仅仅是荣誉之争的成败关头——当时国会正准备颁布一项法案，将以 10 万美元奖励给这场争论中的优胜者，而最终决定权在国会手中。如果立法者能够预料到一系列有争议的主张会导致决策过程拖延数年，他们可能就不会启动这个出于善意的项目。

正是为了响应这一法案，克劳福德·朗格于 1849 年 12 月在《南方医学与外科杂志》上发表了他的报告。在朋友们的敦促下，他还写信给参议员威廉·克罗斯比·道森（William Crosby Dawson）和众议员朱尼厄斯·希里尔（Junius Hillyer），描述了他所做的工作。道森决心调查他的佐治亚同胞的说法，他选择了一个难以想象的代理人，即著名的波士顿化学家查尔斯·T. 杰克逊。

当杰克逊于 1854 年 3 月 8 日抵达佐治亚州的阿森斯市时，他早在三年前就已经写了一本书——《动物和人类的醚麻醉》（*Etherization of Animals and of Man*），在书中他给出了他自己版本的麻醉发现。然而，当他研究朗格的文件时，他开始确信詹姆斯·维纳布尔和其他人的手术是成功的。他向朗格提议，两人应当准备共同向国会提出声明，即杰克逊应当被认定是这一发现的功臣，而朗格将其首次应用于临床，从而有效地将霍勒斯·韦尔斯的继承人和杰克逊最讨厌的威廉·莫顿拒之门外。朗格认为没有理由分享任何东西，不是因为他固执或贪婪，而是因为他觉得自己肯定是正确的。

不管人们怎么评价杰克逊，至少在这件事上，他太诚实了，不可能伪造他给道森的报告。当然，没有必要指出他的诚实是由他对莫顿的憎恨所促成的。1854 年 4 月 5 日，当参议院对该法案做出最后表决时，参议员道森声称他收到了杰克逊医生的一封信，承认了一个陌生的名字——克劳福德·威廉姆森·朗格博士应该被授予第一个使用乙醚的荣誉。因为法案本指定了这个奖项归属于莫顿、杰克逊，或韦尔斯的代理者，由财政部长抉择三者之一谁最合适，朗格这一名字的引入将议会的整个进程推入了一片混乱之中，此后再也没有恢复过来。虽然参议院通过了这项立法的最终版本，但交给众议院后最终夭折。国会之争已经结束，克劳福德·朗格的参与也就此罢休。

威廉·莫顿的胜利一度似乎已成定局，现在他转向民事法庭，试图通过法律证明他的有效专利。但是，医院的医生们坚持说他很早就向医院透露了“忘川水”的性质，因此它可能会被其他机构和慈善组织使用，而且由于美国政府本身在墨西哥战争（1846—1848）期间免费使用乙醚，违背了自己颁布的专利法，他的合法权利已无法强制执行。随着他的垄断地位因此被打破，一些与他签约获得独家销售权的被许可人开始了法律诉讼。这样的诉讼被证明是徒劳的，原因有很多，其中最重要的是莫顿为了把他所有的精力和财务都投入这场声明争论，放弃了他的牙科业务。他很快就在经济上一败涂地，反反复复地起诉和被起诉，最后向国会请愿要求赔偿。而请愿的结果令他失望，于是他选择对一家名为纽约眼科医院的慈善基金会提起侵权诉讼。1863年的判决对他不利，后来美国最高法院维持了原判。第二年，他的自尊心受到了最严重的打击，当时最初接纳他的医疗机构现在表示，它们对他的争执已经忍无可忍了——在眼科医院工作人员的煽动下，在1864年6月24日美国医学会对他进行了严厉谴责：

> 鉴于上述莫顿医生通过起诉慈善医疗机构侵犯了一项据称涵盖所有麻醉剂的专利（不仅声称是硫酸醚），但不论麻醉是如何经他之手发明的，由于这项法案已经使他自己脱离了光荣的职业和在科学与人类事业中的真正劳动，因此做出如下表决：美国医学会以莫顿博士的无价值行为为由，对他所接受的任何拨款提出抗议……

不久前还让他声名鹊起的那股光荣浪潮，如今却成了一场旋涡，威胁着要淹没莫顿的灵魂。1868年6月出版的《大西洋月刊》上的一篇文章支持了杰克逊的立场，激起了他无端的怨恨。同年7月，他又进行了一次徒劳的华盛顿之旅，但结果令人失望，让他无法承受。他回到纽约时，正值令人窒息的湿热天气，感到一阵沮丧和恶心。一时冲动下，他决定带他的妻子伊丽莎白乘坐凉爽的马车穿过中央公园。他们的小马车正沿着一条湖边小路疾驰而过，莫顿突然莫名其妙地把马猛然一拉，停下然后跳了出去，一头扎进湖中温热的水里。他显然很不安，心急如焚的伊丽莎白催促他爬上马车，他勉强同意上了车。他们只行驶了一小段路，他又一次突然从车上跳了下来，身子越过附近的围栏，倒在了另一边的地上，失去了知觉。几个小时后，这位饱受折磨的牙医死于脑出血。威廉·亨利·韦尔奇贴切地将他称为“最不英勇的伟大发现者”。

查尔斯·杰克逊的情况也好不到哪里去。他向来不是那种最稳定的脾性，随着时间的流逝，他也越发如此。1873年的一天，也就是威廉·莫顿去世五年后的一天，这位年迈的好斗者在波士顿奥本山公墓偶然发现了他已故对手的坟墓。上面刻着墓志铭：

> 威廉·T.G. 莫顿
> 吸入式麻醉的发明者和揭示者
> 他避免和消除了手术中的疼痛
> 在他之前，手术长久以来都是痛苦的
> 而在他之后，科学就控制了疼痛。

读着石碑上的文字，杰克逊那脆弱的理性体系所剩无几。他被送往马萨诸塞州贝尔蒙德的麦克莱恩精神病院，在那里他完全以精神病患者的状态度过了生命的最后七年。他于1880年8月28日去世，享年75岁，他唯一的一次胜利是在寿命上超越了他的对手。

虽然在发明的争议开始后，四位竞争者都没有过上轻松的生活，但至少可以说，克劳福德·朗格的生活虽然艰苦而繁杂，但并没有以悲剧告终。他不仅是四个人中唯一没有被麻醉纠纷摧毁的人，也是唯一一个带着荣誉脱颖而出的人。他的贡献在长时间里被其他人的喧嚣所遗忘，而1877年，南卡罗来纳州的妇科医生J. 马里恩·西姆斯重新发现了他的贡献，他在《弗吉尼亚医学月刊》上写了一篇关于其独创性的透彻讨论。在当时，朗格正处在这个被内战和洋基佬长期占领所带来的破坏弄得一贫如洗的地区，他挣扎于照顾一大群贫困患者的沉重负担，而这篇文章此时为年迈的朗格提供了相当大的情感寄托。

即便如此，克劳福德·朗格的死也牵涉到了他的自我否定以及麻醉相关之事。1878 年 6 月 16 日，这位 62 岁的乡村医生刚刚从一位醚化的母亲那里接生了一个孩子，突然他觉察到了一波无意识感在向他袭来。被笼罩在黑暗中之前的那一刻，他设法把婴儿放到一个看护的怀中，并告诫说："先照顾母亲和孩子。"他跌倒在病人的床上，几个小时后死于中风。

在接下来的几十年里，人们以雕像、牌匾、肖像和演讲致敬的形式对朗格的贡献加以追认。最广为人知，也是被观摩最多的纪念馆矗立在美国国会大厦的雕像大厅。朗格和他的富兰克林学院室友亚历山大·斯蒂芬斯（Alexander Stephens）（后来成为南方最重要的政治人物之一）被州立法机构选为两位荣誉市民，他们的雕像将代表佐治亚州的最高成就。这一项举措十分明智。

在以上的叙述中，我们提到了吸入性麻醉史上大多数产生重要贡献的青年。这非但不是科学发现史册上的孤立情况，而实际上来说这是一种常态。安德烈·维萨里在 1537 年从医学院毕业后的第二天成为帕多瓦的解剖学教授；到 28 岁时，他创作了不朽的《人体的构造》，并永久改变了医生评估科学证据的方式。300 年后，麻醉领域的里程碑式的发现是由一群人做出的，他们中的大多数人都很年轻，几乎还没有开始追求他们的职业路径。而当今的研究人员掌握现代研究的尖端技术需要很长时间的培训，因而 20 多岁的人不太可能再次成为科学的领导者。不论何时何地，尚未完成受训的某个人确有可能做出一项巨大的贡献，但他们将是个例，也是例外之人。

然而，无论学徒期如何延长，年轻人凭着他们精力充沛的头脑总会在这期间怀有对一切感到兴奋的好奇心，以及积极进取的抱负，这一事实始终意味着，许多科学进步不可避免地来自年轻工作者，尤其是在接受培训后的头十年里。我们现代的莫顿们和戴维们普遍是30多岁的年纪，但仍然保持着他们20多岁时的劲头。虽然威廉 · 奥斯勒曾半认真地建议让超过40岁的人退居二线，然而时代和理智已经改变了，科学发现的世界在很大程度上仍然是年轻人的主宰，它将永远如此。

然而，我们不应该忽视许多研究者在其生产力最后几年所能带来的价值，它产自闲暇时光中的沉思。经验、智慧对一生中不断发展的思想进行回顾打磨的能力，为我们带来了视角和哲学观点，并时常提出一个撼动科学殿堂的概念。就在维萨里改变医学进展历程的那一年，70岁的尼古拉斯 · 哥白尼发表了《天体运行论》一书，世界从此大不相同。当我们对我们的光荣退休的教授的能力有所质疑，或者悲观地沉浸在自己职业生涯中最辉煌的岁月已经悄然飞逝，我们最好在脑海中浮现出老哥白尼的耄耋形象，在他弥留之际，收到了他的第一本印刷版著作，那是智人有史以来最重要的书籍之一。科学适宜所有季节，而所有季节都适宜于我们所有人。

11 生命的基本单位

显微镜、疾病细胞与鲁道夫·菲尔绍

一旦我们认识到疾病只不过是身体状态改变下的生命过程，治愈的概念就扩展到能够维持或重新建立正常的生存条件。

——鲁道夫·菲尔绍

形而上学家、理想主义者、医疗力学家、医学化学家、实验生理学家、自然哲学家、神秘主义者、磁力学家、驱魔者、盖伦主义者、现代巴拉塞尔苏斯小人、斯塔利主义者、体液病理学家、胃学家、梗死论者、布鲁塞主张者、反刺激论者、自然历史学家、生理学家、空想病理学家、德国基督教神智论者、许兰追随者、伪许兰主义者、类生态学家、顺势医疗论者、等效论者、顺势对症疗法者、银屑病求知者、水疗学家、电子学家、汉伯格之后的生理学家、海因洛特论者、萨二氏学派、凯泽学派、黑格尔学派、莫里森学派、骨相学家、医学统计学家。

您刚刚读的是一份1840年起草的清单，其中列出了当时医学理论分成的各种学派。每个学派都对那悬而未决的谜题有着独特的解释——人们为什么会生病，以及如何最好地治疗。莫尔加尼、比沙、雷奈克和其他人的工作已经识别出疾病过程中在组织和器官中产生的许多可见的变化，甚至对其进行了分类，但还没有人知道导致病理事件发生的源头。每个哲学流派都有自己的体系；每个体系都有自己的理论。尽管如此，大自然的反常现象仍然笼罩在神秘之中。

一些体系制造者（例如驱魔者和神秘主义者）显然超越了有序理性的限制，但其他人，如自然哲学家和体液病理学家，则将他们的知识结构建立在医生们观察和研究了数千年的客观可验证的证据之上。后一种人实际上是继承了古人的四种体液学说，四种体液现在被凝练为一种准科学的阐述，即假设存在一组紊乱的体液来寻找疾病的关键。虽然19世纪的体液论者比他们的前辈掌握了更多的事实，但他们仍然继续使用所有古老的插补、推断和猜测错误来混淆他们对所见内容的解释。也许他们只是太不耐烦了——在缺乏信息去填补他们知识空白区的情况下，他们就要求在科学还未真正参透自然的奥秘时，就对事物强加解释。在自然哲学、体液病理学和其他几个学派的信徒中，有一些是19世纪生物学和医学方面最杰出的学生。他们很有天赋，他们足够细心，他们的出发点是真诚的——他们的错误在于，在从一个可验证的点跨越到下一个点时，还没经过充分的观察使其保证安全境地，就提前起跳。

造成这种混乱的一个主要因素是，具有科学头脑的研究者当时正把这些观察资料源源不断地投入日益繁杂的知识宝库，而每个人都试图从层出不穷的、杂乱无章的观察中创造出某种意义。上述各种思想体系的构建解决了这个问题，实际上它们不过是一种看待疾病的方法、一种框架，以陈列新发现的事实。每一种体系的支持者都会认为，他们的体系终将被证明是治疗的根基结构，杂乱的知识仓库将因此转变为承载医学科学的庄严豪宅。

到目前为止，在本书的叙述中，只考虑了疾病部位的定位和诊断，以及病理过程演变的顺序，对于治疗方法尚未进行太多的讨论。

无论雷奈克的体格检查方法多么复杂，或者亨特对炎症和损伤的理解如何，他们都没有非常有效的治疗方法来为前来求医的病人提供治疗。当他们从医疗兵工厂中选择（战胜疾病）武器时，他们不得不求助于体液、流量和易损性状态变化应激状态改变等模糊的概念。他们采取的举措很多都是基于某种不确定的尝试，目的是将一种紊乱的、所知甚少的平衡恢复到常态。他们给病人们放血、催吐、清创、挑水疱，这些做法效仿医学界的前人；他们把病人的新陈代谢与令人眼花缭乱的植物药物组合混为一谈，而人们对这些植物药物的真正作用仅仅是略知一二，甚至有时对它们完全不了解。当他们认为病人陷入无应激状态时，会采取刺激性措施；反之，他们会施加一定措施使病人产生钝感。简而言之，除非进行截肢手术或切除明显的病变部位，治疗者并不十分清楚他们在做什么。

这种无知只有一个简单的原因：尽管构建了种种哲学体系，但竟没有人确切地知道是什么导致了疾病。希腊学者曾告诉人们，一个人生病是由于多种因素的共同作用，包括人类基本的天性、环境和一系列外部刺激之间的相互作用。因此，有效的治疗应该包括去除不健康的刺激，并恢复各种因素之间的平衡。在这种体系的逻辑下，生病的是个体本身，而不仅仅是身体的某部分或是某个器官。继莫尔加尼之后，患者的疾病状态被归因于某个患病器官；在比沙之后，患者的疾病状态被归因到病态的组织层面。尽管疾病理论对病人整体的隐匿态的理解更加深入（与之相悖的是，他们逐渐脱离了将病人看作人类同胞的状态），但它并没有更接近确定疾病的真正原因。

尽管如此，只要周围环境、个人习惯或整个生活状况被认为是疾病的主要致病因素，医生似乎就可以提供一些措施来治疗机体的反常态。随着莫尔加尼的出现，人们的注意力开始转移到更难以进入的内在部位，治疗靶点也变得越来越难以接近。要想使病人的整体状态恢复、痊愈，必须找到他病理层面最细微的开端。而这一切还没有得以实现。在此之前，针对出错的特定机制进行真正准确的治疗，这种想法只停留于人们的幻想之中，这也是19世纪中叶的内科医生仍然面临的根本困难。疾病的最终位置或部位还没有被定位；何种基本结构（固体或液体）在最开始的环节产生了错误？而它又是如何导致新一代病理解剖学家在越来越多的尸检中描述的可见异常？只有确定了起始点，研究才能将注意力从猜想转移到针对特定过程的特定治疗问题上。

这归功于一位科学家追踪到了那个难以捉摸的焦点，也就是疾病开始的基本单位。自然，这个焦点是细胞，这是德国病理学家鲁道夫·菲尔绍的最大成就，他发现细胞不仅是疾病的基本单位，而且是健康状态下的基本单位，是生命本身的基本单位。

一旦细胞理论得以立足，就不需要再对体液变化、应激状态的不足或过溢，或者无明确定义的刺激的影响加以推测。在鲁道夫·菲尔绍之后，是时候研究细胞中发生的维持健康生命的事件了——这就是所谓的正常生理。一旦对它有所认知，细胞在疾病中的变化以及它的病理生理学就可以被阐明。因此，疾病可被归结为一系列紊乱的生化现象，可通过高度特异的治疗药物或通过剔除发生病理事件的细胞、组织或器官组来纠正。这是20世纪医学的基础。这是鲁道夫·菲尔绍留给我们的遗产。

这其中有一个悖论。科学家菲尔绍用显微镜将疾病的焦点追踪至有限的空间，而与此同时他又主张人类是其生活状态的产物，在他所处的时代中，他是这一论点的主要倡导者。相比于他通过高倍镜看到的病理变化，环境的影响、职业因素、遗传因素，甚至社会阶层在他对病人的印象中扮演了同等重要的角色，虽然他是古代科尼多斯哲学的发言人，但他也是希波克拉底科斯哲学的倡导者。他认识到如果要治愈疾病，首先要了解具体的病理生理过程，所有现代医师也是如此行事。但他也同时认识到，如果要预防疾病，人的整体状态才是最重要的。当这两种观念在预防和治疗中都有适当的作用时，才是最好的医疗实践。菲尔绍当之无愧地成为重视科学、拥有整体思维方式的现代人眼中的英雄，也是能够理解患者人性面的病理生理学学生眼中的英雄。

鲁道夫·路德维希·卡尔·菲尔绍于1821年10月13日出生在普鲁士最东北部的波美拉尼亚，他的出生地为斯威德温，在当今位于波兰境内约75英里处。但在1821年，斯威德温小镇是德国受毒品影响最严重的社区之一，尽管一些拥有波兰血统的家族在此居住(菲尔绍家族便是其中之一)。鲁道夫的父亲是一个农民，兼任斯威德温的财务主管。人们希望他能够更好地管理市政资金，而不要像他私人的财务管理一样，他经常因为一连串失败的商业冒险而陷入财政困难。

鲁道夫在社区学校学习，并参加了私人课程，为卡斯林的高中做准备，卡斯林是当地的中心城镇。当他13岁来到卡斯林的时候，已经掌握了拉丁语；他开始了一段杰出的中学生涯，并于1839年以全班第一名的成绩毕业。他的毕业论文主题充满预兆——似乎不仅预示着他将来对职业生涯的态度，而且预示着他凭借劳作的双手彰显的社会良知："充满辛劳的生活和工作不是负担，而是一种祝福。"

1839年秋，鲁道夫在弗里德里希-威廉姆斯学院注册入学。作为柏林大学的一个分支，该学院设立的目的是为普鲁士军队训练医务人员。不收学费，吸引了这位贫穷的外省男孩；另一个吸引人的地方是，随着德国医学开始崛起，并达到后来的辉煌高度，该研究所在当时拥有一些杰出的教师，其中包括欧洲最重要的生理学家约翰·穆勒（Johannes Muller）。穆勒当时38岁，他的众多工作使他成为德国科学医学研究的奠基人。如果说有一个人，他的学生们所做的工作可以覆盖19世纪中欧所有的伟大医学成就，那么这个人就是约翰·穆勒，他是生物学家、比较解剖学家、生物化学家、病理学家、心理学家和大师级教师。他的许多弟子成为下一代医学进步的领袖，其中最伟大的是鲁道夫。

弗里德里希-威廉姆斯学院实质上是一所负责医学教育的军事学院。那里的生活简朴，课程带有普鲁士固有的僵化，学生几乎没有自主独立学习的机会。每日配给酸菜、香肠和啤酒，学生们被迫每周上60个小时的课，其中48个小时是在报告厅里度过的。在给父亲的一封信中，鲁道夫写道："因此，除了星期天，每天都是从早上6点一直到晚上11点不停歇，亲历时光的飞逝。人们变得如此疲惫，以至于一到傍晚他就会急切地把目光投向那张床。早上，他从床上起来，就像半睡半醒一样疲倦。"

然而，这位超负荷工作的医科学生还是找到了自己做一些事情的时间。他参加了关于逻辑学、历史和阿拉伯诗歌的讲座。在那时，他已经能读懂希腊语、拉丁语和希伯来语，能流利地说几种欧洲语言，包括意大利语，他在中学和学院开课期间的那个暑假自学了这些。他还开始学习一些政治知识，并痴迷于考古学。他在柏林待了两年后，写信给他的父亲，说他的目标是获得"上到神灵、下到一块石头的广泛的自然知识"。

他的父亲卡尔·克里斯蒂安·路德维希·菲尔绍不赞成这样广泛地寻求如此多的知识。这个失败的企业家每年依靠土豆的收成来维持生计，对他来说，他的儿子在课堂上勤奋学习，这样他毕业之后才能有一个好的婚姻，进入一个蒸蒸日上的资产阶级医疗行业，这才是至关重要的。安全、舒适和中产阶级体面的外表是卡尔设想的最终回报，是他的儿子在弗里德里希-威廉姆斯学院普洛克路斯忒斯式的氛围中忍受艰辛的最好结局。他不知道这样一个地方的知识含量有多么贫乏，日常生活有多么令人窒息，学生们的期望值是多么的一致。即使他听说了这些，也不会理解大多数讲座是毫无逻辑的，那些饱受煎熬的人都是在不加思考地背诵。他不会带着欣赏的头脑去看待约翰·穆勒这样的人在场的宝贵时刻，穆勒教给学生的不是成功实践者的有利可图的技能，而是研究人类生物学基本真理中产生的兴奋感。总的来说，卡尔·克里斯蒂安·路德维希·菲尔绍并不理解他的儿子。他指责这个男孩自认为对普通课程游刃有余，自认为比老师聪明得多，因此无法从他们那里学到任何东西。1842 年 2 月，鲁道夫给他写了一封信：

亲爱的父亲，

您说我是个利己主义者，这不无可能，但是您指责我自以为是，这与事实大相径庭。真正的知识总会伴随着对无知的觉察；我太多次、太深刻地感觉到我的知识的差距。正是因为如此，我在科学的任何一个分支上都不会放弃而停滞不前。我乐于学习，但我出于信念为自己的观点辩护……

我身上有很多不确定和不安的东西……我的未来太不确定了。我目前的情况很不乐观，不论我看起来是多么幸运。他们迫使我去做我不想做的事，而我几乎不可能实现我的愿望。事情总是这样。您想把我培养成一个上流社会的人，即便是现在我也不太关心这件事。在每一次放假时您都告诉我，如果没有实现这种预期，我所有的知识都将一文不值……我的时间充斥着听课、学习，还有一些乏味的重复之事；对于真正让我感兴趣的事情，我几乎只能以牺牲健康来换取时间。尽管如此，我还是积极地去做那些我不喜欢的、我觉得不愉快的事情，因为有时它很可能成为我唯一的谋生手段。我将欣然接受它，甚至可以放弃我最喜欢的职业……

我只想说，在我内心确实有许多骄傲和利己主义，甚至超过了善的程度；也许再加上一点儿美好，也就多了些虚幻与梦幻。但是，如果你认为我的骄傲是建立在我的知识基础之上，那你就误解了我，因为我清楚地看到了知识的不完备性；它是基于这样一种意识：我想要更好、更伟大的东西，我觉得自己比大多数人都更努力地追求知识的发展。

在1843年获得医学博士学位后，菲尔绍被分派到柏林的查理特（Charité）医院进行相当于现在的轮岗实习。尽管这位又矮又瘦、金发的医生很喜欢他在病房里的工作，但他越发地被尸体解剖病理学家罗伯特·弗罗利普（Robert Froriep）的研究所吸引，并在弗罗利普的实验室里提高了自己使用显微镜的能力。弗罗利普是一份发表外国医学研究摘要的杂志的联合编辑，因此菲尔绍很快就熟悉了法国和英国的先进医学环境中正在进行的最新工作。

在他从医学院毕业的头三年里，这位满怀热忱的年轻研究者做出了三项重大研究中的其中两项，这三项重大发现在现代医学中都与他的名字挂钩。第一个是他在1845年发现了白血病，第二个是他在1846年初证明了血凝块导致血栓和栓塞形成过程的真实本质，也是他引入了这些术语。苏格兰生理学家约翰·休斯·班尼特（John Hughes Bennett）同时做出了前一项贡献，他认为他在显微镜上看到的是一种脓毒血症，即血液感染。然而，菲尔绍从一开始就明白了它的真正本质，称它为“白色血液”，后来又创造了“白血病”这个词。

菲尔绍的血栓–栓塞研究推翻了老一代医生钟爱的理论。因为在尸检中经常在血管中发现血块，法国病理学家让·克鲁韦利耶（Jean Cruveilhier）曾宣扬一个错误的学说——静脉炎，即静脉的炎症，是所有疾病的共同特征。“静脉炎主导了一切病理”是他的一句很受欢迎的座右铭。当菲尔绍开始与弗罗利普共事后，他被指派研究这位法国人的理论。他首先建立了一个标准，通过这个标准可以将人死后形成的血凝块与存活患者疾病过程中出现的血块区分开来。通过他的显微镜观察、化学和实验动物研究，他发现了两种阻塞性凝块：血栓（thrombus）和栓子（embolus），前者在阻塞部位的血管内形成，后者是一种脱离了凝血点的血栓，它会随后经由血液流动阻塞远处的血管。他解决了一个自莫尔加尼以来一直困扰病理学家的问题——在突发死亡的患者尸体中，经常会在通往肺部的主要动脉处发现一些大的血凝块。在他 1846 年 1 月发表的一篇名为《关于肺动脉阻塞》的论文中，他证明了这种栓子通常来自腿部或骨盆的静脉，同时也是这些患者死亡的原因。这位 24 岁的病理学家提出了栓塞的理论，即血凝块可以远距离传播，阻塞身体另一部分的血管——这完全是他独创的想法。之前的任何研究者都从未考虑过这一点。

克鲁韦利耶只是第一位落入鲁道夫·菲尔绍和他敏锐的科学研究之手的医学偶像。在他的下一集“偶像粉碎”剧集中，不适当的冲动加上他年轻时的自以为是，导致他做出了一些被他的同时代人称为冷酷无情的行为。在这个过程中，他推翻了欧洲大多数推测性的疾病理论，并经过周密的计算认为它们都不可行。罗基坦斯基的错误学说仿佛诞生于一片虚妄的科学之地，在那里错误的推理被用来解释不准确的观察。但是，尽管它值得被攻击，但菲尔绍在其中表现得如此狂热，以至于他的攻击使该理论的缔造者蒙受了无数奚落，他的同事们也不赞成这一行为。这次袭击降低了整个欧洲医学界对这位老人的尊重，尽管是暂时的。罗基坦斯基证明了他在科学上的诚实，先承认了自己的错误并收回了这一理论；又证明了他庄严的宽容性，他不仅保护了自己的声誉，也让他的对手在这次事件中得以幸存。不出几年，一个更成熟的菲尔绍就会拥有更大程度的理性克制。

1846 年，菲尔绍接替弗罗利普成为查理特医院的病理学教授。第二年，他与他的朋友本诺 · 莱因哈特（Benno Reinhardt）合作，出版了一本至今仍然存在的期刊的第一卷，名为《菲尔绍档案》（*Virchow's Archive*）。它的正式标题为《病理解剖学、生理学和临床医学的档案》，阐述了关于人类生物学各个方面的相互关系，这本书的编辑（即菲尔绍）也将用他的余生宣称这是科学医学的三位一体。菲尔绍认为，了解疾病的基础不仅要研究它是如何破坏正常的结构，还要研究它改变正常功能的方式。

《菲尔绍档案》的第一篇文章就在德国医生中引起了轩然大波。在这篇文章中，菲尔绍概述了他的看法，即疾病不是入侵健康机体的一种反常变化，而单纯是一种健康状态的紊乱。他那个时代的主流理论家认为，疾病状态与正常功能下的组织状态完全不同，无论产自体内还是由外界进入，它的存在都会使人衰弱，就像一些外来寄生虫从顽抗的宿主身上汲取力量一样。对他们来说，病理组织由一种假设的母质发生错误而诞生，也可能是从血液本身沉积而来的。在这种表述中，患病的结构与健康的结构是如此不同，因此不可进行相互借鉴式的研究，菲尔绍在第一篇文章《科学医学中的观点》中对这种表述提出了质疑，阐述了他对关键术语“科学医学”的定义：

科学医学的研究内容包括识别病体或特定病变器官的变化状态、在特定变化状态下出现的正常生命现象的偏离态，以及最终发现消除异常状态的方法。因此，它的前提是了解生命现象的正常进程，以及使这种正常进程成为可能的状态。由此可得，科学医学的基础是生理学。科学医学有两个部分：病理学，它会提供关于变化状态和变化的生理信息；治疗，它寻找恢复或维持正常状态的方法。从本质上讲，临床医学不是科学医学，即使是伟大的大师级实践也不是；临床医学是科学医学的应用。

必须认识到，这不是系统化的时代，而是细节性研究的时代……对于这些科学问题来说，最终定论取决于一门到目前为止只存在于最早开端的科学，它似乎注定要取代普通病理学。我所说的便是病理生理学……病理解剖学是有关结构错乱的学说，而病理生理学是与功能紊乱相关的学说。

病理生理学是必要的……病理生理学的问题部分产生于病理解剖学，部分产生于临床医学；而它的答案部分出自临床的观察……部分来自动物实验。实验是病理生理学的终极法庭……

我们不要在医学现状上自欺欺人。不可否认的是，无数的假设系统已将我们的精力耗尽，它们随风而逝，却又被新的系统取而代之。然而，再发生几次不幸，这段风波就会过去；人们终将明白，只有冷静、勤奋、稳定的工作，以及真正的观察或实验工作，才具有永久的价值。然后，病理生理学将逐渐实现它的承诺，它不仅仅是几个人头脑发热的产物，而是来自许多艰苦奋斗的研究人员的合作——

> 病理生理学将成为科学医学的大本营。

通过这一声明，这位26岁的研究者向医学界阐述了他的信条。他还为自己的人生制订了计划：结构的变化提供了功能变化的线索；理解和治疗疾病的关键是了解正常功能如何转变到异常状态。因此，只有在病理生理学的研究中，疾病才能被攻克。观察、实验、辛勤工作和对于无理猜测的坚决否决——这些都是这场战斗的智性武器，传承于维萨里、哈维、亨特和雷奈克。鲁道夫·菲尔绍是一位不知疲倦的医学史学生，他承认自己承蒙他们每一个人的恩情。

德国医学界的领军人物们受到了这位年轻人的告诫，即他们对各种体系的坚持代表了对科学本质的误解，他们对此大为光火。但是，菲尔绍的高度自信迫使他们继续倾听。正如他自己在写给父亲的一封信中所说的那样：

> 我不会自欺欺人。如今，只要有了真正的知识和有力的言语，一个人就能给人留下深刻的印象，即便是最高阶层之人也会对此加以注意，因为一切都是空的，直到顶层都腐烂了……在任何地方都需要从头开始，要完成的事情太多了，有时真的让人感到绝望。如果我没有证据证明我在查理特医院被视为科学方面的权威，而且每个人都相信我说的话，我已然会选择放弃。我，只工作了这么短的时间，又对太多东西感到无知——我，一个权威人士？这太荒谬了！既然我自己就所知甚少，那些前来询问我的人一定知道得更少。

这是对当时形势的公正描述。一些不同体系的追随者意识到他们是在黑暗中摸索，而且已经准备好去聆听一个听起来如此自信的新声音。因为新声音的主人是一名在医学院毕业的头几年里就有两项重大发现的年轻人，他们便更加兴致盎然地聆听。此外，菲尔绍凭借他尖锐的逻辑，残酷地对罗基坦斯基进行了驳斥，以及在他追寻这一观点时所迸发的激情，都为他创造了一种光环，使低调的人此后不愿挑战他的观点。他是一个年轻的科学家，骑着马从不够格的追求者手中抢走新娘。不过，在这件事上，奖励远比婚礼礼堂里的某个埃伦[①]多得多——他寻求的是大自然的温柔之手，这样他才能更好地发现她的秘密衣橱。

菲尔绍也开始对疾病与其所处环境之间的关系感兴趣，他毫不犹豫地将他看到的一些疾病问题归咎于当时的社会结构。早在1848年，斑疹伤寒在上西里西亚的织布工中流行的消息传到了首都，而在同时发生了一场饥荒，地方当局也未能采取行动，导致了该地区越来越多的贫困农民付出了生命的代价。他在给父亲的一封信中写道："西里西亚的这场灾难是政府的耻辱，再多的借口也无法补救。没有什么能缓和数千人死亡造成的丑闻。从医学的角度来看，疫情是如此有趣，我最强烈的愿望是能够近距离观察它。"

柏林媒体界要求普鲁士统治者弗里德里希·威廉四世为这场灾难做点儿什么。最后，公众的强烈抗议迫使政府在卫生枢密院议员的指导下成立了一个研究委员会。鲁道夫·菲尔绍被任命为委员会的医务官员，他"最强烈的愿望"也因此得到了满足。他于1848年2月20日抵达西里西亚，花了近三个星期的时间，不仅对这次疫情进行了医学层面的研究，还调查了它所处的环境条件。他的报告对国

① 埃伦是一个常见的人名，引申为与某个平凡之人结婚。——译者注

王的权威和他对待最贫穷臣民的方式进行了尖锐的谴责。他整合了这些批判，并发表在《菲尔绍档案》中，但这件事并没有得到权威者的青睐。

菲尔绍伴着盛怒写下了他的报告。他先对斑疹伤寒患者的尸检结果、所使用的各种治疗方法以及疫情的流行病学方面进行了全面的描述，然后跳过了科学讨论部分，开始了他的主要论点：普鲁士独裁统治的暴政是西里西亚灾难的根本原因。政府没有允许自治，没有提供适当的道路，没有改善农业，没有支持工业，这才导致了现在的状况，但最根本的罪恶是柏林拒绝充分的民主和普及教育，这使西里西亚的农民处于道德败坏、个人低俗而懒惰的状态。作为一名医生，他敏锐地感受到了自己的责任："医学是一门社会科学，作为科学学者，他有责任将发现的问题归属到科学本身，并提供解决办法。"他提供了解决方法，并愿意花费一生的大量精力来实现这些目标：

> 对于类似的状况在未来如何防止，有一个简单而直接的答案：文明，以及由此衍生的自由和繁荣。然而，解决这一重大社会问题的实际方法却不那么简单。尽管我们毫无觉察，但医学已经把我们带入了社会领域，在那里我们遇到了我们这个时代的重大问题。让我们充分认识到，我们这里所关注的并不是用药物来治疗病人，也不是要调整他的家庭环境。不，我们面对的是150万同胞的整个文明，他们长久以来在身体上和道德上都受到了贬损。

18世纪末的法国医学哲学家皮埃尔·卡巴尼斯曾写道："疾病源于社会性的愚蠢错误。"菲尔绍现在成为这一论点的欧洲领先的科学倡导者。在他的职业生涯中，他多次能够证明广泛传播的疾病与社会不平等之间的关系。不只是斑疹伤寒，还有霍乱、结核病、坏血病和一些精神疾病，甚至呆小病都在他的名单中，这些疾病都是由于文明优势的不平等分配造成的。他一次又一次地表达了他的信念，即医疗行业有责任尽其所能消除导致疾病的社会状态："医生是穷人的天然律师。"

然而，最终的权力掌握在统治者手中。引用他的流亡同胞卡尔·马克思和弗里德里希·恩格斯可能用过的话（《共产党宣言》也在1848年发表过该言论），菲尔绍在他关于西里西亚的报告的结论部分中说，"每个人都有生存权和健康权，国家有责任确保这一点"。他为他的医生同行们写了一份宏大的议程，但对政府的流程则要求更高。在用科学战胜疾病的战斗中，他是崛起的年轻将领之一，现在他开始在负责社会政策的士兵阶层里迅速攀升，他们掌握着最强大的武器——制定法律。他进入了政治领域，他在几年后的一份陈述中写道："医学的进步最终会延长人的寿命，但社会条件的改善可以更快、更成功地实现这一结果。"

菲尔绍从西里西亚回来后不到一周，史称"1848年革命"的民众起义在柏林的林荫大道上爆发。他和他的数千名自由派同僚在街上设置路障，反对政府军，这种方式在欧洲其他首都同样被采用。民主力量的短暂胜利使这位年轻的煽动者能够向大批热切的革命者发表激情的演讲，结果他当选为普鲁士国会议员。由于不到议会要求的年龄，他不能任职，但他自立了一个讲坛，几乎和他年轻时被迫放弃的那个讲坛一样——他创办了一本名为《医疗改革》（*Medical Reform*）的杂志，其中充满了自己的科学和政治信仰。

在他人生的这段兴奋时期，鲁道夫·菲尔绍身上出现了一种品质，这种品质仿佛有意在对他的事业构成威胁。他的许多政治演讲不仅具有明显的煽动性，而且有时会故意贬损保守派权威者的感情，以他所知道的那种特别冒犯的方式。在一个笃信东正教的社群，对教会的忠诚等同于对王室的忠诚，他公开宣称自己是不可知论者。他对霍亨索伦家族机智而狡猾的嘲讽，被他的支持者们兴致勃勃地反复提起，但当它传到保皇党人耳朵里时，却激起了普鲁士人面红耳赤的盛怒。

事实上，菲尔绍在他的作品和广受好评的演讲中公然对政府嗤之以鼻，仿佛是在挑衅当局，撤销他在查理特医院的任命，而后者接受了挑战。即便他在白血病、栓塞和血栓形成方面做出了杰出的研究，也不足以保住他的工作。他被勒令辞职。

辞职持续了一周。他意识到反动力量再次占了上风，也认识到他的激进主义将会结束他最重要的研究工作，菲尔绍变得非常务实。他重新获得了工作机会，同时作为交换他同意签署了一份声明，承诺放弃公开表达他的政治信念。

然而，当局并不信任他，想方设法让他离开柏林，同时仍然让他留在德国医学主流圈。此时出现了一个理想的机会，即维尔茨堡大学专门设立的病理学系主任。维尔茨堡的产科教授弗里德里希 · 斯坎佐尼是他同时代的老朋友，他向政府的部长们求情，为菲尔绍设立了这个职位，提供了一个温暖和友好的医疗环境以便让他融入其中。

在这位新任命的教授离开柏林之前，有一件非常紧急的事情要处理。他这一生总是以不注意日程安排，以及在可能的最后一刻离开或到达而闻名。爱情方面也不例外。在他启程前往维尔茨堡的那天，他与他的朋友卡尔 · 梅耶尔 17 岁的女儿罗斯订婚了。梅耶尔虽然是柏林最成功的产科执业医生，但他是一位政治上的进步人士，他的家已经变成了一个沙龙，自由派思想的朋友们每周都会在这里聚集几次，进行讨论和相互支持。对于无私、崇高的罗斯来说，这位直言不讳的年轻医生是一个英雄，他因献身于民主事业而遭受痛苦。在谈到这段罗曼史及其高潮时，她的未婚夫以一种不同寻常的柔情写道：

> 聆听我的对话后，她对我如此熟悉，一定意义上来说，她接受了我的教育，因此我不知道还有谁能比她更了解我。我，我喜欢上她了，我不知道是什么时候，也不知道是怎么回事，但是有一天，我突然意识到，她出乎意料地占据了我的心。这件事发生在一个非常悲伤的时刻。就在同一天，也就是3月的最后一天，当我认定了我的小罗斯时，我收到了正式的解雇通知。
>
> 那一刻，我觉得掩饰对罗斯的感情更光荣……因此，即使在我接受了赴维尔茨堡的任命后，仍旧没有表明心意；我也暂时不能离开柏林。当我终于看到，当我看到罗斯一天比一天更不能掩饰她的悲伤时，当我看到她在受苦，显然是因为我，我再也无法克制自己了。星期一，我是来道别的，但是下午我们已经拥抱在一起了。事情就这样发生了。

从上一段可以看出，罗斯自认为在婚姻中她是这个伟大男人的贤内助。她一心想要为他铺平道路，除此之外自身没有任何抱负。他的简短描述表明，事实上，他曾为这种伙伴关系教育过她。关于她的报道很少，很显然在她与菲尔绍的关系中不存在任何紧张因素，会扰乱他们平静的婚姻进程，或者他们三个儿子和三个女儿被抚养长大的稳定的家庭。

当这位新任病理学教授到达维尔茨堡时，他发现那里的气氛与柏林的熙熙攘攘截然不同。这个5万人的社区坐落在绵延起伏的巴伐利亚丘陵的葡萄园中，主河流经于此，它是德国著名的大学城中的一颗小小宝石。在整个19世纪，它吸引了一批优秀的医学教师，他们当时的领军人物除了菲尔绍、斯坎佐尼和胚胎学家兼显微解剖学家阿尔伯特·冯·科利克（Albert von Kolliker）之外，还有威廉·伦琴。1895年，正是在这所历史悠久的机构里，这位物理学教授发现了X射线。

菲尔绍来到这所大学一定吓到了他的一些教员同事。他对受人尊敬的罗基坦斯基的粗暴抨击，他对血栓和栓塞这一根本难题的解决，他发现了白血病的实体，所有这些都赋予了他无与伦比的学术地位，以及他是自己观点有力捍卫者的声誉。他自学英语，能够讲法语、意大利语和荷兰语，他用自己掌握的这五种语言写下了当代科学中所有重要的东西；他的希腊语、拉丁语、希伯来语和阿拉伯语都很好，足以让他熟悉更古老的资料来源。此外，他之前就有着不稳定的政治声誉。在斯坎佐尼和柏林官僚的无情压力迫使他们同意之前，巴伐利亚的部委一直拒绝他的任命，这也情有可原。

他们其实不需要担心。尽管菲尔绍作为一名社会改革者继续他的一些活动，但他在巴伐利亚时期既没有表现出革命性，也不是陷入争议之人。他差点儿在柏林失去了一切，因而在维尔茨堡不能不谨慎。他知道，如果他要实现改革医学的科学和社会学方面的目标，他就不能继续他的煽动性道路。他开始转变自己，悄然结束了《医疗改革》的一切。在接下来的七年里，他将致力于科学。

鲁道夫·菲尔绍只是众多饱经磨难的革命家之一，他们对冲突的渴望因1848年革命的最终失败而消散。在整个欧洲，理想主义的年轻人要么灰心丧气，要么非常务实，要么两者兼而有之，投身与政治不相关的工作。20岁的德国人费迪南德·科恩（Ferdinand Cohn）后来成为一名先驱细菌学家，他在1849年9月25日的日记中表达了自由主义者的悲观情绪："德国死了，法国死了，意大利死了，匈牙利死了，只有霍乱和军事法庭是不朽的。我从这个不友好的外部世界退休了，埋头于书籍和研究中；我不怎么与人会面，但学到的东西很多，单纯感受自然的启发。"

从政治纷扰中解脱出来，菲尔绍在维尔茨堡的任期成为他一生中最高产的时期。他周围有一些很有能力的研究者，尽管他在加入他们的团队之前曾批评过其中几个人的工作，但他很快证明了自己与他们和谐合作的能力。他在德国担任了首位病理学系主任；他和前年才来这所大学的科利克吸引了大量的学生。事实上，菲尔绍的一些传记作者认为，即便他在其他方面无所建树，他在这段时间培养的众多明星足以使他成为医学史上最伟大的教师之一。

学生的人数不断攀升，这也在意料之中。他们的教授不仅是一位学识渊博的学者，而且他从事的项目也让前来学习新兴科学医学的年轻医生着迷。在菲尔绍从医学院毕业后不到五年的时间里，他改变了课程形式，至少在维尔茨堡是这样，他教的东西与他在弗里德里希-威廉姆斯学院演讲厅里所学到的完全不同。他的研究包括炎症、癌症、结核病、伤寒、肝脏囊肿、肾脏疾病、霍乱、呆小病、淀粉样变性，以及皮肤、指甲、骨、软骨和结缔组织的解剖。他与其他人合作出版了一本六卷本的《特殊病理学和治疗学手册》，并与其他人合作编写了一本普通病理学手册。1851 年，他和他的两位同事开始编写《医学成就与进步年鉴》，进而花费了毕生的时间完善，在他临终之时，这本书已经被称为《菲尔绍年鉴》。

在维尔茨堡时期，菲尔绍还研发了一些教学方法，并将这些应用于他的整个职业生涯。其中最令人难忘的是他所谓的"台式轨道"（table railroad），即学生们依次经过用于演示的显微镜，如同轨道一般，以便每个人都可以仔细查看老师摆放的载玻片。当他们按照既定的顺序在轨道上叽叽喳喳地依次行进时，经常被菲尔绍的命令打断——“学会用显微镜观察”。

学会用显微镜观察，就是掌握医学开始放大其视野的工具，不仅是对疾病的极致细微过程进行观察，而且试图在此层面上进行纠正。当时在镜片技术上取得的进步，可以说是为后来在医学上取得的巨大进展奠定了基础。在下一章中将更多地讨论显微镜技术对医学进步的重要意义，但现在只需指出，在过去的一个半世纪里，这种进步绝无仅有。

菲尔绍在学生面前所展示的大多数显微镜下的材料都被用来阐释他革新的想法，关于人体的组织结构。正是在维尔茨堡，他提出了生命的基本单位是细胞的论点。“细胞”（cell）这个词引自博学的罗伯特·胡克的《显微图谱》（*Micrographia*），他在1665年用英文写就此书：“我拿了一块干净的软木塞，用一把锋利得像剃刀一样的钢笔刀，切下一块，将其表面打磨光滑，然后用显微镜非常仔细地检查，在我看来它似乎具有多孔形态。这些孔隙或细胞不是很深，像是由很多小盒子组成。”约200年后，那些“许许多多的小盒子”将被证明是构成所有生命有机体的基石。

在胡克的描述之后，不时会有一些不同的研究人员提到“细胞”，无论是用这个名字指代它，还是“小球”“囊泡”“气囊”，但近一个半世纪里，人们仍旧不清楚其具体意义，直到乔瓦尼·巴蒂斯塔·阿米奇（Giovanni Battista Amici）和约瑟夫·杰克逊·李斯特研究开发了新型的透镜系统，1830年之后的几年里，大量的观察结果开始见诸报道。在1831年，英国植物学家罗伯特·布朗（Robert Brown）得到了第一个重大发现，即每个植物细胞内部都有一个核心的结构，他称作细胞核。

布朗报告了他的观察结果，同年，一位名叫马蒂亚斯·施莱登

（Matthias Schleiden）的27岁德国律师因为不能胜任自己的工作感到无比沮丧，在某天，他向自己的头部开了一枪。这是科学上的一种幸运：他的目标有误，或不了解解剖学知识，他没有击中大脑的重要部分。康复后，他开始研究植物学，幸运的是，事实证明他对植物的驾驭要比原告或手枪熟练得多。1838年，他发表了一篇具有划时代意义的论文，文中他对自己的理论进行了实验支持，即所有植物组织都是由细胞组成的。虽然他错误地认为每个细胞都是由细胞核内的物质自发形成的，但他在这一重大进展中确立了生命细胞理论的开端，并由此奠定了现代植物学的基础。

下一次旅行是从咖啡和雪茄开始的。一天晚上，施莱登与他的朋友西奥多·施旺（Theodor Schwann）吃了一顿丰盛的晚餐后，一起在散步时详细讨论了他的发现。施旺是约翰·穆勒最喜欢的学生之一，他已经在动物组织中看到了有核细胞。在与施莱登谈话之后，他打算证明植物学上的真理同样适用于动物学。1839年，他出版了一本书，书名说明了一切——《动植物结构和发育相似之处的显微镜研究》。施旺很敏感地意识到，他所走的这条路在过去的几十年里一直是人们热切争论的话题，不仅在研究人员中，而且在哲学家和神学家中也是如此——他的主题涉及生命的基础。不同于犹太人施莱登，也不同于摒弃高于自己的权威的菲尔绍，这位虔诚的天主教动物学家不愿冒任何可能遭到教会指责的风险。在书出版之前，他把它提交给他的主教批准。

施旺不是伽利略，他的主教也不是教皇保罗五世——他的书没有违反任何教义。施莱登的发现紧随其后。自1830年以来，对细胞显微研究中所取得的所有重大发现的整合，事实证明是必要的。众多研究人员产生了很多混乱的新信息，人们在大量杂糅的信息中迷失了自我，也无法将正确的实验与错误解释的观察区分开来。有了施莱登的工作，现在又有了施旺，细胞理论的基本要素已经得出。在当今生物学家的心目中，这两位科学家的名字是紧密相连的，很少会出现只听说了一个人而另一人不见其踪的情况；这就像只说吉尔伯特不说利沙文，只说摇不说滚一样（Rock and Roll）。施莱登和施旺—— 一百年来，这押韵的名字一直被生物学新生连起来用来助记。

施旺书中的一句话确立了他理论的基本命题："无论组织学的最基本部分如何具有差异性，都有一个发展的普遍原则，即细胞形成的原则。"人们应该理解，细胞本身最恰当的描述是被膜包裹着的一团微小的原生质，并且它赋予了自己的生命。

细胞从何而来的谜团依然存在，而施旺也是在这一点上误入了歧途。他认为，它们不是从母细胞产生的，而是通过类似于有机体内结晶的过程产生的，来自一种假想的母液，他将其命名为"细胞胚基"（cytoblastema）。自西方文明开始以来，"自然发生"这一概念一直备受争议，它指的是每个新生有机体都是从基本物质，甚至是虚无中产生。路易 · 巴斯德没有受到这场争论中有关神学论断的波及，几十年后，他把这一论断永久地从科学研究的舞台上引开，但在当时，它确实属于施旺的细胞发展概念的一个主要部分。

鲁道夫 · 菲尔绍为其退出铺平了道路。在施旺这本书出版的那一年，菲尔绍开始在弗里德里希–威廉姆斯学院接受医学教育，他将焦点从组织转移到细胞，进而阐明所有生物结构的普遍性，激发了更有效的研究。实际上，在菲尔绍开始他的研究生涯之后，他所研究的每一个医学现象都以不同形式与细胞相关。在 1852 年出版的一份刊物中，他将细胞作为基本营养单位，不仅没有提到细胞胚基，而且宣布了他的实验结论，即新的细胞只能由已经存在的细胞一分为二而产生。两年后，他非常明确地宣称，"产生生命的唯一途径是直接更迭”。最后，在1855年，他在自己的《菲尔绍档案》中写了一篇文章，谈及未来的病理学，认为它将致力于解决细胞内发生的事件，健康状态下它们将维持生命，而这些事件发生混乱时将导致疾病。正是在这篇论文中，他首次使用了一句格言，后来被他的后辈奉为一种信念：每个细胞都来自以前存在的细胞（Omni cellula a cellula）。他坚定自己结论的必然性：“不论我们如何蜿蜒前行，最终还是会回到细胞之说。”

另一个不可避免的事实是，鲁道夫·菲尔绍此时在欧洲科学界取得的卓越成就，注定诱使他回到柏林继续担任教授。他曾得到其他大学的邀请，但在维尔茨堡田园诗般的学术圈里，他快乐而富有成效，因此拒绝了所有的邀请。同事间的权利平等，以及他自身与政治划清了界限，平息了他天生的好斗情绪。他有三个孩子和最支持他的妻子，维尔茨堡的生活让他成长。鲁道夫·菲尔绍在1856年接到柏林病理学主席的电话，相比于六年前那个气势汹汹要冲回柏林参加婚礼差点儿被警方驱逐的新郎，要聪明得多，也更成熟。

他同意接受现在迫切需要他的职位，但提出了条件。如果柏林大学想让他回来，那就得按他自己的方式行事。学校必须为他建立一个病理研究所，以从事研究实践和医院病理工作。这座建筑很快就建成了，菲尔绍凯旋，被公认为德国医学界最有影响力的人物。从那时起，在过去十年中日益明显的一种趋势成为事实——鲁道夫·菲尔绍促成了它，医学领导的接力棒从法国传到了德语国家。直到20世纪初，由于战争和美国科学的崛起，这种优势才被彻底摧毁。

菲尔绍在柏林的首要任务之一就是让柏林的医生了解病理学领域的最新发展，以及他自己的贡献。为了以一种普通行医者都能理解的方式来呈现这些材料，他重新阐明了内容并组织了语言，以20

场演讲的方式展开，于 1858 年 2 月至 4 月在新病理研究所进行。他雇了一位朗根豪先生坐在观众席上，用速记法把讲课内容准确地记录下来。在对内容进行“微调”之后，他在夏天结束时出版了《细胞病理学》(*Cellular Pathology*)一书。他在《前言》中写道，他的目的是“对一个综合问题给出一个简明扼要的看法”。这个观点的独创性和这一主题的重要性激起了人们的极大兴趣，因此不到一年，被要求再版。第二版《前言》的第一段值得在此摘录，因为它对这位科学家、他的书及其在世界医学界引起的反响做了大量介绍：

> 如今我将经验获得的结论传递给你们，它与传统教授的内容有很多不同，还没有引起医学界大众的注意，它以一种相互关联的形式，带来了意想不到的结果；经由它，我发现了很多的朋友，同时也多了活跃的敌对者。对我来说这都是好事，因为我的朋友们在这本书中不会发现任何武断的解决问题的方法，也不会发现任何系统或教条的方法，而我的对手们最终将被迫放弃他们的华丽辞藻，开始着手研究和检验我的工作。只有这样，才能促进医学的前进和发展。

菲尔绍“对医学科学的推动和进步”的贡献是不可估量的。将近一个世纪后，宾夕法尼亚大学病理学教授，也是他所在领域的杰出历史学家爱德华·克伦巴尔(Edward Krumbhaar)写道：“这本书当之无愧与维萨里的《人体的构造》、哈维的《心血运动论》、莫尔加尼的《病因》并列为自希波克拉底时代以来最伟大的四部医学书籍。”1902 年，当时的美国医学院院长威廉·韦尔奇写道，菲尔绍建立的细胞病理学标志着“科学医学自诞生以来取得的最大进步”。

菲尔绍在细胞病理学方面所取得的成就，无外乎阐明了医学研究未来100年所基于的原则。在一次彻底的声明中，他清除了医疗空气中所有残留的体液论和骗局。维萨里倡导的对感官证据的依赖，哈维和亨特对实验的重视，莫尔加尼对症状的原始部位的艰苦寻找，雷奈克致力寻找的疾病表现与解剖学基础之间的细致关联——所有这些都聚焦于鲁道夫·菲尔绍的作品之中。他的学生卡尔·路德维希·施莱希（Carl Ludwig Schleich）是一位医学作家，他曾在一篇些许暧昧的散文中写道："他具备一对鹰眼，能深入洞察病态有机体最秘密的反应，在鲜花盛开的田野上追寻死亡和疾病的灰色足迹……对于追查疾病之龙，他从未停止过努力，直到它最遥远的巢穴，跟随它到机体内密布的洞穴——细胞，最终将它击退，这是他令人难忘的成就。"

施莱希这种过分亲昵的语气可能有些夸张，但他的描述仍然低估了菲尔绍的贡献。他做的不仅仅是追踪疾病之龙直至机体密布的洞穴；他发现，即使是疾病的解剖学既定结构也仅仅提供了一条线索——疾病的真正原因不是在形式上的混乱，而是在功能上的紊乱。问题不在于病态细胞的外观，而在于它如何作用；因此，关键不在于细胞本身，而在于细胞内部发生了什么；医生必须着眼于病理解剖学，而非病理生理学，才能解决疾病的根本之谜。

因此，在细胞病理学诞生之后，对显微镜下患病和健康组织的观察，开始被用来研究细胞内发生的化学和物理事件。生理生化研究专业发展迅速，药理学也随即不再拘泥于药用植物学，开始发挥其应有的作用——为恢复生化健康铺平道路。在癌症破坏性的漫长历史中，治疗师们第一次认识到恶性肿瘤源于正常的结构——患者的第一个癌细胞不是入侵的寄生虫或胚胎发育留下的小瘤块，而是一对健康的父母在生育后代的过程中发生了一些变化。

一对健康的父母，他们的父母也应当是健康的，这是菲尔绍的另一个命题。每个细胞都有一个父系、一个祖父系、一个曾祖父系，还有一个直接的世系，如果这些世系是可追溯的，就势必能回到数百万年前生命最初出现的原始淤泥的水坑里。细胞通过一种叫作有丝分裂的过程分裂成两部分进行自我繁殖；没有自然发生的一代，自然界的魔法帽也不会变出一只兔子。有的只是从一个细胞单元到它的后代的一种连续性，我们所有的细胞都是表亲。不止一位生物老师在课堂上指出，我们每次洗手都会破坏无数的皮肤细胞，因而终结了一条可以追溯到我们人类最昏暗的史前时期的路线，进一步说明了这一过程的连续性。这些生命的起源（即皮肤细胞）每天都有数千亿次流入浴室的排水沟。

他还讲述了更多。正是因为细胞是所有生命遗传的中心，所以了解它与环境的关系是至关重要的，这不仅是指细胞间的关系，也是指它们共同存在的介质，这种介质被称为细胞外液。细胞外液不仅给每个细胞带来营养，同时也作为载体，处理细胞功能产生的废物。《细胞病理学》诞生 20 年后，法国生理学家克劳德 · 伯纳德（Claude Bernard）提出了内环境的概念，即细胞沐浴的内部环境，细胞从内环境中获取生命所需的物质，并将新陈代谢的最终产物返回到内环境中。

这样，威廉 · 哈维提出的"循环"就完善了：循环中的血液对细胞外液进行补充和净化，而细胞外液基本上是自身过滤后的产物。血液输送细胞外液的物质进入细胞，以换取细胞不再需要的最终产物，或者细胞为满足其他细胞需要而生成的产物，如激素和消化酶。这一过程被称为渗透作用。当前几个世纪的哲学家如此轻松地谈论自然平衡和动物经济时，他们从来不知道如何定义这些不确切的术语，尽管他们已经能够自如地运用它们。鲁道夫 · 菲尔绍的工作最终发现了它们的意义：自然的微妙平衡，它能够使每个细胞的营养物质相互交换，它发生于所有生物。

因此，动物或植物被视为一个复杂的有机体，由一群简单的微观有机物组成，即细胞，它们沐浴在营养液之中，并与它们维持着一种生化平衡。每一个个体细胞都对动物或植物的生命做出了非常具体的贡献。在构成身体器官的组织中，执行相似工作、种类相近的细胞往往聚集在一起。单个人体器官（如脾脏或肾脏）能够执行多种功能，因为有多个组织和多种细胞分布在其中。

想一想肠上部的短管样结构，它有不同的层。外面有一层光亮而潮湿的保护性组织，其扁平的细胞使肠道能够在腹部宽敞的凹陷中安全地靠着相邻的肠管滑动；就在这一层的内部是一层不同朝向的肌肉组织，能够实现肠道波动和挤压过程，从而研磨食物，并将其与肠液混合，使其能够蠕动前进；最内层由吸收组织组成，其细胞除了分泌黏液的作用外，还能够消化营养物质使其进入毛细血管的血液中。毛细血管穿过另一层到达更深的血管，这一层不仅在吸收衬里和肌肉组织之间起到了缓冲作用，它包含的淋巴细胞簇能够过滤废物并参与尚未发现的免疫机制。还有更多：内衬上镶嵌着由激素和酶产生的细胞组成的小巢，还有很多未知的东西。顺便说一句，肠道算是一个简单的器官，看看肝脏就知道了。

不难理解，为什么像鲁道夫·菲尔绍这样具有社会意识的科学家会把整个生命体和国家相提并论。毕竟，国家是由许多不同类型的个体组成的，它们被分成经济、社会和政治组织，以不同的方式服务于共同利益。虽然整个有机体可以由一个中心站点来管理，但它的生命实际上是每个个体成员生命的总和。引用《细胞病理学》的第一讲：

> 一个庞大的身体结构，即所谓的个体，总是代表着一种具有社会性的局部安排，其中许多个体的存在是相互依赖的，但每个成分在其中都有自己的特殊作用，即使它需要其他部分的激活，但会独立履行它的职责。

《细胞病理学》中提出的主要原则在现代医学中仍发挥其作用。当然，菲尔绍在他的一些准则中犯了错误。有些错误不可避免，归咎于他那个时代的知识和技术水平，而有些是因为推理上的缺陷，不足以支撑后来研究者获得的证据。但他剥夺了系统论者的权利，并建立了真正持久的框架，绘制了一幅前所未见的蓝图。它的建立依托的是科学方法的坚实基础。

鲁道夫·菲尔绍在波美拉尼亚出生两个月后，法国鲁昂诞生了一名婴儿，他注定要书写一部惊世之作，像《细胞病理学》一样为现代思想提供导航。在菲尔绍的书出版的前一年，这位法国人的书出现在巴黎经销商的书架上。这是一本叫《包法利夫人》的讽刺小说。它的作者古斯塔夫·福楼拜和其出版商曾因“伤风败俗”之名而遭到了正式起诉，他们侥幸胜利，当时这部作品早些时候已经在《巴黎评论》(*Revue de Paris*)上连载。在那时，沮丧而悲观的福楼拜曾写信给一位朋友：“这本书更多地体现了我的耐心，而不是天才，更体现了我的劳作，而非才华。”如果有人询问鲁道夫·菲尔绍关于《细胞病理学》的写作，他也会这样说，尽管原因不同。福楼拜这样说是发自内心的，而菲尔绍在当时已经知道需要掩饰他固有的不谦逊，所以他会否认这些，即便读者早已看出——他不仅具有耐心和劳作，他所具备的天才和才华在这两部杰作中处处彰显。

菲尔绍拥有这些丰富的品质，他尽其所用，并不将其局限于科学研究领域。他认为社会组织的基本单位是相互依存的，这一信念延伸到了政治领域。回到柏林后，他也重新感受到了内心的自由主义良知在不断轰鸣。在他的晚年，他将成为著名的“德国医学教皇”，但他不同于传统教皇，因为他致力于英国诗人的主张，即对人类的正确研究是人本身。

“人文主义”这个词有如此多令人困惑的含义，特别是在20世纪末的美国，而鲁道夫·菲尔绍思路清晰地对它重新定义。他认为人文主义是自文艺复兴以来发展起来的，以便更好地洞察科学：“科学知识的多样性，以及有思想的人类个体与不断变化的世界的各种关系。”这样的定义涵盖了细胞、精神和社会地位。它包括每个器官的健康、整个人的健康，以及社会的健康。我们不仅要用显微镜来观察人体，而且要用宏观的视角来研究人类，探知人性的普适面。为此，菲尔绍有必要重返政坛。

1859年，菲尔绍当选柏林市议会议员，任职期长达42年。1862年，他当选普鲁士众议员，在那里他成为激进的德国进步党的创始人之一。从1880年到1893年，他担任国会议员。他在市议会的大部分工作涉及公共卫生事务，主要是为了解决当时在医院系统和市政卫生方面存在的可怕问题。大多数柏林人没有室内厕所，也没有中央供水系统。成型的厕所会导向很深的排水沟，通向城市的下水道和污浊的施普雷河深处。一些观察家称，19世纪中期的柏林是一座建在下水道上的城市。各种外国游客都对遍地的人类遗骸进行了描述，声称这些恶臭污染了空气。年轻的亨利·亚当斯在那时从波士顿的原始选区来到这里，特别难以忍受这种环境。在后来他写道，德国首都“肮脏、不文明，很多方面都令人忧心……这样的状况在每一位认真的德国人看来都是丑闻和烦扰，他们将所有的精力都转向了对它自上而下的改革”。

市议员鲁道夫·菲尔绍是改革者中最热心，当然也是精力最充沛的人之一。在他的热切推动下，市政当局采纳了他的计划，改善下水道系统，改造效率低下的旧医院组织，并为公立学校设定新的卫生标准。他还负责制定更严格的食品检验方法，并提高护士培训标准。在他为这座城市服务的 40 年里，公共卫生的各个领域在他的影响下发生了重大变化。相比于他在 1859 年开始工作时，到了世纪之交，每一位德国同胞各方面的生活环境都更加滋润，也更加卫生。到目前为止，柏林的整体状况要健康很多。1902 年他逝世时，英国医学杂志正确地指出："可以毫不夸张地说，现代柏林是他为国家服务的热忱的壮丽纪念碑。"菲尔绍为柏林的生理学所做的贡献，就像克里斯托夫 · 雷恩（Christopher Wren）为伦敦的解剖学所做的那样。

然而，在严格的政治问题上，菲尔绍的努力在很大程度上是徒劳的。1862 年，奥托 · 冯 · 俾斯麦（Otto von Bismarck）领导了容克阶级后，德国一直执着于走向保守主义、沙文主义和欧洲霸权。俾斯麦设想的德意志帝国是由王公和普鲁士地主组成的贵族统治。自相矛盾的是，尽管在他的任期内取得了许多自由民主的成果，但正如俾斯麦本人所说，这些成果只是为了削弱进步派的要求，"抢走社会主义者的风头"。在他被任命为首相后的第一次演讲中，他的政权基调可由一句话定论："我们这个时代的重大问题不是通过演讲和多数投票就能解决的——这是 1848 年和 1849 的重大错误——而要用鲜血和钢铁来解决。"

俾斯麦被选为德国首相的那一年，鲁道夫 · 菲尔绍当选为众议院议员，这是普鲁士议会的下议院，同时还有上议院的设置。由于时机的巧合和性情的碰撞，这两个意志坚强的人之间注定要产生相互的反感，一直持续到 1890 年这位首相职业生涯结束。菲尔绍不再像 1848 年那样只是一个挑衅者，而是一个成熟的政治人物，他运用逻辑并抱有决心，公开反对政权的政策；他本人作为主要推动者，使得德国进步党成为俾斯麦阴谋的长期对手。

千钧一发之际发生于1865年。菲尔绍作为众议院财政委员会主席，击败了俾斯麦提出的拨款扩大德国海军的要求。俾斯麦为了摆脱这位令人恼火的对手，他指控这位好斗的反对派领导人，争辩过程中称他是骗子。俾斯麦撒谎无数，这一点他的同时代人已是心知肚明，菲尔绍当然也不是他第一个如此称呼的对手。尽管如此，这位体格健壮、肌肉发达的容克贵族还是给这位身材瘦小、戴着眼镜的教授送去了一封挑战信，以示决斗之意，并任命战争部长为他的副手。对于俾斯麦来说，这是一种懦弱的行为；他精通使用剑和手枪，擅长普鲁士决斗阶级所有的旁门左道，他堕落到了一种可笑且不体面的复仇境地。事实上，菲尔绍确实对此事感到可笑。更让他满意的是，他也能逗别人笑——他提出只有在对手同意用手术刀对抗的情况下，才会接受挑战。最后他以嘲弄般的回应指出他的生命是如此重要，不可因为挑战者的虚荣而愚蠢牺牲。这场决斗从未发生。

然而，在1866年，俾斯麦成功地操纵普鲁士，发动了他渴望许久的对奥地利和德意志其他地区的战争，这场冒险的胜利增强了他的力量，并分裂了反对派。德国此时正朝着统一的方向稳步前进，这是德国民众普遍希望看到的结果，甚至连自由党在很大程度上都对这位首相妥协了。菲尔绍所领导的强大反对力量被打破了，他不再代表大多数人的观点：此后，他只是一小群进步思想家的代言人。尽管他在1880年被选为德国国会议员，但他基本不再出席该机构的任何辩论。

如果他的政敌因1865年无疾而终的决斗而质疑他的武勇，菲尔绍在1870—1871年的普法战争中的表现给出了答案。他的两个儿子当了护理员，他负责第一班开往前线的医院列车。他积极地照顾伤员，其中特别值得关注的是一场在梅斯周边的战斗。虽然他的两个孩子都染上了斑疹伤寒（幸运的是他们都痊愈了），但他仍继续工作，以确保受伤的士兵得到适当的治疗和运送。他对美国医生在内战期间所做的工作印象深刻，他将他们的一些设计方法运用到军事医院的建设中。

四年前在1866年日内瓦会议上，红十字会获得了正式认证，这对菲尔绍来说是治疗艺术中无视意识形态的人道主义本能的最好例证。他写道：

> 医学的使命首先是为和平时代做准备。在战争的恐怖中，只有她一个人被正式召唤，作为人类与人类和平的代表出现在战场上。她一视同仁地拥抱朋友和敌人，给予他们帮助，抚平流血的伤口，护理断肢，润湿干渴的嘴唇。在战争的硝烟中，她展开了上面有红十字会的旗帜，所有文明国家现在都认为这是受到保护的象征。她为伤员建立了一个神圣的庇护所，保护他们免受进一步的攻击，并保证他们得到技艺娴熟的援助。任何需要的地方，她都会搭起简朴的帐篷和营房，作为人类爱心和同情心的庇护所。

战争结束后，菲尔绍回到了科学领域。然而，尽管他仍旧在病理学研究中发挥着贡献，但他将研究精力越来越多地花在人类学上，而非医学，最终，他在该领域总共出版了1180个作品，其中包括几本书。人类学研究源于他对生命起源的永无止境的探索。无论他在研究细胞原生质，还是在他的头骨结构中寻找人的本质，这种探索总是相同的——究竟何为本质，它是如何开始的，又是通过什么道路到达如今的景象，以及可以做些什么来保持它的同类、它与环境的和谐呢？在任何时候，这些都将是永恒的问题，没有人比鲁道

鲁道夫·菲尔绍——体质人类学家和他的一些“朋友”。（贝特曼档案馆）

夫·菲尔绍在回答这些问题上迈出了的步伐大。

因此，人类学的工作自然地延伸到民族学和考古学，因为菲尔绍试图了解种族、文化和古代文明的性质和起源。他一直是众多医疗组织的活跃成员，现在成为德国人类学学会和柏林人类学、民族学和原始史学会的创办人。他是这些学科的一些期刊编辑，也是柏林民族学博物馆的创始人之一。从1883年到1886年，一位名叫弗朗茨·博阿斯（Franz Boas）的年轻人受到他的影响，担任博物馆的助理馆长，后来他移民到了美国，在那里成为美国人类学的一股主要力量。对许多人来说，博阿斯以玛格丽特·米德（Margaret Mead）的老师身份而闻名。

菲尔绍筹备了大量人类学和考古学考察的资金，他本人也参加了几次考察。其中包括一次著名的挖掘——海因里希·谢里曼在其中发现了古代特洛伊的废墟。陪同菲尔绍进行特洛伊之旅的几位同事对工作地区当地贫困人口的医疗护理印象深刻。由于他与已成为美国公民的四处游荡的谢里曼缔结了友谊，后者才将他发现的珍宝捐赠给了柏林民族学博物馆。

在高加索和埃及也进行了挖掘工作。在每项研究中，菲尔绍应用了所有的新兴科学技术工具，来帮助他解开经由他的发现而产生的谜题。当康拉德·伦琴在 1895 年发现 X 射线时，已是 74 岁高龄的菲尔绍很快就把它用于分析他出土的发现。这些研究的价值、他对社会和期刊的领头羊作用，以及他对头骨生长理论的重大贡献，使菲尔绍成为德国人类学的领导者之一。事实上，他在这一学科的历史上是如此赫赫有名，以至于他的许多会友都不知道他在医学领域拥有同等的地位，或者他们认为细胞病理学的创始人一定是另外一位重名者。

然而，由于历史的通俗化叙事总是将过去的事件回忆为一系列逸事，鲁道夫·菲尔绍被许多人铭记为德国种族纯洁性理论的证明者，这是他的祖国最危险的民族神话之一。人们会用一些恶意幻想，如声称他们不属于一些强大的日耳曼民众或种族国家的直系后代，来为人类历史上一些最令人发指的罪行辩护。这种虚假的信念使德国一些最伟大的人物被排除在讲德语的纯正群体之外，虽然这种恶意程度要轻一些。

从纯粹的大众信仰中衍生出的神话部分是一个恶作剧似的命题，那就是任何人要想成为文化意义上的德国人，前提是他在生物学意义上也是纯正的德国人。这种谬论接下来进行的是抨击一部分人的爱国主义，这些人的身体特征表明他不是过去那些想象中的高大、金发、蓝眼睛的战士的直系后代。他们周围的种族同胞在身高、体型和肤色上千差万别，这一现实却从未影响到那些种族主义者自以为是的空话，不管他们是德国人还是其他什么人。

考虑到菲尔绍的斯拉夫血统，同时作为他的国家文化的最大贡献者之一，他嘲笑这种对人文主义和科学现实的冒犯也不足为奇。他对整个中欧北部出土的部落头骨结构的详细研究使他相信，古代任何日耳曼原型祖先的说法是不可信的。为了进一步证明他的观点，他在 1876 年对大约 676 万名德国学龄儿童进行了一项调查，以确定眼睛、肤色和发色的各种组合的频率。奥地利、荷兰、比利时和瑞士的研究者很快也开始了类似的研究。

结果完全符合那些明眼人的预期。只有不到 32% 的德国儿童拥有假定的日耳曼祖先的颜色，而超过 54% 的儿童是各种颜色类型的混合。超过 14% 的人被发现是完全的“棕色”：棕色的眼睛、棕色的头发和棕色的皮肤。

对德国犹太儿童的人口普查是单独进行的，结果几乎可以预见，这为菲尔绍经常公开反对德国日益高涨的反犹太主义浪潮提供了公众支持。即便是犹太群体，他们“棕色头发”比例也明显更高，占到 42%，比理想化的日耳曼纯种人完美的金发、蓝眼睛和浅色皮肤的比例高出 11% 以上，尽管后者可能并不存在。剩下的 47% 的学生和他们的大多数德国同学一样，展现了相同的混合颜色类型。这项研究的最终结果于 1886 年发表在《病理学杂志》上，也就是阿道夫 · 希特勒出生前三年。在独裁者用来抨击菲尔绍记忆的众多理由中，种族普查位居榜首。

菲尔绍最喜欢的就是这种研究，因为它驳斥了一种流行的误解，这种误解似乎有权威的来源或公认的智慧作为基础。对他来说，科学和政治的第一要务就是揭穿那些编织着毫无根据的学说的劣质组织，然后拆开它的线，把它们粉碎。一旦他摧毁了一个错误的理论，他就像侦探一样追求这一待解决问题的答案，直到他能够找到一个公理，它符合可观察到的现象和可验证的实验，进而取代旧的错误，并且有可能被证明是正确的。即便是这样也不足够。在提出了新的学说之后，他认为当务之急是以一种强有力的方式向世界宣布，世人不仅要把它作为一个确凿的真理来接受，而且它的作者也将被誉为一个新的思想大陆的唯一发现者。

正是因为在他科学探索后的自我推销，菲尔绍的一生都充斥着人们对他的这一指控。在做出了一项卓越的贡献后，他不愿与其他人分享这些荣誉，因为这些人的工作可能会以任何方式使他自己的优胜地位黯然失色。不管他是多么独立地得出了结论，总有一些研究者的努力成果可以与他相提并论。举个例子来说，如果不是时机上的意外和研究的不定性，我们今天会把大部分细胞理论归功于德国科学家罗伯特·雷马克（Robert Remak）或英国人约翰·古德塞尔（John Goodsir）。菲尔绍把他的研究进行得比他们的稍微深入了一点，并且较好地展示了他的研究论断。正如他的传记作者之一欧文·阿克内赫特（Erwin Ackerknecht）所说："除了菲尔绍的发现更有意义之外，他还以一种不知疲倦的热情和近乎险诈的能量来宣传这些发现，这无人能及。"

尽管菲尔绍在英国备受欢迎，但该国的一些科学家至今仍不能原谅他，因为他们没有授予古德塞尔这一应得的荣誉。就在1958年，牛津拉德克利夫医院的A.H.T.罗勃-史密斯（A.H.T.Robb-Smith）教授应邀给《柳叶刀》写了一封信，他在信中指出，著名的格言"每个细胞都来自以前存在的细胞"实际上是由一个名叫拉斯拜尔（Raspail）的人在1825年首次使用的。罗勃-史密斯写信时，正值《细胞病理学》的百年纪念之际，他在信中回复说，虽然"诋毁对伟人成就的纪念仪式是粗鲁的……菲尔绍对细胞生命连续性概念的巨大贡献并非他独创……而是他的宣传能力，让他的同事相信他的观点是绝对正确的"。

当然，这位被指控的宣传者如果不是完全相信自己的“绝对正确”，并且在大量支撑他的观点的材料中越发坚定这一信念，他的这场战役就不会如此成功。他从不会提出一个尚未成熟的想法；尽管他的理论和所有科学家的理论一样，既不完美也不完整，但它们从来没有缺乏佐证。他的首要动机并非自吹自擂，如果这算得上是一种动机。他只想获得对理论本身的认可，也正是为了这个目的，诚然开始了这场竞争。他是一位高产的作家，经常参加同龄人的聚会，也是几个著名医学会的领袖。在接下来的一章中，将描述一位更为谦逊的内科医生约瑟夫 · 李斯特的类似科学布道，他和他的这位同人一样明白宣传真理的务实必要性。

“谦逊”从来不是一个与鲁道夫 · 菲尔绍有关的形容词。1848 年，这位年轻鲁莽的煽动者已经成熟，获得了德国医学教皇的肯定。他准确地评估了自己将对后人产生的影响：“当他们谈及德国学派时，必定是在说我。”

这样的人对待他的学生不够温和。他有些军人作风，不自觉地习惯对笨手笨脚的助手进行挖苦，如同在他的指尖滴下伤人的酸液。然而，尽管他们在他面前有时会发抖，但所有与他打交道的人都知道，他们的教授本质上是一个善良的人，他崇高的思想境界为他赢得了几代年轻科学家的忠诚，他们中的许多人的成功都得益于他的鼓励和细致思维模式的灌输。

卡尔 · 施莱希曾在查理特医院担任菲尔绍的助理达三年之久。在他的自传《那些美好的日子》中，他生动地描述了他与当时 62 岁的领导的第一次相遇。新来的助手们穿着正式的服装，这在这样的场合是必须的：

我们穿着礼服外套，打着白色领带，戴着手套，戴着丝质帽子站在门前……门开了，菲尔绍的个人管家、首席侍者哈布纳把我们这些“医学学徒”(他这样称呼所有的实习生)领进房间，我们站在老板面前：一个黄皮肤、猫头鹰脸、戴眼镜的小个子男人，眼神特别锐利，但又略带氤氲，没有什么睫毛，眼皮像羊皮纸一样薄。他的鼻子轮廓分明，在他说话的时候，他的优雅地带弧度的鼻孔微微颤动着，似乎带着几分轻蔑，显示出主人的骄傲。他的嘴唇苍白而毫无血色，灰白的胡须略显稀疏。我们进去的时候，他正在吃面包和黄油，在他的盘子旁边放着一杯咖啡，这是他的午餐；他早餐和晚餐之间唯一的饱腹之食，虽然他的一天都忙于讲课、接听电话、审查候选人、记录解剖室的发现、进行人类学测量、参加议会会议等。他的妻子的举止和说话方式已经和他步调一致，完全为他的卓越而着迷。有一次她告诉我，菲尔绍几乎总是工作到凌晨1点才回家，从来不会晚于早上6点起床。[在我在他的学院度过的六个学期里，他一次也没有缺勤(除了假期和职业旅行)。]

菲尔绍不是一个苦行僧，但他确实过着简单朴实的生活，不炫耀，也不需要接受或献媚于他人。他的人生满是卓越、荣誉和喝彩，但这些并没有改变他对待自己的朴素态度。他可能是教皇，但他是一个平凡的人，没有自命不凡，没有阶级意识。在他去世时，伦敦《泰晤士报》的一名记者写道：

无论是与皇室王室握手，接受重要代表的致敬，还是在自己家里收拾行李，在世界顶级的科学集会上演讲，他始终如一——永远是那个单纯的小个子、头发花白的男子，

鲁道夫·菲尔绍去世前几年的摄影肖像。（贝特曼档案馆）

> 真诚、善良、谦逊，专注于他的课题，不会在洪流般的信息中迷失自我，他的思想深邃、透彻，说话朴实，是精明知识和可靠判断的化身，是真理的真正仆人。

他的一个学生谈起菲尔绍时说，他在频繁的旅行中乘坐二等车厢的唯一原因是没有三等车厢。和朋友们在一起时，他是一个和蔼可亲的伙伴，喜欢喝点儿啤酒，偶尔唱首歌。他的孩子们很喜欢他，尽管他和他们在一起的时间仅限于周末和一些假期。如前所述，他的妻子在家里创造了一种与他的专业工作步调一致的生活模式。

另一位前助理费利克斯·塞蒙爵士（Sir Felix Semon）详细描述了典型的菲尔绍式的日程，他在移民到英国之前曾在柏林接受过培训：

> 他会在 8 点到 10 点进行检查，10 点到 12 点主持显微镜课程，12 点到 13 点讲课，14 点到 17 点在国会，17 点到 18 点在市议会，18 点到 19 点在普鲁士议会的某个委员会会议上，19 点到 21 点主持柏林医学会或人类学学会的会议，或者发表一些受欢迎的演讲，抑或再做些委员会的工作。你们可能会问："那他什么时候吃饭呢？他那些宏大的原创和编辑文学作品、他的信件和他的家庭生活都什么时候处理呢？"嗯，这是所有有幸走近他的人都会产生的疑问。

菲尔绍伴着忙碌的步伐似乎精力更盛，而非疲惫不堪。他一生撰写了 2000 多本书和 2000 多篇论文，并多次担任编辑，总是仔细审阅每一份手稿的每一个字，以避免任何错误出现在他负责的期刊上，他如同看门人，时刻警惕着内容的质量问题。在 19 世纪末日益高涨的国际化医学中，他是最直接的推动者。每次国际医学大会召开时，他都会受到持续的追捧，经常参加各种欧洲科学协会的活动。80 多岁时，他利用假期旅行的时光参观了伦敦、爱丁堡、特兰西瓦尼亚、布雷斯劳和瑞士的研究中心。在他 80 岁生日的宏大国际庆典上，他发表了长达两个小时的演讲，出席的有来自世界各地的知名人士，李斯特勋爵就是其中之一。他没有朗读他的科研笔记，而是回顾了医学的发展和他自己在近代史上所扮演的角色。

最后，正是菲尔绍源源不断的能量拖垮了他。1902 年 1 月 4 日，他赶着去约会，从一辆有轨电车上跳了下来，在莱比齐格街的车道上跌倒，导致了股骨颈骨折。由于缓慢的康复过程需要几个月的休息，他的体力逐渐衰弱。最后，他恢复了往日的活力，和罗斯一起去哈茨山消磨酷夏，然而他再一次因摔倒而受伤。这一次，他的心脏出现了问题，必须返回柏林，他于 9 月 5 日在那里去世。

鲁道夫 · 菲尔绍的葬礼是对他一生的公开颂扬。当游行队伍穿过这座城市的街道时，他无数的同胞排列在人行道两旁向他致敬，他为这座城市做出了如此巨大的贡献。威廉二世向罗斯 · 菲尔绍致以慰问电。如果这位已故的异教徒能够在他天上的宝座上身体前倾，透过他的钢框眼镜俯视我们的星球，那么当他看到所在国的统治者为了他的遗孀和遗孤而祷告神灵，他肯定会感到好笑。这位年迈而傲慢的怀疑论者，十分笃定皇帝的宗教信仰，正如他坚定自己的政治信仰，但他仍然会对电报慰问的明智之举表示赞赏："愿上帝在你巨大的悲痛中安慰你，这位伟大的研究者、医生和老师，他一生的工作为医学开辟了新的渠道，他的国王和整个受过教育的世界都在感激地哀悼他。"

在随后几天出现在大众媒体上的各种赞誉中，有一篇提到，随着菲尔绍的离世，德国人民失去的不是一位，而是四位伟人——他们重要的病理学家、人类学家、卫生学家和自由主义者。在其中的三个领域，他为继任者们奠定了基础，后者在此基础上建立了更伟大的成就。唯一的失败是他的政治努力在面对压倒性的反动民族主义浪潮之时，这股浪潮在国家统一后席卷了整个国家。但他信奉的民主、文化、自由和繁荣的思想，在今日已被西欧奉为准则，取得了最终的胜利。

菲尔绍最重要的贡献，即疾病的细胞理论，在很大程度上既是一个科学概念，也是一个哲学概念。它涉及我们每个人存在的本质，以及我们与他人关系的本质。他扩展了他提出的基本生命单元的论点，将人类的社会结构包括在内，并明确指出，尽管总体趋势可能由有机体的某个既定部分决定，但在社会结构中，人类个体的贡献同等重要。

菲尔绍教导他的后辈，细胞内发生的活动是生命的重要过程，人类从最昏暗的史前开始就一直在寻找它。与克劳德·伯纳德的工作进行结合，他的学说强调了细胞与其周围环境相互依赖。德国有菲尔绍，法国有伯纳德，现代科学家延续了他们的工作，研究参与生命进程的更基本因素。对于今天的医学生来说，仅仅学习解剖学、生理学、生物化学和病理学已经不再足够。现代医学院的课程公告所列出的课程清单，包括细胞生物学以及细胞内和细胞外的分子生物学课程。围绕这一基本单位的膜性结构，起到了调节能量、分泌的作用，并通过对细微物质的精准筛查维持细胞的稳态。基础医学研究的未来掌握在遗传学家和免疫学家，甚至心理生物学家手中。有些数学家、物理学家、化学家和工程师从来没有踏足过医学实验室，但他们正在进行的研究使得下个世纪的医学取得巨大的进步。

除此之外，现代医科学生还需要掌握其他学科，若菲尔绍得知它们的存在，他的灵魂外质将会感受到温暖：流行病学、生物统计学、公共卫生和行为科学。鲁道夫·菲尔绍对“正常生命状态”和“异常生命状态”的研究抱有同样大的兴趣。他相信，无论是人类个体还是整个生物界，通过维持或复原生命的基本单位与其周围环境之间的平衡，才能最成功地孕育健康，而时间证明了他的信念。他是通过显微镜观察的希波克拉底。

在19世纪，人们普遍认为，有一天科学将为人类提供获得幸福的途径。而事实上，这种信仰太过天真：科学的发现既能带来生机，也能带来破坏，既能使人摆脱束缚，又能使人获得自由。决定我们种族未来的不是科学，而是我们在面对它的善变本质时，如何把持自己的矛盾心理。鲁道夫·菲尔绍认识到了这种矛盾心理，他从未失去希望，认为人民和国家之间的善意可以克服这一切。当他所在的国家和克劳德·伯纳德所在国家的战争——普法战争结束后，和平重返大地，他因此而相信个人和国家有能力治愈他们的混乱状态，并恢复健康。虽然在这件事上，历史证明他是错的，但也许他的希冀在我们子孙后代的有生之年，或者在我们细胞的有生之年实现：

> 当和平再一次与我们相伴，愿整个科学世界发挥其影响，促进所有人的思想和心灵的和解，并洞察我们的共同利益。然后，希望两国的全体公民都认识到，只有在国家发展的基础上，才能实现他们真正的目的和毕生的努力，因此，国土必须不容外来侵犯。国家的发展必须基于人道主义，追寻其最高目标，它将远远超越民族主义的狭隘界限，提升到人性的最高境界。愿科学永远珍视并实现这一美丽的座右铭：愿世界和平。

12　无菌手术的缔造者
约瑟夫·李斯特

1821 年，当英国国王乔治四世决定必须通过手术切除头皮上不美观的囊肿时，他时刻都在担心，接受这个简单的手术可能会有生命危险。在乔治四世的时代，他实施的这种手术比现代心脏手术的死亡率更高。最大的杀手是术后感染。每当外科医生拿起手术刀试图治愈疾病时，它都会像鬼魂般萦绕在他们的良知里，游走在他们的梦境之中。在那些日子里，要想成为一名外科医生，不仅要习惯手术室里病人们的尖叫与挣扎，而且还要习惯于术后病房空气中腐肉发出的令人作呕的恶臭。

国王指派的外科医生名为阿斯特利 · 库珀，他一想到要在国王的头部动刀，就感到极度惊恐。在令他担忧的各类感染中，丹毒最为可怕。"我非常反对这样做，"他后来写道，"我一直都很成功，但我可以预见如果手术后发生丹毒，会毁了我眼下的幸福，毁了我的名誉……我被吓到了，想到自己的命运悬在这样的事情上，我就头晕目眩。”

我们现在知道，丹毒的快速浸润性炎症是由球状细菌链的毒性作用引起的，我们称为链球菌。在库珀的时代，这种疾病只有一件事是确定的：它以极快的速度在受害者切割的组织中传播，一路上产生了暴怒般的红色表征，往往会导致死亡。一旦这一过程开始，除了大自然本身的回心转意，没有什么能阻止它的扩张。没有人知道是什么引发了外科伤口中的丹毒，没有人知道如何预防丹毒，更没有人知道如何设置有效的路障来阻止这种惊险的进展。

无论如何，库珀鼓起勇气摘除了囊肿，并帮助他的病人度过了幸运且安稳的痊愈过程。乔治四世用王室历史悠久的方式表达了他的感激之情——将这位救命恩人封为爵士。国王的一次心血来潮之举，让他免于囊肿之困扰，幸运之神报之以微笑，一位新的英国骑士沐浴着阳光而诞生。

由于年代太过久远，人们很容易低估下述问题的严重性，直到近一百年才有所改观。19 世纪之后，每十年，术后感染的问题都会更加严峻。随着外科医生的职业机遇和经济待遇的提升，越来越多的人变得训练有素，开发了更多的新技术，手术的数量也因而成倍增加，这伴随着并发症数量的增多。伤口感染太过普遍，以至于病人和他们的医生都并不惊讶于在每次手术后都看到脓液。而偶尔洁净愈合的伤口反而会让观察者们大吃一惊，它没有一点儿炎症，这在当时是不寻常的，也是完全无法解释的。如果病人足够幸运，他的感染会局限在切口的紧邻区域。在这种病例中，术后五至六天会产生一种厚厚的淡黄色无臭液体，经切口处涌出，肆意流过其裂开的边缘，然后逐渐填满缝隙内健康的新生瘢痕组织。这一流出物备受欢迎，因为它的出现是伤口将会愈合的明确迹象。不难理解，人们把这种无比期望的排出物称为“值得称赞的脓液”。

之后人们会发现，这种“值得称赞的脓液”产生于葡萄球菌的作用之下。葡萄球菌是一种球形细菌，它们聚集在一起，具有在原处进行化脓过程的倾向。与其他一些经常潜伏在伤口深处的微生物相比，葡萄球菌对19世纪的外科医生十分友好。而链球菌则相反，它不甘于在化脓池的围栏之地中忍受煎熬，医生也无法将其有毒物质排出。这是一种恶性微生物，像一场失控的山林火灾，它离心式地爆发并释放出一种毒物进入血液。这种毒素会引发明显的症状，如高烧和牙齿打颤的寒战，如同死亡的预兆。虽然这种综合征被医生称为丹毒，但它的受害者给它起了一个更好的名字——圣安东尼之火。

在链球菌的侵害中，总会有一些受害者存活下来。但还有另一种形式的感染，受害者注定要走向悲惨的死亡结局。这是一种恶臭的、令人作呕的腐烂团块，被命名为“医院坏疽”。多种微生物的混合作用导致了这种感染，其中一些我们现在称作厌氧菌，它们在没有氧气的环境中生长得最好，进而入侵其虚弱宿主的组织深部。它进展过程令人作呕，其速度远没有发热变红的丹毒那样快，但它慢吞吞地移动是冷酷的蓄意而为——它游走过的每一处组织都被消化成渗出的、坏死的灰色碎片。所至之处，它都赶尽杀绝，像是一场可怕而潮湿的噩梦。这场噩梦让人窒息，浸透了几代欧美外科医生的白衣。每一个术后的医院病房都弥漫着它的恶臭。

而对于一些患者来说，问题可能更为复杂。任何一群“负责”的微生物或含有它们的凝块，都可能在任意时刻从感染的伤口进入静脉，导致败血症和脓毒血症这两种类型的血液中毒。当这些可怕的并发症发生时，血管就成了死亡的高速公路，将移动的细菌运送到身体的不同部位，并以产生脓肿的方式在器官内定居、繁殖和破坏。丹毒、败血症和脓毒血症引发自产后感染的子宫，据说是产褥热患者因未洗过的衣物而感染，成为其受害者。如果上述所说还不够危险，那么还有始终存在的破伤风。尽管破伤风在战斗伤害和农场事故中更为常见，但在大城市医院的高墙之内，它同样夺走了许多患者的生命，他们的伤口都是在院内造成的。

每一种细菌都可以通过任意一种机制进入破损的原生质，但这些机制都没有被参透，即便有少数先知者，他们的布道也被忽视了。塞麦尔维斯、霍姆斯等人能够使用逻辑方法为他们的临床观察提供信息，但也不能证明细菌会导致疾病。他们的准则，连同在 19 世纪上半叶少数远见卓识的专家的准则，已经过早地被剥离出孕育科学研究的子宫。他们的理论出现得太早，还未准备好降临人世。世界需要一个正常的“足月孕期”的研究，某个想法在“孕期”内可以发育到足够成熟的状态，准备好被一个友好的世界接受。这种分娩的成功来源于一次真正的“孕育”——1822 年 12 月 27 日，也就是乔治国王手术后的一年内，路易 · 巴斯德在法国东部小镇多勒出生。

巴斯德的发现在许多方面改变了医学，但最直接的影响是对于外科伤口感染的理解。首批受益的患者是那些接受大型截肢手术的人，这在当时是最常见的手术。爱丁堡的詹姆斯 · 辛普森爵士（也就是氯仿麻醉的发明者）在 1867 年的一篇题为《医院主义》（*Hospitalism*）的文章中提供了一些关于这类手术令人沮丧的统计数据。他研究了英国 2000 多例住院截肢患者的结局，发现如果手术是在 300 张床位以上的医院进行的，41% 的患者会死亡；感染是当时最常见的死亡原因。另外 200 名患者在医院外的乡村诊所进行了截肢手术，只有 11% 的死亡率。欧洲所有医院的术后死亡率都很高，巴黎报告为 60%，苏黎世为 46%，格拉斯哥为 34%，柏林、慕尼黑、哥本哈根和其他大陆城市的死亡率持平。美国的境况也不乐观。马萨诸塞州总医院截肢死亡率为 26%，宾夕法尼亚医院报告为 24%。辛普森恰当地警告说："躺在我们任何一家外科医院手术台上的人，比滑铁卢战场上的英国士兵可能更容易直面死亡。"这场感染的大屠杀致使一些欧洲城市展开了一场运动，它们摧毁了名声最差的违规机构，其中一些机构直接被夷为平地。

由于脓毒血症的危险性，以及手术的数量及其性质，麻醉的发现并不能达到它预期的效应。在感染的威胁下，非不得已之时绝对不会在体腔内进行手术。手术仍然是必要的，但仅限于截肢和切除乳房和体壁的肿瘤。在马萨诸塞州总医院 1847 年至 1870 年进行的 1924 例外科手术中，1098 例是截肢手术，237 例是乳腺癌切除术，其余几乎所有的手术都是在相对较浅表的结构中进行的。各类别感染率均较高，死亡率也较高。

弗雷德里克·特里夫斯（Frederick Treves）爵士在 19 世纪 70 年代初曾在伦敦接受培训，他在 20 世纪初成为英国最为杰出的外科医生之一。当他 50 多岁的时候，特里夫斯退出了行医生涯，投身于另一项事业，他在其中的表现与在手术室里一样出色——他成了一名作家，写了很多书和散文，其中很多描述了关于他作为外科医生和世界旅行家的生活。《象人》（*The Elephant Man*）是他的天才之作。紧接着的文章是一篇经典故事，标题名为《古老接待室》（*The Old Receiving Room*），在其中我们可以看到这位才华横溢的作家对于伦敦医院的手术室的描述，在那一时期，巴斯德的教义刚刚被接受：

> 治疗过程非常粗暴。外科医生举止粗鲁。他沿袭的是那种在没有麻醉剂的情况下进行手术的日子，也因此需要粗暴、强壮和敏捷，而且对病患的疼痛表示出极大的冷漠。疼痛对他而言不可避免。这是疾病的一个令人遗憾的特征。它必须屈服于……

手术室里有一个总是亮着的炉子，无论是冬天还是夏天，黑夜或是白天。它的存在是为了随时提供火源来加热止血用的铁器，这是伊丽莎白时代以来的惯例。抗菌剂在此时还没有应用于实践。脓毒血症是病房里的常见疾病，几乎所有的重伤都会引起化脓。人们常常谈及脓液，因为它是外科手术中最显著的特征，它的分类依据是脏污的程度。“值得称赞的”脓液被认为是一件相当好的事物，是值得骄傲的事情。真正的脓液不仅在外观上使人厌恶，而且令人叹息，而“恶毒的”脓液则表示它已到达最恶劣的深部。

保持洁净毫无意义。的确，清洁是不合时宜的，实在是有些吹毛求疵，对诊疗也会有些影响。这就好比刽子手在砍头之前要先修指甲。外科医生在屠宰场似的地方工作——因此应该穿黑色的大衣。它被岁月的鲜血和污垢弄得僵硬，浸透的衣衫更能证明外科医生的高超医术。当然，我的外科生涯是从这样一件外套开始的，我对此感到相当自豪。医生会用一种油浸润的“绒布”(charpie)来包扎伤口。坦率地说，油和敷料都很容易引发感染，绒布是一种从亚麻纺纱中提取的棉质废料。在现代，它甚至会因为太脏了，无法在汽车上使用而被汽车修理工丢弃。

由于病房里有化脓性的伤口，那里的恶臭气味让人难以忘怀，我至今回想起它就久久不能释怀。每个病房配置了一块海绵，有了这块腐臭的物件和一盆曾经清澈的水，病房里所有的伤口每天都要被轮流清洗两次。通过这个仪式，病人不再有任何康复的机会。我还记得一整间病房都因医院的坏疽而感染致死。现代学生对这种疾病一无所知。谢天谢地，他们从未见过，也永远不会见到。人们经常会说，外科病人是多么幸运能够活在那个年代，但事实上，他们并不能活下去，起码一小部分人不能。

在我写这篇文章的时候，公众对医院及其工作的态度可以从下面的事件中得到说明。我的外科老师指示我去征得一名妇女的许可，为她的女儿做手术。这次手术规模不大。我在接待室和那位母亲交谈，非常详细地与她讨论了手术过程，当时的我肯定是抱有同情和希望的态度与她沟通的。在我讲完后，问她是否同意做手术。她回答说："哦！手术同意我已经了解了，但是谁来支付葬礼的费用呢？"

约瑟夫·李斯特将世界从这一切日益恶化的恐怖中解救出来，也摒弃了外科医生的大男子主义和散漫作风，他把巴斯德的纯科学成果引入了欧洲医院的手术室和外科病房。如同本书讲述的许多医学发现者的故事一样，他的许多同事一开始都不相信他，对他的行事准则报以嘲笑和否决。直到几十年后，他的工作才被完全接受，使科学成为外科专业科学全面的合作伙伴，就像约翰·亨特那样。具有讽刺意味的是，他的观点的正确性最终得到承认之时，预防外科感染已不再需要他的方法，届时已出现了更好的技术。路易·巴斯德在发酵酒精中发现了细菌，李斯特想到有可能将它应用于确定伤口感染的原因，这一切都源于他原始的洞察力。

巴斯德在发酵的啤酒和葡萄酒中发现了腐烂的细菌；李斯特在败血症的伤口中发现了它们。作为最后一个接受李斯特的成功贡献的国家，直到 35 年后，美国驻英国大使才代表全人类向他致以这一姗姗来迟的荣誉。他向李斯特致意时说："尊敬的阁下，不仅是这个领域，也不仅是一个国家，而是人类本身，在向您脱帽致敬。"

李斯特不仅是一名外科医生，也是一位敏感的作家，我们必须重申他的文学天赋。弗雷德里克·特里夫斯经历了李斯特之前和之后的时代，一些人称作外科手术的公元前和公元后。他在某日写了一份评估报告，囊括了人们对李斯特作品的每一项批判性分析：

> 李斯特重塑了古老的治疗艺术；外科医生们为了希望而长久地努力着，他将这一希望变为了现实；他消除了几个世纪以来密布在伟大原则和成功实践之间不可逾越的阴云；他实现了治疗的可能，在此之前仅仅是梦想家的一种愿景。就像大多数伟大的运动一样，从本质上来说，他的发现在朴素中辉煌，在渺小中壮丽。对于外科医生来说，这是“唯一需要的东西”。随之而来的是对美好未来的承诺；没有它，无能为力而绝望的过去又将卷土重来。

古有乔瓦尼·莫尔加尼教导医生在器官中寻找疾病症状的位置，而今李斯特利用显微镜科学教导他们通过研究巴斯德的“无限小的世界”，来寻找许多器官紊乱的主要原因。他是这位伟大科学家在英语世界，甚至在非法语世界的首倡者。

一个研究约瑟夫·李斯特生平的学生可能会花几个月甚至几年的时间研究那些与他共事者写的关于他的所有文章，里面尽是对他品格的赞扬。当关于一个人的记录如此之多，而处处彰显着他在尘世的至善时，传记作家，特别是在现代那些惯于驳斥之人，总会将其归结为很多东西没有被记录下来。他们看着现有的事实，看着做出的决定，看着可能不纯的动机，似乎总是能想出些许庸俗的事物、一些可疑的牵连或有疑点的行为模式。如果这些都没有，那么起码应当察觉到他在如此杰作下的自鸣得意。

李斯特可不是这样。他身上似乎有一种温暖、宁静、温和的气质，像“高贵”“忍耐”“正直”“讨喜”“荣誉”这样的字眼，只会让传记作者更加难以描述他，就像描述他的同辈人一样困难。他的对手钦佩他，甚至是他最无情的对手，尽管他们可能会猛烈抨击他的理论，但也没有针对他的为人说过一句刺耳的话。他的人生中有一种朴素善良的味道，从一种独特的信仰的哲学源泉中均匀地流淌出来，这种信仰在过去 300 年里滋养了许多道德领袖的灵魂，它也是教友会的道德准则之一。

早期的教友会兴起于 17 世纪中叶，即奥利弗·克伦威尔（Oliver Cromwell）任职时期，由英格兰清教徒自发组织，他们对信仰充满了战栗般的狂热，散发着充足的精神力量。虽然贵格会这个词最初是用来嘲笑他们的，但很快他们就开始自己使用这个词，用它来强调他们对某一特定任务的承诺。贵格会的创始人乔治·福克斯简短陈述了他们的使命——“等候神”，这是源自《以赛亚书》40:31 的一个概念：“但那些等候神的人会重启他们的力量；他们会像鹰一样展翅飞翔；他们会奔跑而不知疲倦；他们会行走而不会晕倒。”

如果等候神是教徒们的使命，那么使他们能够实现这一使命的生产力就是他们所说的内在之光，即“每个人心中的上帝之光”。是内在之神的实质，让某位教友在敬拜会上站起来发言，也正是由于这种实质，能够引导他践行神明在这片土地的工作。不存在高人一等的人类，也不存在男性优于女性之说。没有等级，没有仪式。在教友会里，人们不需要秉承骄傲或浮华，只需要具备朋友般的善意。神的杰作就应该落实于地面——创造出的世界不是摆设，而是我们生活的居所。世俗之物和世间的权力不应被放弃，因为它们能让我们更好地为神服务。在李斯特的时代，人们很容易通过一个人朴素的灰色几近黑色的衣服，他诚挚的谦逊，以及一种同时奉献爱心和财物的博爱，而辨认出此人的教友会教徒身份。

为了给予，一个人必须首先拥有。19 世纪的教友会教徒勤奋经商，善于投资。许多成员因此而变得富有起来，其中就有约瑟夫 · 李斯特的祖辈。他的父亲约瑟夫 · 杰克逊 · 李斯特是一位葡萄酒商人，他的生意非常兴旺，以至于他能够在阿普顿买下一座漂亮的安妮女王之屋，当时阿普顿是伦敦市中心以东的一个乡村。阿普顿庄园的周围环绕着花园和田野，无论它的居住者过着多么质朴的生活，它都是一座豪宅。1827 年 4 月 5 日，约瑟夫 · 李斯特便出生在这里，他是家中的第四个孩子，也是第二个儿子。

那时期，教友会信徒的身份影响了他们生活的方方面面。由于贵格会教徒既不宣誓，也不同意圣公会的《三十九条信纲》，所以著名的大学不向他们开放，许多较好的中学也是如此。他们不跳舞，不打猎，家中也没有音乐。他们对运动或好玩的消遣不感兴趣。他们世俗的关注点仅限于商业、教育和精神生活。考虑到贵格会的知识分子看待世界的方式是如此直接和诚实，他们经常受到科学的吸引也不足为奇。在对业余爱好者相对包容和开明的时代，贵格会的科学家们在从事商业的闲暇中进行自学，从而做出了一些重要的实践贡献。用李斯特的侄子里克曼 · 戈德利（Rickman Godlee）的话说，“即便是那些看似平平无奇的场合，也经常会发现一个站在自己柜台的服务者，其实是一位有很高科学造诣的知识分子”。

在这些具有很高科学造诣的知识分子中，最杰出的是李斯特的父亲——约瑟夫 · 杰克逊。尽管杰克逊 14 岁就离开学校进入了他父亲的葡萄酒进口公司，他还是自学了足够的数学和光学知识，并成为一名熟练的显微镜学者。他最亲密的朋友之一是托马斯 · 霍奇金（Thomas Hodgkin），一位害羞的盖伊医院的年轻医生，他因描述了霍奇金淋巴病（以他的姓氏命名）而赢得了后世之名。这两位朋友对血液的微观特征进行了研究，他们发表的观察结果表明，红细胞呈双凹形状。他们还表明，在某些情况下，这些盘状结构倾向于像成堆的硬币一样排列成串，这种结构被称为叠连体（rouleaux）。

发现红细胞的真实形状及其形成叠连体的倾向是一项重大贡献，但约瑟夫·杰克逊·李斯特后来解决了另一个光学问题，它对科学界来说更为重要。他发现了光学物理学家所称的齐明焦点定律（aplanatic foci），从而发明了一种透镜组合，解决了一项150年来困扰着显微学家的的技术难题，即色差（chromatic aberration）。为此，他当选为皇家学会会员。

在此之前，显微镜从未实现其对科学的预期价值。伽利略在17世纪早期用他的显微镜观察“一个指甲般那么大的苍蝇，满身覆盖着绒毛和尖锐的甲片”，这一描述基本上没有引起任何反响。这位伟大的天文学家忙于抬头张望而不愿低头向下看，也没有想到显微镜是欢愉之源。17世纪后期，安东·范·列文虎克（Anton Van Leeuwenhoek）使用他自己设计和研磨的高级镜头，能够看到他称作微小动物（animalcules）的东西，也就是我们现在所说的细菌，随之而来的是一系列显微镜发现，包括马塞洛·马尔比基在1660年对毛细血管的描述。但在整个18世纪，很多研究者（包括约翰·亨特）认为显微镜是一个危险的骗局。秉持这种怀疑，是因为当时相对原始的放大系统产生的图像是扭曲的。视觉像差的产生是由于球形镜片会将普通光线分散至光谱的不同颜色——当显微镜放大倍数增加时，这种像差也相应增加。用这种扭曲的透镜进行观察，并使用完全耀眼的太阳作为光源，这种做法之下产生的图像可能是各种并不真实存在的物体。敏锐的观察者意识到了这一点，并远离任何简单的手持镜片。

然而，在乔瓦尼·巴蒂斯塔·莫尔加尼和他的继任者确立了病理解剖学的重要性之后，几位研究人员就开始致力于减少像差，以便获得实用的高倍率方法。经过了150年的沉寂，这一主要问题在短短几年内得到了解决。第一步，1826年由意大利人乔瓦尼·巴蒂斯塔·阿米奇发明了浸水透镜，它利用光通过不同折射倍数的介质以减少像差，这一方式的原理与人眼相同。第二步便由约瑟夫·杰克逊·李斯特迈出，建立在阿米奇贡献的基础之上。

在1900年的赫胥黎演讲中，约瑟夫·李斯特谈及“我的父亲，他的辛勤劳动使复式显微镜从一个比科学玩具稍好的东西变成了强大的研究引擎”。一位同时代的人称老李斯特为“那个时代所有显微镜的支柱和来源”。在下一代，这种仪器将经由路易·巴斯德之手发挥其最终用途，他的研究反过来影响了约瑟夫·杰克逊之子的研究，好比说，这位年轻人的科学牙齿是在他父亲最精细显微镜的桶上打磨而来的。

小约瑟夫·李斯特就这样在一个献身于上帝和科学的家庭中长大。他的母亲在结婚前是阿克沃思友谊学校女子班阅读和写作的主任，在孩子们的成长期也是一名尽职尽责的老师。年轻的约瑟夫从接受教育的一开始就证明了他是一名优秀的学者。他似乎在很小的时候就迷上了大自然，尤其是医学。甚至在他十几岁的时候，他就宣布想要成为一名外科医生，这个决定让这个家庭感到有些惊讶，因为家庭成员中没有一个人选择过专业型的工作。

在被送去贵格会学校后，约瑟夫表现出色，16岁时就读于伦敦大学学院。这个“无神学院”（无论是友人还是批评者都这样称呼它）建立于18年前，其初衷是成为每个人的牛津和剑桥大学，无论其社会地位或宗教信仰如何。约瑟夫·杰克逊忠告他的儿子，要想开启医学的职业生涯，必须了解到通识课程的重要性，这一建议甚至在当今比在1844年时更为重要。这个男孩报名参加了学士学位课程，需要进行为期三年的进修。

1847年，小李斯特开始在大学学院医学院进行预科学习。他满怀期待了这么久，却在第一年无比沮丧。他错误地住在一位年长的贵格会教徒家中，那里的家庭氛围严苛，远比他自己的家阴郁得多；同时他特别勤奋地学习，几乎没有时间休息，很快就耗尽了自己一贯的乐观和欢愉。在他的第一年，他还得了一种轻症的天花，并试图在完全康复之前回到课堂。在这一段插曲中，他被诊断为精神崩溃。

经过几个月的努力，他摆脱了抑郁和无法控制的内省状态。1848年初，他终于被说服辍学，休了一个长假；休息了一段时间后，他去爱尔兰旅行了一段时间，之后他准备继续他的学业。当时，他的父亲给他写了一封信，这封信在他艰难的晚年时也被经常提及，在那时他正试图说服他的外科同人们相信疾病细菌理论的正确性：

> 相信我们，我亲爱的儿子，你现在应该怀着虔诚愉快的精神，敞开心扉去欣赏和享受我们周围的恩惠和美景：——不要把你的思想专注到自己身上，目前也不要在严肃的事情上想得太久。你会记得霍奇金医生在这几点上多么强烈地告诫过你，它们对你的精神和身体健康都是危险的。

带着新的目标，1848年末，约瑟夫回到医学院参加冬季课程，他决心听从父亲的忠告来生活。他从小接受的贵格会教养的刚毅品格又回到了他的身上。他知道接下来该做些什么了。

约瑟夫·杰克逊的忠告和榜样并不是他送给儿子的唯一礼物。男孩带着他父亲发明的最好的显微镜之一去了学校，并很好地利用了它。约瑟夫已经是一名颇有成就的仪器爱好者，花了大量的空闲时间继续他的观察，并分享他的知识。他向医院医学会提交了两篇关于自己工作的论文，事实证明，这两篇论文对他的职业生涯走向有着惊人的预见性。其中一篇名为《坏疽》，另一篇是《显微镜在医学中的应用》。他的同事们都对这一主题非常感兴趣，因为学校没有提供这门学科的正式教学。他还利用显微镜对部分肌肉做了一些原创性的研究，包括虹膜和那些在皮肤上竖立寒毛、引起鸡皮疙瘩的肌肉。即便他进行了这么多额外的工作，他还是找到了时间高效地投入他的学习，在1852年以优异的成绩获得了学位。

类似于当今美国的实习生涯，李斯特先是当了一段时间的住院内科医师，然后又当了9个月的住院外科医师。在实习期满时他已经27岁，完成了他的正规训练。他的家庭环境舒适而稳定，因此不必急匆匆地完成学业。在他的学生时代，他与生理学教授威廉·夏佩（William Sharpey）关系特别密切，在李斯特完成学业后，他建议李斯特花一些时间去拜访其他诊所，以拓宽外科视野。夏佩是爱丁堡临床外科教授詹姆斯·赛姆（James Syme）的朋友，正是这位生理学家向他的年轻门徒推荐了这家医院，从而开启他的欧洲医院之旅。

1853年9月，这位年轻的外科医生在到达爱丁堡后的几天内就意识到，这位新导师如同他的第二位父亲，尽管他们的本性，甚至他们的外表，都截然不同。李斯特身高不到6英尺，而健壮的胸部和英俊的外表给人的印象比他的实际块头要大得多。他含蓄而谦逊，眼神友善，偶尔闪过一丝幽默，这也似乎预示着他完全缺乏竞争力。尽管他秉持谦逊的贵格会做派，但颇有文化，能讲一口流利的法语和德语。总而言之，他表现出一种温文尔雅的风貌，是他拜师的那位直言不讳、好斗的小教授所完全不具备的。赛姆的脸很普通——有人说他很丑，甚至有点儿木讷。他当时54岁，被人们视为不列颠群岛最好的专业外科医生，他敏锐的头脑和顽固的自信使他成为医疗纠纷中令人敬畏的对手。似乎这两个人都在对方身上看到了自己人格中沉寂的部分，并暗中钦佩着潜意识中的另一个自我，他们因此而缔结了深厚的友谊。

作为一个狂热者，赛姆用一种兴奋的情绪激励了李斯特，这让后者决定在一个月的访问结束后留在爱丁堡。在当时，后一代伯明翰大学的杰出外科医生劳森·泰特（Lawson Tait）作为一名学生见证了这一切，他生动地描述了手术盛况：人们正目睹着教授拿起手术刀，准备开始一场在1850年都少有勇气进行的手术。读了泰特对其中一场表演的描述，你就不难理解为什么一个正在受训的年轻人会毫不犹豫地放弃其他计划，与这位多彩的表演者共命运：

> 古老医院的手术室里挤满了人，每个座位，甚至最上面的走廊，都座无虚席。得知赛姆要为臀部动脉瘤做手术，大约有七八百名观众前来观摩。那时，他正处于名气的顶峰，也正值力量的巅盛时期，他的双手和眼神一如既往地坚定——这是我见过的无与伦比的最伟大的外科医生。他和公认的助手、住院外科医生和包扎员一起迈上手术舞台，得到了一阵低沉的掌声。观众中有各行各业、各个年龄段和不同级别的人，很多人都远道而来见证这一伟大壮举——比如来自利物浦大学的比克斯特斯，如果我没记错的话，他是专门来帮忙的，当然还有很多像我这样的15岁以上的男孩。患者进入睡眠状态，赛姆扣上大衣的扣子，卷起袖子，紧接着一股鲜血喷出，几分钟后，病人被转移至担架，掌声响起，宣告手术结束。

当赛姆给他一个正式的职位，将他任命为自己门下的住院外科医生时，小李斯特欣然接受了这个机会。如果他曾对自己是否适合从事外科工作有所怀疑，那么与赛姆共事的时光肯定会打消他的疑虑。尽管每天在手术室里都会看到可怕的景象，可怕的悲剧每天都在他的眼前展开，但李斯特已经被这种奇特的魔力迷住了，任何有所专长的外科医生都可以感受到它。当我还是一名22岁的纽黑文学生时，它也笼罩着我，就像在不同的时间和不同的地方，它包绕着其他成千上万的年轻男女一样。它独立于许多医生为之着迷的其他力量——使命感或责任感——一种想要为自己的同胞服务的驱动力，它甚至与该专业强烈的智力满足感无关。虽然这些因素都必须与之共存，但我在这里所指的是作为一名外科医生的纯粹享受，若在执业过程中能够发现一些异常现象，他们会倍加兴奋。在给父亲的一封信中，李斯特提及了那种兴奋的感觉：

> 如果对手术的热爱能够证明这一职业选择的正确性，那么我确信自己适合做一名外科医生：因为在血腥而残忍的治疗技术部门，我每天都在经历着高度的享受。我在执业过程中越发感到高兴，有时几乎怀疑这样令人愉快的追求是否还能继续下去。我唯一感到奇怪的是，真正热爱外科手术的人很少。

李斯特计划在1855年2月培训任务结束后返回伦敦，但在他即将离开的几个月前，一个消息传来——一名爱丁堡的外科医生在克里米亚战争中阵亡。他急忙申请了这个空缺职位，到1855年4月，他被任命为爱丁堡皇家医院的外科助理医生和爱丁堡皇家外科学院的外科讲师。

在苏格兰的近两年时间里，令李斯特痴迷的不仅仅是外科手术。

约瑟夫和艾格尼斯·李斯特的婚纱照，1856 年。（大卫·道里克夫人和李斯特一家提供）

作为赛姆家中备受欢迎的常客，他很早就开始花越来越多的时间陪伴他导师的长女艾格尼斯（Agnes）。赛姆自然认为他的助手和女儿是天造地设的一对，对这门婚事表示赞同；约瑟夫·李斯特·佩雷虽然对他听到的关于艾格尼斯的一切印象深刻，但却不那么乐观，因为在那个时代，背离信仰而结婚的贵格会教徒必须自动请辞或被除名。尽管如此，他最终还是接受了儿子的决定。也许他在教友会一年前发表的一封书信中得到了安慰："真正的宗教既不讲求形式，也不会因形式的缺失而有所动摇。"虽然艾格尼斯·赛姆·李斯特的新婚丈夫现在成了英国国教的一员，但仍旧沿袭了教友会的观念。不能说他和他的同事相比，孰好孰坏，只能说他选择了些许特立独行；这种小小的特立独行并不表现为冷漠孤僻，只是一些很简单的习惯，比如他从不会使用“汝”（古英文中的“你”）来书写信件。虽然他不再穿着贵格会教徒那种阴郁的衣物，但他从未改变自己的内在品格。

年轻的李斯特夫妇在工作中度过了蜜月。在苏格兰的湖泊区逗留四周后，他们开始了为期三个月的欧洲大陆之旅。除了巴黎之外（在前一年约瑟夫已经拜访过此处），他们几乎参观了他们旅行过的所有城市的诊所。他们去了帕多瓦和博洛尼亚，然后拜访了维也纳总医院，他们将其视为此行最重要的医院。卡尔·冯·罗基坦斯基14年前曾是阿普顿庄园的晚宴宾客，而现如今，这位著名的病理学家花费大量时间招待这位前任主人的儿子。由于一些显而易见的原因，他在1856年的访问之旅引起了学者们的许多猜测，他们认为在此期间可能产生过有关塞麦尔维斯的交流讨论，这种怀疑主要出于两种原因。首先，李斯特在后来写道，在他独立发现细菌导致感染很久以后，他才对这位饱受折磨的匈牙利人的工作有所耳闻。其次，即便人们有理由去怀疑他无懈可击的每一句陈述，但有一个事实也众所周知，即那位发现产褥热的天才在1850年飞往布达佩斯后，在维也纳很少再被提及。没有证据表明李斯特在发明抗菌剂的过程中，受到了塞麦尔维斯的影响。

在布拉格、柏林、维尔茨堡和其他德国城市的医院停留后，这对新婚夫妇经由巴黎回家，搬进了拉特兰大街的一所房子，距离赛姆的咨询室只相隔了几个门，步行至大学学院和爱丁堡皇家医院也只需要15分钟。由于家、医院和学校同在一个舒适的小区域，约瑟夫·李斯特现在认真地开始了他毕生的工作。

他的生活忙碌于临床手术和研究。作为一名外科顾问，也作为赛姆的第一助手，他不论白天黑夜都会接到紧急电话。虽然他自己的私人诊所规模不大，但医务室的查房和问诊排布密集，他也时常需要肩负教学职责，其中包括准备讲座。当时还没有生物供应公司，他必须从屠宰场收集器官，从溪流和田野中捕捉小动物。他经常阅读法国和德国的生理学和外科文献。

从一开始，艾格尼斯就是约瑟夫的研究助理、抄写员，也是他手稿最挑剔的读者。他们把新家的后厨改造成了实验室，在妻子的协助下，李斯特在那里开始了一系列广泛的研究。他在显微镜方面的技能使他很快就做出了很多贡献，包括对神经和肌肉纤维的结构和功能、血液凝固、淋巴流的认知，以及最具吸引力的话题——炎症。他们在厨房改造的实验室中进行了一次又一次的实验，并记录了每一次的研究，他的讲稿和后来的手稿都经由他的伴侣艾格尼斯通过清晰可读的手稿而保存。

李斯特在结婚前写给父亲的一封信表明了他对实验的热情：

> 我早就希望能够观察青蛙腿部的发炎过程，而且，正如我曾经告诉过你的那样，我觉得这个过程的早期阶段在目前并没有被追踪到……因此……我从达丁顿湖抓到了一只青蛙。在昨晚进行了这项研究……这是我度过的最辉煌的一个夜晚。

在李斯特早期的实验中，血液凝结和炎症的研究对他的后期见解影响最大。研究的最终结果使他相信，血液必须与某种外来的异物接触才能产生凝结。换句话说，必须激活它才能使其凝结成块。虽然如今李斯特的这一发现已成为公理，但在当时他的观察解开了谜团之一——为什么血液在动脉和静脉中保持流动状态？只要在完整的血管中持续流动，正常的血液就不会发生凝结。如果血管内壁受伤或破裂，或者如果血液接触到血管内壁以外的其他东西，它会立即发生凝结。这一观察使李斯特产生了一种想法，他认为生理上的其他变化也一定需要一些外来的干预。在炎症领域，他可以很轻易地证实这一想法。有关炎症过程的研究也使他熟悉了腐烂的感染组织所表现出的显微镜变化。

李斯特作为一名研究者和教师的声誉迅速提高。当格拉斯哥大学的外科教授在1859年宣布退休时，人们联系到赛姆，希望他能够利用自己的影响力来说服他的女婿接任这一职务，并考虑担任格拉斯哥医院的外科医生一职，这种说服轻而易举。1860年3月，约瑟夫和艾格尼斯已经在这座城市定居，它的人口不到40万，面积却是爱丁堡的两倍。

经过了整个暑期的备课，那个学年真正的工作从秋季开始。在那些日子里，就职演说是一项意义重大的事件；这次在格拉斯哥的演讲不仅为李斯特的终身任职，也为他的整个职业生涯定下了基调。在约定之日的中午前，当他和新同事们一起前往演讲厅时，他焦虑的年轻妻子给她在阿普顿的岳母写了一封信，试图平息她的紧张情绪，可以说，她在丈夫职业生涯的成功中占有很重的分量。在信中，她首先描述了圆形剧场的外观，在新学期她和约瑟夫负责整修。她紧接着描述了脑海中想象的场景，伴着她不断增加的担忧和紧张，进一步戏剧化地讲述：

> 现在才12点。哦！我相信他可能会得到祝福，相信他一定会的。他的礼服还是第一次穿，除了在我面前试穿的那次。再过五分钟！他就要开始了！他表现得怎么样？

她大可不必担心。幸运之神总是眷顾他，这一天也不例外。他在学生面前立刻表现出了热情善良的本质，他们迅速喜欢上了他的讲课风格，仿佛一生都在等待这次的一拍即合。他说了几句诙谐的俏皮话来活跃气氛，紧接着严肃起来讲正事，虽然话题有关手术，但却表明了他本人职业生涯的作风。其中有一句安布列斯·帕雷的格言："我给他清创，而上帝治愈了他。"他讲述了他的信念，也就是成为治疗师的两个必备条件："首先，要有一颗温暖、充满爱心的心；其次，诚挚地追求真理。"他那天下午的演说并未存有完整的记录，但他肯定表达了自己对医学的看法，其措辞与近 20 年后他在毕业演讲中使用的类似：

> 如果我们除了金钱奖励和世俗荣誉之外别无所求，那我们的职业将毫无吸引力。但在医学的实践中，你会发现它拥有一种特殊的荣光，能够获得强烈的兴趣和纯粹的快乐，这是独一无二的。保护装载不朽灵魂的肉身是我们为之自豪的职责，如果正确遵循这一切，我们的道路将由无限的真理和纯粹的爱所指引。在追寻这崇高而神圣的召唤过程中，我祝福你们所有人万事如意。

保护装载不朽灵魂的肉身是约瑟夫·李斯特在世期间的全部工作。他所做的一切都服务于这一职责。他和他的妻子放弃了世俗的享乐，并不是缘于牺牲精神——这是一种更高的兴奋感，他们被赋予了才能和机遇，能够通过服务于人类来为他们的上帝服务。当然，这并不是贵格会的特权，甚至也不是任何一位虔诚的信徒所享有的特权。许多无神论者以他们的高贵容忍了这种精神。

从就职演讲的那一刻起，李斯特就成了学生们最喜爱的老师。他们任命他为医学协会的名誉会长，其中 161 人在他第一学年结束时联合起来向他请愿，在请愿书中他们宣告了"您作为外科老师的卓越能力”。

外科这一学术科目是如此之新，以至于李斯特是格拉斯哥医院自 1815 年成立以来第三位担任该职位的人，他是首位全身心投入自己的专业外科工作，而不是作为全科医生履行这一部分职责的人。他在最初几年延续了早期关于炎症和凝血的研究。这些研究进展顺利，因此他应邀在 1863 年伦敦皇家学会的克鲁尼安（Croonian）讲座上发表演讲，并选择了“血液的凝结”作为他的主题。

像所有的外科医生一样，李斯特对几乎每个手术切口都被感染的事实感到苦恼。伤口脓液的存在太过普遍，这让大多数外科医生认为，只要脓液是“值得称赞”的，那它就是不可避免的、自然的过程。李斯特拒绝接受这种观点。他对炎症的研究使他确信，正常的愈合应该是在没有组织破坏和感染的情况下进行的，然而外科专业仍然深陷在脓液的深渊之中。这并不意味着不曾有人想到过一个甚至几个理论来解释腐烂过程。占据主导地位的理论很容易理解，而且考虑到当时的技术不可证实，亦不可驳斥它，这一理论更加轻易地稳居首位——腐烂的原因是空气中的氧气。人们认为，当氧气进入手术伤口时，会氧化或分解不稳定的有机分子，从而破坏组织，使它们变成脓液。没有办法阻止氧气进入伤口，也因而无法防止感染。这是一个像“值得称赞的脓液”一样的解释，因为它让每个人都摆脱了困境：如果无处不在的罪魁祸首是氧气——就不会有哪个外科医生会因为脓毒血症的发生而责怪自己。人们似乎从来没有考虑过一种可能性，即手术团队可能会将某种引发感染的物质引入伤口，除了受到鄙视、现如今已被遗忘的塞麦尔维斯和其他少数几个写过感染在产褥病病因学中发挥作用的人。

然而，对李斯特来说，氧气诱导腐烂这一概念毫无意义。如果它站得住脚，健康的肌肉也应该会自发受到感染，因为正常的血液流动不断地将氧气输送到组织中。此外，在他的执业经历中，当肋骨骨折刺穿了肺部，空气经由挫伤的伤口进入体内时，胸部感染的情况很少发生。不是这样的—— 一定有其他的解释，而且李斯特认为，这一定是由于某种异物进入了创口。

关于某种尚未发现的异物导致了腐烂这一假设，是基于他对凝血和炎症的研究。在每种情况下，都需要一些刺激性或伤害性物质的存在才能启动这种过程。通过这种类比，他发现自己的想法和塞麦尔维斯不谋而合（尽管他要到很多年后才知道这一点）：一定有什么东西进入伤口引起了感染。塞麦尔维斯设想它是经由医生之手而携带，而李斯特想象它存在于空气之中飘落下来。接下来就该找出那个看不见的东西，然后想办法摧毁它。

关于这件事，我们必须将场景向南转移到法国城市里尔，还有那位 34 岁的化学教授，同时也是科学院院长路易 · 巴斯德的实验室。我们还得在时间上倒退一点儿，回到 1856 年，当时当地一家甜菜根酒精制造商来找教授，向他说明一场神秘的灾难正在摧毁他和同事们在当地啤酒和葡萄酒行业的生意：每批供应的酒精都自发地变质成粘腻而无用的酸渗液。在当时，人们都认为发酵是一个化学过程（这也就是为什么这位心烦意乱的制造商寻找化学家来解决他们的问题），然而，巴斯德用显微镜进行了一些实验之后发现，糖发酵成酒精不是因为一些无生命的化合物，而是在其中生长的酵母进行的。在制造商的那批损毁产品中，他识别出了酵母，同时还确定了大量的杆状微生物。通过这一系列的观察，他发现酵母会进行正常发酵，而产生酸化的是细菌。他自此进入了他后来所说的“无限小的世界”。

当然，巴斯德并不是这一领域的第一位探险家。自古以来，不时会有一些人推论说，总有一天会发现一种可以解释疾病的活体接触性传染物。一位名叫吉罗拉莫·弗拉卡斯托罗的人甚至在 1546 年对它进行了描述，他预言将会发现一种"神虫"(seminaria)，他认为一些疾病是通过这种在当时无法看到的微生物传播的。在 100 多年后，安东·范·列文虎克自 1676 年开始在写给伦敦皇家学会的一系列信件中，描述了一种显微镜下的"微小动物"，在水及其浸泡的有机材料中，以及在他磨牙刮下的组织中都发现了这一物质，并确认了细菌的存在，也就是我们今天所知的链球菌、杆菌和螺旋菌。然而，不知何故，在之后的几年里，并没有人继续努力在疾病的排出物中寻找这样的细菌，也没有人将列文虎克的"微小动物"与弗拉卡斯托罗的"神虫"联系起来。

在随后的几年，路易·巴斯德不仅将上述相联系，而且通过实验证明了这些细菌并不像许多人认为的那样，通过自然发生的过程而繁殖；相反，它们之所以存在，是因为它们在原始状态下通过入侵研究材料而实现了自我繁殖。他还证明，通过煮沸使液体处于无菌状态，之后只要阻止新的细菌进入保存它的烧瓶，液体就不会腐烂。

1854 年 12 月 7 日，在里尔科学学院的首届大会上，巴斯德发表了讲话。他在当日说的一句话已经成为所有研究者熟知的一句格言："就观察而言，机会只偏爱有准备的头脑。"这对创业者的职业生涯来说必然是正确的，但最好的例子莫过于约瑟夫·李斯特利用巴斯德发现的细菌腐烂，来解释伤口感染这件事了。

巴斯德分别于 1857 年和 1859 年在法国科学期刊《科学院报告》上发表了他的发酵实验结果，随后进行了后续研究。1865 年，格拉斯哥的化学教授托马斯·安德森(Thomas Anderson)阅读了这些报告，他知道李斯特决心解决外科脓毒血症问题，于是向他推荐了这些报告。李斯特的"有准备的头脑"立刻意识到，这位法国化学家已经证明了他正在寻找的东西，即有机物分解的原因，这也是对伤口感染发生的完美解释。

李斯特一遍又一遍地阅读巴斯德的文章，他与艾格尼斯在他们的家庭实验室里重复了他所有的实验。他得出了与这位法国人相同的结论：先前灭菌的糖或蛋白质溶液中的发酵和腐烂总是由外界的微生物引入而产生的。像巴斯德一样，他认为污染的主要来源是空气中落下的看不见的富含细菌的尘埃颗粒。由于伤口不能阻挡空气，为了防止感染，必须找到一种方法来消灭不断滴落到手术开放切口表面的细菌。用他的话说，“如果伤口可以用某种物质治疗而不会对人体组织造成严重损害，并能够杀死里面已经存在的微生物，防止其他处于活体状态的微生物进一步进入，那么，无论空气携氧气如何自由进入，腐烂都是可以防止的”。他后来更简单地阐明了这一问题：“当我读到巴斯德的原始文献时，我对自己说，‘就像我们能够利用有毒药剂消灭一个孩子头上的虱子，但不会伤害他的头皮，我相信我们可以在不伤害病人软组织的情况下，在伤口上使用毒药来杀灭细菌。’”

下一步显然是找到合适的毒药来对伤口进行消毒，并避免造成不可逆的损害。李斯特决定用石炭酸，这一点也是因为他“有准备的头脑”。附近卡莱尔社区的老人们已经成功地使用这种小剂量的化学物质来消除城市垃圾的恶臭；与此同时，他们也利用它将附近应用废液灌溉的牧场变得不再有气味。这附带了一个意想不到的收获，它消灭了当地牛身上的寄生性原生虫，它们在这些牧场吃草时感染了这些寄生虫。在李斯特看来，很明显，石炭酸正在杀灭一种分解垃圾的有机物，正是它曾散发出特有的腐烂气味。因此，合适的消毒药近在眼前。

李斯特决定首先尝试石炭酸方法治疗复合骨折，这种损伤能够在皮肤撕裂处看到碎骨的锋利边缘。这种伤口的感染率很高，通常需要截肢，几天内就会充满脓液。讽刺的是，当伊格纳兹·塞麦尔维斯在维也纳小屋默默无闻死去的一天之后，也就是 1865 年 8 月 12 日，一个名叫詹姆斯·格林利（James Greenlees）的 11 岁男孩被一辆马车的轮子碾过。在被送往格拉斯哥皇家医院时，他的胫骨骨折，骨头从长 1.5 英寸、宽 3/4 英寸的伤口中暴露出来。这对这项新技术来说是一处理想的损伤，不是太脏，也不是太大。李斯特用蘸了石炭酸的纱布绷带包扎了这一区域。他的腿部用夹板固定，保证四天内不会被触碰。之后，定期更换敷料，直至完全愈合。这一过程耗时六周。李斯特的首个临床实验取得了成功。

在接下来的几个月里，一个又一个的病人接受了大致相同的治疗。另有 10 例复合性骨折，其中 8 例痊愈，无不良反应发生。剩下的两个人中，一个人出现了医院坏疽，他在李斯特出差的几周时接受了截肢手术；另一个人在恢复良好的几周后，因尖锐的骨片刺穿大动脉而失血过多致死。显然，石炭酸抗菌剂被用于伤口消毒这一新概念，值得进一步研究。

接下来，李斯特将注意力转向一种名为腰肌脓肿的疾病。这是脊柱结核的一种可怕并发症，在腹部空腔的长条状肌肉处充满了脓液。这样的脓肿非常大，最终伸入腹股沟。当它们被切开以进行必要的引流时，由此产生的开放伤口往往会受到医院坏疽、丹毒或其他生物的侵袭，通常会导致死亡。李斯特开发了一种技术，用石炭酸消毒切口周围的皮肤，然后用一种油灰状的物质包裹被引流的空腔，这种物质的主要成分为消毒液。与以前一样，结果再一次令人满意。

当他在腰肌脓肿的治疗中备受鼓舞时，李斯特觉得是时候将他的新方法应用于截肢手术了。其结果十分令人满意，在 1867 年，他在《柳叶刀》上发表了五篇系列论文，宣布了抗菌术的发明。标题很长，因为它旨在传达其内容的重要性——《关于治疗复合骨折、脓肿等的新方法，以及对化脓状态的观察》。

随着李斯特经验的增加和知识储备的增长，他改良了自己的技术。每一项创新都保有严谨性；在一些旁观者看来，手术流程似乎和背后的理论一样重要。在手术中，他不仅将石炭酸应用于伤口，所有的器械以及手术团队的手上都使用了石炭酸。然而，李斯特在手术室的着装与他那些未消毒的同事所穿的常规工作服没有什么不同。他很少脱下礼服大衣，宁愿像往常一样卷起袖子，将领子翻上来以保护他经常穿的那件上过浆的白衬衫，这样就不会被抗菌剂喷雾弄湿了衣领。他将双手浸泡在石炭酸中，将湿毛巾敷在手术计划切口的周围皮肤上，然后开始进行手术，他经常停下来用消毒剂重新消毒伤口、手和器械。

术后管理包括定期换药，在此期间，接触过伤口的所有物品都会通过浓厚的喷雾气体进行再次消毒。到 1869 年末，他在截肢手术中已经积累了足够多的经验，其结果可以提交给《柳叶刀》杂志发表了。虽然李斯特承认这些数字仍然太小，无法进行适当的统计分析，但他确切地指出，当“一切细节被充分考虑，它们对于我们正在考虑的问题来说是非常有价值的”。下面摘录的便是发表在 1870 年 1 月 8 日的《柳叶刀》原文中的数据，这些数字说明了一切：

> 抗菌期前，35 例中有 16 例死亡，即每 $2\frac{1}{2}$ 例死亡 1 例。
> 抗菌期内，40 例中有 6 例死亡，即每 $6\frac{2}{3}$ 例中死亡 1 例。

还有一些病例未纳入统计数据，包括许多伤口经抗菌处理后愈合得非常好，从而避免了截肢。如果没有石炭酸，他们很多都会出现感染和死亡。这篇论文提道:“如果能够记录近三年在我病房接受治疗的所有手足挫伤患者，再加上许多复合骨折和几个复合性脱位(尽管不被纳入我们的分类系统)，这些病例数就足够说服那些对抗菌系统最为怀疑的人。”

关于截肢这一研究成果的发表，是李斯特在格拉斯哥工作的巅峰时期。这位外科医生在格拉斯哥医院的十年任期不可连任，因而于 1870 年结束，他的临床任命结束后，李斯特就不想继续留在大学里任教了。几年来，他一直在别处谋求更加长期的职业，向那些对他抱有兴趣的人提出职位申请。1864 年，爱丁堡大学教授一职空缺；1866 年，他的母校大学学院的教授职位空缺，但他都未能成功就任。当格拉斯哥的任期接近尾声时，他开始感到绝望，当时他的岳父患上了脑血栓，字面意义上来讲，这是他很好的机会。当部分瘫痪的赛姆辞去他的临床外科主任职务时，127 名爱丁堡的学生给李斯特致信，恳求他成为候选人。他们在信中说明了部分原因:“我们相信，如果您被任命为主席，您仁慈的品格和彬彬有礼的举止将很快吸引一大批忠诚的追随者围绕在您周围。”他于 1869 年 8 月任职，到了 10 月，他和艾格尼斯再次定居在爱丁堡。在他 42 岁时，这一生中最幸福的几年就要开始了。

虽然爱丁堡的学生们熟知李斯特的仁慈和温文尔雅，但到目前为止，他发明抗菌手术这一消息还未传到学生们的耳中。他的方法在一些欧洲大陆的医院受到了热烈的欢迎，但格拉斯哥以外的英国外科医生未实践灭菌手术，或不知晓其原理，即微生物可能是某些疾病和组织腐烂的原因。甚至在这一早期阶段，人们对在感染伤口中发现细菌的重要性开始进行了争论。还有一些人认为它们是二次入侵者，即在腐烂后才进入，而非感染源；其他怀疑者认为细菌是无害的污染物，他们拒绝相信细菌在感染过程中发挥了任何作用，也不相信李斯特在治疗复合骨折和脓肿方面，以及少量截肢手术中取得的进步成果。此外，还有几种不同的理论，现如今它们更可能是由于医学史学家的晦涩研究而产生的（之前提到的组织氧化一说是最不具无端猜测的），这些理论的支持者声称，除了侵入性微生物以外，它们还可被用于阐释其他机制造成的化脓和传染。

当李斯特搬进他们位于爱丁堡夏洛特广场 9 号的大房子时，情况就是这样。在接下来的八年里，当每一个重点医学研究中心都在激烈地讨论关于这一即将被称为导致疾病的细菌理论时，李斯特成为世界上最著名和最具争议的科学家之一。他的手术和前来诊所就医的人数倍增，这使他能够在各种手术中检验他的技术，他持续传播的名气也吸引了越来越多希望学习这些技术的外国访问者。他和艾格尼斯又一次组建了一个厨房实验室，开始了一系列关于伤口感染的研究工作。

他的学生们感到困惑，为什么作为一名外科医生，李斯特会对试管和显微镜之类的东西感兴趣。他们因他的温润善良、因他可以教导学生如何避免感染而拥戴他；尽管他们对背后的理论并不感兴趣。J. R. 利森（J.R.Leeson）便是其中一人，以下描述了他在到达爱丁堡后不久就来家里看望了他的教授：

> 我本能地感觉到在我面前的这个人有着非同寻常的品质：他集优雅、能力、仁慈和讨喜的品质于一身，在此之前我从未见过；他似乎是崇高目标的化身；他散发出一种善良的光芒。
>
> 他把我领到窗前，前面有一张长桌，上面有几排被玻璃罩覆盖的试管，里面盛有一半容积的液体，每个试管口被棉花塞住。

> 这是一个我从来没有见过的奇怪的组合，我也无法猜测它们是什么，或者为什么要用棉花塞住它们；我的经验里试管都是张着口的，从来没见到它们是密闭的。
>
> 伴着极度的小心，他自豪地从中随意挑选出几支试管，把它举到灯光下，似乎对它的状态无法言语的满意：这是清澈的，这是浑浊的，这是发霉的。当然，我试图表现出一种幡然领悟，但我完全不知道这是怎么回事，疑惑于它们与我的来访或任何外科分支有什么联系；我还记得我在那时曾感到奇怪，为什么如此杰出的外科医生会对如此不同寻常的学科感兴趣，并能抽出时间研究如此不相干和冷门的问题。

在爱丁堡，这位新任临床外科教授每周在劳森·泰特描述的那个大型圆形剧场进行两场讲座。他论述了他的实践教学所依托的生理学和细菌学，并展示了他的石炭酸技术愈加复杂的方法论。他发现了脓毒血症的本质，他的使命便是预防这一疾病。根据他的设想，空气中充斥着微生物，因此每个伤口本质上在切开的瞬间就会被污染。他的目标是清除所有能够接触到裸露肉身的物质，他使用不同强度的石炭酸溶液来实践这一点，甚至设计了一种喷洒石炭酸细雾的机器，在操作时并没有考虑到它对自己及助手的肺部的影响。

虽然李斯特为了减轻对皮肤的刺激性而陆续降低了石炭酸的浓度，但随着灭菌技术的普及，李斯特在其他方面也增加了其复杂性。最终的形式是在石炭酸紧邻血液的内壳上覆盖一层防水丝织物，在其上包裹着八层碳质细布，最外面两层是杜仲胶薄片。刺激性的物质整个被液体树脂和石蜡浸透，然后使用浸润了更多石炭酸的蜡化塔夫绸将其覆盖。李斯特认为，该方法中的任一改变都可能导致失败。

坚持使用了李斯特式的方法后，取得的效果十分瞩目。在格拉斯哥的最后三年里，李斯特的病人中只有一例伤口感染了丹毒。仅发生了少数几次的医院坏疽，都是以极其轻微的形式。这样的提高在爱丁堡继续进行着，伤口感染的数量仍然很低。面对这种低死亡率的结果，李斯特敢于进行更为复杂的手术，他的患者的休养期明显短于同一家医院的其他同事的患者。不用说，病人死亡的情况也是如此。

然而，当地外科医生对他表示认同的仍为少数。很多书都写到过为什么整个外科领域没有立即接受李斯特的教义。其中一个原因很明显：如果选择不相信它，事情将会容易很多。想象一下，一位50岁的外科医生在他职业生涯的巅峰时期，习惯了大步走进他的圆形剧场，换上他的大衣，上面沾满了曾经多次血腥场合中留下的许多脓渍和血迹，然后开始手术，甚至省去了开端洗手的麻烦步骤；病人被匆忙麻醉，医生通常十分钟就草草了事，并开始为下一次手术做准备。从医学院毕业后，他就再也没有低头看过显微镜，即便在上学期间也只是看过几次（也可能完全没看过）。某一天，他听了一位教授的演讲，周围摆满了一堆烧瓶、镜片和玻璃器皿，很明显都是非外科领域的东西。讲座告诉他，看不见的小生物才是真正的敌人，为了击败它们，他必须将手腕以下的部位浸泡在腐蚀性溶液中，并且要在刺激性喷雾的环境中进行手术，他飞速的手术过程将被不断打断，因为要用化学消毒剂冲洗伤口和所有的器械，要费力地在伤口上涂上复杂而刺鼻的敷料，在手术结束后还要遵循一些非常具体的换装流程。再想象一下，同样是那位外科医生，当他傍晚在俱乐部里举起一杯波特酒时，他的手会因为白天被浸泡在腐蚀性液体中变得红肿而皲裂。

最后，想象一下最糟糕的事情。对于这样一位外科医生来说，如果要接受这样一个理论，他将会面对一个令人难以忍受的事实：在职业生涯的前15年里，他一直在害死自己的病人，他本可以摧毁那些进入伤口的微生物。

出于这样的原因，许多处于事业顶峰的外科医生不能接受李斯特方法论的假定。少数一些人在尝试了这种方法的流程后，感觉自己受到了过多要素的拖累，但这些要素远远不足以使它产生效果——他们在技术上的省略阻碍了成功，因此他们因为它的“一文不值”而毅然放弃了它。李斯特本人并不指望他的原则很快就得到普遍接受。他预测，需要一代人的时间才能使细菌理论成为医学实践的一部分。神学家曾指出，古代以色列人被强迫在荒野中流浪40年，使其奴隶心理消亡，解放的新一代后埃及人才由此诞生。也许是类似的推理让李斯特意识到，只有新诞生的信徒才可接纳这片抗菌手术的乐土。

1874年，李斯特开始与路易·巴斯德通信，感谢他提供了揭开伤口脓毒血症秘密的钥匙。而正是这位英国教授在使用了这把钥匙后，为这位法国化学家提供了思路，进一步推论出导致酒精发酵的微生物可以应用于寻找疾病的原因。如前所述，在以后的几年里，他依据李斯特的思想路线进行了研究，鉴定出导致特定感染的具体致病细菌，并通过使病人接种减毒炭疽杆菌菌株而产生免疫力。因此，由巴斯德到李斯特，再回到巴斯德，这一过程让所谓的疾病细菌理论最终在实践中得到了证明。

但还不是时候。即使在19世纪80年代末，美国的外科文献中也仍存在关于细菌理论有效性的辩论。J. 柯林斯·沃伦是那位首先在乙醚麻醉下手术的美国人的孙子，他于1869年拜访了格拉斯哥的李斯特。他后来写道，当他回到波士顿试图在马萨诸塞州总医院宣传灭菌论，他“被冷淡地告知石炭酸治疗已被丢弃”。一场不完美的

《临床教学》，托马斯·伊金斯于 1875 年创作的一幅画，画的是美国著名外科医生的一次手术，他坚决反对约瑟夫·李斯特和他的灭菌剂。（费城托马斯·杰斐逊大学杰斐逊医学院提供）

试验宣告失败，此后再无尝试的可能。

有关细菌理论的文章在当时的美国医学期刊上很少出现。美国医生认为，细菌是否会导致疾病这一问题尚无明确答案。在大西洋的这一边，科学还未成为医学思想中的重要因素——任何实验室的产物都会被怀疑受到了外国的影响。在那些反对灭菌和拒绝接受细菌理论的人中，包括了一些美国外科的领军人物。费城的塞缪尔 · 格罗斯（Samuel Gross）医生的外科学教材在全美最受欢迎，他不相信灭菌有任何好处，也拒绝使用这项技术。1876年，他在美国独立一百周年医学发展回顾中指出，美国的外科医生并不相信李斯特的理论方法。他因托马斯 · 伊金斯的一幅名为《临床教学》的著名油画而名垂千古。在这幅油画中，他穿着传统的礼服大衣，毫无灭菌的迹象。画中他赤手挥舞着血淋淋的手术刀，病人的母亲畏缩在他后面几英尺的地方。这幅画创作于1875年，也就是约瑟夫 · 李斯特在最受欢迎的英文医学杂志上首次描述他学说的之后九年。

在格罗斯撰写文章的同一年，约瑟夫 · 李斯特应费城百年医学委员会的邀请，参加了美国百年庆典的分会。该委员会的主席是一位并不相信他学说的教授，尽管如此，他还是亲切地邀请这位英国同事担任外科分管主席，这一荣誉被热切地接受，他抓住了这次机会来向尚不认可他的美国人宣扬灭菌学说。

然而，李斯特本人得到了热情的接待，而他试图改变听众的三小时演讲却远不及此。尽管他雄辩地表达了自己的信念，但并不足以实现美国人态度上的任何重大改变，特别是当他展示了他着装的复杂性质时。他的个性和决心远比他的灭菌技术更令人钦佩。《波士顿医学和外科杂志》的一名观察员说明了美国人对他的看法："他脸上满是笑意，但紧闭的嘴唇和明亮的眼睛展示出他的性格。他的一举一动都很谦虚，但他对灭菌手术充满自信。"

然而，在欧洲大陆的情况截然不同，原因将在接下来更详细地讨论。欧洲大陆的外科医生，特别是说德语的外科医生，更加充分地准备好接受这一概念，即相信感染是由微生物引起的。一旦细菌理论被接受，使用灭菌剂及其类似的技术便会是自然的结果。慕尼黑的里特 · 冯 · 努斯鲍姆（Ritter Von Nussbaum）就是其中的先驱之一，他写信给李斯特，写道："我们经历了一个又一个惊喜……再也没有出现过医院坏疽的病例……我们的结果越来越好，痊愈时间缩短了，脓血和丹毒完全消失了。"努斯鲍姆表达了李斯特许多大陆门徒的感受，他补充道："我认为您的发现仅次于氯仿-麻醉，是我们科学界最伟大和最幸福的发现。上帝为此奖励您，并赐予您长寿和幸福的生活。"

正如科学史上经常发生的那样，悲剧性的战场是孕育创新之地。在1870—1871年短暂却凶残的普法战争中，少数使用李斯特方法的外科医生相比于绝大多数同事保持着更低的死亡率统计数据。历任石勒苏益格-荷尔斯泰因和汉诺威军队总医官的乔治·弗里德里希·路易·斯特罗迈尔（Georg Friedrich Louis Stromeyer）进行了36例膝关节截肢手术，而术后死亡人数高达36人。更令人沮丧的是，斯特罗迈尔并不是无能的——菲尔丁·加里森称他为"德国现代军事外科之父"。法国的统计数据也不容乐观；在法国军队医院进行的13 173例各种截肢手术中，包括手指和脚趾手术，有10 006例以死亡告终。

战后，德国外科医生在国内日益增长的科学精神的建设下，开始前往爱丁堡学习灭菌知识。紧随其后的是法国人，然后是其他大陆国家的代表。到1875年德国外科大会召开时，已经赢得了许多满腔热忱的弟子。其中最直言不讳的便是里特·冯·努斯鲍姆，他告诫观众："看看我们不久前还在被死亡蹂躏的病房。我只能说，我的助手、护士和我都为这项技术欣喜若狂。正是这种极大的激情让我们能够承受得住治疗所需的所有额外痛苦。"努斯鲍姆还写了一本关于灭菌的短书。它被翻译成法语、意大利语和希腊语，使李斯特方法论在欧洲大陆迅速传播。

斯特罗迈尔是德国人中最负责任的人之一，他甚至写了一首题为《李斯特》的赞美诗。并将其翻译成英文，我们在阅读时应该留意到，在某种程度上他的善意因他日耳曼式碎片化的英语而有所折损。下面是诗篇的第一节，听起来就像是为某所现代美国医学院的一场高年级表演做的助兴演出。无须特别关注的一点是，在他指代灭菌剂发明者时，使用了大写的人称代词，就好像将他等同于造物主一样。虽然在一定程度上这确实赋予了这首诗赞颂上帝的品质，但我们也需要知道，德国人平时就会如此使用名词和代词：

> 人类现如今很感激
> 您在手术中所做的一切。
> 死亡必将落荒而逃，
> 因为嗅到了灭菌剂的极乐。

在德国外科大会召开几周后，约瑟夫·李斯特和艾格尼斯·李斯特与他兄弟的四口之家一起前往欧洲大陆旅行，他们计划在途中参观德国的医院，对灭菌剂的成功实践进行评估。在法国和意大利旅行后，他们前往慕尼黑、莱比锡、柏林、哈雷和其他几个城市。在慕尼黑受到努斯鲍姆的热情接待后，他们在莱比锡接受了东道主“李斯特宴会”的款待，约有 350 名教授、医生和学生参加了宴会。那一晚有无数闪光的时刻。宴会上表演了为这位贵宾所写的有趣的歌曲，其中一首歌曲名为《石炭酸小调》，可惜它的歌词似乎没有保存下来。卡尔·蒂埃希教授在对这位主宾发表欢迎致辞后指出，与其他许多伟大的发明一样，灭菌技术正在经历他所说的常规三阶段：“第一个阶段，当世界微笑着摇摇头说，‘这都是胡说八道’；第二个阶段，耸耸肩，带着轻蔑的神情，‘这不过是一场骗局’；最后，‘哦，那是一个古老的故事，我们很久以前就知道了’。”

1875 年 6 月 19 日，《柳叶刀》描述了这次德国的访问，这在英语国家仍持怀疑态度的外科医生看来是无法理解的："我们相信，李斯特教授此行访问德国各大学城的主要目的在于研究在欧洲大陆上进行抗菌处理的方式，他在这些大学城所取得的进展像是一场胜利的进军。"四年后，当他参加在阿姆斯特丹举行的国际医学大会时，同样受到了类似的接待。根据《英国医学杂志》的报道，迎接他的是"无限的热情"、长时间的起立鼓掌以及校长唐德斯教授的赞颂："我们向您表示的不仅是我们的敬意，也是我们和我们所属国家的感激之情。"

然而，像大多数美国人一样，李斯特国内的同胞仍然停留在蒂埃希所说的第二阶段。尽管越来越多的年轻英国外科医生开始接受抗菌术，但伦敦各大教学医院的大多数资深教授都对其表示坚决反对。如果他们始终如此，李斯特便会觉得他没有取得成功，毕竟他如此看重这个团体。然而在 1877 年，一个机会出现了，情况可能借由此而扭转。在时任教授去世后，约瑟夫 · 李斯特被任命为伦敦国王学院医学院的外科主任。

起初，他的同事们似乎无法想象他会离开世界上最负盛名的学校之一——当时的爱丁堡大学，而前往一所质量明显较低的学校。这意味着他不仅在学术上会有所倒退，而且还必须放弃蓬勃发展的私人执业，放弃在皇家医院充足的临床机会去对病人进行研究，还要放弃他数十名敬业的学生。换来的是一个对他的教义怀有敌意、对他日益增长的国际声誉感到不满的环境。当他的学生们得知他们敬爱的老师正在认真考虑这一提议时，他们向他递交了一份 700 个签名的请愿书，恳求他留下来。

在爱丁堡，约瑟夫 · 李斯特有太多理由值得留下，在这座城市里他无论走到哪里，都会被幸福和感激的爱包围着。他的学生们在之后描述了许多有关这位导师的感人场景，正如他们和他的病人看到的那样，其中就包括一位名叫约翰·斯图尔特（John Stewart）的学生的讲述。下述文本摘自威廉·欧内斯特·亨利的一首诗，也就是以《不可征服》（*Invictus*）这部作品闻名的作者，他在当时是李斯特在爱丁堡皇家医院的外科病人：

> 那些在爱丁堡的时光里，最快乐的回忆是周日下午去医院就诊的那些日子。李斯特有时会在诊室里度过安息日。车夫和马匹在安息日休憩，因此李斯特步行来到医务室。如今这个景象在我眼前还历历在目……突然有人说："主任医师来了！"我们看到我们的主人公走进小侧门，走下斜坡，迈着轻快的步伐，手里拿着一根轻拐杖，英俊的脸上露出一种愉快却陷入沉思的神情。住院医师在大门口等候他，几分钟后他们就进入了病房。学生们聚精会神，患者们喜气洋洋。我不知道世界上是否还有其他地方的外科医生，其学生会抱有更虔诚的钦佩，其病人会如此信任、爱戴，并积极崇拜他。他不可能对这种氛围毫无感知，当这位谦虚朴实的伟人开始他的病房之旅时，"宁静的心绪"变得更加柔和，"既善良、骄傲又害羞的脸"洋溢着发自内心的快乐。

但他的朋友和学生没有考虑到他贵格会根深蒂固的使命感。由于贵格会内在之光的概念中有一种神秘主义的基本品系，因此他也抱有一种对福音主义的深切承诺。

对李斯特来说，调往国王学院任职便是他必然的使命，他要把细菌理论的信息传达给每一个仍然不相信细菌理论、持怀疑态度的医生。他从未对其使命有所怀疑，一心坚定着接受伦敦就职的邀请。

到了 1877 年 10 月，艾格尼斯和他搬进了公园新月街 12 号的一所宽敞的房子，离摄政公园足够近，他们可以在美丽的花园里漫步。这位教授带了四名技术娴熟的助手来到伦敦，帮助他建立新的教学计划，并成为他的布道伙伴。对尚无子嗣的李斯特来说，他们就如同自己的亲生孩子。约翰 · 斯图尔特就是其中之一。

李斯特在国王学院的就职演讲受到了和他在格拉斯哥的就职演讲时同样的欢迎。他的听众已经做好准备倾听一场外科手术的讲述，而这位新任教授却发表了一篇学术性科学论文，他们因此而大失所望。他站在实验台后面，桌上摆满了试管、烧瓶和其他各种细菌学用具，他谈论着他们一无所知、毫不关心的事情。讲座结束时礼貌的掌声使李斯特和他的四个弟子认为，他们已经具备了一个良好的开端，而后来的情况截然不同。正如斯图尔特所描述的那样，“接下来的几个星期对我们的成员来说是难以忍受的凄凉。他们似乎对光明抱有无尽的冷漠、一种令人难以理解的漠不关心，而这种光芒在我们的脑海中如此明亮的闪耀，他们在面对新思想的力量时拥有一种可怕的惰性”。

李斯特在国王学院的早期战役并没有取得太大进展。前来听他演讲的人很少，只有十到二十个略感兴趣的人，这与他每次在爱丁堡演讲时挤满大厅的三四百名狂热者的情况形成了鲜明对比。学生们很快就了解到，他教授的东西对于皇家外科学院的考试毫无用途，因为出题者是临床医生，对他们来说，细菌理论和任何与科学有关的东西都是令人厌恶的。

尽管李斯特着实感到痛苦和失望，但他从未对那些无视或诋毁他教义的人表现出丝毫的敌意或不耐烦。他的助手们已经习惯了他无奈的静静叹息，他用这种叹息来回应对更无能之人的批评。有时可以看到他脸上掠过一丝悲伤的神情，但除了这一转瞬即逝的变化，他不会表露出任何痛苦。长久以来，当爱丁堡的小伙子们做错事时，导师会偶尔温和地告诫他们，现在他们比以往任何时候都更清楚地看到一种威严，一种即使在他最伟大的工作受到嘲笑时也能坚守的威严。他们用《箴言》中的一句话来劝勉自己："不要让慈爱和忠信离开你，总要时刻纪念，铭刻心头。"这是他们的教授在苏格兰和英格兰的演讲中经常用来作为结尾的一句话。

李斯特稀少的听众中仅有少数英国的皈依者，而欧洲大陆的访学者又开始填满演讲厅的许多空座位，出现在病房里，正如爱丁堡时的经历。欧洲领先的外科医生派他们的门徒去学习他的方法。圣克莱尔·汤姆森爵士（St.Clair Thomson）是当时的一名外科医生，他的回忆录中记载，为了这些外国学者，医院甚至开始用法语和德语张贴禁烟标志。在一些日子里，礼堂里的场景仿佛是整个医学界的缩影：多达 60 名大陆外科医生占据了前排座位，中间夹杂着不超过 10 名英国学生。这位教授经常用德语或法语讲授部分课程。

因此，外来的和尚好念经，外科医生除外。（许多病理学家接受了科学认知方法的培训，并很快就接受了细菌理论和李斯特方法论，其他有一些生理学研究经验的医生也是如此。）尽管如此，李斯特仍然相信真理会以某种方式获胜。据汤姆森的描述，某天他站在导师的身后，听着一名顽固的同事对李斯特的教义进行了异常激烈的抨击。那是 1883 年，这位 56 岁的教授听到了几乎所有可能向他抛出的论点，而这些论点他已经听过无数遍。他疲倦却仍然笃定，向这个年轻的学生预言说他的原则一定会等到普遍应用的那一天。随后，他摆脱了惯常的温和语气，略微提高了音调，稍有一丝严厉的意味："如果这个行业不承认它们，公众也会有所耳闻，法律也会站在我这边。"

英国人接受抗菌剂，甚至对其概念理解的速度如此之慢，有几个原因。其中一个原因自然是因为李斯特把技术太过复杂化，以至于那些想要尝试的人感到过于烦琐。但压倒一切的问题与科学有关，或者更确切地说，在约翰·亨特去世了近75年后，英国的科学进展普遍缓慢。亨特的遗产已经趋向于盖伦的遭遇，其最重要的原则只有在被违背时才得到遵守。1878年初，一位有洞察力的编辑在《柳叶刀》发表了如下评论，阐述了这一情况：

> 事实是，这是一个科学问题，而不是外科问题，因此，尽管讲求科学的德国人热切地接受了它，对科学持半怀疑态度的苏格兰人有点儿不情愿地采纳了它，但勤奋而务实的英国外科医生完完全全不曾欣赏或理解过这种灭菌原则。对病人来说幸运的是，多亏了英国人保持洁净的本能，他们在相当长的一段时间里一直在践行着部分抗菌体系，但这如同一位女士信手拈来的散文诗。

《柳叶刀》杂志的编辑描述的情况，在上述劳森·泰特的例子中已经充分进行了说明。泰特在自己的一系列妇科手术中获得了令人欣羡的低感染率，而这些手术都没有应用细菌理论的训诫，起码在他看来是这样。在1887年向英国医学会伯明翰和米德兰县会发表的总统讲话中，他用一句令人难忘的话否认了细菌疾病理论的有效性，他说："把化学家实验室烧瓶里的肉汤得出的结论应用到活体组织的现象，这简直是无稽之谈，我对细菌一点儿也不关心。"他对李斯特方法论的嗤之以鼻，仅仅是对其所依据的细菌腐烂原则不屑一顾："当李斯特带着他通往外科手术成功的捷径走了进来，当他的德国弟子们满怀热情却毫无辨别力地出现在现场时，我感到怀疑，也同样充满恐惧。"他不止一次提出要用干燥的细菌填满伤口，只是为了戳穿李斯特的骗局。他将对自己有益的统计数据归因于排液管和吸水敷料的充分使用，以及他自己“作为英国人保持洁净的本能”。事实上，后者比前者重要得多——泰特以其仔细的术前洗手和倡导在设备和器械上大量使用肥皂和热水而闻名。虽然他可能不相信细菌会导致腐烂，但在细菌进入病人的外科伤口之前，他已经有意无意地杀死了它们——他在不知不觉中实行了一种后来被称为无菌术的预防措施。有一天，他会懊恼地发现，他的结果有力地支持了他试图嘲笑的理论。

英国人和美国人的拖延还有另一个主要因素：他们正在抵抗一场强势的、最终压倒性的运动，这场运动已经渗透到德国外科的环境之中。在这里我指的是一种新秩序，在抗菌和麻醉辅助下谨慎、细致的手术，正在取代过去重视速度而炫技的手术。李斯特高明而细致的手术技艺便是一个冉冉升起的例子。这场壮举即将进入尾声。再也不必像罗伯特·利斯顿那样在30秒内完成一条腿的截肢手术，以防止氧气进入伤口产生腐烂，也不再需要健壮的助手紧紧抓住病人的手防止他挣扎了。

外科学专业正涌现一批新新人类，一种态度谨慎的科学技术家，他们在对待人体组织时细腻而周到，而不是依靠蛮力或盲目追求速度。在英国，弗雷德里克·特里维斯便是典范，而在美国以威廉·斯图尔特·霍尔斯特德（William Stewart Halsted）为榜样。当他们的教义逐渐成为日常医疗实践的一部分，细菌理论乃至科学本身也融入其中。古老的外科医生更像是在剧场舞台上的表演者，而不甘成为一名研究紊乱生理学的学生，他们自然与科学无缘。李斯特式的方法使许多资深的手术家沦为落伍者，被年轻人淘汰，后者拥有与其老师完全不同的才能。古老的外科医生在舞台上的时日无多，但他们决心尽可能地推迟其离开。

然而，到了19世纪70年代末，尽管人们仍旧强烈抵制抗菌剂，但在李斯特科学真理的力量之下，已有迹象表明了这种抵制力的瓦解崩溃，即便是在国王学院医院也是如此。资深教授约翰·伍德（John Wood）在参观了李斯特的病房后，对其印象颇为深刻。1878年11月，他邀请李斯特协同他在两场手术中实施抗菌技术，一个是甲状腺肿大，另一个是卵巢肿瘤。两例患者均痊愈出院，无并发症。尽管伍德比李斯特大三岁，而且他固守的手术习惯难以被改变，但他至少在理论上成为一个皈依者。这件事让人意想不到，因为被众人寄予厚望的他本可以坐上这位对手担任的席位，同时他也曾是李斯特最激进的反对者之一。在这种情况下，也许可以原谅他不情愿的免责声明，即德国人需要抗菌剂，因为“德国人不讲究卫生……这在英国并不是真的必要”。

然而，像伍德一样，伦敦其他顶尖的外科医生最终也认识到了李斯特方法在实际应用中的价值，以及在细菌理论之后一整套理论体系的价值。1879年12月，在圣托马斯医院举行的一次会议上，一些曾是对手的人向李斯特致以了敬意。1883年，李斯特的早期弟子，来自阿伯丁的亚历山大·奥格斯顿（Alexander Ogston）给他写了一封信，这封信也可能是由越来越多的追随者中任何一个人写的：“您将外科学，特别是手术领域，从一种危险而凭运气之事变成了一门安全可靠的科学；您是现代科学外科医生的领袖，我们这个行业的每一个明智之人和善意的人——特别是在苏格兰——都向您致以无上的尊重和爱戴。”不久之后，李斯特被维多利亚女王封为爵士。具有讽刺意味的是，同一年的早些时候，他和汤姆森还站在国王学院的台阶上，差点儿因为这个世界如此缓慢地接受他的信息而丧失了信心。

从那时起，历史的潮流已势不可当地站在他这一边，或者更确切地说，站在科学这一边。来自四面八方的人都对这位新任的约瑟夫爵士加以致敬。他被授予普鲁士骑士勋章和丹麦勋章骑士指挥官称号，获得了无数表彰和荣誉学位。其中便有牛津和剑桥的博士学位，而在 40 年前，他的贵格会信仰使他没有资格进入这两所学校。他因将巴斯德的发现应用于医学而被授予法国布迪奖，并获得普鲁士功勋勋章。全世界的医学会都争先恐后地邀请他成为名誉会员。

随着李斯特的准则在日常医疗实践中被遵循的比重逐渐增多，细菌理论也开始彰显其重要性。不仅仅巴斯德的后续研究为其提供了更多可信的证据，即微生物是引发感染性疾病的病因；1876 年，34 岁的德国细菌学家罗伯特 · 科赫（Robert Koch）首次确定特定的细菌会导致某种特定的疾病，他通过一组简单而清晰的实验证明这一观点：在患有炭疽病的动物的血液中发现芽孢杆菌后，将它以纯培养方式引入其他动物，从而证明了芽孢杆菌是造成这种疾病病理变化的直接原因。科赫的研究结果得到了巴斯德的证实，如前所述，后者开发出一种方法，通过使用一种毒力较弱的芽孢杆菌来免疫炭疽病。1878 年，受巴斯德启发的李斯特命题找到了它最终缺失的证据——科赫发表了一篇重要的论文《关于伤口感染病因学的研究》，在这篇论文中，他将六种不同的外科感染与六种不同的细菌联系起来。细菌理论的科学基础自此不容置疑。只有非科学家和劳森 · 泰特还尚未掌握这一理论。

这段时期，一场医学悖论初现端倪。人们开始意识到，空气中的微生物比人们想象的要少得多，李斯特也认识到了这一点。这件事让这位爵士认识到，可以安全地放弃刺激性石炭酸喷雾的使用。但是，一些研究细菌理论的年轻学生以一种更深远的方式解释了这种看法。对他们来说，这意味着污染手术伤口的有机体必须通过另一种方式进入伤口，即不同于先前所述的从大气中落下颗粒的方式；身体似乎具有防御能力，使其对空气中的小剂量细菌具有免疫力。因此，明显的主要污染源是医务人员（即医生和护士）的手和仪器。伤口感染是又一次“我们遇到的敌人其实就是我们自己”的展现，早在沃尔特·凯利（Walt Kelly）和他创作的波戈（Pogo）之前便存在许久。

根据前面的推论，需要灭菌的并非李斯特认为的伤口部位，而是外界接触到细菌的每一件物品。无菌术由此而诞生。

灭菌的目的是消灭伤口本源处的细菌，因为它被空气污染了。而无菌术要求对所有接触到手术区域的东西进行严格的消毒。它的倡导者正确地宣称，未经感染的组织切口不会发生感染，除非接触了带菌物体。外科医生的手部必须进行擦洗，器械必须煮沸，伤口的覆盖物必须保持无菌状态。只有患者的皮肤经消毒剂（无论是石炭酸还是某种同等有效的制剂）进行消毒，手部、手术刀都进行消毒处理后，才可形成无菌的切口。沾染疾病的旧大衣必须让位于刚刚清洗过的无菌大衣。这便是重生于匈牙利的伊格纳兹·塞麦尔维斯的洞察力。在法国人巴斯德、英国人李斯特和德国人科赫的努力下，这个时代已经做好准备接受这一切，并对它表示热烈的欢迎。

现在轮到约瑟夫·李斯特退休了。基于李斯特的方法论，更为完善的细菌理论用无菌术代替了抗菌术。实际上，无菌是预防，而抗菌则是治疗。最好的策略是防止感染的原因进入伤口，而不是等到细菌进入伤口处对其进行治疗。除了已经污染的伤口，抗菌术已失去了往日的有效性，尽管它的基本理论框架正逐渐获得普遍认可，它的创新体被誉为外科救世主。1883 年，基尔的古斯塔夫·诺伯（Gustav Neuber）根据无菌术创建了一家私人医院，其原则为，应当在细菌接触患者之前而非之后，对其进行摧毁。他设计了一套无尘通风系统，他也是首位戴着手术帽、穿着手术服进行手术的人。

巴尔的摩的威廉·斯图尔特·霍尔斯特德在1886普及了橡胶手套的使用。出生于俄国的柏林外科教授恩斯特·冯·伯格曼（Ernst von Bergmann）在1886年引入了蒸气灭菌术，并在1891年确立了我们现代无菌流程的基本步骤。

归根结底，李斯特方法论应当被视为一个过渡阶段。它的实践者获得的优异成果证实了细菌理论的实践有效性，并确立了箴言——外科医生必须将科学的教义应用于医院日常工作中。然而，当感染过程的细菌基础在巴斯德和科赫的实验室中得到了牢固的确立，李斯特方法论的辉煌时刻便终结至此。归根结底，约瑟夫·李斯特值得人们感激和称赞，并非因为他的实践方法，而是因为他唤醒了外科同人们，让他们意识到伤口腐烂的真正原因，并引导他们进入一种科学思维模式，思考如何对其进行预防。

然而，约瑟夫·李斯特的其中一项贡献几乎以其原始的形式被沿用至今。这项贡献即是他对肠线缝合术的完善，使其安全地用于外科手术。因为我不愿意用其他任何事情来干扰我对这场抗菌战役的叙述，它们可能会削弱对其激烈性的表现，所以到目前为止，我已经省略了外科技术领域有史以来最实用的创新之一。

从古典希腊时代开始，乐器的弦是用绵羊和其他动物的肠道衬里制成的。一些古代作家描述了使用这种线来连接血管，盖伦便使用羊肠线实现了这一目的，并将其命名为“graciliu chordaru”。它最大的优点是能够在愈合组织中溶解并最终被吸收。但是，这种结扎血管的方式时而受到追捧，时而淡出人们的视线；每隔几百年它便会复兴，正如安布列斯·帕雷对它的重新使用。在约瑟夫·李斯特的时代，羊肠线只被用来弹奏乐器，也许还用于制作各种各样的球拍。事实上，这种材料已经被劣名为“kit-gut”，“kit”是指舞蹈家惯用的一种小型提琴。“kit”和“gut”两个词似乎都来自希腊语中的

“kithara”，通常指一种里拉琴、竖琴或琵琶。

当李斯特最初进行抗菌工作时，他的做法是从外科医生脏污的礼服纽扣孔中抽出一根金属线或棉线，对大血管进行结扎，这些线不可被人体吸收。这些结扎带的末端留得足够长，可以垂到切口外面。这样，当感染发生时，它们可以通过柔软的腐烂组织被取出，但这种做法有时会导致撕裂的血管产生大量的出血，并经常导致死亡。利用抗菌方法处理伤口可以大幅减少感染的发生，但这也意味着如果不重新打开伤口，就不可能把这一长条带形成的异物取出来。

在寻找一种可以溶解和吸收的缝合材料时，李斯特想起了羊肠线。自 1868 年起，他对这种材料进行了一系列长时间的实验，直到他找到了完美的方法将其应用于手术，并用石炭酸对其进行灭菌。他发现大约一周内它便会在人体内溶解，但使用铬酸盐浸润，可以延长它的使用寿命。虽然在过去的十年里已发明了各种合成的可吸收缝合线，但全世界的每一个手术室里，都有着相当比例的外科医生青睐于使用普通的和所谓的铬线作为首选的结扎线，对特定组织进行结扎。

相比于格拉斯哥和爱丁堡的任期，李斯特在国王学院的日子更为悠闲。虽然起初他为病人太少而感到苦恼，但很快他就意识到，他可以从容不迫地从事实验室工作，并享有偶尔娱乐的自由。即便他在伦敦的私人执业在后期阶段得以扩张，他仍然摆脱了许多行政和教学义务，这些义务占据了他在苏格兰的大部分时间。作为英国医学会的一名讲师，他非常受欢迎，接受了每一个符合他日程安排的邀请，仍旧饱含着最初把他带到国王学院的那般热情。在 1881 年伦敦举行的第七届国际医学大会上，他有幸将路易·巴斯德引荐给罗伯特·科赫，并受到了两个人亲切的赞扬。

最重要的是，约瑟夫和艾格尼斯夫妇开始享受更频繁、更长的假期。他自学了飞钓，并非纯粹热爱这项运动，而是因为这给了他走出国门的机会，让他可以和同行的妻子单独感受惬意的时光。他们一起成为观鸟专家，以同样的兴奋投入这一爱好，彰显着他们多年合作进行科学研究的默契。在里克曼·戈德利爵士关于他叔叔约瑟夫的传记中，他贴出了这对夫妇在观鸟探险中写的日记中经典的一页。它在各方面都再现了他们在实验室中的相互关系，那是一种终生的同志情谊。1891 年 4 月 23 日，他们绘制出所研究的那只鸟的草图。素描和描述部分由约瑟夫爵士完成，而这一页上的其余文字是李斯特夫人写的。

虽然李斯特参加了许多不同规模的医学会议，但其中最富戏剧性的是 1892 年 12 月 27 日在索邦举行的庆祝路易·巴斯德 70 岁诞辰的盛大活动。前一年 7 月，约瑟夫爵士在法定年龄 65 岁时从国王学院退休。如今他来到法国，不仅是作为伦敦皇家学会和爱丁堡皇家学会的代表，而且还作为传播巴斯德学说的核心人物。他用法语发表了雄辩的演讲，并在演讲的最后部分向这位伟大的科学家致以敬意，称赞他为天才。最后，早先患有中风而倍加虚弱，还没有完全康复的巴斯德，慢慢地站起了身，艰难地走向讲台，用双臂紧抱着他，亲吻了他的脸颊。这是一个历史性的时刻，因其自然而发而更加感人。

次年 3 月，李斯特夫妇告别了寒冷的伦敦，前往意大利里维埃拉的拉帕洛寻找早春的温暖。在那里，李斯特夫人患上了肺炎。不到一周，这位最忠诚的同伴离去了，在那一日，李斯特身上的某部分仿佛也死去了。一个人的生活与另一个人的生活如此紧密地交织在一起，他在世间的每一项成就实际上都是他们共同的成就，如果不把自身的一大部分割舍，他很难做到挥别这 37 年的交融。约瑟夫·李斯特从未停止哀悼这位最佳挚友。虽然他还能再活 19 年，但他失去了与艾格尼斯共存的乐观精神。随着他年岁的增长，他仍接受着伟大之人应得的荣誉，但没有艾格尼斯，他们的奖励就是空洞的希望。1895 年，他当选为皇家学会主席；1897 年，他被提升为贵族爵位。约瑟夫 · 李斯特男爵，这是首位被授予这一头衔的医生。1907 年，当世界都为他庆生时，维也纳外科研究所举行了一次特别的“李斯特会议”，当他的肖像被投射到讲台上方时，500 名观众起立并爆发出热烈的掌声。他谦虚而孤独地接受了世界的感激之情。

李斯特男爵继续进行写作和出版，直到他虚弱的手指再也无力执笔。直到 1909 年，他关于肠线结扎术的信函同时发表在《柳叶刀》和《英国医学杂志》。但此时他的视力和听力已经开始衰退了。里克曼 · 戈德利描述了在他叔叔临终前最后一年探访时的悲伤景象：“他若有所思地看着我们，告诉我们他有‘那么多话要说’。但是，唉，他已无法表达他最后的想法。”

不觉间，这位无菌手术的缔造者陷入了昏迷。他于 1912 年 2 月 10 日清晨去世。威斯敏斯特大教堂为他举行了盛大的公共葬礼，但李斯特男爵留下了明确的指示，拒绝葬在此地。他躺在西汉普斯特德公墓，和他心爱的艾格尼斯一同长眠。

13 “美国医学科学之源”

约翰斯·霍普金斯医院的威廉·斯图尔特·霍尔斯特德

1983年11月的第三个星期五，在下午晚些时候，一车健壮的哈佛本科生前往康涅狄格州的纽黑文，准备第二天与人数相当的耶鲁大学的学生进行橄榄球比赛。这是两所学校的第一百次交锋，它们之间的争锋对美国大学体育运动的发展起到了至关重要的作用，这场喧闹的赛事闻之震耳欲聋，而落笔却又难以名状。几天前，东北地区大部分城市报纸的体育专栏上都挤满了昔日传奇球星、队长和教练的名字，甚至连“帅气丹”（一只耶鲁大学的斗牛犬）的事迹也在报纸上全方位展现。校友们承诺了物质奖励，祝酒者们喝得烂醉（实际上，校友们比祝酒者们喝得更醉），而据现存资料记载，人们会以各种方式来庆祝这对长久的敌手之间的竞争，以此留念。不论是任何一个机构的橄榄球队中的无名小卒，还是能力有限者，都会被刊登在报纸上。

只有一个例外。1873年12月6日，也就是在那场盛大竞赛的前两年，耶鲁派出了这个国家首支十一人橄榄球队，对手是一群自称来自伊顿公学的英国人。现代美式橄榄球运动就是从这场比赛使用的规则演变而来的，数百万美国人在每年秋季的周末都会依靠它来消磨时光。在一个世纪后的庆祝活动中，人们早已遗忘获胜方“耶鲁十一人”的队长名字了。他就是威廉·斯图尔特·霍尔斯特德，21岁，来自纽约，一名大四学生。

这位体格结实的年轻运动员资质平平；他的学术成就如果说成是平庸的，那是在褒奖他。在进行了大量的调查后，他的一位传记作家无奈得出结论：“耶鲁大学图书馆没有他的任何借书记录。”霍尔斯特德在安多弗也是用这种散漫的方式进行备课，和他的许多朋友一样，他对体育运动很感兴趣，完全不参加那些本应是常春藤盟校学生生活特色的脑力活动。橄榄球并不是他唯一的运动。他是74级棒球队的游击手，也在班内任职；他还作为体操运动员参与过一场表演，为他的划船俱乐部筹集资金。从他当时的照片上可以看出，他英俊潇洒，是个衣着讲究的时髦绅士（尽管有一对招风耳），处处都看上去像个有钱人的儿子。

这位集“博·布鲁梅尔”和“弗兰克·梅里维尔”[①]于一身的年轻人的父亲是霍尔斯特德·海恩斯公司（Halsted, Haines and Co.）的总裁，该公司成立于19世纪初，是一家家族所有的纺织品进口公司。老霍尔斯特德的血脉传承自1660年在长岛亨普斯特德定居的祖先。他选择了他的表妹玛丽·路易莎·海恩斯（Mary Louisa Haines）作为自己的婚姻伴侣，而她本人的出身也无可挑剔。霍尔斯特德夫妇住

---

① 博·布鲁梅尔（Beau Brummel），美国现代着装教父；弗兰克·梅里维尔（Frank Merriwell），出自同名书籍，自1896年起出版，主人公弗兰克·梅里维尔是一位虚构的文武双全的街头英雄。——译者注

在曼哈顿第五大道和第十四街的联排别墅，在纽约欧文顿的乡下也有一栋乡村别墅。1852 年 9 月 23 日，降临人世的新星，威廉 · 斯图尔特 · 霍尔斯特德在这个典型的美国富贵之家中首次闪耀了光芒。

一些医学家肯定已经拜访过如今已是空荡荡的霍尔斯特德别墅，就是在那里，一位含着金汤匙的婴孩颇有些“后来居上”的天资，他的天赋在完成了耶鲁大学的教诲后才得以挖掘出来。如果说有一株植物扎根很深而又开花很晚，那说的一定是这株白色斑驳的、打着领结、戴着礼帽的常春藤之花，它那“直到在医学院才开放”的天赋人们很晚才发现。这种植物的隐喻虽然结尾的逻辑有些过分华丽，但相当准确，当他智力的花瓣最终开放时，其花粉足以让那时的美国的外科界这样荒芜的土地结果。此后的成长是一种新的精神、一种新的技术，一种完全独创的领导意识。一个词专门用来形容这种情况：它被称为霍尔斯特德模式。

在霍尔斯特德成人之时，美国医学史已经进入了十分有利的时期。大多数本土医生仍在旧的学徒制度下接受大部分教育，通常就读于某所医生创立的医学院，在为期两年的时间里，每年需完成三至四个月的课程。那些少数能负担得起更高级培训费用的学生会前往欧洲，正如自古沿袭的传统。在霍尔斯特德的青年时代，通常是在德国和奥地利就读，会取得付出所能拥有的最好回报。对于那些满怀抱负但缺乏欧洲学习经验的医生来说，他们难以获得医学科学知识，即便是最基础的理论也颇为欠缺。唯一的例外是那些可以从同事或期刊上获得二手信息的人。

只要这种情况继续下去，美国医学在许多方面仍将是一潭死水。在古代的治疗艺术中，科学是一切新事物的基础，而科学则聚焦于实验室工作。在 19 世纪 70 年代，美国的医学院内几乎没有实验室。为了使美国的医疗更专业化，新一代医生必须接受培训，掌握对于日益增多的技术和信息的解释方法。他们需要的教学方式在当时只有欧洲具备，并且当时美国科学家和优质设施均稀缺。为了实现这一目标，美国的医学教育必须改变观念——走出医生所有制的私立学校，进入大学的学术氛围。

这种模式源自德国医学的体系，它在美国的原型是巴尔的摩的约翰斯 · 霍普金斯医学院。威廉 · 霍尔斯特德注定要成为美国第一所医学院的首位外科学教授，这所医学院实际上是一所大学的研究生院。他获得的那一次机会如同乌云中的一片光辉，是在切线般掠过一系列个体悲剧后的结局事件，转而飞向那片专门为医学不朽历史而保留的小小绿地。1852 年 9 月下旬的那个早晨，曾经在奢华襁褓中、居住于曼哈顿联排别墅的威廉 · 斯图尔特 · 霍尔斯特德，在 35 岁左右经历了一场使他濒临毁灭的浩劫，但最终幸免于难。之后，他重新振作，最终成为公认的美国外科之父。

数年后，他执笔讲述了在耶鲁大学的生活，我们能看到他对未来职业的一种暗示："我在大学里全身心投入体育运动。在大四时我购买了《格雷解剖学》和《道尔顿生理学》，并饶有兴趣地研究它们；我还在耶鲁医学院的几个诊所学习过。"这些诊所很可能是由纽黑文诊疗室创办的，后者是一个由医学院教员组成的门诊部。由于纽黑文医院的高层不愿病房无限制地向学校的师生开放，所以诊疗室起到了指导教学的作用。在 1871 开业后不久，它就急需更宽敞的场地，在霍尔斯特德大四的时候，它搬迁到了皇冠街，距离本科生校园只有几个街区。我们不禁要问，如果这座诊所坐落在镇对面的医院附近，而不是离他自己的住所那么近的话，这位并不好学的年轻运动员是否会费心前去学习呢？提出这种质疑的原因在于，尽管霍尔斯特德的叔叔是个医生，但从他早年的经历来看，似乎没有证据表明医学对他有任何吸引力。因此，一次市政地理规划的意外可能决定了他的职业选择。然而，更有可能的是，他对《道尔顿生理学》的痴迷才是主要的影响因素。

不管他受到何种激励，1874年秋天，威廉·霍尔斯特德以医学生的身份进入了纽约内外科学院，他颇具影响力的父亲是该学院的董事会成员。尽管这所学校的官方名称是哥伦比亚大学医学系，但实际上它是一个完全独立的机构。事实上，它和当时纽约全部八所医学院一样，都是由教职工所有。

根据学院的规定，在1874年被录取的550名学生都要以预备实习生的身份师从某位教员。霍尔斯特德的导师是解剖学教授亨利·B.桑兹（Henry B. Sands），他于1879年成为外科学教授。霍尔斯特德很幸运地选到了心仪的导师，还有幸成为生理学教材作者约翰·C.道尔顿（John C. Dalton）的助教。他不仅完成了三年的课程，而且显然还经历了一次学术上的蜕变：他以优异的成绩获得了医学博士学位。他是班上的前十名，这是基于他在口试中的表现和他那篇题为《手术的禁忌》的论文。作为前十名的毕业生之一，他有资格在笔试中竞争100美元的奖励，并且大获全胜。

在那个时代，学生们可以在被正式授予博士学位之前开展实习工作。霍尔斯特德于1876年10月在贝尔维医院开始了为期18个月的实习。随后，他于1878年7—10月担任纽约医院的住院医师。

他在耶鲁大学最后一年开始的转变到目前为止已经完成了。那个即兴漫步几个街区到纽黑文诊疗室进行观察的好斗纨绔子弟，已经成为一名认真的医学生。既然钱财不是问题，接下来的一步便是水到渠成。当他在纽约医院的任期结束后，霍尔斯特德坐上轮船，开始了为期两年的欧洲学习生活。1878年11月4日，这位年轻的医生来到维也纳进修至次年春季。他两年的大部分时间都在一些讲德语的著名诊所里工作，这是世界领先的医学中心。

有充分的理由能够证明，在19世纪下半叶和第一次世界大战之前，这些机构是世界医学进步和医学教育的焦点。他们的卓越主要与其大学的组织形式有关。在当时，部分学生和初级教师位于支持1848年革命的知识分子队列，他们试图推翻当时的政府部门对高等教育的控制，以及政府为保守的老教授提供的闲职。虽然从政治角度来看，革命失败了，但在学术界发生了重大变化。教学自由和学习自由（Lehrfreiheit und Lernfreiheit）由此建立，形成了更开明的学习氛围。教师职位的填补提名的是几位高素质候选人，政府从中进行选择。这种自由和开放的竞争关系以及大量州立大学的有力支持，年轻的毕业生被鼓励成为具有生产力和受欢迎的教师。随着研究机会的增多，以及每一项新发现都在实验室和临床中开辟了更多的途径，研究工作蓬勃发展。法国和英国医学从先前的领导地位上跌落，而美国医学还处于相对起步阶段，来自西方世界和亚洲部分地区的年轻医生纷纷前往德国、奥地利、瑞士和捷克斯洛伐克学习。

在这场医学革命之前的日子里，美国人就已前往欧洲学习，在英国和法国学习“病房巡视”；现在，每一个有经济能力的美国毕业生都会前往德语城市，长期住在讲德语的家庭中学习语言，然后开始了从一个中心到另一个中心的旅程。对于一般的从业者来说，这是一种奢侈；而对于任何一个想要追求专业的年轻人来说，这绝对是必要的。

对于这一现象，托马斯·邦纳（Thomas Bonner）在他极具价值的研究《美国医生和德国大学》中估计，在1850—1890年出生的美国顶尖医生中，至少有40%~50%曾在德国学习。在题为“德国吸引力”的章节中，他写道：“1870—1914年间，至少有一万名美国人在维也纳接受了一些正规的医学研究。”用威廉·亨利·韦尔奇的话说，奥匈帝国首都是“美国实践者的圣地”。在维也纳众多吸引人的医疗亮点中，最著名的当属该大学第二外科医院主任西奥多 · 比罗斯教授。

霍尔斯特德参加了比尔罗斯的讲座和手术，并与他的一名助手安东 · 沃尔夫勒（Anton Wolfler）在实验室密切合作，两人成为亲密的朋友。同时，他致力于解剖学的研究，熟练地使用显微镜。他的欧洲之旅包括维尔茨堡（他在那里跟随科利克学习）、莱比锡、柏林、基尔、哈雷和汉堡，以及 1879—1880 年冬天在维也纳的另一个学期。当他回到家时，他已经与一些伟大的人共事过，他们被认为是现代医学和临床病人护理的先驱。在他们的指导下，他开始对病理学、医学、解剖学、胚胎学和外科感兴趣。尽管他与鲁道夫 · 菲尔绍的接触似乎很少，但他通过那些受到菲尔绍影响的人，已经掌握了这位“德国医学教皇”的学说的理论基础。

德国工作人员在显微解剖学、病理学、细菌学、生理学和化学领域进行了很多伟大的实验室研究，开始在无菌和外科技术的临床上初见成效。对于研究者来说，这是一个发酵的时期，而德国医院的氛围便很可能就是发酵的催化剂。当我们阅读霍尔斯特德对他为期两年欧洲生活的描述时，能够明显看出这为他今后的临床研究奠定了基础。虽然他将会创办一所别具一格的美国外科学校，但他在生命的最后阶段仍然保留着德国人的影响，或者正如他的同事威廉 · 奥斯勒所说，“非常德国化”。

霍尔斯特德于 1880 年 9 月回到纽约。他多样而有深度的欧洲经历，以及他出众的能力，使他成为这个城市最受尊敬的年轻外科医生之一。由于他的才能、他的热情，以及他的人脉（这一点毋庸置疑），无数的机会降临到他面前，他也似乎来者不拒。回顾随后四年的记录，很难想象他是如何做到这一切的。在那段时间里，他狂热地从事各种活动，使他的事业飞速发展，如果不付出巨大的代价，这种速度难以维持。

这位精明能干的年轻外科医生成为内外科学院的解剖学演示者。他接受了桑兹医生的职位，与他一起在罗斯福医院共同进行外科手术实践，后来他在那里创建了门诊部。也许他设立这一部门的原因，是受到了在耶鲁时期的纽黑文诊疗室经验的影响，它的建立不仅是为了提供病人护理，还为了取代医院成为医学院学生的主要教学场所。多年以后，霍尔斯特德在给威廉 · 韦尔奇的信中说，他每天早上都在这个部门工作，包括星期天，直到1884年春天，坚持了整整三年。这使他参加其他活动的数量和范围显得更加不同寻常，所有这些活动只能在下午和晚上进行。

1881年，他被任命为布莱克韦尔岛上一家大型公共慈善医院的客座医生。尽管他的查房出自医疗目的，但医院的实习生们对他的手术技能十分感兴趣，只要一有机会就会告知他择期手术转为紧急手术了，这样他们就可以在他晚上来医院时，在手术室里担任他的助手。1883年，他又在沃德岛的纽约州立移民医院担任外科顾问，这是他晚上的另一份职责。同年，他成为贝尔维医院的外科客座医生，在那里，他与他的耶鲁校友、在德国接受培训的病理学家威廉 · 韦尔奇建立了深厚的友谊。他还被任命为钱伯斯街医院的外科主治医生，这是一家专门处理紧急情况的机构。在纽约的最后时日，他在这份长长的名单上又加上了一个头衔：长老会医院外科医生。他很忙，但看上去很开心，他很快就赢得了振奋而敢于冒险的外科医生之名，并享有纽约市医学界领袖的声誉。

在巴尔的摩与威廉 · 霍尔斯特德共事过的人，对他的印象都是一名办事有条不紊、几乎难以接近、极为拘谨的外科教授。他在纽约的事业蓬勃发展，这与他后来那种简朴的形象形成了鲜明的对比，但更引人注目的是，他在巴尔的摩处理社交事务时的沉默寡言，与他在纽约家中的生机勃勃也对比明显。他与比他大几岁的卓越医生托马斯·麦克布莱德（Thomas McBride）共用办公室和居家场所。在麦迪逊大道和第四大道之间的第二十五街，单身汉的家庭似乎像一个永久开放的房子，一群来自多个专业或商业领域的富裕年轻人光临晚宴和参加音乐活动。这座房子刚好坐落于第二十六街和麦迪逊路口大学俱乐部的拐角处，霍尔斯特德—麦克布莱德的移动盛宴便围绕着这两座建筑进行。这位冉冉升起的年轻外科医生被认为是一位性格开朗的东道主、好伙伴、大学保龄球俱乐部的明星。

在短短几年内，纽约时期的活力和步伐注定会在不断增厚的流沙中摇摇欲坠。在此之前，霍尔斯特德产出了大量的研究成果，这也预示了他在后来研究和教育方面所做出的主要贡献，也因此而闻名。其中有一段集中体现了霍尔斯特德在面对那些顽抗的同事时，在传播无菌手术学说中所扮演的角色。像大多数美国医生一样，纽约的外科医生对李斯特的原则和伤口感染是由细菌所引起的理论持怀疑态度。在霍尔斯特德接受贝尔维医院的任命后不久，他就清楚地认识到，在医院的手术室里不可能实现正确的无菌技术。在欧洲的经历使他确信无菌的必要性，他拒绝在不完美的情况下进行手术。在一些朋友的帮助下，他筹集了1万美元，在医院的空地上搭起了一个巨大的帐篷，作为他的私人临时手术室。帐篷里有煤气和热水，铺着精致的枫木地板，还有用来通风和采光的通气孔。在这种可控的氛围中，霍尔斯特德可以实践他在国外学到的无菌方法——这比约瑟夫·李斯特的第一部著作早了将近20年。

在1883—1886年的纽约时光中，霍尔斯特德共发表了21篇涉及各种主题的科学论文。他发表的第一个作品已经展露了他的某种先见之明。这篇题为《一氧化碳中毒治疗中的再灌注》的文章意义重大，因为他是最早支持直接输血的人之一，而这一点被霍尔斯特德后来的多项伟大贡献淹没，几乎被人们抛诸脑后。在这篇文章中，他描述了他在抢救一名因一氧化碳中毒而被送进钱伯斯街医院濒临死亡的男子时的经历。他从病人的手臂处取血，通过轻轻搅动使其脱离纤维蛋白凝血因子，同时也使其与空气接触，然后再将少量捐赠者的血液一起输回病人体内。在同篇文章中，他描述了一例败血症患者成功输血的案例（血液来自“一位勇敢慈善的德国人”），以及一名受伤后休克的11岁男孩的复苏过程。在后一个案例中，他用盐溶液代替血液。自体输血的使用和静脉输注盐溶液的有效紧急治疗这两项技术在霍尔斯特德的描述后被遗忘，在之后近一个世纪才被重新发现。

这篇文章中报道的病例并不是霍尔斯特德第一次使用输血技术。这件事发生在几年前，而且完全是计划外的。1881年，他到纽约的奥尔巴尼去看望他的姐姐，到达时，他的姐姐正在分娩。随后，他被匆忙叫到她的床边，看到姐姐因为产后大出血而脸色苍白，脉搏微弱。在几年后的一份笔记中，他描述了自己对当时情况的反应："检查出血后，我把从我的一条静脉抽出的血液输进了注射器，并立即注入了她的一条静脉。这是一个很大的风险，但她几乎奄奄一息，所以我冒险一试，效果立竿见影。”20年后，也就是1901年，维也纳的卡尔·兰德斯坦纳（Karl Landsteiner）发现了血型，输血才变得安全。

现在，我们要讲述他的陨落，或者说是他的浴火重生。传说中的埃及凤凰是一种羽毛异常艳丽的雄鸟，我们故事的主人公也拥有相同的特征。据说，这只鸟自己建造并点燃了火葬柴堆，它在火焰中死去，又从灰烬中重生。凤凰的传说是经典的复活故事，在神话、《圣经》以及众多传记中都能找到。它有很多变形，从国家的复兴到现代流行音乐中遭遇“中年危机”后的转型。在威廉·霍尔斯特德的例子中，火葬柴堆上撒满了可卡因。

可卡因也是众多传说中的主人公。事实上，它最初应用于治疗艺术的故事被过分美化，因而每一个细节的准确性都受到了质疑。下面的简要概述被认为是一个真实的故事。

尽管报纸上对其大肆宣传，但在医学方面却鲜有突破性的进展。很难指出它们其中任何一项进展起源的确切时间。然而，尽管这样具有里程碑意义的科学诞辰日并不常见，麻醉史上却宣告了两例。第一次发生在1846年10月16日，当时威廉·托马斯·格林·莫顿在麻省总医院进行了第一次乙醚手术催眠。第二次是在1884年9月15日，当时在德国眼科学会的海德堡会议上，约瑟夫·布莱托尔博士（Dr. Josef Brettauer）宣读了一篇论文，作者是维也纳医学院的一名26岁的初级教员，他负担不起路费，因此无法亲自前往展示自己作品。这位贫穷的研究者是卡尔·科勒博士（Dr. Karl Koller），他那篇令人惊叹的论文描述了那年夏天所做的系列简短实验，在为期几周的实验中，他证明了可以通过几滴可卡因对眼睛表面进行麻醉，可卡因是一种从古柯叶中提取的生物碱。自1862年以来，人们就知道这种药物会麻醉口腔黏膜（当然，秘鲁印第安人几个世纪前就意识到了这一点），但近20年来，人们一直没有对它进行过真正的研究。后来，维也纳的一位28岁的神经学医生西格蒙德·弗洛伊德开始着手一些实验，以确定它对中枢神经系统的影响。正是在弗洛伊德的建议下，他的朋友科勒开始研究可卡因。

可卡因的局部麻醉作用被发现的消息轰动了整个外科界，许多欧洲的大型医学中心立即展开了实验。在科勒的医院里，霍尔斯特德的老朋友安东·沃尔夫勒进行了一项研究，以确定该药在普通外科手术中的有效性。无论是通过私人信件，还是通过出现在1884年10月11日的《医疗记录》中的一篇关于海德堡会议的报告，霍尔斯特德都受此影响，并开始了他自己的一系列实验。他招募了一小组同事和一些医学生，研究局部渗透技术以及阻断主要神经干的方法。在小组内部，他们以彼此作为实验对象。

在工作过程中，年轻的研究者们逐渐意识到这种药物使人兴奋的作用。他们中的一些人对可卡因的成瘾特性一无所知，于是开始吸可卡因粉末来增加社交体验。在进行几次鼻吸后，剧院里最无聊的夜晚变成了一场夸张的表演。朋友们被邀请回家进行演示；研究者们不得不拒绝一部分想要参与这项研究的人。

霍尔斯特德以及他的同事们对他们所做的研究抱有很高的期望，在很多方面都是如此，而个人所承担的代价也很快就凸显出来。他们中的一些人开始上瘾，包括他们的领袖。尽管积累了大量的数据，霍尔斯特德却只发表了一篇关于可卡因的论文，这篇短文发表在1885年9月的《纽约医学杂志》上。他毒瘾最严重的时候所写的作品与他的其他作品的清晰和精确形成了鲜明而可怕的对比。看看第一句话就能说明他的病情恶化到了什么程度，也解释了为什么没有更多关于可卡因的出版物问世：

> 不管有多少种可能性可以最好地解释，也不是无法了解，为什么外科医生会这样做，而且如此多的外科医生在毫无信任的情况下，几乎不会对大多数人认为是一种局部麻醉剂的东西表现出任何兴趣，特别是对他们来说，这肯定会证明是有吸引力的，但我不认为这种情况，或者某种责任感能够挽救外科医生的零散声誉，而是存在着在相当大程度上帮助他人的机会，这种机会引诱我，几个月前，亲手写下一些更好理解的主题篇章，健康状况不佳的我无法完成这件事。

在这些可卡因成瘾的年轻医生中，除了霍尔斯特德之外，其他人最终都被可卡因摧毁了，无论是他们的职业还是个人生活。就连他的室友托马斯 · 麦克布莱德也不例外，虽然他没有参与这项研究，但似乎也被这种药物所困扰。在上述论文发表不到一年的时间里，麦克布莱德死了，死因无法明确，当时他正在从欧洲返航的船上，他刚刚因为某种不知名的疾病做了康复之旅。船上的医生一直在给他注射瓶装可卡因或吗啡溶液，这些是他自己带上船的。除麦克布莱德外，没有人知道这些溶液中麻醉剂的浓度是多少。

至于霍尔斯特德，可卡因依赖性迫使他开始了一场关于绝望和毁灭的终生斗争，只要他还有一口气，这种能够瓦解他事业的危险就会伴随着他。他的成就所铺下的每一块金色基石，搭建了他后来的丰功伟绩，而这一切都笼罩着某种魔咒的阴云，先是可卡因，接着是吗啡。

尽管霍尔斯特德从未摆脱对毒品的依赖，但他确实设法松开了它们最初束缚他的枷锁。他最终获得了充分的自由，可以继续工作，基本上能够全程保持清晰的思考，在不知情的同事看来，他更像是一个难以理解的怪人，而不是一个永远都在躲避毒品需求的潜逃者。从这个层面讲，他战胜了毒瘾。在他搬到巴尔的摩后，即使是那些见过他在纽约时的崩溃状态的人似乎也相信，毒品对他的影响早已过去。那些更了解他的人为他保守了秘密，他们甚至没有在彼此之间谈论这件事。他们布下了一些善意的谎言，用一个聪明内向的人所具有的性格特点来解释他频繁而不恰当的行为，比如他每年独自去欧洲小酒店的旅行，还有很多次在紧急的日程安排中突然离开医院，或者干脆完全缺席。最明显的一点不言自明：这位勇敢，甚至可以说是大胆的年轻外科医生，在纽约的日子里，他的职业生涯和个人生活曾在成功的道路上疾驰，而来到巴尔的摩后，他变成了一个疏离、沉闷、谨慎、强迫性的研究者，他早期对学生的振奋人心的指导已经变得平淡无奇，他最大的满足感似乎来自实验室里缓慢、细致积累的科学证据。

少数几个知道霍尔斯特德全部秘密的朋友，竭力防止着秘密的泄露，这种忠诚至死不渝。然而，在试图挽救他的声誉时，这些善意的拥护者实际上也给他造成了伤害。在霍尔斯特德去世近半个世纪后，真相被公布于众，他的名字比以往任何时候都更加闪耀着光芒，成为不屈不挠的勇气和力量的典范，时常印证着人类的精神。

下面的段落中会讲述许多关于霍尔斯特德的习惯，我要感谢武装部队大学健康科学部的彼得 · 奥尔奇（Peter Olch）教授的出色研究。其余部分出自哈维 · 库欣未发表的论文集，他是耶鲁大学神经外科专业创始人，也是霍尔斯特德最著名的弟子。还有一部分是从一本上了锁的小黑书中摘录出来的，这本书是约翰斯 · 霍普金斯大学的第一任医学教授威廉 · 奥斯勒写的，直到 1969 年它才被打开。奥斯勒不仅是美国有史以来最好的医学老师，也是最有才华的编年史者之一，他将这本书的一部分命名为《约翰斯 · 霍普金斯医院的内部历史》。他在书中透露，在霍尔斯特德被任命为霍普金斯医院外科主任后不久，他发现这位同事正在大量服用吗啡。很有可能，他是在试图改掉可卡因习惯时开始使用吗啡的；至少吗啡对他生活的影响没有可卡因那么严重。以下是奥斯勒的描述：

> 他的孤僻倾向，以及时常会有的轻微怪癖，有时会达到古怪的程度（相对于我们，他在纽约的老朋友们可能更会觉得他变得陌生），这些都是这位勇敢的同事多年来日常与之斗争的唯一外在表现。当我们在 1890 年推荐他成为医院的正式外科医生时，我相信，包括韦尔奇也相信，他不

再对吗啡上瘾了。他工作做得如此出色，如此精力充沛，他似乎不可能在服用毒品的情况下还能做这么多事情。

大约在正式任命后六个月，我看到他出现了严重的震颤，这是我第一次意识到他还在服用吗啡。随后我跟他谈了很多次，得到了他的充分信任。他从来没能把每天的食用量减少到三粒以下，即便如此他仍旧可以舒舒服服地干他的活，保持他那旺盛的体力（因为他是一个肌肉发达的家伙）。我认为没有人怀疑他，甚至韦尔奇也没有。

事实上，正是由于威廉·韦尔奇的努力，霍尔斯特德才得以重整他职业生涯的碎片。在霍尔斯特德陷入崩溃的时候，贝尔维的病理学家已经搬到了巴尔的摩，参与了约翰斯·霍普金斯医院最后的开张计划。当他意识到他的朋友如此陷入病态之中时，他回到了纽约，说服他出发去向风群岛，他希望这是一次治愈性的航行，并为此亲自租了一艘纵帆船。这次航行是在1886年2月和3月间进行的，但实际上是一场灾难。在耶鲁图书馆里库欣的收藏信件中，有一封日期为1930年12月5日的短笺，是约翰·富尔顿（John Fulton）写的，信中描述了他那天与当时已退休的神经外科医生的对话。库欣告诉他：“霍尔斯特德随身携带的可卡因“足够他度过最后两周的航程”。富尔顿继续说：

他能戒掉毒瘾吗？不。他闯入了船上的药店，并将这个习惯延续到生命的尽头……哈维·库欣今天还告诉我，他说他在和霍尔斯特德共事的15年里（在那段时间里，他只在自己家待过两次！），他从未怀疑过霍尔斯特德会有可卡因的嗜好，直到许多年后，他才勉强承认了这一点。

当霍尔斯特德回到家时，他强迫自己接受这样一个事实：如果不进行某种形式的治疗，他将永远无法戒掉毒瘾。他住进了巴特勒医院尝试治疗，这是一所位于普罗维登斯的私人精神病院。当他于1886年11月出院时，他同意韦尔奇的建议，来到巴尔的摩，这样他就可以继续受到他的照顾以及密切关注。次月，他来到霍普金斯大学，开始在实验室与解剖学家富兰克林·P. 莫尔（Franklin P.Mall）一起进行肠道缝合方法的实验研究。不管这些研究进展如何，到了次年初春，霍尔斯特德的康复又一次失败了。1887年4月5日，他再次住进了巴特勒医院，在那里他一直待到1888年1月才回到实验室。可以肯定的是，他开始使用吗啡，他的管家在一次供述中提到了此事，但这究竟是作为他治疗一部分的开始，还是他通过贿赂他人而获得这种走私品，我们仅能凭猜测审度。

因此，尽管霍尔斯特德在巴尔的摩定居后可能已经戒掉了可卡因，但他的余生仍然沉迷于吗啡。他被带到霍普金斯大学，不是为了成为一名外科教授，而是为了把他支离破碎的生活整合起来。韦尔奇的意图是让他从实验室开始做起，并确保他不会离开“老大哥”式的监督视线。处于康复期的霍尔斯特德搬进了韦尔奇租住的一间寄宿公寓，开始了他的研究。彼得·奥尔奇恰如其分地称其为“一种依靠职业进行治疗的方式”，而且肯定不是学术任命。

现在，我们需要好好地了解一下这座非凡的新治疗殿堂，这位被救赎的外科医生即将入职。1874年，巴尔的摩商人兼银行家约翰斯·霍普金斯曾在死前立下遗嘱，将他700万美元遗产中的一半用于建立一所大学，另一半用于建立一家医院。在1873年写给医院受托人的一封信中，他发表了一份声明，表明他已经就美国医学教育在当代的不足以及克服不足的方法提出了极好的建议：“你们在所有医院相关的工作中都需谨记，我的愿望和目标是，这个机构应该成为大学医学院的一部分，我在遗嘱中为此提供了充足的资金。”在美国医学迅速崛起至当今世界卓越地位的过程中，任何因素都比不上霍普金斯阐述的原则的重要性：每所医学院不仅必须是大学环境的一部分，而且必须与一家优秀的医院紧密相连，使得这两者在现实中成为治疗、教学和研究三方共同努力的一部分。

约翰斯·霍普金斯医学院及其医院成功的关键是对于顾问和管理人员的选择，最初由创始人进行选择，后来由其任命的受托人进行。与霍普金斯本人一样，相当一部分（也可以说是道德层面良好，“goodly”有这两层含义）最初的受托人都是宗教性教友会的成员，他们对治疗和教育原则的忠诚既是一种公民责任，也出自信仰。此外，他们也像赞助人一样知道如何正确对待并珍惜每一分钱。只有贵格会的节俭之名才能与其慈善方面的声誉相媲美

这项任务开始于1874年夏，三名大学校长受邀前往巴尔的摩主持工作，他们是密歇根大学的安吉尔、哈佛大学的埃利特和康奈尔大学的怀特。当他们完成任务回到家时，每个人都收到了一封信，要求他们为这所羽翼未丰的学校推荐一名领导人。三个人不约而同地独立任命了同一个人，40岁的加州大学校长丹尼尔·科伊特·吉尔曼（Daniel Coit Gilman），他曾担任耶鲁大学谢菲尔德科学学院的董事会秘书一职。人们已经写了很多有关吉尔曼对约翰斯·霍普金斯大学和美国医学教育的英勇贡献，但在本书中，一句话就足够了：他在正确的时间、正确的地点证明了他是正确的人。

对于医院首席顾问的选择同样是一种典范，他们任命了约翰·肖·比林斯（John Shaw Billings）博士，他是美国卫生局旗下图书馆的主要创始人。该图书馆现已发展成为美国国家医学图书馆。在后来的几年里，他因为另外两项非凡的成就而闻名：纽约公共图书馆的建立和最初规划者，以及他对约翰斯·霍普金斯医院的巨大贡献。

在开始他们伟大的工作时，吉尔曼和比林斯咨询了世界各地的医学和科学领袖。1876 年，比林斯访问了欧洲，参观了其主要机构，并寻找医院设计和规划方面的所有可能的信息来源。美国组织性的医疗机构对霍普金斯实践的投入不菲，甚至美国医学会公共卫生部主任 E.M. 亨特博士都前往陪同。在逐步制订了计划后，他们紧接着从美国各地和欧洲聚集了一批教职员工和医院工作人员。1884 年 4 月 7 日，威廉 · 韦尔奇被任命为病理学教授。用 20 世纪中叶时任该学院院长的艾伦 · M. 切斯尼（Alan M.Chesney）的话说，“这一任命无疑构成了该学院和该医院历史上最重要的事件之一”。

与吉尔曼和比林斯一样，韦尔奇知道该做些什么。他充分利用了他在德国接受的广泛的实验室培训，并凭借对美国最杰出的新医学科学家同样广泛的了解，在课程设置和规划方面表现出色。约翰斯 · 霍普金斯医学院最初的教职员工名单读起来就像是美国医学创始人的光荣榜：解剖学系的富兰克林 · P. 莫尔、药理学系的约翰 · 雅各布 · 阿贝尔（John Jacob Abel）、生理学系的威廉 · 豪厄尔（William Howell）、化学系的艾拉 · 雷姆森（Ira Remsen）、病理学系的威廉 · 韦尔奇、妇科系的霍华德 · 凯利和内科系的威廉 · 奥斯勒。正如一位评论员所说，他们都沉浸在“有感染力的卓越氛围”中。

简单介绍一下奥斯勒。他出生在加拿大安大略省的一个小镇上，在麦吉尔大学接受医学教育。1884 年，35 岁的他被宾夕法尼亚大学聘为医学教授。虽然他曾在柏林和维也纳学习过，但他不像韦尔奇和霍尔斯特德那样精通德语。他机智、温文尔雅，对英语语言的细微差别很有鉴别力，热心肠，比韦尔奇更大程度地致力于年轻医生的教育，他成了霍普金斯大学教职员工的领军人物。他是其所处时代最伟大的临床教师，不仅对自己的学生，而且对无数读过他的《医学原理与实践》（*Principles and Practice of Medicine*）的人来说都是如此。

这本书在美国很受欢迎，它注定要比作者更久地长存于世间，直到1947年已经出版了第16版。他闪闪发光的人格魅力和他在医药和其他方面的知识广度，使他成为世界上最受欢迎的演说家和最著名的医生。英语开始逐渐取代德语成为国际医学语言，这件事要归功于他本人的写作和演讲，胜过其他任何人的作品。美国医学科学需要一位先驱来宣布它的诞生——这是威廉·奥斯勒在约翰斯·霍普金斯大学所扮演的众多角色之一。

医院的开幕仪式于1889年5月7日举行。然而，这所医学院的落成典礼因为一项不可预见的障碍而被推迟，即与资金相关的问题。根据霍普金斯的意愿，大学在收到350万美元后，将其中的150万美元投资于B&O铁路公司的普通股。其中一部分原因在于1887年国会法案新成立的州际商务委员会（Interstate Commerce Commission）对铁路实施了控制，B&O公司陷入了严重的财务困境，导致学校损失了相当多的收入。不仅它的开业日期推迟，它的未来也因此悬而未决。

该机构的财务危机最终给美国医学教育带来了双重好处。这一问题的解决不仅扭转了历史性的不平等现象，还录取了比教员们预期数量更多的学生。这个美好的结局要归功于巴尔的摩的四位年轻女性，她们都是大学董事会成员的女儿，分别是M.凯里·托马斯（M. Carey Thomas）、玛丽·伊丽莎白·加勒特（Mary Elizabeth Garrett）、玛丽·格温（Mary Gwinn）和伊丽莎白·金（Elizabeth King）。

巴尔的摩四人组的动机非常简单，也非常恰当，尤其是考虑到霍普金斯先生的遗嘱中所表达的崇高理想。要求女性应当接受同等新型医学教育的机会，人们期许这样的医学教育是美国最好的。她们的努力促成了女性基金委员会的成立，其目的是筹集足够的资金来开办这所学校，但条件是妇女必须与男子享有同等的入学机会。

各个城市都成立了分会委员会，在华盛顿由本杰明·哈里森总统的夫人担任主席。到1890年秋天，委员会已经筹集了10万美元，作为第一笔款项提供给受托人，共需筹集总额50万美元。这个提议被予以接受，受托人开始与这些女性共同筹集其余的款项。尽管委员会仍旧坚持进行筹款工作，但总的努力还是不够。1892年12月，玛丽·加勒特已经捐赠了很大比例的原款项，并表示愿意捐出剩余部分，但她附加了一些条件：应该设立招生要求，以保证医学院永远是研究生院；生物、化学和物理都需要大学预科，申请者必须具备德语和法语的阅读能力。因此，从本质上讲，只有大学毕业生才能被约翰斯·霍普金斯大学的医学院录取。

吉尔曼以及一些教员都对这些条件持怀疑态度，他们担心这比这个国家其他任何学校所要求的条件都严格和先进得多，以至于很少有学生愿意迎合这些条件。有人试图劝阻加勒特小姐，但她仍然坚定立场。最后，双方达成妥协，允许录取那些没有正式本科学位的学生，他们可以通过考试证明自己符合本科学位所要求的条件。奥斯勒在给韦尔奇的一封信中写道，如果必须达到如此严格的标准才能入学，那他们两位永远不会被录取。

在妥协的基础上，玛丽·加勒特取得了真正的胜利，学校于1893年10月开学。她的捐赠总额超过35万美元，但实际上她捐的更多。她委托约翰·辛格·萨金特为韦尔奇、霍尔斯特德、奥斯勒和凯利画了美国最著名的医学肖像画。这幅名为《四医生》的画作现如今与萨金特的捐赠者肖像一起挂在医学院的韦尔奇纪念图书馆。用切斯尼的话说，“医学院的成立，除了约翰斯·霍普金斯本人以外，最应该归功于这位女士”。

医学院的入学班由15名男性和3名女性组成，他们满足了世界上任何进入医学院的学生所能达到的最严格的要求。年轻的教员们像是马儿刨着地面，迫不及待地等待着他们的到来。迎接着他们的是美国首批完整的医学实验室课程，以及一种令人振奋的精神，它不仅弥漫在大学周围的气氛中，而且蔓延到了各地的整体医学教育工作者群体中。美国医学已经准备好开始它的崛起；伟大的实验即将开始。

人们至今仍在撰写相关书籍，关于霍普金斯小组在最初十年中取得的研究进展。就连德国人也很快发现，在生理学、生物化学、药理学、解剖学、胚胎学、病理学、细菌学和临床科学等领域，他们已经跟不上那些才华横溢的美国年轻教授的工作。最值得注意的是，几乎所有人都是在同一时间开始了他们一生中最高产的时期。1889 年医院开业时，韦尔奇和奥斯勒 39 岁，霍尔斯特德 36 岁，凯利 31 岁，阿贝尔 32 岁，莫尔 27 岁；豪厄尔 1893 年加入时，他 33 岁。

正值霍普金斯大学成立三十周年的 20 世纪之交，无疑与巴黎和维也纳学校辉煌的几十年并列为医学史上迄今最丰厚的进步时期。但霍普金斯大学拥有这两者所不具备的优势：这是一个全新的环境，在其中的教员不仅能够享有近乎完全的自由进行创新，而且还有很大的空白需要他们进行填补。这所学校和医院具备最充足的理由来成为美国其他医学教育和实践转变的典范，并成为衡量它们的指标。

霍尔斯特德于 1888 年 1 月在巴尔的摩永久定居。事情因此而简单得多。他在韦尔奇的实验室工作，很快就开了一家私人诊所。不久，在巴尔的摩各个医院的工作者清楚地看到，他是一位技艺高超的外科医生。格拉斯哥的威廉 · 麦克尤恩（William Macewen）拒绝了教授职位的邀请，因此医院在临近开业时缺少一名首席外科医生。为了碰碰运气，并且几乎可以肯定是在韦尔奇和莫尔的强烈敦促下，董事会在 1889 年 2 月任命了霍尔斯特德为临时外科医生，兼任门诊部首席外科医生。此后不久，他被任命为医学院的副教授。1890 年 3 月，奥斯勒写信给吉尔曼（当时吉尔曼已经取得了很大的成就，因而在英国接受了牛津大学和剑桥大学的荣誉学位）：“霍尔斯特德在外科方面做得非常出色，我觉得他被任命到大学和医院将是相当稳妥之举。”两年后，当霍尔斯特德被任命为约翰斯·霍普金斯医院的外科教授和首席外科医生时，这一判断的正确性得到了证实。

霍尔斯特德在他30年的任期内所取得的成就可以被视为沿着三条主线发展的一系列贡献，每一条都是对过时方法的替代。首先是一种培训外科医生的新方法，取代了多年来那种随意而永无休止地担任教授助理的方式，取而代之的是进阶式的责任累加制度；第二种是外科手术的方法，用谨慎、温和而准确的解剖学操作取代了前辈们华而不实的“打砸抢”式的技术；第三种是引入了一组新的手术，以恢复正常生理状态为原则，而不再局限于切除侵袭性疾病的手术。

在如今，霍尔斯特德教授的方法仍旧是针对我们的外科研究生的教学设计基础，而它的基础源自德国的一般体系。简而言之，霍尔斯特德一直负责外科小组，事实上，他是唯一的资深外科医生。除了他偶尔接收的私人病人和他选择亲自做手术的少数几个人外，病床上所有的病人都由外科住院医生看管，这一职位相当于如今的外科总医师。住院医生旗下的医生，我们今天称为助理住院医生，他们被选拔进继任者行列，在之后接替他的职位。团队成员们深知，他们不仅无法保证自己在这一过程中不丢了饭碗，而且他们中只有一个人能在金字塔般的培训中幸存下来，登上外科住院医生这一顶峰。这些助理住院医生的下级是实习生群体，每个实习生都要经过一年的考察期。在每个等级中，年轻的外科医生负责培训和监督他们的初级医生。住院医生的任职期平均为两年，而接受这一任命的过程足足有八年之久，尽管一些外来的资深人士可以被直接任命为其中任何一个等级。

这个国家的住院医师培训计划应运而生。它对美国外科手术的影响就像是在一代人的时间里将糟粕变成了黄金。在所有伟大外科医生中，只有一个人创立了一所更杰出的学校，或者说为他们专业的后辈留下了更有价值的遗产，他就是西奥多·比罗斯。霍尔斯特德培训了 17 名外科住院医生，其中 11 人后来建立了与其导师所在的类似的机构来培养大学式的住院医生；166 名住院总医师从上述机构毕业。正如前面指出的，霍尔斯特德在全国撒下了花粉，缔造了我们所说的霍尔斯特德式外科手术的方法和技术，直到现在，大多数美国外科医生仍在接受这样的培训。由此引入的温和、细致的“安全手术”成为美国式手术工艺的独特之处。对于成千上万的外科专家来说，美国的专业血统能够追溯到这样一位巨匠，美国人为此深感自豪。即使在做了近 30 年的外科医生之后，我自己在手术室里也偶尔会产生自我怀疑，但我总是提醒自己——我的教授是古斯塔夫·林德斯科格（Gustaf Lindskog），他的教授是塞缪尔·哈维，再往前是哈维·库欣，最终追溯到威廉·霍尔斯特德，这种自我怀疑就会被平息。记忆的过程总是瞬间的，而那种战栗也在眨眼间转瞬即逝。

在总结威廉·霍尔斯特德的职业生涯时，W. G. 麦卡勒姆（W.G.McCallum）在他 1930 年的传记结束语中描述了我们霍尔斯特德式培训过程中的第一课：“他最大的贡献似乎在于，他找到了一种作为外科医生进行人体手术的正确态度。他只是认识到人们应该对人体的正常状态进行认知，并努力修复组织的生理状况，深入理解它们的天然防御能力以及产生虚弱状态的原因。”在霍尔斯特德之后，所有训练有素的美国外科医生每次进入手术室都在练习应用生理学。随着外科医生开始理解他传递的信息，即对组织进行妥善处理比仓促治疗取得的效果更好，早期时代的争分夺秒而造成的混乱和徒劳在这个国家已不复存在。

至于霍尔斯特德哲学在外科技术方面的实践，必须提及他在腹股沟或腹股沟疝方面的工作。当他还在纽约时，他在研究腹股沟的组织层时发现，手术后死亡的人不在少数，且复发率很高。当他来到巴尔的摩时，进行了显微镜下的研究，以了解伤口愈合的方式。在很大程度上，正是由于这些研究和肠缝合术的实验，他设计的新型手术方法所基于的基本概念得以提出，例如对最轻微的出血进行严格控制、杜绝伤口深处未闭合的创面、对组织进行温和护理，以及在不过度紧缩或干扰血液供应的情况下实现完美的复原。在他的新发明出现前，技术十分粗陋，止血钳紧缺，对出血的控制并不上心，强求速度至上，康复过程中的并发症也很多。除了这一系列的危险，还要包括那些通常会致命的问题，这些问题是美国对无菌术一再拖延的态度造成的后果。

基于其概念的小心应用，以及他的大体和显微解剖学知识，霍尔斯特德设计了一种疝修补术，其基本原理至今仍为外科医生所采用。他首次引入了一种可靠的疝气手术方法，通过恢复正常的解剖结构，以修复受感染的腹股沟组织的生理状态。在他的工作之前，腹股沟不可复位的隆起的出现预示着一种最致命的痛苦的开始。他把一个以前无法解决的问题变成了一种直截了当、简单的外科技术练习，从而永远结束了这种疾病从古至今对人类造成的恐怖统治。今天，所谓的霍尔斯特德二期手术仍然是黄金标准，因为它不仅是最常见的腹股沟疝修补术，而且能够对其他所有手术的结局进行衡量。在他的首批患者中，近 2500 名患者复发率低于 7%。即使在今天，随着无菌、器械和缝合材料的改进，美国普遍报道的数据也只是略好于此。

阅读古老的医学文献带来的诱人回报之一在于，我们偶尔可以窥探到早期医院的日常生活。1892 年 11 月 17 日，在马里兰州医学外科学院年会上宣读的一篇论文中，霍尔斯特德描述了一个 20 岁的病人，他因为“不服从命令而被强制出院”。他的冒失之举在于，他为了让自己行动缓慢的肠子蠕动起来，违反了严格卧床休息的规定，在术后第七天未经允许起床服用泻药。而他打破的不仅仅是医院的规定，有记录显示，他在三年后因疝气复发而再次就医。如今我们知道早期术后活动并不会引发危险，因此可以肯定地说，他的新疝气很可能只是巧合，而不是那次冒失的后果。当然，这并不排除神灵对那些不遵守当时的外科手术规则者进行了审判，我们无从知晓。

直到 20 世纪末我们才意识到，腹股沟疝气患者在门诊就医后或住院几天内便可进行手术。具有讽刺意味的是，许多患者是在局部神经阻滞麻醉下进行手术的，使用的是霍尔斯特德在纽约时期开创的方法；尽管在他几近悲惨的经历之后，他从未尝试过将可卡因用于术中阻滞，但其他人开创了这项事业，并开发出安全有效的技术。

霍尔斯特德在甲状腺、胆管、肠和动脉瘤的外科手术方面取得了许多进展。在他所处时代以及今日的所有外科医生都认为，最可怕的敌人是癌症，特别是乳腺癌。即使是对现代科学医学知之甚少的人，似乎也听说过霍尔斯特德乳房根治术，并各抒己见。

具有历史讽刺意味的是，威廉 · 霍尔斯特德所做的这一巨大贡献，在本质上来说是对女性疾病的一种治疗，竟然成为一些受益者对他进行谴责的根源。有两次，我惶恐受任对提交给医学期刊的充满愤怒基调的文章进行评审，这些文章攻击霍尔斯特德，攻击所有外科医生的态度，特别攻击了乳房根治术。在每一次评审中，我们都很难分辨出作者是在意识形态的祭坛上故意牺牲了事实，还是因为无知而点燃了这场抨击。这两篇文章的作者，以及其他几篇无端通过审查过程并刊登于其他优秀期刊的文章作者，似乎对临床科学的理解不够好，无法很好地解释医学文献或历史，无法理解霍尔斯特德工作的完成是基于怎样的背景。

在这里我们不展开讨论近期对乳腺癌适当治疗的重新评估。需要指出的是，几乎没有美国外科医生仍然像霍尔斯特德描述的那样进行根治手术，他们在20世纪60年代放弃了这种手术，转而采用保留无损胸壁肌肉的改良手术。然而，我们从一开始就意识到乳腺癌是一种全身性疾病，这意味着它在发病初期就有能力影响身体的远端。因此，外科手术只是用来对付它的武器之一。放疗、化疗、激素控制，甚至（至少在不久的将来）免疫疗法可能在个别情况下发挥重要作用。如今的治疗是为每个病人量身定做的。

此外，令所有治疗这种疾病的医生都感到满意的是，目前约占三分之一患者的早期乳腺癌，也可以通过局部切除和放射治疗来治疗，其效果与更大范围的手术相当。这就是我们的研究所取得的成果。美国的外科医生已经表明了他们的意愿（实际上是他们的热情），即在有效研究出现时，对方法论进行改变。我们每个人都对未来充满希望。

在霍尔斯特德的手术实施后的几十年里，乳腺癌的治疗结果发生了巨大的变化，前面提到的任何事情都不应剥夺他的功劳。因为女性们很快就发现治愈这种疾病第一次成为现实，许多人受到鼓舞从而寻求治疗。大多数令人畏惧的疾病的受害者之前都认为手术是徒劳的，他们的许多医生也是如此。由于溃疡、污秽排泄物和令人作呕的气味，很大一部分病人在生命的最后几个月里都是独自度过的，他们被自己最亲近的人所抛弃。

关于治愈率，霍尔斯特德自己在1894年发表的一篇关于乳房切除的文章中对当时的情况做了恰当的描述：

> 我们很多人都听我们的外科老师说过，他们确实从来没有治愈过一例乳腺癌患者。年轻的格罗斯（死于 1899 年）的头百名患者没有一例被治愈。海斯 · 阿格纽（死于 1892 年）在去世前不久的一次演讲中说，他做乳腺癌手术完全是为了给病人带来道德上的安慰，他认为手术并没有延长患者的生命，反而缩短了。我有时会问定期向我们咨询的医生，何不向我们送来一些乳腺癌患者。他们回答说，通常他们会看到很多这样的病例，但他们认为这些病例是无法治愈的。我们很少能够从内科或外科医生口中听到他们对乳腺癌进行过任何有把握的治疗实例。

在霍尔斯特德之前，一个严重的问题是术后数月的局部复发。欧洲顶尖外科医生所做的大面积切除并没有阻止他们的大多数病人在胸壁处早期肿瘤的复发，即使他们的生命已经有所延长。德国诊所提供的最有利的数据来自莱比锡的理查德 · 沃克曼（Richard Volkmann），他的 131 名患者中只有 40% 的人在不到 4 年的时间里摆脱了这种复发。比罗斯的数字只有 18%。

这便是患有乳腺癌的女性面临的严峻前景，霍尔斯特德在纽约工作多年后才第一次开始考虑这个问题。1878 年至 1880 年间，他拜访过比罗斯和沃尔克曼等人的诊所，并开始发展他的理论，即只有扩大切除范围，才有希望治愈或至少防止局部早期复发。他指出，当沃尔克曼开始移除胸壁肌肉表面的纤维覆盖物后，他的结果有所改善。一些外科医生也声称，他们的病人在从附近的腋窝切除了似乎与肿瘤有关的淋巴结后，情况有所好转，而且至少有一位外科医生正在清理所有这些腺体。

1882 年，霍尔斯特德汲取了之前所有方法的优点，又向前迈进了一步。他在手术中不仅将腋窝下所有内容物进行剖离，还切除了胸壁肌肉，一大块标本被整个取出，以避免影响肿瘤的镜下结构。1894年，他在马里兰州临床学会的一次会议上提出了显著改进的统计数据。这篇论文是他的一次胜利，他有能力评估别人的工作，并提炼出他的每一位前辈的最佳成果，将所有这些都综合成一种合乎逻辑的临床方法。这一方法的成功不仅取决于它在病理解剖学上的基础，而且还取决于他精心设计的细致的手术技术。

1898年，在新奥尔良举行的美国外科协会会议上，霍尔斯特德的乳房切除术和他的疝气手术被确立为衡量其他所有治疗方法的标准。他以133名患者为例进行了介绍，其中76名患者术后已达3年以上。其中52%的人处于完全健康的状态，考虑到当时大多数女性患者的病程已达后期，这一点尤其令人印象深刻。也许同样重要的是，其中一位讨论者指出，霍尔斯特德带来了“与以前的绝望相比，他的预后带来了希望”。这条评论接着写道：

> 我曾听这个协会的成员说过，一个癌症病人迟早会死于癌症，不管做什么手术，除非她足够幸运地死于某种并发感染。一位著名的外科医生宣称，对癌症患者进行手术是完全无用的。在霍尔斯特德博士的系列文章中，包括了一些曾经被认为绝对不适合手术的病例，而即便在这些病例中，由于手术的干预，病人的生命得以延长，生活也变得更加舒适。最重要的是，在一些非常严重的病例中，这种疾病多年后仍然没有复发。这篇论文的杰出作者理应得到我们的感谢，因为他给这些黑暗的外科手术带来了灿烂的光芒。

虽然我们理应将多数注意力集中在手术在治疗疾病方面发挥的作用，但它的次要功能总是能够减轻由疾病所引起的痛苦，即所谓的缓和作用。即使在无法治愈的情况下，外科手术往往可以减轻症状，提供身体上的舒适以及比没有手术时更大程度的安宁。多年来，批评者和支持者都把太多注意力放在治愈率上，以至于没有足够重视引进根治性手术所带来的实际缓和效果。乳腺癌过去一直是一种可怕的疾病，如今也不例外。但是，在霍尔斯特德的贡献之后，至少妇女不再需要忍受精神上的痛苦，不必生活在因治疗不充分或未经治疗而产生的大量的腐烂性肿瘤流出物之中。事实上，霍尔斯特德的一些假设是错误的，或者他的手术可能最终并非必要，但这并不应该削弱其引入后在预后方面所发挥的巨大作用。[霍尔斯特德的研究工作虽然是最彻底和最有说服力的，但并不是在同一时期对乳腺癌的治疗做出的唯一贡献。纽约的威利 · 迈耶（Willy Meyer）、伦敦的威廉 · 沃森 · 谢恩（William Watson Cheyne）等人也进行了类似的研究。每个人都以自己的方式成为这一过程的宣传者，治疗方面的结果取得了巨大的进步。如前所述，当我们考虑到大多数正在接受治疗的肿瘤进展到什么程度时，结果就会变得更加令人印象深刻。]

现如今我们知道了小规模手术对女性更有好处，这样一种可能性培养了患者们在疾病早期就前往就医的意识，从而拯救了许多人的生命。我们不应该忘记，在乳房根治术被设计出来的时候，它最重要的副产品之一就是让以前绝望的女性得到医疗关注，因为人们已经知道这种疾病有可能痊愈，且极大概率可以缓解。

由于其清晰的叙述风格，霍尔斯特德的所有文章读起来都像文学作品。他在 1920 年的出版物中叙述了他从事甲状腺手术的历史，包括他自己的手术方法的演变，这是一部医学交流的杰作。这本名为《甲状腺肿的手术故事》(*The Operative Story of Goitre*)的专著是我所知道的唯一一本可以在篝火旁阅读的科学文献。这是一部引人入胜的编年史，叙述者将读者从古代引领至1920年，将甲状腺手术史的后期阶段与他对这一领域的兴趣交织在一起。他回顾了古代和中世纪的病例报告，并进而详细描述了19世纪早期试图摘除腺体的外科医生经常苦恼于手术风险的景象。读者仿佛见证着他与早期最大胆的外科医生肩并肩地站在一起，他们与突发的大出血、窒息、吸入大静脉的气泡做斗争，在麻醉被发明之前的那些日子里，外科医生和病人对这种手术都有着难以名状的恐惧。最后，他把读者带到了他亲自拜访维也纳的比罗斯和伯尔尼的西奥多·科彻(Theodor Kocher)。他恰当指出："从1873年到1883年的十年里，甲状腺肿的手术治疗取得了比以往任何十年都大的进展。"在1909年，科彻成为首位获得诺贝尔奖的外科医生，而其后也鲜有外科医生获此殊荣，该奖项的颁发是基于他对甲状腺生理学的理解和对其疾病治疗的贡献。

科彻和比罗斯在所有外科领域的研究都对威廉·霍尔斯特德产生了重大影响，在对甲状腺的生理和外科研究方面更是如此。早在1879年和1880年的维也纳时期，他就开始对甲状腺腺体的结构进行研究。在随后访问日耳曼诊所期间，他有机会观察该诊所和伯尔尼正在取得的进展。他在瑞士的旅居给他带来了特别的快乐，因为他在科彻身上感受到了一种志同道合的精神，他同自己一样重视谨慎的技术、控制出血的操作以及对组织的温和处理。这与比罗斯的表现完全不同，他的快速、戏剧性的手术方法使他无法对微小的细节有太多的关注。

对于这两位外科巨匠来说，他们在各自进行甲状腺手术中都发现了一个特别的并发症，并对它百思不得其解。对于科彻来说，他的困扰在于一种黏液性水肿，当患者缺乏或者产生很少的甲状腺激素时，会导致身体和精神上的麻木状态。对于比罗斯来说，由于靠近甲状腺的微小腺体（即甲状旁腺）没有发挥作用，造成了血液中的钙含量降低，从而导致了死亡。随着时间的推移，这两个问题的原因都变得清晰起来。正如霍尔斯特德后来写的那样：

> 我思考这个问题已经很多年了，得出的结论是，原因可能在于这两位杰出的外科医生的手术方法。科彻手术干净、精确，以一种相对不流血的方式进行，他小心翼翼地切除了整个甲状腺，几乎不损伤外囊。在我的印象中，比罗斯的手术速度更快，而且（1879 年到 1880 年）不太注意组织，也不太关注出血，他可能很容易切除了甲状旁腺，或者至少干扰了它们的血液供应，留下了甲状腺的残余。

显然，正是科彻那种极具代表性的手术吸引了具有一丝不苟的严谨本质的霍尔斯特德。他的手术方法与这位瑞士外科医生极为相似，几乎像是在对他进行效仿。毫无意外，在所有的杰出前辈之中，李斯特是唯一一位费心坚持这种方法的人，尽管与他这两位精益求精的后辈相比，他也显得有些草率。1913 年在伦敦举行的国际医学大会上，新一代主要倡导者之一哈维 · 库欣在谈到霍尔斯特德和科彻时，讲述了他们对其门徒所教导的谨慎温和的手术态度，他如是说：

> 科彻和霍尔斯特德长期以来所使用的精确而详细的方法是值得引起人们关注的典范，这些方法已经传播到所有的诊所——至少在那些你我能够将自己的手术予以委托的

诊所。观察者无须期望再有扣人心弦的手术场景；过去壮观的公开表演不再被容忍，取而代之的是安静而相当烦琐的程序，除了操作员、他的助手和直接的旁观者，很少有人能有幸看到这些流程。手术台上的病人就像车里的乘客一样，如果他的司机喋喋不休，或者喜欢贴紧弯道，或时而超速、时而炫技，那么他就会面临更大的风险。

自从詹姆斯·赛姆和罗伯特·利斯顿等外科领军人物进行了壮观的手术展示，手术经历了漫长的岁月得以蜕变。霍尔斯特德遵从绝对不流血的手术原则，对每一处结构进行完美的解剖，有严格的无菌操作，使用细丝针线对每一层组织进行精确缝合，发展出了一种甲状腺切除技术，这种技术至今仍是外科艺术的典范。在他的报告中，共有650例甲状腺功能亢进患者接受了手术，这标志着美国开始对这种疾病进行有效的治疗。不久之后，查尔斯·梅奥（Charles Mayo）、乔治·克里尔（George Crile）和弗兰克·莱赫（Frank Lahey）这些美国外科界的领军人物将进一步拓宽这一临床进展的道路。

在霍尔斯特德的作品中，散布着一些个人经历的小插曲，尽管篇幅不多，但也展示了他自己的生活。1881年，也就是这位29岁的外科医生在纽约工作的第二年，他给自己的母亲做了手术：

有一天晚上，我被召唤到奥尔巴尼去看望我的母亲，两年多来以她一直患有一种未确诊的感染。她病得很重，有轻微的黄疸，胆囊部位有肿胀和极大的压痛。所以在凌晨2点，我给她做了手术，切开了长满脓液的胆囊，取出了7颗结石。我认为这是这个国家最早的胆结石手术之一。母亲在手术大约两年后去世。

1913年一篇关于外科技术的评论文章讲述了另一个人的故事，这个故事在外科领域的影响更为持久。下面这段论述了消毒液的刺激性，在论文的中途出现：

> 1889年和1890年的冬天，我具体记不起在哪个月——负责我手术室的护士抱怨说，氯化汞的溶液使她的手臂和手部起了皮炎。由于她在工作中表现尤为高效，我对这件事进行了思考。有一天在纽约，我请固特异橡胶公司做了两副薄橡胶防护手套作为试验。经过试用，这些手套非常令人满意，便进行加购。到了秋天，当我回到镇上时，一名助手为我提供了橡胶手套以便在手术中佩戴，他在平日里负责给我递送各种器械以及在针上穿线等工作。起初，手术者只是在对关节进行探查性切口时才会佩戴。过了一段时间，助手们也习惯了像手术者那样佩戴手套工作，他们还评价说，相比于佩戴手套进行操作，裸手反而不那么熟练了。

这很可能是外科文献中的最著名的段落，因为它不仅描述了橡胶手术手套的引入，还因为它是医学期刊上唯一一次记录了研究者恋情的开端。那个因化学性皮疹而开启了使用外科手套之潮的“工作尤为高效的女人”就是卡罗琳·汉普顿（Caroline Hampton），她于1890年6月4日成为威廉·斯图尔特·霍尔斯特德夫人。这是一段安定、彼此忠诚的婚姻。奥斯勒的评述中常常彰显其文学眼光，他后来描述了他第一次意识到这两个人正逐渐坠入彼此的情意，更不用说怀抱了。一天，他走进病理实验室的一个房间，遇到了平时沉默寡言的外科医生，他正在向外科护士长演示干燥腓骨的解剖结构。

一周后，他们宣布订婚。在《约翰斯 · 霍普金斯医院的内部历史》中，奥斯勒这样描述他同事的婚姻："他娶了一个符合他心意的女人，就像他自己一样……有点儿奇怪。他们对社会漠不关心，只关心他们的狗和马。"

卡罗琳和威廉 · 霍尔斯特德的古怪之处不仅限于一些小小的怪癖——他们没有孩子的婚姻在当时的大环境中显得如此不同寻常。很难找到一对夫妻，他们平静的结合完全依赖于彼此能让对方在物质或情感方面向任何合适的方向独立发展。这是一种不寻常的情投意合，更是一种奇特的爱。不管怎么说，他们彼此契合且和睦。

在哈维 · 库欣与霍尔斯特德之间的耶鲁书信集中，有一份长达20页的机打回忆录，追溯了他一直尊称为"那位教授"的霍尔斯特德。其中包括对卡罗琳 · 霍尔斯特德的描述，以及她和丈夫在尤托广场1201号合住的三层砖房。他们有独立的公寓，他的在二楼，她的在三楼。他们经常一起吃晚饭，但从不在对方的陪伴下吃早餐：

> 正如我所说，这座房子又冷又暗——有点儿像荒凉山庄，有着巴尔的摩老街区住宅的高高的天花板。炉子从来没有用过，他的房间里只有一堆燃起的柴火……他的书房在二楼，三楼住着霍尔斯特德太太和那群腊肠狗。她是个奇怪的、简朴的女人，穿着黑色衣服，一身最朴素的男性装束；穿着一双男性气息十足的平底鞋，头发梳得笔直，扎成一个发髻。与她的丈夫形成了如此鲜明的对比！她是约翰斯 · 霍普金斯医院资历最老的护士之一。她负责手术室的工作，我认为这是一场预谋。他们是一对恩爱的夫妇，尽管就我记忆所及，我从未见过他们在一起，但有一次凑在一起……我记得战后的一个夏天，霍伊尔和蒙特 · 里德

> 去了汉普顿高地度过了一段愉快的时光。霍尔斯特德太太是韦德·汉普顿将军的女儿，她在自己的领地上用铁腕统治着山里人，而那位“教授”则主要致力于他的大丽花，他专门研究这些花并拥有大量收藏。

高汉普顿是卡罗琳在北卡罗来纳州拥有的2000英亩[①]的家族庄园（她也是美国南部贵族）。每学年结束时，霍尔斯特德夫妇都会离开巴尔的摩去度假。在汉普顿高山凉爽的天气中待上一个月，种上他的大丽花，用望远镜望着天空，然后这位教授便独自前往欧洲，在昂贵的旅馆里隐居了很长一段时间，不会见任何人。我们永远不会知道吗啡是不是他在那时的室友，但很难相信不是。

在每年出国旅行时，霍尔斯特德的一个公开的行程便是在伦敦和巴黎购置服装。在服装方面，他和年轻时没有什么不同。他着装讲求完美，任何一个美国裁缝都不能使他满意。乔治·霍伊尔是他门下的住院医师之一，后来在辛辛那提大学和康奈尔大学担任外科教授。他的黑色礼帽总是崭新的，没有一丝灰尘；他的深蓝色衣服很合身，用料考究，熨烫得完美无瑕；他的日用织品总是一尘不染；领带颜色朴素，但价格昂贵；他的手套干净无暇，鞋子擦得锃亮。库欣的笔记评论道，即使在早期，当他坐巴尔的摩的街车去医院的时候，“他通常都戴着礼帽，穿着长礼服，配着手杖、手套，带着一本最新的德国外科杂志”。

库欣自己也算是个衣着讲究的人，他写道，虽然霍尔斯特德的西装是在伦敦定做的，但他幼稚的鞋品仅限于法国风格，那种“尖头，

---

① 1英亩约合4047平方米。——编者注

但挤压脚趾的鞋”。他亲自指定皮革切割的压边位置，从巴黎的制靴商那里一次订购六双。凡是他不满意的鞋子，刚一送到他手中就被扔掉。他的礼服衬衫被送到巴黎的一家洗衣店，霍尔斯特德声称他在美国找不到一家知道如何正确处理这些衬衫的商店。我肯定不是唯一一个怀疑被退回的衬衫盒子里是否藏有致幻剂的人。

霍尔斯特德讲究的衣着掩盖了他真实的行为举止。他似乎与轻快活泼毫不相干，徒有“玩乐之徒”的外表，实际上既不讲究美食，更不享受人生，类似“有生命力的”“活泼的”这样的词用来描述他在巴尔的摩的人格特征都不贴切。他羞怯、冷漠，在日常生活中难以接近。他仿佛在自己周围筑了一道护城河，它的沟渠被冷漠和疏离填满，又带点儿讥讽。在他那与世隔绝的情感缓冲区的保护下，他开始一天的工作，即使没有护城河的保护，也能受到“超然”这种救生员每时每刻的保护。必要时，他可以用一支瞄得很准的酸浸飞镖来抵御对他隐私的攻击。

当时人们都知道霍尔斯特德有喜欢挖苦人的癖好，因此医学院的学生有时在他面前会变得结结巴巴。他们大可不必如此，因为他对教低年级的人不是很感兴趣。事实上，除了他门下的住院医师，他几乎没有做过任何直接的教学工作。然而这位建立了美国最重要的外科学校的人，这位向世世代代后辈传授了无数知识的人，却对那些前来求教者的个人指导毫无兴趣，这实在不同寻常。但以一切标准来衡量，他都应当被称为一位伟大的老师，他的特长在于“身教”，而非“言传”。一些人有幸成为他实验室的一员而进行严谨操作的实验，观摩他在病房巡视中对病人的检查，协助他进行一项细致的手术，观摩他在手术后仔细检查摘除的组织并在显微镜下进行观察，他们仿佛见证着一个人开创了一种准则，它将永远成为美国外科医生衡量自我及他人的评价标准。在与这样一个人打过交道后，任何人都会成长为更好的医生。

当然，他的内向也是因事制宜的。虽然这让他看起来像是一个隐士，但也彰显了一种谦逊，这种谦逊实际上让人非常放松。他被赞美簇拥着，但仅仅接受其中少数荣誉，在其他荣誉面前功成不居，他是临床医学界非同寻常的贡献者之一，他慷慨地与其他研究者分享，甚至将这种优先权拱手相让。在许多情况下，他给人的感觉与其说是隐居，不如说是害羞；与其说是疏远，不如说是缺乏安全感。

尽管如此，霍尔斯特德在一定程度上保留了他活跃的人格面，如同在这一麻木期之前的日子里，他只在少有的时刻或是在密友面前才会表现出他的这一面。当他和韦尔奇或其他几个密友在一起时，他会迸发出外向的一面，向他们表达情谊，并突然表现出令人捧腹的幽默感。事实上，即便他时常讽刺别人，也只是这个害羞的男人为了抵御那些假想出来的投石器和弓箭的攻击。这是他的一种迂回术，凡是熟悉他的人都知道这一点。刻意的冷漠不是他的本性。

这条护城河、他多次寻求致幻剂时的鬼鬼祟祟以及他崇高的国际声望，所有这些都扩大了他与大多数人隔绝的空间。那些能够靠近他的人感受到了一种从未预料到的温暖，但这样的密友只是少数。霍伊尔和其他几个人留下了感人的描述，描述了他对他们表现出的极大的善意，以及来自一个孤独的男人内心的兄弟般的情谊。事实上，他一定是徒劳地恳求自己少一些严厉，多一些爱。

半个世纪以来，业余（甚至是专业）的精神病学家一直在研究有关霍尔斯特德情感生活的理论解读。你可以想象他们说过的一些话。想想他那奇特的婚姻、他与韦尔奇的关系、他的毒瘾、他对姐姐和母亲的救命之举、他在纽约和巴尔的摩之间明显的性格变化，甚至他选择手术作为职业，更不用说他在实施手术中的强迫性了。这个清单很长，让人无法抗拒。所幸出于可靠性的考虑，我对篇幅进行了限制。否则，我就会像其他许多人一样，被诱惑着扮演心理历史学家的角色而变得些许荒谬。还是走向坚实的地面更为稳妥。

据我所知，没有一个比哈维 · 库欣的描述更能清楚地体现霍尔斯特德在手术前后的差异，在约翰斯 · 霍普金斯大学担任住院医生助理的第一天，他对其所见所闻进行了描述。被耶鲁大学录取后，库欣又去了哈佛医学院，并于 1895 年毕业。在麻省总医院做了一年住院学生后，他受到霍尔斯特德的邀请接受手术培训。尽管他从美国最著名的医学中心之一来到巴尔的摩，但在霍普金斯大学的过渡期间，他从 19 世纪烦琐却华而不实的外科手术中走了出来，进入 20 世纪生理学的宁静。库欣记得：

> 我在麻省总医院有过足够的经历，而约翰斯 · 霍普金斯医院的氛围让我感到十分奇怪。他们谈论的话题都是关于病理学和细菌学的，我对它们知之甚少。头几个月的大部分时间，我都是晚上独自一人待在老病理大楼里专门研究外科病理学的房间里，对标本进行观察，手边拿着一本德语教科书——经历过麻省总医院的喧嚣，没有什么能让我感到不安的事了，有一点除外——我的新主任医师来了。在沃德 · G 病房的一些日子里，我似乎一直在道歉，他问我是否可以允许他去探望某个特定的病人，让他花一个小时摆弄一个刚刚被确诊的乳腺癌患者。他随后让患者离开，说他累了，不能为这位患者做更多的事了。如果他有足够的兴趣，他可能会要求准许他做这场手术，如果他来执刀，乳房刚一被切除他就会带着取下的组织离开，把巨大的缝合工程和皮肤移植操作留给布拉德古德（霍尔斯特德的一

位住院实习医生)。他会研究和反省很长一段时间，同时在显微镜下将其标记并分割成无数个区域。

库欣后来加入了霍普金斯大学的教师队伍，在那里他作为一名外科医生、研究人员和教师，一步一步取得了成功。鉴于霍尔斯特德负责所有的脑瘤患者，他的研究建立了神经外科专业的基本原则。在拒绝了几所顶尖大学的教授职位后，他接受了哈佛大学的邀请，成为新成立的彼得·本特·布里格姆医院的首任院长。在那里，他建立了一个培训项目，并营造了一种霍普金斯式的氛围。1933年退休后，埃利奥特·卡特勒(Elliot Cutler)接替了他的职位。下面描述了在多年后库欣告诉卡特勒，在他初次进入霍普金斯外科手术的新世界时的场景：

> 作为一名新人，刚来的第一天是不允许进手术室的，尽管他的病房里有一个病人即将进行手术。年轻的库欣怀着极大的忧虑眼看着两三个小时过去了，而大师(霍尔斯特德)还在术中仔细检查，确保每一个细胞都没有损伤。最后，当病人在手术室里待了四个半小时回到病房时，年轻的库欣已经准备好了恢复剂和常规药物，这是他在麻省总医院当学生时，医生要求他给外科病人开的药。他正要给病人服用这些药物，因为他回忆起自己在麻省总医院当学生的时候，返回病房的病人状况是多么的不佳，他们的手术可能在数分钟内便以完成，而不是数小时。霍尔斯特德医生此时走进了病房，于是库欣医生喊道：“我正在执行常规的流程。”
>
> 留意到病人的头低脚高体位，霍尔斯特德医生说：“我

的病人状况不佳吗？这很不寻常。让我们给她检查一下。”检查显示脉搏正常，呼吸正常。然后他注意到皮下注射器，说：“注射器里是什么？”

“士的宁，”库欣说，“这对病人有好处。”

霍尔斯特德博士问了第三个问题。“你认为士的宁对病人有什么作用？”库欣曾在一所以记忆和命令为准则的学校接受教育，所以他并不知道这一点。然后，霍尔斯特德医生告诉他，他应该读读有关士的宁的知识。“如果你的阅读让你确信士的宁对病人有好处，那就一定要用它。”霍尔斯特德说。年轻的库欣从此不再轻易给病患注射士的宁，他学到了一个很大的教训——在不了解原因和目的的情况下，永远不要对病人做任何事情。

正是对原因和目的的追溯，使威廉·斯图尔特·霍尔斯特德与他在科学医学领域的杰出前辈们联系在一起。从希波克拉底医生开始，医学科学的进步是好奇心和实用性的结合，目的是治愈病人。库欣在巴尔的摩的第一天便学到了很好的一课，威廉·霍尔斯特德以他一生的探索为榜样，来教导所有跟随他的美国外科医生。

在霍尔斯特德的一生中，他经常因为这样或那样的小毛病而病倒。当然，他的一些定期缺勤与他的毒瘾有关，但也有一些是由于易受呼吸系统和其他问题的影响。1919年，他患上了支气管炎，2月和3月一直被迫在家休养。然而到了春天，他显然还没有完全康复，即使在备受他喜爱的汉普顿高地过了整整一个夏天，也不足以恢复他的体力。后来，他因为支气管的原因身体仍旧虚弱，并开始出现一些症状，他认为是由于胆管结石引起的。8月底，他回到巴尔的摩，病情非常严重。9月2日，他的一位前任住院外科医生理查德·福利斯（Richard Follis）给他做了手术，取出了结石并摘除了胆囊。伤口愈合缓慢，并流出胆汁，但最终痊愈了，病人逐渐康复。

霍尔斯特德回到了工作岗位。1920 年，他出版了《甲状腺肿的手术故事》，并一直活跃在实验室，继续他的肠缝合实验。但过了一段时间，他似乎开始出现结石复发的症状，频率和严重程度逐渐增加。1922 年 8 月的第二周和第三周，当他在汉普顿高地时，他再次病得很重，持续发烧、疼痛和黄疸。他于 8 月 23 日乘火车抵达巴尔的摩，随身携带了自己配制的吗啡，以及他在饱受病痛折磨的夏天每天服用吗啡的剂量记录。

从那时起，似乎没有人再质疑过霍尔斯特德携带的溶液中致幻剂的真实浓度。在抵达巴尔的摩时，他告诉他的医护人员，这是按照一粒吗啡和 160 滴水的比例配制的，他们接受了这种说法，也没有明确的理由去质疑，他们甚至还为他开脱，声称这位斯多葛派的教授需要小剂量的吗啡来控制疼痛。如果能回忆起托马斯 · 麦克布莱德的死亡情况，也对《约翰斯 · 霍普金斯医院的内部历史》的混乱内容有所了解，可以毫不牵强地说，霍尔斯特德小瓶里的吗啡浓度比医生们所相信的要高。

霍尔斯特德将他最器重的两位前外科住院医生从辛辛那提大学召集过来，即霍伊尔和蒙特 · 里德，他们在那里领导一个新成立的外科部门。8 月 25 日上午，他们检查了教授的胆管，取出了阻滞胆管的一块结石。他们使用这位病人发明的一种技术来关闭导管。术后病程险峻，9 月 3 日下午发生消化道出血。尽管进行了输血，还是无济于事。1922 年 9 月 7 日星期四早上，一场术后肺炎让霍伊尔和里德失去了他们尊敬的导师。

尸检后，这位世界顶尖外科医生的骨灰被运回纽约，安葬在布鲁克林的格林伍德公墓。在这片 500 英亩的土地上，丘陵起伏，枝繁叶茂，威廉·霍尔斯特德的安息之所就在纽约湾的另一边，俯瞰曼哈顿下城，他早期成功的手术就是在这里完成的，他的艰辛也是在此度过的。在离他的坟墓不远的地方，安葬着美国历史上的一些重要人物，如霍勒斯·格里利（Horace Greeley）、亨利·沃德·比彻（Henry Ward Beecher）、彼得·库珀和塞缪尔·F. 莫尔斯。他们是美国有史以来最伟大的外科学者。

14　20世纪的医学里程碑

海伦·陶西格和她的蓝血婴儿手术

伟大的约翰斯 · 霍普金斯在医学教育中的实验不可能失败。它的建立依托于一群理想主义者坚实的财力基础，他们的目标虽有远见，但也并非不切实际。当一种对理性目标的敏锐感知发挥了引导作用，远见与资金的结合便迸发出一股势不可当的浪潮。正如一位观察者所说，1876年至1893年霍普金斯的创办是“人类、金钱、环境天作之合”。它成为一所大学的新典范，它的医学院和医院孕育了能量和人才，美国整体的医疗体系也由此完成了从炉渣到白银的蜕变。

在霍普金斯开办典礼那一年，处处充满着不祥之兆。美国的百年诞辰以两个截然不同的医学事件为标志，一个发生于德国，另一个在美国，它反映了这个年轻国家的青少年不愿接受新科学，而新生的国土恰恰迫切需要科学的持续发展：在布雷斯劳，罗伯特 · 科赫首次证明了特定的细菌会导致特定的疾病；在费城，当约瑟夫 · 李斯特试图向一位持怀疑态度的杰出外科医生阐明灭菌术的科学基础时，却收到了冷淡的反馈。科赫对炭疽杆菌的研究有效地证明了细菌理论，但这仅仅说服了那些支持“将科学引入临床”这一理论的人。约翰斯·霍普金斯医学院所扮演的角色是明确的——它将树立一个例子来说服美国的医生和教育者，如果没有大量的医学科学的投入，治疗的艺术就不会有进步；这将是科学的新分支向北美洲的医院和大学传播的源头，它将把细菌理论带入大西洋。

霍普金斯的创始人很清楚他们的典范使命。从一开始，实验室就设立了培训助学金和奖学金，以匹配内科、外科和儿科临床专业具备的临床实习和住院医师实习机会。像大学里的其他学者一样，霍普金斯培训出的医学研究者也受到了全美各地学校的追捧和争夺，至少是因为他们的特殊技能，并且向许多因机构惰性而萎靡不振的教职员工承诺重整学术之风。

在最初的教育创新中，一个最基本的原则是把解剖学、生理学、病理学和药理学的教学从当地的实践者手中夺走。这些学科招募的均为全职教师，这意味着大学会给那些致力于教学和研究的教授支付薪水，而不受私人病人护理的干扰。在最初的 20 年里，这一薪酬体系也成为临床科室的标准，所有的病人费用都回到了学校。事实证明，临床实践获得的收入要远高于教师，这其实是一种优势，因为它吸引了一批献身于研究、教导青年医师而不惜牺牲个人收入的真正意义上的学者。

这样的安排确实存在一些固有的问题，其中之一是学术界的人员有所限制，那些能够负担起教授职位所带来的经济损失的人才会担任这一职位。然而，就当时而言，这是一个有效的解决方案，解决了一个古老的问题，即如何最好地阻止教师为了金钱利益而牺牲自己的职责。在霍普金斯大学以及采用全日制的每一所学校，招收了一批献身于医学学术生涯的男性和女性骨干。这些人对世俗的决意摒弃，使得他们能够专注于他们的教学和研究兴趣，这种一心一意对学术卓越的追求，如同一场修行之旅。

我们需理解，这一新机构的崛起并不像是在一个医学落后的荒凉沼泽中闪烁的灯塔。最恰当的理解是，吉尔曼、比林斯等人创造的霍普金斯是对某种进程的回应，当这个巴尔的摩学派到来时，这种进程已经开始，他们所做的是将其加速到超出任何人最高预期的水平。在教育和医疗质量方面，美国确实远远落后于大多数欧洲国家，但在年轻医生们的主导下，这种情况开始有所转变。数千名像威廉 · 霍尔斯特德这样的医生曾在国外寻求高级培训，特别是在实验室科学方面。当美国生理学会于 1887 年成立时，它的 28 名会员中有 20 名曾在欧洲学习，其中 16 名在德国进修过。许多雄心勃勃的年轻人甚至在正式的医学学习之前就已经开始了自我提升，他们会在大学里进行几年的学习，即便在当时大多数医学院只要求高中学历，而且这个条件经常因为一些最没有说服力的借口而被放弃。甚至在霍普金斯大学规定本科学位为必需条件时，一些上进心很强的学生在很久以前就有了学位。

然而,所有这些改进都是基于个体探索者的努力。直到 1876 年，那决定性的一年, 22 所医学院的代表聚集在一起成立了美国医学院联合会（American Medical College Association），尽管起初并不成功，并于 1890 年重组为美国医学院协会（Association of American Medical College）。从那时起，进步的步伐加快了。到 1896 年，美国 155 所医学院中有三分之一遵守了该组织颁布的更高标准。渐渐地，美国医学院协会开始与美国医学学会共同致力于寻求解决国家教育、研究和临床需求的方案。1893 年，约翰斯 · 霍普金斯医学院的落成为改革者的最高目标提供了焦点。

霍普金斯大学落成后，医学教育工作者发现，在他们面前的是一座坚实的大厦，它为解决美国医学的弊病提供了证据。接下来便要将这些残缺之处摆到权威者的面前以供审查，最终获得授权对它进行改造。如果未能获得授权，至少可以有力地鼓励变革，使其变得不可抗拒，正如霍普金斯的案例，它同样需要视野和资金的结合，而这一次规模宏大。

这时需要一位巡回侦探，他能够研究国家医学教育体系的缺陷，然后提出对应的解决方案。这种工作不属于委员会的范畴，它只能由一个被证明有能力的人来完成，他的结论值得信任，他的建议可落地于现实。在这种关键时刻，一位关键人物出现了，他就是亚伯拉罕 · 弗莱克斯纳（Abraham Flexner）。

不足为奇，弗莱克斯纳的本科就读于约翰斯 · 霍普金斯大学。他是 1848 年后大萧条时期的德裔犹太难民的儿子，他拥有聪明的头脑，也迫于困窘的经济状况，在两年内快速完成了大学学业。1886 年毕业后，他回到家乡肯塔基州的路易斯维尔教中学，然后在 1890 年开办了自己的私立学院。在之后的 15 年他取得了相当大的成功，却在此时关闭了学校，因为他想要更多的心理学和哲学方面的培训，便前往哈佛大学进修。他和他的妻子随后在德国学习了一年，并因此出版了《美国大学》（*The American College*）一书。书中对哈佛和其他老牌大学教育方法的严厉批评引起了著名教育家亨利 · S. 普里切特（Henry S.Pritchett）的注意。普里切特在那时正劝说安德鲁 · 卡内基（Andrew Carnegie），希望他能资助一个组织，使教学这一职业对年轻人更具吸引力。1906 年，卡内基教学促进基金会因此而成立，普里切特辞去了麻省理工学院院长的职务，成为该基金会会长。作为首批主要项目之一，该基金会正计划对美国和加拿大的医学教育进行一项亟须的研究。1908 年，普里切特任命 42 岁的弗莱克斯纳负责整个行动。

在接下来的一年里，弗莱克斯纳访问了美国和加拿大的155所学校。他以相同的标准来对每所学校进行评估：入学要求、师资规模和培训、学校的财务状况、实验室的质量，以及每所学校和医院中的师生关系。他对他的发现感到震惊，即便是那些较好的学校也没有什么可称道之处。招生标准低，教师培训不足，大多数学校都是教授所有的私人经营的赚钱企业，实验室只是名义上的配置，或环境肮脏，或者两者兼而有之，这样的机构在学生和教师看来，跟“好医院”毫不沾边。而霍普金斯是唯一的例外。正如弗莱克斯纳后来写道：“一切都要归功于吉尔曼、韦尔奇、莫尔、霍尔斯特德，以及他们的同事和学生，他们追求着更崇高的目标，从未退缩！”

弗莱克斯纳对美国医学教育的严厉控诉发表于1910年，是该基金会的第四号公报。虽然它的官方名称是《美国和加拿大的医学教育》，但它很快就被称为《弗莱克斯纳报告》，从它作为头版新闻出现的第一天起就引起了轰动。除了五所学校外，所有学校都遭到了毁灭性的评判，而即使是这五所学校也远远低于霍普金斯的标准。它的目的不仅仅是一种批评，也是一个改革的纲领。针对学校的数量过多和质量不高的情况，其中一个建议指出：应该在全美范围内进行重组，取消120所学校。在1960年的自传中，弗莱克斯纳描述了人们的反应：

> 医学专业和医学院的教师，以及州审查委员会，对这种无情的揭露感到十分震惊。我们受到诉讼的威胁，有一次真的以诽谤之名被起诉，向我们索赔15万美元。我收到了匿名信警告，如果我在芝加哥露面就会被枪毙，但我去那里，在（美国医学学会）医学教育理事会召集的会议上发

表演讲，并安然无恙地回来了……在这个国家之前或之后，从来没有听到过这样的尸骨嘎吱作响的声音。很多学校早晚都要瓦解，而且通常悄无声息。其中一些学校将资源汇集。在我家乡的7所学校，它们……我曾在其他文章中同样坦率地描述过，现在只剩下了一所。芝加哥的15所学校，我曾称其为“在医学教育方面美国的瘟疫发源地”，很快就合并成了3所。

1913年，弗莱克斯纳受邀成为普通教育委员会的成员，该委员会由小约翰·D.洛克菲勒于1902年创立，其目的是提高美国的教育水平。他受托分配了洛克菲勒资助的5000万美元资金，将霍普金斯经验的成功硕果传播给那些他认为值得拯救的医学院。他像是拿着一本空白支票簿，再次开始游走于学术中心，向院长和学院概述将他们的机构提升到期望标准所需要采取的措施。在每个地方，他传达的信息都是一样的；这是基于他最初的评估标准：更好的实验室、更好的学生、更好的（全职）教师，以及与医院更紧密的关系，医院是医学教育临床方面的主要教学场所。参考的模式为约翰斯·霍普金斯大学和德国的大学。那些接受这些建议的学校获得了落地资金，并在帮助下自行筹集更多的资金。这项计划显然是恰当的改进措施，洛克菲勒最初的捐赠刺激了其他来源的大笔捐款。总额增长到6亿美元。用亚伯拉罕·弗莱克斯纳自己的话说，这笔巨大的资金敦促了“美国医学教育从文明世界的最低地位到最高地位”的出现。

新制度的原则并不局限于医学生的教学。这些措施包括以实习和候选实习住院医生的形式进行高级培训，以及鼓励所有受训人员从事研究工作，无论他们是否已经获得医学博士学位。他们的医学母校用于衡量基本的学术背景，为此，学校和医院之间应该保持密切的联系。这种密切联系也是医学院与其教学医院之间的根本关系，各科室主任也在医院担任要职。因此，大学的外科教授也是医院的外科医疗主任。在这个职位上，他控制所有外科工作人员的任命，以确保其竞争性和教学能力。

这所新型的医学院以学生的高入学条件为起点，涵盖了研究和医师质量控制等问题，既是一所医师培训机构，也彰显了一种精神状态。从迈入大学的第一个小时起，它便对医生的生活产生了影响，直到退休那天才结束。在这样的学术氛围中，最先进的医学成就不仅传授给年轻人，还由一种新型的治疗师带给了卧床的病人，他分享了自己的希望、理想，甚至与实验室的同事共进午餐这样的事。在这样的地方，每个人都是医学的终身学生。

《弗莱克斯纳报告》和洛克菲勒的资金改变了美国慈善事业的模式，就像它们改变了教育模式一样。从那时起，医疗机构成为资金的受益者，而这些资金此前一直流向其他领域，主要是神学学校。这种情况似乎反映出这个国家的优先事项发生了一些巨大的变化。这一方向一旦确立就没有改变，其结果是，在20世纪余下的时间里，新重组或新建的医学院和医院仍然是公共捐赠的主要接受者。

首批受益于普通教育委员会的慷慨捐赠和建议的机构包括芝加哥大学、科罗拉多大学、艾奥瓦大学、俄勒冈大学、罗切斯特大学、弗吉尼亚大学和华盛顿大学，以及哥伦比亚大学、康奈尔大学、杜克大学、哈佛大学、麦吉尔大学、杜兰大学、范德比尔特大学、西部储备大学和耶鲁大学。霍普金斯大学自然也受到了大笔资金的援助。其他学校不仅在巴尔的摩模式上建立了自己的结构，而且发展了足够的学术实力，其中一些开始吸引在霍普金斯大学接受培训的教师，进一步加强了它们正在建设的结构。加州大学洛杉矶分校的医学历史学家约翰·菲尔德（John Field）在1970年很好地描述了这一长期结果："她杰出的后辈和他们的同事的工作是如此成功，以至于今天的霍普金斯大学只是美国众多杰出医学院之一——这个结果肯定会让吉尔曼校长和韦尔奇、奥斯勒、霍尔斯特德和凯利医生感到高兴。"

在其他学校正在建设的同时，约翰斯·霍普金斯大学仍保持了它的卓越。每年都会有大量的报道讲述它的教职员工在研究和临床护理方面取得的重大成就。不管其他美国学校的贡献如何，没有一所学校像霍普金斯大学那样始终走在进步的前列。即使面对今天众多一流的医学机构，霍普金斯仍然被认为是最优秀的。当人们想要寻找一位重要人物，他或她的贡献能够概括20世纪的美国医学成就时，人们势必会转向美国第一所真正的大学，以及那里取得的最戏剧性的进步之一，海伦·陶西格（Helen Taussig）和阿尔弗雷德·布莱洛克（Alfred Blalock）所做的"蓝血婴儿手术"，及其发展历程。

在这两个人中，陶西格的生活在我看来更能代表本书所讲述的故事。在医学史上有一条永远不会丢失的主线，从科斯学派将人类本身作为治疗师仔细检查的对象开始。这群希波克拉底派医生试图对疾病进行理解，基于人的本性和影响人类的一切事物。科尼多斯学派同事不同意，并教导说，主要的焦点必须是疾病和产生疾病的内脏，而不是其安家的病人整体，正是通过科尼多斯学派的这种还原论方法，科学进入了医学领域。除非症状可以追溯到它们的起源器官，然后是它们的细胞和分子，否则不可能对紊乱的生命过程进行分类和具体治疗。在乔瓦尼·莫尔加尼之后，伟大的进步开始加速，最终在20世纪后几十年的超科学医学和亚专业化中达到顶峰。在实现了神化之后，古老的治疗艺术现在需要一个顿悟。

这场顿悟即将到来，而海伦·陶西格便是它的先驱。女性医生平等时代的到来也伴随着我们最初使命感的重新觉醒，即治愈我们的同伴，这可能不是一种巧合。处在一个我们高谈阔论要提高各种意识的时代，医生们正在将他们的视线从电子显微镜和超滤室移开，提升到了直视病人恳求的眼睛，尽管速度仍然很慢。希波克拉底主义正在回归医学实践，它将带来一种希望，实现我们自古以来就有幸承担的使命。医学不是一门科学，而是一门艺术，它利用科学来探索威廉·哈维所说的大自然的秘密，这样我们就可以更好地为其子民服务。我们将清除潜入整体论的荒唐理论，甚至我们还将超然冷漠的还原论加以人性化，从而成为我们理应成为的那种医生。社会因为它而变得更加和睦，我们的病人会因为它而恢复健康状态，我们也会因为它变得更好。

在本书的第1章中，我引用了威廉·斯隆·科芬牧师关于病人心理学这一主题的论点。还有一次，尽管是在另一个场合，我聆听了他关于医生心理的教导。在谈到美国的妇女解放运动时，他说："最需要解放的女人是生活在每个男人体内的女人。"我认为，这就是女性医生日益增长的影响力所产生的伟大意识。在我接受医院培训的这些年里，我们住院医生自视为勇敢的喷气式战斗机的飞行员，驾驶着高效的战斗机咆哮着飞向天空，与疾病的恶势力做斗争。疾病是我们的敌人，治愈便是胜利，而病人，我很惭愧地说，往往仅仅是这场交锋的背景。我们总是被教导要这样看待这件事。有必要好好吸取教训，这样才能保护自己不被他人的痛苦所影响，并杜绝任何与他们的悲痛产生共鸣的潜在倾向。我们的老师相信可以阻止所谓的"情绪介入"带来的耗竭性的危险。这并不意味着我们对病人不友好，只是我们会保持一定的距离。我们尊重他们，甚至带着一种庄严和郑重感。我们知道如何保持温和的态度，并且做到了这一点。但我们也有不同的一面——就像大人看待小孩一样，我们也俯瞰着疾病。

现如今，我们内心的某处正在向自由生长。这就是比尔·科芬谈到的事情。我们已经被告知，而且在很大程度上是女性医生告诉我们，我们的老师错了——触及病人的感受非但没能让我们妥协，反而让我们变得坚强。病人的生活、疾病的背景、灵魂的伤痛、家人的痛苦、康复的希望，都成为对护理病人的一部分，就像对血液中钠离子水平的了解一样。我们现在是更好的养育者。我们内心自由生长的那部分，就社会层面而言始终属于女性的特质。令我们惊讶的是，我们对此感到自豪。

在这些时日里，我们周围有一种不同的气氛。女性医生的崛起平息了千百年来用于宣布医学征服的吹嘘号角。她们使我们不再像是治疗的百夫长，而更像是那些来我们这里寻求帮助的牧羊人。她们向我们当中那些顽抗的人表明，我们对病人的个人奉献无须保留。甚至连查房都与过去不同了：住院医生们对他们的病人和彼此之间有了更多的同理心。医学更多的是身为治疗师的艺术，而不是自它第一次与科学交融以来的艺术。我不同意那些批评医学专业的人所说，即我们年轻的医生们在逐渐变成冷漠的技术主导论者。批评者没有像我那样在病房里徘徊，他们也没有看到过去几年的变化。我们的青年男士正在向我们的青年女性学习；我们的后辈们正在教育他们的长辈。我们不再害怕养育。在养育病人的过程中，我们也培养了自己，使自己成为更好的医生。

当然，养育对我们来说并不新鲜。漫长的历史中总是有一些这样的案例。即使是我们中最胆小、最冷漠的人，有时也会给我们的病人提供身体以外更多的支持。然而，我们之中却鲜有人能够每时每刻坚守这样的做法。海伦·陶西格的伟大便在于这种“每时每刻”。我们讲述这位 20 世纪中叶的医生的一生，可以恰当地说她的贡献代表了科尼多斯学派还原论的精华，也可以说她的职业生涯也体现了希波克拉底的整体论。海伦·陶西格将纯科学和人类的同理心相结合，来解决病理解剖学中的一个最古老的问题，并找到了一种被公认为治疗者艺术的极致的解决方案。

1761年，在《病因》出版仅10年后，荷兰医生爱德华·桑迪福特（Eduard Sandifort）根据他对病人的尸检，写了一篇类似于莫尔加尼的论文《病理解剖学观察》。他一直密切跟踪这些病人的临床护理，直到死亡。虽然桑迪福特的四卷本作品包括了许多以前没有描述过的独立论断，但它最令人难忘的是一个孩子的案例报告，他“在出生时和第一年都是完全正常的，然而仅仅在那时，出现了一种暗淡的颜色”。渐渐地，孩子的脸色变得灰白，特别是在劳累的情况下。他的呼吸变得越来越急促。为了改善他的呼吸情况，医生进行了放血，却发现血液呈蓝色，而且非常稠。桑迪福特以能够在尸检中阐明病理而闻名，因此这个男孩在12岁去世时，他的家人要求他解剖男孩的尸体。因为男孩出生时是正常的，他期望发现某种环境而导致的疾病证据，可能是家里煤炉的烟雾。桑迪福特在打开胸腔时惊讶地发现，将血液从心脏右侧输送到肺部的肺动脉异常细小而紧凑。肌肉壁上有一个洞，将主要的右心室和左心室隔开。这意味着，血液在进入肺部的通道中受阻，以至于每一次心跳都会有相当一部分血液倒流进右心室，然后以无氧状态通过室壁或室间隔缺损直接进入左心室，然后从那里通过主动脉进入大循环。

在这一点上，简单回顾一下解剖学知识。最好把心脏想象成两个截然不同的器官，分立于一道共享的壁——室间隔的相对两侧。这二者都有一个接收血液的上腔和一个将血液再次泵出的下腔（请参阅第148页的图例）。上腔称为心房，下腔称为心室。心脏的右侧接收从身体外围返回的血液，并通过肺动脉将其泵出到肺部，以补充氧气。从那里，肺静脉将血液返回到左侧，随即将其泵入主动脉，再返回身体外周以滋养组织。因此，心脏被视为两个独立的泵，以协调的节奏工作，完成两项不同的工作。右侧的泵将血液驱动到肺部，左侧的泵将血液驱动到身体的其余部分。因为左侧的泵力要大得多，所以它内部的压力比右侧高得多。

男孩的先天畸形导致了从身体返回的大量血液未能到达肺部以补充氧气。取而代之，它穿过了室间隔（中央共享的壁）的缺损处，并被再次泵出，完全绕过了肺部。血液发青或发紫的原因很明显：男孩很大一部分体积的循环血液因其捷径而直接通过肺部，从来没有机会因接触氧气而重新饱和。症状随着年龄的增长而恶化，原因很简单，随着孩子的成长，他的身体需要更多的氧气，微小的肺流出道并没有明显扩大。因此，比例较大的淡蓝色血液对组织没有焕新作用，缺氧症状恶化。

1888 年，马赛的解剖病理学教授法洛认识到桑迪福特描述的情况有四个解剖学要素：肺动脉流出道狭窄；室间隔缺损；因费力泵入对抗梗阻而导致右心室肥厚；主动脉向右侧大幅移位，最后一点使血液很容易从右心室直接或通过室间隔缺损进入。他描述的这种先天性心脏病就是以他的名字命名的，叫作法洛四联症。

法洛四联症很快就引起了医生们的兴趣，他们意识到法洛是正确的，因为他指出 75% 的发绀型儿童，即所谓的蓝血婴儿，在尸检中会被发现存在解剖学上异常，其余的则有各种其他类型的先天性缺陷，其中一些完全是由于不幸的意外所导致的。在 19 世纪后期，随着各种体检方法更为精细，对异常的死前诊断逐渐变得相对容易。根据临床病史，听诊器听到的杂音，以及通过触诊和叩诊技术确定的心脏大小和运动，在接下来的半个世纪里陆续报告了一些这样的病例。尽管如此，面对大多数的发绀型儿童，即使是最熟练的检查人员也无法解决他们的诊断难题。面对他们的病情束手无策，这一悲惨的现实已经足够使医生们苦恼了。

对四联症的研究也使人们意识到各种其他形式的先天性心脏病，以及它们带来的问题。在考虑任何有效的治疗之前，有必要找到某种方法将每种类型的解剖缺陷区分开来，并对几种主要的异常进行分类，以简化它们所呈现的繁杂的生理学紊乱。这项重要任务由一位名叫莫德·阿博特（Maude Abbott）的加拿大医生完成。

莫德·阿博特的职业生涯始于女性进入医疗行业的最早时期。1890年，她从蒙特利尔的麦吉尔大学文学院毕业，在学院中只有第三个班级招收女性，后来她试图进入该机构仅限男性的医学院，但没有成功。她进行了一场激烈的斗争，获得了朋友、报纸和舆论对她的支持。尽管蒙特利尔的医生和学校之间的辩论和讨论变得激烈起来，但她最终被拒之门外，收到了注册员的通知，声明麦吉尔"不知道承担女性接受医学教育的方式"。

在安大略省和曼斯街的拐角处，也就是繁华的蒙特利尔市中心，有一座小建筑，里面是主教学院大学医学院的所在地。那所大学决定录取女性后，莫德·阿博特被邀请加入医学院的第一个班级。虽然主教学院大学比不上麦吉尔大学，但阿博特急切地接受了邀请；她毕业时获得了高级解剖学奖和校长学术成就奖。下一步是学习德语并前往苏黎世，1894年冬季她在苏黎世医学院就读。之后她在维也纳大学待了两年。1897年，她回到蒙特利尔，开办了一家全科诊所。

但是私人行医并不适合莫德·阿博特。像许多其他医生一样，预约本上总是很久才填满姓名，她自愿开始进行一些学术工作。尽管麦吉尔大学的当局不想让她当学生，但当局乐意为这位能干的年轻女性提供一份无薪的职业，担任学校病理博物馆的助理馆长。为了不断提高自己的知识水平，她走遍了各个医疗中心，研究它们的博物馆方法。1898年，她在巴尔的摩遇到了威廉·奥斯勒，后者向她指出，麦吉尔博物馆里有尚未开发的宝藏，可以用来对疾病进行分类，并开发出更准确的诊断方法。她带着新的目标回到了家乡。第二年，她向奥斯勒咨询了三腔心的标本，并在他的鼓励下开始研究先天性心脏缺陷。在毕生的工作中，她不仅成为世界上心脏解剖紊乱方面的最高权威，而且成为由心脏解剖紊乱引起的生理紊乱方面的最高权威。阿博特的工作在 1936 年达到顶峰，出版了《先天性心脏病图集》(*Atlas of Congenital Cardiac Disease*)，汇编了她亲自解剖的 1000 例尸体。对于任何想要了解心脏先天缺陷的病理解剖学和病理生理学的人来说，这本书成了名副其实的圣经。

海伦·陶西格接受医学教育的道路比阿博特容易得多，但由于她是女性，而且早在 1898 年就出生，她的道路变得曲折。她是哈佛大学经济学教授的女儿，在拉德克利夫学院学习了两年，之后转学到伯克利，以摆脱作为陶西格教授女儿的阴影。1921 年毕业时她告诉父亲想从事医学工作，父亲建议她从事公共卫生。他说，“这是一个非常适合女性的领域”。然而，哈佛大学公共卫生学院的院长非常客气地告诉她，她可以报读这门四年制的课程，但没有女性会被授予学位。她同样礼貌地拒绝了这个机会。

陶西格并没有泄气，她准备通过一条不那么迂回的路线进入医学院。哈佛医学院并不招收女性（直到 1945 年才接纳女性），但她获得了在波士顿大学学习组织学和解剖学的许可。在波士顿大学解剖学教授亚历山大·贝格（Alexander Begg）的建议下，她进行了心脏肌肉的研究。贝格也是该大学医学院的院长，他鼓励她申请约翰斯·霍普金斯大学，以便她能最大限度地发挥她出众的才华。在后来的几年里，她写了一篇简短的自传文章，描述了她决定接受贝格的建议，以及她在巴尔的摩遇到的机会。它的标题揭示了她为什么会成为一名儿科心脏病专家——小小的选择和振奋的环境。

海伦·陶西格在霍普金斯心脏研究所工作了四年，充分利用了她对心肌功能的理解。虽然她所在的1923届70名学生中有10名女性，但医疗服务部门在毕业时只给其中一名提供实习机会，这可能是基于一种善意的比例代表制的长期惯例。她的同学维维安·塔潘获得了这一梦寐以求的职位，排名比她高0.2个百分点。为了弥补这一点，她在心脏科的导师爱德华·卡特给她提供了一份心脏病学的奖学金。

同年，儿科的新主任医师爱德华兹·A.帕克（Edwards A. Park）从耶鲁大学退位，创建了一家儿科心脏诊所，陶西格是该诊所的指定医生之一。帕克对他所有的实习生都非常友好，这位年轻的心脏病专家在职业生涯的这一阶段正需要这种指导精神。他不仅是医学界最直言不讳的女性支持者之一，而且无法忍受任何形式的歧视。后来，陶西格回忆起另一家机构要求他推荐一名候选人填补学术职位时的场景。列出的条件是，不能为女性，也不能是犹太人。帕克的回答不言而喻："我不能为任何一个将女性和犹太人排除在外的地方做推荐，因为犹太人和女性为哈丽特·莱恩之家和约翰斯·霍普金斯医院做出了如此大的贡献。"这句话写于一个对两个群体都抱有偏见的时代，那是大学生活中公认的事实，是一份勇敢的原则性声明，帕克的许多同事都不会去冒险尝试。不难理解，为什么海伦·陶西格会立刻感到和这样一个男人有着精神上的共性。

如此一来，她找到了导师，又发现了这样一位好朋友，陶西格选择在接下来的一年半里在他的系里实习。1930年实习期结束后，她被任命为约翰斯·霍普金斯医院的儿科助理。尽管她在学术层面上的水平较低，但帕克对这位年轻门生表示了信心，任命她为霍普金斯儿童部哈丽特·莱恩之家儿科心脏诊所的主任医师。儿科心脏病学领域和海伦·陶西格的职业生涯的共同起步让彼此都受益。当她开始学术生涯时，医学界刚刚开始认识到儿童心脏病需要严格的关注，而且只有当一群医生愿意完全献身于他们的研究时，这种疾病才会受到重视。陶西格的生活与她的新专业如此紧密地交织在一起，以至于在后来的几年里，如果不描述前者的贡献，就不可能谈及后者。

帕克对他新成立的诊所尽其所能地慷慨，但他的部门预算也有其他紧急要求。他发起的每一个新项目都需要融资，因此每个项目获得的份额都比预期的要小一些。他向儿科心脏诊所赠送了一台心电图机、一台新的荧光镜、一名技术员秘书、一名社会工作者、4000 美元，还有海伦 · 陶西格。这 4000 美元支付了所有费用，包括主治医生的工资。所幸其他人员的工资都由医院支付。

当陶西格开始她的工作时，她认为她所有的时间都会用来治疗因风湿热而导致心脏受损的患者，风湿热当时是导致幼儿死亡的头号杀手。在那些从急性期恢复的人中，至少有一半的人心脏瓣膜出现了严重的异常。这些儿童在过去会被分配到普通成人诊所，而现在，大量儿童来到这家新建的儿科诊室，主治医生对这种异常无能为力，只能继续监督他们的护理工作。但是帕克有不同的想法——他决定对先天性心脏病进行研究。除了阿博特在病理生理分类方面正在进行的工作外，继法洛四联症和其他几项发现后，并没有取得任何成就。

因为她相信导师的智慧，也因为她“小小的选择和振奋的环境”，陶西格现在开始对一组儿童进行研究，这些儿童的潜在疾病是模糊的，完全无法治疗。首先，她练习荧光镜的使用直到能够熟练掌握它。她使用的是当时被认为伟大的技术进步的产品，她不知道这会把她带到哪里。通过让 X 射线穿过人体，机器将肺部、心脏和大血管在胸腔内搏动时的透明图像投射到荧光屏上。她对其感兴趣的消息不胫而走，因此病人们也多了起来。正如为治疗不治之症而设立的机构经常发生的那样，医生们乐意将所有问题病例都转到新诊所，希望能为他们做些什么。

起初，陶西格只能试着从单个儿童之间的细微差异中找出一些意义：一些是青紫，一些不是；大多数发绀型患者有四联症，但一些人有着更隐蔽的原因导致了供血不足；一些人有瓣膜问题，一些人在室间隔的左右两侧有孔隙，一些人的心脏没有完成胚胎发育，还有一些人的心脏非常羸弱，以至于出生后不久就衰竭了。只有更常见的问题，如四联症，才有可能被诊断，即使这样，尸检也经常证明了诊断的错误。

在儿科心脏病学诊所度过一个下午，对最坚忍的医生来说也是一种考验。很多发育不全的孩子被父母带来问诊，他们呼吸急促，以至于最轻微的动作就会失去意识。他们的鼻子、耳朵、四肢，有时甚至全身都发青，蹲在地上或静静地躺在检查桌上，以免加重呼吸困窘。随着时间的推移和症状的恶化，父母更加迫切地寻求帮助，带孩子前来问诊的频率也越来越高。海伦·陶西格和她的一些病人，甚至是病人的整个家庭之间的依恋变得越来越强烈。这位年轻的未婚医生成了孩子们的另一个姑姑，也成了他们父母的妹妹。她从未想要控制自己对每个家庭生活方方面面的关心。正如善良的爱德华兹·帕克是她自己在困难海洋中的船锚，在许多陷入困境、正在努力应对不断演变的绝望现实的夫妇面前，她成为他们的稳定力量。

渐渐地，陶西格在她的荧光镜闪烁的光线下开始辨认图案。她把她的小病人转到她的机器的光度面前，穿透的光线使他们的身体几乎透明，她敬畏地看着发育不良的心脏在绝望中奋力将血液推过天然的障碍；她每天凝视着未曾有人见过的景象；她记录下了以前只能猜测的图像，或者为时已晚只能在尸检室看到的图像。她这样回忆："很快，我意识到发绀婴儿心脏和大血管的大小和形状的变化具有很大的诊断价值。通过研究心脏的所有位置——前、后、左和右前斜位——可以确定哪些心腔扩大，哪些缩小或不存在。"

当陶西格学到了足够多的知识，知道该问什么问题后，她去麦吉尔拜访了莫德·阿博特。那一年是1938年，在当时她已经花了很多时间解剖自己在巴尔的摩去世的病人的心脏。她现在需要看到迄今为止发现的每一种先天缺陷的集合，并理解阿博特是如何对它们进行分类的。在她回来后，她能够更好地将病理解剖与她的透视证据、她的心电图以及她日益丰富的体格检查方法联系起来。

正是在进行体格检查时，陶西格发挥了她的一项最大才华。由于儿时患有百日咳，她变得有些耳背，不能很好地听到杂音。因此，她的观察力和触觉发展到了相当敏锐的程度，以至于她能够通过肉眼观察孩子的胸部，并将手放在上面来感受其独特的隆起方式，从而获得大量信息。利用她的手、眼睛和心电图的有节奏的波形，她通常可以预测听力正常的受训者通过听诊器接收的信息。

但是，尽管诊断的专业性迅速发展，它在治疗方面没有丝毫帮助。陶西格在先天性心脏病方面的处境与她一个世纪前的同事们看到的大多数疾病的情况完全相同：可能会做出诊断，症状可能会缓解，但无法治愈。少数患者的异常涉及心脏以外的大血管，此时已经成功地接受了手术。勇敢的外科医生切除了主动脉缩窄。短的狭窄部分可以剪掉，而两个敞开的末端可以用新开发的血管缝合技术缝合在一起。结果是非常好的。但似乎没有办法改善那些问题出在心脏本身的儿童的状况。

另一个成功治愈的主要心脏畸形是永久性动脉导管。在胚胎生命期间，胎儿的肺部无法工作，因此血液从母亲体内获得氧气。为了使循环绕过肺部，自然界提供了一条管道，即动脉导管，它将肺动脉中的血液直接分流到主动脉。出生时，不再需要的导管会在婴儿的第一次呼吸时关闭。偶尔会产生这条导管仍然开放的情况，其原因尚不清楚。当这种情况发生时，其内部的血流通常是反向的，因为新生儿主动脉中的压力已经变得比肺动脉中的压力高得多。因此，肺部在过高的压力下会获得过多的血液，这种情况称为肺动脉高压。这种疾病的治疗方式是一种对开放导管进行结扎的手术，必须在孩子的肺部因多年容纳的血液超出他们的承受能力而受到不可逆转的损害之前进行。到 20 世纪 40 年代初，该手术已在许多儿童身上成功实施。

由于先天畸形经常不以单一疾病的形式出现，陶西格的一些法洛四联症患儿也存在永久性动脉导管。当她在自己的诊所研究这些患者并跟踪其中几名患者至尸检台时，她开始意识到这样一个事实：既有持续性动脉导管又有四联症的儿童身体状态会相当好，但如果导管在童年后期自发关闭，他们的病情就会开始恶化。显然，导管的作用与它在胚胎中的作用相反：绕过闭合处，它允许血液从高压主动脉进入低压肺动脉。通过对阻塞的肺流出道的外周循环进行分流，它提供了一个旁路，显著增加了肺部的流量。因此，就四联症患者而言，通过手术建立导管是一种合乎逻辑的解决方案。对海伦 · 陶西格来说，建造导管似乎是一件简单的事情——把一段管道放在正确的位置，从而将蓝色的血液绕过狭窄的肺动脉进入肺部，这样它就可以接收氧气而被氧化。

当然，这位儿科心脏病专家不知道该怎么做，但她知道该向哪些导管专家进行咨询。他们是阿尔弗雷德 · 布莱洛克和维维安 · 托马斯（Vivian Thomas）。

当海伦 · 陶西格提出她的计划时，布莱洛克已经 44 岁，担任霍普金斯外科主任已经两年。他出生于佐治亚州的卡洛登，父亲是一位成功的商人，毕业于佐治亚大学和约翰斯·霍普金斯医学院。在没有得到梦寐以求的在威廉·霍尔斯特德门下的实习机会后，他开始接受泌尿科医生的培训。他在这个领域做得非常好，因此霍尔斯特德在 1922 年去世前不久任命他为外科助理住院医师。1925 年，在攀登训练金字塔顶峰的激烈竞争中，他没成功，转到了纳什维尔，在那里他成为新的范德比尔特大学医院的第一位外科首席住院医师。

在他受训后的 15 年里，布莱洛克作为一名致力于循环相关问题的研究员而出名。特别是他在休克领域完成了被誉为里程碑式的工作，他发现了这种众多疾病的并发症存在一个共同点，即可供循环使用的血量减少，人们在这之前对休克知之甚少。正是从这一重大贡献中，医生们开始认识到对外科出血或创伤失血量进行补充的重要性；第二次世界大战期间血液和血浆输血的有效利用是布莱洛克研究的直接结果。同样可以说，阿尔弗雷德·布莱洛克的实验研究方法和他的实验结果的深远影响为后来大多数循环动力学问题的研究奠定了基础。

布莱洛克感兴趣的这一领域自然会引导他去研究心脏和大血管的功能。20 世纪 30 年代，心脏和肺部的生理学在许多主要医学中心逐渐得到密切的关注，结果是迅速崛起的胸外科专业取得了许多进展。与其他研究人员一样，布莱洛克设计了将血管末端缝合在一起的方法，形成所谓的吻合术，即将一条管道焊接到另一条管道上。他承担的一项研究是对肺动脉高压的紊乱生理学进行调查，肺动脉高压是永存性动脉导管的基本病理生理学。为了研究肺动脉高压在肺部产生的变化，他在狗身上设计了一个实验模型，从前腿的主要血管锁骨下动脉直接吻合到肺动脉。这种人造导管在高压下将血液直接输送到肺血管。这是实验性管道的杰作。

在布莱洛克的每一项研究中，他都得到了一位非常出色的助手的帮助。“帮助”这个词其实并不恰当。事实上，几乎所有技术方面的研究都是由维维安·托马斯进行的。1930 年，19 岁的维维安·托马斯来到范德比尔特实验室工作，因为缺乏资金，他被迫放弃了进入田纳西州立大学的计划。与他见面后不久，布莱洛克就认识到，这位又高又瘦的年轻黑人男子天生就是技师高手，生来就有研究人员的敏锐本能。托马斯谦逊、聪明、学得快，很快就成为他的合作伙伴，而不是一名助理。他在范德比尔特与阿尔弗雷德·布莱洛克一起工作的 11 年里，正是他解决了实验设计的许多问题，也是他经常提出研究的下一步建议。

海伦·陶西格的计划就是针对这些人提出的，他们都是久经考验的问题解决者。1943 年秋天的一天清晨，她来到他们的外科研究实验室进行会面。陶西格被当时认识她的人描述为一个高个子、苗条、迷人的女人，她的无框眼镜和中分的发髻让她看起来更像一个热心的老师，而不像世界上最著名的儿科心脏病专家。她以一种独特的方式说话——因为存在残留的波士顿口音，并且作为听力障碍者有着轻微的单一语调——讲述着她那些发绀孩子的残疾，以及面对他们时的无助。布莱洛克一如既往地彬彬有礼，饶有兴致地听着她说话，不时打断她，要求她澄清一些问题。他习惯上用那种使人放松的、漫不经心的、慢吞吞的语调说出最有力的语句，提出尖锐的问题。

托马斯也在听，但他听到的大部分内容太混乱，无法一下子全部消化。尽管到那时，他对休克和心血管系统的了解比其他几个医生都多，但陶西格演讲中的众多细节给他留下了一幅混乱的问题图景，正如他在自传中所说，“除非用高度技术性的术语，否则无法用语言来描述”。参观了几次陶西格在病理科大楼里收集的有缺陷的心脏之后，他才明白了他和布莱洛克被要求承担的任务有多么重大。

海伦·陶西格向这两个人发出了一种科学的挑战。布莱洛克看了一遍，想了想，找到了答案。他似乎很清楚，答案便是他独创的人造动脉导管，那是他多年前为研究肺动脉高压而设计的“实验性管道的杰作”，它将提供合适的管道，为发绀儿童的肺部输送更多的血液。

制定手术的技术细节问题交给了维维安·托马斯。他做了一个又一个的实验，直到他完善了一种吻合的方法，即将血液从锁骨下动脉转移到肺动脉。由于锁骨下动脉是手臂的主要滋养血管，他必须说服自己这样的分流不会导致残疾。他在给大约200只狗进行手术后，做到了这一点。血液通过从主动脉到锁骨下动脉，作为人工导管进入肺动脉，部分血液分流入肺部。这种增加肺部血流量的方法能否有效地帮助发绀儿童，还有待在真正的病人身上进行首次试验。

那个真正的病人几乎在外科团队为她做好准备之前就现身了。在这一年的实验过程中，陶西格负责的几个患儿经历了逐步的恶化。其中一个是11个月大的艾琳·萨克森，她的血液已经很蓝，因此无法离开氧气帐篷生活。陶西格问布莱洛克，他是否愿意接收她作为他的第一个病人。这是一位习惯于冒很大风险的外科医生，他直截了当地回答：“是的，这就是你应该尝试的那种孩子。你不会冒着很大的风险开启一项新手术，而新手术适用于一个没有生存希望的病人。”他告诉托马斯，在接下来的两周内要准备好他所有的特殊实验室仪器和缝合材料，以便进行手术。

那时，布莱洛克还没有在狗身上做过任何实验。他曾协助过托马斯几次，本打算自己尝试，但在接下来的几天里，艾琳的病情迅速恶化。没有时间在动物实验室里进行奢侈的初步试验，这真的没有什么区别。布莱洛克知道该做什么，他拥有所有的外科手术技巧。如果对艾琳·萨克森的手术失败了，那就不是因为缺少专家操作了。

1944 年 11 月 29 日上午，团队的几名成员聚集在手术室，记录了他们第一次看到那个蓝灰色孩子的惊恐印象，她十分干瘦，只有 9.5 磅[①]，正在费力地呼吸。陶西格博士和她的同事小心翼翼地把她从婴儿床上抱了出来，放在了手术台上。成年男子似乎不可能把手伸进这样一个像鸟一样大小的孩子敞开的胸腔，分离出她脆弱的小血管，然后把它们缝合在一起。但他们仍在考虑尝试这样一种手工灵巧的壮举，这要归功于自信、非凡的技术技能和对自己好运的无限信心。那天清晨，布莱洛克的好运开始于他得力的助手们，他们都注定要成为临床外科艺术的重要贡献者。这两位助手的四只手称得上是在美国手术室里工作过的最灵巧的手：第一位助手是外科主任住院医生威廉·朗迈尔（William Longmire），第二位助手是实习生丹顿·库利（Denton Cooley）。这样的帮手可以让这位最好的外科医生表现得更加出色。

当麻醉诱导的初始步骤开始时，布莱洛克说维维安·托马斯要来手术室。当他到达时，这位镇定自若的技师已经坐在教授后面的凳子上，但距离布莱洛克还不够近。布莱洛克让他坐近些，直到他又高又瘦的身体足够靠近手术区，这样他就能看到每一个细节。他的出现对外科医生来说就像护身符，但也意味着更多。在缝合吻合口的过程中，布莱洛克几次询问托马斯他的缝合是否足够密闭；有

---

① 1 磅约合 0.45 千克。——编者注

几次，托马斯指出缝合的方向是错误的。凭借自己的技能和判断力，在朗迈尔和库利无微不至的帮助下，在博学的托马斯的指导下，布莱洛克在那天早上创造了他的第一条人造导管，而海伦·陶西格则在一旁看着，伴有一种奇妙的成就感。

手术后，陶西格和她的心脏科同事露丝·惠特莫尔（Ruth Whittemore）医生在病房里陪伴着小病人，按照所知道的每一项标准对她进行持续监控。她手臂的血流量令人满意，她的发绀程度比以前有所缓解，而且她在一次手术中活了下来，很多人认为那次手术可能会要了她的命。第一个晚上很难熬，第二个晚上只是稍微好一点儿。露丝·惠特莫尔最近告诉我："我在担架旁的草床上睡了两个晚上，我不会让那个孩子死的！"她不得不一次又一次地将针头插入艾琳的胸部，以抽出不断积聚的空气，最终将其固定在一个抽吸装置上。婴儿慢慢好转了。在接下来的几天里，她的身体变得不那么蓝色了。手术后第二周结束时，很明显她会康复。1970 年，当医学作家于尔根·索瓦尔德（Jürgen Thorwald）采访她的母亲时，她告诉他："当我第一次被允许见到艾琳时，就像一个奇迹……我从来没有见过她像其他孩子一样，面色红润。当她用力踢脚的时候，她仍然脸色发青。但除此之外，她看起来就像一个正常的孩子。我真的欣喜若狂！"

陶西格医生一直等到她确信艾琳的良好状态保持稳定，然后她选择了另一个孩子交给手术团队为他进行手术。艾琳不到 10 磅，比维维安·托马斯做过手术的大多数狗都要小，但是接下来的孩子年龄更大，身体状况也更好。芭芭拉·罗森塔尔在 1945 年 2 月 3 日接受手术时只有 12 岁。一周后，也就是 2 月 10 日，一个名叫马文·梅森的 6 岁男孩接受了分流手术。第二个孩子比第一个孩子更快、更彻底地缓解了发绀，第三个孩子的结果甚至比第二个孩子更好。

霍普金斯小组取得的成就无法保密。迫于报纸和广播电台的压力，医院当局做出了让步，允许突然出名的团队进入媒体的视线。布莱洛克和陶西格成了不情愿但很合作的明星。向患有发绀型心脏病的儿童的父母传播一些希望，没有人比他们更明白这种必要性。他们同意接受采访和宣传，不仅是为了鼓励法洛四联症的受害者，也是为了让世界知道，对其他形式的心脏问题的帮助可能已经呼之欲出。

到1945年11月1日，已有55名患者接受了新手术。到1950年12月30日，布莱洛克和他的同事们已经创造了1037根人造导管。死亡率从最初的20%下降到5%以下。不出所料，海伦·陶西格的儿科心脏诊所挤满了来自美国和世界其他地方的儿童。在最初的几年里，只有大约三分之一的孩子被认为是手术的合适人选，但其他所有人都受益于海伦·陶西格和她的年轻实习生的问诊。陶西格的第一位同事，也就是露丝·惠特莫尔，十年后在耶鲁–纽黑文医院教会了我有关先天性心脏病的知识，在这之前我对此知之甚少。她描述了那些激动人心的早期时光，当时她还是一位初顾茅庐的年轻医生，有幸见证这样一位大师级别的临床科学家和教师，同时也是希波克拉底学派的治疗师，她不仅照顾病人整体，还顾及病人的整个家庭：

> 1945—1947年间，陶西格医生创造人工专利导管来帮助发绀婴儿的想法广为人知后，媒体蜂拥而至，她被父母的信件、医生的推荐和医生的访问请求所包围。许多家庭在没有事先预约的情况下到达。有限的空间和人力突然被猛烈的袭击淹没了。我们仍然要照顾许多患有风湿病的儿童，我们必须迅速适应每个病人和每个家庭的所有需要。陶西

格医生却能游刃有余地组织安排这一切。我们还接待了数十名来自世界各地的知名医生，他们中的许多人会观摩我们的日常实践。

学习经历非常紧凑。陶西格医生、心脏病研究员和心脏外科医生日复一日地学习，并将这些知识应用于下一组患者……在这些年快速变化的发展中，陶西格医生意识到，为了让这类工作推广到尽可能多的需要帮助的儿童，有必要对儿科医生进行心脏病学培训，并支持在美国其他地区的医学中心的发展。她会见了儿童局的领导，并争取到他们的支持，将知识和关怀传播到其他地区。

陶西格医生喜欢把她的病人称为她的小小填字游戏。随着她对每一种未知症状的领悟能力迅速增强，她迫不及待地将自己的新见解分享给她的同事。他们变得像她一样熟练地进行体格检查和透视检查，同样熟练地解释他们不断添加到诊断结果中的各类实验室数据。惠特莫尔医生称陶西格医生具有那种令人印象深刻的“思考问题、解决难题的能力”。她更多的是以身作则，而不是言传身教；她知道该问自己什么问题，也知道如何用答案来填补纵横字谜图中的空白。她看得到需求，对问题的解决方案加以思考，并与我们进行讨论，当她确信自己是对的时候，她便会采取行动。她会寻求任何来源的信息的帮助，无论正面或负面。然后，她坚持不懈地、有说服力地践行了她的信念，为医学和人类的进步而努力。

海伦·陶西格教授给她同事的不仅仅是儿科心脏病学。她见证了治疗师可以给一个饱受疾病困扰的家庭带来的安慰。每一个写过她个人回忆录的人都会回忆起她的温暖、她的同情心，以及她对周围每个人的体贴。如果露丝·惠特莫尔是她教学成果的一个典范，那么所有这些回忆都是正确的。她的老师从不认为有必要在临床上将自己与病人保持距离，她承担着患者生命的责任。惠特莫尔医生也是如此。1987 年 2 月，我与这位耶鲁大学的心脏病学家共同坐在她的办公室，聆听她讲述一个患有法洛四联症的发绀男孩的病例。他在日本占领菲律宾的暴行中幸存下来，跟随着美国“格里普霍姆号”船第一批回国，紧接着直接被带到霍普金斯医院。男孩的父亲已经遇害，但母亲陪伴着他度过了多年的艰难时期，然后把他带到了陶西格医生那里。他营养不良，筋疲力尽，但他非常想做手术。心脏病专家和外科医生认为，除非他的血液氧合更好，否则营养状况不可能得到改善。因此，尽管他的病情恶化到手术会有巨大的风险，医生们决定冒险继续前进。这是一个艰难的决定，但一旦权衡了所有因素，似乎别无选择。男孩乐观地去了手术室，但手术的重负让他消瘦的身体无法忍受——几天后便去世了。在 40 年后那个宁静的冬日下午，当露丝 · 惠特莫尔讲述他去世的细节时，她重温了她的悲痛和沮丧之情：“也许我们做错了事，也许我们应该在手术前先让他的身体变得强壮一些。”她的眼睛慢慢地充满了泪水，事情犹如发生在昨日。

海伦 · 陶西格的个人之光不仅成为患者的灯塔，也成为想要了解儿童心脏病学新领域的儿科医生的灯塔。作为首位描述各种形式的先天性心脏病的临床表现的人，她比世界上任何人都更了解护理这些患者的深奥细节。次年，三名同行接受了她的培训，此后每年都有越来越多的人申请加入。

把自己的行医局限在一个看似小而专业的领域，比如儿科心脏病学，这让许多医生无法理解，但如果对其创始人的工作有一定的了解，便可知这一专业完全不局限。美国和其他国家的研究人员蜂拥至霍普金斯大学。就像威廉 · 霍尔斯特德的外科项目一样，陶西格的受训人员遍布美国各地，他们各自建立了自己的项目，因此不到20年，这个首位儿科心脏病专家便已“桃李满天下”，为这个国家提供了无数高质量的人才。他们包括但不限于——纽黑文的露丝·惠特莫尔、底特律的罗伯特·齐格勒、科罗拉多州的吉尔伯特·布朗特、布法罗的爱德华·兰伯特、休斯敦的丹尼尔·麦克纳马拉、罗切斯特的詹姆斯·曼宁和纽约的玛丽·艾伦·恩格尔。1950年，陶西格医生与她的同事们举办了首次团聚活动。在她家的草坪上举办了一场聚会，这些两年一次的聚会成为一项重大的学术活动，世界领先的儿科心脏病专家欢聚一堂，向他们的老师致敬，并分享他们的经验。

我一直钦佩那些治疗儿童心脏病的医生，不仅是因为他们的技能，也是因为他们的人性。在我看来，儿科心脏病学的整个结构与患者生活结构的交织，比现在被分成的其他任何新兴分支的治疗艺术要多得多；它始终是那些想成为真正医生的人的典范，无论他们受训于肾脏科、微血管外科、介入放射科，还是现代治疗中其他任何分支。儿科心脏病学的队伍里挤满了男男女女，他们与病人和病人家属的关系可以证明，尽管他们看上去是在医治某个器官或单一的某种疾病，但实际上他们也可以对一个生病的人有所关怀。

毫无疑问，从这一层面来讲，医学的每个分支都有一些海伦·陶西格和陶西格的弟子；他们是高度熟练的超级专家，他们从日常经验中明白，现代医学的技术主导论与对病人亲人般的关怀照顾，这二者并不矛盾。当然，面对着残疾儿童，即便是最冷漠的临床医生也会表现出同情心，但关于儿童心脏病医生对病人的普遍关怀，还需要更多的事实论据加以证明。通过上述的阐释，我坚信许多从事这一专业的人最初之所以被它吸引，是因为他们认识到在他们的同人中存在着一种氛围——他们想要呼吁所有的人产生对彼此的关怀。

海伦 · 陶西格其实不需要对她的门徒进行太多教导。在我看来，他们中的大多数人来找她，是因为他们已经学有所长。这样的理念在她的照料下欣欣向荣。

1947 年，陶西格医生出版了她创造的专业领域内的第一本教科书。随着这本插图精美、生逢其时的书籍的出版，十年前开始的项目最终结出硕果。先天性心脏病的诊断和治疗得到了越来越多的关注，《先天性心脏畸形》(*Congenital Malformations of the Heart*) 因而成为进一步研究的基础。这本书对那些专攻心脏治疗、急于了解其复杂异常的医生极具价值，它直截了当的描述风格让读者很好地理解紊乱状态下血液流动的复杂性。休斯敦儿科医生乔治 · 萨克森 (George Saxon) 没有接受过正规的心脏病学培训，但自认为是该地区在先天性心脏病方面的权威，直到丹尼尔 · 麦克纳马拉 (Daniel McNamara) 的到来。他回忆道："在那些日子里，我一手拿着听诊器，一手拿着陶西格医生的书。"她的专业发展如此之快，以至于这本书在 1960 年的第二版需要两卷，每卷都超过 1000 页。

随着手术成功次数的增加，死亡率的持续下降以及长期的良好预后，这一切为后来所知的布莱洛克-陶西格分流术提供了更多的凭证。海伦 · 陶西格当时是一位举足轻重的国家级人物，应邀承担着众多职责；其中包括对使用动物进行实验的辩护。1949 年，巴尔的摩的反活体解剖团体对霍普金斯大学和马里兰大学的实验室人员进行了尤为尖锐的攻击。该团体不仅阻止学校使用在城市中发现的流浪狗，还强迫逮捕从邻国购买动物的商贩。医学院当局将这一问题提交给巴尔的摩市议会，后者随后举行了一系列听证会。虽然许多著名的发言人为动物实验辩护，但听证会的亮点是海伦 · 陶西格的戏剧性表演。她把一大群面带笑容、脸颊红通通的孩子带进听证室，他们是那些曾经的"蓝血"婴儿，也是维维安 · 托马斯实验室工作的最终受益者，他们中的许多人也养了自己的宠物狗。第二天，巴尔的摩的报纸全都刊登了这个故事和配套的照片。当一项反活体解剖法案在下一次市政选举中进行全民公投时，它以超过 4 比 1 的多数被否决。

布莱洛克和陶西格的合作努力并没有随着分流术的成功而结束。为了应对大量的病人，他们开发了一套责任划分的系统，包括评估、术中和术后管理以及长期随访，这不仅成为大多数心脏护理中心的运作模式，也成为其他专科跨学科治疗的运作模式。如今在许多疾病的管理中普遍使用的团队方法起源于霍普金斯大学的儿科心脏项目。

不能指望外科医生和儿科医生之间的关系总是风调雨顺，特别是如果他们之中一位是颇有成就、富有想法的男性，而另一位也是同等优秀和果断的女性。据目击者称，阿尔弗雷德 · 布莱洛克和海伦 · 陶西格之间的融洽关系似乎比大多数这样的关系都要好，但绝对不是完美的。尽管布莱洛克是南方绅士的典范，但他并不总是一个好相处的人。用他的一位住院医师马克 · 拉维奇（Mark Ravitch）的话说，“他确信自己在项目中具有优先权，嫉妒其他人；他确保这些特权不受侵犯，这一点非常明显，所以很少有人去尝试。他从未忘记——也没有真正原谅——一丁点儿伤害。如果他被激怒了，他很可能之后才做出回应，会表现在行动和态度上，而不是口头上”。他当然不是一个好惹的人，陶西格也很少惹他生气。尽管他有高超的手术技巧，但在手术室里，他是苛刻和依赖的矛盾结合体，有时会向任何听得见的人抱怨他短暂的不安全感。在早期的蓝血婴儿手术期间，现场状态往往很紧张，陶西格让自己足够恭顺地维持了和平。不过，总的来说，他们确实相处得很好，并多次相伴外出展示他们的手术流程和结果。例如关于 1947 年的一次英国之行，盖伊医

院的外科医生罗素 · 布罗克（Russell Brock）在1965年，也就是布莱洛克去世一年后，在一篇关于他的论文中对此进行了描述：

> 他和海伦 · 陶西格在英国医学会大会堂做了一次联合演讲，大厅里挤满了人。陶西格医生无懈可击地发表了她的演讲，紧随其后的是布莱洛克医生，他以自己的特点介绍了自己在外科领域的贡献，表面上看起来很随意，但实际上是对他辉煌而令人印象深刻的结果的有力而精辟的介绍。观众的沉默表明了他们的全神贯注和欣赏。大厅里一片漆黑，因为接下来要放映他手术前后病人的对比图幻灯片，突然一束长长的探照灯穿过大厅，精准地投射到讲台上一位由他护理的小女孩的姐姐，她穿着迷人的蓝色制服，坐在椅子上，抱着一个两岁半的小天使，留着一头金色鬈发，看起来面色红润而健康；她一周前在布莱洛克那里接受了手术。这产生了戏剧性的效果，令人激动，观众的掌声如潮。这是一个麦当娜式的场面，一个关于划时代贡献的、令人印象深刻的演讲的完美高潮，演讲者并没有再说更多。没有一个观众会对这个总结感到不信服或不满意，也没有人会忘记这般场景。

这样的事件，再加上令人印象深刻的手术结果，使美国和欧洲的其他外科医生深受鼓舞，在新培训的儿科心脏病医生的帮助下，他们开始尝试布莱洛克-陶西格分流术。此外，一些医学中心不仅开始试验其他方法来实现相同的目标，而且还开始对心脏本体进行更直接的手术，以治疗各种先天和后天疾病。巴尔的摩的人们对心脏生理学具备了初步理解，并由此产生了灵感来纠正以前那些看似不可治愈的其他心脏疾病。在 20 世纪 40 年代末和 50 年代初，在心脏外科的诊断方法、辅助措施和技术方面取得了一个又一个的进步。那是专业诞生的黄金时代。

在整个 20 世纪 50 年代，海伦 · 陶西格忙碌于教学、研究和照顾她年幼的病人们。她经常应邀接受国家或国际委员会的任职，为联邦委员会提供建议，或者帮助组织新的项目。1959 年，她成为霍普金斯大学的儿科学教授。在那时，她一定是世界上最著名、最受尊敬的女医生。

她对涉及儿童福祉的一切事务都很感兴趣。当这一问题变得必要，她如同战士一般坚定决心让每个孩子都从 20 世纪医学科学迅速普及的知识中受益。正是她以儿童福利的名义进行的坚持不懈的运动，带领她取得了人生的第二大成就——在她的不懈努力下，沙利度胺（Thalidomide）被禁止进入美国市场。就像她为蓝血婴儿做的贡献一样，她再次与另一位才华横溢的医生，也就是弗朗西斯 · 凯尔西（Frances Kelsey）合作。

20 世纪 50 年代末，联邦德国的格里南塔尔化学公司（Chemie Grünenthal）向欧洲市场投放了一种名为康泰克（Contergan）的新型镇静剂。实验室测试表明，这种药物非常安全，不需要医生处方就可以配药。由于它的温和、无副作用和价格适中，它变得非常受欢迎，不仅病人会在柜台进行采购，医院和精神病院也采购了这种药品。它能够有效缓解妊娠期的恶心症状，因此孕妇们欣然将其作为止吐剂和安眠药。该药以各种名称在加拿大、英国、葡萄牙、澳大利亚和新西兰广泛销售。1960 年 9 月，威廉 · S. 梅雷尔公司向美国食品药品监督管理局提交了一份新药申请，要求允许其以沙利度胺的名称在美国销售。

同时拥有医学学位和药理学博士学位的凯尔西博士，从一开始就对这份申请持怀疑态度。引起她怀疑的是梅雷尔公司提交的支持性文件的本质；它们读起来更像是证言，而不是客观的科学报告。她后来写道："这些说法太过光彩照人——好到不像是真的。"在该公司提出更好的证据之前，新药申请被拒绝。在一个有限的美国市场开始了进一步的临床试验。

在这一切发生的同时，德国医学期刊上开始出现相关信息，描述了长期使用该药物出现的感觉和肌肉力量障碍。1961年4月，联邦德国当局下令康泰克只能通过处方获得。因其在神经系统方面出现了症状，凯尔西警觉到，这种药物可能会对胎儿造成影响。她的担忧在后期获得了证实——已经有德国医生的报告称，出生时患有一种迄今罕见的先天性缺陷——海豹肢症的婴儿数量出现了令人担忧却费解的增长。这些孩子中的大多数都有前臂骨骼缺陷或缺失，至少有一半的孩子腿部也有类似的异常。在最极端的情况下，婴儿出生时手脚只有很小的残留，只是四肢的残根。还通常会有一些附带的问题，比如没有耳朵或面部瘫痪。这是一种可怕而异常的现象。

没有人能猜测到这种异常的原因，直到一名德国医生的一项研究提供了证据，半数受影响的儿童是由怀孕期间服用过康泰克的母亲所生。1961年11月，格里南塔尔化学公司将其从市场上撤出。英国、澳大利亚和加拿大的制药公司也迅速效仿。

直到1962年1月，陶西格医生才知道美国食品药品监督管理局参与了这种药物的事宜。在那时，她培训项目的一位德国校友来拜访她，在周日的晚餐上，这位校友告诉了她关于海豹肢症以及它与康泰克之间尚未证实的关系。秉承着陶西格的典型作风，她决定自己去找出答案。她于1962年2月1日抵达德国，花了六周时间走访主要诊所，对发生异常的婴儿进行检查，并向他们的母亲和医生进行询问。最令她印象深刻的证据之一是，驻德的美国士兵的新生儿都没有患上海豹肢症，但有一个例外——一个孩子的母亲离开了岗位，在当地的一家药店买到了这种在当地被禁止的药物。

尽管陶西格在独立进行这项研究，但凯尔西医生很快得知了这位美国先天性疾病方面的最高权威正在对康泰克进行彻底的评估。她搁置了梅雷尔的新药申请，直到陶西格回来与她联手。4月11日，这位儿科医生在美国医师学会的全国会议上发表了她的研究结果。5月24日，她向基福弗委员会提交证明。她以照片的形式展现了一些德国残疾儿童的生动而可怕的证据。次日，她关于这一主题的简短社论发表在美国科学促进会的期刊《科学》(*Science*)上。

虽然沙利度胺于1961年3月退出了美国的试验，但已经有200多名妇女使用过它。不仅如此，制药公司基于研究目的而生产出了5吨药品，而未能明示其中2吨药品的去向，因此，尚不清楚其中有多少仍在被送往进行试验的医生手中。陶西格的证词和她的社论证实了弗朗西斯·凯尔西对梅雷尔新药申请的反对意见。沙利度胺被永久拒绝，梅雷尔公司因对其安全性做出虚假断言而受到美国食品药品监督管理局的严厉批评。

这两位医生的成功运动促成了一套新的更加严格的药物测试法规，并于1963年2月生效。肯尼迪总统向凯尔西颁发了杰出联邦服务金质奖章，并任命她为根据新法规设立的美国食品药品监督管理局部门主任，负责监督新药的临床试验。陶西格的奖励来自德国哥廷根大学医院，该医院以她的名字命名了门诊诊所。

而与此同时，沙利度胺事件让陶西格医生卷入了另一场争议，涉及女性终止妊娠的权利。长期以来她始终认为，美国20世纪60年代的堕胎法是陈旧和不公平的，不仅给妇女带来了悲惨的负担，也给社会带来了不幸。她一生都在抢救因先天性心脏病而身体严重受损的儿童，对她来说，如果有任何安全的方法可以阻止这种不幸，避免在已知婴儿畸形的情况下还强迫母亲生下孩子，她愿为之努力。她目睹了这样一个孩子的出生往往会对兄弟姐妹、父母和整个家庭造成破坏；她比大多数人更清楚，社会机构需要巨大的资源来处理这些问题的长期影响；她曾经牵过许多一生都无法正常过活的残疾青少年的手。

雪莉·芬克宾（Sherry Finkbine）的案件戏剧性地让整个事件引起了公众的注意。芬克宾是一名怀孕的美国妇女，在妊娠期间服用了英国版的康泰克。由于芬克宾太太怀有的胚胎极有可能存在缺陷，她正在寻求合法堕胎，而所有的回复都对她加以驳斥。

陶西格对当局冷酷无情的态度感到愤怒。她并非旨在反对那些因宗教信仰而禁止堕胎的情况，而是反对那些把自己的观点强加于人的人。她并不关心古老的哲学困境——有关生命起源的瞬间，她只认为这会阻止家庭的不幸。她的生活经历让她意识到，对存在缺陷的胚胎进行流产，就是在杜绝一场潜在的悲剧发生。

她在支持放开堕胎法方面做了大量的努力，但这一次她的努力却是徒劳的。当雪莉·芬克宾的所有请求都被拒绝时，这位年轻女子被迫前往斯堪的纳维亚半岛，在那里她流产了一个畸形的胎儿。1981年，在禁止堕胎的州法律被美国最高法院推翻多年后，陶西格在聆听了一些堕胎反对者的尖锐叫嚣后颇有感触，以她一贯的坦诚告诉采访者：

> 我们仍然在与那些认为生命权神圣的群体战斗，他们完全相信生命从受孕那一刻到出生都是神圣的。据我所知，孩子出生后，他们一点儿也不关心孩子发生了什么，也不

在乎出生的是什么样的孩子。他们不再关心这个人，直到他死了，然后他们才赦免他的原罪。

1963 年 7 月，陶西格医生退休了，不再担任哈丽特 · 莱恩之家儿科心脏诊所的主任医师一职。但她并没有受到退休的影响。她仍在高效地继续她的研究，甚至她的 100 本主要出版物中有 41 本是在退休后撰写的。美国畸形儿基金会为退休的科学家设立了奖励金，她是首位获得者。她用这 4 万美元对 1945—1950 年接受布莱洛克–陶西格分流术的儿童和成年人进行了长期随访。她的洞察力，再加上她的病人及其家人对她的忠诚，她在 10 年内完成了 88% 的随访，15 年内完成 93% 的随访。她亲自去拜访了她所及的每一位幸存的病人。由此积累的信息比任何纯粹客观的数据收集都更有价值。它像是一份独特而令人满意的报告，而发布者正是那些从先天性疾病中"毕业"的校友会，如果不是海伦 · 陶西格、阿尔弗雷德 · 布莱洛克和维维安 · 托马斯，几乎所有的校友会成员早已不在人世。

在数据可及的 779 名患者中，685 名患者在术后两个月内存活，总体死亡率不到 12%。在术后第 15 年开始时，这 685 人中有 441 人仍然活着。早期的手术结果中 81% 为优秀或良好，7% 为尚可，其余无改善或死亡。五年后的一项随访研究发现，只有 24 名患者死亡。到了 1975 年，心脏手术已经有了很大的进步，227 名幸存者已经接受了四联症的完全矫正。毕竟，布莱洛克–陶西格分流术只是将更多的血液输送到肺部的一种方式。一旦心内直视手术问世，对心内缺损的直接修复就成为可能，这种方法是打开紧密的肺动脉流出道，并闭合室间隔上的孔隙。

在 1975 年那篇论文的摘要末尾，作者自豪而无可非议地表示：

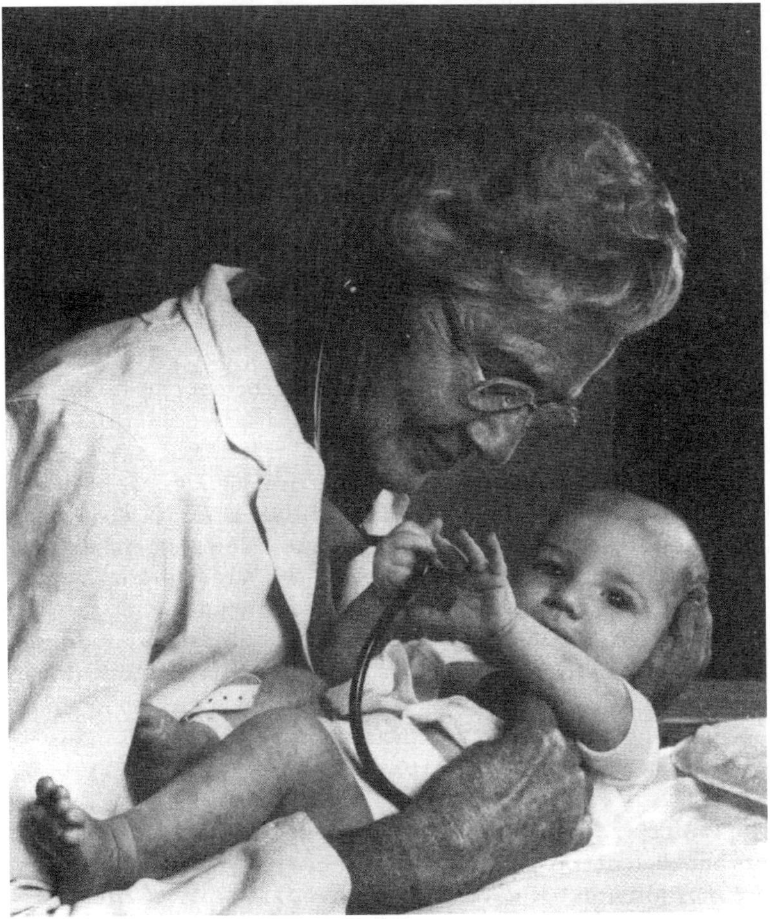

海伦 · 陶西格，1975 年。（渥太华的优素福 · 卡什提供）

> 大约有250名患者已经结婚；161名患者有一个或多个孩子。35%的人大学毕业，68.7%的人收入可观。这些患者中的许多人的高学业成就有力地证明了动脉血氧饱和度低不是智力低下的主要原因。这些患者的职业表明，他们的生活质量非常好，童年时期的心脏残疾并不妨碍成年后的成功。其中约69%的患者已向社会偿还了康复费用。

事实证明，布莱洛克-陶西格分流术符合创始人的期望。它不仅挽救了那些在相对低死亡率中幸存下来的患者，而且让他们中的大多数人获得了与正常人相当的生活质量。许多孩子都渡过了难关，直到下一个心脏手术时代的到来，而这下一个时代，闻名于通过使用心内直视技术直接而彻底地矫正先天性心脏病。

尽管海伦·陶西格已是77岁高龄，但1975年的这篇论文并没有结束她的研究。即使在几年后她离开巴尔的摩，住在费城附近的克罗斯兰退休社区后，她仍在研究先天性心脏病。她开始致力于发现缺陷的基本胚胎学原因，于是开始了对鸟类心脏的研究。她认为，这种异常不是由于胚胎发育过程中出现的错误，而是由于保留了物种进化早期遗传的部分基因库。换句话说，她认为每一个反常现象都可能是向更原始的动物生命模式的回退。这显然是一个很难证明的命题，但当她开始对其进行研究时，衰老造成的迟钝并没有动摇她的决心。在追求她的理论的过程中，她与我的退休解剖学教授托马斯·福布斯（Thomas Forbes）重新建立了多年的友谊（他们大概是同一时期退休的）。当福布斯向我展示他们在1981年末的信件往来时，他说他不禁会觉得海伦·陶西格还是当年那位热情而年轻的霍普金斯儿科医生。20世纪40年代初的一个晚上，陶西格在福布斯家中的晚餐后要了一支铅笔，并用它在一张亚麻桌布上画出了拟议中的布莱洛克–陶西格分流术，在当时这位解剖学教授资历尚浅、一贫如洗，那是他的妻子海伦拥有的唯一一块优质亚麻桌布。海伦 · 福布斯在晚年会告诉她的丈夫，她多么后悔把那张令人难忘的图表洗掉了。

在大多数人满足于喝茶、居家和清静的年纪里，陶西格医生依旧活跃在她研究的最新理论之中，而且在克罗斯兰退休社区的事务中也是如此。她结交了新朋友，继续写作，并对社会事业保持兴趣。1986 年 5 月 21 日，她召集了几位克罗斯兰的同乡，开车送他们去选举地点参加初选投票。当她倒车离开选举地的车道时，她的车被另一辆车撞了。这场碰撞中的唯一受害人是海伦 · 陶西格，她在 88 岁生日前三天当场遇难。

海伦 · 陶西格的名字将永远与她的合著者的名字联系在一起，这是我们这个时代许多伟大的医疗事业之一。他们有着共同的愿景，他们每个人都被赐予了将其变为现实的天赋。在相当高产的职业生涯中，他们两人还做了其他了不起的事情，特别是对于年轻医生的培训。但在他们各自留给后辈的一类潜台词中，存在着一个深远的差异：他们对医患关系有着截然相反的概念。这并不是说阿尔弗雷德 · 布莱洛克对他的病人不友好，也不是说他面对痛苦时不具备同理心，甚至对此可以肯定——他永远不会对那些前来求助的人置之不理。但他是典型的“那个时代”的外科医生。马克 · 拉维奇（Mark Ravitch）在提及布莱洛克时，对整个行业进行了描述：“尽管他热情有礼，但他始终对自己和自己的身份保持着清醒的认识。”在布莱洛克的眼中，他的优先级与海伦 · 陶西格的不同。“一般说来，他似乎避免与病人有感情上的牵连，人们对他的印象是，当他对病人表现出极度的关心和焦躁，并对工作人员要求最高的时候，他最在意的是手术的成功结果。”

而这不是海伦·陶西格的方式。在她看来，重要的是健康所系、性命相托，以及恢复患者宁静的家庭生活，而治疗的成功结果仅仅是其中一步。对她来说，互通的情感是治疗过程的一部分，医生和患者通过进入对方的生活来缓解彼此的痛苦。对病程冷静地分析，这并不意味着一定没有同理心；面临危险疗程时客观性的选择，并不意味着失败就不能流泪；海伦·陶西格没有退缩过。她把一部分的自己奉献给了病房中的每一个孩子。她是医生，是他们的希望之源，更不惧成为他们的好朋友。这便是她对于医生这一职业的理念。

15 “重获新生”
移植的故事

那位使我生命重新焕发光芒的年轻心脏捐献者，愿上帝厚待他的灵魂；愿他的家属能够懂得他留下的生命遗产，因此而得到慰藉。

——1986 年 4 月 9 日，雷蒙德·爱德华兹在心脏移植一个月后给耶鲁–纽黑文医院工作人员写的一封信

这是 20 世纪末的一份临床病历：

1975 年 8 月 20 日晚上 10 点，美国国家气象局的一名 42 岁的气象学家来到康涅狄格州拥有 120 张床位的米尔福德医院的急诊室，主诉恶心、食欲不振和腹痛。症状开始于两天前，先是肚脐周围出现疼痛，然后焦点逐渐转移到右下腹。病人在出现症状的第一天呕吐了一次。当病人从签到台走到一间住院室时，陪同他的护士明显感觉到他有些跛行，主要依靠左腿承重。当检查医生触诊按压产生症状的部位时，病人感受到极度的压痛。上面的肌肉坚韧而僵硬，腹部出现一定扩张。戴着手套的手指插入病人的直肠时，其指尖端在右侧高处探查时，会引起病人相当大的不适。医生诊断为阑尾炎，并要求进行外科会诊。

半小时后，当外科医生到达时，注意到病人脱水严重，舌头干燥使他有些口齿不清。因为每一个动作都会引起疼痛，他选择了右

侧卧位，膝盖蜷缩至腹部。这时，住院护士安排的血液检查已经完成，结果显示白细胞计数明显升高，多形核白细胞百分比增加，表明存在严重的炎症。血红蛋白水平和血液主要化学成分均正常。胸部X射线检查显示正常。心电图检查显示除其中一个波形发生了某些非特异性变化外，其他尚无显著改变。

外科医生确认了急诊室医生的诊断。在被告知手术的风险和益处后，患者签署了法律专业人士所称的知情同意书。在对腹部进行清洁后，他被推进了手术室。

在病人到达急诊室大约两个小时后，手术开始。全麻诱导后，在右下腹部做一个小切口，扩展下层肌肉，打开腹腔。自切口处涌出许多气味糟糕的浆液和脓液，与两个半世纪前乔瓦尼·莫尔加尼在博洛尼亚老人腹部发现的一模一样。外科医生将盲肠自底部翻起，观察到一个坏疽的、破裂的阑尾。

对阑尾进行切除并插入引流管，闭合伤口。经过两个小时的恢复，病人被转回了自己的病房。在术后48小时内服用了一个疗程的抗生素和少量哌替啶，此外未使用其他药物。患者在经历了几日的发热和不适感后，恢复良好，没有发生任何不良事件。一周后患者出院。不久便返回工作岗位，继续从事天气预测工作，而他破裂的阑尾已经成为一段回忆。他所有的疾病费用都是由政府补贴的保险单支付的。

这位42岁的患者就是雷蒙德·爱德华兹。给他做手术的外科医生是我的朋友，所以在刚才描述的事件发生几天后，我碰巧遇到了他，此后再无联系。直到11年后，在与另一位外科朋友的偶然交谈中，我听闻他再一次进行了手术并康复，这一次比阑尾切除还严重。在心脏移植手术成功两天后，他住在耶鲁-纽黑文医院的心脏重症监护病房。

在莫尔加尼解剖了博洛尼亚老人充满脓液的尸体之后的两个半世纪里，科学医学发生了巨大的演变。首先，人们认定每种症状都有一个特定的解剖学起源，并可追踪其特定位置。莫尔加尼认为疾病的症状是“患病器官的哭声”，再后来追溯到“患病组织的哭声”乃至“细胞或分子结构的哭声”。同时，各种类型的症状被相互区分、加以分类，并将相互关联的症状归为不同组别预测，以便识别和分类不同的疾病实体。19 世纪初，体格检查艺术的迅速发展使得人们能够基于以往尸体解剖研究中的发现，对患者存活时的变化进行预测。到了 19 世纪中叶，医生们在用感官和听诊器诊断疾病方面变得相当熟练。不久之后，随着人们对生理学奥秘的理解日益加深，人们对与疾病相关的生理紊乱和化学层面的紊乱都将有所认知。

若无法探寻疾病的根本原因，医学科学便无法解决治疗层面的问题。莫尔加尼已经开始寻找疾病过程中可观测的效应。然而他却谨慎地指出，自己无法得知产生这些效应的刺激本源。是什么导致肺部发生炎症？为什么肝脏会变成肝硬化状态？那些覆盖在老化的血管内部的淤积，它们太厚导致了血管的闭塞，破坏了它本应滋养的组织，是什么导致了它的产生？为什么心脏瓣膜会变厚并失去弹性？为什么大脑中曲折的脑回有时会变平？是什么启动了肿瘤的生长过程，又是什么引发了心力衰竭？为什么肾脏会失去过滤杂质的能力？糖尿病患者血糖升高的原因又是什么？

按照还原论的归纳式方法来探究疾病，其唯一逻辑体系为每一种疾病的主要病因应当有其相对应且可发现的还原论式的解决方案。如果疾病本身被证明是一种独特的病理生理实体，又何必需要限制概率界值去找寻引发疾病的独特根源呢？当巴斯德和科赫在李斯特的帮助下发现了某些疾病，特别是致病菌的起源时，科学医学似乎即将实现它的期望：每种疾病都有自己不同的病因。如果能为人类的每一种疾病找到一个独特的单一原因，那么治疗的特异性就指日可待了。事实上，细菌概念成为百年医学研究的典范。自此，研究者致力于找出每一种疾病的起因。现代医学研究在很大程度上是基于这样一个命题，即任何特定疾病的病因都是单一的，并且可以在实验室中发现。

还原论的方法是经验主义的。它有意回避了理性主义思维，避免了没有观察和实验支持的猜测陷阱。例如，它否认疾病是由人与自然的各种内部和外部稳定机制的普遍失衡引起的，却也因为这种平衡未经证实，否认了重新建立该平衡以恢复健康的可能性。它将诊断聚焦于客观可验证的现象；它以结果可测的方法作为治疗标杆。这是一种单病因的哲学，是希波克拉底整体论的对立面；这是现代科学医学几乎每一次进步的途径；这就是为什么雷蒙德·爱德华兹不同于博洛尼亚老人，能够接受快速诊断和迅速的病理生理学形式的治疗，并产生了稳定的预后。这也是 11 年后雷蒙德·爱德华兹能够用一个 17 岁年轻人健康的心脏器官取代他衰竭的心脏的原因。器官移植集中体现了还原论的成就。然而，这也只是一场宏大变革的一丝微弱的暗示。

即使移植这一新领域代表了现代实验科学成就的巅峰，它的落脚点仍旧在传统意义上的哲学家领域的问题。探究 DNA 链性质的研究者现在也必须思考它的本质问题，即它对人类意味着什么。事到如今，电子显微镜专家和组织分类学家也在透过技术层面观察人类的特征本质，也许还有他的灵魂——他或她的人格，就像今天的文学者所说的那样。当分子生物学家谈到生命体对“自我”（self）的认知，对于“外来物”（foreign）的排斥，以及“耐受”（tolerance）的产生时，他们使用的词语也传达了他们工作的道德和哲学含义。他们的还原论正全然引领他们走进治疗艺术的愿景之中，这一愿景既是科学的，也是整体的。他们的工作迫使我们将病人视为一个整体，甚至是病人所处的世界整体，他们的治疗手段也不仅局限于疾病本身，而且要考虑到所能获得疗愈效果的全部事物。

始于公元前 4 世纪的希腊，医学便经历了一系列发展历程，而当外科医生们让雷蒙德·爱德华兹拥有了一颗新的心脏时，这一历程到达了它的聚焦点。这种历程始于一系列的猜测，开始时并未凸显其成功价值，直到它摆脱了关于体液和失衡的旧观念，并邀请科学为其服务。一个世纪以来，我们从未质疑这样一种假设，即所有疾病的全部的病因和治疗方法都可以在我们的研究机构和医学院的实验室中被发掘。我们称医学是一门艺术，而实际上我们认为它是一门科学。在科学中，我们倾向寻求解决每一个问题的办法。

然而，治疗毕竟是一门艺术。就医生的判断力、智慧和对人性意义的探索而言，可以称他们为治愈者，其价值等同于他作为一名科学工作者。移植这个非常新的领域荟萃了古老医学领域中的各种成分，在不同层面引发了问题，如道德、宗教、社会、法律、经济以及其他未知的问题。它是一门科学，却也必须得到社会的认可与支持。

如今的还原论研究在技术科学层面也存在一定的改变。它就是我们的老朋友，有关疾病根源的理论。我们正在（仅仅是刚刚开始）把疾病看作一种非确切的诱因引发的结局事件，是一组恶性事件共同作用导致的协同作用。为什么一个人每天抽两包烟，没有得肺癌，而他的邻居与他习惯相同，却在 50 多岁时死于恶性肿瘤？为什么在中世纪所有暴露于瘟疫的人中，只有一部分人被感染？数百万人都暴露于导致心肌炎的病毒中，为什么只有雷蒙德·爱德华兹患上了心肌炎，并出现了心脏衰竭？答案并非在疾病的根源理论，而是存在于一种生物医学理论的新方法，正如一些人所说的，是一种新的范式。

一些现象是临床医生每日所见，却无法解释的；它们似乎超出了医学的一对一的疾病–原因模式。例如，乐观的患者往往比悲观的患者表现得更好——这是众所周知的一点，但还没有人理解其中的机制。我们也知道，并不是所有的患者都能从基于我们的单一病因理论的治疗中受益。如果10%的病人接受了理论上理想的治疗却没有痊愈，那么他们必定有一些不同于绝大多数患者的地方。100年前，当细菌学家提供证据证明这种单一病因的存在后（即细菌），这一理论便长期存在于争议的旋涡之中，却也形成了当今的模式，然而疾病的真正本质可能与之截然不同。现在是时候把我们的思想转向一种新的模式了，在这个模式中，心理和环境研究等方面的考虑因素将与免疫学、遗传学和细菌学实验室共享舞台。正是顺应这一方向，医学的新观念才可显形。当我们到达这一目标时，我们将实现希波克拉底派先贤和科尼多斯学派同行的愿景。在他们两种哲学的融合中，蕴藏着治愈的未来。

爱德华兹心脏移植的故事始于古典时代的一个神话故事。西方语言中的一个词出自这一神话，它不仅可以用来表达什么是移植，也具有移植所不具备的含义。在《伊利亚特》中，荷马讲述了贝勒罗丰，一个无畏的怪物杀手，他被利基亚的领主命令杀死上帝创造的奇美拉。贝勒罗丰被送上一匹长着翅膀的飞马——珀伽索斯，接受了使命“杀死无人可接近的奇美拉；这是一种不朽的东西，生有狮首、羊身、蛇尾的样貌，呼吸之间吞吐着可怕而明亮的火焰”。“奇美拉”（chimera）一词在英语中有两种含义：第一种是指像奇美拉这样由几个不同个体或物种的部分组成的生物；第二种是用来表达一种奇美拉式的构想，奇幻而荒谬，看似不可实现。形容词

“奇美拉的”(chimerical)在《韦氏英语大词典》中被定义为“想象的；幻想的；奇幻的；疯狂或徒劳构思的；除了想象之外没有或不可能存在的”。

通过解开移植之谜，科学家们验证了奇美拉的第一种含义，并推翻了它的第二种含义。事实证明，这样的奇美拉不是“空想”。第一批实验室创造的奇美拉是将供体动物的组织或细胞引入受体体内，而交互的双方仍处于幼稚的胚胎发育阶段。从那些简单的动物生命形式的早期实验开始，到目前为止已经取得了更多的进展，我们如今见证了将完全成形的复杂器官从一个成年人移植到另一个成年人身上。我们生活在一个肾脏、肝脏和心脏移植很常见的时代，很快便会听闻胰腺和肠道的成功移植消息，脑组织也是如此。也许有一天，只有全脑移植才能继续挑战我们的医疗技术探索者，甚至连这一壮举都有可能降服于他们的聪明才智和灵巧的手指。

直到维萨里时代医学的重新觉醒，奇美拉的“空想”概念才被转化成为日常的现实。暂且撇开不谈中世纪和东方的神话传说中描绘的一些对病人身体结构的交换，从公元前13世纪直接来到3000年后的公元16世纪，我们会遇到外科医生加斯帕里·塔格利阿科齐(Gaspari Tagliocozzi)，他是博洛尼亚大学的解剖学教授和医学教授。塔格利阿科齐于1599年离世，市政府当局委托制作了一尊雕像来纪念他，将其放置在大学的解剖表演剧场。他的雕像手持一个人的鼻子，以展示他最持久的贡献。塔格利阿科齐已经开发出一种技术，可以将这一基本的嗅觉附件重建到出于各种原因缺失了鼻子的人身上。在当时，鼻子割除是法律或重罪的一种常见惩罚形式，从这个意义上说，这位医生确实做了一件有价值的事。

塔格利阿科齐的手术技术不需要我们操心，只需要知道这项技术涉及我们今天所说的将上臂带蒂皮瓣移至面部。然后，用特制的

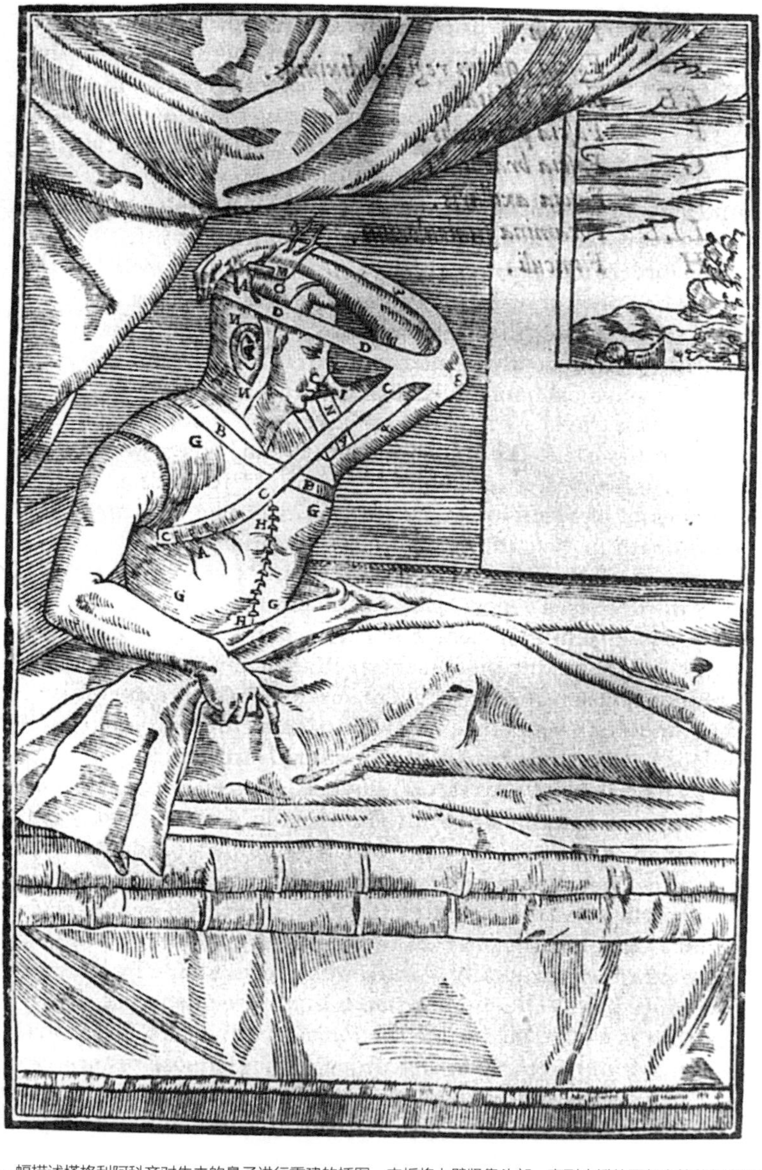

一幅描述塔格利阿科齐对失去的鼻子进行重建的插图。夹板将上臂紧靠头部，直到皮瓣从面部血管获得血液供应。由威廉·B. 卡特拍摄。（耶鲁大学医学史图书馆提供）

夹板将手臂固定在适当的位置保持 12 天，让移植物能够在此处自行闭合。在这段时间之后，将移植物从肢体上切除，新的鼻子通过一系列的小型手术逐渐调整为合适的形状。该方法成功率高，同样适用于唇和耳的再造术。据说在 18 世纪和 19 世纪，鼻子修复术在印度的一些从业者中颇受欢迎，不过在欧洲，出于各种原因它失去了地位。

与其说塔格利阿科齐的重要之处在于他的技术创新，不如说是他对每个人的肉体有别于他人的洞察力。他对使用捐赠者皮肤的想法进行了深思，最终予以拒绝，主要是因为将两个人捆绑在一起 12 天或更长时间实在不现实。但还有另一个原因，用几句简单的话就表达了移植的本质奥秘：

> 个体的独特性完全劝阻我们不要在另一个人身上尝试这项工作。因为这就是个体特性的力量和控制，如果任何人自信可以加速和增加联合之美，甚至自信能够实现哪怕是最小的一部分身体手术，我们都会认为他是迷信的，缺乏自然科学的基础。

正是“个体特性的力量和控制”阻碍了这种可预见的成功——将组织从一个成年人移植到另一个成年人身上。塔格利阿科齐虽然没有留下任何书面记录，但他肯定尝试过捐赠者来源的皮肤移植，却也见证了每次努力的失败。不知何故，他开始意识到人体有办法识别出属于自身的组织，并对非自身的组织进行排斥。“这是我的骨中之骨，肉中之肉”，从字面上来说可以引申为移植的概念。其他任何东西都被认为是外来的，并被排斥。只有亚当和夏娃以及同卵双胞胎才有资格接受移植。

因此，我们在移植的故事中逐渐理解，我们体内的每个细胞都蕴藏着某种专属的东西，这赋予了它们独特而不变的特性。因为没有更好的词语，我们不妨称作“自我”。一旦科学认识到自我的存在，就有必要去寻找它的成分——人类个体的所有细胞之间究竟共享何种具体性质，使其独立区别于其他个体，识别他人为外来者？动物通过什么样的机制识别另一种动物的细胞，又是什么机制将其驱逐，把它们当作入侵的、不受欢迎的物质来摧毁？而且，在发现了这些机制的本质之后，如何才能克服它们呢？如何才能使潜在的受体不那么排外，更少地破坏捐赠者的原生质呢？换句话说，怎样才能让一个人对另一个人移植的组织更有耐受性呢？

这里有一长串的问题，随着我们叙述的进行，甚至还会有更多的问题出现。试图回答这些问题的人不胜枚举，甚至超出问题数量的千倍之多。即便我们只讲述那些主要贡献者，也因其人员众多而难以清晰地进行描述。因此，这一章涉及的不是单个研究人员，而是 20 世纪末的生物医学科学，与其说是个人的努力，不如说是伟大的天才探险家团队的共同努力。现代与未来的移植研究依靠的是世界范围研究者的合作与竞争。这些研究的参与者上至诺贝尔奖获得者，下至默默无闻的研究生；既包含对微观科学最纯粹的调查，也涉及临床的实际紧急情况，同时伴随着我们每个人为不朽而进行的秘密个人奋斗，无论这种不朽是功名上的，还是就移植而言身体层面的。当然，我们会讲到社会中的一些重大道德问题。对于医生来说，这些问题最终会聚焦于我们的患者，他们和爱德华兹一样，来到我们这里是为了寻求健康，有时也是为了找寻生命的遗留物。

经常会有一些医生设法将一些组织从一个人转移到另一个人身上。这些实验似乎只在很少的情况下成功，当接受者是人类的时候就更少了。温斯顿·丘吉尔在他的《我的早年生活》中讲述了一个故事来说明一种罕见的情况，尽管风险极大，但最终获得了成功。故事发生在1898年苏丹战争期间，下文详细描述了他向一名受伤的战友捐赠一块皮肤的细节：

> 莫利纽克斯被他的一名骁勇的士兵从一场屠杀之中解救出来。他前往英国，即将负责一家医院的护理工作。我决定和他做伴。就在我们谈话的时候，医生进来给他包扎伤口。他的伤势严峻，伤口深而长，医生急切地想要将它剥离。他低声对露出胳膊的护士说了些什么。他们退到了一个角落，在那里，他开始割下她的一块皮肤，转移到莫利纽克斯的伤口上。可怜的护士脸色发白，医生此时转过身来看着我。他是个骨瘦如柴的伟大爱尔兰人。“哦，我必须把它从你身上取下来。”他说。我无可奈何地卷起袖子，他和蔼地问道：“你听说过有人被活活剥皮吗？嗯，这将是你会产生的感觉。”然后，他从我的前臂内侧切下一块皮肤和一些1先令大小的肉。当他来回锯着剃刀时，我的感觉完全证明了他对这场磨难的描述是正确的。然而，我设法坚持到他切好一块漂亮的皮肤，上面附着一层薄薄的肉。这块珍贵的皮肤切片随后被移植到我朋友的伤口上。它一直保留到今天，在许多方面给他带来了持久的好处。就我而言，我把这道伤疤当作了一份纪念品。

我们用三种可能的方式来理解这则逸事：它可能完全是真的，在这种情况下，它代表了在毫无准备的接受者身上成功移植的极其罕见的例子之一；或者，丘吉尔所认为的，这次成功的移植仅仅是他拒绝接受现实、作为幸运的莫利纽克斯手臂的覆盖物，那张皮早已干瘪无用，直到接受者自己的皮肤从这个相对较小的区域的边缘长出来；或者，最后一种可能，整个故事是杜撰的，而且总是如此。莫利纽克斯从来没有选择为这一事件发声，那位“骨瘦如柴的伟大爱尔兰人”也选择了噤声，绝口不提究竟是谁做了这次剥皮手术。面对这位伟人的记忆，我被夹在现实和慈善之间，我选择第二种可能性作为对这位外科医生艺术奇迹的最好解释。

19 世纪几位研究者的工作成果使人们逐渐认识到，自体移植物、同种移植物和异种移植物在从捐赠者转移到接受者身上时，各自表现出完全不同的形式。在 20 世纪的前 20 年，几位有洞察力的研究者开始认为，同种移植物的普遍移植失败是由于一些至今仍未明的免疫过程所致。根据他们颇有远见的构想，移植物因接受者的身体对移植物产生了与对其他任何异物相同的免疫力而被排斥。不仅如此，人们还发现，接受者对捐献异体组织的特定捐赠者具有高度的免疫特异性。人们开始发现一些明确的实验证据，即每个有机体都有其独特的行事模式，接受者的独特模式会将其他有机体识别为外来物质，并因此对其产生免疫反应。就像在其他免疫反应中一样，外来物质携带着被称为抗原的物质，这种物质只对自身具有特异性。当接受者检测到这种外来抗原时，就会产生一种拮抗剂，就像对抗入侵细菌或病毒的抗体。病毒中的抗原诱导患者体内产生抗体，在作用过程中破坏并对抗微生物。以同样的方式，植入体内的移植物的组织抗原启动级联反应，诱导产生攻击它的杀伤细胞。

移植物排斥反应的过程逐渐被认为是一个类似于抗体-抗原反应的过程。很简单，接受者识别移植组织的外来性，并产生针对它的杀伤细胞，从而对移植组织进行破坏。根据不同国家的几位研究者的观察，可以清楚地发现，每个人都有自己非常独特的抗原种类，实际上就像其指纹一样具有特异性。移植免疫反应理论在1944年得到了最终的验证，当时牛津一位名叫彼得·梅达瓦（Peter Medawar）的年轻动物学家设计了一个实验，确凿地证明了来自同一捐赠者的重复移植会加速排斥反应。此后，他开始了一系列构思巧妙的研究，这些研究为移植生物学和排斥与耐受现象的现代研究奠定了基础。

因此，这就是识别和排斥二合一的机制。接受者的体液和细胞识别出捐赠者的抗原属于非本源物质，因此产生能够破坏外来移植物的物质。进一步的移植尝试增加了排斥过程的猛烈程度。

一旦确定了排斥的性质，就要开始着眼于寻找组织抗原的分类方法，其方法与血型抗原的分类方法相同。血液和其他疾病的类比是清楚的——毕竟输血属于移植的一种，但血液的主要抗原在大比例的人群中是共享的，因而输血相对安全。然而，器官移植中涉及的抗原种类更为繁多。尽管如此，幸运的是它们也可以被划分为重要的和非重要的。20世纪40年代末，人们开始寻找主要的移植抗原；到50年代初，初步的组织分型成为可能，其方式类似于将1品脱的血液与潜在的接受者进行交叉配型。

在接下来的30年里，组织分型技术得到了改进，现在看来，它有望成为一种潜在的有用工具，可以将器官捐赠者与接受者匹配起来。甚至它的名字也被改变了——它被称为组织相容性测试。现在我们知道，我们体内每个细胞的第六条染色体上都有特定的区域，携带着所有已知的主要组织相容性抗原。已经设计出一些方法来检测这些组织相容性最强的抗原或移植抗原的存在。根据捐赠者和接受者之间的相似程度，试验结果被分类为A、B、C或D型匹配。如果A型意味着完美的配型，这将完成一个对称的科学传奇，但这几乎是不可能的，因为结果中涉及许多其他的次要抗原。目前，组织相容性测试只能作为移植的有用指导。随着进一步的发展，某一天它可能会成为匹配接受者和捐献者的更可靠的方法。

由于组织分型存在不确定性，所以它不能作为一种避免同种移植物排斥的方法。还有另外两个合乎逻辑的途径：一是让接受者的免疫系统对捐赠者的移植抗原更有耐受性，二是让捐赠者组织本身不那么具有威胁性。后一种方法尚未取得明显的成效。幸运的是，前者，即获得耐受性的方法，在实验室中的进展顺利，已被证明是开展持续研究的实践根基。事实上，这是当今移植技术发展所遵循的原则。

理想情况下，我们总有一天会找到一种途径，使捐赠者和接受者能够达到最佳的交叉匹配。想要实现这一点，需要向接受者注射合适的血清（或其他一些控制免疫系统的特定方法），以便快速建立对捐赠者抗原（无论是主要抗原还是次要抗原）获得耐受性，来抵御任何残余的不兼容性。然后可以相对安全地进行同种移植。这类研究已经获得了几项诺贝尔奖，它们不仅阐明了排斥的基础，也对耐受的基本理论有所诠释。麦克法兰 · 布尔内特（Macfarlane Burnet）和彼得 · 梅达瓦可能是最著名的研究人员，他们揭开了早期的迷思——这些被隐藏了许久的基本机制。

在科学实现其完美免疫耐受的目标之前，那些不尽如人意的方法足以使捐赠者的组织在没有排斥反应的情况下进行移植。唯一不存在免疫学问题的情况是捐赠者和接受者是同卵双胞胎，因为他们来自同一个卵子，有相同的抗原。也正是因为这样的抗原，双胞胎其中一人的免疫机制不会将另一个人的抗原视为外来物质。事实上，第一例长期成功的肾移植便是 1954 年在波士顿彼得 · 本特 · 布里格姆医院这样的双胞胎之间完成的。自那以后，我们又做了许多工作。

由于目前还没有具体的方法可用，移植团队只能以常规方法来抑制接受者的整个免疫机制。如果接受者有效免疫防御的能力受到抑制，对抗捐赠者组织抗原的能力会因此而减弱。当然，问题在于无法将这种抑制局限在只影响那些针对移植本身的防御；抑制免疫系统会损害其对抗任何外来物质的能力，包括细菌、病毒和其他更不寻常的入侵者。免疫抑制的代价是感染。

同时肩负着斯库拉式的脓毒血症和卡律布狄斯式的排斥反应，移植医生成了精湛的高空钢丝艺术家。[①]这两种危险之间微妙的平衡一直很难实现，极易被最微小的环境变化所扰乱。为了防止接受者陷入排斥反应的旋涡，临床医生备有一系列的免疫抑制剂；为了防止免疫无力的接受落入怪物感染的怀抱，医生们还准备了更有力的抗生素和无菌技术武器库。移植外科医生小心翼翼地踩着紧绷的铁丝网，两只手都拿着应对这两者的灵丹妙药，病人在危险之中仰卧着。当然，这位外科医生并不孤单，他受助于一群顾问的建议：免疫学家、遗传学家、药理学家和内科医生。任何一方出乎意料地喊叫，或者是大声地叫喊，都可能把他打倒在地。高处不胜寒，移植者永远是医院里最瞩目的存在，同时也是最脆弱的——他本身就是一个奇美拉，一半是英雄，一半是举止荒唐者，时而表现出伟岸面，时而又回到不幸面。

当免疫抑制剂达到实用的发展阶段时，临床器官移植的时代就开始了。当然，外科医生早在科学家之前就开始了工作，在实验室里不断进行着物种间、个体间的结构移植实验，然而只达成了操作上的熟练度。它们始于20世纪的最初几年。1904年至1910年间，从法国迁居至芝加哥的先驱亚历克西斯·卡雷尔（Alexis Carrel）与他

---

① 斯库拉是希腊神话中吞吃水手的女海妖；卡律布狄斯为希腊神话中坐落在女海妖斯库拉隔壁的大旋涡怪，会吞噬所有经过的东西，包括船只。——译者注

的同事查尔斯·格思里（Charles Guthrie）进行了一系列实验，移植了肾脏、心脏和其他器官。正是在此期间，卡雷尔发展了血管吻合的方法，这也成为外科医生此后一直使用的标准技术的基础，他也因这项技术于1912年被授予诺贝尔奖。虽然他的最终目的是用他的手术来治疗肾衰竭患者，但他很快意识到，在排斥反应这一基本生物学问题得到解决之前，无法实现这样的临床应用。在1914年写给瑞士外科医生西奥多·科彻的一封信中，他写道：

> 关于肾脏等器官的同种移植，我从未发现持续的积极结果——而在自体移植中，结果总是乐观的。这个问题的生物学方面需要更多的研究，我们必须找出一些方法来防止有机体对新器官的反应。

事实上，在两年前卡雷尔的同事格思里就已经提供了“这个问题的生物学方面”的线索，当时他写道：

> 虽然已经有很多实验报道，但还没有人能成功地让一只动物在自己的肾脏被摘除后，植入另一只或多只动物的肾脏存活很长时间。这项技术的前景并非毫无希望，在许多其他领域产生如此辉煌成果的免疫准则，似乎值得在这种情况下接受考验。

随着排斥现象的生物学基础被阐明，人们继续致力于在无关的个体之间进行组织和器官移植。虽然都未曾取得成功，但这些实验确实有助于理解如何最好地克服将另一人的器官植入人体循环这一严格的技术问题。几乎所有的手术都是在实验室进行的，但偶尔也会有铤而走险的临床医生带着走投无路的病人进入手术室，试图攀登人类肾移植这座看似无望的高山，结果总是徒劳。

好吧，几乎总是这样。1947 年，查尔斯 · 赫夫纳格尔（Charles Hufnagel）、戴维 · 休姆和欧内斯特 · 兰德斯坦纳（Ernest Landsteiner）这三位富有进取心的年轻哈佛外科医生（后两位是正在接受培训的住院医生）将一个新鲜的遗体肾脏植入一名濒临死亡的年轻女子前臂上部，原因是她的肾小管突然闭锁。接受者已奄奄一息，因此不便将她移入手术室进行手术。通过严格的无菌处理，已故捐赠者的肾脏被带到彼得 · 本特 · 布里格姆医院的一间小型临终病房，由两盏 S 形台灯打光开始进行移植。新的肾脏立即开始发挥作用，澄净的尿滴逐渐填满了出口管道（即输尿管）下方的碗。新的肾脏仅维持了几天就出现了排斥反应，而在这段时间内，它的功能良好，足以清除患者血液中过多的杂质，以至于她从接近昏迷的状态转为有所警觉——她已经从晚期尿毒症中恢复过来。幸运的是，她自身的肾脏仍然有能力逆转其衰退过程，而她所需要的就是捐献器官帮助她渡过难关的短暂时间。在切除被排斥的移植器官两天后，她开始自行排尿，从死亡的悬崖上后退一步，而后平安无事地恢复了健康。

与此同时，彼得 · 梅达瓦和其他人在追踪移植免疫学的基本理论框架方面取得了长足的进步。在 1953 年 10 月 3 日的《自然》杂志上，梅达瓦和他的两位同事描述了一系列实验，通过将小鼠细胞接种到另一只还在子宫中的小鼠体内，因为尚在孕育中的小鼠还没有形成免疫防御系统，从而产生了他们所说的“主动获得的耐受性”。这些细胞存活下来，它们的抗原被成熟的动物识别为自身的一部分。因此，在接受者的余生中，同一只供体小鼠的皮肤可以移植到另一只动物身上而不受到排斥。这篇具有里程碑意义的论文的第二句话表达了这些实验的基本原理："哺乳动物和鸟类在胎儿期就充分接触到外来同源组织细胞，它们不具备对这种细胞产生免疫反应的能力，或这种能力仅能发展到有限的程度。"

尽管在实验室环境中与临床意义相差甚远，梅达瓦的工作证明了突破迄今为止阻碍移植成功的不可逾越的障碍的可能性。虽然这篇论文在纯粹的科学意义上很重要，但对其他研究人员来说，它更具令人振奋的激励价值。不单是在实验室，在医院里也萌生了一种新的乐观情绪——这样一种与自然保持一致的体系使移植排斥问题的解决方案触手可及。此后不久，波士顿发生的一件事将这种兴奋情绪推向了更高的高度：彼得·本特·布里格姆医院的另一组外科医生成功地将一对同卵双胞胎中其中一人的肾移植到了另一人身上。

当然，这样的成功与免疫耐受问题无关，因为每个同卵双胞胎都有完全相同的基因结构，所以双胞胎之间具有完全相同的移植抗原。然而，这是一项最重大的临床成就，表明手术技术已经完善，所需要的只是一个可行的解决同种移植物排斥反应的方案。

回过头来看，这种解决方案的第一次临床尝试更像是一支火焰喷射器，而不是一支精准的箭。它非但没有击中靶心，反而几乎摧毁了整个目标。基于先前实验室的证明，即免疫系统可能会因这种对其整体的严重"灼伤"而受到抑制，波士顿和巴黎的几名患者接受了全身X射线治疗。事实证明，结果不可预测且过于危险，不足以证明继续进行这项工作的合理性。一些患者产生了免疫抑制，会因"灼伤"而变得易感，所以需要骨髓移植来帮助他们抵御大范围的感染。1958年至1962年在彼得·本特·布里格姆医院进行肾移植的12名患者中，只有一人幸存。

在进行全身照射的临床尝试的同时，基础科学实验室正忙于开发一种能实现同样目的但更为安全的药物。由于梅达瓦的主动获得的耐受性概念显然需要很长时间才能产生以患者为导向的实用性功能，因此从药物上抑制免疫系统才是合乎逻辑的途径，好比购物狂踏入的时尚街区。又一次，《自然》杂志的一篇文章传来了这样的消息：1959 年 6 月 13 日，塔夫茨医学院的罗伯特 · 施瓦茨和威廉 · 达马舍克报告说，他们通过每天注射一种名为 6-巯基嘌呤的抗新陈代谢药物，减少了家兔的排斥反应过程。这种药物虽然调节了患者的免疫反应，但并没有像辐射那样具有深度和广度的抑制。作者提出了一个引人注目的观点，每一位，甚至是那些对移植最不感兴趣的研究人员都对此抱有希望：“很明显，在接受药物治疗的动物中，虽然整体上没有阻止抗体的产生，但信息存储方式发生了严重的功能障碍。”换句话说，对外来物质的识别过程受到了药物的影响。在论文的结论中，这些研究与梅达瓦的研究联系在一起：“无论如何，这些实验表明，‘获得性免疫耐受’以前只用于未成熟动物的应答状态，如今需要扩大到包括药物诱导的耐受。”

这场伟大的竞赛正在进行，无论是在实验室还是在临床，人们都在开发合适的免疫抑制药物并草拟恰当的使用标准。年轻的英国外科医生罗伊 · 卡尔恩（Roy Calne）开始在狗身上试验 6-巯基嘌呤，进展顺利。他获得了哈佛医学院的奖金，并于 1960 年 7 月在彼得 · 本特 · 布里格姆医院的实验室开工，整个布里格姆移植工作背后的指导精神依托的是弗朗西斯 · D. 摩尔医生的指导，他接替了哈维 · 库欣和埃利奥特 · 卡特勒担任外科主任。卡尔恩与初期进行双胞胎移植的一位外科医生约瑟夫 · 默里（Joseph Murray）合作，筹划方案以首次尝试将肾移植到药物抑制的患者体内。布里格姆团队先是使用 6-巯基嘌呤，接着使用一种与之密切相关的化合物，即硫唑嘌呤，取得了成功。在此之前，美国和欧洲已有足够多的医学中心开发出安全有效的肾移植方法，使越来越多的接受者实现肾移植。患者在等待过程中通过使用人工肾机清除血液中的杂质，直到找到合适的捐赠者，然后接受手术。

正如预期的那样，同卵双胞胎移植的结果一直很好，紧随其后的是近亲之间的移植，组织相容性测试显示尚不存在显著的抗原差异。仅有少数接受者的捐赠者是某位刚刚被宣布死亡的年轻人。只要脏器匹配吻合，并经由严密的免疫抑制处理，从遗体移出的肾脏就有极大可能植入成功。现如今，一些大型移植中心报告的同卵双胞胎之间肾移植的成功率为95%~100%，亲属捐献和遗体捐献的移植成功率在近两年都超过了80%。一些持续的改进自然归功于组织相容性测试的日益精细，但大部分是由于对免疫抑制更为熟练的管理，因而诞生了一项总方针——将抑制强度降低到每个患者所需的最低限度。其结果是感染率降低，并且显然没有增加排斥反应的频率。

目前对大多数移植患者的乐观前景还有两个主要因素：类固醇的使用和环孢素的开发。环孢素是一种从真菌中提取的药物，它的发现者在挪威休闲露营旅行中偶然从地表发现了这样一种样本。类固醇，即肾上腺外层或皮质产生的可的松化合物，长期以来一直被认为具有免疫抑制作用，但这种作用本身并不足以防止排斥反应。然而，当类固醇与硫唑嘌呤联合使用时，两种药物的免疫抑制作用出现了协同增强的效应。更重要的是，如果一个器官在术后几周或几个月内突然受到排斥的威胁，短暂的类固醇高剂量通常会阻止灾难的发生。

环孢素于1974年首次被发现具有免疫抑制作用，自1983年以来一直被广泛使用，并迅速成为移植领域的主要药物。与硫唑嘌呤不同的是，它不会抑制骨髓的活性，因此患者更小概率暴露在脓毒血症的危险之中。此外，它似乎对那些对预防细菌和病毒感染很重要的免疫反应的抑制作用较小。由于脓毒血症发病率的降低，真菌世界的这份礼物提高了所有类型移植患者的存活率。事实上，可以说环孢素的引入已经开启了安全免疫抑制技术的一场革命，以至于今天只有 10% 的肾移植因为排斥反应而失败。

任何药物皆有其主要副作用，但环孢素的副作用已被证明比其他药物更容易控制。不仅如此，它的使用可以降低类固醇的需求剂量，因此后者的副作用也会减少。此外还有其他优点，环孢素还使组织相容性测试成为一个不那么重要的成功决定因素。

还有其他的免疫抑制方法，如单克隆抗体，以及抗淋巴细胞和抗胸腺细胞球蛋白的使用，目前这些方法的临床应用有限，但这些方法确实有希望在未来取得更大的效果。主要是因为它们建立在未来数年进行研究的前景领域内的理论基础之上。并不完全令人惊讶的是，输血似乎抑制了对同种移植的免疫力，尽管其潜在的机制仍然是一个谜。血液作为同种移植物本身，在接受者体内仅仅存在少量的不相容，因此术前输血可能增加了某些抑制排斥反应的血液成分，在某种程度上为最终的“大体移植物”做好宿主免疫机制的准备。所有这一切现在都太新了，也有点儿太过深奥，在这里只能简单提及。

肾移植一直是所有其他器官移植的原型。科罗拉多大学的托马斯·斯塔兹尔（Thomas Starzl）博士坚信同种肝移植的潜力，即便在 1963 年他的五名首批肝移植患者在手术后三周内全部死亡后，他也不曾灰心丧气。最终，在 1967 年，一名一岁半的恶性肝肿瘤女孩的手术获得了成功。她存活了 13 个月，而最终的不幸并非因为排斥或脓毒血症，而是因为癌症复发。斯塔兹尔接下来的八名患者中的每一位都存活了 2~30 个月，从而证明了这项手术的可行性。虽然后来有许多其他中心开始从事肝移植的工作，但现如今匹兹堡大学的斯塔兹尔博士仍然是该领域的世界领先者。肝脏是一个比肾脏或心脏复杂得多的器官，然而同种肝移植如今在儿童和成人群体内已经分别达到了75%和60%的一年生存率。组织相容性测试在肝移植中不起主要作用。合适的遗体捐赠者是如此难以获得，以至于几乎任何大小接近的肝脏都有必要使用。

“几乎任何大小接近的肝脏都有必要使用。”想一想这一点。它直面产生了肝移植的一切工作，也直面了移植者自称为科学家的这种说法。梅达瓦和布尔内特等人非凡的研究成就有什么好处，而本书中描述科学逐渐进入医学的一系列章节又有什么意义？说到底，我们在这里所提及的肝脏和心脏的移植，主要是受到一种从鲜为人知的斯堪的纳维亚真菌中偶然发现（出土）的药物的保护，这种药物的真正作用至今仍让人难以捉摸，即便我们尽了最大努力也很难理解它。我们使用环孢素是因为它有效，稍后可以进行解释。实验室里的工作者始终在与医院病房的临床同事们你追我赶，而不是以真正的科学方式指导临床工作。他们的解释正在逐渐深入，但在未来一段时间内，临床医生仍将遥遥领先。

在法律文件中使用的华丽辞藻而笨拙堆砌的句子中，最不得体的莫过于这句令人痛心的表述“声称并表现出自己是有能力的”，这句话是用来指责一位工匠或专业人士由于自己努力的不幸结局而被起诉。通过这些残酷的言辞，出席法院的移植接受者被告知，这位被告人实际上在其行业内并不属于技巧娴熟的操作者，而只是声称拥有这一荣誉职位的人，与他整个职业生涯表露出的证据截然相反。我曾见过一些最自信的外科医生，当他们谈及看到由某位热心的律师在夸张的散文体中突然跳出这类术语时，他们都会象征性地打个哆嗦。那么，如果思考起来是如此痛苦的话，为什么我要在这本书的一个有关医疗艺术最伟大的胜利的章节中提出这一要旨并坚持下去呢?

我的目的是提醒我们所有人，无论是医生还是门外汉，即使在这个科学至上的医学时代，也存在着一层潜在的错觉，甚至可以说它主要是一种对我们自己的错觉。作为医生，我们当然会声称，不仅声称是治疗师，也会声明在我们的治疗中使用了最现代的医学方法。大多数时候,我们就是我们呈现给自己的样子,但并非总是如此。有时候，我们确实存在法院标准传票对我们的指控。我们把自己标榜成某种我们实际上不存在的样子。事实正是如此。毕竟，我们不是真正的科学家。正如我们服用草药的先辈在类似的情况下所做的那样，我们发现过往的经验证明了一种名为环孢素的药物对免疫系统的影响至关重要，它允许我们将器官从一个人移植到另一个人身上。经过反复的试验和试错，我们可以说是偶然发现了一种神奇的真菌，但它的真正作用仍是一个谜。尽管我们的实验室每天都在向某些生物学解释靠拢，但病人护理的紧迫性要求在所有基本机制被阐明之前就开始临床试验。没有组织相容性测试，没有获得耐受性，没有真正的科学先例，没有我们历史上所谓的（标榜的）科学的巅峰时刻。没有人会认为环孢素的引入是科学的结果。环孢素不是科学，它的引入是医学艺术的一个例子。如果这件事成功了，而且它没有违反“最重要的是不能伤害”的格言，我们就应该好好利用它，让以后的科学来证明它。这里我们讨论的是科学家和治疗师之间永恒的冲突。只要医学仍然是一门艺术，而且它必须永远如此，冲突总是会以有利于治疗者的方式得到解决。

一些人会认为“医学科学”一词带有矛盾修辞法，我便是其中之一。在16世纪和17世纪，治疗者开始着眼于科学。除去理论层面的意义，它直到19世纪初才被应用于疾病的诊断，抑或直到50年后才得以应用于疾病的治疗。从那时起，人类生物学脱离了仆人的角色——它已经成为医学界有史以来最伟大的合作伙伴。但这两位盟友绝对不能相互混淆。疾病的治愈仍然是一门艺术，它需要一系列严格的技能，既要与细胞打交道，也要解决精神层面的问题。有时它甚至包含一点儿善意的谎言。只要在疾病的治愈过程中存在判断、临床直觉和决策这些主要要素，它便是对医学艺术的致敬。同时也是对医生的两项非科学性质的工作致敬：倾听患者的意见，以及对患者的关怀。

判断、临床直觉和决策——如果你愿意，还有对病人的味觉和嗅觉判断、病人的需求、疾病周围的环境因素，以及导致疾病的病理生理过程——这些都是心脏移植艺术的真正成分。科学把我们带到了敢于去思考这样一种奇美拉式空想的地步，甚至赋予了我们技术手段，使这种空想成为一种可能。然而，使奇美拉成为现实的最终步骤和成功的获得，依靠严格的临床判断感知，对这位特定的患者在这个特定的疾病阶段和时间需要何种治疗具有确切的认知。它还涉及洞悉如果患者不接受这种治疗，会发生什么样的情况。

我将要谈及的这位特定的病人就是爱德华兹，那个特别的日子是 1986 年 3 月 10 日。他是 80 年实验室研究和近 20 年临床研究的受益者，这些研究使外科手术方法趋于完善，并在预防排斥反应方面取得了快速进展。1905 年，亚历克西斯 · 卡雷尔和查尔斯 · 格思里将一只小狗的心脏自脖颈处植入一只大型成年狗体内，并观察到它正常跳动了两个小时。在接下来的几年里，许多研究者进行了一系列的研究，但从未想过将其应用于临床。

1953 年，当心肺机开始使用时，情况有了很大的转变，因为它可以在修复主要血管以及心房和心室的异常期间作为这两个器官的替代品。这样一种使心脏分流的设备，使人类心脏移植成为可能。斯坦福大学的理查德·劳尔（Richard Lower）和诺曼·沙姆韦（Norman Shumway）在实验室中使用了这样的设备，在 20 世纪 60 年代早期报告了一系列对狗进行心脏移植的成功案例。尽管在手术后的几周内，所有的存活者都对它的新心脏产生了排斥反应，但已经证实，即使心脏的所有神经都被切断了，心脏功能仍然良好。随着技术和生理学问题的解决，劳尔和沙姆韦继续着手他们的工作，以建立有可能防止排斥反应的机制，主要进行组织相容性测试以及硫唑嘌呤和类固醇的使用研究。

上述便是 1967 年 12 月 3 日的大环境背景，当时克里斯蒂安·巴纳德医生在南非开普敦的格鲁特·舒尔医院为一位名叫路易·沃什坎斯基的患者进行了首例人类心脏移植手术，震惊并鼓舞了全世界。沙姆韦、劳尔和其他几位研究人员在实验室里一直在致力于解决排斥反应的问题，他们比世界上的其他人都要震惊，而不是感到高兴。他们知道组织相容性测试的方法还不能令人满意，他们担心世界各地的外科医生可能会急于复制巴纳德过早的壮举。他们最担心的事情还是发生了。三天后，布鲁克林的一名外科医生给一名 17 天大的男婴移植了一颗心脏，几小时后男孩就去世了。路易·沃什坎斯基于 12 月 21 日离世，也就是巴纳德前往美国进行为期六天的访问的前一天。在此期间，他被奉为医学英雄。他抵达纽约时，市长约翰·林赛亲自迎接，总统林登·约翰逊以一种特别的方式款待了他，这种方式只有在得克萨斯州百万富翁的牧场上才能体验到。

与沙姆韦的合作使巴纳德对移植技术有了了解，他像林德伯格[①]一样激发了美国和欧洲的想象力。他一下子就成了媒体明星。

---

① 林德伯格是近现代的一位美国飞行员，他曾创造从纽约市飞至巴黎用时 33.5 小时无着陆的壮举。——译者注

在选择了他的第二个病人后，他于 12 月 30 日飞回开普敦，从而使伦敦报纸有机会以《巴纳德飞向下一场心脏手术》为标题销售它的版本。1 月 2 日，菲利普 · 布莱伯格（Philip Blaiberg）得到了一颗新的心脏。1 月 10 日，这位病人恢复得很顺利，而此时布鲁克林的外科医生再次进行了尝试。八小时后，他的病人去世了。布莱伯格活了 19 个月，这段时间足以让他的外科医生跻身名流行列——甚至利伯拉斯也到医院拜访过他。

压力还在继续，即使是谨慎的沙姆韦也无法抵抗。1968 年 1 月 6 日，他为第一个心脏移植病人做了手术，病人存活了 15 天。随着这位备受尊敬的斯坦福大学教授进入榜单，这一心脏盛宴获得了一定的合法性；越来越多的外科医生涌入赛场。来自英国、巴西、阿根廷、法国、加拿大和美国的几个医学中心也有了类似的报告。最后，就连当时在弗吉尼亚医学院工作的理查德 · 劳尔也无法抵挡移植的热潮。像沙姆韦一样，他仍然担忧免疫的问题无法得到解决。5 月 25 日，他为自己的第一个病人做了手术。仅上个月，全世界就有 13 人在医院接受了心脏移植手术。劳尔的病人存活了 6 天。在路易 · 沃什坎斯基手术后的 15 个月里，在 18 个不同的国家共进行了 118 次手术。绝大多数患者在几周或几个月内死亡。

最后，那些满怀希望而又缺乏克制的外科医生不得不面对现实，一切还为时过早。从 1968 年的 99 例移植到 1969 年的 48 例，再到 1970 年的 17 例，最后 1971 年只有 9 例。全球 58 个心脏移植团队中有 56 个不再继续这项手术，重新开始常规的心脏手术。巴纳德坚持了下来，沙姆韦也仍在坚守。在斯坦福大学，沙姆韦的项目成为美国唯一正在进行的移植课题，因为他的实验室科学水平非常高，可以跟上他的临床手术的步伐。即使在 1970 年 8 月，他仍保持着足够的信心，在一期《加州医学》上发表了审慎乐观的评论：“在这一点上，我们相信心脏移植仍在临床研究的范围内。”

与此同时，斯坦福团队也在默默地、没有大张旗鼓地继续工作。随着他们方法的改进，他们的临床结果也随之提高。在沙姆韦报告的鼓舞下，其他团队也称得上重整旗鼓。心脏移植的这番绵延的中止逐渐走向尾声。1984 年，美国有 29 个中心进行了大约 300 例移植手术。在写这篇文章的时候，大约有 100 个美国团队正在进行手术。生存率令人满意，更让人震惊。这些原本没有希望的患者中，75%的人在手术后一年内仍存活，65% 的人在术后三年内存活，近 60%的人在术后五年内存活。尽管这些数据已经足够优秀，我们完全有理由相信它还会进一步改善。

心脏移植的候选者需满足以下标准：处于晚期疾病状态，且估计预期寿命不超过几个月。在几年前纽约心脏协会制定的分类中，这一标准被指定为 IV 级；它意味着心肌的终末期衰竭。这些患者中的大多数都有严重的冠状动脉疾病，并且由于这些血管的多处闭塞而使心室失去了大部分功能。此外，另一个主要群体是那些出现不明原因心肌进行性恶化的人，这种情况被称为特发性心肌病（idiopathic cardiomyopathy）。虽然它经常被归因于一些先前的病毒感染，但任何个体心肌病的潜在基础通常都很难确定。

正是这样一种被认为是由病毒引起的心肌病，让爱德华兹第一次去看心脏病专家。没有任何明显的原因，他在 1975 年秋天开始自我察觉到越来越疲惫，呼吸急促。最后，在 1976 年 1 月，当他无法坚持下去时，他去了米尔福德医院的急诊室，结果被告知他患有值班医生所说的“典型的低血糖症”。幸运的是，内科医生亨利 · 科佩斯（Henri Coppes）留意到他，并针对他的症状进行了适当的检查。第二天，当爱德华兹赴约前往就诊时，他的呼吸非常困难，几乎不能从停车场走到诊室。科佩斯医生立即认识到他的新病人表现出的心力衰竭的严重性，将他送往医院，并在心脏病专家的咨询下，使他脱离了这场紧迫的危险。

就这样，拯救一颗极度衰竭的心脏的项目开启了。起初，科佩斯医生能够让他的病人保持一种合格的健康状态，但最终在1983年开始迅速恶化。为了寻求进一步的帮助，科佩斯安排爱德华兹向劳伦斯·科恩医生寻求咨询。科恩医生谦虚而富有幽默感，拥有耶鲁大学埃比尼泽·K.亨特医学教授的光辉头衔。通过谨慎的药物滴定，科恩博士能够带来一些改善，但还不足以让他对未来持乐观态度。在1985年6月，爱德华兹遭遇了一场短暂的轻度中风，说话含糊不清，精神状态也不甚乐观。他的心率已经从正常的每分钟72次降到了每分钟28次——安装了起搏器使其恢复正常，这样心室的输出可能会得到改善。

早在1984年中期，科恩医生就开始考虑为爱德华兹进行心脏移植。随着他病情的恶化，这项举措也越发显示出可能性。1985年10月，爱德华兹进行了心脏检查和核扫描，结果令人十分沮丧，似乎没有其他办法了。随着每一次搏动，爱德华兹重度扩张的左心室仅排出其中15%的血液。这种无效的泵只会让他在几个月后产生难以治愈的衰竭。在插管的时候，爱德华兹正在服用一系列的药物，这些药物代表着药理学对他迫在眉睫的死亡结局发起了最后攻势。

1986年1月9日，爱德华兹会见了由外科医生、护士和技术人员组成的耶鲁–纽黑文医院移植团队。该团队的负责人亚历山大·格哈（Alexander Geha）博士描述了手术的一系列准备事项，以及术后可能会发生的事件。即使爱德华兹没有康涅狄格州的洋基佬那般坚忍，他的决定也会是一样的。他尽可能深吸了一口气，让格哈医生开始手术倒计时。

接下来的几周对莫妮卡和雷蒙德·爱德华兹夫妇来说是艰难的

几周。即使是科恩医生对药物的细心处理也没有减缓爱德华兹心肌潜在的衰退。在漫长而沉闷的等待合适捐赠者的过程中，每一天都笼罩着突然彻底崩溃的威胁，如同见证死亡本身。终于，熬过了焦虑不安的两个月，电话打来了。1986 年 3 月 9 日傍晚，莫妮卡收拾好爱德华兹的小包，搀扶他坐上他们的道奇车，驱车 15 英里到达了纽黑文。

在另一个新英格兰城市，另一对夫妇也面临着一场悲剧，尽管是完全不同的类型。与爱德华兹不同的是，他们不可能出现奇迹。3 月 6 日晚，他们 17 岁的儿子在一场车祸后被送往当地医院，受了致命伤。他的胸部在撞击中被压碎，但他强壮健康的心脏没有受损。它仍然跳动着，带着青春的活力，与包裹着它的破损身体截然不同。主治医生尽可能温和地告诉男孩的父母，他已经脑死亡。

这对悲痛的夫妇一定是带着勇气、利他主义和爱的混合体做出了他们的决定。他们丧失了希望，却还有信仰和慈善。他们要求将他们儿子的心脏和肾脏移植到三名未知接受者的身体里，这些人没有它们无法生存。

3 月 10 日清晨，约翰 · 埃列福泰利亚兹医生（John Elefteriades）在一名耶鲁外科住院医生的陪同下，从纽黑文乘坐直升机抵达新英格兰的那个小城市，捐赠者在那里等待着，在四天前的撞击时刻，他的生命便在法律意义上得到了终结，但他强壮而年轻的心脏仍在跳动，似乎在期待某种形式的缓刑。男孩被带到医院的手术室，他所有的机械驱动的生命维持系统完好无损。埃列福泰利亚兹医生和他的助手在胸骨中部做了一个切口，收获了这颗存活状态的心脏。

在这里，我们有必要停下来——因为那个词，“收获”（harvest）。移植专家已经习惯使用这个词，但我们其余的人不得不时刻停下来对其进行思考。也许你从未见过它在这种意义层面上被使用。这个词意味着地球正在产出它的宝藏来滋养人类；它意味着履行一种敬畏之举，接受果实丰富的土壤的馈赠；它意味着上帝的丰盛礼物；它意味着营养和生命。对雷蒙德·爱德华兹来说，这颗来自陌生年轻人的心脏是一次金色的收获。

埃列福泰利亚兹（另一个停顿——这个名字本身让人联想到科斯岛上的一片小树林或桉树，一位哲学家兼医生正在用芬芳的疗愈药膏为病人涂抹伤口）轻轻地抱着容器，把静止的心脏浸泡在冰盐溶液中，迅速运送到直升机上，并被空运到耶鲁-纽黑文医院偌大校园附近的一个降落点处。剩下的很短的路程伴随着警车的鸣笛让行。

爱德华兹此时已经接受了麻醉，并连接了心肺机。格哈医生一收到直升机降落在纽黑文的消息，就开始了搭桥手术，并开始从病人的胸部切除软袋状的病态心肌。当爱德华兹可怜的心脏被切除后，取而代之的是供体器官，它被迅速缝合到恰当的血管连接中。一旦所有的缝合线牢固到位，便会移除爱德华兹和供体器官之间用于分隔的夹子，一种完美的、自发的搏动立即开始了。然而，手术团队的兴奋有些为时过早——心律不齐的纤颤运动很快就把心肌变成了一种颤抖着的紧缩肉团。外科医生立即使用除颤器进行了一次快速的电刺激，移植器官恢复了那强有力的、猛烈的脉搏，迅速成为这位失去意识的病人的活力之源，他还在沉睡的身体已经做好了准备，迎接这位新的主人。那一次电击使爱德华兹起死回生。一个小时后，他来到了心脏重症监护病房，逐渐恢复了意识——他和这位年轻捐赠者的心已经开始了他们的旅程，焕发出新的活力。

移植两天后我去看望爱德华兹，他看起来比阑尾切除术后两天好多了。在弥漫着一片欢快气氛的环境里，我们简短地聊了一会儿。

两名病人和耶鲁－纽黑文医院心脏移植团队的一些成员。雷蒙德·爱德华兹在照片的中央。最右边的是劳伦斯·科恩博士。亚历山大·格哈博士站在他们中间。（雷蒙德·爱德华兹提供）

几天前，另一名患者也接受了同样的手术，他的情况也很好。两人都接受了硫唑嘌呤、环孢素、类固醇和抗生素的治疗。他们两人在平静的康复过程中都没有遇到任何意外。用住院医师们经常说的一句话来说：“他们毫发未损！”

从那以后，我一直和爱德华兹保持着密切的联系。他经历了几次濒临排斥反应的小插曲，但微弱到只有通过心肌活组织检查才能确定。这个过程并不像听起来那么糟糕。在局部麻醉下，一种名为活检钳（bioptome）的长而柔软的线状探针被插入颈部静脉，然后向下进入右心室。在它的顶端有两个精细可闭合的钳嘴，外科医生可以通过闭合钳嘴切下一小块心肌进行显微镜检查。爱德华兹的排斥反应十分微弱，如果不是定期进行的活组织检查，它们不会被发现。在每次增加类固醇剂量的一段时间后，重复性研究结果均无异常。

与此同时，爱德华兹不仅拥有了一颗新的心脏，而且找到了一份全新的职业。他曾担任当地气象台负责人，相关行政职责的重负已将他对气象学的热爱消磨殆尽。他现在已经回归校园进行医学技术的学习，带着和他之前求学时一样的好奇心和决心，首先是气象学，然后是与心脏移植相关的文献。

在患有这场疾病之前，爱德华兹一直是新英格兰低矮山脉中树木覆盖的山峰和顶峰的忠实登山者。他最喜欢的其中一座小山是莫纳德诺克山。莫纳德诺克山位于新罕布什尔的西南角，其陡峭蜿蜒的小径对那些即便拥有最充沛精力和最健壮的腿的人来说也是一个可怕的挑战。1986 年 10 月 4 日，爱德华兹肩上扛着一个轻便的背包，再次回到了那里，他爬上了 3165 英尺高的莫纳德诺克山，而在仅仅六个月前，那位从未放弃活下去的希望的年轻人赐予了他生命的遗产。

爱德华兹是 1986 年接受心脏移植的大约 1000 名美国人之一。虽然估计每年有两万多个潜在的心脏可供使用，有 1900 名患者可能是移植的候选者，但国家还没有足够的努力来确保每一个可能的捐赠者心脏都得到使用。至少三分之一的终末期疾病患者在等待合适的心脏期间死亡。通过北美移植协调员组织和区域检索方案，已经建立了将器官从一个地方快速识别和运送到另一个地方的机制，但主要困难仍然存在于个体。器官移植不仅仅是一个最具戏剧性的有新闻价值代表医学前沿的案例，而具有这样认识的美国家庭为数太少。在未来我们需要的是一种全美个体参与感，一种随时会成为现实的可能，即我们中的任何一个人在任何时候都可能需要决定，我们所爱的人的最后一项善举可能使另一个人重获新生。

同样需要的是与个体死亡对抗，这样一旦死亡突然降临，我们中的更多人就会自愿成为捐赠者。1985 年，尽管美国接受了《统一遗体捐赠法》，但死后器官移植的人中，只有不到 4% 的人拥有捐赠卡。再加上 1986 年移植的心脏中，只有不到 30% 是由于家人的明确同意捐赠而可供使用的，很明显，我们中更多的人需要长期而认真地考虑这种生命的馈赠。据估计，在目前的情况下，美国任意一年的心脏供应量都不会超过1500例。直到永久的、完全可植入的人工心脏的概念成为现实的那一天，移植仍将是唯一的方法。

仅仅是器官捐赠的讨论就揭示了医学未来的一个全新领域。医疗越来越少地成为医生和病人之间的交易，它越来越多地成为整个社会及其价值观的一种表达。医疗技术太昂贵了，它涉及太多所有公民关心的领域，它不能再独立于周围世界发生的一切影响而存在。某个第三世界的领袖高喊了几句反美口号，我们的政府就会花费大量的财力来出动军舰，其花销等同于支付全美每一家联邦资助的儿科心脏病诊所一年的租金。或者，借用爱德华兹的例子来具体阐述，据美国卫生与公众服务部估计，即使只有最低数量的捐赠者，心脏移植手术的成本每年也至少为1.5亿美元；如果能为每个可能从中受益的患者找到合适的心脏，成本可能高达44亿美元。资金是有限的，尽管我们并不希望如此。每位医生的心中都有一本社会经济词典，其中最令人厌恶却也是最迫切的一个医学新兴词汇便是“成本效益”。众所周知的“物有所值”的需求现在正被应用于西方世界每一个患者的临床决策。如果我们把44亿美元花在一群心脏病衰竭的高龄患者主体身上，我们将无法支付所有这些心脏诊所的租金，也无法资助所有必要的儿童癌症治疗研究。最终的决定权并不掌握在医生手中，也没有理由是他们——主宰这一切的是社会。

更有甚者，社会有必要决定如何定义“死亡”这个词。心跳不再是生命最终的临床表征。当治疗师开始需要更多的心脏和肝脏进行移植时，他们制定了一个新的标准，即大脑活动的终结即为生命的终点。他们向社会寻求这种认可，而它们正在赶来的路上。公民与王室各自的领袖成员经过考虑并予以肯定——对于那些不能从死气沉沉的绝望中恢复过来的人，从他们身上切除器官既是道德的，也是合法的。原则因此被确立：活着的人对死者的遗体拥有合乎道义的要求。

直到最近，诊断研究还被认为是对每一种疾病过程进行适当调查的基础，而现在，它在对病例逐个研究的基础上进行重新评估，而且常常被排除在临床手段之外。20 世纪 60 年代，所谓的劣质医疗并不是指对每个胆结石患者都做胃肠道 X 射线系列检查；真正的劣质医疗是指在这样的研究上浪费资金，因为它被证明不具备成本效益。在我们一些最杰出的临床医生的个人简历中，著述部分开始慢慢出现一些最近写的关于治疗的经济和社会方面的论文。我们的主要期刊上充斥着对诸如有效利用床位和低效利用资源等问题的社论。

完美世界里还有一个悖论。二三十年前，一名医生在住院医师培训期间学到了强制而全面的体格检查术，如今他的临床能力达到了顶峰，现在成为“火枪手医生”的代表，他以不顾成本和几乎依赖于临床诊断而闻名。那些为数不多的附加实验室检测更是一种无以负担的奢侈品——在医院待的每一天都是对“已知结论的确认”。如果我们能证明通过这种方式真的可以节省一些钱，那将是再好不过的，但是所有节省下来的钱都深深地埋在了新型诊断和治疗方式的费用中，而在这些令人震惊的复杂方法中，似乎并不能得到对疾病的定论，只有一个例外——显而易见，我们能够治愈比以往任何时候都更多的人。事实上，唯一可以证明的定论是社会参与。无论是在财政上、道德上，还是在法律上，人民的声音都将且必须被听到。

例如，如何来评定一个人是否理应为他的尿毒症兄弟提供一个肾脏进行移植？首要不伤害原则适用于病人的护理，但这种潜在的捐赠者不是病人。他会经历一场大型手术，而术后仅剩一个肾脏。虽然这可能不会对他的健康产生持久的影响，但却是有害的。神学家、伦理学家和律师对此予以许可，基于更大的利益面。他们清楚地表达了社会的价值观。

在肾脏捐赠者的例子中，社会充当了医生的顾问，甚至是倡导者。而在某些情况下，它必须充当对手。对于希波克拉底学派的医生来说，没有任何东西和任何人比他的病人更重要，这始终被奉为临床医学的指导原则。当医生在某个病人的床边进行决策时，其他病人、未来的病人和整个人类共同体此时成为他的次要考虑因素。这样的时代已经不复存在。资源有限只是态度转变的部分原因。新的治疗方法不断出现在临床现场，它们需要评估，特别是对于癌症和传染病等这般灾难性的疾病。有必要将大量的患者纳入统计学研究，对测试治疗组、其他治疗组和不接受治疗的患者进行测试。这些被称为随机前瞻性试验，这意味着患者被选择接受一种或另一种建议的治疗，除了他们进入研究的顺序外，不考虑任何标准。如果正在测试的治疗是一种药物，那么研究方案必须是双盲的，也就是说，无论是研究人员还是受试者本人都不知道他们正在服用的是哪种药物。

要使前瞻性随机双盲研究有任何价值，每位与研究相关的医生都必须保证结果的无偏倚性。然而，对于任意一位医生来说，很难避免对研究结果的先入之见。因此，这种研究工作的本质意味着参与研究的医生是基于概率而随机选择病人需要接受什么治疗，在这种情况下，病人能够接受医生认为对其特定病程最好的药物或手术治疗的可能性只有 50%、33.3%、25% 或更少。

自从我们中的一些人第一次被委托照顾他人健康的重任以来，就经常面临一个古老的难题，而它在此时又泛起了新的涟漪：我当时在办公室里看到的对个别病人最有利的做法与对大多数人、对最长时间内最有利的做法是存在冲突的。在过去，冲突总是以有利于个人和眼前的方式解决，而随着科学和社会压力的增加，冲突的解决倾向于有利于人类未来利益的方式。既然我们已经认识到并阐明了这一困境，我们将永远把它纳入对每个患者的决策中。

这种困境可能很快就会以一种强有力的形式显现出来，这将有力地考验生物医学、伦理、法律和金融正在努力建构却仍然脆弱的结构。当(不是假设，它可能实现)抗击艾滋病的巨大努力产生了类似有效疫苗或公认的有希望的治疗形式时，社会将做些什么，其最相关的因素将要求什么？疾病的高危人群、他们的家人、我们其余的人，会在患者继续遭受痛苦和死亡的同时，静静地坐着进行随机前瞻性双盲研究吗？解决这种两难境地的必要方法将会得到那些研究人员的欢呼和感谢，若不践行这项方案，他们长期的努力将会付之一炬；即使这种方法可能会威胁到科学方法论的先导，甚至可能威胁到那些尚未出生、将会患有某些疾病之人的健康。实验室科学家们的超然态度将被拉到崩溃的边缘，而可以预见的是，它将崩溃。我们不会对此感到意外。它将确认我们作为人类社会的价值观；它将证实希波克拉底医学的价值观。

哲学家和国会议员，伦理学家和会计师，公司高管和医院管理人员，神学家和精算师，病人权利倡导者和律师——他们都是有且应当有艺术与科学的交融。把医疗进步的丰硕成果带给公民的这一使命，并不能仅仅依靠治疗者来身担这一重负。尽管医生们一开始对社会、经济和政治机构涉足自己专属的医学领域持怀疑态度，但我们认识到，这一切都已成为过去。我们需要所有能得到的帮助。

同样，尽管精湛的新医学引擎及其多种燃料带来了所有的变化，但治疗艺术中有一个独特的成分不应该消失。这种基本而永恒的要素便是“关系”；它悄然发生于病房或医生办公室。在这些受庇护的场所发生了一种交易，而从最根本的意义上说，它其实是一种给予，它需要具备人与人沟通的基本方式，如倾听、触摸和交谈。无论这场交谈最终以器官移植告终，还是传递一些鼓舞人心的话语，这类场景除了让我感到敬畏外别无他心，因为治疗的过程是医生和病人之间的一种结合，是一个人被赋予了神圣的特权去帮助另一个人。它是我生命的福祉。

致谢

40 年前，生物学课堂上的我们对一句教学格言印象深刻，这也成为我心目中的座右铭：要想取得好成绩，任何考试论述题的答案必须满足五个标准，即清晰、连贯、简洁、完整和正确，少了其中之一都是有缺陷的。这句话出自一名线虫狂热爱好者之口，他情绪易怒，对任何只研究哺乳动物的学者（或者那些按部就班完成临床工作的人）不屑一顾。自那以后，每当有新的想法出现时，这句响亮的格言就一直回荡在我的脑海中。霍勒斯 · 韦斯利 · 斯顿卡德（Horace Wesley Stunkard）教授的格言对我而言就像是宗教信仰，可能也是为了消除我在拒绝实验室选择临床而让他感到失望一事上的内疚感，但更为可能的是，他用词优美，让我乐于接纳。

伴着斯顿卡德教授的格言，我把本书的章节翻了一遍。当然，本书并非考试论文，也无法做到完整（事实上不必追求于此）。我将格言中的完整的（complete）之要求替换为统一的（cohesive）与一致的（consistent）。如果您认为本书符合斯顿卡德教授的标准，一切都归功于写作过程中友人和同事的批评指正；如果有缺陷，仅因为我在一些部分未能听从他们的建议。在致谢部分仅罗列名单实为怠慢，以下是我的致敬，为智囊团们的出言献策，也为他们“稳准狠”的批评。

我的妻子萨拉·彼得森（Sarah Peterson）始终是我的第一编辑，也是最难搞的那位。她擅长识别我漫不经心和意志消沉时所写的篇章，幸运的是，我的这位“首席审稿员”总是能理解我想要表达什么，并鼓励我坚持写下去。我很想要写下更多她为我所做的事，但她会让我删掉，理由是其有多愁善感之嫌。

经过萨拉的审阅后，书稿会被寄往我的同事那里，他们在相关学科领域更为专业，会对我的每个篇章进行评论，并提出建议，这对我帮助极大。我感谢：雷蒙德·爱德华兹、马克·洛伯（Marc Lorber）、罗伯特·梅西（Robert Massey）、杰里米·诺曼（Jeremy Norman）、约翰·哈利·华纳（John Harley Warner）和露丝·惠特莫尔。

此外，我尤为感激以下四位朋友对本书的评价——琼·比哈尔（Joan Behar）、托马斯·福布斯（Thomas Forbes）、伊恩·格莱瑟（Ion Gresser）和费伦茨·乔吉（Ferenc Gyorgyey），他们分别为文学老师、医学史学家、生物医学学家、医学史图书馆馆长。其中特别感谢的是费伦茨，如果没有我们无数个小时的讨论，没有他关于医学史文献的广博知识，没有他慷慨地提供图书馆馆藏，本书可能会夭折；没有他的友情激励，这个项目也不会落实，谢谢我亲爱的朋友！

大约5年前，在小莱斯利·B. 亚当斯（Leslie B. Adams, Jr.）的建议下，我开始创作一系列医学类传记。他的医学经典图书馆出版了我的15本专著，以及《麻醉学的起源》。他及其所在的鹰头狮出版社（现在是麦克米伦出版社的一个子公司）允许我参考他们的大量出版材料，这对我来说是一种支持。以下章节最早出现在我为小莱斯利·亚当斯撰写的随笔中：《医学的图腾》《细心的外科医生》《病理解剖学之父》《“为什么秋天树叶会变色”》《“美国医学科学之源”》《无痛手术》等。

《细菌发现前的“细菌学说”》的大部分资料取自我于 1979 年发表在《医学与科学联盟史》杂志上的一篇文章。1987 年在耶鲁大学举办的第 32 届塞缪尔·C. 哈维手术史年度演讲中，《无菌手术的缔造者》的部分内容被提出。

在本书写作的几年中，我结识了两位新朋友：

罗伯特·戈特利布（Robert Gottlieb），他从一开始就对这个项目充满信心，不断地鼓励与支持我；他用他的热情和才智点燃了我热情的引擎。在他离开克诺夫后，我们仍旧保持联系。

另一位是编辑科罗纳·麦克赫默（Corona Machemer），尽管她是中途接手我的稿件，但她像是一位慈爱的长辈一样对待它。她是一位技巧娴熟的英语语言爱好者，知道我在书中所写之意。本以为经过 30 年的外科医生生涯，我对医护知识已经有所知晓，直到她走近医生的生活，并分享她的独特见解。当鲍勃·戈特利布（Bob Gottlieb）穿着运动鞋、手执蓝色铅笔离任《纽约客》时，他向我保证，他已经找到了“绝对完美的编辑”来取代他。在赞美之余，我只能加上一句：“是的，阿门。”

S.B.N

参考文献

1　医学的图腾

Adams, F. *The Genuine Works of Hippocrates.* London: New Sydenham Society, 1849. (Birmingham: Classics of Medicine Lib., 1985.)

Ader, R., ed. *Psychoneuroimmunology.* New York: Academic Press, 1981.

Amundsen, D. W. "History of Medical Ethics: Ancient Greece and Rome." In W. T. Reich, *Encyclopedia of Bioethics,* vol. 3. New York: Free Press, 1978.

Carrick, P. *Medical Ethics in Antiquity.* Dordrecht, Netherlands: D. Reidel, 1985.

Chance, B. "On Hippocrates and the Aphorisms." *Ann. Med. Hist.* 2 (N.S.):31–46 (1930).

Coar, T. *The Aphorisms of Hippocrates.* London: Valpy, 1822. (Birmingham: Classics of Medicine Lib., 1982.)

Drabkin, M. "A Select Bibliography of Greek and Roman Medicine." *Bull. Hist. Med.* 11:399–408 (1942).

Edelstein, L. *Ancient Medicine.* Baltimore: Johns Hopkins Univ. Press, 1967.

Gahhos, F. N., and Ariyan, S. "Hippocrates, the True Father of Hand Surgery." *Surg. Gyn. Obst.* 160:178–184 (1985).

Galdston, I. "The Decline and Resurgence of Hippocratic Medicine." *Bull. N.Y. Acad. Med.* 44:1237–1256 (1968).

Hudson, R. P. *Disease and Its Control: The Shaping of Modern Thought.* Westport, Conn.: Greenwood Praeger, 1987.

Jones, W. H. S. *The Works of Hippocrates.* Cambridge: Harvard Univ. Press, 1957.

Littré, P. E. *Oeuvres Complètes d'Hippocrate.* 10 vols. Paris: J. B. Bailliere, 1861.

Lund, F. B. "The Life and Writings of Hippocrates." *Bost. Med. Surg. J.* 191:1009–1014 (1924).

Michler, M. "Medical Ethics in Hippocratic Bone Surgery." *Bull. Hist. Med.* 42:297–311 (1968).

Miller, G. " 'Airs, Waters and Places' in History." *J. Hist. Med.* 17:129–140 (1962).

Moon, R. O. *Hippocrates and His Successors in Relation to the Philosophy of Their Time.* London: Longmans, Green, 1923.

Richards, D. W. "Hippocrates of Ostia." *J.A.M.A.* 204:1049–1056 (1968).

Sigerist, H. E. "On Hippocrates." *Bull. Johns Hopkins Inst. Hist. Med.* 2:190–214 (1934).

———. "Hippocrates and the Collection of Hippocratic Writings," *A History of Medicine,* vol. 2. New York: Oxford Univ. Press, 1961.

Singer, C. "The Father of Medicine." *Times Lit. Supp.,* April 3, 1924, 197–198.

Temkin, O. "Greek Medicine as Science and Craft," *The Double Face of Janus.* Baltimore: Johns Hopkins Press, 1977.

Thomas, L. "Your Very Good Health," in *The Lives of a Cell.* New York: Viking Press, 1984, pp. 81–86.
Veatch, R. M. *A Theory of Medical Ethics.* New York: Basic Books, 1981.

2　帕加马的怪圈

Brain, P. "Galen on the Ideal of the Physician." *S. Afr. Med. J.* 25(II):936–938 (1977).
———. *Galen on Bloodletting: A Study of the Origins, Development and Validity of His Opinions, with a Translation of the Three Works.* New York: Cambridge Univ. Press, 1986.
King, L. S. *Medical Thinking.* Princeton: Princeton Univ. Press, 1982.
Kudlein, F. "The Third Century A.D.—A Blank Spot in the History of Medicine?" In L. G. Stevenson and R. F. Multhauf, *Medicine, Science, and Culture.* Baltimore: Johns Hopkins Press, 1968.
Leiber, E. "Galen: Physician as Philosopher; Maimonides: Philosopher as Physician." *Bull. Hist. Med.* 53:268–285 (1979).
May, M. T. *Galen on the Usefulness of the Parts of the Body.* Ithaca, N.Y.: Cornell Univ. Press, 1968.
Moon, R. O. "The Relation of Galen to the Philosophy of His Time." *Brit. Med. J.* 4:1449–1451 (1908).
Nutton, V. *Karl Gottlob Kühn and His Edition of the Works of Galen.* Oxford: Oxford Microform Pub., 1976.
———. "Galen in the Eyes of His Contemporaries." *Bull. Hist. Med.* 58:315–324 (1984).
Payne, J. F. *Harvey and Galen.* London: Henry Frowde, 1897.
Prendergast, J. S. "Galen's View of the Vascular System in Relation to That of Harvey." *Proc. Roy. Soc. Med.* 23:1839–1847 (1928).
———. "The Background of Galen's Life and Activities and Its Influence on His Achievements." *Proc. Roy. Soc. Med.* 21:1131–1148 (1930).
Price, D. deS. "The Development and Structure of the Biomedical Literature." In K. S. Warren, ed., *Coping With the Biomedical Literature.* New York: Praeger, 1981.
Riese, W. "The Structure of Galen's Diagnostic Reasoning." *Bull. N.Y. Acad. Med.* 44:778–791 (1968).
Sarton, G. *Galen of Pergamon.* Lawrence: Univ. of Kansas Press, 1954.
Siegal, R. E. *Galen's System of Physiology and Medicine.* Basel: S. Karger, 1968.
Singer, C. *Greek Biology and Greek Medicine.* Oxford: Clarendon Press, 1922.
———. *The Evolution of Anatomy.* New York: Knopf, 1925.
———. *Galen and Anatomical Procedures.* London: Geoffrey Cumberlege, 1956.
Slater, P. E. Letter to the editor. *N. Eng. J. Med.* 313:455 (1985).
Smith, W. O. *The Hippocratic Tradition.* Ithaca, N.Y.: Cornell Univ. Press, 1979.
Temkin, O. *Galenism: Rise and Decline of a Medical Philosophy.* Ithaca, N.Y.: Cornell Univ. Press, 1973.
———. "On Galen's Pneumatology," *The Double Face of Janus.* Baltimore: Johns Hopkins Press, 1977.

Toledo-Pereyra, L. H. "Galen's Contribution to Surgery." *J. Hist. Med.* 28:357–375 (1973).
Walsh, J. "Galen's Discovery and Promulgation of the Function of the Recurrent Laryngeal Nerves." *Ann. Med. Hist.* 8:176–184 (1926).
———. "Galen Clashes with the Medical Sects at Rome." *Med. Life* 35:408–443 (1928).
———. "Galen's Writings and Influences Inspiring Them." *Ann. Med. Hist.* 6(N.S.):1–30, 143–149 (1934); 7(N.S.):428–437, 570–589 (1935); 8(N.S.):65–90 (1936); 9(N.S.):34–51 (1937).
Walzer, R. *Galen on Jews and Christians.* London: Oxford Univ. Press, 1949.
Wilson, L. G. "Erasistratus, Galen, and the Pneuma." *Bull. Hist. Med.* 33:293–314 (1959).

3 风云再起

Castiglione, A. "Three Pathfinders of Science in the Renaissance." *Bull. Med. Lib. Ass.* 31:203–207 (1943).
Chastel, A. "Treatise on Painting." In L. Reti, *The Unknown Leonardo.* New York: McGraw-Hill, 1974.
Cushing, H. *A Biobibliography of Andreas Vesalius.* 2nd ed. London: Archon, 1962.
Edelstein, L. "Andreas Vesalius, the Humanist." *Bull. Hist. Med.* 14:547–561 (1943).
Fisch, M. H. "Vesalius and His Book." *Bull. Med. Lib. Ass.* 31:208–221 (1943).
Garrison, F. H. "In Defense of Vesalius." *Bull. Soc. Med. Hist. Chicago* 4:47–65 (1916).
Hoolihan, C. "The Transmission of Greek Medical Literature from Antiquity to the Renaissance." *Med. Heritage* 2:430–442 (1985).
Jones, T. "The Artists of Vesalius' Fabrica." *Bull. Med. Lib. Ass.* 31: 222–227 (1943).
Keele, K. D. "Leonardo da Vinci's Influence on Renaissance Anatomy." *Med. Hist.* 8:360–370 (1964).
Klebs, A. C. "Leonardo da Vinci and His Anatomical Studies." *Bull. Soc. Hist. Med. Chicago* 4:66–83 (1916).
Lambert, S. W., Wiegand, W., and Ivins, W. M. *Three Vesalian Essays.* New York: Macmillan, 1952.
O'Malley, C. D. *Andreas Vesalius of Brussels.* Berkeley: Univ. of Cal. Press, 1964.
———. "Andreas Vesalius (1514–1564), In Memoriam." *Med. Hist.* 8:299–308 (1964).
———, and Saunders, J. B. de C. M. *Leonardo da Vinci on the Human Body.* New York: Henry Schuman, 1952.
Petrucelli, R. J. "Giorgio Vasari's Attribution of the Vesalian Illustrations to Jan Stephan of Calcar: A Further Examination." *Bull. Hist. Med.* 45:29–37 (1971).

Roth, M. *Andreas Vesalius Bruxellensis*. Berlin: Georg Reimer, 1892.
Saunders, J. B. de C. M., and O'Malley, C. D. *The Illustrations from the Works of Andreas Vesalius of Brussels*. Cleveland: World, 1950.
Schultz, B. *Art and Anatomy in Renaissance Italy*. Ann Arbor: UMI Research Press, 1982.
Sigerist, H. E. "Commemorating Andreas Vesalius." *Bull. Hist. Med.* 14:541–546 (1943).
Singer, C. *The Evolution of Anatomy*. New York: Knopf, 1925.
Streeter, E. C. "Vesalius at Paris." *Yale J. Biol. Med.* 16:121–128 (1943).
Vesalius, A. *The Epitome of His Book on the Fabric of the Human Body*. Trans. by L. R. Lind. New York: Macmillian, 1949.
Washburn, W. H. "Galen, Vesalius, Da Vinci—Anatomists." *Bull. Soc. Med. Hist. Chicago* 4:1–17 (1916).
Zilboorg, G. "Psychological Sidelights on Andreas Vesalius." *Bull. Hist. Med.* 14:562–575 (1943).

4 细心的外科医生

Anson, B. J. "The Ear and the Eye in the *Collected Works of Ambroise Paré*, Renaissance Surgeon to Four Kings of France." *Trans. Am. Acad. Ophthal. Otol.* 74:249–277 (1970).
Doe, J. *A Bibliography of the Works of Ambroise Paré*. Chicago: Univ. of Chicago Press, 1937.
Garrison, F. H. *An Introduction to the History of Medicine*. 4th ed. Philadelphia: Saunders, 1929.
Gibson, T. "The Prostheses of Ambroise Paré." *Brit. J. Plast. Surg.* 8: 3–8 (1955).
Hamby, W. B., ed. *The Case Reports and Autopsy Records of Ambroise Paré*. Springfield: Charles C. Thomas, 1960.
———. *Ambroise Paré, Surgeon of the Renaissance*. St. Louis: Warren H. Green, 1967.
Hill, B. H. "Ambroise Paré: Sawbones or Scientist." *J. Hist. Med.* 15: 45–58 (1960).
Malgaigne, J. F. *Surgery and Ambroise Paré*. Trans. by W. B. Hamby. Norman: Univ. of Oklahoma Press, 1965.
Packard, F. R. *Life and Times of Ambroise Paré*. New York: Paul B. Hoeber, 1921.
Paré, A. *The Workes of That Famous Chirurgeon Ambrose Parey*. Trans. by T. Johnson. London: Cotes and Young, 1634.
———. *The Apologie and Treatise*. Trans. by G. Keynes. London: Falcon Educational Books, 1951. (Birmingham: Classics of Medicine Lib., 1984.)
———. *Ten Books of Surgery with the Magazine of Instruments Necessary for It*. Trans. by R. W. Linker and N. Womack. Athens: Univ. of Georgia Press, 1969.
Sigerist, H. E. "Ambroise Paré's Onion Treatment of Burns." *Bull. Hist. Med.* 15:143–149 (1944).
Singer, D. W. *Selections from the Works of Ambroise Paré*. London: John Bale Sons and Danielsson, 1924.

Wangensteen, O. H., Wangensteen, S. D., and Klinger, C. F. "Wound Management of Ambroise Paré and Dominique Larrey, Great French Military Surgeons of the 16th and 19th Centuries." *Bull. Hist. Med.* 46:207–234 (1972).

5 "自然是我们最好的导师"

Bylebyl, J. "The Growth of Harvey's *De Motu Cordis.*" *Bull. Hist. Med.* 47:427–470 (1973).

———. "William Harvey, a Conventional Medical Revolutionary." *J.A.M.A.* 239:1295–1298 (1978).

———. *William Harvey and His Age: The Professional and Social Context of the Discovery of the Circulation.* Baltimore: Johns Hopkins Press, 1979.

Cohen, B. "The Germ of an Idea, or, What Put Harvey on the Scent?" *J. Hist. Med.* 12:102–105 (1957).

Comroe, J. H. "Harvey's 1651 Perfusion of the Pulmonary Circulation of Man." *Circulation* 65:1–3 (1982).

Franklin, K. J. "On Translating Harvey." *J. Hist. Med.* 12:114–119 (1957).

———. *William Harvey, Englishman.* London: MacGibbon and Kee, 1961.

Fulton, J. F. *Michael Servetus, Humanist and Martyr.* New York: Herbert Reichner, 1953.

Graham, P. W. "Harvey's *De Motu Cordis:* The Rhetoric of Science." *J. Hist. Med.* 33:469–476 (1977).

Harvey, W. *Anatomical Studies on the Motion of the Heart and Blood.* Trans. by Chauncey D. Leake. Springfield: Charles C. Thomas, 1931.

———. *Anatomical Studies on the Motion of the Heart and Blood.* Trans. by G. Keynes. Birmingham: Classics of Medicine Lib., 1978.

Herringham, W. *Circumstances in the Life and Times of William Harvey.* Oxford Univ. Press, 1929.

Jones, A. M. "Dogma and Experiment in Harvey's Time." *Brit. Ht. J.* 19:448–456 (1957).

Keele, K. D. "William Harvey: The Man and the College of Physicians." *Med. Hist.* 1:265–278 (1957).

———. *William Harvey, the Man, the Physician, and the Scientist.* London: Thos. Nelson & Sons, 1965.

Keynes, G. L. *The Personality of William Harvey.* Cambridge: Cambridge Univ. Press, 1949.

———. *The Life of William Harvey.* Oxford: Oxford Univ. Press, 1966.

O'Malley, C. D. *Michael Servetus.* Philadelphia: Am. Phil. Soc., 1953.

Osler, W. *The Growth of Truth as Illustrated in the Discovery of the Circulation of the Blood.* Harveian Oration, 1906. London: Henry Frowde, 1906.

Pagel, W. "The Philosophy of Circles—Cesalpino-Harvey." *J. Hist. Med.* 12:140–157 (1957).

———. *William Harvey's Biological Ideas: Selected Aspects and Historical Background.* New York: Hafner, 1967.
Payne, L. M. "Sir Charles Scarburgh's Harveian Oration, 1662." *J. Hist. Med.* 12:158–164 (1957).
Pickering, G. "William Harvey, Physician and Scientist." *Brit. Med. J.* 2:1615–1619 (1964).
Power, D. *William Harvey.* New York: Longmans, Green, 1897.
Sigerist, H. E. "William Harvey's Position in the History of European Thought." In F. Marti-Ibañez, ed., *Henry E. Sigerist on the History of Medicine.* MD Publications, 1960.
Whitteridge, G. *William Harvey and the Circulation of the Blood.* London: MacDonald, 1971.
Zeman, F. D. "The Old Age of William Harvey." *Arch. Int. Med.* 111: 829–834 (1963).

6 病理解剖学之父

Bell, W. J. *John Morgan, Continental Doctor.* Philadelphia: Univ. of Pa. Press, 1965.
Castiglioni, A. "G. B. Morgagni and the Anatomico-Pathological Conception of the Clinic." *Proc. Roy. Soc. Med.* 28:375–378 (1934).
Gairdner, W. T. "The Progress of Pathology." *Brit. Med. J.* 2:515–517 (1874).
Jarcho, S. "Giovanni Battista Morgagni: His Interests, Ideas, and Achievements." *Bull. Hist. Med.* 22:503–527 (1948).
———. "Morgagni and Auenbrugger in the Retrospect of Two Hundred Years." *Bull. Hist. Med.* 35:489–496 (1961).
———. *The Clinical Consultations of Giambattista Morgagni.* Boston: Francis A. Countway Lib. of Med., 1984.
Klemperer, P. "Pathologic Anatomy at the End of the Eighteenth Century." *J. Mt. Sinai Hosp.* 24:589–603 (1957).
———. "The Pathology of Morgagni and Virchow." *Bull. Hist. Med.* 32:-24–38 (1958).
———. "Morbid Anatomy Before and After Morgagni." *Bull. N.Y. Acad. Med.* 37:741–760 (1961).
Morgagni, G. B. *The Seats and Causes of Diseases Investigated by Anatomy.* Trans. by B. Alexander. London: Millar and Cadell, 1769. (Birmingham: Classics of Medicine Lib., 1983.)
Morgan, J. *The Journal of Dr. John Morgan.* Philadelphia: Lippincott, 1907.
Nuland, S. B. *Giovanni Morgagni and the New Medicine.* Birmingham: Classics of Medicine Lib., 1983.
Pottle, F. A. *James Boswell, The Earlier Years: 1740–1769.* New York: McGraw-Hill, 1966.
Steven, J. L. *Morgagni to Virchow: An Epoch in the History of Medicine.* Glasgow: Alexander MacDougall, 1905.
Tedeschi, C. G. "Giovanni Battista Morgagni, the Founder of Pathologic Anatomy." *Boston Med. Quart.* 12:112–125 (1961).

———. The Pathology of Bonet and Morgagni: A Historical Introduction to the Autopsy." *Hum. Path.* 5:601–603 (1974).
Virchow, R. "Morgagni and the Anatomic Concept." Translation. *Bull. Hist. Med.* 7:975–990 (1939).
Yonace, A. H. "Morgagni's Letters." *J. Roy. Soc. Med.* 73:145–149 (1980).

7 "为什么秋天树叶会变色"

Adams, J. *Memoirs of the Life and Doctrines of the Late John Hunter, Esq.* London: J. Callow & J. Hunter, 1818.
Austin, F., and Jones, B. "William Clift: The Surgeon's Apprentice." *Ann. Roy. Coll. Surg.* 60:261–265 (1978).
Beekman, F. "The Self-Education of Young John Hunter." *J. Hist. Med.* 6:506–515 (1951).
Brain, R. "The Neurology of John Hunter's Last Illness." *Brit. Med. J.* 2:1371–1373 (1952).
Cushing, H. W., and others. "Exercises in Celebration of the Bicentenary of the Birth of John Hunter." *New Eng. J. Med.* 200:810–823 (1929).
Dempster, W. J. "Towards a New Understanding of John Hunter." *Lancet* 1:316–318 (1978).
Dobson, J. *William Clift.* London: Heinemann, 1954.
———. "John Hunter's Artists." *Med. Biol. Illustr.* 9:138–143 (1959).
———. "John Hunter's Views on Cancer." *Ann. Roy. Coll. Surg.* 25:176–181 (1959).
———. "The Training of a Surgeon." *Ann. Roy. Coll. Surg.* 34:1–36 (1964).
———. *John Hunter.* Edinburgh: E. & S. Livingstone, 1969.
Foot, J. *The Life of John Hunter.* London: T. Becket, 1794.
Forbes, T. R. "Testis Transplantations Performed by John Hunter." *Endocrinology* 41:329–331 (1947).
———. "John Hunter as Expert Witness." *Trans. and Stud. Coll. Phys. Phila.* (Ser. V) 2:75–80 (1980).
Gask, G. E. "John Hunter in the Campaign in Portugal." *Brit. J. Surg.* 24:640–668 (1937).
Gloyne, S. R. *John Hunter.* London: E. & S. Livingstone, 1950.
Gross, S. D. *John Hunter and His Pupils.* Philadelphia: Presley Blakiston, 1881.
Hamilton, H. W. "William Combe and John Hunter's Essay on the Teeth." *J. Hist. Med.* 14:169–178 (1959).
Holmes, T. *Introductory Address, Centenary of John Hunter's Death.* London: Adlard & Son, 1893.
Hunter, I. "Syphilis in the Illness of John Hunter." *J. Hist. Med.* 8:249–262 (1953).
Hunter, J. *A Treatise on the Blood, Inflammation and Gunshot Wounds.* London: George Nicol, 1794. (Birmingham: Classics of Medicine Lib., 1982.)
Jarcho, S. "John Hunter on Inflammation." *Am. J. Cardiol.* 26:615–618 (1970).

Jones, F. W. "John Hunter and the Medical Student." *St. George's Hosp. Gaz.* 37:1–8 (1951).
———. "John Hunter as a Geologist." *Ann. Roy. Coll. Surg.* 12:219–245 (1953).
Keith, A. "The Portraits and Personality of John Hunter." *Brit. Med. J.* 1:205–209 (1928).
Le Fanu, W. R. "John Hunter's Letters." *Bull. Med. Lib. Ass.* 33:449–454 (1945).
Lewis, G. P. "Inflammation with Emphasis on its Mediation." *Ann. Roy. Coll. Surg.* 60:192–201 (1978).
Livesley, B. "The Spasms of John Hunter: A New Interpretation." *Med. Hist.* 17:70–75 (1973).
Makins, G. H. "Influence Exerted by the Military Experience of John Hunter on Himself and the Military Surgeon of Today." *Lancet* 1:249–254 (1917).
Mather, G. R. *Two Great Scotsmen: The Brothers William and John Hunter.* Glasgow: James Maclehose & Sons, 1893.
Nuland, S. B. *Nature's High Priest, John Hunter.* Birmingham: Classics of Surgery Lib., 1985.
Oppenheimer, J. L. "Everard Home and the Destruction of the John Hunter Manuscripts," *New Aspects of John and William Hunter.* New York: Henry Schuman, 1946.
Ottley, D. *The Life of John Hunter, F.R.S.* Philadelphia: Haswell, Barrington & Haswell, 1841.
Paget, S. *John Hunter, Man of Science and Surgeon.* London: T. Fisher Unwin, 1897.
Poynter, F. N. L. "Hunter, Spallanzani, and the History of Artificial Insemination." In L. G. Stevenson and R. P. Multhauf, *Medicine, Science, & Culture.* Baltimore: Johns Hopkins Press, 1968.
Qvist, G. "John Hunter's Alleged Syphilis." *Ann. Roy. Coll. Surg.* 59:205–209 (1977).
———. *John Hunter, 1728–1793.* London: Heinemann, 1981.
Schwartz, L. L. "John Hunter and the Physiological Basis of Dental Practice." *J. Am. Coll. Dent.* 20:160–170 (1953).
Stevenson, L. G. "The Elder Spence, William Combe, and John Hunter: Sidelights on Eighteenth Century Dentistry and Hunter's Natural History of the Human Teeth." *J. Hist. Med.* 10:182–196 (1955).
Taylor, T. *Leicester Square, Its Associations and Its Worthies.* London: Bickers & Son, 1874.
Viets, H. "A Note on John Hunter at Oxford." *Bost. Med. Surg. J.* 182:545–547 (1920).
Weimerskirch, P. J., and Richter, G. W. "Hunter and Venereal Disease." *Lancet* 1:503–504 (1979).

Ackerknecht, E. H. "Elisha Bartlett and the Philosophy of the Paris Clinical School." *Bull. Hist. Med.* 24:43–60 (1950).

———. *Medicine at the Paris Hospital, 1794–1848.* Baltimore: Johns Hopkins Press, 1967.

Alcock, J. R. *Medical Guide to Paris—A Description of the Principal Hospitals of Paris.* London: Burgess & Hill, 1828.

Bedford, E. "Cardiology in the Days of Laennec." *Brit. Ht. J.* 34:1193–1198 (1972).

Bishop, P. J. "Evolution of the Stethoscope." *J. Roy. Soc. Med.* 73:448–456 (1980).

———. "Reception of the Stethoscope and Laennec's Book." *Thorax* 36:-487–492 (1981).

Cawadias, A. P. "Corvisart and His Role in the History of Clinical Science and of the Art of Medicine." In E. A. Underwood, ed., *Science Medicine and History,* vol. 2. London: Oxford Univ. Press, 1953.

Corvisart, J. N. *An Essay on the Organic Diseases and Lesions of the Heart and Great Vessels.* Trans. by J. Gates. Boston, 1812. (Includes Auenbrugger's *On Percussion of the Chest,* 1761.)

Coues, W. P. "Laennec, the Man—1781–1826." *Boston Med. Surg. J.* 195: 208–217 (1926).

Fessel, W. J. "The Nature of Illness and Diagnosis." *Am. J. Med.* 75: 555–560 (1983).

Hale-White, W. *Selected Passages from De l'Auscultation Médiate, with a Biography.* London: John Bale, Sons & Danielsson, 1923.

Hooke, R. "The Method of Improving Natural Philosophy," *The Posthumous Works of Robert Hooke,* ed. by Richard Waller. London: Samuel Smith and Richard Walford, 1705. (Sources of Science Series, No. 73, London, Johnson Reprint Co.)

Jarcho, S. "Auenbrugger, Laennec, and John Keats." *Med. Hist.* 5:167–172 (1961).

———. "An Early Review of Laennec's Treatise." *Am. J. Cardiol.* 9:962–969 (1961).

Jones, R. M. *The Parisian Education of an American Surgeon.* Philadelphia: Am. Phil. Soc., 1978.

Keele, K. D. *The Evolution of Clinical Methods in Medicine.* Springfield: Charles C. Thomas, 1963.

Kervran, R. *Laennec, His Life and Times.* Oxford: Pergamon, 1960.

Laennec, R. T. H. *A Treatise on Diseases of the Chest.* Trans. by J. Forbes. London: Underwood, 1821. (Birmingham: Classics of Medicine Lib., 1979.)

Lee, E. *Observations on the Principal Medical Institutions and Practice of France, Italy and Germany.* Philadelphia: Haswell, Barrington, & Haswell, 1837.

Le Fanu, W. R. "Laennec and Matthew Baillie." *Ann. Roy. Coll. Surg.* 36:67–68 (1965).
Mann, R. J., and Mann, F. D. "Laennec as a Critical Pathologist." *J. Hist. Med.* 36:446–454 (1981).
Maulitz, R. C. "Channel Crossing: The Lure of French Pathology for English Medical Students, 1816–1836." *Bull. Hist. Med.* 55:475–496 (1981).
———. *Morbid Appearances, The Anatomy of Pathology in the Early Nineteenth Century.* New York: Cambridge Univ. Press, 1987.
Norwood, W. F. "Medical Education and the Rise of Hospitals." *J.A.M.A.* 186:1008–1012 (1963).
Osler, W. "The Young Laennec." *Can. Med. Ass. J.* 3:137–141 (1913).
Reiser, S. J. *Medicine and the Reign of Technology.* Cambridge: Cambridge Univ. Press, 1978.
Sakula, A. "Laennec's Influence on Some British Physicians in the Nineteenth Century." *J. Roy. Soc. Med.* 74:759–767 (1981).
Segall, H. N. "Cardiovascular Sounds and the Stethoscope, 1816–2016." *Canad. Med. Ass. J.* 88:308–318 (1963).
Stewart, F. C. *The Hospitals and Surgeons of Paris.* New York: J. & H. G. Langley, 1843.
Thayer, W. S. "On Some Unpublished Letters of Laennec." *Johns Hopkins Hosp. Bull.* 31:425–435 (1920).
Webb, G. B. "René Théophile Hyacinthe Laennec." *Ann. Med. Hist.* 9:27–59 (1927).
———. *René Théophile Hyacinthe Laennec: A Memoir.* New York: Paul B. Hoeber, 1928.

9 细菌发现前的“细菌学说”

Benedek, I. *Ignaz Philipp Semmelweis, 1818–1865.* Vienna: Böhlau, 1983.
Billroth, T. *The Medical Sciences in the German Universities.* New York: Macmillan, 1924.
Carter, K. C., ed. *Ignac Semmelweis: The Etiology, Concept, and Prophylaxis of Childbed Fever.* Madison: Univ. of Wisconsin Press, 1983.
Gortvay, G., and Zoltán, I. *Semmelweis, His Life and Work.* Budapest: Hungarian Acad. Sci., 1968.
Gyorgyey, F. A. "Puerperal Fever 1847–1861." M.S. thesis. Yale Univ., 1968.
Haranghy, L., Nyiro, G., Regoly-Merei, G., and Hüttel, T. *Die Krankheit von Semmelweis.* Budapest: Medicina Verlag, 1965.
Holmes, O. W. "The Contagiousness of Puerperal Fever," *Medical Essays.* Boston: Houghton, Mifflin, 1895.
Klemperer, P. "Notes on Carl von Rokitansky's Autobiography and Inaugural Address." *Bull. Hist. Med.* 35:374–380 (1961).
Lesky, E. *The Vienna Medical School of the 19th Century.* Baltimore: Johns Hopkins Press, 1976.
Menne, F. R. "Carl Rokitansky the Pathologist." *Ann. Med. Hist.* 7:379–386 (1925).

Nuland, S. B. "The Enigma of Semmelweis: An Interpretation." *J. Hist. Med.* 34:255–272 (1979).
Semmelweiss, I. P. *The Etiology, the Concept and the Prophylaxis of Childbed Fever.* Trans. by F. P. Murphy. Birmingham: Classics of Medicine Lib., 1981. (Includes *The Open Letters,* trans. by S. B. Nuland and F. A. Gyorgyey.)
Silló-Seidl, G. *Die Affaire Semmelweis.* Vienna: Herold Verlag, 1985.
Sinclair, W. *Semmelweis—His Life and His Doctrine.* Manchester, 1909.
Slaughter, F. G. *Immortal Magyar.* New York: Schuman, 1950.

10 无痛手术

Bigelow, H. J. "Insensibility During Surgical Operations Produced by Inhalation." *Boston Med. Surg. J.* 35:309–317 (1846).
Carmichael, E. B. "Crawford Williamson Long—Discoverer of Surgical Anesthesia." *J. Med. Ass. Ala.* 36:843–857 (1967).
Cartwright, F. F. "Humphry Davy's Contribution to Anesthesia." *Proc. Roy. Soc. Med.* 43:571–578 (1950).
———. *The English Pioneers of Anesthesia (Beddoes, Davy and Hickman).* Bristol: Wright, 1952.
Cole, F. *Milestones in Anesthesia: Readings in the Development of Surgical Anesthesia, 1665–1940.* Lincoln: Univ. of Nebraska, 1965.
Duncum, B. M. *The Development of Inhalation Anesthesia.* London: Oxford Univ. Press, 1947.
Elliotson, J. *Numerous Cases of Surgical Operations Without Pain in the Mesmeric State.* London: H. Bailliere, 1843.
Ellis, E. S. *Ancient Anodynes.* London: Heinemann, 1946.
Ellis, R. H. "The Introduction of Ether Anaesthesia to Great Britain. 1: How the News Was Carried from Boston, Massachusetts, to Gower Street, London." *Anaesthesia* 31:766–777 (1976).
———. "The Introduction of Ether Anaesthesia to Great Britain. 2: A Biographical Sketch of Dr. Francis Boott." *Anaesthesia* 32:197–208 (1977).
Esdaile, J. *Mesmerism in India.* London: Longman, Brown, Green & Longmans, 1846.
Faulconer, A., and Keys, E. *Foundations of Anesthesiology.* Springfield: Charles C. Thomas, 1965.
Greene, N. M. "A Consideration of Factors in the Discovery of Anesthesia and Their Effects on Its Development." *Anesthesiology* 35:515–522 (1971).
———. "Anesthesia and the Development of Surgery." *Anesth. Analg.* 58:5–12 (1979).
Hickman, H. H. *A Letter on Suspended Animation Addressed to T. A. Knight, Esq.* Ironbridge: W. Smith, 1824.
Jackson, C. T. "Etherization of Animals and of Man." *Trans. Am. Inst. City of N.Y. for 1851,* Albany, 167–173, 1852.

Keys, T. E. *The History of Surgical Anesthesia.* New York: Henry Schuman, 1945.
———. "The Early Pneumatic Chemists and Physicians—Their Influence on the Development of Surgical Anesthesia." *Anesthesiology* 30:447–462 (1969).
Long, C. W. "An Account of the First Use of Sulphuric Ether by Inhalation as an Anesthetic in Surgical Operations." *South. Med. Surg. J.* 5:705–713 (1849).
Miller, A. H. "The Origin of the Word 'Anesthesia.'" *Boston Med. Surg. J.* 197:1218–1222 (1927).
Morton, W. T. G. *Remarks on the Proper Mode of Administering Sulfuric Ether by Inhalation.* Boston: Dutton & Wentworth, 1847.
Nuland, S. B. *The Origins of Anesthesia.* Birmingham: Classics of Medicine Lib., 1983.
Raper, H. R. "A Review of the Crawford W. Long Centennial Anniversary Celebration." *J. Am. Coll. Dent.* 10:137–154 (1943).
———. *Man Against Pain.* New York: Prentice-Hall, 1945.
Robinson, V. *Victory Over Pain: A History of Anesthesia.* New York: Henry Schuman, 1946.
Rosen, G. "Mesmerism and Surgery." *J. Hist. Med.* 1:527–550 (1946).
Singer, C. *Greek Biology and Greek Medicine.* London: Oxford Univ. Press, 1922.
Smith, W. D. "A History of Nitrous Oxide and Oxygen Anaesthesia: The Discovery of Nitrous Oxide and Oxygen." *Brit. J. Anaesth.* 44:297–304 (1972).
———. "A History of Nitrous Oxide and Oxygen Anaesthesia: Henry Hill Hickman in His Time." *Brit. J. Anaesth.* 50:519–530, 623–627, 853–861 (1978).
Stevenson, L. G. "Suspended Animation in the History of Anesthesia." *Bull. Hist. Med.* 49:482–511 (1975).
Tallmadge, G. K. "Some Anesthetics of Antiquity." *J. Hist. Med.* 1:515–520 (1946).
Taylor, F. L. *C. W. Long and Ether Anesthesia.* New York: Paul B. Hoeber, 1928.
Viets, H. R. "The Earliest Printed References in Newspapers and Journals to the First Public Demonstration of Ether Anesthesia in 1846." *J. Hist. Med.* 4:149–169 (1949).
Warren, J. C. "Inhalation of Ethereal Vapor for the Prevention of Pain in Surgical Operations." *Boston Med. Surg. J.* 35:375–379 (1846).
———. "The Influence of Anesthesia on the Surgery of the Nineteenth Century." *Trans. Am. Surg. Ass.* 15:1–25 (1897). (Boston: Merrymount Press, 1906.)
Welch, W. H. "The Influence of Anesthesia Upon Medical Science." *Boston Med. Surg. J.* 135:401–403 (1896).
———. "A Consideration of the Introduction of Surgical Anesthesia." *Boston Med. Surg. J.* 159:599–604 (1908).
Wells, H. *A History of the Discovery of the Application of Nitrous Oxide Gas, Ether and Other Vapors to Surgical Operations.* Hartford: J. Gaylord Wells, 1847.

Young, H. H. "Crawford W. Long: The Pioneer in Ether Anesthesia." *Bull. Hist. Med.* 12:191–225 (1942).
Youngson, A. J. *The Scientific Revolution in Victorian Medicine.* New York: Holmes & Meier, 1979.

11 生命的基本单位

Ackerknecht, E. H. *Rudolf Virchow—Doctor, Statesman, Anthropologist.* Madison: Univ. of Wisconsin Press, 1953.
Bamforth, J., and Osborn, G. R. "Diagnosis from Cells." *J. Clin. Path.* 11:473–482 (1958).
Craig, G. A. *Germany, 1866–1945.* New York: Oxford Univ. Press, 1978.
Gardner, L. J. "Doctors Afield—Rudolf Virchow." *New Eng. J. Med.* 252:-587–589 (1955).
Goldman, L. "War and Science—Rudolf Virchow." *Ann. Med. Hist.* (N.S.) 8:558–561 (1936).
Holmes, F. L. "The Milieu Intérieur and the Cell Theory." *Bull. Hist. Med.* 37:315–335 (1963).
Krumbhaar, E. B. "The Centenary of the Cell Doctrine." *Ann. Med. Hist.* (3S) 1:427–437 (1939).
Long, E. R. *A History of Pathology.* New York: Dover, 1965.
Mann, G. *The History of Germany Since 1789.* New York: Praeger, 1968.
McFarland, J. "Personal Reminiscences of Virchow." *Phila. Med. J.* Sept. 13, 1902, 361–362.
Mendelsohn, E. "Cell Theory and the Development of General Physiology." *Archives Internationales d'Histoire des Sciences* 16:419–429 (1963).
Osler, W. "Rudolf Virchow: The Man and the Student." *Boston Med. Surg. J.* 125:425–427 (1891).
Pagel, W. "The Speculative Basis of Modern Pathology." *Bull. Hist. Med.* 18:1–43 (1945).
Plaut, A. "Rudolf Virchow and Today's Physicians and Scientists." *Bull. Hist. Med.,* 27:236–251, 1953.
Pridan, D. "Rudolf Virchow and Social Medicine in Historical Perspective." *Med. Hist.* 8:274–278 (1964).
Rather, L. J. "Rudolf Virchow and Scientific Medicine." *Arch. Int. Med.* 100:1007–1014 (1957).
———. "Harvey, Virchow, Bernard, and the Methodology of Science." In R. Virchow, *Disease, Life, and Man.* Trans. by L. J. Rather. Palo Alto: Stanford Univ. Press, 1958.
———. "Rudolf Virchow's Views on Pathology, Pathological Anatomy, and Cellular Pathology." *Arch. Path.* 82:197–204 (1966).
———. *The Genesis of Cancer: A Study in the History of Ideas.* Baltimore: Johns Hopkins Press, 1978.
Rosen, G., and Caspari-Rosen, B. *400 Years of a Doctor's Life.* New York: Henry Schuman, 1947.

Schleich, C. L. *Those Were Good Days!* London: Allen & Unwin, 1935.

Schlumberger, H. G. "Rudolf Virchow, Revolutionist." *Ann. Med. Hist.* (3S) 4:147–153 (1942).

———. "Rudolf Virchow and the Franco-Prussian War." *Ann. Med. Hist.* (3S) 4:253–267 (1942).

Semon, F. "The Celebration of Rudolf Virchow's 80th Birthday: A Personal Impression." *Brit. Med. J.*, Oct. 19, 1901.

———. "Some Personal Reminiscences of Rudolf Virchow." *Brit. Med. J.*, Sept. 13, 1902, 800–802.

Virchow, R. *Cellular Pathology.* Trans. from 2nd ed. by F. Chance. London: John Churchill, 1860.

———. *Collected Essays on Public Health and Epidemiology.* Trans. by L. J. Rather from 1879 edition (Berlin: August Hirschwald). Canton, Mass.: Science Hist. Pub., 1985.

Welch, W. H. "Rudolf Virchow, Pathologist." *Boston Med. Surg. J.* 125:453–457 (1891).

Wilson, J. W. "Virchow's Contribution to the Cell Theory." *J. Hist. Med.* 2:163–178 (1947).

12　无菌手术的缔造者

Brinton, H. H. *Friends for 300 Years.* Philadelphia: Pendle Hill Publications, 1965.

Bullock, W. "Lister as a Pathologist and Bacteriologist." *Brit. Med J.* 2:654–656 (1927).

Cameron, H. C. *Reminiscences of Lister and of His Work in the Wards of the Glasgow Royal Infirmary, 1860–1869.* Glasgow: Jackson, Wylie, 1927.

Churchill, E. D. "Healing by First Intention and with Suppuration: Studies in the History of Wound Healing." *J. Hist. Med.* 19:193–214 (1964).

Edgar, I. I. "Modern Surgery and Lord Lister." *J. Hist. Med.* 16:145–160 (1961).

Fisher, R. B. *Joseph Lister.* New York: Stein & Day, 1977.

Ford, W. W. "The Bacteriological Work of Joseph Lister." *Scientific Monthly* 26:70–75 (1927).

Garrison, F. H. "Lister in Relation to the Victorian Background." *Bull. N.Y. Acad. Med.* 4:167–172 (1928).

Glenn, W. W. L. "Some Evidence of the Influence of the Development of Aseptic Techniques on Surgical Practice." *Surgery* 43:688–698 (1958).

Godlee, R. J. *Lord Lister.* Oxford: Clarendon, 1924.

Greene, N. M. "Anesthesia and the Development of Surgery (1846–1896)." *Anesth. Analg.* 58:5–12 (1979).

Howie, W. B., and Black, S. A. B. "A Patient's Account of Lister's Care." *J. Hist. Med.* 32:239–251 (1977).

Judd, C. C. W. "The Life and Work of Lister." Lister Prize Essay. *Bull. Johns Hopkins Hosp.* 21:293–304 (1910).

Keen, W. W. "Before and After Lister," *Papers and Addresses.* Philadelphia: Geo. W. Jacobs, 1923.
Kelly, H. A. "Reminiscences in the Development of Gynecology." *J. Conn. State Med. Soc.* 1:459–467 (1937).
King, L. S. "Germ Theory and Its Influence." *J.A.M.A.* 249:794–798 (1983).
Leeson, J. R. *Lister As I Knew Him.* London: Bailliere, Tindall & Cox, 1927.
Linder, F., and Forrest, H. "The Propagation of Lister's Ideas." *Surg. Gyn. Obst.* 127:1081–1086 (1968).
Lister, J. *Introductory Lecture Delivered in the University of Edinburgh, Nov. 8, 1869.* Edinburgh: Edmonstone Douglas, 1869.
———. *The Collected Papers of Joseph, Baron Lister.* 2 vols. London: Clarendon, 1909.
Little, J. L. "Two Lectures on Lister's Antiseptic Method of Treating Surgical Injuries." In E. C. Seguin, ed., *A Series of American Clinical Lectures.* New York: Putnam, 1878.
Morton, J. J. "The Struggle Against Sepsis." *Yale J. Biol. Med.* 31:397–417 (1959).
Rains, A. H. J. *Joseph Lister and Antisepsis.* Hove: Priory Press, 1977.
Ravitch, M., and McAuley, C. E. "Airborne Contamination of the Operative Wound." *Surg. Gyn. Obst.* 159:177–188 (1984).
Richmond, P. A. "Variants to the Germ Theory of Disease." *J. Hist. Med.* 9:290–303 (1954).
———. "American Attitudes Toward the Germ Theory of Disease (1860–1880)." *J. Hist. Med.* 9:428–454 (1954).
Stewart, G. D. "Lister the Surgeon." *Bull. N.Y. Acad. Med.* 4:159–167 (1928).
Tait, J. "Lister as Physiologist." *Bull. N.Y. Acad. Med.* 4:148–159 (1928).
Tait, L. "The Germ Theory and Advances in Abdominal Surgery." *N. Y. Med. J.,* July 2, 1887, 1–7.
Thomson, St. C. "A House-Surgeon's Memories of Joseph Lister." *Ann. Med. Hist.* 2:93–108 (1919).
Toledo-Pereyra, L. H., and Toledo, M. M. "A Critical Study of Lister's Work on Antiseptic Surgery." *Am. J. Surg.* 131:736–744 (1976).
Treves, F. "The Old Receiving Room," *The Elephant Man and Other Reminiscences.* London: Cassell, 1923.
Turner, A. L. *Joseph, Baron Lister—Centenary Volume, 1827–1927.* Edinburgh, 1927.
Wangensteen, O. H. "Nineteenth Century Wound Management of the Parturient Uterus and Compound Fracture: The Semmelweis-Lister Priority Controversy." *Bull. N.Y. Acad. Med.* 46:565–592 (1970).
———, and Wangensteen, S. D. "Lister, His Books, and Evolvement of His Antiseptic Wound Practices." *Bull. Hist. Med.* 48:100–128 (1974).
Watson Cheyne, W. *Lister and His Achievement.* First Lister Oration. London: Longmans, Green, 1925.
Youngson, A. J. *The Scientific Revolution in Victorian Medicine.* New York: Holmes & Meier, 1979.
Also see:
Boston Med. Surg. J. 95:327–330 and 366–368 (1876) for account of Centennial Medical Congress.
Boston Evening Transcript, March 13, 1912, for interview of J. Collins Warren.

Times of London, Thursday, April 7, 1927, Health and Hygiene Number, Weekly Illustrated Edition.

13 "美国医学科学之源"

Barnes, A. C. "A Comment on Historical 'Truth.'" *Persp. Biol. Med.* 21:131–138 (1977).
Becker, W. F. "Pioneers in Thyroid Surgery." *Ann. Surg.* 185:493–504 (1977).
Bloodgood, J. C. "Halsted Thirty-six Years Ago." *Am. J. Surg.* 14:89–148 (1931).
Chesney, A. M. *The Johns Hopkins Hospital and the Johns Hopkins University School of Medicine.* 2 vols. Baltimore: Johns Hopkins Press, 1943.
Colp, R. "Notes on Dr. William S. Halsted." *Bull. N.Y. Acad. Med.* 60:876–887 (1974).
Crowe, S. J. *Halsted of Johns Hopkins.* New York: Charles C. Thomas, 1957.
Cushing, H. W. "William Stewart Halsted, 1852–1922." *Science* 56:1452–1460 (1922).
———. *The Life of Sir William Osler.* 2 vols. Oxford: Clarendon Press, 1925.
Dumont, A. E. "Halsted at Bellevue—1883–1887." *Ann. Surg.* 172:929–935 (1970).
Finney, J. M. T. "A Personal Appreciation of Dr. Halsted." *Johns Hopkins Hosp. Bull.* 36:28–33 (1925).
———. "The Halsted Surgical Clinic." *Bull. Johns Hopkins Hosp.* 52: 106–113 (1933).
Flexner, S., and Flexner, J. T. *William H. Welch and the Heroic Age of American Medicine.* New York: Viking, 1941.
Fulton, J. F. *Harvey Cushing—a Biography.* Springfield: Charles C. Thomas, 1946.
Halsted, W. S. "Practical Comments on the Use and Abuse of Cocaine." *N.Y. Med. J.* 42:294–295 (1885).
———. *Surgical Papers.* 2 vols. Baltimore: Johns Hopkins Press, 1924.
Harvey, A. M. *Adventures in Medical Research: A Century of Discovery at Johns Hopkins.* Baltimore: Johns Hopkins Press, 1974.
———. *Research and Discovery in Medicine: Contributions from Johns Hopkins.* Baltimore: Johns Hopkins Press.
Harvey, S. C. "The Story of Harvey Cushing's Appendix." *Surgery* 32:501–514 (1952).
Henderson, W. O. "The Revival of Football at Yale." *Yale Alumni Weekly,* Jan. 11, 1924, 451.
Heuer, G. J. "Dr. Halsted." *Bull. Johns Hopkins Hosp.* 90:1–105 (1952).
Holman, E. "William Stewart Halsted as Revealed in His Letters." *Stanford Med. Bull.* 10:137–151 (1952).

———, and others. "William Stewart Halsted Centenary." *Surg.* 32: 443–550 (1952).
Hughes, E. F. X. "Halsted and American Surgery." *Surg.* 75:169–177 (1974).
Lesky, E. *The Vienna Medical School of the 19th Century.* Baltimore: Johns Hopkins Press, 1976.
Lewison, E. F. "The Surgical Treatment of Breast Cancer: An Historical and Collective Review." *Surg.* 34:904–953 (1953).
Ludmerer, K. M. *Learning to Heal: The Development of American Medical Education.* New York: Basic Books, 1985.
MacCallum, W. G. *William Stewart Halsted, Surgeon.* Baltimore: Johns Hopkins Press, 1930.
McClure, R. D., and Szilagyi, E. "Halsted, Teacher of Surgeons." *Am. J. Surg.* 82:122–131 (1951).
Miller, J. M. "William Stewart Halsted and the Use of the Surgical Rubber Glove." *Surgery* 92:541–543 (1982).
Mitchell, J. F. "The Introduction of Rubber Gloves for Use in Surgical Operations." *Ann. Surg.* 122:902–904 (1945).
Olch, P. D. "William S. Halsted's New York Period, 1874–1886." *Bull. Hist. Med.* 40:495–510 (1966).
———. "William S. Halsted and Local Anesthesia." *Anesth.* 42:479–486 (1975).
Penfield, W. "Halsted of Johns Hopkins." *J.A.M.A.* 210:2214–2218 (1969).
Proskauer, C. "Development and Use of the Rubber Glove in Surgery and Gynecology." *J. Hist. Med.* 13:373–381 (1958).
Ravitch, M. "The Place of the Halsted Radical Mastectomy." *Johns Hopkins Med. J.* 129:202–211 (1974).
———, and Hitzroth, J. M. "The Operations for Inguinal Hernia." *Surgery* 48:439–466, 615–636 (1960).
Reid, M. R. "Dr. Halsted's Friday Clinics." *Johns Hopkins Hosp. Bull.*, 50–59, 1925.
Roosa, D. B. S. "Thomas Alexander McBride—An Account of His Last Illness." *N.Y. Med. J.* 44:365–366 (1886).
Shryock, R. H. "Women in American Medicine." *J. Am. Women's Med. Ass.* 5:371–379 (1950).
Smith, S. "The Comparative Results of Operations in Bellevue Hospital." *Med. Record* 28:427–431 (1885). In G. H. Brieger, *Medical America in the Nineteenth Century.* Baltimore: Johns Hopkins Press, 1972.
Welch, W. H. "In Memoriam—William Stewart Halsted." *Bull. Johns Hopkins Hosp.* 36:34–39 (1925).

14 20世纪的医学里程碑

Abbott, M. E., and Weiss, E. "The Diagnosis of Congenital Cardiac Disease." In G. Blumer, *Bedside Diagnosis.* Philadelphia: W. B. Saunders, 1928.

Allen, J. G. "Alfred Blalock and Our Heritage." *Arch. Surg.* 89:929–931 (1964).

Blalock, A., and Taussig, H. B. "The Surgical Treatment of Malformations of the Heart in Which There Is Pulmonary Stenosis or Pulmonary Atresia." *J.A.M.A.* 128:189–202 (1945).

Dietrich, H. J. "Helen Brooke Taussig, 1898–1986." *Trans. and Stud. Coll. Phys. Phila.* 8:265–271 (1986).

Engle, M. E. "Dr. Helen B. Taussig, the Tetralogy of Fallot, and the Growth of Pediatric Cardiac Services in the United States." *Johns Hopkins Med. J.* 140:147–150 (1977).

Field, J. "Medical Education in the United States: Late Nineteenth and Twentieth Centuries." In C. D. O'Malley, *The History of Medical Education.* Berkeley: Univ. of Cal. Press, 1970.

Flexner, A. *An Autobiography.* New York: Simon & Schuster, 1960.

Francis, W. W. "Maude Abbott (1869–1940)." *Bull. Hist. Med.* 10:305–308 (1941).

Goodman, G. "Helen Taussig." M.D. thesis. Yale Univ., 1983.

Harvey, A. M. *Adventures in Medical Research: A Century of Discovery at Johns Hopkins.* Baltimore: Johns Hopkins Press, 1974.

———. "The First Full-Time Academic Department of Pediatrics: The Story of the Harriet Lane Home." *Johns Hopkins Med. J.* 137:27–42 (1975).

———. "Helen Brooke Taussig." *Johns Hopkins Med. J.* 140:137–141 (1977).

———. "A Conversation with Helen Taussig." *Med. Times* 106:28–44 (1978).

Hudson, R. P. "Abraham Flexner in Perspective: American Medical Education 1865–1910." *Bull. Hist. Med.* 46:545–561 (1972).

King, L. *American Medicine Comes of Age—1840–1920.* Chicago: A.M.A., 1984.

MacDermott, H. E. *Maude Abbott: A Memoir.* Toronto: Macmillan, 1941.

Munger, D. B. "Robert Brookings and the Flexner Report." *J. Hist. Med.* 23:356–371 (1968).

Ravitch, M. M. "Alfred Blalock, 1899–1964." In M. M. Ravitch, ed., *The Papers of Alfred Blalock.* Baltimore: Johns Hopkins Press, 1966.

———. "The Contributions of Alfred Blalock to the Science and Practice of Surgery." *Johns Hopkins Med. J.* 140:57–67 (1977).

Taussig, H. B. *Congenital Malformations of the Heart.* New York: Commonwealth Fund, 1947.

———. "Little Choice and a Stimulating Environment." *J. Am. Med. Women's Ass.* 36:43–44 (1981).

———, and others. "Long-Time Observations on the Blalock-Taussig Operation." *Johns Hopkins Med. J.* 129:243–257 (1971).

———. "Long-Time Observations on the Blalock-Taussig Operation VIII. 20 to 28 Year Follow-up on Patients with a Tetralogy of Fallot." *Johns Hopkins Med. J.* 137:13–19 (1975).

Thomas, V. *Pioneering Research in Surgical Shock and Cardiovascular Surgery.* Philadelphia: Univ. of Pa. Press, 1985.

Thorwald, J. *The Patients.* New York: Harcourt, Brace, Jovanovich, 1971.

Wangensteen, O. H. "Reflections on the Blalock Papers." *Bull. Hist. Med.* 42:357–361 (1968).

15 “重获新生”

Amos, D. B. "Transplantation Antigens and Immune Mechanisms." In D. C. Sabiston, *Textbook of Surgery,* 13th ed. Philadelphia: Saunders, 1986.

Bahnson, H. T. "Substitute Hearts." *Bull. Am. Coll. Surg.* 72:4–10 (1987).

Baldwin, J. C., and Shumway, N. "Cardiac and Cardiopulmonary Homotransplants." In D. C. Sabiston, *Textbook of Surgery,* 13th ed. Philadelphia: Saunders, 1986.

Barker, C. F., Naj, A., and Perloff, L. J. "Renal Transplantation." In D. C. Sabiston, *Textbook of Surgery,* 13th ed. Philadelphia: Saunders, 1986.

Billingham, R. E., Brent, L., and Medawar, P. B. "Actively Acquired Tolerance of Foreign Cells." *Nature* 172:603–606 (1953).

Bollinger, R. R., and Stickel, D. L. "Historical Aspects of Transplantation." In D. C. Sabiston, *Textbook of Surgery,* 13th ed. Philadelphia: Saunders, 1986.

Bow, L. M., and Schweizer, R. T. "Clinically Relevant Factors in Transplantation Immunology." *Conn. Med.* 50:497–500 (1986).

Burnet, F. M. *The Integrity of the Body: A Discussion of Modern Immunological Ideas.* Cambridge: Harvard Univ. Press, 1962.

Calne, R. Y. "The Rejection of Renal Homografts: Inhibition in Dogs by 6-Mercaptopurine." *Lancet* 1:417–418 (1960).

———. *A Gift of Life: Observations on Organ Transplantation.* New York: Basic Books, 1970.

———. *Liver Transplantation.* London: Grune & Stratton, 1983.

Carrel, A. "Results of the Transplantation of Blood Vessels, Organs and Limbs." *J.A.M.A.* 51:1662–1667 (1908).

———, and Guthrie, C. C. "Functions of a Transplanted Kidney." *Science* 22:473–475 (1905).

———. "Successful Transplantation of Both Kidneys from a Dog into a Bitch with Removal of Both Normal Kidneys from the Latter." *Science* 23:394–395 (1906).

Converse, J. M., and Casson, P. R. "The Historical Background of Transplantation." In F. T. Rapaport and J. Dausset, eds., *Human Transplantation.* New York: Grune & Stratton, 1968.

Dornfeld, L. "Tissue Typing or Histocompatibility Testing Simplified." *Urology* (supp.) 9:49–51 (1977).

Dougherty and others. "Cardiac Transplantation." *Conn. Med.* 50: 429–440 (1986).

Evans, R. "The Heart Transplant Dilemma." *Issues in Science and Technology,* Spring 1986, 91–101.

Evans, R. W., and others. "Donor Availability as the Primary Determinant of the Future of Heart Transplantation." *J.A.M.A.* 255:1892–1898 (1986).

Gibson, T., and Medawar, P. B. "The Fate of Skin Homografts in Man." *J. Anat.* 77:299–310 (1942–43).

Hamburger, J. "Medical Ethics and Organ Transplantation." *J. Am. Med. Women's Ass.* 23:981–984 (1968).

Lower, R. R., Stofer, R. C., and Shumway, N. "Homovital Transplantation of the Heart." *J. Thor. Cardiovasc. Surg.* 41:196–200 (1961).

———, Dong, E., and Shumway, N. "Long-Term Survival of Cardiac Homografts." *Surgery* 58:110–119 (1965).

McCormick, R. A. "Organ Transplantation—Ethical Principles." In W. T. Reich, ed., *Encyc. Bioethics.* New York: Free Press, 1978.

Medawar, P. B. "Tests by Tissue Culture Methods on the Nature of Immunity to Transplanted Skin." *Quart. J. Mic. Sci.* 89:239–252 (1948).

———. *Memoir of a Thinking Radish: An Autobiography.* New York: Oxford Univ. Press, 1986.

Moody, F. D. "Clinical Research in the Era of Cost Containment." *Am. J. Surg.* 153:337–340 (1987).

Moore, F. D. *Transplant: The Give and Take of Tissue Transplantation.* New York: Simon & Schuster, 1972.

———. "Transplantation: A Perspective." *Transplant. Proc.* 12:539–550 (1980).

Morrison, K. E. "Brain Transplantation—Still Fantasy?" *J. Roy. Soc. Med.* 80:441–444 (1987).

Schwartz, R., and Damashek, W. "Drug-Induced Immunological Tolerance." *Nature* 183:1682–1683 (1959).

Smith, H. L. "Heart Transplantation." In W. T. Reich, ed., *Encyc. Bioethics.* New York: Free Press, 1978.

Starzl, T. E. "The Succession from Kidney to Liver Transplantation." *Transplant. Proc.* 13:50–54 (1981).

Thorwald, J. *The Patients.* New York: Harcourt, Brace, Jovanovich, 1971.